Marcados al nacer

Marcados al nacer

La historia definitiva de las ideas racistas en Estados Unidos

IBRAM X. KENDI

Traducción de
Jesús Negro y Francesc Pedrosa

Papel certificado por el Forest Stewardship Council®

Penguin
Random House
Grupo Editorial

Título original: *Stamped from the Beginning.*
The Definitive History of Racist Ideas in America

Primera edición: abril de 2021

© 2016, Ibram X. Kendi
© 2021, Penguin Random House Grupo Editorial, S. A. U.
Travessera de Gràcia, 47-49. 08021 Barcelona
© 2021, Jesús Negro García y Francesc Pedrosa Martín, por la traducción

Printed in Spain – Impreso en España

ISBN: 978-84-18006-13-5
Depósito legal: B-2600-2021

Compuesto en La Nueva Edimac, S. L.
Impreso en Black Print CPI Ibérica
Sant Andreu de la Barca (Barcelona)

C006135

A las vidas que se dijo que no importaban

Índice

PRIMERA PARTE
Cotton Mather

SEGUNDA PARTE
Thomas Jefferson

TERCERA PARTE
William Lloyd Garrison

Prólogo

Todos los historiadores escriben en —y reciben la influencia de— un momento histórico determinado. Mi momento, el momento de este libro, coincide con los asesinatos tanto televisados como no televisados de una serie de personas desarmadas a manos de agentes de la ley, así como con los hechos tanto televisados como no televisados de la estrella fugaz que supuso #BlackLivesMatter, durante las noches más turbulentas que se vivieron en Estados Unidos. De un modo u otro, me las arreglé para escribir este ensayo en los lapsos entre los desgraciados incidentes de Trayvon Martin, Rekia Boyd, Michael Brown, Freddie Gray, los Nueve de Charleston y Sandra Bland, una sucesión de infortunios que son el producto de la historia de las ideas racistas en Estados Unidos, tanto como este libro de historia de las ideas racistas es el producto de tales infortunios.

De acuerdo con las estadísticas federales, entre 2010 y 2012 las probabilidades de que un joven varón negro fuese asesinado por la policía eran veintiuna veces superiores con respecto a un blanco de una edad similar. Puede que las disparidades raciales entre las mujeres que son víctimas mortales de la fuerza policial, cuyo registro y análisis son muy pobres, sean aún mayores. Los datos federales recogen que la riqueza media de los hogares blancos es de unas trece veces la de los hogares negros, un dato abrumador, así como que las personas negras tienen cinco veces más probabilidades de acabar encarceladas que las blancas.[1]

Aunque tales estadísticas no deberían sorprender. Es probable que la mayor parte de los estadounidenses estén al tanto de la disparidad racial en materia de asesinatos policiales, en la riqueza, en los índices de encarcelamiento..., en prácticamente todos los aspectos de la sociedad de Estados Unidos. Por «disparidad racial» me quiero referir al hecho de que los grupos raciales no están representados en las estadísticas de acuerdo con la envergadura de sus poblaciones. Si las personas negras suponen el 13,2 por ciento de la población estadounidense, entonces deberían constituir más o menos el 13 por ciento de la población asesinada por la policía, así como alrededor del 13 por ciento de la población en las cárceles, y poseer cerca del 13 por ciento de la riqueza nacional. Pero, a día de hoy, Estados Unidos está muy lejos de la paridad racial. Los afroamericanos poseen el 2,7 por ciento de la riqueza del país, al tiempo que constituyen el 40 por ciento de la población encarcelada. Se trata de ejemplos de disparidad racial, una disparidad que se remonta a una época anterior al nacimiento de Estados Unidos.[2]

En 2016, el país celebró su 240 cumpleaños. Pero, incluso antes de que Thomas Jefferson y el resto de los padres fundadores declarasen la independencia, los estadounidenses ya estaban envueltos en un debate en torno a las disparidades raciales, sobre por qué existen y persisten, así como sobre por qué los estadounidenses blancos, en cuanto que grupo, prosperaban más que los estadounidenses negros. Ha habido tres posiciones históricas en este acalorado debate: la de la familia que podemos llamar «segregacionista», que consiste en culpar a las propias personas negras de las disparidades raciales; otra familia, a la que podemos llamar «antirracista», señala con el dedo a la discriminación racial; por su parte, la familia a la que podemos llamar «asimilacionista» ha tratado de defender ambas posturas, al mantener que tanto las personas negras como la discriminación racial son responsables de las disparidades raciales. Durante la controversia en curso sobre los asesinatos policiales, estas tres caras han acaparado la atención en el debate. Los segregacionistas se han dedicado a culpar al comportamiento imprudente y delictivo del que hicieron gala las personas negras asesinadas por los agentes de policía; Michael Brown, por ejemplo, era un ladrón amenazante y monstruoso, por lo que Darren Wilson tuvo razones para temerlo y acabar con su vida. Los antirracistas han responsabilizado al comportamiento imprudente y racista de la policía; en este caso, el énfasis estaría en que la vida de un chico de dieciocho años y piel oscura no tenía valor para Darren Wilson. Los asimilacionistas han tratado de ir en ambas direcciones; tanto Brown como Wilson habrían actuado como criminales irresponsables.

Esta discusión a tres bandas recurrente en los últimos años da una idea de los tres argumentos diferentes de los que se tratará en *Marcados al nacer*. Durante casi seis siglos, las ideas antirracistas se han enfrentado a dos tipos de ideas racistas, las segregacionistas y las asimilacionistas. La historia de las ideas racistas que sigue es la de esas tres voces —la de los segregacionistas, los asimilacionistas y los antirracistas— y la de cómo cada una de ellas ha racionalizado la disparidad racial, en su explicación de por qué los blancos se han quedado en el margen de la vitalidad y el triunfalismo mientras que los negros se han tenido que conformar con el de la muerte y la privación.

El título *Marcados al nacer* está sacado de un discurso que el senador por Mississippi y futuro presidente de la Confederación Jefferson Davis dio ante el Senado estadounidense el 12 de abril de 1860, en el que se oponía a una ley de fondos para la educación de los negros en Washington D. C. «Este no es un Gobierno de negros para negros, [sino] de blancos para blancos», aleccionó Davis a sus colegas. En su opinión, la ley se fundamentaba en la falsa noción de equidad racial, cuando en realidad la «desigualdad entre la raza blanca y la raza negra [estaba] marcada al nacer».[3]

No sorprenderá que Jefferson Davis considerase que las personas negras eran distintas biológicamente e inferiores a las blancas, que la piel negra era una fea impronta sobre el precioso lienzo blanco de la piel humana normal y que dicha impronta constituía una evidencia de la sempiterna inferioridad de los negros. Quizá sea más fácil identificar y condenar como obviamente racista un pensamiento de este cariz, de tipo segregacionista, pero hubo una gran cantidad de estadounidenses prominentes, quienes en muchos casos tenían muy buenas intenciones y a muchos de los cuales honramos hoy por sus ideas progresistas y por su activismo, que se adscribieron al pensamiento asimilacionista, que también exhibía ideas racistas sobre la inferioridad de los negros. Hemos hecho mención a la gloriosa batalla de los asimilacionistas contra la discriminación racial y, también, hemos pasado por alto el no tan glorioso hecho de que, desde estas posturas, se responsabiliza en parte a los comportamientos inferiores de los negros de las disparidades raciales. Puesto que asumen la igualdad racial desde la biología, los asimilacionistas ponen el acento en el ambiente (los climas cálidos, la discriminación, la cultura o la pobreza) como el origen de tales conductas, a partir de lo cual, mantienen que la solución sería borrar esa horrible marca negra, pues los comportamientos inferiores de los negros podrían superarse si se les diera el entorno propicio. Por eso, los asimilacionistas hacen un fomento constante de la adopción de los rasgos culturales o los cánones de belleza de los blancos por parte de los negros.

En un estudio capital de 1944 sobre las relaciones de raza, reconocido como uno de los catalizadores del movimiento por los derechos civiles, el economista sueco y premio Nobel Gunnar Myrdal dejó escrito: «Sería de lo más ventajoso para los negros estadounidenses, tanto en cuanto que individuos como en cuanto que grupo, asimilar la cultura norteamericana y, así, adquirir los mismos rasgos que se tienen en estima en los blancos dominantes». Asimismo, en *An American Dilemma* había afirmado que «en prácticamente cada una de sus divergencias, la cultura de los negros estadounidenses supone [...] un desarrollo distorsionado, o bien un trastorno patológico, del general de la cultura estadounidense».[4]

Con todo, hay, y siempre ha habido, una persistente línea de pensamiento antirracista en el país, la cual ha plantado cara a esas otras, la asimilacionista y la segregacionista, constituyéndose en la vía de la verdadera esperanza. Los antirracistas llevan mucho tiempo insistiendo en que la discriminación racial también viene marcada desde el nacimiento de Estados Unidos, lo cual explicaría que las disparidades raciales existan y persistan. A diferencia de los segregacionistas y los asimilacionistas, los antirracistas asumen que los distintos colores de la piel, texturas del cabello y formas culturales de negros y blancos están al mismo nivel, son iguales en todas sus diferencias. Tal y como la legendaria poeta negra y lesbiana Audre Lorde dictaminaba en 1980: «No tenemos patrones para relacionarnos como iguales más allá de nuestras diferencias humanas».[5]

Las ideas racistas serían de todo menos simples, claras o previsibles, y de ahí su historia. Para ser francos, ha habido varias generaciones de estadounidenses para quienes las ideas racistas han sido algo de sentido común. La sobria lógica de las ideas racistas ha servido para manipular a millones de personas en el transcurso de los años y sofocar una realidad antirracista mucho más compleja, una y otra vez. Por eso, no se puede ofrecer a los lectores esta historia en la forma de una narración de predicción fácil, en la que un racismo absurdo se opondría a la racionalidad del antirracismo; en resumidas cuentas, no es una historia que pueda ofrecerse a los lectores en la forma de una batalla hollywoodiense entre dos bandos, el obvio bando de los buenos y el obvio bando de los malvados, con un desarrollo cómodo y previsible, en la que los buenos acaban triunfando al final. Desde el principio se ha tratado de una batalla a tres bandos, en la que las ideas antirracistas se han estado enfrentando a la vez con dos tipos de ideas racistas y en la que, en última instancia, tanto los buenos como los malvados han acabado fracasando y triunfando al mismo tiempo. Tanto las ideas segregacionistas como las asimilacionistas han recurrido a argumentos atractivos para investirse de bondad, a la par que se han asegurado de cubrir las ideas antirracistas con un velo de perfidia. En este ejercicio, rara vez los segregacionistas ni los asimilacionistas han confesado sus proyectos políticos e ideas de corte racista. ¿Por qué iban a hacerlo? Los racistas no tienen ningún interés en admitir los abusos cometidos. A fin de cuentas, es mucho más audaz y exculpatorio identificar lo hecho y dicho en el pasado como no racista. No es muy frecuente que un criminal confiese los crímenes que haya cometido contra la humanidad; los más perspicaces y poderosos de entre quienes han cometido crímenes contra los negros han legalizado sus actividades delictivas, han logrado definir ellos mismos, al margen del código penal, sus crímenes de comercio de esclavos, así como la esclavización en sí, la discriminación y el asesinato al margen del código penal. Del mismo modo, los más perspicaces y poderosos de entre los ideólogos racistas han logrado definir sus ideas al margen del racismo. De hecho, los asimilacionistas serían los primeros en valerse, en la década de 1940, del término «racista», fueron ellos quienes lo definieron y lo popularizaron. Al mismo tiempo, se negaban a calificar sus propias ideas asimilacionistas sobre la inferioridad comportamental de los negros como racistas. Para ellos, solo las ideas segregacionistas sobre la inferioridad biológica podían definirse como racistas. Y los segregacionistas, a su vez, siempre se han resistido a aceptar la etiqueta de «racista», para manifestar, por el contrario, que no se trata más que de la expresión de la palabra de Dios, del diseño natural, las ideas de la ciencia o, simple y llanamente, el sentido común de toda la vida.[6]

Todos estos empeños interesados, por parte de facciones con poder, para definir su retórica racista como no racista han dejado a los estadounidenses divididos sobre lo que son en esencia las ideas racistas y, por ende, ignorantes al respecto. De esta manera, es posible que un estadounidense que piensa que hay algo errado en la gente negra considere, de algún modo, que no por ello es racista. Pero el caso es que decir que hay algo errado en un grupo equivale a afirmar que es, en alguna medida, inferior. Se trata de enunciados con una conexión lógica, tanto si los estadounidenses son conscientes de ello como si no lo son, tanto si lo admiten como si no lo hacen. Cualquier historia exhaustiva de las ideas racistas habrá de lidiar con una manipulación y una confusión constantes, para distinguir con buen tino los registros en los que se exponen esta clase de ideas de aquellos en los que no se hace. Mi definición de una idea racista es sencilla e incluye todo concepto que implique, de cualquier modo posible, la inferioridad o la superioridad de un grupo racial con respecto a otro; en particular, defino las ideas racistas contra los negros —el tema de este libro— como cualquiera que insinúe, de cualquier modo posible, que las personas negras o cualquier grupo de personas negras son inferiores a otro grupo racial.

Al igual que ocurre con toda raza identificable, la negra es en realidad un conjunto de grupos diferenciados por género, clase, etnicidad, orientación sexual, cultura, color de la piel, profesión y nacionalidad, entre otra serie de identificadores, incluidas las personas birraciales, que pueden identificarse o no como negras. Todos y cada uno de los grupos negros reconocibles han estado sujetos a lo que la teórica crítica de la raza Kimberlé Crenshaw ha llamado «interseccionalidad», es decir, el prejuicio derivado de la intersección de las ideas racistas y otras formas de intolerancia, como el sexismo, el clasismo, el etnocentrismo o la homofobia. Por ejemplo, las nociones sexistas de que las mujeres son el sexo débil y las racistas de que las mujeres negras no son mujeres de verdad se han interseccionalizado para dar lugar al racismo de género, con el concepto de la mujer negra fuerte, inferior a la máxima expresión de la femineidad, encarnada por la débil mujer blanca. En otras palabras, pensar que las mujeres, como grupo, son estúpidas es sexismo; pensar que las personas negras, como grupo, son estúpidas es racismo, y pensar que las mujeres negras, como grupo, son estúpidas es racismo de género. Tales intersecciones han desembocado asimismo en articulaciones de racismo de clase (el menosprecio a los negros pobres y a los negros integrados en la élite), racismo LGTBIfobo (el desdén hacia lesbianas, gais, bisexuales y personas transgénero de raza negra) o racismo étnico (con la invención de una jerarquía de grupos étnicos negros), por mencionar algunos ejemplos. Por lo general, los relatos históricos de amplio alcance sobre las ideas racistas se han venido centrando en el racismo hacia las personas negras en general, desatendiendo las concepciones de intersección de los grupos negros específicos o incluso los espacios negros, como los barrios negros, las escuelas negras, los negocios negros o las iglesias negras. La narración de *Marcados al nacer* captura ambos fenómenos, tanto lo general como las formas específicas de las ideas asimilacionistas y segregacionistas.[7]

Marcados al nacer narra la historia integral de las ideas racistas, desde sus orígenes en la Europa del siglo xv, pasando por la época colonial, durante la que los colonos británicos llevaron a Norteamérica las suyas, hasta llegar al siglo xxi y a los debates actuales sobre los acontecimientos que están teniendo lugar en nuestras calles. Hay cinco personajes principales que, en particular, nos servirán como guías en esta excursión, a medida que vayamos explorando el paisaje de las ideas raciales a través de cinco periodos de la historia de Estados Unidos. Durante el primer siglo de existencia del país, las ideas racistas de tipo teológico fueron vitales para la legitimación del crecimiento del esclavismo en el país, así como para su aceptación por parte de las congregaciones cristianas. Eran parte integrante de los sermones del predicador e intelectual más importante del Estados Unidos temprano, el teólogo bostoniano Cotton Mather (1663-1728), quien será el primero de nuestros guías turísticos. Cotton Mather era nieto y depositario de los apellidos de dos pioneros e intelectuales de Nueva Inglaterra, John Cotton y Richard Mather, unos predicadores puritanos que contribuyeron a la propagación de las ideas racistas europeas, una tradición con doscientos años de antigüedad, hasta el otro lado del océano Atlántico. Para justificar el esclavismo en Estados Unidos y ganar conversos, proclamaba la disparidad racial en lo físico, al tiempo que insistía en que las almas oscurecidas de los esclavos africanos podían llegar a ser blancas si se convertían al cristianismo. Sus escritos y sermones se leyeron profusamente en las colonias y en Europa, donde los padres de la revolución científica —después, la Ilustración— se estaban dedicando a racializar y dotar de una esencia blanca a los europeos, así como a conceptos como «libertad», «civilización», «racionalidad» o «belleza». Durante la Revolución de las Trece Colonias y en adelante, unos años que fueron testigo de un asombroso crecimiento del esclavismo en Norteamérica, tanto los políticos como los intelectuales seculares se unieron por igual a la batalla por la justificación de la esclavitud. Entre estos defensores se encontraba uno de los políticos e intelectuales seculares más poderosos de Estados Unidos, nuestro segundo guía turístico, Thomas Jefferson (1743-1826), contrario al esclavismo y al abolicionismo.

Jefferson murió en vísperas de los movimientos por la emancipación y los derechos civiles del siglo xix, cuya punta de lanza fue, en parte, el diligente director de *The Liberator*, William Lloyd Garrison (1805-1879), nuestro tercer guía. Al igual que ocurría con el resto de sus colegas, la mayor parte de las apasionadas ideas antiesclavistas de Garrison, de corte instrumental, con las que atraía a los estadounidenses a la causa de la abolición y los derechos civiles, no eran, por lo usual, antirracistas. Fue él quien popularizó la idea asimilacionista de que la esclavitud —o, en un sentido más amplio, la discriminación racial— había «embrutecido» a las personas negras, una opresión que había dado con que la cultura, la psicología y el comportamiento de estas fuesen inferiores. Decir que los discriminadores consideraban a la gente negra como si de bárbaros se tratase sería una postura antirracista, pero decir que la discriminación había transformado a las personas negras en bárbaros es algo muy distinto e inviste un carácter racista. El primer gran académico negro con formación profesional de la nación fue W. E. B. Du Bois (1868-1963), nuestro cuarto guía en este recorrido, quien adoptaría en un principio la postura racista de Garrison. No obstante, también se mantuvo en la vanguardia de las ideas antirracistas, desafiando la escalada de las leyes Jim Crow a finales del siglo xix. A lo largo de su prolongada e histórica trayectoria durante el siglo xx, la consciencia dual de Du Bois, con ideas racistas y antirracistas, conoció una transfiguración asombrosa en una conciencia unitaria antirracista. Durante el proceso, sin embargo, su influencia menguó. En las décadas de los cincuenta y los sesenta, los argumentos racistas pasaron a ser, de nuevo, los que más influyeron a la hora de atraer a los estadounidenses a la causa de los derechos civiles. Más adelante, los avances de dicho movimiento y del poder negro —y las «crisis», alimentadas por el sensacionalismo, en torno a los hogares mixtos, las «reinas de las paguitas», la discriminación positiva o los rebeldes y delincuentes violentos— alimentaron en su conjunto una arrolladora reacción racista ante el progreso racial de los años sesenta, con la persecución de los activistas antirracistas incluida, siendo el caso más conocido el de una joven filósofa de la Universidad de California en Los Ángeles. Absuelta de todos los cargos, los cuales podían acarrear la pena de muerte, en 1972, Angela Davis, nacida en 1943, ha dedicado las cuatro décadas siguientes a combatir a esos discriminadores raciales que han ido aprendiendo a esconder sus verdaderos propósitos, para denunciar a aquellos que, al tiempo que sostienen cuentos de hadas sobre el final del racismo, abogan por acuerdos entre los dos grandes partidos para aplicar políticas de tolerancia cero contra la delincuencia y por un complejo industrial de prisiones que ha servido para organizar el encarcelamiento, linchamiento y asesinato masivos de personas negras en aplicación de la ley. Ella será nuestra quinta y última guía.

Se puede afirmar que nuestros cinco personajes principales, Cotton Mather, Thomas Jefferson, William Lloyd Garrison, W. E. B. Du Bois y Angela Davis, fueron los teóricos raciales más destacados o provocativos durante sus respectivas vidas, puesto que escribieron, divulgaron y enseñaron ideas de índole racial (y no racial) tan fascinantes como originales, influyentes e incluso contradictorias. Pero *Marcados al nacer* no pretende ser un compendio de las biografías de estas cinco personas. Lo que ocurre es que las complicadas vidas que tuvieron y las influyentes ideas que engendraron se encuentran en el vértice de los debates entre asimilacionistas y segregacionistas, así como entre racistas y antirracistas, por lo que constituyen una ventana por la que asomarnos a estas disputas, a esta historia tan intrincadamente tejida.

Marcados al nacer no es una historia sin más de cómo se fue encubriendo un racismo antes manifiesto ni del progreso racial, como tampoco es una historia sobre la ignorancia y el odio. Lo que se pretende en este libro es reescribir la historia de las ideas racistas, a base de poner de manifiesto el carácter incompleto de esas tres líneas históricas con un amplio número de adeptos. Las intenciones racistas, que no las políticas, comenzaron a camuflarse pasados los años sesenta. En lo que respecta a las políticas racistas, tanto a las viejas como a las nuevas, han seguido siendo tan manifiestas como siempre lo habían sido, y podemos ver sus efectos allí donde hay disparidades raciales en todos los ámbitos, desde la riqueza hasta la salud, en pleno siglo XXI. Esto no significa que los reformadores antirracistas no hayan hecho progresos al sacar a la luz las políticas racistas y echar tierra sobre ellas a lo largo de los años. Pero los reformadores racistas también los han hecho. La prohibición de la posesión de esclavos en 1865 supuso un progreso racial. Más adelante, a finales del siglo XIX, las leyes Jim Crow acarrearon el progreso de las políticas racistas. Su derogación, en 1964, impulsó el progreso racial. Sin embargo, la legalización de una discriminación solo en apariencia no deliberada condujo al avance de las políticas racistas en las últimas décadas del siglo XX.

En tanto quiera explicar a fondo la compleja historia de las ideas racistas, *Marcados al nacer* habrá de recoger la crónica de dichos progresos raciales y de la simultánea progresión de la historia de las políticas racistas. No son el odio y la ignorancia lo que ha gobernado la historia de las ideas racistas en Estados Unidos, sino las políticas racistas, algo que resulta evidente si se examinan las causas que hay detrás, no la recepción, sino la elaboración de las ideas racistas. ¿Qué hizo que en 1837 el senador de Estados Unidos por Carolina del Sur John C. Calhoun estableciese la idea del esclavismo como un «bien positivo», cuando conocía los tortuosos horrores de la esclavitud? ¿Qué hizo que el editor de prensa de Atlanta Henry W. Grady concibiera, en 1885, la idea racista de «separados pero iguales», cuando sabía que difícilmente se podía decir que las comunidades del Sur estaban separadas y que apenas eran iguales? ¿Qué hizo que, tras la victoria presidencial de Obama en 2008, a los analistas de los laboratorios de ideas se les ocurriese la idea racista de una sociedad posracial, cuando sabían bien que todos los estudios disponibles ponían de relieve la discriminación existente? Muy a menudo, las ideas racistas no se cuecen en el fervor de la ignorancia y el odio. Más bien, y por lo habitual, han sido hombres y mujeres poderosos y brillantes quienes han dado lugar a una serie de ideas racistas para justificar las políticas racistas de su era y, así, redirigir la responsabilidad de las disparidades raciales, desde dichas políticas hacia las propias personas negras.

A mí también me educaron en la leyenda popular sobre el racismo según la cual las ideas racistas provienen de gente ignorante y llena de odio, la misma que ha instituido las políticas racistas. Pero, cuando descubrí los motivos que subyacían a muchas de las ideas racistas que más han influido en la mentalidad estadounidense, me pareció bastante obvio que, aunque pareciese ser una leyenda llena de lógica, no se apoyaba en evidencias históricas. Ignorancia/odio → ideas racistas → discriminación; semejante relación causal reviste un fuerte carácter ahistórico. De hecho, la relación ha sido la inversa; la discriminación racial es lo que ha conducido a unas ideas racistas que generan ignorancia y odio. Discriminación racial → ideas racistas → ignorancia/odio; esta es la relación causal detrás de la historia de las relaciones de raza en Estados Unidos.

No son estas ideas las que han venido dictando las decisiones de los estadounidenses más poderosos a la hora de instituir, defender y tolerar las políticas discriminatorias que han afectado a millones de vidas negras a lo largo de la historia de Estados Unidos, sino que, por lo usual, estas emanan de intereses económicos, políticos y culturales, los cuales están en constante cambio. Los políticos con ganas de medrar han diseñado y defendido políticas discriminatorias más que nada por interés, no por una serie de ideas racistas; los capitalistas deseosos de aumentar los márgenes de beneficio han diseñado y defendido políticas discriminatorias más que nada por propio interés económico, no por una serie de ideas racistas; los profesionales del mundo cultural decididos a potenciar su carrera personal o su cultura, entre ellos teólogos, artistas, investigadores y periodistas, han diseñado y defendido políticas discriminatorias más que nada por propio interés profesional, no por una serie de ideas racistas.

Si miramos hacia atrás en la historia, a menudo nos acabamos preguntando por qué un número tan elevado de estadounidenses no se opuso al comercio de esclavos, al fenómeno de la esclavitud, a la segregación o, en el presente, a las encarcelaciones masivas. De nuevo, la razón son las ideas racistas, cuya función principal en la historia del país ha sido la de sofocar cualquier tipo de resistencia a la discriminación racial y a las consiguientes disparidades raciales. Los beneficiarios de la esclavitud, la segregación y los encarcelamientos masivos han creado la idea racista de que las personas negras están hechas para las cortapisas de la esclavitud, la opresión o el confinamiento, o bien se las merecen. Se ha hecho creer a quienes las aceptan que hay algo errado en las personas negras y que, además, es esto lo que las ha conducido a la esclavitud, la opresión y la reclusión, y no una serie de medidas políticas.

Las ideas racistas nos han hecho mella. Tenemos dificultades para reconocer que la discriminación racial es la única causa de las disparidades raciales en este país y en el mundo en general. Y no hablo en primera persona del plural a la ligera. He de confesar que, cuando comencé a escribir este libro, con el corazón roto por lo ocurrido a Trayvon Martin y Rekia Boyd, yo mismo albergaba una serie de ideas racistas. A pesar de ser un historiador de los estudios africanos y haberme formado durante toda la vida en espacios igualitarios, antes de investigar para estas páginas y escribirlas, abrigaba nociones racistas sobre la inferioridad de los negros. Las ideas racistas son eso, ideas; cualquiera puede producirlas o consumirlas, como denota el elenco multirracial de los productores y compradores de *Marcados al nacer*.

Absolutamente cualquiera, con independencia de que sea blanco, latino, negro, asiático o americano nativo, puede expresar la idea de que las personas negras son inferiores, de que hay algo en ellas que está errado. Confundido por causa de las ideas racistas, yo mismo no era capaz de entender en toda su magnitud el hecho de que lo único que hay errado en las personas negras es que pensamos que hay algo errado en las personas negras.

No digo que todos los individuos a quienes se pueda identificar como negros (o, en su caso, como blancos o latinos o asiáticos o americanos nativos) sean iguales en todo, sino que no hay nada de errado en las personas negras en cuanto que grupo, ni en ningún otro segmento racial. En eso consiste pensar de verdad como un antirracista, en albergar la idea de que no hay nada errado en las personas de color, de que todos los grupos raciales son iguales. Hay gente de ascendencia africana que es vaga o poco espabilada o dañina, como hay gente de ascendencia europea que es vaga o poco espabilada o dañina.

Asimismo, hay gente de ascendencia europea que es trabajadora, sensata e inofensiva, como hay gente de ascendencia africana que es trabajadora, sensata e inofensiva. Pero ningún grupo racial ha tenido jamás el monopolio de cualquier rasgo o gen humano, ni ahora ni nunca. Aparte del aspecto diferente de la piel o el pelo, los científicos jamás han podido establecer las diferencias entre nuestros cuerpos, nuestros cerebros o la sangre que corre por nuestras venas. La totalidad de las culturas, con todas las diferencias de comportamiento que existen, están al mismo nivel. La historia de la opresión de los negros en Estados Unidos ha hecho inferiores las oportunidades que tienen los negros, no a las personas negras en sí.

Cuando se cree de verdad que los grupos raciales son iguales, es más fácil llegar a suponer que las disparidades raciales han de ser el resultado de la discriminación racial. Una vez entregado a la idea de la igualdad de los grupos, estuve preparado para la autocrítica, para descubrirme a mí mismo y desprenderme de las ideas racistas que había estado asumiendo durante toda mi vida, al tiempo que ponía al descubierto y hacía públicas las ideas racistas que otros habían estado concibiendo a lo largo de toda la historia de Estados Unidos. Sé que los lectores comprometidos de verdad con la idea de la igualdad racial se unirán a mí en este viaje, con el fin de que nos hagamos preguntas y nos libremos de las ideas racistas que podamos albergar. Aunque, si algo he aprendido durante mi investigación, es que los principales creadores y defensores de ideas racistas no lo harán, y que ninguna lógica, hecho ni libro de historia les hará cambiar de postura porque, para empezar, la lógica, los hechos y la formación tienen poco que ver con la razón por la que expresan esas ideas. *Marcados al nacer* trata también de esta gente de mente cerrada, astuta, cautivadora... los creadores de las ideas racistas, aunque no está pensado para ellos.

Escribir estas páginas me ha abierto la mente; espero que el leerlas tenga el mismo efecto en otras personas.

Primera parte

Cotton Mather

1

La jerarquía humana

Soportaron unos inviernos brutales, sufrieron enfermedades y aprendieron a lidiar con los indómitos americanos nativos, pero nada vino a desgastar tanto los asentamientos de los puritanos como el gran huracán de 1635. Considerado hoy como quizá de categoría 3, se desató el 16 de agosto de aquel año sobre la costa atlántica, peinando Jamestown y pasando sobre la zona oriental de Long Island. El ojo del huracán se desvió de Providence hacia el este y se desplazó hacia el interior, arrancando miles de árboles como si se tratase de malas hierbas, para aplastar los hogares ingleses de la antigua colonia de la bahía de Massachusetts, fundada entonces hacía siete años, como si fuesen hormigas, antes de alcanzar el océano Atlántico y enviar unas olas formidables contra las costas de Nueva Inglaterra.

Los grandes buques que transportaban colonos y provisiones desde Inglaterra fueron presa fácil. La tripulación del *James* ancló el barco frente al litoral de New Hampshire para esperar al huracán. De repente, una ola cortó las cuerdas con que estaban sujetas las anclas como un cuchillo invisible. Los marinos, angustiados, cortaron ellos mismos la tercera y última cuerda e izaron las velas para navegar hacia una zona de aguas más seguras. Aunque estaban nuevas, el viento las destrozó tal que si fuesen «paños podridos», tal y como apuntó el prominente pastor puritano Richard Mather en su diario. A medida que los harapos desaparecían en el océano, lo hacía asimismo la esperanza.

Atrapado en el huracán, el buque se dirigió hacia una roca de aspecto imponente. Todo parecía estar perdido. Richard Mather, junto con el resto del pasaje, imploró la salvación al Señor. Más tarde, atestiguaría que, con «su propia, inmediata y piadosa mano», Dios guio al barco para acercarlo a la mentada roca. El mar se calmó. Con premura, la tripulación aparejó con nuevas velas la embarcación. El Señor infundió «un limpio golpe de viento» que permitió al capitán navegar lejos del peligro. Un maltrecho *James* llegaría a Boston el 17 de agosto de 1635. Los cien pasajeros atribuyeron a Dios el haber sobrevivido. Richard Mather lo interpretó como una llamada «a caminar con rectitud hacia él durante el resto de nuestras vidas».[1]

En su cargo de pastor puritano, Richard Mather había caminado con rectitud durante los quince años de persecución sufridos en su tierra de origen, antes de embarcarse en la peligrosa travesía para cruzar el Atlántico y empezar una nueva vida en Nueva Inglaterra. Allí se reuniría con su ilustre amigo y colega John Cotton, que había sufrido la persecución de los británicos durante veinte años en Boston, Inglaterra. En 1630, Cotton había pronunciado el sermón de despedida para los cientos de puritanos fundadores de las comunidades de Nueva Inglaterra, bendiciendo su consumación de la visión profética de Dios. Como disidentes de la Iglesia de Inglaterra, los puritanos creían ser los elegidos de Dios entre la humanidad, un tipo de gente especial, superior, y Nueva Inglaterra estaba llamada a ser su tierra prometida, su Israel personal.[2]

Una semana después del gran huracán, Richard Mather estaba instalado como pastor en la iglesia norte de Dorchester, cerca de la afamada iglesia norte de la nueva ciudad de Boston, cuyo párroco era John Cotton. Mather y Cotton se embarcaron entonces en una misión sagrada para crear, articular y defender el «estilo» de Nueva Inglaterra. Para ello, se valieron de la pluma tanto como del púlpito, y del poder que detentaban tanto como de la pluma y del púlpito. Escribieron el primer libro de las colonias para niños y adultos como parte de su proyecto. Mather, con toda probabilidad, fue el responsable de la elección de Henry Dunster, en 1640, como el encargado de dirigir la primera universidad colonial y antecesora de Harvard. A Cotton no le importó que Dunster moldeara el currículo de Harvard a imagen del de Cambridge, su antigua universidad, estableciendo así una tendencia ideológica. Como los fundadores de Cambridge y Harvard antes que ellos, los fundadores de la Universidad de William and Mary (1693), Yale (1701), la Universidad de Pensilvania (1740), Princeton (1746), Columbia (1754), Brown (1764), Rutgers (1766) y Dartmouth (1769), las otras ocho universidades coloniales, dieron a las literaturas griega y latina el valor de verdades universales merecedoras de memorización y cuya crítica era improcedente. En el centro de la biblioteca griega, tanto de la vieja como de la Nueva Inglaterra, se encontraba un resucitado Aristóteles, un autor que, durante el periodo medieval, había estado bajo sospecha entre algunas facciones de la cristiandad por constituir una amenaza para la doctrina.[3]

Con el estudio de la filosofía aristotélica, los puritanos aprendían una serie de fundamentos para las jerarquías humanas, de manera que comenzaron a creer que algunos grupos eran superiores a otros. En el caso de Aristóteles, consideraba que los antiguos griegos eran superiores a todos los que no eran griegos, pero los puritanos, por su parte, creían ser superiores a los americanos nativos, a los pueblos africanos e incluso a los anglicanos, es decir, a todos aquellos que no fuesen puritanos. Aristóteles, que vivió entre el 384 y el 322 a. e. c., urdió una teoría ambiental para justificar la superioridad griega, según la cual, quienes habitaban en climas extremadamente fríos o cálidos eran intelectual, física y moralmente inferiores, seres humanos de aspecto desagradable que carecían de capacidades para ejercer la libertad y el autogobierno. Catalogó a los africanos como «rostros quemados», el significado original de la palabra «etíope» en griego, y encontraba que los «desagradables» extremos de las pieles o pálidas u oscuras eran el efecto de unos climas de frío o de calor extremos. Todo esto iba en interés de la normalización de las prácticas esclavistas de los griegos y del dominio del Mediterráneo occidental. Aristóteles ensalzaba a los griegos, en su supremo clima intermedio, como los más bellamente dotados, la clase superior de los gobernantes y esclavizadores del mundo. Según decía, «la humanidad está dividida en dos, los amos y los esclavos, o, si se prefiere, los griegos y los bárbaros, los que tienen el derecho de imponerse y los que han nacido para obedecer». Los esclavos eran «por naturaleza incapaces de razonar y llevar una vida de sensaciones puras, como en el caso de algunas tribus en las fronteras del mundo civilizado o de quienes sufren alguna enfermedad como la epilepsia o la demencia».[4]

En la época del nacimiento de Cristo o, lo que es lo mismo, el inicio de la era común, los romanos justificaban las prácticas esclavistas con la teoría ambiental de Aristóteles, y la recién nacida cristiandad no tardó en contribuir a tales argumentos. Para los teólogos cristianos tempranos, a quienes los puritanos estudiaban junto con Aristóteles, Dios ordenó jerárquicamente a la humanidad. En el siglo I, san Pablo introdujo una ordenación escalonada de las relaciones esclavistas, con el señor celestial en la parte superior del escalafón, los amos terrenales en la franja intermedia y los esclavos en el rango inferior. En la Primera Carta a los Corintios declara que «el que ha sido llamado siendo libre es esclavo del Señor». Así, «los esclavos» debían obedecer «en todo» a sus «amos humanos, no por servilismo o respeto humano, sino con sencillez y temor del Señor». En una advertencia crucial de la Carta a los Gálatas (3, 28), equiparaba las almas de amos y esclavos, puesto que «todos vosotros sois uno en Cristo Jesús».

En el mundo antiguo, los prejuicios sobre la etnia, la religión y el color de la piel coexistían como un todo. Sin embargo, no existían los constructos raciales, como por ejemplo la Europa blanca o el África negra, con lo que las ideas racistas tampoco. No obstante, se iban asentando los cimientos del concepto de «raza» y, en consecuencia, de tales ideas. Hay que añadir que en el mundo grecorromano antiguo también se sentaron las bases del igualitarismo, el antirracismo y el antiesclavismo. Alcidamante, rival de Aristóteles en Atenas, dejó escrito que «la deidad hizo libres a todos los hombres, y la naturaleza no hace esclavo a nadie». Cuando Heródoto, el más famoso historiador de la antigua Grecia, surcó el Nilo a contracorriente, encontró que los nubios eran «las gentes más hermosas». Lactancio, consejero de Constantino I, el primer emperador cristiano de Roma, anunciaba a principios del siglo IV que «Dios, que crea e inspira a los hombres, quiso que todos fueran iguales, es decir, parejos». San Agustín, padre africano de la Iglesia que vivió durante los siglos IV y V, mantenía que «ante cualquiera que nazca en cualquier lugar como ser humano, es decir, como criatura mortal y racional, por muy extraño que se pueda aparecer a nuestros sentidos, sea por las proporciones físicas, por el color de la piel, por la forma de moverse o por el modo de hablar, o bien por cualquier facultad, parte o cualidad de su naturaleza, de ningún modo albergará un auténtico creyente cualquier duda de que ese individuo desciende del primer hombre que fue creado». Con todo, estos campeones del antiesclavismo y el igualitarismo no acompañaron a Aristóteles y san Pablo en el camino a la era moderna, en el currículo de la nueva Universidad de Harvard o en la mentalidad de Nueva Inglaterra, que trataba de justificar el esclavismo y la jerarquía racial a que daba lugar.[5]

Cuando John Cotton redactó el borrador de la primera constitución de Nueva Inglaterra en 1636, *Moses His Judicials and Abstract of the Laws of New England*, proclamó la legalidad de la esclavización de los prisioneros de guerra, así como de «cualquier extranjero que se venda de buen grado a sí mismo o que nos venda un tercero». El estilo de Nueva Inglaterra parecía imitar al de la vieja Inglaterra en lo que respecta a la esclavitud.

Cotton reprodujo las políticas de sus colegas británicos, tan cercanos y lejanos al mismo tiempo. En 1636, las autoridades de Barbados anunciaron que «los *negros* y los *indios* que vengan aquí para ser vendidos servirán de por vida, a menos que un contrato previo indique lo contrario».[6]

En 1637, estalló la guerra Pequot, el primer conflicto de envergadura entre los colonizadores de Nueva Inglaterra y los pueblos indígenas del territorio. El capitán William Pierce forzó a algunos indígenas, como cautivos de guerra, a subir a bordo del *Desire*, erigiéndose en el primer traficante de esclavos que salió de la Norteamérica británica. El buque navegó hasta la isla de Providencia, en Nicaragua, donde los «negros», al parecer, eran «mantenidos como sirvientes a perpetuidad». El gobernador de Massachusetts, John Winthrop, dejó registro de la histórica llegada del capitán Pierce de regreso a Boston en 1638, indicando que el buque estaba cargado de «sal, algodón, tabaco y negros».[7]

La primera generación de puritanos comenzó a racionalizar la esclavitud de esos «negros» sin que su espíritu cristiano titubease. Unas espeluznantes pesadillas persecutorias no eran lo único que los puritanos habían llevado consigo a América, a través de las aguas del Atlántico. Desde que los primeros barcos echaran anclas en Virginia en 1607, pasando por los que sobrevivieron al gran huracán de 1635, hasta la llegada de los primeros cargueros esclavistas, una multitud de colonos británicos estuvo acarreando consigo, por mar y hasta la América de las colonias, la racionalización puritana, bíblica, científica y aristotélica de la esclavitud y la jerarquía humana. Desde el occidente europeo y los nuevos asentamientos de Latinoamérica, los puritanos llevaron consigo sus dictámenes sobre una gran parte de los pueblos africanos como gente inferior, es decir, sus ideas racistas, las cuales antecedieron al esclavismo norteamericano, ya que la necesidad de justificar la esclavización de los africanos había sido previa a la Norteamérica colonial.

Después de la conquista por los árabes de parte de África del Norte, durante el siglo VII, y de la península Ibérica, durante el siglo VIII, cristianos y musulmanes guerrearon durante centurias por la ansiada primacía en el Mediterráneo. Al mismo tiempo, al sur del desierto del Sáhara, en África Occidental, los imperios de Ghana (700-1200), Mali (1200-1500) y Songhay (1350-1600) se fueron sucediendo en la encrucijada de las lucrativas rutas comerciales del oro y la sal. Así, emergió un vigoroso comercio transahariano, que permitió a los europeos obtener mercancías del occidente africano a través de los intermediarios musulmanes.

Los imperios desarrollados por Ghana, Mali y Songhay podían rivalizar en tamaño, poder, erudición y riqueza con los de todo el mundo. Los intelectuales de las universidades de Tombuctú y Djenné transmitían conocimientos y se nutrían de estudiantes de toda la zona geográfica. Songhay llegó a superar a los otros en tamaño, mientras que Mali quizá fuera el más ilustrado. En 1352, el mayor trotamundos que conoció el siglo xv, que saltaría de África del Norte a Europa del Este y de ahí a Asia Oriental, se decidió a ver Mali con sus propios ojos. «Se trata de un país completamente seguro —se maravillaba el marroquí Ibn Battuta en su diario de viaje—. No hay viajero ni autóctono que deba tener miedo a ladrones o a la violencia de otras personas».[8]

Ibn Battuta era una rareza —una rareza de la que se abominaba, de hecho— entre la intelectualidad islámica de Fez. Muy pocos estudiosos habían viajado tan lejos de casa, y los relatos de Battuta amenazaban su credibilidad de salón en lo que a la descripción de los pueblos extranjeros se refería. Ninguno de sus antagonistas fue tan influyente como el tunecino Ibn Jaldún, baluarte intelectual del mundo musulmán de la época, quien llegó a Fez cuando aquel acababa de llegar de Mali. «Los cargos oficiales de la dinastía comentan entre cuchicheos que debe de estar mintiendo», revelaba Jaldún en la *Muqaddimah*, que data de 1377 y que constituye la obra histórica sobre el mundo islámico más importante del mundo premoderno. Él ofrecía un cuadro muy diferente del África subsahariana en el mismo escrito, en el que conjeturaba: «Las naciones negras son, por norma general, condescendientes con el esclavismo, debido a que poco en ellos es esencialmente humano y a que poseen atributos bastante similares a los de los animales sin domesticar». Además, este discípulo de Aristóteles añadía que «lo mismo se aplica a los esclavos». Siguiendo el sendero de griegos y romanos en sus justificaciones, Ibn Jaldún se valió de la teoría climática para respaldar la esclavización a que los musulmanes sometían a los subsaharianos y a los eslavos de Europa del Este, dos grupos que compartían una sola característica específica, el hecho de que provenían de lugares remotos. «En cualquier circunstancia posible, están lejos de los seres humanos y más cercanos a los animales salvajes», mantenía Ibn Jaldún. No obstante, tales circunstancias no eran ni permanentes ni hereditarias. Resultaba que los «negros» que emigraban al norte, más templado, tenían «una descendencia cuyo color se vuelve gradualmente más blanco». La gente de piel oscura tenía la facultad de la asimilación física en climas más fríos. Más adelante, los asimilacionistas se figurarían que las gentes africanas, inferiores culturalmente, si se establecían en el más apropiado entorno cultural europeo, podrían o deberían adoptar la cultura europea. Pero, antes de eso, los asimilacionistas físicos del calado de Jaldún se figuraron que las gentes africanas, inferiores físicamente, si se establecían en el más apropiado clima templado, podrían o deberían adoptar el físico europeo, es decir, la piel blanca y el pelo liso.[9]

La pretensión de Ibn Jaldún no era desprestigiar sin más a los pueblos subsaharianos en cuanto que inferiores, sino restar importancia a todo lo que fuese diferente en el aspecto de aquellos grupos de africanos y eslavos con los que los musulmanes estaban comerciando como esclavos. Aun así, reforzó los fundamentos conceptuales de las ideas racistas; en vísperas del siglo xv fortaleció los cimientos de las ideas asimilacionistas y de las nociones racistas sobre la influencia del ambiente en la inferioridad africana. Tan solo faltaba que algún esclavista dejase de justificar la esclavización y la inferioridad eslava mediante la teoría del clima y pusiera el énfasis en los africanos para que la actitud racista hacia las personas de piel oscura se consumase.

Ya estaba circulando una teoría del esclavismo que se centraba en las personas negras, la cual, de algún modo, provenía del Génesis (9, 18-29). Tal como lo explicaba Jaldún, «los negros eran los descendientes de Cam, hijo de Noé. Este habría lanzado una maldición sobre su vástago, que quedó sellada con un cambio en el color de la epidermis de aquel, una distinción que heredaría su propio linaje, el cual quedó, además, condenado por Dios a sufrir la esclavitud». La teoría de la maldición de Cam se remonta al gran erudito persa Al-Tabari (838-923), hasta llegar a las fuentes islámicas y hebraicas. Los teóricos de la maldición sostenían que Dios había maldecido para siempre la misma naturaleza de los pueblos africanos con la desagradable negritud y el esclavismo. Ibn Jaldún, que era en sentido estricto un teórico de la climatología, descartaba la «boba historia» de la maldición de Cam.[10]

Aunque implicaba a todas luces la inferioridad de los negros, la teoría de la maldición fue algo así como un político no electo durante el periodo medieval. Los esclavistas tanto musulmanes como cristianos apenas le daban crédito, ya que esclavizaban asimismo a una cantidad demasiado importante de los descendientes no negros de Sem y Jafet, los hermanos de Cam, supuestamente libres de la maldición, como para hacerlo. Pero los teóricos medievales de la maldición sentaron las bases para las ideas segregacionistas y para las nociones racistas de la inferioridad genética. El giro hacia la esclavización exclusiva de personas negras y su justificación mediante la maldición de Cam estaban en el horizonte. Una vez que tuvo lugar, la desinflada teoría de la maldición se infló de repente, y las ideas racistas comenzaron a tomar forma de verdad.[11]

2

El origen de las ideas racistas

Richard Mather y John Cotton heredaron de los pensadores ingleses de su generación las viejas ideas racistas de que la esclavitud de los africanos era un hecho natural, normal y sagrado. Ya tenían cerca de dos siglos de antigüedad cuando los puritanos se valieron de ellas en la década de 1630 para legalizar y codificar la esclavitud en Nueva Inglaterra, igual que hicieran los virginianos en la de 1620. Pero vayamos aún más atrás, a 1415, cuando el infante don Enrique y sus hermanos habían convencido a su padre, el rey Juan I de Portugal, para hacerse con el principal enclave comercial del Mediterráneo occidental, Ceuta, ubicada en la punta nororiental de Marruecos. Los hermanos sentían celos de la riqueza de los musulmanes y querían acabar con el intermediario islámico para ir directamente al sur, a la fuente de origen del oro y los cautivos negros.

Después de la batalla, los prisioneros magrebíes cautivaron al infante don Enrique con sus descripciones de las rutas comerciales transaharianas, que llegaban hasta el Imperio de Mali. Puesto que tales itinerarios por el desierto aún seguían en manos de los musulmanes, el infante decidió «llegar hasta aquel territorio por vía marítima». Se dedicaría a buscarlo hasta su muerte, en 1460, valiéndose de su posición como gran maestre de la Orden de Cristo, sucesora de la Orden del Temple, para atraer capital de inversión y hombres leales con que acometer sus expediciones a África.

En 1452, su sobrino, el rey Alfonso V, encomendó a Gomes Eanes de Zurara escribir la crónica de la vida y la obra esclavista de su «amado tío». Zurara era un instruido y leal comendador de la Orden de Cristo, que en su recuerdo y celebración de los hechos del infante Enrique dejó oscurecida, de forma implícita, la decisión monetaria de su gran maestre de pagar en exclusiva con esclavos africanos. En 1453, Eanes de Zurara concluyó aquella defensa inaugural de la trata de esclavos africanos, que además constituía el primer libro europeo sobre los habitantes de África escrito en la Europa moderna. Es con su *Crónica del descubrimiento y conquista de Guinea* con lo que comienza la historia registrada de las ideas racistas contra los negros. Estas serían, en otras palabras, una consecuencia, que no una causa, de las políticas racistas del infante don Enrique sobre la trata de esclavos africanos.[1]

Los portugueses hicieron historia al ser los primeros europeos en navegar por el Atlántico más allá del cabo Bojador, en el Sáhara occidental, para llevar esclavos africanos a Europa, tal y como Zurara recogía en su libro. Las seis carabelas atracaron de regreso en el puerto portugués de Lagos, el 6 de agosto de 1444, con doscientos cuarenta cautivos a bordo. El infante don Enrique hizo de la subasta de esclavos todo un espectáculo, con el que evidenciar el hecho de que Portugal había pasado a formar parte del grupo de los países europeos que se dedicaban en serio al comercio con prisioneros africanos. Los genoveses, los catalanes y los valencianos llevaban algún tiempo haciendo incursiones en las islas Canarias, o bien comprando esclavos africanos a los comerciantes marroquíes. Zurara enalteció a sus compatriotas al enmarcar sus empresas africanas de trata de esclavos africanos en el contexto de unas expediciones misioneras. Los competidores de Enrique no podían servirse de las mismas tretas psicológicas con igual solvencia, considerando que ellos aún traficaban con europeos del este.[2]

Pero el mercado estaba cambiando. Más o menos por la misma época en que los portugueses abrían la ruta marítima a una nueva zona de exportación esclavista, la antigua comenzó a cerrarse. En los días de Ibn Jaldún, la mayoría de los cautivos vendidos en Europa Occidental eran europeos orientales, hechos prisioneros por los saqueadores turcos en todo el territorio alrededor del mar Negro. Muchos de los cautivos eran eslavos, de manera que el término con el que se designaba a dicha etnia pasó a ser la raíz de la palabra «esclavo» en la mayor parte de los idiomas del occidente de Europa. A mediados del siglo xv, las comunidades eslavas habían levantado fortalezas con el fin de defenderse de las incursiones esclavistas, por lo que el suministro de eslavos para el mercado de Europa Occidental comenzó a hundirse, al tiempo que el de africanos iba aumentando. Como resultado, los esclavistas europeos comenzaron a ver al es(c)lavo natural no como alguien de color blanco, sino negro.[3]

En aquella fecha de 1444, los cautivos desembarcaron del buque y, de acuerdo con la crónica de Zurara, fueron llevados a un espacio abierto, fuera de la ciudad. Montado a lomos de su caballo, el infante Enrique supervisó la subasta de los esclavos, radiante de placer. Algunos de los prisioneros eran «de una blancura razonable, hermosos y bien constitui-dos», mientras que otros eran «más pardos», y asimismo había otros «tan negros como etíopes, igual de feos tanto en los rasgos como en las pro-porciones», hasta el punto de que a Zurara casi le parecían venidos del mismo infierno. Entre los cautivos podían encontrarse individuos con las variadas tonalidades de los tuaregs, así como otros de piel más oscura que quizá fueran esclavos de los propios tuaregs. A pesar de las distintas etnias y colores de piel, Zurara los veía como a un solo pueblo, compuesto por gente inferior.[4]

Zurara quiso recordar y enfatizar para sus lectores que la «riqueza principal» que obtuvo el infante don Enrique al adjudicarse a cuarenta y seis de los cautivos más valiosos radicaba en «su voluntad, pues conside-raba con gran gozo la salvación de aquellas almas, que antes habían esta-do perdidas». Para cimentar la justificación evangelizadora del infante Enrique para la esclavización de los africanos, Zurara redujo a aquellos prisioneros a la condición de bárbaros que necesitaban, desesperadamen-te, no solo la salvación divina, sino además la civilizadora. «Vivían igual que las bestias, sin ninguna de las costumbres de los seres racionales», es-cribió; más aún, «no sabían lo que eran el pan ni el vino, ni el cubrirse con ropas ni el resguardarse en una casa; y lo peor era la gran ignorancia que los embargaba, por la que no tenían ningún conocimiento del bien, tan solo de la vida en una ociosidad bestial». Zurara concibió la esclavitud en Portugal como una mejora para ellos, con respecto a la vida de liber-tad que tenían en África.[5]

La narración de Zurara cubre un periodo que va de 1434 a 1447, durante el cual, según su estimación, se llevó a Portugal a 927 esclavos africanos, «a la mayor parte de los cuales se puso en el auténtico camino de la salvación». Se le olvidó mencionar, sin embargo, que el infante En-rique recibió el quinto real, es decir, alrededor de 185 cautivos, que pa-sarían a integrarse en su inmensa fortuna. No obstante, se trataba de algo irrelevante para su misión, que por otra parte cumplió con éxito. Por convencer a los lectores, los sucesivos papas y al conjunto de los letrados europeos de que el infante don Enrique de Portugal no se dedicaba a la trata de esclavos por dinero, Zurara recibió una generosa recompensa, en la forma de título de cronista oficial del Reino de Portugal, además de obtener otras dos lucrativas encomiendas de la Orden de Cristo. Los seño-res de este, por su parte, no tardaron en cosechar beneficios del comercio esclavista. En 1466, un viajero checo observó que el rey de Portugal acumulaba una mayor cantidad de riqueza gracias a la venta de cautivos a compradores extranjeros que por medio «de la integridad de los im-puestos recaudados en todo el reino».[6]

Zurara difundió la *Crónica del descubrimiento y conquista de Guinea* en la corte real, así como entre eruditos, inversores y navegantes, quienes la leyeron y divulgaron por todo el territorio peninsular. Moriría en Lisboa, en 1474, pero sus ideas sobre la esclavitud permanecieron con la expan-sión de la trata de esclavos. Hacia la década de 1490, los exploradores portugueses se habían ido desplazando poco a poco hacia el sur por la costa occidental de África, hasta doblar el cabo de Buena Esperanza y alcanzar el océano Índico. En el seno de una creciente red de puertos, agentes, embarcaciones, tripulaciones y financieros, los pioneros explo-radores y esclavistas de Portugal hacían circular las ideas racistas conteni-das en la obra de Zurara con mayor velocidad y alcance de lo que el propio texto había llegado a lograr. Los portugueses pasaron a convertir-se en la principal fuente de conocimientos sobre las áreas y los pueblos desconocidos de África para los comerciantes y captores de esclavos de España, Holanda, Francia e Inglaterra. Por la época en que el impresor alemán Valentim Fernandes publicó en Lisboa una versión resumida del libro de Zurara, en 1506, los esclavos africanos, junto con las ideas racistas, ya habían llegado a América.[7]

En 1481 los portugueses comenzaron la construcción de un gran fuerte, São Jorge da Mina, conocido sin más como Elmina, es decir, «la mina», como parte de un plan para hacerse con el oro ghanés. Con el paso del tiempo esta edificación europea, la primera en erigirse al sur del Sáhara, se convirtió en el mayor enclave para el tráfico de esclavos de toda Áfri-ca Occidental. Es posible que cierto explorador genovés de apenas trein-ta años fuese testigo de la erección del castillo de Elmina. Cristóbal Co-lón, recién casado con la hija de un protegido genovés del infante Enrique, aspiraba a escribir su propia historia, pero no en África; en su lugar, él prefería poner la mirada en Asia Oriental, en la ruta de las espe-cias. Después de que la realeza portuguesa rehusase patrocinar su temeraria idea de poner rumbo al oeste para llegar a tierras asiáticas, Isabel, la reina de España y sobrina nieta de Enrique, consintió en hacerlo. De este modo, en 1492, después de pasar sesenta y nueve días en el mar, las tres pequeñas embarcaciones de Colón llegaron a unas orillas desconocidas para los europeos; primero a las de las resplandecientes Bahamas y después a las de Cuba.[8]

Prácticamente desde el momento de la llegada de Colón, una oleada de colonos españoles comenzó a degradar y esclavizar a los indígenas del continente, transfiriendo los constructos sobre los pueblos africanos a los americanos nativos. De hecho, en Brasil se los llamaba *negros da terra* o «negros locales». En los años que siguieron, los españoles se valieron de la fuerza de las armas y la Biblia en una de las masacres más espantosas y súbitas de la historia de la humanidad. Miles de americanos nativos murieron por resistirse a la esclavitud, y muchos más lo hicieron a causa de las enfermedades que los europeos portaban consigo, de las penosas condiciones en que se los obligaba a labrar la tierra o de las letales incursiones para la búsqueda y extracción de oro. También miles de ellos fueron expulsados de su propia tierra por los colonos españoles, que se precipitaban a las colonias en busca de riquezas. El mercader español Pedro de las Casas se asentó en La Española en 1502, año del desembarco de los primeros esclavos africanos, venidos en un barco negrero de origen portugués. Aquel llevó consigo a su hijo Bartolomé, que entonces contaba con dieciocho años, quien desempeñaría un papel de la mayor importancia en la dirección que iba a tomar la esclavitud en el conocido como Nuevo Mundo.[9]

Hacia 1510, Bartolomé de las Casas había acaparado tierras y cautivos, al tiempo que se había ordenado sacerdote, el primero de América. En 1511, se sintió orgulloso de dar la bienvenida a un grupo de frailes dominicos a La Española, pero la indignación de estos ante la esclavización de los taínos dejó atónito a De las Casas y abrió el camino a las ideas abolicionistas, con el rechazo al relato español, tomado del portugués, de que aquellos nativos se beneficiaban, cristiandad mediante, de la esclavitud. El rey Fernando hizo volver a los frailes dominicos sin demora, pero los sermones de estos en contra de la esclavitud ya nunca abandonaron a Bartolomé de las Casas. En 1515 partió a España, donde dedicaría toda su vida a hacer campaña para aliviar el sufrimiento de los americanos nativos y, lo que quizá fuera más importante, resolver la extremada carencia de mano de obra que tenían los colonos. En uno de sus primeros alegatos, con fecha de 1516, De las Casas proponía importar a América esclavos africanos para reemplazar a una mano de obra nativa en rápido declive, e insistiría en ello dos años después. Alonso de Zuazo, un jurista formado en la Universidad de Salamanca, había hecho una recomendación similar ya en 1510, al señalar que se debía «dar licencia general para que vengan esclavos negros, gente recia para el trabajo, al revés que los naturales, tan débiles que solo pueden servir en labores de poca resistencia». Con el tiempo, algunos indígenas se hicieron eco de esta nueva idea racista y aceptaron de buena gana la conveniencia de una política de importación de trabajadores africanos. Un grupo de nativos mexicanos se quejaba de que el «difícil y arduo trabajo» que suponía el aprovechamiento de la caña de azúcar era «solo para los negros, no para los indios, escuálidos y endebles». De las Casas y compañía dieron a luz a gemelos; unos gemelos racistas a los que muchos americanos nativos y africanos adoptaron, a saber, el mito del africano recio y bestial, y el del americano nativo físicamente débil, que sucumbía fácilmente a la muerte por los esfuerzos del duro trabajo.[10]

Aunque en un principio se desecharon las ideas de De las Casas, sus tratados no tardaron en convertirse en una herramienta muy útil para un Imperio español en crecimiento, con sus inversiones en el esclavismo americano. El obispo Sebastián Ramírez de Fuenleal informaba en 1531 de que «toda la población [...] de esta isla [La Española] y la de San Juan y aun la de Cuba insiste en que se tengan negros para extraer oro» y trabajar en las cosechas. De las Casas encabezó la iniciativa que conduciría a la histórica aprobación de las *Leyes y ordenanzas nuevamente hechas por su majestad para la gobernación de las Indias y buen tratamiento y conservación de los indios*, de 1542. En ese año memorable, también concluyó y envió al príncipe Felipe, futuro Felipe II, su clásico *Brevísima relación de la destrucción de las Indias*, así como un tercer memorial con la recomendación de sustituir a los americanos nativos por esclavos africanos.

En algún momento posterior, De las Casas se aplicó a la lectura del libro de Gomes Eanes de Zurara, proceso en el que, cuantas más páginas fue leyendo, más arduo encontró el trabajo de armonizar la trata de esclavos africanos con las enseñanzas de Jesucristo. En *Historia de las Indias* (1561), publicado cinco años antes de su muerte, De las Casas se lamentaba del «consejo dado al rey» de importar esclavos africanos a América.

Había visto en los escritos de Zurara la prueba que ponía al descubierto la trata de esclavos como «el horror que es», y deploraba el intento del portugués de «desvirtuar [la trata de esclavos] con la misericordia y la gracia de Dios». Así, trató de cerrar la puerta a la esclavización de los africanos tras habérsela abierto a tantos esclavistas españoles. No obstante, se trató de un intento fallido. Enérgico reformista al que se vio como un extremista radical en sus últimos años, como a cualquiera de los antirracistas que vinieron después de él, a De las Casas se lo relegó al olvido en España tras su muerte, y sus trabajos pasaron a estar prácticamente prohibidos. Los rivales protestantes de la España católica siguieron publicando una vez tras otra la *Brevísima relación de la destrucción de las Indias* —en neerlandés (1578), en francés (1578), en inglés (1583) y en alemán (1599)—, con la pretensión de recalcar la corrupción y la repugnancia moral del Imperio español y el único objetivo de ocupar el lugar de España como superpotencia europea.[11]

A pesar del auge español, Portugal continuó siendo la potencia indiscutible en el comercio de esclavos africanos. Del mismo modo, las ideas racistas de Gomes Eanes de Zurara siguieron constituyendo la defensa principal de la trata de esclavos, hasta que irrumpió otro hombre, un africano, para recoger ese legado. En torno a 1510, Al-Hasan ibn Muhammad al-Wazzan al-Fasi, un marroquí de gran erudición, acompañó a su tío en una misión diplomática al Imperio de Songhay. Ocho años después fue esclavizado en el transcurso de otro viaje de igual propósito por el mar Mediterráneo. Los captores llevaron a Italia a aquel cultivado joven de veinticuatro años y lo presentaron ante el erudito papa León X. Antes de su muerte, en 1521, el pontífice dio la libertad al muchacho, lo convirtió al cristianismo y le dio el nombre de Johannes Leo, además de encargarle probablemente que escribiera una monografía sobre África. Llegó a ser conocido como Leo Africanus o León el Africano. En 1526, satisfizo la curiosidad italiana con la primera relación exhaustiva sobre África publicada en Europa, *Descripción de África y de las cosas notables que en ella se encuentran*.

En esta obra, el autor hacía una disección de la etimología de la palabra «África» e indagaba en la geografía, los idiomas, las culturas, las religiones o las dolencias que podían hallarse en el continente. Además, concluía que «no hay nación bajo el cielo más proclivemente venérea», es decir, más inclinada a la indulgencia sexual. Los africanos «llevan una clase de vida bestial, estando desprovistos por completo del uso de la razón, así como de las destrezas del ingenio y de cualquier arte», dejó también escrito León el Africano. «Se comportan igual que si viviesen en la selva, entre animales salvajes».

El autor no ignoraba la desnudez del emperador, y se preguntaba cómo era posible que él mismo hiciese «una descripción tan poco agraciada de África» cuando estaba «en deuda» con ella, tanto por haber nacido como por haberse educado allí. El caso es que se consideraba un «historiógrafo», con el deber de contar «la verdad cruda sobre todas las cosas», sin importar que eso supusiese denigrar a los africanos. Creía estar describiéndolos de modo preciso.[12]

Con *Descripción general del África*, su autor se consolidó como el primer racista africano conocido en el mundo, como el primer africano ilustre en producir ideas racistas, del mismo modo que Zurara había sido el primer europeo ilustre en hacer lo propio. Cualquiera puede producir o consumir ideas sobre la inferioridad africana, sea europeo, asiático, americano nativo, latino o incluso africano. Los ancestros de León el Africano mal lo precavieron de creer en la inferioridad africana o en la superioridad europea, o de tratar de convencer a otros de esa «verdad» simple y llanamente racista.

Puede que nunca visitara los quince territorios africanos que afirmaba haber visto, que parafrasease sin más los apuntes de los viajeros portugueses. Pero la veracidad es lo de menos. Una vez que el manuscrito estuvo acabado, en 1526, que se publicó en italiano, en 1550, o que se tradujo al francés y al latín, en 1556, los lectores de todo el occidente europeo lo compraron y vincularon a la gente de África a la hipersexualidad, a los animales y a la falta de razón. Se desconoce qué ocurrió con León el Africano, autor del libro más difundido e influyente escrito sobre África en el siglo XVI junto con el de Zurara, pero no cabe duda de que hizo sentir a un sinnúmero de europeos como si lo conocieran o, lo que es más, como si conocieran África.

En torno a la época en la que aquel texto se abría paso por toda Europa, más o menos la misma en la que nacieron los padres de Richard Mather, los británicos comenzaron a afanarse en acabar con el monopolio portugués del comercio de esclavos africanos, ansiosos de obtener beneficios y acrecentar su propio imperio. En 1554 una expedición capitaneada por John Lok, antepasado del filósofo John Locke, llegó a

Inglaterra después de haber realizado una travesía a la Guinea africana. Lok y sus compatriotas Robert Gainish y William Towerson atracaron con una carga de más de doscientos kilos de oro, doscientos cincuenta colmillos de marfil y cinco hombres africanos hechos esclavos. Estos tres ingleses se erigieron en las nuevas autoridades sobre África y los africanos entre los curiosos británicos. Sus opiniones parecían estar conformadas tanto por los portugueses y los franceses como por sus propias observaciones. Con una retórica que recordaba a la de León el Africano o a la de Zurara, Gainish describía a los africanos como «gente que vive como las bestias, sin Dios, ley, religiones ni patrimonio común». Las cinco «bestias» que él y sus compañeros de tripulación habían llevado hasta Inglaterra aprendieron inglés y fueron enviadas de regreso a África, para servir como intérpretes para los comerciantes ingleses.[13]

A medida que el contacto británico con aquel continente fue madurando, lo hizo asimismo el deseo de explicar las radicales diferencias de color. Escritores como el propio Gainish aplicaron la teoría del clima para explicar las pieles oscuras de los africanos y las más claras de los europeos. Esta hipótesis popular tenía lógica si se dirigía la mirada a Europa, al Mediterráneo y a África, pero ¿qué pasaba con el resto del mundo? Durante las últimas décadas del siglo XVI, en un nuevo género de literatura británica, se adoptó una teoría diferente. Los escritores llevaban relatos fascinantes de todo el mundo a los hogares anglicanos, a los puritanos domicilios de Richard Mather y John Cotton y de otros futuros líderes de la Norteamérica colonial. Y aquellas historias seculares eran tan racistas como asombrosas.

3

La llegada a América

Los exploradores escribían sobre sus aventuras, y tales narraciones tenían fascinados a los europeos. Esta nueva literatura de viajes les daba una ventana por la que asomarse, desde su lugar junto a la chimenea, a unas tierras remotas habitadas por gentes de aspecto diferente, en el seno de unas culturas que parecían exóticas y extrañas. Con todo, las pinceladas literarias que los exploradores daban al territorio africano estaban, por lo general, eclipsadas por los intereses personales de quienes financiaban las expediciones, gente que, por lo general, no buscaba más que satisfacer sus aspiraciones colonizadoras y esclavistas. Incluso un abolicionista solitario como el filósofo francés Jean Bodin vio sus planteamientos entrampados por una serie de historias que conectaban dos descubrimientos simultáneos, el de los africanos occidentales y el de unos simios desprovistos de cola que caminaban como humanos, también en África Occidental. Según lo teorizado por Bodin en 1576, la elevada temperatura del continente estaba en el origen de la hipersexualidad de los africanos, y «las relaciones íntimas entre humanos y bestias [...] habrían dado nacimiento a monstruos en aquel territorio». La teoría del clima según la cual el ardiente sol africano transformaba a la gente en bestias de carga sin civilizar aún seguía siendo el centro de las opiniones racistas, pero ya no por mucho más tiempo.[1]

Para el escritor de viajes George Best, la teoría climática quedó invalidada cuando, en 1577, en un viaje al Ártico comprobó que los inuits del nordeste de Canadá eran más oscuros que la gente que vivía en el sur de la región, más cálido. En el relato de la expedición, publicado en 1578, Best se apartaba de la teoría del clima al explicar «la negritud de los etíopes». Había encontrado una alternativa en las Sagradas Escrituras, es decir, en la teoría de la maldición, la cual habían articulado recientemente, y al mismo tiempo, un fraile dominico sito en Perú y un grupo de intelectuales franceses, que resultaba más sugerente a ojos de los propietarios de esclavos. En la antojadiza interpretación que Best hacía del Génesis, Noé habría ordenado a sus hijos más blancos y «angelicales» que se abstuvieran de mantener relaciones sexuales con sus esposas en el arca, al tiempo que les contaba que el primer niño nacido después del diluvio heredaría la Tierra. Cuando el malévolo, tiránico e hipersexual Cam desobedeció el mandato de su padre, fue la voluntad de Dios que sus descendientes fuesen «tan negros y repugnantes que supusiese una lección frente a la desobediencia para todo el mundo».[2]

El primer debate importante en el seno del pensamiento racista había penetrado en el discurso inglés. La controversia sobre la causa de la inferioridad de los negros —si se trataba de aquella maldición o del clima, si era la naturaleza o la cultura— se difundiría durante décadas para, en algún momento, ejercer su influencia sobre los colonos americanos. Los teóricos de la maldición fueron los primeros segregacionistas conocidos. Creían que la inferioridad de los negros era algo natural y permanente, por lo que eran incapaces de llegar a ser como los blancos. Por su parte, los teóricos del clima fueron los primeros asimilacionistas, por cuanto creían que las personas negras habían alimentado, bajo el calor del sol, una inferioridad temporal, pero que eran capaces de llegar al nivel de los blancos si pasaban a habitar un clima más templado.

George Best ideó su teoría de la maldición en 1578, la época de bisagra entre Enrique VII y Oliver Cromwell, un momento en el que la nación inglesa se encontraba enfebrecida por la pasión, contradictoria y exponencial, de las aventuras ultramarinas y el control nacional, o, por usar las palabras del historiador Winthrop Jordan, de los «viajes de descubrimiento a ultramar» y los «viajes de descubrimiento internos». La expansión mercantil en el extranjero, la economía progresivamente comercializada dentro de las propias fronteras, los fabulosos beneficios, las excitantes historias de aventuras y la lucha de clases, en conjunto, desestabilizaban el orden social en la Inglaterra isabelina, el cual estaba bajo el intenso escrutinio de una creciente congregación de estricta moral y sentenciosa en extremo, la de los devotos puritanos.

George Best se valió de los africanos como un «espejo social», según la expresión de Jordan, de la hipersexualidad, la codicia y la falta de disciplina, fruto de las maquinaciones del diablo, que ya «encontrara antes» en Inglaterra, «pero de las que no se podía hablar». Al normalizar el comportamiento negativo en los distantes africanos, los escritores podían desnormalizar el de los blancos y, así, hacerlo con todo aquello de lo que eran testigos en intensas valoraciones sobre el yo y la nación.

Es probable que no hubiera nadie en el país que coleccionase y leyese relatos de viajes con más avidez que Richard Hakluyt. En 1589, publicó *The Principal Navigations, Voyages, and Discoveries of the English Nation*. Con esta monumental colección de viajes, que contenía prácticamente toda la documentación disponible acerca de las aventuras británicas en ultramar, Hakluyt exhortó a los exploradores, comerciantes y misioneros a que cumplieran con su destino superior, el de civilizar, cristianizar, explotar económicamente y dominar el mundo.[3]

Los puritanos también creían en el deber de civilizar y cristianizar el mundo, pero su enfoque del proyecto era ligeramente distinto al de la mayor parte de los exploradores y patrocinadores de expediciones. Para estos, se trataba de una cuestión de rentabilidad económica o de poder político, mientras que, para los predicadores puritanos, lo importante era traer el orden social al mundo. El profesor de Cambridge William Perkins fue una piedra angular del puritanismo británico del siglo XVI. En *Ordering a Familie*, publicado en 1590, explicaba que «aunque el siervo es igual al señor en lo tocante a la fe y a su humanidad interior [...], el señor está por encima del siervo». Siguiendo los pasos de san Pablo, se convirtió en uno de los primeros teóricos ingleses de importancia —o teólogo asimilacionista, para ser más precisos— en distorsionar la relación de explotación entre señor y siervo, o entre amo y esclavo, presentándola como la de una familia amorosa. De este modo, se adhería a la teoría alumbrada por Zurara para justificar a los esclavistas portugueses, aquella según la cual las bestias africanas recibían cultura. En las generaciones siguientes, los esclavistas asimilacionistas, desde la Nueva Inglaterra de Richard Mather hasta La Española, se valdrían con habilidad de dicha distorsión, la de la familia amorosa, para encubrir la explotación y brutalidad que implicaba la esclavitud. Fue la concepción familiar de Perkins la que cabecillas puritanos como John Cotton o Richard Mather emplearon para sancionar el esclavismo en Massachusetts una generación más tarde. Como fue asimismo la aserción de Perkins sobre la igualdad de las almas y la desigualdad de los cuerpos lo que llevó a pastores puritanos como Cotton y Mather a ocuparse de las almas africanas sin presentar objeciones a la esclavización de sus cuerpos.[4]

Richard Mather había nacido en 1596 en el nordeste de Inglaterra, en el momento de mayor apogeo de la influencia de William Perkins. Tras la muerte de este, en 1602, el puritano Paul Baynes lo sustituyó en Cambridge. Richard Mather estudiaría con ahínco los escritos de este último, hasta el punto de que es probable que fuese capaz de citar de memoria su famoso tratado *Commentary on Ephesians*. En él, Baynes mantenía que la esclavitud era en parte una maldición por los pecados cometidos y, en parte, el resultado de una condición social, el barbarismo. Afirmaba que los «negros» eran «serviles» y los instaba a obedecer de buen grado. Los señores, por su parte, debían mostrar su superioridad recurriendo a la bondad, dejando relucir su «sincero corazón blanco».[5]

Cuando Richard Mather alcanzó la mayoría de edad, Richard Hakluyt se estaba consolidando como el mayor promotor de la colonización inglesa en ultramar. Se había rodeado de una legión de escritores de viajes, traductores, exploradores, comerciantes, inversores, colonizadores…, cualquiera cuyo oficio desempeñara un papel relevante en la colonización del mundo, y había comenzado a asesorarlos. En 1597 instó a su discípulo John Pory, que acababa de licenciarse en Cambridge, a completar una traducción que debía de llevar bastante tiempo en su lista de obras pendientes. Así, en 1600, aparecería la traducción al inglés de Pory de la *Descripción de África*, de León el Africano, bajo el título de *A Geographical Historie of Africa*. Los lectores ingleses agotaron los ejemplares tan rápido como lo habían estado haciendo otros europeos durante décadas, y quedaron igual de impresionados. En una larga introducción, Pory aseveraba que la teoría climática no podía explicar las disparidades geográficas en la coloración de la piel; en su lugar, planteaba que debían de ser de carácter «hereditario». En resumidas cuentas, los africanos eran «los descendientes de Cam, el hijo maldito de Noé».[6]

Eligieran iluminar la marca de la negritud a partir de la teoría de la maldición o de la climática, los escritores de viajes y traductores de la época tenían un objetivo común mayor, y se afanaron en cumplirlo, inaugurando la era británica de la aventura. Pronto los siguió un grupo distinto, el de los dramaturgos. El nivel de alfabetización de Inglaterra era bajo, por lo que las obras de teatro, antes que la literatura de viajes, eran lo que hacía volar la imaginación de la mayoría de los británicos. En el cambio de siglo, un respetado dramaturgo oriundo de Stratford-upon-Avon y vecino londinense acompañaba al público inglés de vuelta al mundo antiguo y por toda la Europa moderna, desde Escocia (con *Macbeth*) hasta Dinamarca (con *Hamlet*) y de la inferioridad negra a la superioridad blanca en Italia (con *La tragedia de Otelo, el moro de Venecia*); las relaciones raciales que se representaban en esta última obra de William Shakespeare no cogieron por sorpresa a las audiencias británicas a su estreno, en 1604. A finales del siglo XVI, los autores teatrales ingleses ya estaban acostumbrados a dar vida a los agentes negros de Satán en la Tierra. El primer personaje negro de Shakespeare, el malvado y sobresexuado Aarón de *Tito Andrónico*, ya había subido a los escenarios en 1594. Al sur, en España, era usual que en las obras de teatro se representase a las personas negras como imbéciles llenos de crueldad, en un género conocido como las «comedias de negros».[7]

El Otelo de Shakespeare es un general cristiano originario del norte de África que presta servicio militar a Venecia, un personaje inspirado por uno de los cuentos de *De gli hecatommithi* y es posible que por León el Africano, el cristiano norteafricano que, desde Italia, despreció su propia negritud. Yago, alférez y persona de confianza de Otelo, siente celos de él por su matrimonio con la veneciana Desdémona. «Abrigo la sospecha de que el lascivo moro se ha insinuado en mi lecho, sospecha que, como un veneno mineral, me roe las entrañas», explica Yago, y, ante el padre de Desdémona, le brinda el calificativo de «viejo morueco negro», uno que, además, está «topetando a vuestra oveja». Manipula a su señor para hacerle creer que su mujer lo engaña. «Su nombre, que era tan puro como el semblante de Diana, es ahora tan embadurnado y negro como mi propio rostro», exclama Otelo antes de estrangular a Desdémona. En el clímax de la obra, sin embargo, advertirá la inocencia de su esposa muerta y le confesará lo ocurrido a Emilia, la sirvienta de Desdémona, que le responde: «¡Más ángel por eso ella, y vos más negro que el diablo!». A la postre Otelo se suicida.[8] La reina Isabel, gran amante del teatro, no llegaría a ver *Otelo*, como sí lo hizo con algunas de las primeras obras de Shakespeare, puesto que murió en 1603. Cuando la letal plaga de 1604 amainó, su sucesor, el rey Jacobo I, llegó a Londres y comenzó a planificar su gran coronación. Él y su esposa, la reina Ana de Dinamarca, asistieron a una de las representaciones de *Otelo*, pero fue al rival de Shakespeare en la dramaturgia, Ben Jonson, a quien Jacobo encargaría una mascarada cautivadora y de carácter internacional para la ceremonia, y para sellar de paso el final del autoaislamiento isabelino. La reina Ana propuso la temática africana, para reflejar el nuevo enfoque internacional del rey; León el Africano, los relatos de viajes y Otelo habían suscitado en ella el interés por África. Para satisfacerla, Jonson escribiría *The Masque of Blackness*.

Estrenada el 7 de enero de 1605 en el auditorio del palacio de Whitehall, con vistas a las nevadas orillas del Támesis, *The Masque of Blackness* era la producción más cara jamás representada en Londres. Un vestuario ostentoso, unos bailes sorprendentes, unos coros sensacionales, una orquestación estruendosa, una escenografía exótica y un lujoso banquete hicieron que todos los presentes se maravillasen ante el espectáculo. Inspirada en la teoría climática, se trataba de la historia de doce feas princesas africanas del divino río Níger, que descubrían que podían «llegar a ser hermosas» si viajaban a «Britannia», donde «los rayos del sol brillan día y noche y, por fuerza, han de blanquear a un etíope y hasta resucitar a un cadáver». La propia reina Ana y once damas de la corte hicieron el papel de las princesas africanas, pintándose para ello el rostro e inaugurando, en el escenario real, el uso de pintura negra.[9]

The Masque of Blackness recogía la visión imperial del rey Jacobo I, el príncipe Carlos, Richard Hakluyt y todo un reparto de inversores, comerciantes, misioneros y exploradores ingleses. También ayudó a renovar la determinación de expandir Britannia a América. El rey Jacobo constituiría la Compañía de Londres en 1606, con los ojos puestos en Norteamérica o, más exactamente, un ojo en Nueva Inglaterra y el otro en Virginia. Aunque el infortunio se cebó con los empeños en la primera, en el caso de la segunda fue mejor. El capitán John Smith, uno de los discípulos de Richard Hakluyt, ayudó a dirigir la expedición, conformada por más o menos ciento cincuenta voluntarios repartidos en tres embarcaciones, que entraron en la bahía de Chesapeake el 26 de abril de 1607. Contra todo pronóstico, y gracias a la ayuda de los indígenas americanos powhatans, el primer asentamiento estable de origen inglés sobrevivió. Una vez cumplida su misión, John Smith regresó como un héroe a Inglaterra, en octubre de 1609.[10]

Durante el proceso de colonización de Virginia, al que seguiría el de Nueva Inglaterra, los británicos ya habían comenzado a concebir la distinción de razas. La palabra «raza» apareció por primera vez en un poema de 1481 del francés Jacques de Brézé, «La caza», donde se aplica a unos perros de cacería. El término fue ampliado para incluir a los humanos durante la siguiente centuria y utilizado sobre todo para identificar, diferenciar y animalizar a los pueblos africanos. No apareció en un diccionario hasta 1606, cuando el diplomático francés Jean Nicot incluyó la entrada. «Raza [...] significa descendencia», recogía, así como que «se dice que una persona, un caballo, un perro u otro animal es de buena o mala raza». Gracias a un concepto tan maleable con origen en el occidente europeo, los británicos se sintieron libres de agrupar a los multiétnicos nativos americanos y a los multiétnicos africanos en los mismos grupos raciales. A la larga, el constructo de Nicot llegó a ser tan adictivo como la planta del tabaco, que él mismo había introducido en Francia.[11]

El capitán John Smith nunca volvió a Jamestown, y pasó el resto de su vida como el más importante entre los alumnos literarios de Richard Hakluyt, dedicado a promover la emigración británica a América. Miles de personas cruzaron el Atlántico, animadas por los estimulantes libros de viajes de Smith, en los que para 1624 ya se recogía la historia de cómo Pocahontas le había salvado la vida. Para entonces, ella, la «salvaje civilizada», se había convertido al cristianismo, casado con un inglés y visitado Londres. Los ingleses lo aprobaron. Las personas negras no salieron tan bien paradas en la estimación de Smith. Fuera como fuese, los colonos leyeron sus opiniones de carácter mundano o, mejor dicho, racista, y las adoptaron como propias. En su último libro, publicado el año de su muerte, 1631, Smith advertía a los «inexpertos» dueños de las plantaciones de Nueva Inglaterra de que los esclavos africanos eran «tan holgazanes y taimados como puede serlo cualquiera». Al parecer, pensó que este conocimiento les sería de utilidad, probablemente a sabiendas de que era solo cuestión de tiempo que se llevasen esclavos africanos a Nueva Inglaterra.[12]

Pero Smith solo estaba reciclando las ideas que había oído en Inglaterra entre la representación de *The Masque of Blackness*, la fundación de Virginia y la de Nueva Inglaterra, unas ideas que es probable que los intelectuales ingleses hubieran aprendido de los esclavistas españoles y los tratantes de esclavos portugueses. «Los seres humanos con narices chatas son tan libidinosos como los monos», explicaba el clérigo Edward Topsell en 1607, en *Historie of Foure-Footed Beastes*. El rey Jacobo, por otra parte, recurrió a la frecuente asociación entre simios y demonios en su libro de 1597, *Daemonologie*. En una de sus últimas obras, *La tempestad*, de 1611, el mismo Shakespeare planteaba esa misma analogía, añadiendo a ella a los africanos, en la descripción del personaje de Calibán, el hipersexual hijo bastardo de un demonio y una bruja africana, descendiente de una «raza vil». En 1614 John Taylor, el primer poeta de clase trabajadora en alcanzar la fama en Inglaterra, afirmó que las «naciones negras» adoraban al «negro» diablo. Al año siguiente, en una alocución destinada a los dueños de plantaciones de Irlanda y Virginia, el reverendo Thomas Cooper dijo que el blanco Sem, uno de los tres hijos de Noé, «fue designado como amo» de «la raza maldita de Cam», los habitantes de África. El futuro político virginiano George Sandys también conjuraría la teoría de la maldición para desprestigiar la negritud. En 1620, en una interpretación del Génesis, otro futuro político, Thomas Peyton, escribía sobre Caín, «el hombre del sur», que se trataba de un «duende negro y deforme», mientras que «el blanco del norte es semejante al mismo Dios». Cinco años más tarde, el sacerdote Samuel Purchas publicó los colosales cuatro volúmenes de *Hakluytus posthumus*, unos manuscritos sobre viajes legados por su mentor, Richard Hakluyt. En la obra, Purchas arremetía contra los «obscenos sodomitas, vagos, ignorantes, bestiales discípulos de Cam [...], a quienes la oscura negritud ha sido destinada para toda la eternidad». Tales eran las ideas sobre la gente de África que circulaban por Inglaterra y las colonias inglesas, en tanto se porteaba a los africanos hasta Britannia en barcos negreros.[13]

En 1619 Richard Mather comenzó su oficio de pastor no muy lejos del futuro centro del comercio de esclavos británico, el puerto de Liverpool. En aquellos días se trataba de una industria minúscula, y apenas había africanos en Britannia, pero la situación pronto cambiaría. Las embarcaciones de los negreros ingleses se adentraban cada vez más en el corazón del occidente africano, en especial, después de que los marroquíes, pertrechados con armas de fuego de origen inglés, aplastasen al Imperio de Songhay en 1591; como asimismo lo hacían en Virginia, en su afán por competir con los españoles, los portugueses y los crecientes Imperios neerlandés y francés.[14]

La mercancía del primer barco cargado con africanos en llegar a las colonias británicas no estaba destinada originalmente a los colonos ingleses. Se trataba del buque español *San Juan Bautista*, que había zarpado de Angola en julio de 1619, con una carga de trescientos cincuenta cautivos, con probable destino a Veracruz, en México. Los esclavistas latinoamericanos habían recurrido a las ideas racistas para erigir un sistema de esclavitud permanente, con un cuarto de millón de africanos en propiedad en aquel momento. Es probable que dos barcos piratas atacaran al buque español en el golfo de México, haciéndose con sesenta prisioneros, y luego pusieran rumbo al este. Semanas después, en agosto de 1619, en Jamestown, estos filibusteros venderían a veinte de los cautivos angoleños al gobernador de Virginia en persona, George Yeardley, propietario de más de cuatrocientas hectáreas.[15]

John Pory, el traductor al inglés del libro de León el Africano, era primo de Yeardley, y ese mismo año de 1619 se había aventurado a viajar a Jamestown para trabajar como su secretario. El 30 de julio, Yeardley convocó la reunión inaugural de los políticos electos de las colonias británicas, un grupo en el que se encontraba el bisabuelo de Thomas Jefferson. Esta congregación de legisladores nombró a John Pory como su portavoz; así pues, este defensor de la teoría de la maldición pasó a convertirse en el primer jefe del poder legislativo de la Norteamérica colonial.[16]

Así, establecería el precio del principal cultivo comercial de aquellas colonias, el tabaco, advirtiendo asimismo la necesidad de mano de obra para aumentar la producción. De manera que, cuando aquel agosto atracó el barco con los angoleños hechos esclavos, era el momento justo. No hay razón para pensar que George Yeardley y el resto de los esclavistas originales no racionalizasen la esclavización de los africanos al igual que lo habían hecho antes los intelectuales británicos y los esclavistas latinoamericanos, con la consideración de que estaban marcados al nacer como un grupo racialmente distinto, inferiores a ellos mismos e inferiores en la escala de los seres vivos a los más abundantes esclavos blancos bajo contrato. El censo de Virginia de 1625 no recogía la edad ni la fecha de llegada de la mayor parte de los africanos, y en él tampoco se censaba a ninguno de ellos como libre, aunque, en algunos casos, sí figuraba que hacía seis años que residían en Virginia). Por otra parte, se los registraba de manera distinta a los sirvientes blancos. A su muerte, en 1627, la voluntad de Yeardley fue dejar a sus herederos «los bienes, las deudas, los caudales, los sirvientes, la negrada, los semovientes y cualquier otra cosa». La «negrada» quedaba por debajo de los «sirvientes» en la jerarquía social, que venía a reflejar la jerarquía económica. Dicha estratificación quedó clara en la primera resolución judicial de Virginia que aludía a la raza. En 1630, el tribunal ordenó que un hombre blanco recibiese «unos vigorosos latigazos ante un grupo de negros y otras gentes, por abusar de sí mismo en afrenta al Señor y para vergüenza de la cristiandad, al corromper su cuerpo yaciendo con una negra». El tribunal contraponía la sucia mujer negra a la pura mujer blanca, con la que aquel podría haberse acostado sin incurrir en la corrupción de su cuerpo. Se trata del primer ejemplo registrado de racismo de género en América, de la consideración de que la mujer negra era un objeto manchado que podía corromper a un hombre con el mero contacto.[17]

Richard Mather nunca llegó a ver un barco de esclavos dejar los muelles de Liverpool durante su ejercicio como pastor en Toxteth, en la década de 1620, puesto que la ciudad no se convertiría en el principal puesto esclavista hasta la de 1740, cuando se pondría por delante de Londres y Bristol. Los comerciantes de esclavos fueron ampliando su actividad en aquel decenio de 1620, a diferencia de lo que ocurrió con los perseguidores anglicanos de los puritanos. Con la muerte del rey Jacobo y la coronación de su hijo, Carlos I, en 1625, se desencadenó una estampida por causa de las persecuciones religiosas. William Ames, un discípulo de William Perkins que se encontraba exiliado en Holanda, imbuyó de entusiasmo a Richard Mather, John Cotton y un sinnúmero de otros puritanos con *La médula de la divina teología*. Escrito originalmente en latín y traducido al inglés en 1627, el tratado describía la divinidad de la igualdad espiritual «entre un hombre libre y un siervo», la sagrada divinidad del hecho de que los «inferiores» debían «sujeción y obediencia» a sus «superiores», así como la sagrada divinidad de que los del «tipo de nuestra sangre» debieran «darse más amor entre sí antes que a los extraños». Estas explicaciones se convirtieron en un principio rector para la generación de los puritanos establecidos en Massachusetts a la que pertenecía Mather, la de finales de la década de 1620 y la de 1630. Los puritanos se sirvieron de esta doctrina para juzgar a los americanos nativos y a los africanos como extraños, blindando desde los inicios la intolerancia en su tierra de la tolerancia.[18]

A inicios de 1642, los monárquicos anglicanos y los parlamentaristas disconformes midieron armas en la guerra civil inglesa. Mientras que los puritanos de Nueva Inglaterra fueron acogiendo a los segundos, los seguidores que el rey tenía en Virginia rezaban por un Carlos I que se encontraba en retirada. Sin embargo, en 1649, este fue ejecutado. Tres años después, se forzó a Virginia a rendirse al nuevo Parlamento en el poder.

Aunque discrepasen en sus lealtades políticas y religiosas, la jerarquía económica que había emergido en esa colonia emulaba el mismo orden jerárquico propuesto por William Ames que los puritanos habían establecido en Nueva Inglaterra. Los latifundistas, sacerdotes y mercaderes estaban en la cúspide, hombres como John Mottrom, de la península virginiana de Northern Neck, quien se valía de su poder para adquirir tierras fértiles, impulsar el comercio, obtener mano de obra y mantener a gente libre, como Elizabeth Key, legalmente esclavizada.[19]

Elizabeth era la hija de una africana de nombre desconocido y de Thomas Key, legislador de Newport News. Antes de su muerte, este lo dejó todo dispuesto para que su hija birracial fuese manumitida a la edad de quince años. Sin embargo, sus sucesivos señores la mantuvieron esclavizada. En algún momento se hizo cristiana. Dio a luz a un niño, cuyo padre era William Greenstead, un esclavo bajo contrato y abogado no profesional que trabajaba en la plantación de Mottrom. Tras la muerte de este último, en 1655, Key, con Greenstead como representante, demandó al Estado la libertad para ella y para su hijo, acción en la que tuvo éxito.

Los dueños de las plantaciones siguieron el caso de Key casi tan de cerca como habían seguido la guerra civil de Inglaterra. Se dieron cuenta de que el derecho consuetudinario inglés prohibía la esclavización de cristianos, así como estipulaba que el estatus de los padres determinaba el de los hijos, dos términos que rebasaban la teoría de la maldición, la teoría climática, la teoría de la bestialización, la teoría evangélica y cualquier otra teoría racista que viniera a corroborar la esclavización de los negros y los birraciales. Elizabeth Key acababa de hacer añicos las ataduras que se habían venido utilizando de modo oficioso para forzar la esclavitud de los africanos.[20]

Para los terratenientes de Virginia, la sentencia sobre el caso de Key no podía haber llegado en un momento más inoportuno. En la década de 1660, la demanda de mano de obra había crecido. Los virginianos habían desarraigado a más comunidades indígenas para expandir sus tierras de labranza. El objetivo de los terratenientes era que los trabajadores africanos se fuesen convirtiendo en la única mano de obra, puesto que sus tasas de mortalidad eran más bajas, por lo que eran más valiosos y duraderos que quienes servían bajo contrato. Además, la sangrienta guerra civil inglesa, la misma que había hecho migrar a tanta gente de Inglaterra a América, había concluido, y las nuevas oportunidades socioeconómicas en el país europeo habían reducido el flujo de inmigrantes dispuestos a aceptar voluntariamente esa clase de contratos. Los sirvientes blancos que aún llegaban se asociaban con los esclavos africanos en los intentos de fuga o de rebelión, quizá vinculados emocionalmente por unas historias similares, engañados para embarcarse y raptados, fuese en las costas de África o en las de Europa.[21]

Los dueños de las plantaciones respondieron a la demanda de mano de obra y a la unidad de los trabajadores comprando más esclavos africanos y forzando la diferencia entre blanquitud y negritud. En 1660 —y en términos más estrictos, en 1661—, en el primer reconocimiento oficial de la esclavitud en Virginia, los legisladores estipularon que cualquier sirviente blanco que se escapase «en compañía de algún negro» habría de servir durante el tiempo equivalente a «la ausencia de ese negro», aunque ello supusiese toda la vida. En 1662, los agentes del orden público de Virginia introdujeron un vacío legal en el caso de la manumisión de Key, pues se habían «suscitado dudas sobre si el hijo de un inglés y una mujer negra ha de ser libre o esclavo». Proclamaban que «todos los niños nacidos en este país» obtienen su propio estatus de «la condición de la madre». Arrojando al basurero las leyes inglesas, desempolvaron el principio romano de *partus sequitur ventrem*, según el cual «en el caso de los animales dóciles o domésticos, la cría pertenece al dueño de la madre o progenitora».[22]

Con esta ley en vigor, los esclavistas blancos podían rentabilizar las relaciones «con una mujer negra», aunque, al mismo tiempo, querían evitar que las mujeres blancas se implicasen en relaciones interraciales similares, por cuanto sus vástagos birraciales serían libres. En 1664, los legisladores de Maryland declararon como «desgracia de la nación» el que «una mujer inglesa [...] se cruce con un esclavo negro». Llegados los estertores del siglo, los legisladores de Maryland y Virginia habían decretado penas graves para las mujeres blancas que se relacionasen con hombres de otras razas.[23]

De este modo, los hombres blancos heterosexuales se facultaron a sí mismos, mediante una legislación racista, para poder mantener relaciones sexuales con cualquier mujer. Después, su literatura asimismo racista vino a codificar dichos privilegios sexuales. En *The Isle of Pines*, un excéntrico relato publicado en 1668 por el antiguo parlamentario inglés Henry Neville, encontramos un ejemplo de estas execrables consideraciones. La historia comienza de forma significativa en 1589, el año de la primera edición de *The Principal Navigations*, de Hakluyt. Superviviente de un naufragio en el océano Índico, Pines se ve solo en una isla deshabitada junto con un niño inglés de catorce años, una sirvienta galesa, otra sirvienta cuya blanquitud está clara, pero no así su etnicidad, y «una esclava negra». Según narra el propio Pines, «la ociosidad y la abundancia engendraron en mí el deseo de disfrutar de aquellas mujeres». Persuade a ambas sirvientas para acostarse con él, para indicar luego que el inglés de catorce años estuvo «feliz de hacer igual que nosotros». La mujer negra, «al ver lo que hacíamos, quiso también su parte». Entonces, una noche, este personaje de una agresividad sexual sin par mueve ficha en la oscuridad, mientras Pines duerme.[24]

La de *The Isle of Pines* constituía una de las primeras representaciones de las letras inglesas de una femineidad africana agresiva e hipersexual. La naturaleza de estos retratos servía tanto para exonerar a los hombres blancos de las violaciones inhumanas que cometían como para enmascarar la atracción que pudieran sentir como humanos por unas mujeres bestializadas. Además, llegaban sin pausa, al igual que los barcos de esclavos. Entretanto, los esclavistas africanos se dedicaron a prostituir públicamente a las mujeres negras hasta el siglo XVIII (y en privado a partir de entonces). En un intercambio epistolar de 1736 sobre la inextricable sexualidad y los servicios de las «damas africanas», en la *South-Caroline Gazette* se aconsejaba a los hombres blancos que esperasen «a la próxima remesa procedente de las costas de Guinea». «Esas damas africanas son de constitución fuerte y robusta y no es fácil dejarlas saciadas, siempre están pletóricas, tanto de noche como de día». En sus propias islas pinariegas de las colonias, los hombres blancos seguirían reproduciendo el tópico de las africanas sexualmente agresivas, transfiriéndoles a las mujeres la responsabilidad por los deseos sexuales que sentían hacia ellas.

De los cerca de cien casos de violación o intento de violación recogidos en veintiún periódicos de nueve colonias norteamericanas entre 1728 y 1776, en ninguno se trata de una mujer negra; parece que este tipo de violaciones, fuese cual fuese la raza del agresor, no se consideraban noticia. Como en el caso de las prostitutas, la credibilidad de las mujeres negras había sido incautada, en este caso por la creencia racista en su hipersexualidad. El asunto era similar para los hombres negros. No hay un solo artículo de la época colonial que recoja la exoneración de un negro sospechoso de violación. Un tercio de los hombres blancos involucrados en casos similares, por contra, eran declarados inocentes de al menos un cargo. Es más, de acuerdo con la historiadora Sharon Block, «los periódicos trataban los casos de violaciones por parte de hombres blancos como actos delictivos cometidos a título individual, mientras que, cuando se trataba de negros, se consideraba una fechoría de todo el grupo racial».[25]

Así pues, la mente norteamericana ya estaba gestando la indispensable actividad intelectual de alguien consumido por las ideas racistas, la de individualizar la negatividad blanca y generalizar la negra. Los comportamientos negativos de una persona negra pasaban a convertirse en prueba de lo que hay de errado en la gente negra, mientras que los comportamientos negativos de una persona blanca tan solo probarían lo que hay de errado en esa persona en particular.

Se pensaba que las mujeres negras perseguían con agresividad a los hombres blancos, con afán sexual, y que los hombres negros perseguían con agresividad a las mujeres blancas, con afán sexual. Según planteaba el mito racista, era inevitable, por cuanto ansiaban la superioridad de la blanquitud. Según las fantasías de William Smith, el autor de *New Voyage to Guinea*, de 1744, las mujeres negras poseían «un temperamento calenturiento y lascivo, y no tienen escrúpulos para prostituirse a los europeos por cantidades exiguas, tal es su inclinación por los hombres blancos». Y la teoría iba más lejos, al afirmar que semejante lujuria en los hombres y las mujeres de piel negra obedecía al tamaño relativamente grande de sus genitales. En una fecha tan temprana como 1482, el cartógrafo mallorquín Jaume Bertrand describió a Mansa Musa, emperador de Mali, desnudo en el trono, mostrando unos órganos sexuales desmesurados.[26]

Algunos hombres blancos eran lo suficientemente honestos como para manifestar sus inclinaciones, por lo usual justificándose con ideas asimilacionistas. El realista Richard Ligon, parlamentario inglés exiliado en Barbados, se mostró fascinado durante una cena por el «ama negra» del gobernador colonial. A mediados del siglo XVII, Barbados era más próspera que el resto de las colonias inglesas juntas. Las plantaciones de azúcar llegaban hasta las escaleras de acceso a las casas, y quienes allí vivían consumían comida producida en Nueva Inglaterra en lugar de cultivarla ellos mismos. Para Ligon, aquella ama negra tenía «las mayores hermosura y majestad al unísono» que jamás hubiese visto en una mujer, por encima incluso de la reina Ana de Dinamarca. Tras la cena le hizo un presente, a lo que ella respondió «con la sonrisa más encantadora que jamás haya llegado a ver». Para Ligon, era imposible decir qué era más blanco, si su dentadura o «el blancor de sus ojos».

Esta es una de las muchas historias incluidas en su libro *A True and Exact History of the Island of Barbadoes*, de 1657, el año en que finalmente se dictó sentencia sobre el caso de Elizabeth Key. En otro de los relatos, un esclavo sumiso llamado Sambo delata a sus iguales, que planean organizar una revuelta de esclavos, y rehúsa aceptar la recompensa que se le ofrece. También hay uno en el que Ligon informa al «cruel» amo de Sambo de que este desea «hacerse cristiano». La repuesta de aquel es que, según la ley inglesa, no se puede «hacer cristiano a un esclavo». Al amo le preocupa que, si se acepta a Sambo como cristiano, este pueda llegar a convertirse en liberto, lo cual abriría «tal brecha» que «todos los hacendados de la isla» se pondrían furiosos. Ligon se lamenta de que Sambo haya de quedar excluido de la Iglesia, aunque, al mismo tiempo, proporciona a los esclavistas una nueva teoría para defender su empresa. Puesto que se sostenía que los negros eran por naturaleza dóciles y que los esclavos podían y debían convertirse al cristianismo, pero los dueños de las plantaciones temían que si los esclavos se hacían cristianos no habría más remedio que liberarlos —y el éxito de Elizabeth Key con su caso había demostrado que las leyes daban pie a creerlo así—, Ligon introdujo la distinción entre hacer «cristiano a un esclavo» y «hacer esclavo a un cristiano», una idea que les haría cambiar de postura. Aunque llevó tiempo, acabó por convertirse en la base para cerrar el resquicio legal de carácter religioso que había abierto Key. Ligon puso la ley bíblica de convertir al infiel por encima de la ley británica, gracias a la prohibición de la esclavización de los cristianos, recurriendo a la dócil figura de Sambo para promover la idea de bautizar a los esclavos africanos. Con toda probabilidad, los dueños de las plantaciones y los intelectuales lo entendieron bien, y si el sumiso y delator Sambo deseaba ser cristiano, debía permitírsele serlo. De hecho, la conversión solo haría a los esclavos más dóciles. La recomendación de Ligon de cristianizar a los esclavos en pos de una mayor docilidad apareció en un momento crucial para el avance del conocimiento, una época en la que abundaban las ideas intelectuales, con lo que, de manera inevitable, abundaban también las justificaciones del esclavismo.

El 28 de noviembre de 1660, un puñado de hombres se reunió en Londres para fundar la que llegaría a ser conocida como Royal Society. La revolución científica europea había llegado a Inglaterra. En Italia, se había fundado la Academia Nacional de los Linces en 1603; en Francia, la Academia Francesa en 1635, y, en Alemania, la academia nacional, con el nombre de Leopoldina, en 1652. En 1660, el rey Carlos II inauguraría la Royal Society en uno de los primeros actos de la monarquía restaurada, la cual revestía un carácter antipuritano. Uno de los primeros dirigentes de la sociedad sería uno de los jóvenes investigadores británicos más notorios, autor de *El químico escéptico*, de 1661, y padre de la química inglesa, Robert Boyle. En 1665, este científico urgió a sus colegas europeos a reunir una mayor cantidad de historias «naturales» de tierras y gentes lejanas, con el libro de Richard Ligon como prototipo racista.[27]

El año anterior, Boyle había saltado al ruedo del debate racial con *Of the Nature of Whiteness and Blackness*. Estaba en contra tanto de los teóricos de la maldición como de los del clima y dio luz a una idea antirracista fundacional. Así, escribió que la pigmentación humana «no parece residir sino en la *epidermes* o piel externa». Ahora bien, la idea antirracista de que el color de la piel era anatómicamente superficial no abstuvo a Boyle de hacer juicios sobre los diferentes tonos. De este modo, mantenía que la piel negra era una «fea» deformidad de la norma de la blanquitud. Sostenía que los físicos consagrados al estudio de la luz habían demostrado que el blanco era «el color principal». Además, afirmaba haber dejado a un lado cualquier «opinión» personal para presentar la verdad de manera «clara y fidedigna», como exigía la sociedad científica a la que pertenecía. Al mismo tiempo que impulsaban la innovación y la circulación de ideas racistas, Boyle y la Royal Society promovían la objetividad en todo escrito que alumbraran.[28]

El mundo intelectual, de Génova a Boston, inclusive el hijo más joven de Richard Mather, Increase Mather, leyó con atención y empeño el aclamado trabajo de Boyle, publicado en 1664. También un intachable estudiante de Cambridge, proveniente de una familia de granjeros, por entonces de veintidós años de edad, se quedaría con citas enteras. Según fue adquiriendo notoriedad en los siguientes cuarenta años, hasta convertirse en el científico más influyente de todos los tiempos, Isaac Newton se arrogó la tarea de dar sustancia a la ley del color de Boyle, la de que la luz blanca es el estándar.

En 1704, un año después de asumir la presidencia de la Royal Society, publicaría uno de los libros más eminentes de la era moderna, *Óptica*, en el que escribía que «la blanquitud es el producto de la confluencia de todos los colores». Para ilustrar esta tesis, Newton concibió una rueda de color en la que «el centro» era «blanco de primer orden» y el resto de los colores se ubicaban según su distancia de aquel. En uno de los libros fundacionales del incipiente renacimiento intelectual europeo, Newton imaginaba la «blanquitud perfecta».[29]

Robert Boyle no viviría para leerlo. Murió en 1691, tras una larga e influyente vida, durante la que no solo fundó la química, blanqueó la luz, impulsó la Royal Society e inspiró a Newton, al clan Mather y a una multitud de intelectuales a ambos lados del Atlántico, sino que además fue parte integrante del Consejo de Plantaciones de Ultramar original, creado en 1660 y a cuyos miembros se designaba en paralelo a la Royal Society, para centralizar y asesorar al vasto imperio que Carlos II había heredado.

El consejo haría su primer alegato formal en 1661, dirigido a los hacendados de Barbados, Maryland y Virginia, para convertir a los esclavos africanos. «La presente ley [...] [no] será óbice o impedimento ni vendrá a menoscabar» el poder de los señores, según se tuvo cuidado de hacer notar. Año tras año, los llamamientos del consejo iban resonando cada vez más alto, a medida que la economía de plantación experimentaba un *boom* en todo el hemisferio occidental, un número creciente de sacerdotes británicos competía por la sujeción de las almas africanas y los hacendados competían por la sujeción de sus cuerpos; los primeros ponían sus empeños en aumentar el reino de Dios y los segundos, en aumentar los beneficios. El esclavismo y el cristianismo parecían destinados a contraer matrimonio. Pero los africanos esclavizados lo pusieron difícil, puesto que la amplia mayoría de ellos, en aquel Estados Unidos naciente, se resistía a adoptar la que era la religión de sus amos. Además, estos, por su parte, también lo pusieron difícil. No querían saber nada de sermones para convertir a sus esclavos. Lograr los cultivos cada año era más importante para ellos que lograr almas para Dios. Aunque, desde luego, no podían expresarlo en voz alta, pues se arriesgarían a enfurecer a los sacerdotes, así que alegaban, para justificar su dejadez, que los esclavos africanos eran demasiado bárbaros como para conseguir convertirlos.

Al debate racista sobre la causa de la negritud, ya fuese climática o por una maldición, se había venido a unir uno nuevo sobre la capacidad de los negros para ser cristianos. La creencia de los segregacionistas de que no se podía o no se debía bautizar a los esclavos africanos estaba muy extendida al tiempo que era tabú hablar de ella, como Richard Ligon tuvo oportunidad de descubrir en Barbados, hasta el punto de que prácticamente ningún esclavista redactó en el siglo XVII alguna normativa para apuntalarla. Esto no detuvo a los asimilacionistas, convencidos de que los humildes africanos hechos esclavos, practicantes de unas religiones supuestamente animalistas, eran capaces de recibir el cristianismo. Así, en la década de 1660 emergió una serie de movimientos misioneros dedicados a divulgar la tarea divina entre los reticentes esclavistas y esclavos. El nieto de Richard Mather dedicó su vida adulta a llevar estos ideales a las iglesias de Nueva Inglaterra, aunque aquel no vivió para verlo.

4

La salvación de las almas, que no de los cuerpos

Cuando Carlos II restauró el trono inglés en 1660, reanudó al mismo tiempo la persecución religiosa de los puritanos. Se obligó a cerca de dos mil pastores de esa tendencia a abandonar la Iglesia de Inglaterra, en lo que se conoce como la Gran Expulsión. Entretanto, en Nueva Inglaterra, Richard Mather había perdido capacidad auditiva y se había quedado ciego de un ojo, aunque seguía desafiando a la Corona igual que en su juventud, y guiaba a los no conformes de Nueva Inglaterra con tanta habilidad como lo había estado haciendo a lo largo de tres décadas. Su colega en el liderazgo teológico, John Cotton, había muerto en 1652. La primera esposa de Mather también había fallecido, y él desposó a la viuda de Cotton, Sarah Hankredge Story Cotton. Su hijo pequeño, Increase Mather, se casó a su vez con la hija de Sarah, Maria Cotton, que pasaba a ser su hermanastra, reforzando los lazos entre las dos famosas familias Cotton y Mather. Como para terminar de afianzar ese vínculo con un triple nudo, Increase y Sarah pusieron a su primer hijo, nacido el 12 de febrero de 1663, el nombre de Cotton Mather.

Richard Mather vivió seis años tras el nacimiento de su nieto. A su muerte, Increase Mather escribió la biografía de su padre para rendirle honores, llevando con ella a la imprenta la historia de su providencial salvación del gran huracán de 1635, un relato tan importante para el linaje de los Mather como cualquier pasaje de la Biblia. Increase, quien en 1664 cogió el timón de la afamada iglesia norte de John Cotton, inculcó a sus diez hijos la idea de que la divina providencia les favorecía con regularidad, como ocurriera con su abuelo, e insistió especialmente en esta idea con Cotton. En su momento, este haría de su padre un profeta, cogiendo lo mejor de los Cotton y los Mather, y eclipsándolos en la memoria de Norteamérica. Cuando terminaba el siglo, la esclavitud africana se había convertido en algo tan familiar para los colonos como el nombre de Cotton Mather, y difícilmente se encuentre un pensador con mayor responsabilidad en ese vínculo que el propio Mather; no obstante, tampoco fue él el único progenitor de semejantes ideas, sino que sus contemporáneos influían en él a través de la lectura. Pocos o ningún libro inspiraron tanto las ideas racistas de Cotton Mather como *A Christian Directory*, escrito por Richard Baxter y publicado entre 1664 y 1665.

Desde su cargo ministerial en Kidderminster, en el mencionado tratado Baxter urgía a los propietarios de esclavos de allende el océano a seguir la ley de Dios y convertir al cristianismo a sus esclavos. Los exhortaba a «hacer del objetivo principal de comprar esclavos y usarlos como mano de obra el ganarlos para Cristo y salvar sus almas», así como a asegurarse de que «su salvación sea más valiosa para vosotros que el servicio que os hagan». Aunque era la cabeza visible del movimiento misionero, Baxter no estaba solo en la captación de prosélitos mediante los africanos. En una fecha tan temprana como 1657, el disidente inglés George Fox ya destacaba en su recién fundada Sociedad Religiosa de los Amigos, los conocidos como cuáqueros, en el asunto de convertir a los esclavos. Con su rechazo a las jerarquías de la Iglesia y su prédica de que todo el mundo podía tener acceso a la «luz interior de Dios», los cuáqueros parecían estar listos para, un día, gestar el abolicionismo y el antirracismo.[1]

En un esfuerzo por hacer cuadrar la fe cristiana —más en concreto, la fe cristiana de su propia nación— con la esclavitud, Baxter trató de argumentar que había de ser posible algún tipo de esclavitud benévola y que, de hecho, sería útil para los propios africanos. Estas ideas asimilacionistas de la cristianización y civilización de los esclavos eran particularmente peligrosas, al dotar de un poder convincente a la de que la esclavitud era justa y no debía oponérsele resistencia. De este modo, Baxter, un puritano no conforme, se conformó —y conformó a sus lectores puritanos— con la mayor parte, aunque, desde luego, no con la integridad de las políticas racistas del imperio en expansión de Carlos II, cuya base se encontraba en la trata de esclavos. Quienes habían «arruinado su vida o perdido la libertad» podían ser esclavizados. Ahora bien, «dedicarse a la piratería y capturar a unos pobres negros [...] es uno de los peores tipos de latrocinio que existen en el mundo». A los esclavistas «que los compran, los usan como bestias y [...] descuidan sus almas, es bastante más apropiado calificarlos de demonios encarnados que de cristianos». Con cierta candidez, Baxter parecía pensar que en el ámbito del esclavismo

abundaba lo que puede llamarse «esclavitud voluntaria». Deseaba alum-
brar la existencia de un mundo en el que unos amorosos señores recibirían a unos esclavos sometidos por voluntad propia para salvar sus almas.
No obstante, nunca dejó de ser un sueño celestial, al que había empezado
a dar forma, mucho tiempo atrás, Gomes Eanes de Zurara. Pero hasta ese
mundo soñado era visto como una amenaza por los esclavistas. Los propietarios de esclavos de Norteamérica seguían siendo reticentes a bautizar
a los africanos porque los cristianos, como en el caso de Elizabeth Key,
podían pleitear por su libertad.[2]

Las colonias se dieron prisa en legalizar las demandas proselitistas de los
misioneros como Richard Baxter, así como en silenciar el reclamo de libertad de los esclavos cristianos. En 1667 se decretó en Virginia que «el sacra-
mento del bautismo no altera la condición de la persona con respecto a su
estado de servidumbre», y lo mismo se hizo en Nueva York, en 1664, y en
Maryland, en 1671. «Quizá más señores —quedó inscrito en la legislación
de Virginia— pongan el empeño debido en la propagación del cristianismo»
entre los esclavos. Se suponía que debían hacerse cargo de las reticentes almas de sus cautivos, pero ¿qué ocurría con sus reticentes cuerpos? En 1667,
el Parlamento de Inglaterra dio poder a los amos para controlar la «embra-
vecida, bárbara y salvaje naturaleza» de los esclavos africanos «solo con la más
estricta dureza». Y, en 1669, el médico personal de lord Anthony Ashley
Cooper, propietario en la provincia de Carolina, en el borrador original de
la Constitución Fundamental de las Carolinas, proporcionaba a los dueños
de las plantaciones «poder y autoridad absolutos» sobre los cautivos.[3]

Cuando John Locke se mudó a Londres, en 1667 para trabajar como médico personal de lord Cooper, tenía mucho más que ofrecer a los políticos
y colonizadores británicos que sus capacidades como facultativo. Había
estudiado bajo la tutela de Robert Boyle durante su etapa en Oxford, y en
su inmensa biblioteca personal habían acabado más libros de viajes que
textos sobre filosofía. Lord Cooper le pidió que elaborase un borrador de
constitución de las Carolinas y que ejerciera de secretario de los propietarios; pronto se añadiría el puesto de secretario del Consejo de Comercio
y Plantaciones y de la Junta de Comercio y Plantaciones. No había muchos ingleses tan informados —ni tan poco compasivos— como Locke en
lo que respecta al colonialismo y la esclavitud británicos. «No has de sentir nada por el infortunio ajeno», le aconsejaba a un amigo en 1670.[4]

Mientras atendía sus deberes médicos y coloniales, para julio de 1671 Locke había escrito el primer borrador de su perdurable monumento filosófico, el *Ensayo sobre el entendimiento humano*. Durante las dos décadas siguientes, lo revisó y lo amplió, antes de su gran aparición en cuatro volúmenes, en 1689. Aquel mismo año, Locke también publicó *Dos tratados sobre el gobierno civil*, donde se atabaca a la monarquía, se establecía el criterio de un gobierno con el consentimiento de los gobernados y la distinción entre sirvientes temporales y esclavos, quienes, «al haber sido capturados en una guerra justa, están por derecho de naturaleza sometidos al dominio absoluto y arbitrario de sus amos». Al tiempo que Richard Baxter introducía su teoría de la «esclavitud voluntaria» para defender la esclavitud en una sociedad cristiana libre, John Locke introducía la de la «guerra justa» para defender la esclavitud en una sociedad civil libre.

En el *Ensayo sobre el entendimiento humano*, Locke recogía la idea de que, en cualquier sociedad, la mente es una *tabula rasa*. Puesto que las personas no nacen con una inteligencia innata, no puede haber una jerarquía intelectual de carácter natural. Pero esta idea igualitaria tenía una salvedad. Igual que Boyle y Newton ofrecieron el retrato de una inmaculada luz blanca, de algún modo, Locke ofreció el retrato de una inmaculada mente blanca, al usar más bien el término «papel en blanco» que el de *tabula rasa* o «pizarra sin contenido», para describir la «razón desprejuiciada» del niño.[5]

Locke también se refirió al origen de las especies en la misma obra. Sobre los simios afirmó que «si todos ellos son hombres o no, si son todos de la especie humana», dependería de la «definición de la palabra "hombre"», porque, «si la historia no miente», las mujeres de África Occidental se habían apareado con aquellos animales, y «por esa medida se nos plantea una nueva cuestión, la de qué especie real será en la naturaleza el producto de dicha unión». De esta manera, reforzaba la idea de la hipersexualidad de las mujeres africanas, en un pasaje que circuló por todo el mundo anglófono. Por otra parte, la «nueva cuestión» de Locke recogía un nuevo debate racista en el que la mayoría de los polemistas temían implicarse de forma pública. Los asimilacionistas defendían la monogénesis, es decir, que todos los humanos eran una sola especie, que descendía de una creación humana única, la del jardín del edén. Los segregacionistas, sin embargo, sostenían la poligénesis, es decir, que las distintas y múltiples especies humanas tenían orígenes diferentes.

Desde el mismo momento en que los europeos pusieron los ojos sobre los americanos nativos, en 1492, una gente a la que no se mencionaba en la Biblia, comenzaron a cuestionarse la historia de la creación bíblica. Algunos especularon que aquellos indígenas debían de ser descendientes de «otro Adán». Para finales del siglo XVI, los pensadores europeos habían añadido a los africanos a la lista de especies que descendían de ese Adán diferente. En 1616, el librepensador italiano Lucilio Vanini dijo, como Locke indicaría más tarde, que los etíopes y los simios debían de tener los mismos ancestros, distintos de los de los europeos. Pero nadie defendió la propuesta de la poligénesis como el teólogo francés Isaac la Peyrère en *De pPreadamitae*, de 1655. Traducido al inglés al año siguiente como *Men Before Adam*, se hizo una quema pública en París y se prohibió en Europa, aunque no antes de que Locke se guardara una copia. Los cristianos encarcelaron a La Peyrère y quemaron en la hoguera a Vanini por poner en duda el relato de la monogénesis de Adán y Eva, pero ya no pudieron detener la marcha de la poligénesis.

Para justificar la esclavitud de los negros, los dueños de las plantaciones de Barbados «preferían» esta última a la teoría de la maldición de Cam, de acuerdo con el testimonio de Morgan Godwyn. Este así lo recogía en un panfleto de 1680 en el que criticaba el racismo de los hacendados a hacer de «estas dos palabras, "negro" y "esclavo", sinónimos, mientras que "blanco" viene a ser el denominador general para los europeos». Este anglicano llevó su celo misionero de Virginia a Barbados en la década de 1670 y se mantuvo en la vanguardia de los esfuerzos de su confesión por bautizar a los esclavos africanos, a imitación del cuáquero William Edmundson.[6]

En 1675, una guerra aún más destructiva que el gran huracán de 1635 asoló Nueva Inglaterra. Murieron tres mil americanos nativos y seiscientos colonos, y se destruyeron varias ciudades y economías boyantes resultaron destruidas, durante la conocida como guerra del Rey Felipe. William Edmundson, quien había fundado el cuaquerismo en Irlanda, llegó en medio de la matanza a Rhode Island, titubeante por su fracaso en la conversión de los esclavos africanos de Barbados. Cuando sus vanos intentos prosiguieron en el nuevo destino, comenzó a comprender que la esclavitud estaba poniendo freno a su misión, y así se lo expresó en una carta de 1676 a los cuáqueros con esclavos en propiedad. Edmundson tenía una visión asimilacionista, la de «disuadir y rescatar» a los africanos de sus «sucias, impuras e inmundas prácticas acostumbradas», con las que se corrompían unos a otros. De este modo, la «abnegación» de los cuáqueros con respecto a la propiedad humana habría de llegar a ser «conocida por todos».

Las ideas abolicionistas florecerían de nuevo, algunos años más tarde, entre los menonitas y los cuáqueros de Germantown, en Filadelfia, esta vez prescindiendo de las ideas asimilacionistas de Edmundson. Los menonitas eran anabaptistas surgidos al calor de la Reforma protestante acaecida en las zonas de habla alemana y neerlandesa de Europa central. Durante el siglo XVI y principios del XVII, las autoridades ortodoxas habían llevado a cabo una persecución sin cuartel de los menonitas. Estos no tenían ninguna intención de abandonar un espacio de opresión para dar vida a otro con el mismo espíritu en América.

Así pues, hicieron circular una petición antiesclavista el 18 de abril de 1688. «Hay un dicho que afirma que se debe actuar con el prójimo como nos gustaría que actuasen con nosotros, sin diferencias de edad, ascendencia o color», dejaron escrito. «Muchos sufren la opresión en Europa» por su religión, mientras que «aquí se oprime» por «el color negro»; ambas formas de opresión estaban mal. De hecho, Norteamérica sobrepasaba a «Holanda y Alemania» en cuanto que «opresora», por lo que los africanos tenían «el derecho a luchar por su libertad».

La petición de Germantown contra la esclavitud es el opúsculo inaugural del antirracismo entre los colonos europeos de Norteamérica. A partir de este escrito, la regla de oro inspiraría la causa de los antirracistas blancos. Por otra parte, los antirracistas de cualquier raza, fuese por puro altruismo o por un audaz interés propio, empezarían a reconocer que la preservación de la jerarquía racial implicaba, a la vez, la preservación de las jerarquías de etnia, género, clase, sexo, edad y religión. A su juicio, las escalas humanas de cualquier tipo aportaban poco más que la opresión de toda la humanidad.

Con todo, los cuáqueros de Filadelfia que poseían esclavos usaron su poder para acabar con la petición de Germantown, debido a intereses económicos egoístas. William Edmundson también había sufrido por impulsar argumentos antiesclavistas doce años antes, ya que los cuáqueros esclavistas de toda Nueva Inglaterra lo habían marginado socialmente. El anciano fundador de la primera iglesia baptista norteamericana, el ciudadano de Rhode Island Roger Williams, dijo de Edmundson que no era «más que un compendio de ignorancia». No hubo demasiados habitantes de Nueva Inglaterra que leyeran la carta de Edmundson a los cuáqueros con esclavos en propiedad, ni apenas advirtieron su relevancia. Todo el mundo estaba volcado en la guerra del Rey Felipe.[7]

A principios de agosto de 1676, Increase Mather —el heredero teológico de Nueva Inglaterra una vez muerto su padre— imploraba a Dios, desde que el sol salía hasta que se ponía, que acabara con el rey Felipe o Metacomet, el jefe guerrero de los americanos nativos. El conflicto había ido empeorando a lo largo de poco más de un año, y los puritanos habían perdido algunos hogares y soldados. Menos de una semana después de la campaña de rezos de Mather, Metacomet fue asesinado, con lo que la guerra más o menos concluyó. Los puritanos despedazaron el cuerpo como si se tratase de un cerdo; un Cotton Mather de cerca de catorce años arrancó la mandíbula del cráneo de Metacomet. Después, se pasearon los restos del «rey» por Plymouth.[8]

En Virginia, el gobernador George Berkeley trataba de impedir otra guerra completamente distinta con los americanos nativos que tenían por vecinos, en parte para evitar la interrupción del rentable comercio de pieles. Nathaniel Bacon, un hacendado de veintinueve años instalado en la frontera, tenía otros planes. Las leyes raciales aprobadas en la década de 1660 apenas habían reducido el conflicto de clases. En torno a abril de 1676, Bacon movilizó a un equipo de trabajadores blancos de la frontera para que, en vez de dirigir su rabia hacia las élites blancas, lo hicieran contra los susquehannock. La treta le salió bien. «Desde que estoy con los voluntarios, el discurso y la determinación de la gente se han dispuesto contra los indios», le escribía triunfante a Berkeley. Este lo acusó de traición, pues le preocupaban más unos blancos desposeídos y armados, la «chusma», que los susquehannock o los cercanos occaneechees. Pero Bacon no se detuvo fácilmente. Hacia el verano, la guerra de la frontera se había convertido prácticamente en una guerra civil y, para algunos, en una guerra de clases, en la que Bacon y sus seguidores se habían rebelado contra Berkeley, quien había contratado a un ejército de mercenarios.

Para septiembre de 1676, un desafiante Bacon había «proclamado la libertad de todos los sirvientes y de todos los negros». Para el pudiente círculo de allegados del gobernador Berkeley, el que los pobres blancos y los esclavos negros uniesen fuerzas era un presagio del apocalipsis. A la cabeza de quinientos hombres, Bacon redujo Jamestown a cenizas, forzando a Berkeley a huir. Sin embargo, con la muerte de aquel en octubre, por disentería, la rebelión quedó condenada. Berkeley sedujo a los blancos con la promesa del perdón y a los negros con la de la libertad; su ejército persuadió a la mayor parte de que abandonasen las armas. Los siguientes cinco años los dedicaría a aplastar al resto de los rebeldes.

Los latifundistas adinerados aprendieron de la rebelión de Bacon que había que separar para siempre a los blancos pobres de los esclavos negros. Recurrieron entonces a la estrategia de «divide y vencerás», dando más privilegios a la gente blanca. En 1680, los legisladores perdonaron solo a los rebeldes blancos, mientras que prescribieron treinta latigazos a cualquier esclavo que hubiera levantado una mano «contra un cristiano», donde «cristiano» era sinónimo de blanco. Todos los blancos tenían ahora poder absoluto para abusar de cualquier persona de origen africano. A principios del siglo XVIII, no había un condado en Virginia que no contara con una milicia de blancos sin tierra, «preparados para cualquier posible ataque de los indios o una insurrección de los negros». Los blancos pobres se habían erguido desde su humilde lugar en la sociedad esclavista como defensores armados de los dueños de las plantaciones, lo que sembraría una amarga animosidad entre ellos y los africanos esclavizados.[9]

Cotton Mather estaba estudiando en la universidad cuando arrancó la mandíbula de Metacomet del cráneo y supo de la rebelión de Bacon. En el verano de 1674, Increase Mather había cruzado el río Charles para presentar a Cotton, de once años, con vistas a que lo admitieran como el estudiante más joven de la historia de Harvard. En Nueva Inglaterra ya se le conocía como un prodigio intelectual o, desde una perspectiva puritana, un elegido. Hablaba con fluidez el latín, leía quince capítulos de la Biblia cada día y era tan pío como un muchacho pueda llegar a serlo.[10]

Cuando Cotton Mather, menor que un alumno de sexto grado, accedió al diminuto campus, fue como si un político honesto entrase en un congreso corrupto. Los alumnos, de entre quince y dieciocho años, se dedicaron a tratar de quebrar el temple moral de aquel niño de once, hasta que consiguieron que Increase Mather se quejase de aquellas novatadas. Entonces, aquellos adolescentes dejaron de pinchar a Cotton para que pecase; con todo, el pecado seguía asediándolo, era como una sombra de la que nunca se podía librar, de manera que el suceso más trivial podía desencadenar un estado de ansiedad. Si un día tenía dolor de muelas, lo que le venía a la cabeza era si habría utilizado las muelas para pecar. ¿Cómo podía ser tal cosa? Pues por una forma pecaminosa, torpe y excesiva de comer, o también por una forma vil de hablar. Cotton Mather había comenzado a tartamudear, y es posible que esa incesante búsqueda de sí mismo, así como la carga de intentar vivir haciendo honor a sus dos famosos nombres, empeorase el problema. El problema de la búsqueda del alma llevaría a aquel joven pastor en formación a emplearse al servicio de la pluma y la tinta.[11]

Mientras que en los discursos se mostraba inseguro, Cotton Mather parecía una persona distinta en lo que al registro escrito se refiere; era seguro, brillante y creativo. Su padre le permitió escribir varios documentos importantes de la iglesia y de la administración. Llegó a escribir hasta siete mil páginas de sermones en sus diarios entre los trece y los treinta y dos años de edad, sin duda, más que cualquier otro puritano norteamericano. Su diario de 1681 a 1725 es el más voluminoso de todos cuantos se conservan de otros correligionarios.[12]

Cotton Mather había heredado el ánimo de su inquieto pero alentador padre. Más tarde o más temprano, se armaría de valor para abrirse camino hacia la zarza ardiente. El joven practicaba para controlar el tartamudeo a base de recitar salmos y hablar despacio, y hacia el final de sus días en Harvard había aprendido a controlarlo. Estaba entregado.

El día en que daba inicio el curso de 1678, se dirigió a Boston. El rector de Harvard, Urian Oakes, lo llamó para recibirlo. «¡Vaya nombre! —sonrió Oakes—. Aunque en realidad me equivoco, has de disculparme; debería haber dicho "nombres"».[13]

El quinceañero Cotton Mather se graduó en un mundo británico en el que, a pasos agigantados, se desarrollaban las ideas racistas para racionalizar la esclavitud de los africanos. Los científicos y colonizadores ingleses parecían estar intercambiando teorías. Alrededor de 1677, William Petty, un economista de la Royal Society, bosquejó una «escala» jerárquica de los seres humanos, en la que los negros de Guinea ocupaban la franja inferior. Según escribió, el europeo medio se distinguiría de los africanos por «sus modales naturales y las cualidades internas de su mente». En 1679, la Junta Británica de Comercio aprobó los códigos de Barbados para el esclavismo, de un racismo brutal, con lo que se aseguraban las inversiones de comerciantes y hacendados, para luego producir una idea racista que justificase dicha aprobación, a saber, que los africanos eran «gente embrutecida».[14]

En 1683, Increase y Cotton Mather crearon el primer grupo formal de intelectuales de la Norteamérica colonial, la Sociedad Filosófica de Boston. Fundada a imagen y semejanza de la Royal Society, no duraría más que cuatro años. Los Mather nunca llegaron a editar una revista, pero, si lo hubieran hecho, es posible que hubieran tomado como modelo la *Philosophical Transactions of the Royal Society* o el parisiense *Journal des Sça-vans*. Estos eran los órganos de la revolución científica del occidente europeo, una revolución de la que las ideas racistas eran una parte integrante. En 1684, el médico francés y escritor de viajes François Bernier, amigo de John Locke, propuso en la revista francesa mencionada y de forma anónima una «nueva división de la Tierra».[15]

Con ese mismo ensayo, Bernier se convertiría en el primer científico en hacerse famoso por clasificar a todos los seres humanos en razas, a las que diferenciaba sobre todo por las características fenotípicas. Para él, existían «cuatro o cinco especies o razas de seres humanos, tan notablemente distintas unas de otras que se puede partir de ellas para establecer una nueva división del mundo». En cuanto que monogenista, mantenía que «todos descendemos de un mismo individuo». Así, la «primera» de las cuatro razas que distinguía, en la que se incluían los europeos, estaba compuesta por los humanos originales; después iban los africanos, los asiáticos orientales y las gentes «bastante espantosas» del norte de Finlandia, «los lapones». Bernier dio a los futuros taxónomos un poco de trabajo de revisionismo, al agrupar en la «primera» raza a los pueblos del norte de África, Oriente Próximo, India, América y el Sudeste Asiático.

La noción de que los europeos, excepción hecha de los lapones, eran la «primera» raza formaba parte del pensamiento occidental, prácticamente desde el principio de las ideas racistas. Había asentado el núcleo conceptual de la teoría climática, según la cual, los africanos ennegrecidos por el sol podían volver a su complexión blanca original si vivían en la más templada Europa. Como explicaría más tarde el historiador Siep Stuurman, al fomentar la idea del origen y la normalidad blancas, Bernier consagró a la «primera» raza como el referente a partir del que había que medir a las otras. Por un lado, veló y normalizó, cubrió y homogeneizó a las personas blancas, y, por otro, erotizó a las mujeres africanas. «Esos labios rojos como una fresa, esa dentadura de marfil, esos ojos grandes y vivaces [...], esos senos, todo —se maravillaba Bernier—. Me atrevo a decir que no hay espectáculo más delicioso en el mundo entero».

Se trataba de una sutil contradicción, pues incurría en una disminución de la humanidad conjunta de las personas negras, como raza, al tiempo que elevaba su sexualidad humana, un desajuste que en realidad es inherente a una gran parte del racismo antinegro. Bernier puso en valor la racionalidad, valiéndose de ella como baremo de superioridad, con independencia de cualquier aspecto físico. La superioridad física, de hecho, ponía a los africanos en relación con aquellas criaturas que hacían gala de las mayores proezas físicas, es decir, los animales. François Bernier planteó la noción de dos almas humanas, una que sería hereditaria, sensible, irracional y de tipo animal, y otra dada por Dios, espiritual y racional. «Aquellos que se distinguen por su competencia mental [...] [han de] dominar sobre aquellos que no destacan más que en la fuerza bruta —concluía Bernier—, del mismo modo en que el alma domina al cuerpo y el humano domina a los animales».[16]

No está claro si Cotton Mather leyó acerca de la «nueva división de la Tierra» de Bernier. Junto a su padre, era el ciudadano anglófono de Nueva Inglaterra con más probabilidades de saber el suficiente francés para leer el *Journal des Sçavans*. En los años que siguieron a su graduación, reunió una de las bibliotecas más nutridas de la región. Pero el final de la década de 1670 y el transcurso de la de 1680 fueron tiempos de tensiones para las élites de Nueva Inglaterra. Era difícil mantener el suficiente sosiego como para leer con tranquilidad.

En 1676, el administrador colonial inglés Edward Randolph se encontraba en Nueva Inglaterra y había sido testigo de la devastación ocasionada por la guerra del Rey Felipe. Randolph, firme defensor de un mayor control por parte de la Corona, informó al rey Carlos II de la vulnerabilidad de aquel territorio, e indicó que había llegado el momento de arrebatarle a la colonia de Massachusetts la autonomía que había refrendado la propia monarquía, la preciada carta de 1629. En los años que siguieron, mientras Cotton Mather terminaba la carrera y se preparaba para el púlpito, Randolph hizo varios viajes de ida y vuelta, de un lado a otro del océano Atlántico. Con cada uno de ellos, aumentaban los rumores de que se iba a poner fin a la carta, así como recomenzaban las rondas de debates sobre si someterse, llegar a un acuerdo o desafiar al rey. Algunos de los habitantes de Nueva Inglaterra estaban furiosos ante la perspectiva de perder el poder local. «Está en contra de la voluntad de

Dios que yo entregue lo que me han legado mis antecesores», bramó Increase Mather en una reunión ciudadana celebrada en enero de 1684.

Un año después de que Cotton Mather se convirtiera en pastor auxiliar de su padre en la iglesia norte de Boston, Randolph volvió a proponer la revocación real de la carta y la designación de un gobernador que representase a la monarquía, sir Edmund Andros. La mayor parte de Nueva Inglaterra, desalentada, capituló el 14 de mayo de 1686, pero no Increase Mather, que desde unos pocos años antes ocupaba el cargo de rector de Harvard. En mayo de 1688 se encontraba en Inglaterra, para presionar al sucesor de Carlos II, Jacobo II, quien había ofrecido libertad religiosa a los católicos y los no conformes. Sin embargo, durante la Revolución Gloriosa, que estalló más tarde ese mismo año, Jacobo II fue derrocado por el príncipe holandés Guillermo y por su propia hija, María. Los habitantes de Nueva Inglaterra no se lo pensaron dos veces y, en 1689, alzaron la antorcha de la rebelión.

5

Las cazas de negros

La noche del 17 de abril de 1689, parece que un Cotton Mather de veintiséis años organizó un encuentro en su casa. Se trataba de una élite de mercaderes y sacerdotes que planeaban apresar al capitán del buque de guerra que custodiaba el puerto de Boston, arrestar a los realistas y forzar la rendición del contingente de los leales a la Corona apostado en Fort Hill. Esperaban controlar y contener la revuelta a fin de evitar un baño de sangre, para quedar a la espera de instrucciones desde Inglaterra, donde Increase Mather seguía ejerciendo presión ante Guillermo y María. No querían llevar a cabo una revolución, tan solo que la monarquía les restituyese el poder local. Pero «si la gente del país, por medio de una violencia irrefrenable», impulsara un proceso revolucionario, según lo había explicado Cotton Mather, para pacificar a ese «movimiento sin gobierno» se presentaría una declaración firmada por caballeros y comerciantes.

A la mañana siguiente, los conspiradores, según lo planeado, secuestraron al capitán del buque de guerra. Las noticias sobre la captura dieron pie, a su vez, a una serie de conatos de rebelión por todo Boston, como los confabuladores de la élite habían temido precisamente que ocurriese. Una convulsa multitud de miembros de la clase trabajadora se aglomeró en torno al *petit hôtel* ubicado en el centro de la ciudad, «ardiente y enfurecida», ávida de sangre real y de independencia. Mather se dirigió con premura al lugar. Es probable que al mediodía leyese a los revolucionarios, desde la galería, la Declaración de Caballeros y Comerciantes. Según cuenta la historia familiar, la voz tranquila, reparadora y moralizante de Mather «templó con sus razonamientos las pasiones del populacho». Cuando cayó la noche, sir Edmund Andros, Edward Randolph y otros conocidos realistas habían sido arrestados, y los comerciantes y pastores puritanos volvían a gobernar Nueva Inglaterra.[1]

No obstante, las masas se mantuvieron indisciplinadas durante algunas semanas más. Se alentó a Cotton Mather a que diera un sermón en una convención celebrada en mayo, en la que se resolverían varias demandas sobre la independencia, el gobierno militar o la vieja carta. Para él, todas estas cuestiones no reflejaban la democracia, sino el caos. «¡Ya tengo edad suficiente para llamar a la paz! Y, en el nombre de Dios, así lo hago», proclamó en la convención. Al día siguiente, los representantes de la ciudad votaron a favor de recuperar la vieja carta y restablecer en el cargo al antiguo gobernador, Simon Bradstreet. Pero ni la paz ni el antiguo orden social del pueblo bajo sometimiento de sacerdotes y mercaderes se restituyeron, al contrario de lo que a Mather le habría gustado. Casi todo el mundo sabía que el gobierno de Bradstreet no era oficial, puesto que no había recibido el refrendo real. Cuando, en julio de 1689, el rey convocó a Andros, Randolph y otros realistas, lo que se consiguió no fue calmar a las masas precisamente. «Aquí nadie tiene claro nada», declaraba un habitante de Nueva Inglaterra. «Cada ciudadano es un gobernador», testificaba otro.[2]

La Declaración de Caballeros y Comerciantes, muy probablemente redactada por Mather, recordaba a otra declaración firmada por otro prominente intelectual que moraría en Virginia un siglo más tarde. En el artículo seis (o en el doce), se declaraba: «El pueblo de Nueva Inglaterra ha vivido esclavizado, y la única diferencia con respecto a sus propios esclavos es que no ha sido objeto de compra o venta». Para unir a los novoingleses, Mather trató de encauzar la resistencia de los plebeyos a las élites locales hacia los señores británicos. Resulta que Mather veía más diferencias entre los puritanos y los esclavos, si es que hay que tomarse en serio el resto de su obra publicada en 1689, que entre los ciudadanos de Nueva Inglaterra y sus señores británicos. En la colección de sermones *Small Offers Toward the Service of the Tabernacle in the Wilderness*, Mather compartía, en primer lugar, sus puntos de vista raciales y calificaba a los colonos puritanos como «el Israel inglés», el pueblo elegido. Asimismo, alegaba que aquellos debían instruir religiosamente a sus esclavos y a sus hijos, los «inferiores». Pero el caso es que los señores no estaban haciendo el trabajo de cuidar de las almas africanas, «que son tan blancas y buenas como las de las otras naciones, si bien están destruidas por la falta de conocimientos». Cotton Mather se basaba en el concepto teológico de la raza de Richard Baxter. Las almas de los africanos eran iguales que las de los puritanos, *blancas* y buenas.[3]

Mather dejó escrito que todos los seres humanos tienen un alma blanca el mismo año en que John Locke aseguraba que todas las mentes inmaculadas eran blancas. Robert Boyle e Isaac Newton ya habían popularizado la blanquitud de la luz. Miguel Ángel había pintado en la capilla Sixtina del Vaticano al Adán original y a Dios como blancos. Para todos estos hombres blancos, la blanquitud era el símbolo de la belleza, un tema recurrente que también se encuentra en una de las primeras novelas populares firmadas por una escritora inglesa.

Publicada en 1688, *Oroonoko: or, The Royal Slave*, de Aphra Behn, fue la primera novela inglesa en la que se usaban de manera repetida términos como «hombres blancos», «gente blanca» o «negro». Con la colonia neerlandesa de Surinam como trasfondo, *Oroonoko* es la historia de la esclavización y resistencia de una joven inglesa y su marido, Oroonoko, un príncipe africano. Sus rasgos físicos, que lo hacían «bello, agradable y apuesto», parecían más europeos que africanos («Su nariz era ascendente, romana, a diferencia de las africanas, de aspecto chato»), mientras que su comportamiento era «más civilizado, de acuerdo con las maneras europeas, de lo que pudiera ser cualquiera». Behn presenta a Oroonoko como un heroico y «noble salvaje», superior a los europeos en su ignorancia, en su inocencia, en su mansedumbre, en su capacidad de aprender de aquellos. Por otra parte, en una expresión auténticamente asimilacionista, uno de los personajes insiste en que «un negro puede cambiar de color, pues los he visto con frecuencia sonrojarse y ponerse pálidos, tan visiblemente como pueda haberlo contemplado en la más hermosa de las personas blancas».[4]

Richard Baxter avalaría la edición en Londres del otro volumen publicado por Cotton Mather en 1689, su primer trabajo con la extensión de un libro, el cual se convertiría en un éxito de ventas, *Memorable Providences, Relating to Witchcrafts and Possesions*. Baxter se regocijaba en la influencia que había tenido sobre el joven Mather, quien era probable que llegase a «erigirse en un pilar fundamental de la obra del Señor». El tratado de Mather, en el que se describían los síntomas de la brujería, reflejaba su cruzada contra los enemigos de las almas blancas. No podía cesar de predicar en sus sermones sobre la existencia del diablo y las brujas, o puede que la agitación de los plebeyos en las semanas posteriores a la revuelta de 1689 diese alas a su auténtica obsesión. Desde luego, el levantamiento había alimentado el conflicto público, no solo contra el distante rey inglés, sino además contra los gobernantes puritanos. Quizá, lo que estaba haciendo era, con plena consciencia, tratar de reconducir la rabia popular lejos de las élites, hacia unos demonios invisibles. Era usual que, en sus sermones, afirmase que cualquiera y cualquier cosa que pusieran en tela de juicio su Israel inglés habían de estar gobernados por el diablo. Mucho antes de que se comenzase a ver a los rebeldes igualitarios de América como extremistas, criminales, radicales, marginados, comunistas o terroristas, la comunidad pastoral de Mather los condenó al ostracismo, como demonios y brujas.[5]

«¿Cómo puede ser que un número semejante de pobres desdichados haya caído en el engaño de la brujería?», se preguntaba Cotton Mather en 1691. Su padre, Increase, enumeraría una dilatada serie de demonios en 1693, tras volver de Inglaterra con la nueva carta de Massachusetts. Samuel Parris, un pastor de Salem, predicaba sin descanso sobre los seres demoniacos que se escondían entre la multitud. Un día sombrío de febrero de 1692, Parris, muy inquieto, vio a su hija de nueve años y a su sobrina de once sufrir una serie de ahogos, convulsiones y pinchazos. A medida que su estado iba empeorando, día tras día, también lo hizo el del propio pastor, quien parecía tenerlo claro; a las niñas las habían embrujado.[6]

En tanto los rezos se alzaron como cometas en Salem y las ciudades colindantes, comenzó la caza de brujas. El número de afectados y acusados se extendió en unos pocos meses, intensificando el clamor popular y desviando la atención pública de los conflictos políticos hacia los religiosos. Y, en prácticamente cada uno de los casos, el diablo que acechaba a los inocentes puritanos blancos era negro. Un denunciante puritano lo describía como «un hombrecillo negro y con barba»; otro vio «una criatura negra de un tamaño considerable»; un tercero declaró que una cosa negra había saltado sobre su ventana, y añadió que «el cuerpo era como el de un mono». Dado que el diablo representaba el crimen y se decía que los criminales de Nueva Inglaterra trabajaban para él, durante la caza de brujas de Salem se atribuyó un rostro negro al crimen, algo que ha llegado hasta nuestros días.[7]

Se nombró jueces a los amigos de Cotton Mather, incluido el comerciante John Richards, quien había oficiado en la boda de aquel. En una carta del primero al segundo, del 31 de mayo de 1692, Mather expresó su apoyo a la pena capital. El 10 de junio el tribunal de Richards ejecutaría a Bridget Bishop, la primera de las más de veinte acusadas de brujería que sufrieron esta condena.[8]

Más al norte, en Andover, aún en Massachusetts, las acusadas confesaron que un demonio negro las había incitado a renunciar al bautismo y a firmar en un libro que portaba, así como que montaron en palos para asistir a reuniones en las que participaban hasta quinientas brujas y en las que se conspiraba para destruir Nueva Inglaterra. Al oírlo, Cotton Mather descubrió un «designio maligno para embrujar y arruinar nuestra tierra». Iría a Salem por primera vez en su vida para presenciar las ejecuciones del 19 de agosto de 1692. Así, sería testigo de la ejecución de George Burroughs, supuesto general del ejército de brujas al servicio del diablo negro en Nueva Inglaterra. Este predicaba en la frontera septentrional las ideas anabaptistas sobre la igualdad, de la misma índole que las que habían diseminado el antirracismo en Germantown. Mather lo vio declararse inocente en el mismo emplazamiento de la ejecución y causar agitación entre el «gran número de espectadores» al recitar un padrenuestro, algo que los jueces habían afirmado que los practicantes de brujería no podían hacer.[9]

«¡El hombre negro se ha presentado y se lo ha dictado!», gritó el acusador de Burroughs, tratando de calmar a la multitud, pero fracasó en el intento. Mather podía oír el segundero de la bomba de relojería en que se constituían los presentes, un sonido parecido al de las masas desgobernadas durante la revuelta de 1689. Tan pronto como se colgó a Burroughs, Mather trató de aplacar la pasión de la multitud, reinscribiendo la política de ejecución de la clase dominante en la ley de Dios. Así, dio un sermón en el que recordaba que el diablo, a menudo, se transformaba en un ángel de luz. Está claro que creía en el poder de la transformación religiosa (y racial), de los diablos negros en ángeles blancos, con buenas o con malas intenciones.

El fervor en torno a las brujas no tardó en irse apagando. Pero, incluso después de que las autoridades de Massachusetts se disculparan, revocaran las condenas y dispusieran reparaciones a principios del siglo XVIII, Mather nunca dejó de defender los juicios por brujería de Salem, por cuanto nunca dejó de defender a la jerarquía religiosa, de clase, esclavista, de género y racial que se vio favorecida por el proceso. Se trataba de unas jerarquías que beneficiaban a la élite de la que él formaba parte, de ma-

nera que, en tanto él siguió predicando, fueron parte integrante de la ley
de Dios, una ley de la que él se veía o de la que se presentaba como defensor, el crucificador de cualquier no puritano, africano, americano nativo, pobre o mujer que desafiase la ley de Dios por no seguir las reglas
de sumisión establecidas.[10] En algún momento después de los juicios por
brujería, quizá para salvaguardar sus rostros negros de las acusaciones de
demonismo y criminalidad, un grupo de esclavos africanos formó en
Boston la Sociedad Religiosa de los Negros. Se trata de una de las primeras organizaciones de gente negra conocidas en la América colonial.
En 1693, Cotton Mather elaboró la lista de reglas de la sociedad, con un
prefacio a modo de acuerdo: «Nosotros, los míseros descendientes de
Adán y Noé [...] resolvemos libremente [...] convertirnos en los siervos
del glorioso Señor». Dos de las reglas de Mather eran instructivas, a saber,
que los miembros debían ser orientados por alguien «con conocimientos»
y de ascendencia «inglesa», y que no debían «dar refugio» a nadie que
estuviese «huyendo de sus amos». En las reuniones semanales, es probable
que algunos integrantes de la sociedad estuvieran encantados de oír que
Mather consideraba sus almas como blancas, como también lo es que otros
rechazasen semejantes ideas racistas y se valiesen de la sociedad para mo-
vilizarse contra el esclavismo. La Sociedad Religiosa de los Negros no
duró mucho. Pocos africanos querían ser cristianos en aquel entonces
(aunque esto cambiaría en unas pocas décadas). Tampoco había muchos
señores con la voluntad de que sus cautivos se convirtiesen al cristianismo
porque, a diferencia de lo que ocurría en otras colonias, no existía una ley
en Massachusetts que estipulase que no había por qué liberar a los esclavos bautizados.[11]

A lo largo de la socialmente tumultuosa década de 1690, Mather se
obsesionó con mantener las jerarquías sociales, tratando de convencer a
la base de que Dios y la naturaleza los habían puesto ahí, ya se aplicase
esto a las mujeres, a los niños, a los esclavos africanos o a los pobres. En
A Good Master Well Served, de 1696, presumía que la naturaleza había
creado «una sociedad conyugal» entre maridos y mujeres, una «sociedad
parental» entre padres e hijos, y, «por debajo de todas», una «relación de
vasallaje» entre amos y siervos. A decir de Mather, la sociedad se des-
estabilizaba cuando los niños, las mujeres o los siervos se negaban a aceptar su posición, y comparaba la insumisión igualitaria a la pretérita codicia del diablo, que deseaba convertirse él mismo en Dios todopoderoso.
Tal línea de pensamiento se convertiría, para Mather, en la sempiterna

justificación de la jerarquía social; las avariciosas bases se asemejaban a Satán, mientras que la clase de la élite, a la que él pertenecía, se acercaba más a Dios.

«Estáis mejor alimentados, mejor vestidos, mejor encaminados, de lejos, de lo que lo estaríais si fueseis dueños de vosotros mismos», informaba Mather a los esclavos africanos en *A Good Master Well Served*. Su insistencia en que la esclavitud cosmopolita de Norteamérica era mejor que la libertad en el barbarismo de África no era muy diferente de la estimación de Gomes Eanes de Zurara de que los africanos estaban mejor como esclavos en Portugal de lo que jamás habrían estado en su propio continente. Asimismo, advertía a los africanos que no practicasen el mal o se volverían «infinitamente más negros» de lo que ya eran. Si obedecían, sus almas quedarían «limpias y blanqueadas con la sangre del cordero». Si no eran unos «siervos dóciles», se verían abocados, para la eternidad, a sufrir los golpes y las heridas de su «capataz», el diablo. En suma, Mather ofrecía a los esclavos africanos dos opciones, la recta asimilación de la blanquitud y la sumisión esclava a Dios y a sus súbditos, o la segregada y criminal negritud y la sumisión esclava al diablo y a sus súbditos.[12]

Los escritos de Mather sobre el esclavismo se extendieron por todas las colonias, influyendo a los esclavistas desde Boston hasta Virginia. Entrado el siglo XVIII, había publicado más libros que ningún otro norteamericano, y su Boston natal se había convertido en el floreciente centro intelectual de la Norteamérica colonial. La ciudad se encontraba ahora en la periferia de una próspera sociedad esclavista que tenía a la región de marismas de Maryland, en Virginia, y al nordeste de Carolina como sus núcleos centrales. El clima moderado del Atlántico medio, la fertilidad de la tierra y las vías fluviales para el transporte eran elementos ideales para la prosperidad del tabaco, que se produciría a raudales. Para satisfacer la voraz demanda europea, las exportaciones desde esta región se dispararon de alrededor de nueve mil kilos en 1619 a algo más de diecisiete millones en 1700. La importación de cautivos (y de las ideas racistas) aumentó con el comercio tabaquero. En la década de 1680, los africanos esclavizados eclipsaron a los sirvientes blancos como la principal fuerza de trabajo. En 1698 la Corona puso fin al monopolio de la Real Compañía Africana y abrió la trata de esclavos. Comprar esclavos africanos se convirtió en la inversión de moda.[13]

No obstante, esta fiebre económica no implicó un fervor religioso parejo, ya que los dueños de las plantaciones aún rehuían la conversión de los africanos esclavizados, haciendo caso omiso de las alegaciones de Mather. Una dama inquiría: «¿Es posible que mis esclavos puedan ir al cielo y que tenga que encontrármelos allí?»; un hacendado se quejaba de que el conocimiento del cristianismo «puede ser un medio para que los esclavos sean más [...] [proclives] a las maldades». El homólogo de Cotton Mather en Virginia, el pastor escocés James Blair, trató de convencer a los dueños de las plantaciones de que el cristianismo traería la sumisión. El nombramiento en 1689 de James Blair, a sus treinta y tres años, como comisario de Virginia, el cargo religioso de mayor importancia, vino a reflejar el nuevo interés del rey Guillermo y la reina María en la colonia más poblada del imperio. Blair se valió de los beneficios del trabajo esclavo para fundar, en 1693, la Universidad de William and Mary, la segunda universidad de las colonias, cuyo nombre hacía honor a la pareja real.[14]

En 1699, Blair presentaría ante la Cámara de los Burgueses «una propuesta para impulsar la formación cristiana de los niños indios, negros y mulatos». Los legisladores respondieron, de un modo bastante impreciso, que «los negros nacidos en este país están, por lo general, bautizados, y llevan consigo la religión cristiana»; en lo que respecta a los importados de África, afirmaban que «la cruda bestialidad y rudeza de sus maneras, la variedad y extrañeza de sus idiomas y la debilidad y superficialidad de sus mentes son tales que resulta imposible avanzar en una conversación con ellos». Para las mucho más complicadas tareas económicas, los dueños de las plantaciones conseguían superar aquellos idiomas «extraños», y no tenían problema en enseñar otras materias a aquellas «crudas bestias de mente débil». Los hacendados de lo imposible se convertían de repente en los hacendados de lo posible cuando se trataba de instruir a los africanos importados en las complejidades de las teorías proesclavistas, en las ideas racistas, en la producción de tabaco, en los oficios cualificados, en las tareas domésticas y en la administración de las plantaciones.[15]

Al comisario de Maryland, el antiguo alumno de Oxford Thomas Bray, no le fue mucho mejor que a Blair en la tarea de convertir a los negros durante su gira por Maryland en 1700. Al año siguiente, afligido y de regreso en Londres, organizó la Sociedad para la Propagación del Evangelio en Tierras Extranjeras. El rey Guillermo lo aprobó, y lo más granado de los pastores se inscribieron en ella, para convertirse en los miembros fundadores del primer intento sistemático de la Iglesia de Inglaterra de difundir su perspectiva religiosa en las colonias. Cotton Mather no se adhirió, pues desconfiaba de los anglicanos bajo cualquier

circunstancia posible. De hecho, se burlaba de ellos llamándolos «la Sociedad para el Estupro del Evangelio en Tierras Extranjeras», aunque se
mantuvo en solidaridad con los misioneros anglicanos de la sociedad
—así como con los misioneros cuáqueros— en su intento de persuadir
a unos esclavistas reluctantes de cristianizar a unos africanos reluctantes.
Lo cierto es que convencer a los dueños de las plantaciones era extremadamente difícil; con todo, persuadirlos de que cristianizasen a sus
cautivos era mucho más sencillo que lo que intentaron los amigos de
Mather para conseguirlo en 1700.[16]

6

El Gran Despertar

El nuevo siglo trajo consigo el primer debate público de envergadura sobre la esclavitud en la Norteamérica de las colonias. El empresario de Nueva Inglaterra John Saffin se negaba a liberar a Adam, un sirviente negro bajo contrato, una vez que su contrato por siete años hubo llegado a término. Cuando Samuel Sewall, un juez de Boston, supo de aquella decisión, que consistía esencialmente en mantener a Adam esclavizado en el futuro inmediato, se puso furioso. Era bien conocido por haber sido uno de los primeros jueces del proceso de Salem en haberse disculpado públicamente, y tuvo el valor de hacer otro gesto público al lanzar *The Selling of Joseph*, el 24 de junio de 1700. «No se da una esencia original o natural para tal cosa como la esclavitud», dejó escrito Sewall. Tumbó hipótesis justificativas del esclavismo por entonces populares, como la teoría de la maldición o la noción de que el «buen» término de la cristiandad justificaba el «medio» perverso de la esclavitud, así como la propuesta de la guerra justa de Locke. No obstante, al rechazarlas lo hizo moviéndose por el terreno movedizo de otro tipo de racismo. Mantenía que los novoingleses debían librarse del esclavismo y de los africanos porque estos «rara vez hacen un uso apropiado de la libertad», de manera que jamás podrían vivir «con nosotros y crecer en familias pulcras».[1]

A Samuel Sewall no se le podía hacer a un lado sin más, como se había hecho en su momento con los peticionarios de Germantown. Aparte de ser amigo íntimo de Cotton Mather, había disfrutado de una audiencia en Inglaterra con el rey, y había servido como juez en el tribunal más importante de Boston. Iba camino de convertirse en el juez presidente de los puritanos en 1717. El que juzgara de un modo tan negativo la esclavitud debería haber abierto los ojos a muchos, pero el racismo proesclavista había sido casi siempre algo propio de entendederas estrechas. Los cerrados de miras se impusieron, pues, a la apertura de mentes. Se bombardeó con «ceños fruncidos y duras palabras» al jurista, de cuarenta y seis años de edad.

John Saffin, en particular, había enloquecido con el ataque de Sewall a sus tratos comerciales. Juez él mismo, se negaba a retirarse del caso sobre la libertad de Adam. En 1701 contaba con setenta y cinco años, y su tiempo de vida en las trincheras del capitalismo americano temprano había alimentado su visión sobre los poderosos. «La amistad y la munificencia son extraños en este mundo —opinaba en una ocasión—. Son el interés y el beneficio los principios por los que se acumula influencia». Nadie atacaba a Saffin, lo llamaba «ladrón de personas» y se salía de rositas.[2]

Antes de que terminase 1701, John Saffin había impreso *A Brief and Candid Answer to a Late Printed Sheet, Entitled, The Selling of Joseph*. «Dios ha establecido distintos órdenes y grados entre los hombres del mundo», afirmaba Saffin. Al margen de lo que Sewall pudiese decir, no era nada «diabólico sacarlos [a los africanos] de su país pagano» y convertirlos. Saffin, bien conocido entre los historiadores de la literatura como uno de los mejores poetas del siglo XVII, terminaba su panfleto en verso con «The Negroes Character», que decía: «La cobardía y crueldad de los negros es innata, / llenos de predisposición a la venganza / y de odio inveterado, gente ingrata».[3]

Samuel Sewall ganó la batalla, y Adam obtuvo la libertad en 1703, después de un largo y amargo proceso. No obstante, se perdió la guerra. En el debate en la prensa que siguió a la disputa entre aquel y Saffin, los bostonianos parecieron encontrar las ideas segregacionistas del segundo más persuasivas que las del primero, quien aún se anotaría un último tanto en esta guerra perdida. Al ser preguntado por la Sociedad Ateniense de Londres sobre si la trata de esclavos era «contraria a la ley suprema de la cristiandad», Sewall respondió afirmativamente en un panfleto de catorce páginas publicado en 1705, en el que ponía de relieve que las llamadas «guerras justas» entre africanos estaban, de hecho, instigadas por los comerciantes de esclavos, que buscarían satisfacer así la demanda de cautivos.[4]

Entretanto, la población de esclavos seguía aumentando de manera notable, lo que alentaba el temor a que se produjesen revueltas, hasta que, en 1705, aparecieron unos nuevos códigos racistas para evitarlas y asegurar así la propiedad humana a lo largo de toda la costa atlántica. Las autoridades de Massachusetts prohibieron las relaciones interraciales, comenzaron a imponer un arancel sobre los cautivos importados y, a pesar de las objeciones de Samuel Sewall, en una revisión del código fiscal, se llegó a clasificar a los indios y a los negros junto a los caballos y los cerdos. Los legisladores de Virginia hicieron obligatoria la participación en las patrullas de vigilancia de los esclavos para quienes no tuviesen alguno en propiedad. Estos grupos, conformados por ciudadanos blancos, se encargaban de salvaguardar el orden entre los esclavos, mantener la disciplina y vigilar las posibles rutas de escape. En la misma legislación, se negaba a los negros la posibilidad de ocupar cargos públicos. Quienes se encargaban de materializar estas leyes estaban comprometidos en cuerpo y alma con la blanquitud y la cristiandad, y, con una alusión reiterada al concepto de «sirviente blanco cristiano» y dejando definidos sus derechos, trataban de unir a los ricos esclavistas con los blancos pobres que no poseían esclavos. Para sellar dicha unidad —y con ello la lealtad racial—, se incautó y se vendió toda propiedad de «cualquier esclavo», y quedaron «los beneficios destinados a los pobres de la parroquia» de la que se tratase. La historia se repetiría muchas veces a lo largo de la crónica estadounidense. La propiedad de los negros se confiscaba, ya fuese de forma legal o ilegal, y después se culpaba de la pobreza de la gente negra a su inferioridad, ignorando en tal reparto de responsabilidades la discriminación a la que se la había sometido en el pasado. La normativa virginiana de 1705 estipulaba que los hacendados debían entregar veinte hectáreas de tierra a los sirvientes blancos liberados; en este caso, la consiguiente prosperidad de las personas blancas se atribuiría a su superioridad racial.[5]

El 1 de marzo de 1706, Cotton Mather le preguntó a Dios si, en el caso de que escribiera «un ensayo sobre la cristiandad de nuestros esclavos», lo bendeciría con unos «buenos sirvientes». Esperaba que un panfleto centrado en exclusiva en dicho tema sirviera de ayuda para hacer cambiar de idea a los esclavistas que se negaban a bautizar a sus cautivos. En aquel entonces, él era, fuera de toda duda, el pastor e intelectual más destacado de Norteamérica, y entre su obra publicada ya se contaba el volumen *Magnalia Christi Americana*, una historia de Nueva Inglaterra y celebración del excepcionalismo estadounidense, considerada como el mayor logro literario del primer siglo de existencia de la región americana.[6]

En junio de 1706, Mather lanzaría *The Negro Christianized*. En este escrito, expresaba la idea de que había sido la «providencia divina» lo que había hecho que los africanos fuesen esclavizados y enviados a la América cristiana, para que pudieran aprender de sus amos la sagrada palabra. «Son hombres y no bestias», enfatizaba Mather, en oposición a los segregacionistas. «No cabe duda de que su estupidez es desalentadora, por lo que puede parecer una pérdida de tiempo mayúscula tanto enseñar como lavar» a los africanos. «Pero, cuanto mayor sea la estupidez, tanto más debemos aplicarnos», afirmaba. No había por qué preocuparse de que el bautismo pudiese llevar a la libertad, ya que, según señalaba, «el cristianismo [...] admite la esclavitud». Para constatarlo citaba tanto los escritos de otros teólogos puritanos como los del propio san Pablo.[7]

Para el 13 de diciembre de 1706, Mather estaba convencido sin reservas de que Dios lo había recompensado por escribir *The Negro Christianized*. Como anotó feliz en su diario, los miembros de su congregación, sin que él «se lo solicitase en modo alguno», gastaron cuarenta o cincuenta libras en «un esclavo muy esperado». Era común que en las iglesias de Nueva Inglaterra se obsequiase con cautivos al pastor. A este Mather lo llamó Onésimo, por el hijo adoptivo de san Pablo, un huido de la justicia y convertido al cristianismo. Siempre lo vigiló de cerca con su mirada racista, con la sospecha constante de que le robaba.[8]

Los puntos de vista cristianos que Mather sostenía sobre la esclavitud eran más representativos de la Nueva Inglaterra de entonces que las ideas de Samuel Sewall o de John Saffin. Con todo, Sewall no dejó de encontrar eco en los escritos de otros. En 1706, el primer ensayo de pleno derecho publicado por John Campbell en su *Boston News-Letter*, segundo periódico de la Norteamérica colonial, urgía a la importación de un mayor número de sirvientes blancos para reducir la dependencia que la colonia tenía de los esclavos africanos, adictos a «robar, mentir y timar». Los lectores de periódicos de las primeras colonias aprendieron dos lecciones recurrentes sobre las personas negras: que se podían comprar como si se tratase de ganado y que eran criminales tan peligrosos como las brujas.

Desde su misma llegada, alrededor de 1619, los africanos se habían estado resistiendo de forma ilegal a una esclavitud amparada en la ley. Así, habían estado marcados desde su nacimiento como criminales. En cada uno de los cincuenta casos de revuelta o sospecha de revuelta recogidos en los periódicos durante el periodo colonial norteamericano, se retrataba a los insurgentes como criminales violentos y no como a personas que reaccionaban contra la brutalidad ordinaria de los esclavistas o que simplemente hacían presión para obtener el deseo humano más básico, la libertad.[9]

El 7 de abril de 1712, cuando el sol comenzaba a alzarse en el cielo, un grupo de esclavos conformado por unos treinta africanos y dos americanos nativos prendió fuego a un edificio de Nueva York, según se contó, para tender una emboscada a los cristianos que acudieron a apagarlo. Asesinaron a nueve y unos cinco o seis resultaron heridos de gravedad. Aquellos luchadores por la libertad huyeron a los bosques cercanos. El miedo y la sed de venganza se avivaron por toda la ciudad. En veinticuatro horas, seis de los rebeldes se habían suicidado, convencidos de que a su muerte volverían a África; al resto los «cazaron» los soldados para ser ejecutados públicamente, la mayor parte de ellos quemados vivos. El gobernador colonial de Nueva York, Robert Hunter, que supervisó la cacería, los juicios y las ejecuciones, era miembro de la Sociedad para la Propagación del Evangelio en Tierras Extranjeras de Thomas Bray y de la Royal Society. Describió la revuelta como una «bárbara intentona por parte de algunos esclavos». No importaba lo que los africanos hiciesen, estaban condenados a ser «bestias barbáricas» o a ser considerados como si lo fueran. Si no reclamaban libertad, era su obediencia lo que venía a demostrar que no eran más que bestias de carga; si se resistían a la esclavitud de forma no violenta, se los trataba como a bestias, y si llegaban a matar para ser libres, entonces eran unos bárbaros asesinos.

Semejante «barbarismo» dio lugar en Nueva York a una normativa muy «rigurosa» sobre la esclavitud que recordaba a la de los virginianos y los puritanos de 1705. Los legisladores despojaron a los negros libres del derecho a tener propiedades, para acabar denigrando a «los negros libres de la colonia» como «gente vaga y ociosa» que se aprovechaba del «dinero público».[10]

En medio de una resistencia africana cada vez más tenaz y del creciente clamor de los cuáqueros en contra del esclavismo, los negreros aún conseguían salir bastante bien parados, y tenían un terreno fértil en el que prosperar. En 1713, Inglaterra obtuvo el asiento de negros, el privilegio de practicar el comercio de cautivos con todas las colonias hispanoamericanas, con lo que pronto se convertiría en el principal país vendedor de esclavos del siglo XVIII, siguiendo los pasos de Francia, Holanda y los pioneros portugueses. Nueva Inglaterra se había convertido en la entrada principal de bienes europeos y caribeños. A su vez, los buques que salían de las colonias, sobre todo de Boston y Newport, en Rhode Island, transportaban los comestibles con los que se alimentarían los hacendados, capataces y trabajadores del Caribe británico, para volver con azúcar, ron, melaza y cautivos, con los que proveer a la mayor industria manufacturera de Nueva Inglaterra antes de la guerra de Independencia de Estados Unidos, la de las bebidas alcohólicas.[11]

La posición de Boston como uno de los puertos clave de las colonias también hizo que la ciudad fuese vulnerable a las epidemias. El 21 de abril de 1721, el HMS *Seahorse* llegó desde Barbados. Un mes después, Cotton Mather dejaba anotado en su diario: «La grave y calamitosa viruela ya ha entrado en la ciudad». Mil bostonianos, casi el 10 por ciento de la población, emigraron al campo para escapar del juicio del Todopoderoso.[12]

Quince años antes, Mather le había hecho a Onesimus una de las preguntas que todo propietario de esclavos de Boston debía hacerles a los nuevos siervos: «¿Has pasado la viruela?». La respuesta de aquel fue que sí y no. Le explicó a su amo que, cuando estaba en África, antes de que lo esclavizaran, le habían raspado con una espina para introducirle una pequeña cantidad de pus extraída de una víctima de la viruela, en virtud de una práctica que se remontaba a cientos de años atrás y con la que se conseguía que los receptores sanos desarrollasen una saludable inmunidad a la enfermedad. Esta forma de inoculación, precursora de las vacunas modernas, suponía una práctica innovadora que evitaba un número incalculable de muertes en toda el África Occidental. En un principio, los racistas científicos europeos se negaron a reconocer que los médicos africanos eran capaces de avances semejantes. Tanto es así que pasarían varias décadas y habría muchas más muertes antes de que el médico británico Edward Jenner, el famoso padre de la inmunología, validase la inoculación.

Sin embargo, Cotton Mather se convirtió en uno de los primeros defensores de la inoculación, tras leer un ensayo aparecido en 1714 en *Philosophical Transactions of the Royal Society*. Comenzó entonces a entrevistar, para mayor seguridad, a los africanos que había en Boston y a compartir sus relatos sobre la inoculación, con lo que se le abrió una ventana a la cultura intelectual de África Occidental. No obstante, le costaba comprender lo que le contaban y prefería dedicar los esfuerzos, en su lugar, a quejarse del modo «deshilvanado y equívoco, a la manera de los idiotas, en que cuentan sus historias».[13]

El 6 de junio de 1721, un Mather sereno redactó un «Discurso dirigido a los médicos de Boston», en el que les pedía respetuosamente que se tomasen en serio la inoculación. Si había alguien que tenía la credibilidad suficiente para sugerir algo tan novedoso en aquel tiempo incierto era él, el primer miembro nacido en América de la Royal Society londinense, al frente de la cual aún se encontraba Isaac Newton. Mather había estado publicando entre quince y veinte libros y panfletos al año desde la década de 1690, y, en una carrera mastodóntica, estaba cerca de alcanzar un total de 388, probablemente más que los escritos por el resto de toda su generación de sacerdotes novoingleses junta.[14]

El único médico que respondió a Mather fue Zabadiel Boylston, tío abuelo del futuro presidente John Adams. Cuando, el 15 de julio de 1721, Boylston anunció la inoculación exitosa a su hijo de seis años y dos esclavos africanos, tanto los doctores como los políticos locales quedaron horrorizados. No tenía sentido que alguien se inyectase a sí mismo una enfermedad para librarse de ella. El único médico de Boston que tenía una licenciatura, el doctor William Douglas, empeñado en ejercer presión para salvaguardar su propia legitimidad profesional, alentó la llama del miedo en la ciudad, para lo cual fraguó una teoría conspirativa según la cual había en marcha un gran complot entre los africanos, quienes habrían acordado asesinar a sus amos convenciéndolos de que se inocularan. «No hay una raza entre los hombres de la Tierra más falsa y mentirosa» que los africanos, ladró Douglas.[15]

Quienes, como el doctor Douglas, se oponían a la inoculación encontraron un medio amistoso en uno de los primeros periódicos independientes de las colonias, *The New England Courant*, lanzado en 1721 por James Franklin, entonces de veinticuatro años. El cajista de dicha publicación, de quince años, se llamaba Ben y trabajaba para James, su hermano mayor, como aprendiz sin sueldo. Sintiéndose ofendido por los contenidos del diario, Cotton Mather exigió obediencia intelectual, tal que un profesor universitario adocenado. La generalidad del público hizo caso omiso y él desistió. La aversión de los bostonianos por Mather y Boylston solo mejoró cuando la epidemia, tras llevarse la vida de 842 personas, remitió, a principios de 1722.[16]

Se aproximaba el mes de abril, y Ben Franklin decidió que deseaba hacer algo más que colocar letras para imprimir el periódico de su hermano. Así, comenzó a redactar unas cartas anónimas en las que hacía recomendaciones sociales, que después pasaba por debajo de la puerta del taller de impresión de James con la finalidad de que este las publicase en el *Courant*. Venían bajo la rúbrica de Silence Dogood. La inspiración de Ben había sido la obra de Mather de 1710 *Bonifacius, or Essays to Do Good*, que hablaba de mantener el orden social mediante la benevolencia. Más tarde, Benjamin Franklin le explicaría al hijo de Mather que aquel libro «cambió mi forma de pensar, hasta el punto de haberme influido en la conducta a lo largo de toda la vida». Después de haber publicado dieciséis afamadas cartas, Ben revelaría la verdadera identidad de Silence Dogood a su celoso y autoritario hermano, que pasó a censurarlo de inmediato. Para 1723, todas las ambiciones que se habían pasado por la cabeza de Ben parecían desvanecerse.[17]

Antes de huir a Filadelfia, Ben fue emplazado a acudir a una dirección en Ship Street. Estaba nervioso cuando golpeó la puerta, tras la que apareció un sirviente que lo condujo al estudio. De este modo, pudo contemplar la que era probablemente la mayor biblioteca de Norteamérica. Cotton Mather disculpó a Ben por la confrontación verbal a que se había visto abocado con el periódico de su hermano, con el mismo tono con el que un padre se dirigiría a un hijo díscolo. Nadie sabe de qué más hablaron aquel sexagenario y ese chico de diecisiete años.

Es posible que Ben Franklin advirtiese la tristeza de su anfitrión, cuyo padre, de ochenta y cuatro años, estaba enfermo. Cuando a Increase Mather le llegase el momento de morir entre los brazos de su hijo mayor, el 23 de agosto de 1723, la tragedia sería la gota que colmaría el vaso en una serie de años extenuantes para Cotton Mather, que se había estado desgastando a causa de disputas maritales, problemas financieros, desacuerdos con los pastores anglicanos, el hecho de ser descartado hasta en dos ocasiones para ocupar el cargo de rector de Harvard o la noticia de que la Royal Society de Isaac Newton ya no seguiría publicando sus trabajos. A pesar de todos sus éxitos, Mather comenzaba a preocuparse por su legado intelectual.

En el caso de que, en la década de 1720, Mather estuviese al día del curso de los acontecimientos en las colonias, entonces no tenía motivos para preocuparse de su testamento misionero. Había exhortado tanto a los propietarios de esclavos a bautizar a sus siervos como a los cautivos africanos a abandonar la religión de sus ancestros, con más fervor que ninguna otra voz norteamericana desde la década de 1680. Durante su carrera ascendente, con calma y prudencia, había hecho muchos progresos a lo largo de los años. Los misioneros anglicanos afines, como James Blair, Thomas Bray o los agentes de la Sociedad para la Propagación del Evangelio en Tierras Extranjeras, habían tratado de llevar aún más lejos sus ideas. Tanto si se percataba de ello como si no, tanto si desdeñaba a los misioneros anglicanos como si no, las oraciones de Mather habían comenzado a recibir respuesta durante sus últimos años.

Edmund Gibson, el insigne obispo anglicano de Londres, decidió disipar cualquier duda persistente que pudiera cundir entre los hacendados, como la de si debían apropiarse de cautivos cristianos. En dos cartas de 1727 a los virginianos, alabó y validó el innovador estatuto de 1667 que negaba la libertad a los cautivos bautizados. Gibson explicaba que la conversión obligaba precisamente a los esclavos «a las mayores diligencia y fidelidad», una idea en la que Mather llevaba años insistiendo. La Corona británica, junto con los asistentes de sir Robert Walpole, el primer primer ministro de la historia de Gran Bretaña, se hizo eco de las palabras del obispo. Todos los poderes británicos, de naturaleza religiosa, política o económica, se unían ahora para librar a los misioneros y hacendados de tener que liberar a los convertidos, insuflando de este modo vigor a los movimientos proselitistas y condenando las llamadas a la manumisión.[18]

Cada vez más esclavistas comenzaron a prestar oídos a los argumentos de los misioneros de que la sumisión cristiana podía ser un complemento de la violencia a la hora de subyugar al pueblo africano. De hecho, los pastores comenzaron a poner el foco en la cuestión del sometimiento y a permanecer callados en lo relativo a la violencia. Hugh Jones, por ejemplo, un profesor de la Universidad de William and Mary, publicó su influyente obra *Present State of Virginia* en 1724. En ella, escribía que «la cristiandad alienta y ordena» a las personas africanas «a que se hagan más humildes, mejores siervos». No obstante, no debían aprender a leer ni escribir, pues estaban hechos «por naturaleza para los trabajos duros y fatigosos». En su sorprendentemente exitosa colección de sermones de 1722, James Blair proclamaba que la regla de oro no implicaba la igualdad entre «superiores e inferiores»; el orden requeriría de jerarquías, en tanto que las jerarquías requerirían de responsabilidad. Según la prédica de Blair, los amos debían bautizar y tratar con amabilidad a sus esclavos.[19]

Los esclavistas se fueron abriendo cada vez más a estas ideas, hasta que tuvo lugar el Primer Gran Despertar, que se extendió por las colonias durante la década de 1730, encabezado por el nativo de Connecticut Jonathan Edwards. Su padre, Timothy Edwards, había estudiado con Increase Mather en Harvard y conocía y veneraba a Cotton Mather, quien durante el tercer año de Jonathan como estudiante en Yale, en 1718, consiguió una donación del comerciante galés Elihu Yale, cuyo resultado fue el cambio de nombre de la tercera universidad estadounidense, llamada originalmente Collegiate School.

Los renacimientos en la fe que tuvieron lugar en la iglesia de Massachusetts de Edwards, en Northampton, dieron inicio al mencionado Primer Gran Despertar, alrededor de 1733. En el despertar de las almas, los evangélicos apasionados como él hablaban de la igualdad de todas ellas y de la posibilidad universal de la conversión. «Yo soy el siervo de Dios, como mis siervos lo son míos, en un mayor estado de inferioridad con respecto a él que ellos con respecto a mí», explicaba Edwards, dueño de esclavos, en 1741. No obstante, aquel Primer Gran Despertar de inclinaciones esclavistas no tuvo éxito en la plantación de Hugh Bryan en Carolina del Sur, ya que este, por contra, había despertado el antiesclavismo, y ya en 1740 enunciaba «profecías diversas y entusiastas sobre la destrucción de Charles Town y la liberación de la servidumbre para los negros». Sus piadosos cautivos dejaron de trabajar. Comenzó a oírse a una mujer «entonar canciones espirituales junto a la orilla del río», como a tantos otros antirracistas no identificados, mujeres y hombres cristianos en contra del esclavismo que comenzaban a elevar su canto durante aquellos años. Las autoridades de Carolina del Sur amonestaron a Bryan. Querían que los evangelistas difundieran un cristianismo racista, coherente con la sumisión, no esa cristiandad antirracista de la liberación.[20]

Hugh Bryan era una excepción en el ambiente misionero que proliferaba en los días del Primer Gran Despertar, una época que Cotton Mather no viviría para ver. Aunque postrado, le colmó de felicidad poder celebrar su sesenta y cinco cumpleaños, el 13 de febrero de 1728. A la mañana siguiente, llamó a su cuarto al nuevo pastor de la iglesia, Joshua Gee, para rezar juntos. Se sentía liberado. «Ahora ya no tengo nada que hacer aquí», le dijo a Gee. Unas horas después, había muerto.[21]

«Era, quizá, el ornato principal de este país, así como el académico más importante que haya habido jamás en él», afirmaba *The New England Weekly Journal* el 19 de febrero de 1728, la fecha del funeral de Mather.

Se trataba de un elogio bastante preciso en lo tocante al nieto de John Cotton y Richard Mather. Sin duda, Cotton Mather había superado a sus antecesores, dos gigantes de la evangelización formados en un mundo intelectual que se dedicaba a debatir si era el clima africano o la maldición de Cam lo que había dado lugar a las simiescas bestias africanas, beneficiarias indudables del esclavismo. Mientras que ellos consumaron en Inglaterra la idea racista de que se podía y se debía esclavizar a los africanos, Cotton Mather allanó el terreno a la elaboración de una idea racista de la cristiandad, que sometía y elevaba al mismo tiempo a los africanos esclavizados. Así, se sumó a los productores de ideas racistas de otros imperios coloniales, que escribían desde las metrópolis europeas, en la normalización y racionalización de la expansión del colonialismo y la esclavitud. Lo que, en resumen, proclamaban estos ideólogos racistas era que los europeos se estaban imponiendo sobre el mundo occidental, subyugándolo para ocupar su legítimo lugar de autoridad como paradigma indiscutible de la grandeza humana. En el momento de la muerte de Mather, en 1728, los miembros de la Royal Society habían dado forma definitiva al modelo blanco como criterio dominante para toda la humanidad. La cristiandad, la racionalidad, la civilización, la riqueza, la bondad, la espiritualidad, la belleza, la luz, Adán, Jesús, Dios o la libertad, todo ello se había formulado como potestad de los blancos europeos. Lo único que cabía preguntarse era si los pueblos africanos del sur tenían la capacidad de elevarse y alcanzar dicho paradigma. En su calidad de primer asimilacionista importante de Norteamérica, Cotton Mather predijo que los africanos podían llegar a tener almas blancas.

En 1729, Samuel Mather completó la estimable biografía de su padre fallecido, al igual que este había hecho con el suyo propio, y en ella dejó escrito que «cuando iba por la calle, bendecía a mucha gente sin que ni siquiera se dieran cuenta, en voz baja», y, así, bendecía a los negros con un ruego sentido: «Señor, limpia esta pobre alma, hazla blanca y aclara su espíritu».[22]

Segunda parte

Thomas Jefferson

7

Ilustración

No había nada que lo perturbase. Conducía a las mulas cansadas. Seguía adelante mientras sus compañeros desfallecían. Se enfrentaba a los depredadores con la misma calma con la que dormía en los árboles por la noche. Peter Jefferson tenía una tarea que llevar a cabo en 1747: estaba explorando tierras nunca vistas por colonos blancos, a fin de extender la frontera entre Virginia y Carolina del Norte cruzando la peligrosa cordillera Azul. Le habían encargado que certificase que el punto más occidental de la Norteamérica colonial no se había convertido en un refugio para fugitivos, como las Montañas Azules de Jamaica.[1]

Con el paso del tiempo, la energía, la fortaleza y el coraje hipnóticos de los que hacía gala Peter Jefferson en sus viajes como prospector se convirtieron en una leyenda familiar. Entre los primeros que oyeron estas historias estaba el pequeño Thomas, de cuatro años, que estaba encantado de que su padre volviese por fin a casa a finales de 1747. Thomas era el hijo mayor de Peter, nacido el 13 de abril del inolvidable año de 1743. El homólogo misional de Cotton Mather en Virginia, James Blair, murió dieciséis días después del nacimiento de Thomas, marcando el fin de una era en la que los teólogos dominaron casi por completo el debate racial en Norteamérica. Aquel año marcó también el nacimiento de una nueva era desde el punto de vista intelectual. Los pensadores «ilustrados» empezaron a secularizar y difundir el debate racial por todas las colonias, impartiendo sus doctrinas a los futuros revolucionarios antiesclavistas, antiabolicionistas y antimonárquicos de la generación de Thomas Jefferson. Y el mejor de los discípulos seculares de Cotton Mather estaba a la cabeza.

«El pesado trabajo inicial de establecer nuevas colonias ya está prácticamente completado —opinaba Benjamin Franklin en 1743—, y en todas las provincias son muchas las personas cuyas circunstancias les permiten estar tranquilas y tener tiempo de ocio para cultivar las bellas artes y mejorar el acervo de conocimientos común». A los treinta y siete años, las circunstancias de Franklin le permitían en verdad estar tranquilo. Desde su huida de Boston, había creado un imperio de tiendas, almanaques y periódicos en Filadelfia. Para los hombres como él, que se dedicaban al esparcimiento mientras su capital, de un modo literal o figurado, trabajaba para ellos, sus observaciones sobre la vida tranquila eran sin duda ciertas. En 1743, Franklin fundó en Filadelfia la Sociedad Filosófica Americana (APS, por sus siglas en inglés). Tomando como modelo la Royal Society británica, la APS se convirtió en la primera organización formal de eruditos de las colonias desde que Mather creara la Sociedad Filosófica de Boston en la década de 1680. El retoño intelectual de Franklin murió en su infancia, pero fue resucitado en 1767 con el compromiso de dedicarse a «todos los experimentos filosóficos que arrojen luz sobre la naturaleza de las cosas».[2]

La revolución científica del siglo XVII había dado paso a un mayor movimiento intelectual en el XVIII. Durante mucho tiempo, en la Europa cristiana se había desconfiado del conocimiento secular y de las ideas sobre la tendencia hacia el progreso humano universal. Todo aquello cambió con el advenimiento de una era que fue denominada *Lumières* en Francia, *Aufklärung* en Alemania, *Illuminismo* en Italia y *Enlightenment* en Gran Bretaña y Norteamérica.

Para los intelectuales de la Ilustración, la metáfora de la luz solía tener un doble sentido. Los europeos habían redescubierto el aprendizaje después de un milenio de oscuridad religiosa y, en el Viejo Continente, el brillante faro del conocimiento existía en mitad de un mundo «tenebroso» al que la luz aún no había tocado. La luz se convirtió así en una metáfora de «europeidad», una idea que Benjamin Franklin y su sociedad filosófica adoptaron e importaron con entusiasmo a las colonias. Los colonos blancos, argumentaba Franklin en *Observations Concerning the Increase of Mankind*, de 1751, «hacían que este rincón de nuestro mundo reflejase una luz más brillante». Franklin sugería prohibir la antieconómica esclavitud y a las personas negras. «Pero quizá esté sesgado hacia el color de la piel de mi país, que es un sesgo natural en el ser humano». Las ideas de la Ilustración dieron legitimidad a este histórico «sesgo» racial, el vínculo entre la luz, la piel blanca y la razón, por un lado, y entre la oscuridad, la piel negra y la ignorancia, por otro.[3]

Estos contrapuntos de la Ilustración surgieron en un momento muy oportuno, en el que el comercio transatlántico triangular de Europa Occidental se hallaba en pleno auge. Gran Bretaña, Francia y la Norteamérica colonial aportaban principalmente barcos y bienes manufacturados. Los buques navegaban hasta África Occidental y los mercaderes intercambiaban esos bienes por mercancía humana a cambio de pingües beneficios. Las telas se convirtieron en el artículo más preciado en el África del siglo XVIII, por el mismo motivo que era un producto codiciado en Europa; en África (como en Europa) casi todo el mundo se vestía, y en África (como en Europa) casi todo el mundo quería tener mejores ropas. Solo los más pobres entre los africanos no llevaban ropas que les cubrieran el torso, pero esta pequeña cifra, a ojos de los europeos, se convirtió en significativa. Era la ironía de la época: los mercaderes de esclavos sabían que las telas eran el producto más deseado en ambos lugares, pero al mismo tiempo algunos de ellos estaban divulgando la idea racista de que los africanos se paseaban desnudos como animales. Los creadores de esta idea racista debían de saber que sus relatos eran falsos, pero, de todos modos, siguieron inventándolos para justificar su lucrativo comercio de seres humanos.[4]

Los barcos negreros viajaban desde África hasta América, donde los comerciantes intercambiaban, obteniendo de nuevo un beneficio, a los africanos recién esclavizados por materias producidas por los africanos que ya hacía tiempo que eran esclavos. Los navíos y los comerciantes volvían a casa y el proceso volvía a empezar, ofreciendo un «triple estímulo» al comercio europeo (y una triple explotación de los africanos). La práctica totalidad de las ciudades costeras del mundo occidental que fabricaban y comerciaban desarrollaron un lucrativo vínculo con el comercio transatlántico durante el siglo XVIII. Los beneficios se dispararon con el crecimiento y la prosperidad del comercio de esclavos en el principal puerto de Gran Bretaña, la ciudad donde solía predicar Richard Mather, Liverpool. El puerto negrero norteamericano más importante era Newport, y los beneficios generaron colosales fortunas que aún se pueden ver en las mansiones que salpican el histórico paseo marítimo de la ciudad.

En un libro de 1745 en el que avalaba la Real Compañía Africana, dedicada al comercio de esclavos, el famoso economista Malachy Postleth-wayt definió el Imperio británico como «una magnífica superestructura de comercio y poderío naval norteamericanos sobre unos cimientos afri-canos». Pero debajo de estos cimientos había otros, los esenciales produc-tores de ideas racistas, que garantizaban que esta magnífica superestruc-tura siguiera pareciéndoles algo normal a los posibles detractores. Los intelectuales de la Ilustración crearon la idea racista de que las crecientes desigualdades socioeconómicas entre Inglaterra y Senegambia, entre Euro-pa y África, entre los esclavizadores y los esclavizados, eran producto de la voluntad de Dios, de la naturaleza o de la educación. Las ideas racistas camuflaban la discriminación, racionalizaban las disparidades raciales y apuntaban al esclavizado, no al esclavizador, como el problema. Las ideas antirracistas apenas llegaron al diccionario del pensamiento racial duran-te la Ilustración.[5]

Carl Linneo, el padre de la Ilustración en Suecia, siguió los pasos de François Bernier al clasificar a la humanidad en una jerarquía racial para la nueva era intelectual y comercial. En *Systema naturae*, publicado por primera vez en 1735, Linneo situaba al ser humano en la cúspide del reino animal. Dividía el género *Homo* en *Homo sapiens* (humanos) y *Homo troglodytes* (simios), etc., y volvía a dividir la especie única *Homo sapiens* en cuatro variedades. En el lugar más alto del reino humano se hallaba *H. sapiens europaeus*, «muy inteligente, inventivo. Cubierto por vestidos ajus-tados. Gobernado por la ley»; luego venían *H. sapiens americanus* («gober-nado por las costumbres») y *H. sapiens asiaticus* («gobernado por la opi-nión»). Relegaba al *H. sapiens afer* al punto más bajo de la humanidad, calificaba a este grupo de «perezoso, holgazán [...] astuto, lento, descuida-do. Cubierto de grasa. Gobernado por el capricho» y describía en parti-cular a las «hembras con sexo colgante y pechos alargados».[6]

Linneo creó una jerarquía dentro del reino animal y también dentro del reino humano, y esta jerarquía humana se basaba en la raza. Sus com-pañeros «ilustrados» también creaban jerarquías humanas; dentro del rei-no europeo, situaban a los irlandeses, a los judíos, al pueblo romaní y a los europeos del sur y del este en el nivel más bajo. Los esclavizadores y los comerciantes de esclavos creaban jerarquías étnicas similares dentro del reino africano. Los africanos esclavizados en Norteamérica solían provenir de siete regiones culturales y geopolíticas: Angola (26 por ciento), Senegambia (20 por ciento), Nigeria (17 por ciento), Sierra Leona

(11 por ciento), Ghana (11 por ciento), Costa de Marfil (6 por ciento) y Benín (3 por ciento). Como las jerarquías se solían basar en qué grupos ancestrales se creía que eran mejores esclavos o qué costumbres se parecían más a las europeas, los diversos esclavizadores, con necesidades y culturas distintas, tenían jerarquías diferentes. Generalmente, a los angoleños se los clasificaba como los africanos inferiores, ya que su precio (debido a la mayor oferta) era muy bajo en los mercados de esclavos. Linneo clasificaba a los khoi (u hotentotes) de Sudáfrica como una rama divergente de la humanidad, *Homo monstrosis monorchidei*. Desde finales del siglo XVII, al pueblo khoi se lo había clasificado como «el eslabón perdido entre la especie humana y los simios».[7]

La creación de jerarquías de grupos étnicos negros dentro del reino africano se puede denominar «racismo étnico», porque se encuentra en la intersección de las ideas etnocéntricas y racistas, mientras que la creación de jerarquías en las que todos los europeos estaban por encima de todos los africanos era racismo puro y duro. En último término, en ambos casos se clasificaba como inferior a un grupo étnico negro. Los criterios para evaluar a los grupos étnicos en el seno de las jerarquías africanas se basaban en valores culturales y rasgos europeos, y la creación de jerarquías estaba al servicio de un proyecto político, la esclavitud. A los senegambianos se los consideraba superiores a los angoleños porque, presuntamente, eran mejores esclavos y sus costumbres se parecían más a las europeas. Los africanos importados a América reconocían sin duda la jerarquía de pueblos africanos tan rápido como los sirvientes blancos reconocían la más amplia jerarquía racial. Si los senegambianos se consideraban superiores a los angoleños para justificar los privilegios relativos que recibían, estaban abrazando ideas étnicamente racistas, igual que los blancos que utilizaban ideas racistas para justificar sus privilegios de blancos. Cada vez que un grupo negro o una persona negra utilizaba a los blancos como vara de medir y consideraba inferiores a otro grupo negro o persona negra, ello constituía un nuevo ejemplo de racismo. Carl Linneo y demás elaboraron una gigantesca jerarquía de razas y grupos étnicos dentro de ellas. La escalera y todos sus escalones, desde los griegos y los bretones, situados en la cúspide, hasta los angoleños y los hotentotes, que ocupaban el extremo inferior, denotaban un racismo étnico. Algunos africanos «superiores» aceptaban la distribución etnocéntrica de escalones para los africanos, pero rechazaban ser considerados inferiores a los blancos. Despreciaban la gallina del racismo, pero disfrutaban de sus racistas huevos.[8]

Todos los grupos étnicos africanos con los que se comerciaba eran productos, y los comerciantes de esclavos parecían valorar y devaluar estos productos étnicos según las leyes de la oferta y la demanda. Linneo no parecía formar parte de ningún ambicioso plan para imponer el racismo étnico a los pueblos esclavizados con el objetivo de dividir y vencer. No obstante, siempre que el racismo étnico dividía a los aliados naturales en las plantaciones norteamericanas, de la misma forma que el racismo dividía a los aliados naturales en la pobreza en Norteamérica, a los esclavizadores no les importaba demasiado. En general, estaban dispuestos a emplear cualquier herramienta, ya fuera intelectual o de otro tipo, para sofocar la resistencia de los esclavos y garantizar la rentabilidad de sus inversiones.

Voltaire, el gurú de la Ilustración francesa, utilizó la escala racista de Linneo en el volumen adicional que complementaba su *Ensayo sobre las costumbres y el espíritu de las naciones* (1756), de medio millón de palabras. Aceptaba que había un orden natural de las especies. Se preguntaba: «Las flores, los frutos, los árboles y los animales con los que la naturaleza ha cubierto la faz de la Tierra, ¿los plantó ella al principio en un único lugar, a fin de que se dispersasen por la faz de la tierra?». No, respondía con rotundidad. «La raza negra es una especie de hombre tan diferente de la nuestra como la raza spaniel es distinta de los galgos [...]. Aunque su razonamiento no sea de una naturaleza distinta al nuestro, es al menos claramente inferior». «Los pueblos africanos son como animales —agregaba— que viven únicamente para satisfacer las necesidades corporales». Sin embargo, al ser «gentes belicosas, robustas y crueles», son «superiores como soldados».[9]

Con la publicación del *Ensayo sobre las costumbres y el espíritu de las naciones*, Voltaire se convirtió en el primer escritor destacado en casi un siglo con el valor suficiente para sugerir la poligénesis. La teoría de las razas creadas por separado se oponía a la idea asimilacionista de la monogénesis, es decir, de que todos los seres humanos son descendientes de un Adán y una Eva blancos. Voltaire se erigió en el árbitro principal del pensamiento segregacionista del siglo XVIII, promoviendo la idea de que las razas eran fundamentalmente distintas, que la separación era inmutable y que la raza negra, inferior, era incapaz de ser asimilada por la normal o civilizada blanca. El cambio hacia el pensamiento secular durante la Ilus-

tración había abierto, así, la puerta a la generación de más ideas segregacionistas. Y las ideas segregacionistas acerca de la inferioridad permanente de los negros atraían a los esclavistas porque reafirmaban su defensa de
la esclavitud permanente de las personas negras.

Voltaire estaba intelectualmente enfrentado con el naturalista Georges-Louis Leclerc, que adoptó el nombre de Buffon. Buffon encabezaba
la tendencia mayoritaria moderada de la Ilustración francesa a través de
su enciclopédica obra *Histoire naturelle*, aparecida en cuarenta y cinco
volúmenes a lo largo de cincuenta y cinco años, a partir de 1749. Casi
todos los intelectuales europeos la leyeron. Y, mientras que Voltaire fomentó el pensamiento segregacionista, Buffon siguió comprometido con
las ideas asimilacionistas.

El argumento de las múltiples especies humanas de Voltaire, a diferencia de la especie humana única de Buffon, era uno de los aspectos de
mayor envergadura y que más dividió a la comunidad científica durante
la época de la Ilustración. Su amado sir Isaac Newton concebía el mundo
natural como una máquina ensamblada que seguía las «leyes naturales».
Newton no explicaba cómo se había ensamblado, pero eso le bastaba a
Voltaire, que creía que el mundo natural, incluidas las razas, era inmutable,
incluso para el poder divino. En cambio, Buffon defendía un mundo en
constante cambio. Buffon y Voltaire sí estaban de acuerdo en una cosa:
ambos se oponían a la esclavitud. De hecho, la mayor parte de los intelectuales de la Ilustración elaboraban ideas racistas y, al mismo tiempo,
pensamiento abolicionista.[10]

Buffon definía las especies como «una sucesión constante de individuos similares que pueden reproducirse entre sí». Y, puesto que las distintas razas se podían reproducir entre sí, debían ser la misma especie,
afirmaba. Buffon respondía así a algunas de las primeras muestras de
menosprecio segregacionistas hacia las personas birraciales. Los poligenistas cuestionaban o rechazaban la capacidad reproductiva de las personas birraciales para dar consistencia a sus argumentos de que los grupos
raciales eran especies distintas. Si los negros y los blancos eran especies
independientes, su descendencia tenía que ser infértil. Así surgió la palabra «mulato», que procedía de «mula» porque las mulas eran los descendientes infértiles de caballos y asnos. En el siglo XVIII, el dicho popular
«negro como el diablo» competía en popularidad en el mundo anglófono
con «Dios creó al hombre blanco y el diablo, al mulato».[11]

Buffon distinguía seis razas o variedades de una única especie humana

THOMAS JEFFERSON

(y a los miembros del pueblo khoi de Sudáfrica los consideraba monos). Situaba a los africanos «entre los extremos del barbarismo y la civilización». Tenían «escaso conocimiento de las artes y las ciencias», y su lenguaje «carecía de normas», decía Buffon. Como teórico del clima y monogenista, Buffon no creía que estas cualidades estuvieran escritas en piedra. Si los africanos fuesen importados a Europa, su color cambiaría paulatinamente y «quizá llegara a ser tan blanco como el de los nativos». Era en Europa donde podíamos «contemplar la forma humana en su máxima perfección» y donde «deberíamos formarnos nuestras ideas sobre el color real y natural del hombre». Buffon sonaba igual que el pensador que fundó la moderna historia del arte en Europa, el alemán Johann Joachim Winckelmann: «Un cuerpo bello será más bello cuanto más blanco sea», decía en el clásico de la disciplina, *Historia del arte de la Antigüedad*, de 1764. Estas eran las ideas «ilustradas» sobre la raza que la Sociedad Filosófica Americana de Benjamin Franklin y el joven Thomas Jefferson consumían e importaban a América en los albores de la revolución.[12]

Peter Jefferson compró unas quinientas hectáreas de terreno en el condado de Albemarle, en Virginia, y entró como representante del condado en la Cámara de los Burgueses, el cuerpo legislativo de Virginia. Shadwell, su plantación de tabaco, se hallaba unos siete kilómetros al este del centro de la actual Charlottesville. La casa de los Jefferson era un lugar de descanso habitual para las cercanas tribus de los cheroquis y los catawbas en sus viajes diplomáticos regulares a Williamsburg. El joven Thomas Jefferson desarrolló «sentimientos de apego y conmiseración hacia ellos que nunca han desaparecido», recordaba años más tarde.[13]

Aunque Thomas se habituó a la visita regular de distinguidos invitados americanos nativos, solía percibir a los africanos como trabajadores domésticos que se dedicaban a atender todas sus necesidades y como peones agrícolas que se dedicaban a cuidar del tabaco. En 1745 alguien sacó a un Thomas Jefferson de dos años de edad de la gran casa de Shadwell. Se lo alzaron a una mujer que montaba un caballo y esta lo puso sobre un almohadón fijado a este. La jinete, que era una esclava, llevó al niño de paseo hasta la plantación de un pariente. Este fue el primer recuerdo de infancia de Thomas Jefferson. Asociaba la esclavitud con la comodidad. A la esclava se le encomendó que cuidase de él, y en su blanda silla se sentía sano y salvo; más tarde recordaría que la mujer era «dulce y amable».[14]

Cuando, años más tarde, jugaba con niños africanos, Thomas aprendió más sobre la esclavitud. Como él mismo recordaba, «el padre se encoleriza, el niño lo mira, absorbe los patrones de la ira, imita la misma actitud en el círculo de los esclavos más jóvenes, da rienda suelta a sus peores pasiones y, criado, educado y ejercitado a diario en la tiranía, no puede más que quedar afectado por ella con odiosas peculiaridades».[15]

En su casa, ninguna de las personas que lo rodeaban pensaba que la tiranía fuese algo malo. La esclavitud era algo tan habitual como lo son las cárceles hoy en día. Pocos podían imaginar un mundo en orden sin ella. En la década de 1750 Peter Jefferson había acumulado casi sesenta cautivos, lo que lo convertía en el segundo mayor dueño de esclavos del condado de Albemarle. Peter educaba a sus hijos —sin darse cuenta de la contradicción— en la importancia de la autosuficiencia, a la que atribuía su propio éxito.

Peter, sin embargo, no le inculcó a su hijo la importancia de la religión. De hecho, cuando el Primer Gran Despertar de Virginia llegó a la región, pasó de largo y no arraigó en la plantación Shadwell. Peter no permitió que Samuel Davies, que casi en solitario llevó el Despertar hasta Virginia, predicara a sus hijos ni a sus esclavos. Es probable que Peter creyese, como muchos otros esclavistas, «que cristianizar a los negros los vuelve orgullosos e insolentes, y los tienta a imaginarse en igualdad con los blancos», como Davies señaló en su sermón más célebre, en 1757. Algunos hacendados norteamericanos habían quedado convencidos del punto de vista de Davies de que «unos deben ser amos y otros, esclavos», y había más de ellos que nunca dispuestos a convertir a sus cautivos. Pero no había suficientes para satisfacer a los misioneros, de ideas afines, de Cotton Mather, que pensaban, como Davies, que «un buen cristiano será siempre un buen siervo». En general, los esclavistas «dejaban que [los esclavos] viviesen en su oscuridad pagana», temerosos de que el cristianismo fomentase su resistencia, observó un visitante sueco, Peter Kalm, a finales de la década de 1740. Veinte años más tarde, el irascible hacendado Landon Carter echaba chispas, calificando a los negros de «demonios», y añadía que «dejar que sean otra cosa que esclavos sería como liberar demonios».[16]

Sin embargo, no todos los misioneros cristianos predicaban la sumisión cristiana y protegían la esclavitud a mediados del siglo XVIII. En 1742

John Woolman, un empleado de almacén originario de Nueva Jersey, tuvo que redactar el contrato de compraventa de una mujer africana no identificada. Woolman empezó a cuestionarse la institución y no tardó en iniciar lo que se convertiría en un legendario apostolado itinerante, en el que difundió el cuaquerismo y la oposición a la esclavitud. Después de su primera misión cuáquera en el atroz Sur esclavista, en 1746, Woolman escribiría *Algunas consideraciones acerca de la posesión de esclavos. Alegato por los pobres.*[17]

«Estamos en una posición elevada y gozamos de más favores que ellos», teorizaba Woolman. Dios había concedido «notables dones» a los cristianos blancos. Con la aprobación de la esclavitud, Norteamérica estaba «haciendo un mal uso de esos dones». Woolman plantó su pionero árbol abolicionista en la misma tierra racista en la que teólogos favorables a la esclavitud, como Cotton Mather —que pregonaba la divinidad de la esclavitud—, habían predicado un siglo atrás. Sus divergencias acerca de la esclavitud en sí disimulaban la similitud de su racismo político, que negaba la autodeterminación a las personas negras. Los tratados teológicos proesclavistas de Mather proclamaban que los amos tenían el encargo divino de cuidar de la degradada raza de los siervos naturales. En su tratado antiesclavista, Woolman afirmaba que los cristianos habían sido dotados por Dios de «mayores favores» para emancipar, cristianizar y hacerse cargo de los degradados esclavos. Pero, tanto si lo que se les debía dar era la esclavitud eterna como una futura emancipación, se debía tratar a los esclavos africanos como niños dependientes, cuyo destino estaba en manos de esclavistas o abolicionistas blancos.[18]

John Woolman esperó el momento oportuno antes de publicar su ensayo en la Reunión Anual de Filadelfia. Woolman conocía la historia de los debates de los cuáqueros acerca de la esclavitud, de los abolicionistas que saboteaban las reuniones y eran expulsados. Le preocupaban tanto su labor pastoral para los cuáqueros y la unidad de estos como su lucha contra la esclavitud. En 1752, cuando el abolicionista Anthony Benezet fue elegido para la junta editora, Woolman supo que había llegado el momento de publicar su ensayo, que había escrito ocho años atrás. A principios de 1754, la *Pennsylvania Gazette* de Benjamin Franklin anunciaba la publicación de *Algunas consideraciones acerca de la posesión de esclavos.*

Para finales de aquel año, algunos cuáqueros habían iniciado un movimiento sin precedentes contra la esclavitud, impulsado por Benezet y Woolman y las contradicciones de la esclavitud cristiana. Benezet había editado el ensayo de Woolman. Si Woolman se desenvolvía mejor en privado, Benezet lo hacía mejor en público, y ambos reformistas se convirtieron en una dinámica pareja de activistas contra la esclavitud. En septiembre de 1754, la Reunión Anual de Filadelfia aprobó la publicación de la *Epistle of Caution and Advice Concerning the Buying and Keeping of Slaves*. En ella los reformistas contra la esclavitud llegaban a un compromiso, instando a los cuáqueros a no comprar más esclavos. Los autores evocaron la Ley Dorada en el sesenta y seis aniversario no celebrado de la petición de Germantown. Benezet empezó a redactar la *Epistle* e incorporó contribuciones de Woolman. Se enviaron cientos de ejemplares a las reuniones trimestrales del valle de Delaware. El movimiento cuáquero norteamericano había abierto oficialmente la puerta al antiesclavismo. Pero los propietarios cuáqueros de esclavos cerraron rápidamente las suyas. El 70 por ciento se negaron a dar libertad a sus cautivos. Woolman vivió esta obstinada negativa de primera mano cuando se aventuró en Maryland, Virginia y Carolina del Norte en 1757.[19]

Los defensores de la esclavitud diseminaban numerosas ideas racistas, desde que los negros eran un pueblo atrasado y que era mejor para ellos vivir en América que en África hasta la maldición de Cam. A Woolman le resultaba «perturbador percibir la oscuridad de su imaginación». Nunca titubeó a la hora de responder, en su estilo tranquilo y compasivo. Nadie es inferior a los ojos de Dios, subrayaba. No se había importado a los africanos por su propio bien, como demostraban el abuso constante, el exceso de trabajo y la escasez de alimentos y vestimentas.[20]

En 1760 Woolman viajó a las casas que algunos de los más ricos comerciantes de esclavos de la Norteamérica colonial tenían en Rhode Island. El «proceder afable» y la «amistad superficial» de estos estuvieron a punto de convencerlo de abandonar su oposición a la esclavitud. Cuando regresó a su hogar de Nueva Jersey, lo hizo como cuando había vuelto del Sur, años antes, con un pesado lastre de reflexiones. A lo largo de los años, en sus alegatos contra la esclavitud se había opuesto al argumento de la inferioridad de los africanos, tirando así piedras contra su propio tejado. Tuvo que reconsiderar su postura sobre si las personas blancas habían sido dotadas de una «posición elevada». En 1762 modificó su obra *Algunas consideraciones*.[21]

Había que oponerse a la esclavitud «desde el amor por la equidad», reconocía Woolman en la segunda parte del opúsculo. Abandonó la retórica de los mayores «favores» en un sentido racial, aunque la conservó en un sentido religioso. Su antirracismo brilló con luz propia. «Calificar a los hombres con el título ignominioso de esclavo, vestirlos con atuendos harapientos, mantenerlos en trabajos serviles [...] tiende gradualmente a convencer a una nación de que se trata de una clase de personas de naturaleza inferior a la nuestra», afirmaba Woolman. Pero los blancos no debían relacionar la esclavitud «con el color negro y la libertad con el blanco», porque «cuando las falsas ideas se introducen, cuesta mucho expulsarlas». En cuestiones de derechos y equidad, «el color de un hombre de nada sirve».[22]

El antirracismo de Woolman era avanzado a su tiempo, igual que sus apasionados sermones contra la pobreza, la crueldad con los animales, el servicio militar obligatorio y la guerra. Pero la postura antiesclavista de Woolman en las décadas de 1750 y 1760 llegó justo a tiempo para la Revolución norteamericana, una conmoción política que forzó a los luchadores por la libertad de la generación de Thomas Jefferson a enfrentarse a sus vínculos con la esclavitud.[23]

Los remedios del doctor Thomas Walker no funcionaron, y cuando su paciente de cuarenta y nueve años, el padre de Thomas Jefferson, murió el 17 de agosto de 1757, fue un acontecimiento increíble para todos los que habían oído la leyenda familiar acerca del vigor de Peter Jefferson. Thomas, que contaba catorce años de edad, tuvo que hacerse con las riendas de su propia vida. Al ser el mayor de los hijos varones, era ahora el cabeza de familia, de acuerdo con el credo patriarcal de Virginia. Pero, a todos los efectos, Jane Randolph Jefferson, que tenía treinta y siete años, no recurrió a su hijo adolescente para que la guiase ni tampoco al doctor Walker, el administrador del patrimonio. Se convirtió en la capataz de ocho hijos, sesenta y seis esclavos y al menos mil cien hectáreas de terreno. Jane Jefferson era una persona sociable, amante del lujo y meticulosa con los libros contables de la plantación, rasgos que transmitió a Thomas.[24]

En 1760 Thomas Jefferson se matriculó en la Universidad de William and Mary, donde se sumergió a fondo en el pensamiento de la Ilustración, incluidas sus ideas antiesclavistas. Tuvo de maestro al recién contratado e intelectual ilustrado escocés William Small, de veintiséis años, que le enseñó que era la razón, no la religión, la que debía dominar los asuntos humanos, una lección que influiría en los puntos de vista de Jefferson sobre el gobierno. Jefferson también leyó la *Historia natural* de Buffon y estudió a Francis Bacon, John Locke e Isaac Newton, un trío al que más tarde denominaría «los tres hombres más importantes que el mundo ha engendrado nunca».

Cuando Jefferson se graduó en 1762, entró en la escuela informal de derecho del abogado más notorio de Virginia, George Wythe, conocido por su sentido jurídico y su apetencia por los lujos. Tras ser admitido en el colegio de abogados a los veinticuatro años, en 1767, Jefferson entró en el torbellino político de la Cámara de los Burgueses en representación del condado de Albemarle, como antes había hecho su padre. Los burgueses protestaron contra las últimas exigencias impositivas de Inglaterra, lo que dio lugar a que el gobernador real de Virginia clausurase la cámara el 17 de mayo de 1769. Jefferson había ocupado su escaño solo durante diez días.[25]

Incluso después de perder su puesto, Jefferson participó activamente en las crecientes hostilidades contra la metrópoli y la esclavitud. Se encargó de la demanda de libertad para el fugitivo de veintisiete años Samuel Howell. La ley de Virginia prescribía treinta años de esclavitud para la primera generación de hijos birraciales de padres libres «para impedir esa mezcla abominable de hombre o mujer blanco con negros o mulatos». Howell era de segunda generación, y Jefferson afirmó ante el tribunal que prolongar el periodo de esclavitud era perverso, porque «bajo la ley de la naturaleza todos los hombres nacen libres». Wythe, el abogado de la parte contraria, se levantó para iniciar su réplica. El juez le ordenó que se volviese a sentar y dictó sentencia contra Jefferson. La legislación colonial era aún firmemente favorable a la esclavitud, y las leyes raciales se estaban volviendo cada vez más segregacionistas. Pero entonces, de repente, un grupo de jueces de Boston invirtieron la tendencia ideológica.[26]

8

Objetos de exhibición negros

Mientras Thomas Jefferson supervisaba la construcción de su plantación cerca de Charlottesville, en octubre de 1772, una mujer esclava de diecinueve años, costa arriba, observaba con inquietud a dieciocho caballeros identificados públicamente como «los personajes más respetables de Boston». A todos ellos se les había encomendado juzgar si la mujer había sido realmente la autora de sus famosos poemas, en especial de sus sofisticadas metáforas griegas y latinas. Había rostros familiares entre ellos: el gobernador de Massachusetts Thomas Hutchinson, el futuro gobernador James Bowdoin, el magnate esclavista John Hancock y el hijo de Cotton Mather, Samuel, recordado como el último de una estirpe de ilustres miembros de la familia Mather después de Richard, Increase y Cotton. A Phillis Wheatley, la poeta que planteaba el caso ante Samuel Mather y los otros bostonianos, se la recuerda ahora como la primera de una saga de ilustres escritores afroamericanos.[1]

La historia de su esclavización no empezó como la de otras muchas personas africanas. En 1761 Susanna Wheatley, la esposa del sastre y financiero John Wheatley, visitó el más reciente almacén de seres humanos encadenados en el sudoeste de Boston, no lejos de donde había vivido Cotton Mather. El capitán Peter Gwinn, del *Phillis*, acababa de llegar a Boston con setenta y cinco cautivos de Senegambia. Susanna Wheatley, que buscaba una sirvienta doméstica, pasó por delante de «varias hembras robustas y sanas» y posó su mirada en una niña enfermiza y desnuda, cubierta únicamente por una sucia alfombra. La cautiva, de siete años, tenía algunos de los dientes de leche delanteros, lo que quizá le recordara a Wheatley a su propia hija de siete años. Susanna Wheatley estaba de luto con motivo del noveno aniversario de la trágica muerte de Sarah Wheatley.[2]

Mucho antes de convertirse en el más famoso de los objetos de exhibición negros del mundo occidental, la joven africana fue adquirida por Susanna y John para ejercer de recordatorio vivo de Sarah Wheatley. Fuera cual fuese el nombre que sus parientes wolofs le hubiesen asignado, ya se había perdido en las grises cadenas, las sangrientas aguas azules y la historia escrita. Los Wheatley le dieron un nuevo nombre, el del barco negrero que la había traído. Desde el principio, Phillis Wheatley «ocupó el lugar de una hija», sugería uno de sus primeros biógrafos, «en el hogar y en el corazón» de los Wheatley. A Phillis, a la que se educó en la casa, «nunca se la consideró una esclava», explicó Hannah Mather Crocker, la nieta de Cotton Mather.[3]

Unos cuatro años después de su llegada, Phillis, que tenía entonces once años, escribió su primer poema en inglés. Se trataba de un tributo de cuatro versos a la muerte por viruela, en 1764, de la hija de diecisiete años de los Thacher, una notable familia puritana. Phillis escribió el poema emocionada después de oír a los Wheatley lamentar la trágica muerte de Sarah Thacher.

A la edad de doce años, Phillis leía sin problemas clásicos latinos y griegos, literatura inglesa y la Biblia. Publicó su primer poema, «On Messrs. Hussey and Coffin», en el número de diciembre de *The Newport Mercury*. Una tormenta casi había provocado el naufragio, en la costa de Boston, del buque en el que viajaban dos comerciantes locales. Los Wheatley invitaron a uno de ellos, o a los dos, a cenar. Phillis escuchó con atención el relato del comerciante (o comerciantes) acerca de «su salvación por los pelos».

En 1767, la joven de quince años escribió «To the University of Cambridge», un poema en el que expresaba su anhelo por entrar en Harvard, que estaba reservada a hombres blancos. Ya había entrado en contacto con las ideas asimilacionistas sobre su raza, que probablemente le había enseñado la propia familia Wheatley; escribió, por ejemplo: «Hasta ahora mismo no he dejado mi costa nativa, / la tierra azabache de la noche más oscura del error». Los asimilacionistas propugnaban la idea racista de una África no ilustrada, y le decían a Wheatley y a otras personas negras que la luz de América era un don. Al año siguiente, Wheatley seguía maravillándose de su asimilación —y atacando la teoría de la maldición segregacionista— en el poema «On Being Brought from Africa to America»:

Hay quien ve nuestra negra raza con ojos de desprecio,
«su color es un tinte diabólico».
Recordad, cristianos, los negros, oscuros como Caín,
pueden ser pulidos y unirse al tren de los ángeles.

En 1771 Phillis Wheatley empezó a recopilar sus trabajos, que incluían varios inspiradores poemas sobre las tensiones cada vez mayores entre Gran Bretaña y la Norteamérica colonial en la década de 1760, que la hicieron famosa. Los Wheatley pensaron que los posibles editores y compradores necesitarían estar seguros de la autenticidad de Phillis. Ese fue el motivo de que John Wheatley reuniese a tan notable grupo de las élites de Boston en 1772.[4]

Los dieciocho hombres, dando apenas crédito al hecho de que una joven esclava negra pudiese desentrañar el griego y el latín, probablemente le pidieron que explicase las alusiones clásicas que aparecían en sus poemas. Fueran cuales fuesen sus preguntas, Wheatley deslumbró al escéptico tribunal de dieciocho hombres, que firmaron la siguiente declaración asimilacionista: «Nosotros, los abajo firmantes, garantizamos al mundo que los poemas especificados en la siguiente página fueron (tal y como en verdad creemos) escritos por Phillis, una joven chica negra que fue, hace solo algunos años, traída como bárbara inculta de África».[5] Los Wheatley estaban encantados. Sin embargo, ni siquiera con la declaración en la mano, ningún editor norteamericano estuvo dispuesto a perder el favor de sus lectores esclavistas publicando sus ya famosos poemas, que entraban en la literatura abolicionista de la era revolucionaria. Phillis Wheatley había salido a escena y demostrado la capacidad de los seres humanos negros ante los vástagos asimilacionistas de Boston. Sin embargo, a diferencia de los editores, estos hombres no tenían mucho que perder.

Phillis Wheatley no fue el primero de los denominados «bárbaros incultos» en ser examinado y exhibido. A lo largo de la carrera por la Ilustración, durante el siglo XVIII, los asimilacionistas se afanaron en buscar a diestro y siniestro experimentos humanos —«bárbaros» que se hubiesen civilizado, adquiriendo las formas de vida «superiores» de los europeos— para demostrar que los segregacionistas se equivocaban, y a veces también para demostrarlo de los dueños de esclavos. Como criaturas exóticas

entrenadas en el circo racista, las personas negras podían demostrar la capacidad de los suyos para ser como blancos, para llegar a ser iguales que los
demás, para algo que no fuese la esclavitud. Podían demostrar que eran
capaces de, en algún momento, ser libres. Pocos trabajaron tan apasionadamente para ofrecer esta evidencia humana, o dedicaron tanto dinero a
experimentar, como el inglés John Montagu, segundo duque de Montagu.

A principios de la década de 1700, el duque experimentó con el hijo
más joven de los primeros negros libertos de Jamaica para ver si podía
alcanzar los logros intelectuales de sus iguales blancos. El duque envió a
Francis Williams a una academia inglesa y a la Universidad de Cambridge,
donde igualó las conquistas intelectuales de sus compañeros que habían
recibido una educación similar.

En algún momento entre 1738 y 1740, Williams regresó a casa, a
buen seguro con una peluca de rizos blancos sobre su oscura piel y una
mente asimilada. Abrió una escuela primaria para hijos de esclavistas y
escribió serviles odas en latín a todos los gobernadores coloniales de Jamaica. Un poema antinegro de 1758, dedicado al gobernador George
Haldane, decía: «Aunque oscuro sea el río hacia el que fluye el afluente,
/ no de la piel sino del corazón brotó».[6]

El célebre filósofo escocés David Hume tuvo noticia de la existencia
del discípulo de Cambridge Francis Williams. Pero ni Williams ni la moda
cada vez más en boga en Inglaterra de tener jóvenes negros como sirvientes ni la teoría climática de Buffon pudieron hacerle cambiar de
opinión sobre la jerarquía humana natural y la incapacidad de los negros
para actuar como blancos. Hume afirmó con énfasis su postura segregacionista. En 1753 actualizó su popular crítica de la teoría de los climas,
Of Natural Characters, a la que añadió la nota a pie de página más infame
de la historia de las ideas racistas:

> Soy proclive a sospechar que los negros, y en general todas las demás
> especies de hombres (pues los hay de cuatro o cinco clases distintas), son
> naturalmente inferiores a los blancos. Nunca ha habido una nación civili
> zada con una tez que no fuese blanca, ni siquiera un solo individuo emi
> nente, ya sea en acción o en especulación. Por otro lado, incluso los más
> rudos y bárbaros de entre los blancos tienen algo eminente en ellos. [...]
> Tal diferencia uniforme y constante no podría suceder en tantos países y
> épocas si la naturaleza no hubiese hecho una distinción original entre es
> tas razas de hombres. [...] En Jamaica, de hecho, se habla de un negro que

tiene numerosos talentos y conocimientos, pero lo más probable es que se le admire por logros nimios, como un loro que repite con claridad unas pocas palabras.[7]

Hume se oponía firmemente a la esclavitud; sin embargo, como era el caso de muchos abolicionistas de la Ilustración, nunca pensó que sus ideas segregacionistas contradijesen su postura antiesclavista. Ignorando esa postura, los teóricos a favor de la esclavitud utilizaron como modelo a David Hume durante las décadas siguientes y adoptaron como un himno internacional su nota a pie de página en *Of Natural Characters*.[8]

Similares experimentos de educación de jóvenes hombres negros se llevaron a cabo en Norteamérica, y, mientras que algunos segregacionistas empezaron a aceptar ideas asimilacionistas e incluso a oponerse a la esclavitud, eran pocos los norteamericanos blancos que rechazaban por completo el pensamiento racista. En una visita a su hogar natal en 1763, durante sus casi dos décadas de estancia en Europa, Benjamin Franklin vio a algunas figuras negras en una escuela de Filadelfia dirigida por los Socios del Doctor Thomas Bray. Este grupo educativo de Londres había sido bautizado así en 1731, en honor al difunto fundador de la Sociedad para la Propagación del Evangelio en Tierras Extranjeras. Al evaluar a los alumnos, Franklin obtuvo «una opinión más alta de las capacidades de la raza negra». Algunos negros podían adoptar «nuestro idioma o costumbres», admitió. Aun así, al parecer eso era todo lo que estaba dispuesto a reconocer, y es probable que opinara que la elaboración de ideas racistas era esencial para corroborar la esclavitud. Siete años más tarde, al presionar a la Corona para que apoyase el duro código esclavista de Georgia, Franklin argumentó que la «mayoría» de los esclavos tenían un talante «conspirativo, sombrío, malicioso, vengativo y cruel en grado sumo».[9]

Para racistas como Franklin, resultaba difícil de creer que muchos negros fuesen capaces de convertirse en nuevos Francis Williams o Phillis Wheatley. Los racistas solían creer que este puñado de personas capaces eran «negros extraordinarios». De hecho, Joseph Jekyll iniciaba su biografía del escritor afrobritánico Ignatius Sancho, protegido del duque de Montagu, identificándolo como «este negro extraordinario». Supuestamente, estos negros desafiaban las leyes de la naturaleza —o de la crianza— que normalizaban la decadencia negra. No eran ordinariamente inferiores como «la mayoría». Este truco mental permitía a los racistas mantener sus ideas mientras africanos específicos las desafiaban. Condenaba desde el primer momento la estrategia de exhibir a los negros que sobresalían para cambiar las opiniones racistas. Pero esta estrategia de persuasión perduró.[10]

Tras la muerte del duque de Montagu en 1749, Selina Hastings, conocida como condesa de Huntingdon, le sustituyó como pastor más relevante de las figuras negras en el mundo anglófono. Si Hastings hubiese sido un hombre puritano, Cotton Mather habría adorado a esta pionera metodista, que apoyó los escritos de negros cristianos como testimonio de la capacidad de conversión de los negros. Dos años antes de su muerte, la condesa patrocinó la acertadamente titulada *Interesting Narrative*, de Olaudah Equiano, acerca de su nacimiento en Nigeria, su captura, esclavización, educación y emancipación en 1789. Su primera y potencialmente más satisfactoria campaña fue el patrocinio de la publicación de la primera obra narrativa de un esclavo, la de Ukawsaw Gronniosaw (James Albert) en 1772. La condesa adoraba a buen seguro la trama asimilacionista de Gronniosaw; cuanto más se adaptaba a la esclavitud, a la superior cultura europea y al cristianismo, dejando atrás su inferior crianza en África Occidental, más feliz y próximo a la santidad era. Como la libertad había sido pintada de color blanco, Gronniosaw creía que, para ser realmente libre, tenía que abandonar sus tradiciones nigerianas y convertirse en blanco.[11]

El presidente del Tribunal Supremo de Gran Bretaña, lord Mansfield, fue un paso más allá que el duque de Montagu y Selina Hastings, y liberó al fugitivo de Virginia James Somerset, eclipsando así la innovadora narrativa esclava de Gronniosaw y el examen a que Wheatley fue sometida en Boston en 1772. Nadie podía ser esclavizado en Inglaterra, dictaminó Mansfield, situando la ley antiesclavista inglesa por encima de la legislación proesclavista colonial. Temiendo que el dictamen de Mansfield pudiese algún día extenderse a las colonias británicas, el caso Somerset provocó la salida a la palestra de los teóricos a favor de la esclavitud y galvanizó el movimiento abolicionista al otro lado del Atlántico. Benjamin Rush, profesor de la Universidad de Pensilvania e impulsor de la medicina en Norteamérica, publicó de forma anónima un encendido panfleto antiesclavista en Filadelfia en febrero de 1773, utilizando la obra de Phillis Wheatley para dar fuerza a la postura abolicionista en las Trece Colonias.

Rush elogiaba el «genio singular» de Wheatley (sin nombrarla). Todos los vicios atribuidos a las personas negras, desde la ociosidad hasta la traición, pasando por el robo, eran «descendientes de la esclavitud», escribió Rush. De hecho, esos vicios atribuidos sin fundamento a las personas negras eran el resultado del pensamiento ilógicamente racista. ¿Eran los esclavos realmente más holgazanes, mentirosos y deshonestos que sus esclavizadores? Eran estos los que forzaban a otros a trabajar para ellos, azotándolos cruelmente cuando no lo hacían y robando los frutos de su trabajo cuando sí lo hacían. En todo caso, Rush fue el primer activista en popularizar la persuasiva, aunque racista, teoría abolicionista de que era la esclavitud la que volvía inferiores a las personas negras. Sea o no benevolente, cualquier idea que sugiera que los negros, como grupo, son inferiores, que tienen alguna tara, es una concepción racista. La esclavitud suponía asesinar, torturar, violar y explotar a personas, desgarrar a familias enteras, apoderarse del valioso tiempo de otros e imponer a los cautivos la devastación socioeconómica. Los excesos de la esclavitud generaban personas negras que eran diferentes, no inferiores, desde un punto de vista intelectual, psicológico, cultural y conductual.

Benjamin Rush demolió la teoría de la maldición y se opuso a un siglo de teología en Norteamérica, desde Cotton Mather hasta Samuel Davies, en su opúsculo. «Un esclavo cristiano es un oxímoron», sostenía, exigiendo que las Trece Colonias «pusieran fin a la esclavitud». Reimpresas y en circulación en Nueva York, Boston, Londres y París, las palabras de Rush consolidaron las fuerzas que en 1774 fundaron la Sociedad Abolicionista de Pensilvania, la primera organización antiesclavista conocida de Norteamérica integrada por no africanos.[12]

A fin de encontrar un editor para sus *Poems on Various Subjects*, Wheatley tuvo que viajar, en el verano de 1773, a Londres, donde fue recibida y exhibida como una exótica estrella de rock. Allí logró obtener el apoyo financiero de la condesa de Huntingdon. En agradecimiento Wheatley le dedicó el libro, el primero publicado por una mujer afroamericana y el segundo por una mujer norteamericana. El lanzamiento de sus poemas en septiembre de 1773, un año después de la prohibición de la esclavitud en Inglaterra y pocos meses después de que el folleto abolicionista de Rush llegase a ese país, provocó una convulsión social en Londres. Los londinenses condenaron la esclavitud en Norteamérica, y los propietarios de esclavos norteamericanos se opusieron a los londinenses. Y, entonces, los abolicionistas de ambas orillas del Atlántico se resistieron al dominio de los esclavistas de las colonias. En diciembre de 1773 el motín del té que tuvo lugar en Boston provocó un terremoto político, al que siguieron las «leyes coercitivas» (llamadas «leyes intolerables» en Norteamérica) en Inglaterra y la resistencia de los patriotas al dominio británico en las colonias. Mientras se gestaba la Revolución norteamericana, los analistas británicos castigaban la hipocresía de los bostonianos, que se vanagloriaban del ingenio de Wheatley al tiempo que la mantenían como esclava. La poeta fue rápidamente liberada.[13]

George Washington alababa el talento de Phillis Wheatley. En Francia, Voltaire se hizo de algún modo con un ejemplar de los *Poems on Various Subjects*. Wheatley demostraba, confesó Voltaire, que los negros podían escribir poesía. Esto lo decía un hombre que, unos años antes, no había podido decidir si los negros se habían desarrollado a partir de los monos o viceversa. Sea como fuere, ni Wheatley ni Benjamin Rush ni ningún abolicionista de la Ilustración pudieron alterar la postura de los segregacionistas partidarios de la esclavitud. Mientras esta existiese habría ideas racistas que la justificasen. Y ni Wheatley ni Rush podían hacer nada para detener la producción de ideas racistas a favor de la esclavitud que no fuese abolir la esclavitud.

En septiembre de 1773 Richard Nisbet, que poseía plantaciones en el Caribe, pero vivía en Filadelfia, atacó a Benjamin Rush por hacer pasar «un único ejemplo de chica negra que ha escrito unos cuantos poemas tontos como prueba de que la capacidad de comprensión de los negros no es inferior a la nuestra». El 15 de noviembre de 1773, se publicó un breve ensayo satírico en el *Pennsylvania Packet* con una cita falsa de un pasaje de la Biblia como prueba de que Dios había creado a los africanos para la esclavitud. Unas semanas más tarde, alguien publicó *Personal Slavery Established*. Al atacar a Rush (o satirizar a Nisbet), el anónimo autor plagiaba la nota al pie de David Hume y escribía acerca de las «cinco clases» de «africanos»: negros, orangutanes, simios, babuinos y monos.[14]

Thomas Jefferson pasaba cada vez más tiempo apartado de la práctica jurídica en 1773 para supervisar la construcción de su plantación, Monticello. Pero su pensamiento, y los de otros hombres ricos de las colonias, seguía enfocado en la construcción de una nueva nación. Estaban sufriendo la carga de la deuda británica, de sus impuestos y de sus mandatos para comerciar dentro del imperio. Tenían mucho que ganar con la independencia y mucho que perder bajo el colonialismo de Gran Bretaña. Políticamente, no podían evitar temer a todos aquellos abolicionistas británicos que se oponían a la esclavitud en Norteamérica, jaleaban a Phillis Wheatley y liberaban a esclavos fugitivos de Virginia. En el plano económico, no podían evitar ponerse a salivar con solo pensar en la distribución de sus mercancías en mercados no británicos y en los productos no británicos que podrían consumir, como el mundialmente célebre azúcar que los esclavistas franceses forzaban a los africanos a cultivar en lo que actualmente es Haití. Los legisladores rebeldes de Virginia se reunieron en Williamsburg en 1774.

Uno de los más acérrimos legisladores rebeldes de Virginia envió un encendido manifiesto por la libertad, *A Summary View of the Rights of British America*. ¿«Es acaso posible dar una razón por la que ciento sesenta mil electores [británicos]» pudieran elaborar leyes para cuatro millones de norteamericanos iguales? Su Majestad, decía el autor —que no era otro que Thomas Jefferson—, había rechazado el «gran objeto de deseo» de estos últimos de abolir la esclavitud y la trata de esclavos, ignorando así «los derechos de la naturaleza humana, heridos por esta práctica infame». Algunos políticos cedieron, asqueados, al asimilar el ataque retórico de Jefferson a la esclavitud. Sin embargo, a «varios de los admiradores del autor» les encantó su astuto giro, culpar a Inglaterra de la esclavitud en América. Una vez impreso y en circulación, *Summary View* catapultó a Jefferson a las alturas del reconocimiento nacional.[15]

Los británicos (y algunos norteamericanos) empezaron de inmediato a poner en duda la autenticidad de que un esclavista lanzase al mundo un manifiesto por la libertad. Nadie podía cuestionar la veracidad de las palabras de Phillis Wheatley en 1774 —«en el seno de todo ser humano, Dios ha implantado un principio al que llamamos "amor a la libertad"»— o de los negros de Connecticut, que unos años más tarde habían afirmado: «Percibimos, por reflexión propia, que estamos dotados de las mismas facultades que nuestros amos, y que no hay nada que nos lleve a creer, o a sospechar, que tenemos más obligación de servirlos a ellos que ellos a nosotros». Por toda la Norteamérica revolucionaria, los africanos rechazaban la afirmación racista que declaraba que estaban hechos para ser esclavizados.[16]

Edward Long observaba la creciente marea de abolicionismo y antirracismo desde su inmensa plantación azucarera en Jamaica. Se dio cuenta de la necesidad perentoria de una nueva justificación racial para evitar que se aboliese la esclavitud. Así que, en 1774, dio nueva vida a la poligénesis con la publicación de su colosal *History of Jamaica*. ¿Por qué seguía siendo tan difícil aceptar que las personas negras constituían «una especie distinta»?, se preguntaba. El simio tenía, «en la forma, un parecido mucho más próximo a la raza negra que esta última al hombre blanco». Al igual que los negros albergaban una pasión por las personas blancas, los simios «profesan una pasión por las mujeres negras», razonaba Long, como lo había hecho antes John Locke.

Long dedicaba todo un capítulo a desacreditar la capacidad del jamaicano Francis Williams con, según aseguraba, «la imparcialidad que me caracteriza». Los talentos de Williams eran el resultado del «aire norteño» de Europa, decía. A continuación, y contradiciéndose, Long cuestionaba los talentos de Williams, y para ello citaba la nota al pie de Hume. Atacaba a Williams por «menospreciar con monárquico desdén a los demás negros», como si él mismo no compartiera ese desprecio. Williams se identificaba como «un hombre blanco que actúa bajo una piel negra», según lo describió Long. La máxima de Williams, según Long, era «muéstrenme a un negro y les mostraré a un ladrón».[17]

Más tarde, durante ese mismo año, lord Kames, un juez y filósofo escocés y uno de los impulsores de la Ilustración en Escocia, dio continuidad a la *History* de Long con su obra *Sketches of the History of Man*. Este devastador tratado atacaba el asimilacionismo y destrozaba la monogénesis, que suponía que todas las razas eran una única especie. El libro de Kames tuvo más repercusión que el de Long; pocos pensadores había en Occidente con un pedigrí intelectual como el de lord Kames en 1774. Kames parafraseó a Voltaire, otro de los partidarios de la poligénesis, al explicar que «hay distintas [especies] de hombres, al igual que de perros; un mastín no es más distinto de un spaniel que un hombre blanco lo es de un negro». Las especies las creaban los climas, pero no podían forzar un cambio de un color a otro, sostenía Kames. Rechazando a Adán y Eva, Kames basaba sus múltiples creaciones en la historia bíblica de la torre de Babel.[18]

A los poligenistas les encantaba *Sketches*, y a los monogenistas cristianos les erizaba los pelos su blasfemia. Pero, a finales del siglo XVIII, cada vez más personas empezaron a pensar que el concepto de relatos de creación distintos y especies distintas tenía sentido para poder comprender las diferencias raciales. ¿Cómo si no podía darse explicación a rasgos tan diversos en cuanto a color de piel, cultura, riqueza y grado de libertad del que disfrutaban las personas?

Si alguien le hubiese contado a lord Kames que un estudiante de doctorado alemán, cincuenta y seis años más joven que él, lideraría el primer asalto contra su teoría poligenética, probablemente el viejo jurista se habría muerto de risa, y eso que su sentido del humor era notorio. A diferencia de lord Kames, «yo he escrito este libro libre de prejuicios», afirmaba el audaz joven Johann Friedrich Blumenbach en *De generis humani varietate nativa*. Era el entorno, no creaciones independientes, lo que ocasionaba la «variedad en el ser humano», escribió el alemán en 1775 en su tesis doctoral. Blumenbach seguía a Linneo al distinguir cuatro «clases de habitantes» o razas. «La primera y la más importante para nosotros [...] es la de Europa —teorizaba—. Todas estas naciones vistas como un todo son blancas en color y, si las comparamos con el resto, bellas en su forma».[19]

Un gran debate sobre los orígenes del ser humano había estallado en el entorno europeo durante la revolución en Norteamérica. En apoyo a Blumenbach y en contra de Long y lord Kames se hallaba nada menos que el filósofo alemán Immanuel Kant, que pronto se haría célebre por su *Crítica de la razón pura*. Kant aleccionaba acerca de la «regla de Buffon», por la que todos los seres humanos eran una sola especie «del mismo género natural». Europa era la cuna de la humanidad, «donde el hombre [...] debe de haberse apartado menos de su formación original». El habitante de Europa tenía «un cuerpo más bello, es más trabajador, más gracioso, más controlado en sus pasiones y más inteligente que cualquier otra raza del mundo —afirmaba Kant—. La humanidad alcanza su máxima perfección en la raza de los blancos».[20]

Los intelectuales norteamericanos seguían este debate entre monogénesis y poligénesis de la misma forma que los estudiantes seguirían los debates de sus profesores. Y, al prestar atención al debate, los intelectuales norteamericanos hacían lo propio con los contendientes racistas. Lo más probable era que los esclavistas y los intelectuales seculares norteamericanos se alineasen con lord Kames y otros poligenistas, y era más probable que los abolicionistas y los teólogos siguiesen a Immanuel Kant y otros monogenistas. Aun así, a estos monogenistas y poligenistas norteamericanos no les costaba nada ponerse de acuerdo para dar pábulo al sentimiento público contra Inglaterra y dejar de lado sus propias atrocidades cometidas contra esclavos africanos.

Un hombre, Samuel Johnson, no tenía problema alguno en poner de manifiesto la hipocresía de estos norteamericanos. Johnson era quizá la voz literaria más ilustre de la historia británica. Cuando daba su opinión en debates públicos, los intelectuales de Norteamérica e Inglaterra prestaban atención. George Washington, Thomas Jefferson y Benjamin Franklin estaban entre los admiradores de los escritos de Johnson, quien no les devolvía esa admiración. Despreciaba el odio que los norteamericanos sentían por la autoridad, su codiciosa ansia de riqueza, su dependencia de la esclavitud y su forma de utilizar el cristianismo para volver dóciles a los negros. «Estoy dispuesto a querer a cualquier ser humano, salvo que sea norteamericano», dijo una vez.[21]

Benjamin Franklin había pasado años al otro lado del Atlántico, presionando a la potencia inglesa para que relajase sus políticas coloniales. Su argumento era que Inglaterra esclavizaba a los norteamericanos, y utilizaba con regularidad la analogía de que Inglaterra «convertía en negros a los blancos de Norteamérica». Samuel Johnson no podía soportar esta analogía racista. Cuando Franklin regresó a América al inicio de la guerra de la Independencia, en 1775, Johnson publicó *Taxation No Tyranny*. En este opúsculo defendía las leyes coercitivas, juzgaba a los norteamericanos como inferiores a los británicos y propugnaba que se armase a los esclavos africanos. «¿Por qué —preguntaba Johnson— oímos los gritos más fuertes a favor de la libertad de aquellos que sojuzgan a los negros?». En las colonias, alguien tenía que dar una respuesta oficial al gran Samuel Johnson. Ese alguien fue Thomas Jefferson.[22]

9

«Creados» iguales

El 7 de junio de 1776 los delegados del Segundo Congreso Continental, reunido en Filadelfia, decidieron esbozar un documento de independencia. La tarea recayó en un delegado marginal de treinta y tres años, que se distinguía por ser voluntarioso y por su talento como escritor al poner en práctica sus disposiciones. Los delegados de más edad y categoría pensaban que tenían cosas más importantes que hacer: pronunciar discursos para la convención, hacer borradores de constitución de los estados y planificar la guerra.[1]

Durante años, intelectuales europeos como Buffon en Francia y Samuel Johnson en Inglaterra habían imaginado a los norteamericanos, sus costumbres, su territorio, sus animales y sus personas como, de forma natural, inferiores a sus homólogos europeos. Thomas Jefferson no estaba de acuerdo. Al inicio de la Declaración de Independencia parafraseó la Constitución de Virginia con la frase inmortal «todos los hombres son creados iguales».

Es imposible saber con seguridad si Jefferson pretendía incluir en «todos los hombres» a sus esclavos (o a las mujeres). ¿Quería tan solo resaltar la igualdad entre los norteamericanos blancos y los ingleses? Más adelante, en el mismo documento, reprendía a los británicos por «provocar que esas mismas personas se alcen en armas entre nosotros»; con «personas» se refería a los africanos que se rebelaban. El «creados iguales» de Jefferson, ¿era un gesto dirigido al agitado debate entre monogenistas y poligenistas? Aunque Jefferson creyese realmente que todos los grupos humanos eran «creados iguales», nunca se adhirió al credo antirracista de que todos los grupos humanos son iguales. Pero su frase «todos los hombres son creados iguales» fue, de todos modos, revolucionaria; incluso impulsó la abolición de la esclavitud en Vermont y Massachusetts. Para defender la poligénesis y la esclavitud, seis estados esclavistas del Sur incluyeron en sus constituciones la frase «todos los hombres *libres* son creados iguales».[2]

Continuando con la Declaración, Jefferson sostenía que los «hombres» han sido «dotados por su Creador de ciertos derechos inalienables; que entre estos están la vida, la libertad y la búsqueda de la felicidad». Como amo de casi doscientas personas, sin previsión alguna de liberarlas, Thomas Jefferson fue el artífice y el heraldo de la filosofía norteamericana acerca de la libertad. ¿Qué significaba para Jefferson llamar a la «libertad» un «derecho inalienable» cuando él mismo esclavizaba a personas? No es difícil imaginar a qué se referían los nativos americanos, los esclavos africanos y los sirvientes forzosos blancos cuando exigían libertad en 1776. Pero ¿y Jefferson y otros esclavistas como él, cuya riqueza y poder dependían de sus tierras y de sus esclavos? ¿Deseaban libertad ilimitada para esclavizar y explotar? ¿Percibían cualquier reducción de su poder como una reducción de su libertad? Para estos hombres ricos, la libertad no era el poder de elegir opciones; era el poder de crearlas. Inglaterra creaba las opciones, las políticas que las élites norteamericanas debían soportar, del mismo modo que los propietarios de plantaciones creaban opciones y políticas que los trabajadores tenían que seguir. Únicamente el poder les daba a Jefferson y a otros ricos colonos blancos libertad respecto de Inglaterra. Para Jefferson, el poder se anteponía a la libertad. De hecho, como se enseña a aquellos que no lo poseen, el poder crea libertad, no al revés.

«Para garantizar estos derechos —proseguía Jefferson—, se instituyen entre los hombres los gobiernos [...] que organizan sus poderes en la forma que a su juicio ofrecerá las mayores probabilidades de alcanzar su seguridad y felicidad». Mientras Jefferson se inclinaba en su asiento Windsor y escribía este emotivo llamamiento a la acción revolucionaria, miles de africanos cogían las riendas de su destino y huían de las plantaciones, establecían sus propios gobiernos en la frontera o se enfrentaban a los británicos, con la intención de «alcanzar su seguridad y felicidad». En Carolina del Sur surgió un conflicto a tres bandas, en el que unos veinte mil africanos hicieron valer sus propios intereses. Se estima que dos tercios de los esclavos africanos de Georgia huyeron. Según cálculos del propio Jefferson, Virginia llegó a perder treinta mil esclavos africanos en un solo año. Por descontado, los racistas hacendados no podían admitir que los fugitivos negros fueran lo bastante autosuficientes para alcanzar sus propias seguridad y felicidad; es decir, para ser libres. Los dueños de plantaciones de Carolina del Sur culpaban a los soldados británicos de «llevarse» a los negros o de persuadirlos para que «abandonasen» a sus amos.[3]

Thomas Jefferson solo concedía una auténtica patente de corso revolucionaria a su banda de revolucionarios, todos ellos hombres, blancos y ricos. Criminalizaba a los fugitivos en la Declaración de Independencia e ignoraba a las mujeres. El delegado de Boston John Adams envió una carta a su esposa, Abigail, en la que se «reía» de su lucha por los derechos de las mujeres. «Los niños y los aprendices blancos son desobedientes» como consecuencia de «nuestra lucha —contaba Adams que se les había dicho a los delegados—. Los indios menospreciaban a sus protectores y los negros se volvían insolentes con sus amos». Y ahora ella le informaba de que las mujeres también estaban «descontentas».[4]

Tras mencionar más motivos para la independencia en su declaración, Jefferson enumeraba la «larga lista de abusos y usurpaciones» cometidos por los monopolistas británicos, como «bloquear nuestro comercio con otras partes del mundo». La incapacidad de los comerciantes y latifundistas norteamericanos para negociar con sus homólogos de fuera del Imperio británico había coartado su libertad de comprar y vender personas africanas a cualquiera y de cualquiera, de comprar productos más baratos o mejores a proveedores no británicos, de vender fuera del imperio sus cosechas cultivadas por esclavos y sus manufacturas, y de escapar a la subyugación de los comerciantes y bancos británicos. Jefferson y la clase a la que pertenecía, la de los luchadores por la libertad y aspirantes al comercio internacional, obtuvieron un poderoso aliado en 1776. El filósofo escocés Adam Smith condenaba en su libro *La riqueza de las naciones*, que se convirtió inmediatamente en un éxito de ventas, las leyes comerciales inglesas por restringir el «libre» mercado. Para este fundador de la economía capitalista, la riqueza de las naciones surgía de su capacidad productiva, una capacidad de la que carecían las naciones africanas. «Todos los territorios interiores de África —escribía— parecen haber estado, en todas las épocas del mundo, en el mismo estado bárbaro e incivilizado en el que los encontramos en el presente». Mientras, Smith elogiaba a los norteamericanos por «idear una nueva forma de gobierno para un extenso imperio, que [...] parece que, con toda probabilidad, va a convertirse en uno de los mayores y más formidables que hayan existido nunca». La alegría de los padres fundadores de Estados Unidos se desbordó al leer la predicción de Adam Smith. Más tarde, Jefferson llamaría a *La riqueza de las naciones* «el mejor libro que existe» sobre economía política.[5]

Jefferson dejó para el final de su declaración los peores abusos del rey. Utilizando su formación en derecho y su habilidad con las palabras, contrarrestaba el ataque de Samuel Johnson a la hipocresía norteamericana. La Corona británica, escribía, que había impedido a los norteamericanos abolir la esclavitud, estaba ahora liberando y armando a los esclavos africanos para mantener la esclavitud que los británicos ejercían sobre los norteamericanos, «pagando así los crímenes antes cometidos contra las libertades de un pueblo con crímenes que [el rey] les instaba a cometer contra las vidas de otro».[6]

El pastor de Rhode Island Samuel Hopkins, puritano y antiesclavista, habría calificado de cómico el pasaje de Jefferson. Acababa de enviar al congreso *A Dialogue concerning the Slavery of the Africans*. La llamada «esclavitud» de los norteamericanos a manos de los británicos era «más ligera que una pluma» si se comparaba con la que los norteamericanos ejercían sobre los africanos, afirmaba Hopkins. El apasionante opúsculo antirracista casi eclipsó la exigencia de los cuáqueros en 1776 de que todos los miembros de la Sociedad Religiosa de los Amigos manumitiesen a sus esclavos o se enfrentasen a la expulsión. «Nuestra educación nos ha llenado de intensos prejuicios hacia ellos —afirmaba Hopkins— y nos ha llevado a considerarlos no como hermanos ni como personas situadas en el mismo nivel que nosotros, sino como otra especie de animales, creada solo para servirnos a nosotros y a nuestros hijos». Hopkins se convirtió en el primer líder cristiano de peso, fuera de la Sociedad de los Amigos, en oponerse firmemente a la esclavitud, pero en 1776 se encontraba solo en aquel banco. Otros predicadores, así como los delegados que declararon la independencia, se mantuvieron apartados de él. No era necesario que nadie les dijese que sus proclamas revolucionarias estaban llenas de contradicciones. No había argumento que pudiese convencer a los patriotas norteamericanos dueños de esclavos de que pusieran fin a sus provocativas aseveraciones acerca del esclavismo británico ni a la esclavización de los africanos que los hacían ricos. Olvidemos las contradicciones. Ambas iban en su propio interés, tanto político como económico.[7]

El 2 de julio de 1776 se aprobó la resolución para declarar la independencia. Los delegados examinaron entonces el borrador de Jefferson como los barberos examinan el pelo de una cabeza. Cada vez que recortaban, cambiaban o agregaban algo, el hipersensible Jefferson se hundía más en su asiento. Benjamin Franklin, que estaba sentado a su lado, no lograba animarlo. Los delegados cortaron el largo párrafo en que Jefferson llamaba hipócritas a los ingleses. Al parecer, a los delegados de Carolina del Sur y Georgia les disgustaba la caracterización jeffersoniana de la esclavitud como «una cruel guerra contra la naturaleza humana»; aquel lenguaje amenazaba los cimientos mismos de sus vastas propiedades. Los delegados finalizaron sus revisiones de la Declaración de Independencia el 4 de julio de 1776.[8]

Durante los siguientes cinco años la lucha continuó, pero los británicos no lograron aplastar la revuelta. El 5 de enero de 1781, en uno de sus últimos intentos desesperados, los casacas rojas llegaron a las afueras de Richmond. Los soldados británicos querían dar caza al gobernador de Virginia, como si fuera un fugitivo. Con cuatro mil hectáreas de terreno entre las que elegir, el gobernador Thomas Jefferson ocultó a su familia en una propiedad heredada a unos ciento cincuenta kilómetros al sudoeste de Monticello. Allí, escondido, Jefferson halló finalmente el tiempo para responder a las veintitrés «consultas» que el diplomático francés François Barbé-Marbois había enviado a los trece gobernadores norteamericanos en 1780.

El francés solicitaba información sobre la historia, el gobierno, los recursos naturales, la geografía y la población de cada colonia. Solo unos pocos respondieron, y ninguno lo hizo de forma tan exhaustiva como Thomas Jefferson. Este, que era uno de los nuevos miembros de la Sociedad Filosófica Americana de Filadelfia, había coleccionado miles de libros en su biblioteca de Monticello, y disfrutaba de los desafíos académicos. Tituló su libro de respuestas *Notes on the State of Virginia*. Escribió no solo para los diplomáticos e intelectuales franceses, sino también para sus amigos más cercanos de Norteamérica. Le envió el manuscrito a Barbé-Marbois a finales de 1781.

Jefferson, que no tenía la intención de publicarlo, expresaba con descaro sus opiniones sobre las personas negras, en particular sobre los potenciales libertos. «Incorporar a los negros [libertos] al estado es algo impensable —afirmaba—. Prejuicios profundamente arraigados en los blancos; diez mil recuerdos, por parte de los negros, de las penalidades que han sufrido; nuevas provocaciones; las diferencias reales que la naturaleza ha impuesto, así como muchas otras circunstancias, nos dividirán en facciones y provocarán convulsiones que, probablemente, nunca acabarán en otra cosa que no sea el exterminio de una raza o de la otra». Este batiburrillo de pensamientos era típico de Jefferson, que era al mismo tiempo antiesclavista y antiabolicionista, con una dosis segregacionista de disparidades naturales y una dosis antirracista en la que reconocía los prejuicios y la discriminación de los blancos.[9]

El general de la guerra de la independencia George Washington tenía un punto de vista distinto sobre los prejuicios. Cuando se le pidió que apoyara una campaña contra la esclavitud en 1785, señaló que aquel no era el momento oportuno. «Sería peligroso atacar frontalmente un prejuicio que está empezando a disminuir», aconsejaba Washington. ¿Un prejuicio que empezaba a disminuir en 1785? Fuera cual fuese la forma en que el general Washington llegó a esta conclusión, el que pronto sería proclamado primer presidente dio uno de los primeros aldabonazos del supuesto progreso racial para sofocar los argumentos apasionados del antirracismo.[10]

Thomas Jefferson sí que propuso un ataque frontal a la esclavitud en *Notes on the State of Virginia*, un plan al que daría apoyo el resto de sus días: la escolarización masiva, la emancipación y el regreso de los africanos a África. Jefferson, que tenía esclavos negros en Monticello, enumeraba «las diferencias reales que la naturaleza ha impuesto», es decir, los rasgos que, según creía, hacían imposible la incorporación de negros libres a la nueva nación. Los blancos eran más bellos, escribía, como demostraba «la preferencia de los negros por ellos». En aquel párrafo parafraseaba a Edward Long (y a John Locke), pero seguía siendo irónico que la observación saliese de la pluma de un hombre que quizá ya hubiera entablado una relación carnal con una mujer negra.[11]

La memoria de las personas negras, proseguía Jefferson, estaba a la par con la de los blancos, pero «en razonamiento [son] muy inferiores». A continuación, hacía una pausa para ocultar sus ideas racistas tras un velo de neutralidad científica. «Sería injusto seguirlos hasta África para esta investigación. Los consideraremos aquí, en la misma situación que los blancos y donde los hechos sobre los que se deba formar un juicio no sean apócrifos». En esta «misma situación» nunca pudo «encontrar a un negro capaz de articular un pensamiento que fuera más allá de una simple narración, y nunca he visto ni el más elemental rasgo de pintura o escultura».

«La religión, bien es verdad —decía—, ha creado una Phyllis Wheatley, pero no podría crear a un poeta».[12]

Con *Notes on the State of Virginia*, Thomas Jefferson se erigió la principal autoridad norteamericana sobre la inferioridad intelectual de los negros, un estatus que abarcaría los siguientes cincuenta años. Jefferson no hacía mención de los innumerables esclavos africanos que aprendieron a ser inteligentes herreros, zapateros, albañiles, toneleros, carpinteros, ingenieros, operarios fabriles, artesanos, músicos, granjeros, comadronas, médicos, capataces, administradores de fincas, cocineros y traductores bilingües y trilingües, los trabajadores que hacían que su plantación de Virginia y muchas otras fueran autosuficientes. Jefferson tenía que hacer caso omiso de sus propios anuncios de fugitivos con aptitudes y de los de otros muchos hacendados en que solicitaban la devolución de sus esclavos cualificados, que eran «notablemente inteligentes y sensibles» y muy «ingeniosos en cualquier tipo de trabajo». Cabe preguntarse si Jefferson se creía realmente sus propias palabras. ¿Creía acaso que los negros eran inteligentes en cautividad y estúpidos en libertad?[13]

Notes on the State of Virginia estaba repleto de otras ideas contradictorias sobre las personas negras. «Son al menos tan valientes, y sin duda más osados», que los blancos, porque carecían de la capacidad de ver «el peligro hasta que está ante ellos», escribía Jefferson. Los africanos sentían más el amor, pero menos el dolor, decía, y «su existencia parece fundarse más en la sensación que en la reflexión». Por eso estaban «dispuestos a dormir cuando se los abstrae de sus diversiones y cuando no tienen un trabajo que hacer. Un animal cuyo cuerpo está en reposo, y que no reflexiona, debe estar sin duda dispuesto a dormir». Sin embargo, en la página anterior, Jefferson afirmaba que los negros necesitaban «menos sueño. Un negro, después de trabajar de sol a sol, estará despierto hasta la medianoche inducido por los entretenimientos más nimios». En la fértil imaginación de Jefferson, los holgazanes negros deseaban dormir más que los blancos; sin embargo, como prodigios desde el punto de vista físico, necesitaban menos horas de sueño.[14]

Aunque Jefferson etiquetaba con confianza a los africanos esclavos como inferiores a los esclavos romanos, para los nativos americanos argumentaba que la comparación «sería desigual». Al igual que hacía distinciones entre los negros y los blancos, Jefferson ponía en el mismo nivel a los nativos americanos y a los blancos. Como le dijo a François-Jean de Chastellux, que actuaba de enlace entre los ejércitos francés y norteamericano durante la guerra de la Independencia, los nativos americanos eran «en cuerpo y mente iguales al hombre blanco». Jefferson suponía que «los negros, en su estado actual, podrían no serlo». «Pero sería arriesgado afirmar que, educados de la misma forma durante unas pocas generaciones, no llegarían a serlo». Para Jefferson, las cosas siempre parecían estar poco claras en lo relativo a los conceptos raciales. Esta nota demostraba ser la expresión más nítida de sus ideas asimilacionistas.

La razón por la que los nativos americanos tenían menos hijos que los blancos «no era una diferencia de naturaleza, sino de circunstancia», defendía Jefferson. En el caso de los negros, sostenía lo contrario. «Los negros —decía—, ya sean en origen una raza distinta o hayan llegado a ser distintos por el paso del tiempo y las circunstancias, son inferiores a los blancos en sus atributos, tanto de cuerpo como de mente». El ambicioso político, temeroso quizá de incomodar a posibles amistades o acaso dividido entre el antiesclavismo ilustrado y el proesclavismo norteamericano, puede que sinceramente inseguro, no eligió un bando entre poligenistas y monogenistas, entre segregacionistas y asimilacionistas, entre la esclavitud y la libertad. Pero sí que eligió el bando del racismo.[15]

En 1782 Jefferson no tenía previsto publicar sus *Notes on the State of Virginia*. Estaba ocupado rehaciendo su vida, que había quedado destruida por trece años de servicio a la causa y meses de busca y captura por parte de los británicos. La guerra había acabado con el pasado de Jefferson. La muerte de Martha Jefferson, el 6 de septiembre de aquel año, había destruido también su futuro. Jefferson había previsto retirarse y envejecer como dueño de una plantación y como erudito, en el confinamiento de Monticello, junto a su esposa. De la noche a la mañana, el refugio de Monticello se convirtió en una prisión, rodeada de amargos recuerdos a modo de barrotes. Tenía que huir de allí, y sus amigos del Congreso hallaron la solución.[16]

El 6 de agosto de 1784 Jefferson llegó a París, su nuevo destino diplomático, ansioso por sacar partido de las tiendas, los espectáculos, la cultura y las perspectivas comerciales. La misma semana en que entró en contacto con el ministro de Asuntos Exteriores francés, Jefferson envió instrucciones a Monticello para que se acelerase la producción. Imaginó que sus propios esclavos, y los esclavos de su nación, se encargarían en un futuro próximo de producir tabaco suficiente para que los comerciantes franceses pudieran devolver la deuda a sus acreedores británicos. Al mismo tiempo, Jefferson estaba ajetreado diciéndoles a los abolicionistas: «Nadie desea con más fervor [que yo] ver una abolición». Jefferson despreciaba la esclavitud casi tanto como temía perder la libertad norteamericana a manos de los bancos británicos o su lujoso estilo de vida en Monticello. Le gustaban y le disgustaban al mismo tiempo la libertad y la esclavitud, y nunca se separó definitivamente de ninguna de ellas.[17]

La ocupación oficial de Jefferson era la de diplomático económico. Su afición era la ciencia, y se asoció con Benjamin Franklin, que también estaba en París, para defender Norteamérica de los ataques franceses que la calificaban de inferior. Jefferson llevó en su equipaje sus aún inéditas *Notes on the State of Virginia* y «una piel de pantera inusualmente grande». En 1785 mandó imprimir en París doscientos ejemplares en inglés de las *Notes*, y envió el manuscrito a diversos intelectuales franceses, a Benjamin Franklin y a John Adams, James Madison y James Monroe. Un ejemplar llegó a manos de un taimado impresor que, sin la aprobación de Jefferson, lo tradujo al francés en 1786. Jefferson organizó la aparición de una edición inglesa en Londres, bajo las condiciones marcadas por él, en el verano de 1787. A partir de entonces, *Notes on the State of Virginia* se convertiría en el libro norteamericano de no ficción más leído hasta bien entrada la segunda mitad del siglo XIX.

El conde Constantine Volney, conocido en Francia por su biografía de Heródoto, estaba ultimando su libro *Voyage en Syrie et en Égypte* cuando leyó las *Notes* y se hizo amigo de su autor. Cuando Volney vio por primera vez la Gran Esfinge de Guiza, recordó la descripción de Heródoto —el historiador más importante de la antigua Grecia— del «pelo negro y crespo» de los antiguos egipcios. Enlazando con el presente, Volney reflexionaba: «A la raza de los negros, actualmente nuestros esclavos y objeto de nuestro extremo desdén, le debemos nuestras artes, ciencias e incluso el mismo uso del habla». Los racistas norteamericanos ridiculizaron a Volney, y lo calificaron de ignorante adorador de los negros cuando visitó Estados Unidos en 1796. Pero Jefferson no lo hizo, sino que invitó a Volney, junto con sus ideas antirracistas y su historia del antiguo Egipto negro, a Monticello. ¿Cómo pudo Jefferson, la autoridad sobre la inferioridad intelectual de los negros, considerar a Volney una autoridad sobre el antiguo Egipto? Claramente, sus intereses se veían siempre afectados por las verdades científicas.[18]

Thomas Jefferson visitó el sur de Francia y el norte de Italia en febrero de 1787. «Si, por ventura, falleciera en París, os rogaría que me dierais sepultura aquí», escribió Jefferson, deslumbrado por la belleza del paisaje campestre de Aix-en-Provence. Es posible que, cuando regresó a París en junio, viese una copia del discurso anual de la Sociedad Filosófica Americana, que había pronunciado el teólogo de Princeton Samuel Stanhope Smith. El discurso anual de la APS era la ponencia académica más prestigiosa de la nueva nación, y los miembros de la APS eran la crema del poder en Norteamérica, hombres como Ben Franklin, de Pensilvania, Alexander Hamilton, de Nueva York, y Thomas Jefferson, James Madison y George Washington, de Virginia. El discurso de Smith ante la APS representaba, a todos los efectos, el primer gran desafío nacional a las *Notes* de Jefferson.[19]

Smith llevaba un tiempo reflexionando sobre la teoría asimilacionista del clima. La primera vez que oyó hablar de ella quizá fuera a través de Buffon o del discurso de apertura de James Bowdoin en la recién inaugurada Academia Estadounidense de Artes y Ciencias de Boston, el 4 de mayo de 1780. Como fundador y primer presidente de la academia y como uno de los líderes políticos de Massachusetts, el discurso de Bowdoin ante algunos de los principales intelectuales y políticos de Boston probablemente circulara hasta la Nueva Jersey natal de Smith. Si las «facultades naturales» de los europeos y los africanos eran «desiguales, como es probablemente el caso», entonces se conocía la razón: el clima. Los climas cálidos destruían la mente y el cuerpo. En los climas moderados, como en Norteamérica y Europa, el ser humano sería «capaz de mayores esfuerzos, tanto del cuerpo como de la mente». Samuel Stanhope Smith también podría haber aprendido la teoría del clima de John Morgan, fundador de la Escuela de Medicina de la Universidad de Pensilvania. En 1784, Morgan exhibió ante los miembros de la APS a dos niños de dos años que tendían al color blanco. «Encontramos pocos negros de apariencia tan bella», dijo Morgan en aquella ocasión.[20]

Samuel Stanhope Smith tituló su conferencia de 1787 «An Essay on the Causes of the Variety of Complexion and Figure in the Human Species». En ella describía dos causas de la variabilidad humana, el clima y el estado de la sociedad. El clima cálido provocaba trastornos físicos, como el cabello ensortijado, que era «el más alejado de las leyes comunes de la naturaleza». Al clima le «seguía un efecto contrario»: curaba estas dolencias, sugería Smith, apoyándose en Buffon.

Aparte del cambio de clima, un cambio en el estado de la sociedad podía eliminar el sello de la negritud, sostenía Smith. Bastaba con fijarse en los esclavos domésticos. Al permanecer cerca de la sociedad blanca, adquirían «los rasgos agradables y regulares» de la civilización: tez clara, cabello liso, labios delgados. «Los europeos y los norteamericanos son los pueblos más bellos del mundo, principalmente debido a que el estado de su sociedad es el mejor». Por último, este asimilacionista se aseguró de alejarse de lord Kames y de la poligénesis. A partir de «una sola pareja» —Adán y Eva en Europa— «han surgido todas las familias de la Tierra», concluía Smith.[21]

Utilizando como criterio los rasgos europeos, Smith juzgaba que, en los negros, la piel clara y los labios delgados eran más bellos que la piel oscura y los labios carnosos. También distinguía entre «buen cabello» (cuanto más liso y largo, mejor) y «mal cabello» (cuanto más corto y ensortijado, peor), y a las personas birraciales las situaba por encima de las africanas.

En la esclavitud y en la libertad, las personas birraciales, a menudo descendientes de los dueños de las plantaciones, solían beneficiarse de un estatus social más elevado que las de origen únicamente africano, y también solían experimentar una menor discriminación. Era más probable que las personas birraciales tuvieran que llevar a cabo las pesadas tareas domésticas, y solían estar bajo una supervisión más atenta por parte de los latifundistas que los esclavos de los campos, algo que podía ser igual de extenuante, si no abusivo en el plano sexual. A pesar de su estatus elevado, seguían sintiendo pavor de los esclavistas, y algunas personas birraciales antirracistas se asociaban con africanos para oponerse a la supremacía blanca. Otros, en cambio, tenían un pensamiento que no difería del de los racistas blancos, discriminaban a los negros de piel oscura y racionalizaban la discriminación y su estatus elevado por medio de ideas acerca de su superioridad. A finales del siglo XVIII, las personas birraciales de Charleston excluyeron a las de piel oscura de su red de negocios, la Sociedad Fraternal de Mulatos. En respuesta a ella, apareció en esa ciudad de Carolina del Sur la Sociedad de Hombres Negros Libres.[22]

La Sociedad Filosófica Americana dio las gracias a Samuel Stanhope Smith por «su ingenioso e ilustrado discurso». Después de esbozar la postura de los teóricos del clima —que, al parecer, era la variedad dominante de pensamiento racial entre las élites del Norte—, Smith agregó un extenso apéndice al panfleto publicado en el que atacaba a lord Kames y la poligénesis. Las razas, sostenía, no eran inamovibles ni estaban «adaptadas a los distintos climas». «Los godos, los mongoles y los africanos se han desarrollado infinitamente con el cambio de los cielos, para el que se dice que estaban peculiarmente preparados por naturaleza». Smith afirmaba una y otra vez que el comercio de esclavos —la causa de millones de muertes— había mejorado de forma sustancial la condición africana.[23]

Samuel Stanhope Smith se unía, en el ataque a los poligenistas y en la reactivación de la teoría del clima en Norteamérica, al grupo de prominentes intelectuales de la Academia Estadounidense de las Artes y las Ciencias de Boston. Su defensa académica de las Escrituras fue imprimida sin dilación en Filadelfia, en Londres y en la ciudad natal de lord Kames, Edimburgo. Al ocupar el puesto de rector de Princeton, en 1795, Smith había acumulado una abundante reputación académica internacional.

Desde su casa de París, Jefferson seguía con atención —pero sin influir en ellos— los acontecimientos de la convención constitucional. Esta había dado comienzo en Filadelfia el 25 de mayo de 1787, meses después del discurso sobre la raza pronunciado por Samuel Stanhope Smith ante algunos de los delegados. La impactante Declaración de Independencia de Jefferson había dado lugar a años de violentas luchas contra los británicos y luego a una débil e impotente confederación de estados. Los líderes norteamericanos, que se enfrentaban ahora a unas arcas vacías, a unas políticas comerciales erráticas, al menosprecio internacional y al temor de la disgregación de la Unión, volvieron a la mesa destinada a la construcción de la nación. Si se hubiera dejado en manos de los delegados, algunos de los cuales eran miembros de la APS, el discurso anual de Smith habría sido el único debate serio sobre la raza y la esclavitud que hubiese tenido lugar en la convención de Filadelfia de aquel año.

De hecho, los delegados dejaron bien claro que la esclavitud iba a quedar fuera de las conversaciones. Los debates antiesclavistas fueron relegados en los preparativos de lo que los autores calificaban como documento definitivo de constitución de la libertad para la humanidad. Bastaron, sin embargo, unas pocas semanas para que la esclavitud y todo su bagaje se introdujesen sigilosamente en las deliberaciones sobre la constitución. Una vez abierta, la cuestión de la esclavitud ya no se cerró.

El debate constitucional se centró en la cuestión de la representación de los estados en el poder legislativo federal. En un abrasador 11 de junio de 1787, el delegado de Carolina del Sur John Rutledge se puso en pie en Independence Hall. El antiguo gobernador de Carolina del Sur y futuro presidente del Tribunal Supremo volvió a defender una representación basada en criterios fiscales porque los estados con esclavos pagaban unos impuestos desproporcionadamente altos y monopolizarían el poder político. Rutledge fue de nuevo secundado por el comandante Pierce Butler, también de Carolina del Sur y dueño de quinientos esclavos en 1793. El delegado de Pensilvania James Wilson, otro futuro juez del Tribunal Supremo, casi había augurado la moción de Rutledge y tenía un plan, del que es posible que Rutledge tuviese conocimiento.

Wilson ofreció una alternativa, «una representación en proporción al número total de blancos y otros ciudadanos y habitantes libres [...] y tres quintas partes del resto de las personas que no se ajusten a la anterior descripción, con la excepción de los indios que no paguen impuestos». El único delegado que criticó la «propuesta» de los tres quintos fue el abolicionista de Massachusetts y futuro vicepresidente Elbridge Gerry. «Los negros son una propiedad, y son utilizados [en el Sur] [...] como se utiliza a los caballos y al ganado [en el Norte]», tartamudeó Gerry, airado. Entonces «¿por qué debería incrementarse la representación del Sur por cuenta del número de esclavos, y no la del Norte por el número de caballos y bueyes?».

Gerry miró a su alrededor; nadie respondió. Nadie estaba preparado para contestar a algo que no tenía respuesta. Del silencio surgió una votación: nueve votos a favor y dos en contra de la cláusula de los tres quintos. Massachusetts, bloqueado, se abstuvo. Solo Nueva Jersey y Delaware votaron contra la propuesta de Wilson.[24]

Poner en pie de igualdad a los negros esclavos y a tres quintas partes del resto de las personas (blancas) coincidía con la ideología de los racistas de ambos bandos. Tanto los asimilacionistas como los segregacionistas argumentaban, con diferentes premisas y conclusiones, que los negros eran a la vez humanos y subhumanos. Los asimilacionistas defendían de manera estridente la capacidad de los negros, subhumanos e inferiores a los blancos, para convertirse algún día en cinco quintas partes de blanco. Para los segregacionistas, los tres quintos ofrecían una aproximación matemática a la inferioridad de los negros, que era intrínseca y permanente. Puede que no estuvieran de acuerdo con el razonamiento y con la cuestión de la permanencia, pero al parecer todos aceptaban la inferioridad negra, consagrando así el poder de los esclavistas y las ideas racistas en el documento fundacional de la nación.

El 17 de septiembre de 1787, los delegados reunidos en Filadelfia habían eliminado las palabras «esclavo» y «esclavitud» de la recién firmada Constitución estadounidense a fin de ocultar sus racistas políticas de esclavitud. Estas políticas no se ajustaban bien al concepto de «asegurarnos, y asegurarles a nuestros descendientes, los beneficios de la libertad». La verdad era que, para los delegados, la esclavitud traía la libertad. Y otras disposiciones de la Constitución, como dar poder a las tropas federales para sofocar las revueltas de esclavos y entregar a los fugitivos como «criminales», garantizaban la continuidad de la esclavitud. Las palabras se tomaron de la Ordenanza del Noroeste, emitida aquel mismo año. En ella se prohibía la presencia de negros, libres o esclavos, en territorios al norte de Ohio y al este de Mississippi. Tras un agrio debate, los delegados reunidos en Filadelfia aprobaron disposiciones para abolir el comercio de esclavos al cabo de veinte años, una pequeña victoria si se tiene en cuenta que ya solo Georgia y Carolina del Norte permitían la importación de esclavos en el verano de 1787.[25]

El 15 de julio de 1787, Polly Jefferson, de ocho años de edad, y Sally Hemings, de catorce, llegaron a la puerta de la casa de Jefferson en París. Sally Hemings había llegado a Monticello de niña en 1773, como parte de la herencia que Martha Jefferson recibió de su padre. John Wayles había sido padre de seis niños con su esclava birracial Elizabeth Hemings, y Sally era la menor. En 1787 se decía que era «muy hermosa, con una melena larga y lisa que le caía por la espalda», y acompañó a Polly a París en lugar de «una vieja niñera».[26]

Mientras sus pares redactaban la Constitución de Estados Unidos, Jefferson inició una relación sexual con Sally Hemings. En aquel entonces el hermano mayor de esta, James, estaba formándose como chef en París para dar satisfacción a los deseos culinarios de Jefferson. Por su parte, Hemings se vio más o menos forzada a dar satisfacción a las proposiciones de un hombre sexualmente agresivo de cuarenta y cuatro años (en aquella época Jefferson también rondaba a una mujer francesa casada). Jefferson cortejó a Hemings mientras organizaba la publicación de sus *Notes* en Londres. No alteró sus opiniones anteriores acerca de los negros ni acabó eliminando el párrafo en el que decía que los blancos eran más bellos que los negros.[27]

Jefferson siempre había vituperado las relaciones interraciales entre mujeres blancas y hombres negros o birraciales. Antes de llegar a París, había presionado sin éxito para que las mujeres blancas de Virginia fueran desterradas (en lugar de solo multadas) si daban a luz al hijo de un hombre negro o birracial. Aun después de que esta medida fuera rechazada y del inicio de sus relaciones con Hemings, e incluso después de que estas relaciones madurasen y tuviera tiempo de reflexionar sobre su hipocresía, Jefferson no dejó de proclamar su postura pública. «Fusionarse con el otro color conduce a la degradación, que nadie que ame este país, nadie que ame la excelencia del carácter humano, puede consentir inocentemente», escribió en 1814, después de haber sido padre de varios hijos birraciales. Al igual que otros muchos hombres que protestaban en público contra la «fusión» y que menospreciaban en público la belleza de las mujeres negras o birraciales, Jefferson ocultaba sus puntos de vista reales en la privacidad de su mente y de su dormitorio.[28]

En 1789 Jefferson contó con un asiento preferente en los disturbios antimonárquicos que acabaron provocando la Revolución francesa. Ayudó a su amigo, el marqués de Lafayette, en la redacción de la Declaración de los Derechos del Hombre y del Ciudadano, que fue adoptada en agosto, tres meses después de su partida. No obstante, al tiempo que daba las pinceladas iniciales de la Revolución francesa y las últimas de la Revolución norteamericana, Jefferson tuvo que enfrentarse a la rebelión de la adolescente de dieciséis años Sally Hemings. Estaba embarazada de un hijo suyo, se negaba a volver a la esclavitud y tenía planeado solicitar al Gobierno francés que le concedieran la libertad. Jefferson hizo lo único que podía hacer. «Le prometió privilegios extraordinarios y le dio su palabra de honor de que sus hijos serían liberados», según el relato de Hemings a su hijo Madison. «Como consecuencia de su promesa, en la que ella confiaba de forma implícita, volvió con él a Virginia», escribió Madison en su diario. Hemings dio a luz a como mínimo cinco, y posiblemente hasta siete, hijos de Jefferson, una paternidad certificada por pruebas de ADN y documentos que confirman que estaban juntos nueve meses antes del nacimiento de cada uno de los hijos de Sally. Algunos de ellos murieron jóvenes, pero Jefferson mantuvo su palabra y concedió la libertad al resto de sus hijos cuando alcanzaron la edad adulta.[29]

A su regreso de París, Jefferson aceptó, tras ciertas vacilaciones, convertirse en el primer secretario de Estado del Gobierno estadounidense, en la Administración inaugural de George Washington. Jefferson, que tomó posesión del cargo el 22 de marzo de 1790, enseguida se sintió incómodo rodeado de aquellos miembros del gabinete aristocráticos y antirrepublicanos en el primer partido político de Norteamérica, el de los federalistas. El vicepresidente, John Adams, cuestionaba la eficacia de las «leyes de igualdad». El secretario del Tesoro, Alexander Hamilton, ansiaba en silencio una monarquía; quería entregar el control de la economía a los financieros, y presionó para estrechar (o, según el concepto de Jefferson, «subordinar») los lazos económicos con Gran Bretaña. Jefferson se consolaba contemplando la Revolución francesa. Hasta que se extendió a Haití, claro está. En 1790, los esclavistas haitianos vieron la Declaración de los Derechos del Hombre (artículo 1: «Los hombres nacen y permanecen libres e iguales en derechos») como la luz verde para su voluntad de independencia y para sus demandas de nuevas relaciones comerciales a fin de incrementar su riqueza. Los activistas birraciales, libres, prósperos e integrados por casi treinta mil personas (algo menos que la población blanca), empezaron a exigir sus derechos civiles. Cerca de medio millón de esclavos africanos, que producían alrededor de la mitad del azúcar y el café del mundo en la colonia europea más rentable del planeta, oyeron aquellos curiosos gritos que exigían derechos y libertad entre la población libre de la isla. El 22 de agosto de 1791 los esclavos africanos se rebelaron, inspirados de diversas formas por el sacerdote vudú Dutty Boukman. Se convirtieron en la cuarta facción en lucha entre los monárquicos blancos, los independentistas blancos y los activistas birraciales libres.[30]

Se trataba de una guerra civil que ningún esclavista, incluido Thomas Jefferson, quería que ganasen los esclavos africanos. Si esos luchadores por la libertad podían declarar su independencia y ganar en la tierra más fértil de América, entonces sería su nación la que se convertiría en el símbolo de la libertad en aquel hemisferio, no el Estados Unidos de Jefferson. A los esclavos de todas partes los inspiraría aquel símbolo y lucharían por su libertad, y ya no habría nada que las ideas racistas pudieran hacer para detenerlos.

10

Persuasión por elevación

Mientras las personas liberadas de Haití combatían contra los esclavistas franceses que pretendían volver a esclavizarlos, un notable hombre negro de Maryland se sentaba para escribirle a Thomas Jefferson. La abuela de aquel hombre, Mary Welsh, había llegado a Maryland en la década de 1680 como sirvienta forzosa. Una vez expirado el contrato de trabajo forzoso, había adquirido unas tierras y dos esclavos negros, los había liberado y se había casado con uno de ellos, llamado Bannaka. Esta familia interracial desafiaba la insistente regla de los hombres blancos de que las mujeres blancas no se casasen con hombres negros. Su hija birracial, Mary, se casó con un esclavo llamado Robert. Mary y Robert tuvieron un hijo libre en 1731, y le llamaron Benjamin. A medida que Benjamin crecía, «lo único que le gustaba era sumergirse en los libros», recordaba un observador externo. Los amables vecinos blancos le prestaban libros todo el tiempo. Los beneficios del cultivo de tabaco en su granja heredada —esta se le daba tan bien como cualquier otra cosa— le daban a Benjamin Banneker tiempo para leer, pensar y escribir.[1]

Los negros libres que disponían de tiempo de ocio para leer y escribir en los tiempos de Banneker eran pocos. En cuanto se sacudían el yugo de la esclavitud, el yugo de la discriminación caía sobre ellos. Los estados del Norte, con la eliminación gradual de la mano de obra esclava durante la época revolucionaria, apenas tomaron medida alguna, paulatina o de otro tipo, para acabar con la discriminación racial y, por tanto, con las ideas racistas. Las propuestas para garantizar que los antiguos dueños de esclavos pudieran manejar a los africanos, como si fuesen por naturaleza más esclavos que personas libres, eclipsaron las propuestas de abolición. Las políticas discriminatorias formaban parte de casi todas las leyes de emancipación.[2]

Los debates sobre el futuro de la esclavitud y las características de los esclavos negros, tanto en el Congreso como entre destacados intelectuales, solo sirvieron para reforzar el clima de racismo y discriminación que atormentaba a los negros libres como Banneker. Benjamin Franklin, que estaba ahora al frente de la Sociedad Abolicionista de Pensilvania, pasó parte de sus últimos días tratando de resolver la mayor contradicción política del mundo, la de la libertad y la esclavitud en Norteamérica. A principios de 1790, Franklin, que ya contaba ochenta y cuatro años, compareció trabajosamente ante el Congreso para pronunciar lo que un comentarista llamó «un monumento conmemorativo». El cristianismo y el «credo político de los norteamericanos» exigían la desaparición de esta «incoherencia de la tierra de la libertad», imploró Franklin. Reconoció que los negros estaban con mucha frecuencia por debajo «del estándar común de la especie humana», pero instó a sus pares a «avanzar hasta el mismo límite del poder que se os ha concedido».

El discurso de Franklin y un alud de peticiones de emancipación de los cuáqueros impulsaron un áspero debate sobre la esclavitud en el primer Congreso estadounidense. El debate se prolongó durante meses después de la muerte de Franklin, el 17 de abril de 1790. Las personas negras eran «indolentes, poco previsoras y reacias a trabajar; tras su emancipación, se morirían de hambre o se dedicarían al saqueo», afirmó un congresista, defendiendo los intereses de los latifundistas del Sur, que dependían de la mano de obra esclava. Los negros eran «una raza inferior incluso a los indios», insistió otro. Un congresista del Norte sostuvo que las gentes del Sur no aceptarían nunca una emancipación general sin una guerra civil. Mientras discutían sobre la esclavitud, los congresistas hicieron una pausa para aprobar por unanimidad la primera Ley de Naturalización, del 26 de marzo de 1790, que limitaba la ciudadanía a las «personas blancas libres» de «buen carácter».[3]

El debate sobre la esclavitud en el Congreso tuvo eco en el resto de la sociedad. Los asimilacionistas desafiaban a los segregacionistas, poniendo el énfasis en la capacidad de los negros para la igualdad si no estaban bajo la embrutecedora bota de la esclavitud. Criticando a David Hume, citando a Samuel Stanhope Smith y haciendo desfilar a toda una serie de figuras negras, desde Sancho hasta Phillis Wheatley, el abolicionista de Pensilvania Charles Crawford afirmó que «los negros son, en todos los aspectos, similares a nosotros». En 1791, el cuáquero Moses Brown apuntó a las figuras negras de su escuela de Providence como prueba de que eran «hombres capaces de toda mejora siempre que dispongan de las mismas ventajas». Benjamin Rush, quizá el abolicionista más destacado de la nación tras la muerte de Franklin, presentaba figuras adultas: el médico de Nueva Orleans James Derham y Thomas Fuller, la Calculadora Negra, de Maryland. Según se cuenta, Fuller tardaba pocos minutos en calcular el número de segundos que había vivido un hombre de setenta años, diecisiete días y doce horas. Pero estas notables muestras de adultos y niños negros apenas hacían cambiar el pensamiento proesclavista. Probablemente, los esclavistas sabían más que nadie acerca de las capacidades de los negros en libertad, pero solo les importaba cuáles eran sus destrezas para hacerles ganar dinero.[4]

Al ser quizá la figura más notable de todas, Benjamin Banneker se hallaba literalmente en el centro de estos debates entre abolicionistas asimilacionistas y esclavistas segregacionistas. Y también lo estaba Thomas Jefferson, que se mostraba al mismo tiempo de acuerdo y en desacuerdo con ambas partes. A principios de 1791, meses antes de escribir a Jefferson, Banneker había ayudado a topografiar la nueva capital de la nación, Washington D. C.

Banneker iniciaba su carta reconociendo «libre y alegremente» que era «de raza africana». Si Jefferson era flexible en sus sentimientos personales, era amigo del pueblo negro y estaba dispuesto a contribuir a su liberación, escribía Banneker, entonces «entiendo que querrá aprovechar todas las oportunidades de erradicar esa serie de ideas y opiniones absurdas y falsas». Jefferson y sus compatriotas dueños de esclavos, que «retienen, por medio del fraude y la violencia, a una parte tan numerosa de mis hermanos», pero que se rebelaban contra la opresión británica, no eran más que contradicciones andantes. Por último, Banneker presentaba e incluía su almanaque inédito, «de mi propio puño y letra». La misiva de Banneker era firmemente antirracista, una confrontación directa al principal propagador de ideas racistas del joven país.[5]

Casi dos semanas más tarde, el 30 de agosto de 1791, Thomas Jefferson envió a Banneker su respuesta prototípica a las cartas antiesclavistas y antirracistas. «Nadie desea más que yo —decía— ver el final de los prejuicios y de la esclavitud». Informaba a Banneker de que había enviado el almanaque a monsieur de Condorcet, el secretario de la Academia de Ciencias de París, porque «todas las personas de su color tienen derecho a una justificación que disipe las dudas albergadas contra ellas». Jefferson soslayaba su contradicción. Pero ¿qué podía decir? En su carta a Condorcet, Jefferson llamaba a Banneker «un matemático muy respetable». En las *Notes* afirmaba que las personas negras no pensaban «más allá de una narración simple». ¿Consiguió Banneker que Jefferson cambiara de opinión? Sí y no. Jefferson lo consideraba un negro extraordinario. «Estaré encantado de ver cómo se multiplican estos ejemplos de eminencia moral», le dijo a Condorcet.[6]

Desde la perspectiva de los esclavos, el ejemplo más profundo de eminencia moral se estaba dando en Haití. Jefferson se enteró de la revuelta de los negros el 8 de septiembre de 1791. Al cabo de dos meses, una fuerza de cien mil luchadores por la libertad africanos había matado a más de cuatro mil esclavistas, destruido casi doscientas plantaciones y ganado el control de toda la provincia septentrional. Como explicó el historiador C. L. R. James en la década de 1930, «iban en busca de su salvación de la forma más evidente, mediante la destrucción de lo que sabían que era la causa de sus sufrimientos; y la destrucción era grande, porque también lo había sido su sufrimiento».[7]

Lo que Jefferson y los demás propietarios de esclavos africanos habían temido durante mucho tiempo había terminado por suceder. En respuesta, el Congreso aprobó la Ley de Esclavos Huidos de 1793, en la que dotaba a los esclavistas del derecho y del aparato jurídico necesarios para recuperar a los africanos fugitivos y criminalizar a aquellos que les dieran refugio. Thomas Jefferson, por poner un caso, no percibía la Revolución haitiana de la misma forma que la norteamericana o la francesa. «Nunca una tragedia tan intensa se ha presentado a los sentimientos del hombre», escribió en julio de 1793. Para Jefferson, la revuelta de los esclavos contra los esclavistas era más maligna y más trágica para los sentimientos del hombre que los millones de africanos muertos en las plantaciones de Norteamérica. Jefferson no tardaría en calificar al general Toussaint L'Ouverture y a otros líderes haitianos de «caníbales de la terrible república».[8]

Aquel año, los problemas de Jefferson con las revueltas en Haití también le afectaron. Uno o dos barcos de afligidos amos y esclavos de Haití llegaron a Filadelfia a finales de julio. Una semana más tarde empezó a fallecer gente. El 20 de agosto de 1793, Benjamin Rush se dio cuenta del funesto patrón de contagio de la fiebre amarilla. Pero aún no era una epidemia, de manera que Rush tuvo tiempo, a finales del verano, de dedicarse a otros menesteres. Posiblemente envió cartas a abolicionistas de toda la nación. Al año siguiente dio la bienvenida a Filadelfia a veintidós delegados de sociedades abolicionistas de diversos lugares de Estados Unidos que llegaron para la Convención Estadounidense para el Fomento de la Abolición de la Esclavitud y la Mejora de la Condición de la Raza Africana. La convención se reunió durante los años posteriores, y esporádicamente a lo largo de las siguientes tres décadas, presionando para la emancipación gradual y la aprobación de leyes antisecuestro y de derechos civiles para los presuntos fugitivos.

A medida que se incrementaba el número de negros libres en la década de 1790 y el número de esclavos negros empezaba a disminuir en el Norte, el debate racial cambió; de los problemas de la esclavitud se pasó a hablar de la condición y las capacidades de los negros libres. Los delegados de la convención creían que el futuro avance del abolicionismo dependía de la forma en que los negros hicieran uso de su libertad. Periódicamente, la convención publicaba y ponía en circulación folletos con consejos para los negros libres. Los abolicionistas los animaban a ir regularmente a la iglesia, alfabetizarse en inglés, aprender matemáticas, adoptar profesiones, evitar los vicios, casarse legalmente y no romper el matrimonio, evitar los procesos judiciales, no gastar dinero en bienes ostentosos, abstenerse de las conductas ruidosas o de provocar desórdenes públicos, actuar siempre de forma cortés y respetable, y desarrollar hábitos de laboriosidad, sobriedad y frugalidad. Si las personas negras se comportaban de forma admirable, razonaban los abolicionistas, socavarían la justificación de la esclavitud y demostrarían que la idea de que eran inferiores era errónea.[9]

Esta estrategia de lo que podríamos denominar «persuasión por elevación» se basaba en la idea de que era posible persuadir a los blancos para que abandonasen sus prejuicios racistas si veían que las personas negras mejoraban su conducta, elevándose desde la posición que ocupaban en la sociedad norteamericana. La carga de las relaciones entre razas recaía directamente en los estadounidenses negros. La conducta positiva de los negros, sostenían los estrategas abolicionistas, invalidaba las ideas racistas, y la negativa las confirmaba.

La persuasión por elevación no la concibieron los abolicionistas que se reunieron en Filadelfia en 1794; acechaba tras la manía de exhibir a Phillis Wheatley, a Francis Williams y a otras personas negras «extraordinarias». Así, la convención abolicionista, subiendo la apuesta, pidió a todos los negros libres que actuasen como figuras negras. En todos los estados, los abolicionistas inculcaron esa teoría, tanto en público como en privado, en las mentes de las personas africanas que engrosaban las filas de los libertos en la década de 1790 y más allá. Esta estrategia de debilitar las ideas racistas se basaba, de hecho, en un prejuicio racista: según este, la conducta «negativa» de los negros era parcial o totalmente responsable de la existencia y persistencia de las ideas racistas. Creer que las acciones negativas de los negros eran responsables de las ideas racistas era creer que había algo de verdad en la inferioridad atribuida a los negros, y sostener esa creencia significaba tener ideas racistas.

Desde el principio, la persuasión por elevación no solo fue racista, sino también imposible de poner en práctica por parte de los negros. Era imposible que los negros libres mostrasen siempre una actitud positiva, por el mismo motivo que los inmigrantes pobres y los dueños de plantaciones ricos tampoco podían hacerlo; los negros libres eran humanos, con sus humanos defectos. La persuasión por elevación presuponía, además, que las ideas racistas eran razonables y que podían eliminarse apelando a argumentos razonables. Pero el deseo político común de justificar las desigualdades raciales daba lugar a prejuicios, no a un pensamiento lógico. La persuasión por elevación tampoco podía explicar la habitual creencia en el negro extraordinario, que había dominado el pensamiento asimilacionista y el abolicionista en Norteamérica durante un siglo. Los negros que ascendían solían ser apartados como casos únicos y diferentes de los negros corrientes, inferiores.

No obstante, desde la perspectiva de los abolicionistas, tanto blancos como negros, la persuasión por elevación parecía estar funcionando en la década de 1790, y siempre lo parecería. Los consumidores de ideas racistas cambiaban a veces sus puntos de vista cuando se les exponía a personas negras que desafiaban los estereotipos (y a veces volvían a cambiar cuando se les exponía a alguien que los confirmaba). Pero, además, los negros que ascendían parecían generar tanto resentimiento como admiración. «Si te vistieras bien te insultarían por ello, y si fueras harapiento sin duda te insultarían por ello», se quejaba un residente negro de Rhode Island en sus memorias, a principios del siglo XIX. Era la cruel falta de lógica del racismo. Cuando los negros ascendían por la escala social, los racistas se cebaban violentamente en ellos o los ignoraban, calificándolos de casos extraordinarios. Cuando los negros permanecían en los peldaños inferiores, los racistas afirmaban que esa era su posición natural (o fruto de la crianza) y negaban tener responsabilidad alguna en su caída.[10]

La persuasión por elevación no apartaba de sus ideas ni a los esclavistas segregacionistas ni a los asimilacionistas abolicionistas. Ni siquiera a Benjamin Rush, adalid del abolicionismo. A finales de agosto de 1793, estaba sumido en casos de fiebre amarilla y utilizaba ideas racistas para solicitar ayuda. En septiembre Rush insertó un anuncio en el *American Daily Advertiser* de Filadelfia informando a las personas negras de que gozaban de inmunidad contra la fiebre amarilla, una conclusión a la que había llegado a partir de su creencia en su superioridad física, como la de los animales. No fueron pocas las enfermeras negras que soportaron padecimientos horribles antes de que Rush se diera cuenta de su burdo error. En total, cinco mil personas perecieron antes de que la epidemia amainara en noviembre y los funcionarios federales regresaran a la ciudad.[11]

Thomas Jefferson aprovechó el tiempo que estuvo fuera de Filadelfia durante la epidemia para invertir dinero en dispositivos científicos que tenía previsto utilizar cuando se jubilase. La angustia que le producía el giro hacia la monarquía y la especulación financiera del secretario del Tesoro, Alexander Hamilton, había provocado su alejamiento. «Nos peleamos a diario en el Gabinete, como dos gallos», se quejó Jefferson. En uno de sus últimos días como secretario de Estado, Jefferson recibió una solicitud de patente de Eli Whitney, un nativo de Massachusetts formado en Yale y que buscaba fortuna en Georgia. Whitney había inventado una desmotadora de algodón de gran calidad que separaba con rapidez las fibras de las semillas. Jefferson conocía la demanda creciente de algodón norteamericano en el extranjero y el proceso caro y laborioso de eliminar manualmente las semillas. La introducción de la energía de vapor en Inglaterra y de la energía hidráulica en el nordeste de Estados Unidos redujo drásticamente el coste del hilado y el tejido del algodón. «Envíenos un modelo de la desmotadora y recibirá su patente de inmediato», le escribió Jefferson a Whitney. Cuando este la recibió, en 1794, Jefferson ya se había retirado.[12]

La desmotadora consagró al rey algodón, haciendo que el valor de los terrenos en el Sur se disparase, y destronó al arroz y al tabaco. El rey algodón demandaba incesantemente cada vez más para afianzar su reinado: más esclavos africanos, más tierras, más violencia y más ideas racistas. La producción anual de algodón rompió el techo de alrededor de tres mil balas alcanzado en 1790, y llegó a 178.000 en 1810 y más de 4 millones en vísperas de la guerra de Secesión. El algodón se convirtió en la principal mercancía exportada de Estados Unidos, superando en términos económicos a todas las demás y ayudando a liberar a los norteamericanos de los bancos británicos, a expandir el sistema fabril en el Norte y a impulsar la revolución industrial en el país. El algodón, más que nada ni nadie, liberó de Inglaterra a los esclavistas norteamericanos y apretó más aún las cadenas de los africanos que eran esclavos en Estados Unidos. La persuasión por elevación no tuvo ninguna oportunidad de destronar al rey algodón.[13]

En 1796, antes de que se impusiese la desmotadora —impulsando la producción de algodón y la demanda de más esclavos africanos—, Benjamin Rush pensó que había encontrado la cura abolicionista definitiva. El buen doctor creía haber hallado la forma de curar a los cautivos de su anormal negritud. Los dos candidatos a presidente —Thomas Jefferson y el entonces vicepresidente, John Adams— compartieron aquel verano el sol de Filadelfia con un «hombre negro blanco» libre. Henry Moss, sin que los norteamericanos lo supiesen, sufría de vitíligo, una afección de la piel que provoca la pérdida de pigmentación, aclarando así el color oscuro. Moss exhibió su cuerpo blanqueado de cuarenta y dos años en las tabernas de Filadelfia y ante miembros de la Sociedad Filosófica Americana. Mucho antes de que los artistas de cara embetunada cautivasen a los estadounidenses, los negros «de cara blanqueada» cautivaban a los crédulos y a los escépticos con la teoría de que la piel negra podía volverse blanca. Moss se convirtió en «alguien tan familiar para los lectores de periódicos y otras publicaciones, [...] como [...] John Adams, Thomas Jefferson o Madison», según un testigo. Como John «Primrose» Boby, que mostraba su cuerpo blanqueado en el Reino Unido más o menos en aquella época, Moss era un monstruo para algunos, pero para otros, como Benjamin Rush, era el futuro del progreso racial. Después de 1796 Henry Moss desaparece del registro histórico y no reaparece hasta 1803, cuando el abolicionista de Providence Moses Brown lo examinó con atención y vio «pruebas de la uniformidad de la naturaleza humana». En 1814, Moss volvió a aparecer en la revista *New England Journal of Medicine and Surgery*, donde se le describía como un hombre negro «cuya piel ha perdido casi por completo su color nativo y se ha vuelto casi perfectamente blanca».[14]

El presidente George Washington, Samuel Stanhope Smith, Benjamin Rush y otros dignatarios vieron a Moss en el verano de 1796. «La blanquitud avanzaba más rápidamente en las partes cubiertas y sudadas, y más lentamente en el rostro —escribió Rush en sus notas—. Su piel era exactamente como la de un hombre blanco. El frotamiento no aceleraba su avance. La piel negra no se desprendía, sino que cambiaba». Thomas Jefferson, al parecer, no vio a Moss. Jefferson poseía varios «negros blancos», y en sus *Notes on the State of Virginia* los llamaba «anomalías de la naturaleza». Todos ellos eran «nacidos de padres sin mezcla de sangre negra», escribió Jefferson, teniendo cuidado en exonerar a los blancos y sostener su falsa postura contra el sexo interracial. Jefferson probablemente sabía que el término «albino» proviene del latín *albus* y alude a un animal, planta o persona que carece de pigmentación. Pero el color de su piel —«un blanco pálido y cadavérico»— era distinto, señalaba Jefferson, y su cabello «ensortijado» era «como el de un negro». No es sorprendente que Jefferson no se enfrentase nunca a los asimilacionistas físicos; ni siquiera reconocía el cambio de color de negro a blanco.[15]

Para consternación de Jefferson, otros intelectuales norteamericanos sí se tomaban muy en serio a los negros blanqueados. El 4 de febrero de 1797, Benjamin Rush, el vicepresidente de la APS, informó a Jefferson de que estaba «preparando un artículo en el que trato de demostrar que el color negro [...] de los negros es el efecto de una enfermedad de la piel». Rush presentó el artículo en una reunión especial de la APS, el 4 de julio de 1797. En él, elogiaba el «elegante e ingenioso ensayo» de otro asimilacionista, Samuel Stanhope Smith, escrito hacía una década. Rush, sin embargo, no estaba de acuerdo con Smith en la forma de hacer que las personas negras fuesen de nuevo blancas. Rechazaba la teoría del clima y afirmaba que todos los africanos sufrían de lepra. Esta enfermedad explicaba por qué todos tenían aquella fea piel negra, comentaba Rush a los miembros de la APS. Y, cuanto más blanca se volvía su piel, más sanos estaban.[16]

Esta afección cutánea era fruto de una dieta pobre, teorizó, unida a «más calor, costumbres más salvajes y fiebres biliosas». A continuación, enumeró otros efectos secundarios de la enfermedad: la superioridad física de los negros, sus «cabezas lanosas», su holgazanería, su hipersexualidad y su insensibilidad al dolor. «Son capaces de soportar las operaciones quirúrgicas mucho mejor que las personas blancas —dijo Rush, citando a un médico—. He amputado piernas a muchos negros mientras ellos mismos sostenían la parte superior de la extremidad».

Benjamin Rush se consideraba amigo de los «negros de Filadelfia», igualitarista racial y abolicionista. Al final de su discurso, trató de defender su imagen. «Todas las afirmaciones de superioridad de los blancos sobre los negros a raíz de su color se fundamentan tanto en la ignorancia como en la inhumanidad —subrayó—. Si el color de los negros es consecuencia de una enfermedad, en vez de invitarnos a nosotros a tiranizarlos, debería darles derecho a ellos al doble de nuestra humanidad». Rush era optimista acerca de la capacidad de los negros, las perspectivas de futuro y los posibles remedios; la naturaleza había empezado a curar a las personas negras. El famoso asimilacionista mencionó a Henry Moss y su glorioso «tránsito del negro a un color de carne blanco natural». Su «lana», anunció con satisfacción, «ha devenido en cabello».[17]

La teoría de la lepra de Benjamin Rush y la teoría del clima de Samuel Stanhope Smith eran tan bien acogidas entre los asimilacionistas y abolicionistas del Norte como impopular era Thomas Jefferson. Este había perdido las elecciones presidenciales frente a Adams en 1796, pero volvió a aspirar a la presidencia en 1800. Activistas del Partido Federalista y periodistas trataron de convencer a los votantes, utilizando sus *Notes* como prueba, del ateísmo de Jefferson y de sus puntos de vista antinegros, tal como habían hecho en la anterior contienda electoral. «¡Ha degradado a los negros del lugar en que Dios los había situado en la escala del ser!», escribió un panfletista federalista. Algunos de los defensores de Jefferson durante la campaña fueron encarcelados por la Administración Adams en virtud de la Ley de Sedición de 1798, entre ellos James Callender. Callender, al que Jefferson perdonó cuando alcanzó la presidencia en 1800, solicitó al parecer una retribución económica como compensación por sus servicios, que el presidente electo le negó. Indignado, Callender reveló el secreto de Jefferson.[18]

El 1 de septiembre de 1802, los lectores del *Recorder* de Richmond se enteraron de la relación entre el presidente Thomas Jefferson y Sally Hemings. «Nuestro presidente ha tenido varios hijos con esta sirvienta», escribió Callender. El asunto había empezado en Francia, «cuando él tanto se esforzaba en denigrar a la raza africana». (Irónicamente, Callender también la denigraba. Con frecuencia, «sirvienta» [*wench*, en inglés] aludía a una mujer promiscua, lo que connotaba la idea común de que las mujeres africanas buscaban a los hombres blancos).[19]

Si Callender pensaba que la serie de artículos destruiría la fortuna política de Jefferson, se equivocaba. Los reportajes de Callender resultaron no ser una sorpresa para muchos votantes blancos, ya fuese en Virginia o en el conjunto de la nación. Más bien al contrario, lo que Callender consiguió fue molestarlos porque algunos de esos votantes tenían sus propias aventuras ocultas con mujeres negras —o las violaban— y no querían que esos asuntos se airearan en público. A escala nacional, los votantes blancos reforzaron el partido de Jefferson en el Congreso en las elecciones de mitad de mandato, en 1802, y apoyaron de forma abrumadora su reelección como presidente en 1804.

Cuando una de las hijas de Jefferson, Patsy, le mostró el artículo de Callender, el padre se rio. No dijo ni una palabra para evitar darle credibilidad alguna al tema. John Adams, en privado, lo llamó «una mancha en su trayectoria» y «la consecuencia más natural y casi inevitable de esa funesta plaga del carácter humano, la esclavitud de los negros». Puede que Jefferson justificase en privado sus relaciones con Sally Hemings recordándose que todo el mundo lo hacía o lo intentaba. Desde adolescentes que ponían fin a su virginidad (y a la de sus víctimas) hasta aventuras secretas de hombres casados, pasando por largas relaciones de hombres solteros o viudos, la violación o las relaciones sexuales entre amos y esclavas parecía algo «natural», y esclavizar a tus propios hijos parecía algo normal en la esclavista Norteamérica.

Incluso el antiguo profesor de derecho de Jefferson, su «mejor y más antiguo amigo», mantenía una relación interracial. El viudo George Wythe había vivido durante un tiempo en Williamsburg con el joven birracial Michael Brown y una «criada» negra, Lydia Broadnax. En su testamento, Wythe legaba la casa a Broadnax y le pedía a Jefferson que supervisara la educación de Brown. Quizá molesto con esta disposición, el sobrino nieto blanco de Wythe, George Sweeney, probablemente envenenó a Wythe, Broadnax y Brown en 1806. Solo sobrevivió la mujer. En su segundo mandato presidencial, Jefferson evitó públicamente el escándalo Wythe, tratando de poner toda la «distancia imaginativa», en palabras de su biógrafo, que le fue posible.[20] El sexo entre amos y esclavas reconocía fundamentalmente la humanidad de las mujeres negras y birraciales, pero al mismo tiempo reducía esa humanidad a su sexualidad. En el mundo cristiano, se consideraba que la sexualidad era el rasgo animal de los humanos. En aquella época, la imagen icónica de la mujer negra era la que aparece en *Portrait d'une negresse*, de la pintora francesa Marie-Guillemine Benoist, pintado en 1800. Una mujer africana está sentada, con la vista hacia el espectador, con la cabeza cubierta y el pecho expuesto. La tela blanca que envuelve la cabeza y la parte inferior del cuerpo contrasta a ojos vista con la oscuridad de la piel. Se cree que este retrato es la primera pintura de una mujer negra hecha por una mujer europea.[21]

No resulta sorprendente que la carrera de Jefferson sobreviviese a la escandalosa revelación de Callender. Durante su presidencia, muchos norteamericanos llegaron a considerar que la esclavitud (y la política sexual asociada a ella) era un hecho inmutable de sus vidas y de su economía. La nación a la que Jefferson había llamado «la mayor esperanza del mundo» y «el Gobierno más fuerte del planeta» en su primer discurso de investidura, en 1801, no estaba precisamente augurando el fin de la esclavitud. Las cantinelas antiesclavistas oídas por primera vez de boca de los firmantes de la petición de Germantown se incrementaron durante la Revolución norteamericana, pero luego se empezaron a apaciguar. Y los demás abolicionistas, como Benjamin Rush y compañía, que estaban presionando a favor de la persuasión por elevación, no contaban con un público tan amplio como el que habían tenido John Woolman y Samuel Hopkins una generación antes. El rey algodón estaba en pleno apogeo, y los esclavistas que generaban ideas racistas habían convencido a multitud de norteamericanos de que vieran la esclavitud como un mal necesario para saldar sus deudas y construir la nación. Además, siempre parecía algo mejor que la horrible barbarie a que supuestamente daría lugar, sostenían ellos, la manumisión de los negros.[22]

Más que otra cosa, fueron la Revolución haitiana y las rebeliones de esclavos que esta inspiró en todo el continente americano lo que hizo que los norteamericanos blancos tuvieran miedo de una guerra racial o, peor aún, de una posible victoria de los negros. Los congresistas y los editores de periódicos del Sur hicieron todo lo posible por silenciar la disidencia y alimentar el miedo de los blancos, afirmando que el debate público sobre la esclavitud y la presencia de negros libres incitaban a los esclavos a rebelarse. Y había más negros libres que nunca, a causa de los fugitivos en tiempos de guerra y del *boom* de manumisiones después de la revolución. La población negra libre en Virginia, por ejemplo, pasó de 1.800 personas en 1782 a 12.766 en 1790 y 30.570 en 1810.[23]

A continuación, tuvo lugar la repentina expansión del reino del algodón. La derrota a manos de los revolucionarios haitianos —el Haití negro libre declaró la independencia en 1804— le exigió a Napoleón replantearse el Imperio francés. Mantener y defender las colonias lejanas se había convertido en algo demasiado costoso y engorroso. El extenso Territorio de Luisiana no se ajustaba a su idea de un nuevo imperio más

esbelto y más fuerte. «Prescindo de Luisiana», dijo Napoleón el 11 de
abril de 1803. El 30 de abril, la Administración Jefferson había adquirido
el territorio a Francia por quince millones de dólares, o unos siete centavos y medio por hectárea. Jefferson se enteró de la compra la víspera del
Día de la Independencia. «Es más grande que todo Estados Unidos», escribió, feliz.

Durante las décadas siguientes, los esclavistas llevaron a sus cautivos
a las nuevas tierras del Oeste, los obligaron a cultivar nuevos campos de
algodón y de azúcar, enviaron las cosechas a las fábricas del Norte y de Gran
Bretaña, e impulsaron la revolución industrial. Los dueños de plantaciones del Sur y los inversores del Norte se hicieron ricos. Con tanto dinero en juego, las ideas antiesclavistas y antirracistas se dejaron de lado como
si fueran personas africanas.[24]

La nueva vida y las nuevas tierras de la esclavitud, y las nuevas cosechas y
el dinero conseguidos gracias a ellas, restaron fuerza al movimiento antiesclavista durante la presidencia de Jefferson, a principios del siglo xix.
Las ideas asimilacionistas, sobre todo la monogénesis, languidecieron también. Teólogos como el rector de Princeton, Samuel Stanhope Smith, el
más destacado de los estudiosos sobre la raza en el Estados Unidos de
aquella época, al verse despojados de su poder cultural, llegaron a odiar
el menosprecio de Jefferson hacia la autoridad religiosa. Jefferson cuestionaba la creencia de la ortodoxia cristiana según la cual todos los humanos descendían de Adán y Eva, y quienes profesaban la idea de las
especies humanas creadas por separado atosigaban a Smith como un perro que no deja nunca de ladrar.[25]

El médico inglés Charles White, famoso autor de un tratado sobre
obstetricia, entró en el debate sobre las especies en 1799. A diferencia del
escocés lord Kames, White dejó de lado la religión y empleó un nuevo
método para demostrar la existencia de una especie racial distinta, la anatomía comparada. No quería que las conclusiones a las que llegaba en su
Account on the Regular Gradation in Man «se entiendan como algo que
abogue por la más mínima tolerancia hacia la perniciosa práctica de esclavizar al ser humano». Su único objetivo era «investigar la verdad».
White rebatía el legendario argumento de Buffon según el cual, como las
uniones interraciales eran fértiles, las razas debían de ser de la misma especie. De hecho, se sabe que los orangutanes «han raptado a chicos y

chicas negros, e incluso a mujeres», decía, a veces esclavizándolos para ejercer su «pasión brutal». En la escala natural, los europeos estaban en la posición más alta y los africanos ocupaban la más baja, «más cerca de la creación bruta que ninguna otra especie de humanos». Los negros eran superiores en ámbitos en los que los simios eran superiores a los humanos (la vista, el oído, el olfato, la capacidad de memorizar cosas y roer comida). «El pene de un africano es mayor que el de un europeo», les contaba White a sus lectores. La mayor parte de los museos anatómicos de Europa poseían penes de negros. Y señalaba: «Yo tengo uno en el mío».[26]

La ciencia en tiempos de Voltaire había sido demasiado religiosa como para que se prestase atención a los debates sobre especies distintas. El exceso de libertad y la retórica revolucionaria empañaban las palabras de Edward Long y lord Kames. En la época de la publicación de Charles White, el debate estaba en marcha. En 1808 el médico neoyorquino John Augustine Smith, discípulo de Charles White, reprochaba la incursión de Samuel Stanhope Smith, un sacerdote, en la ciencia. «Sostengo que es mi deber exponer ante ustedes todos los hechos relevantes», anunciaba John Augustine Smith en su estudio publicado. El principal dato era que la «estructura anatómica» del europeo era «superior» a la de las demás razas. Como especies distintas, los negros y los blancos se habían «situado en extremos opuestos de la escala». Su conferencia sobre la poligénesis catapultó la carrera académica de Smith; se convirtió en el director del *Medical and Physiological Journal*, en el décimo presidente de la Universidad de William and Mary y en el presidente del Colegio de Médicos y Cirujanos de Nueva York.[27]

El avance de la esclavitud, quizá más que los persuasivos argumentos de lord Kames, Charles White y John Augustine Smith, hizo que los intelectuales que durante mucho tiempo habían aceptado la monogénesis empezasen a cambiar de punto de vista. Al presenciar el derrumbe del mundo cristiano, Samuel Stanhope Smith adoptó una última postura intelectual por la teología, por los asimilacionistas y por la monogénesis. En 1810 publicó una segunda edición «corregida y aumentada» de su *Essay on the Causes of Variety of Complexion and Figure in the Human Species*, en la que prometía ceñirse «a la evidencia de los hechos». Nada de lo sucedido en los veinte años anteriores había alterado su postura: la diferencia racial era el resultado del clima y del estado de una sociedad. Si acaso, Smith lo afirmaba de manera más enérgica, e introducía «un nuevo hecho» en el apartado dedicado al clima: la piel de Henry Moss había cambiado y su nuevo «cabello, fino y liso», había sustituido a «la sustancia lanosa». En un contundente apéndice, Smith daba respuesta a «ciertas críticas a la primera edición de este ensayo», a saber, la poligénesis de Charles White, Thomas Jefferson y John Augustine Smith. «Que los infieles se muestren en su verdadera forma —rugía Smith al final de su obra—. Si lo que buscan es el combate, solo rogamos, como Áyax, encontrarnos con el enemigo a cielo abierto».[28]

Thomas Jefferson no respondió públicamente a Samuel Stanhope Smith en 1810. De hecho, se negó a salir a cielo abierto; se había retirado de la vida pública.

11

Traseros gordos

Menos de treinta años antes, Thomas Jefferson ansiaba salir de Monticello y liberarse de la pesadumbre que le había provocado el fallecimiento de su mujer. Después de Francia, tres años como secretario de Estado, cuatro como vicepresidente y ocho como presidente, lo que quería era volver a su casa de Virginia. «Nunca un prisionero, liberado de sus cadenas, se ha sentido como me sentiré yo al librarme de los grilletes del poder», informó a un hombre de negocios francés el 4 de marzo de 1809, días antes del fin de su presidencia.

Después de permanecer durante años en el bullicioso Washington, Jefferson añoraba una tranquila reclusión que le permitiese leer, escribir y pensar en privado. «Pero la magnitud de los tiempos en los que me ha tocado vivir —dijo— me ha forzado a tomar cartas en el asunto y afrontar la situación». En el extranjero, ninguna magnitud fue mayor que las guerras entre Francia e Inglaterra a principios del siglo xix. Jefferson mantuvo la neutralidad de Estados Unidos, ignorando a los partidarios de la guerra, pero no pudo ignorar las violaciones de la neutralidad norteamericana en el mar. En 1807 propuso (y el Congreso aprobó) un embargo general del comercio de Estados Unidos con Francia e Inglaterra. El Congreso revocó el controvertido embargo durante los últimos días de la presidencia de Jefferson, el 1 de marzo de 1809. La neutralidad auspiciada por Jefferson retrasó lo inevitable; tres años después de que dejase la presidencia, Estados Unidos se enfrentó a Inglaterra en la guerra de 1812.[1]

Como presidente de la Sociedad Filosófica Americana entre 1797 y 1815, Jefferson permaneció neutral en la guerra entre los defensores de la monogénesis y los de la poligénesis. Ni siquiera contratacó demasiado en la ofensiva federalista contra sus *Notes on the State of Virginia* en las campañas presidenciales. En 1804 el impresor William Duane le ofreció la oportunidad de responder en una nueva edición, pero Jefferson se resistió alegando que no tenía tiempo. Con todo, sí que tenía planeado revisar y ampliar sus *Notes* cuando abandonase Washington, en 1809.[2]

Semanas antes de dejar el cargo, Jefferson agradeció al abolicionista y científico Henri Grégoire que el 25 de febrero le enviase un ejemplar de *De la littérature des nègres, ou, recherches sur leurs facultés intellectuelles, leurs qualités morales et leur littérature; suivies de notices sur la vie et les ouvrages des nègres qui se sont distingués dans les sciences, les lettres et les arts.* Grégoire ofrecía un «testimonio» de primera mano de gloriosas naciones negras para refutar lo que «Jefferson nos dice, que ninguna de sus naciones ha sido nunca civilizada», escribía. «No pretendemos situar a los negros en el mismo nivel» que los blancos, explicaba Grégoire de una forma asimilacionista, sino únicamente impugnar las ideas de quienes dicen «que los negros son incapaces de convertirse en nuestros socios en el almacén del conocimiento humano».[3]

Tras años de pedir disculpas por la esclavitud en Norteamérica, era probable que Jefferson sintiera que podía responder a Henri Grégoire sin remordimientos. Ahora se hallaba en una posición mejor para escribir al famoso abolicionista. En su mensaje anual al Congreso de hacía tres años, Jefferson había condenado las «violaciones de los derechos humanos» que facilitaba el tráfico de esclavos e instado al Congreso a ponerle fin. El Congreso siguió su iniciativa en 1807, después de un polémico debate sobre cómo se iba a castigar a los ahora ilegales negreros. Se decidió que serían multados según la Ley de Comercio de Esclavos de 1807, pero el Congreso no hizo nada para garantizar el cumplimiento de dicha ley.

Era una ley vacía y, sobre todo, simbólica que no consiguió cerrar las puertas al persistente tráfico de esclavos internacional al tiempo que las abría de par en par a un tráfico interno. Las violaciones de los derechos humanos prosiguieron; los niños se les arrebataban a sus padres y los barcos negreros surcaban ahora aguas norteamericanas en una especie de «travesía intermedia», desde Virginia hasta Nueva Orleans, que tardaba tantos días como la del Atlántico. Jefferson y otros hacendados del alto Sur empezaron a «criar» de forma deliberada esclavos para atender la demanda del Sur profundo. «Considero que una mujer que trae al mundo un niño cada dos años es más rentable que el mejor de los hombres de la granja», explicó Jefferson en una ocasión. Un año después de la Ley de

Comercio de Esclavos, un tribunal de Carolina del Sur dictaminó que las mujeres esclavas carecían de derechos sobre sus hijos. Tenían «el mismo estatus jurídico que otros animales».[4]

La finalización del comercio de esclavos internacional fue, en realidad, una bendición para los mayores propietarios de esclavos norteamericanos, ya que incrementó la demanda y el valor de sus cautivos. Así, los grandes esclavistas y los partidarios de la emancipación gradual se unieron para dar la bienvenida a la ilegalización del tráfico de esclavos internacional el 1 de enero de 1808. El clérigo de Massachusetts Jedidiah Morse lo calificó de victoria. Habló por boca de la mayoría de los asimilacionistas del Norte cuando señaló que, dado que el cristianismo estaba por fin iluminando «el paganismo y la oscuridad mahometana» de África, «no era necesario llevar a sus nativos a tierras extranjeras». Morse creía que la esclavitud también quedaría abolida de manera gradual.[5]

Thomas Jefferson debía de confiar en este amplio apoyo a la Ley de Comercio de Esclavos cuando, finalmente, en 1809 respondió a Henri Grégoire con esta trillada fórmula. «No hay persona viva que desee más que yo» ver demostrada la igualdad racial, decía. «A este respecto, [las personas negras] están ganando terreno a diario en las opiniones de las naciones —escribió Jefferson—, y se están realizando esperanzadores progresos hacia el restablecimiento de una igualdad con los otros colores de la familia humana».[6]

En realidad, las personas negras estaban perdiendo terreno día a día en las opiniones de las naciones europeas. Poco después del intercambio epistolar entre Grégoire y Jefferson, los periódicos de Londres reprodujeron la imagen de perfil de una mujer africana semidesnuda, cuyo trasero sobredimensionado estaba expuesto en uno de los lados, el que no se veía cubierto con la piel de un animal. Tenía la frente envuelta en una cinta y sostenía un palo de la altura de su cuerpo. A cada año que pasaba, los negros blanqueados, las figuras negras y los «hotentotes convertidos», que compartían su supuesto tránsito del salvajismo a la civilización, eran cada vez menos notables. Pero a los londinenses los cautivó Sarah Baartman, o, más bien, sus enormes nalgas y genitales.

Durante más de un siglo, el pueblo khoi de Baartman, en Sudáfrica, había sido clasificado como el inferior entre los africanos, el más próximo a los animales. El trasero y los genitales de Baartman eran irregularmente grandes entre las mujeres khoi, por no hablar de las mujeres africanas del resto del continente o del otro lado del Atlántico, en la plantación de

Jefferson. Y, sin embargo, las nalgas y genitales enormes de Baartman eran presentados como regulares y auténticamente africanos. En el elegante West End londinense se la denominó la «Venus hotentote», lo que reforzaba el estereotipo racista que relacionaba a las mujeres negras con los traseros grandes. Anteriormente, el poligenista Charles White ya había reforzado el estereotipo que vinculaba a los hombres negros con unos genitales de gran tamaño.

El funcionario colonial retirado Alexander Dunlop y el propietario sudafricano de Baartman, Hendrik Cesars, la llevaron a Londres en julio de 1810. A la muerte de Dunlop, en 1814, el feriante Henry Taylor llevó a Baartman, que por entonces contaba treinta y seis o treinta y siete años, a París, para una nueva ronda de exhibiciones. Los periódicos se entusiasmaron con su llegada. Apareció en el magnífico Palais-Royal, el apogeo del libertinaje parisino, donde las prostitutas se mezclaban con los impresores, los restaurantes con las casas de juego, los chismosos de café con los bailarines borrachos, los mendigos con la élite. El 19 de noviembre de 1814, los parisinos pudieron acercarse al teatro Vaudeville, frente al Palais-Royal, para asistir a la sesión inaugural de *La Venus hottentote, ou haine aux français*. En la trama de la ópera, un joven francés cree que su pretendiente no es lo bastante exótica. Cuando aparece disfrazada de «Venus hotentote», el joven se enamora. Segura de la atracción que ejerce, la mujer deja caer su disfraz. El francés abandona su ridícula fascinación por la Venus hotentote, recupera el sentido común y la pareja se casa. La ópera ponía al descubierto las ideas de los europeos sobre las mujeres negras. Después de todo, cuando los franceses son seducidos por la Venus hotentote actúan como animales; cuando se sienten atraídos por mujeres francesas actúan con cordura. Mientras que las hipersexuales mujeres negras son dignas de atracción sexual, las francesas son dignas de amor y matrimonio.

El 15 de enero de 1815, el feriante de animales S. Reaux obtuvo a Baartman de Henry Taylor. Reaux la exhibió, a veces con un collar al cuello, en cafés, restaurantes y *soirées* para las élites de París, allí donde hubiese dinero que ganar. Un día, en marzo de 1815, Reaux llevó a Baartman al Museo de Historia Natural de París, que contenía la mayor colección mundial de objetos de la naturaleza. Allí se reunieron con el más distinguido de los intelectuales europeos, el especialista en anatomía comparada Georges Cuvier.

Cuvier, un singular segregacionista que rechazaba la poligénesis, creía que el ser humano descendía del jardín del edén europeo. Un suceso catastrófico ocurrido hacía cinco mil años había hecho que los supervivientes huyesen a Asia y África; habían surgido tres razas, que habían empezado a transmitir rasgos hereditarios inmutables. «La raza blanca» era «la más bella de todas» y, según Cuvier, «superior». Los rasgos físicos africanos «se aproximaban a los de la tribu de los monos».

En su laboratorio, Cuvier le pidió a Baartman que se quitase la larga falda y el chal que llevaba para protegerse del viento de marzo. Baartman se negó. Sorprendido, Cuvier hizo cuanto pudo para documentarla con la ropa puesta durante los tres días siguientes, midiendo y dibujando su cuerpo. En algún momento de finales de diciembre de 1815, Baartman murió, puede que de neumonía. Ninguna mujer negra del siglo XIX fue objeto de más necrológicas en los periódicos de París que Sarah Baartman. Cuvier logró que le cediesen el cadáver y lo llevó a su laboratorio. Le quitó la ropa, le abrió la caja torácica y estudió todos los órganos más importantes. Le separó las piernas, le estudió las nalgas y le cortó los genitales, que apartó para conservarlos. Una vez que Cuvier y su equipo de científicos terminaron con su científica violación, hirvieron lo que quedaba de la carne de Baartman, volvieron a ensamblar los huesos para reconstruir el esqueleto y Cuvier sumó sus restos a su colección mundialmente famosa. En su informe afirmaba «no haber visto nunca una cabeza humana más parecida a la de un mono que la suya». El pueblo khoi de Sudáfrica, concluía, estaba más cerca del simio que del ser humano.[7]

Los parisinos exhibieron el esqueleto, los genitales y el cerebro de Baartman hasta 1974. Cuando Nelson Mandela asumió la presidencia, en 1994, reanudó las peticiones de los sudafricanos para que Baartman volviese a casa. Francia devolvió los restos a su tierra natal en 2002. Después de una vida —y una vida de ultratumba— de incesantes exhibiciones, Baartman pudo finalmente descansar en paz.[8]

El destino de Baartman fue especialmente terrible a principios de la década de 1810, y las conclusiones de Cuvier acerca de los cuerpos negros fueron asumidas sin demasiadas vacilaciones por quienes buscaban pruebas de la inferioridad de los negros para justificar su comercio a ambas orillas del Atlántico, un comercio arraigado en los vientres de las mujeres negras.

No importa lo que Thomas Jefferson le dijese a Henri Grégoire en 1809; las personas negras no se ganaron el respeto de los choctaws y chickasaws que empezaron a adquirirlas (o que devolvían a los fugitivos a la esclavitud). Aunque estos esclavistas indígenas del Sur rechazaban las ideas de superioridad de los blancos y de inferioridad de los nativos americanos, aceptaron de buen grado la asociación entre negritud y esclavitud. En el Territorio de Luisiana de Jefferson, los esclavos africanos tampoco se ganaban el respeto de sus amos franceses y estadounidenses. Y estos cautivos se negaron a esperar a que la opinión de sus amos cambiase y decidiesen darles la emancipación, conscientes de que podían estar eternamente esperando su libertad. El 8 de enero de 1811, unos quince cautivos de una plantación de azúcar de una zona denominada Costa Alemana hirieron a un hacendado, el comandante Manuel Andry, y mataron a su hijo. Llevando uniformes y armas militares, machetes de cortar caña y hachas, mientras tocaban tambores y hacían ondear banderas, empezaron a marchar de plantación en plantación, incrementando su número y el de esclavistas muertos. Con el paso del tiempo, entre doscientas y quinientas personas birraciales y africanas se unieron a la marcha de la libertad, de más de cincuenta kilómetros, para invadir Nueva Orleans. Liderados por los guerreros asante Quamana y Kook, junto con los hombres birraciales Harry Kenner y Charles Deslondes, e inspirados por la Revolución haitiana, estos revolucionarios protagonizaron la mayor revuelta de esclavos de la historia de Estados Unidos.[9]

El 10 de enero de 1811, la mal armada banda de personas liberadas fue derrotada por una banda bien armada de cuatrocientos milicianos y sesenta soldados del ejército estadounidense. Al final, casi un centenar de los antiguos cautivos fueron abatidos o ejecutados. Luisiana ofreció compensaciones a los hacendados, 300 dólares (alrededor de 4.200 dólares de 2014) por cada cautivo muerto. Las autoridades les cortaron la cabeza y las expusieron a intervalos, a la vista de todo el mundo, desde Nueva Orleans hasta la plantación de Andry.[10]

Con la esperanza de obtener garantías de protección federal en caso de futuras rebeliones, los propietarios de plantaciones de azúcar de Luisiana votaron a favor de entrar a formar parte de la Unión en 1812. Con la adición de Luisiana, otro estado esclavista, estaba claro que el esclavismo se estaba expandiendo, no contrayéndose, cuando Jefferson dejó el cargo. El número de esclavos africanos aumentó un 70 por ciento en veinte años, pasando de 697.897 en el primer censo federal de 1790 a 1.191.354 en 1810, para triplicarse a lo largo de los cincuenta años siguientes. El incremento del número de esclavos y la necesidad de defenderse de los abolicionistas antiamericanos de Europa generó una de las primeras oleadas de pensamiento proesclavista después de la revolución. Incluso las personas del Norte, o los nativos del Norte que vivían en el Sur, lo defendían. En 1810 el futuro congresista por Pensilvania Charles Jared Ingersoll publicó *Inchiquin, the Jesuit's Letters*, en el que rechazaba las calumnias lanzadas contra la esclavitud «por antiguos residentes y turistas». Unos años más tarde, el novelista antiesclavista de Nueva York James Kirke Paulding trató de defender a su nación y la lentitud del cambio. La liberación de africanos felices podía poner en peligro a la comunidad, socavar los derechos de propiedad y hacerlos «más desdichados» de lo que ya eran, escribió Paulding.[11]

El federalista de Filadelfia Robert Walsh publicó *An Appeal from the Judgments of Great Britain Respecting the United States of America* en 1819. «Tu trabajo aportará el primer volumen de toda futura historia norteamericana», predijo con acierto Thomas Jefferson. A pesar de que Walsh culpaba de la esclavitud a los británicos, afirmaba que la institución se había ganado el favor de los dueños de esclavos por su «sensatez, justicia y firmeza». Para los africanos, cuyo «color es un recuerdo perpetuo de su origen servil», la esclavitud era «positivamente buena». El esclavo estaba «exento de las atroces preocupaciones» que experimentaban los ingleses.[12]

Si Jefferson deseaba realmente una refutación de las ideas racistas de sus *Notes*, como le dijo a Grégoire, no hizo ningún movimiento en esa dirección durante su presidencia, ya fuese en el plano político o en sus publicaciones. Su mayor inquietud en 1809 era regresar a su casa, a la comodidad de Monticello y Sally Hemings, lejos del continuo desfile político de Washington.

Jefferson abandonó Washington una semana después de que su buen amigo y discípulo James Madison jurase el cargo como cuarto presidente de Estados Unidos, el 4 de marzo de 1809. El dominio presidencial de Jefferson no terminó con su partida de la capital. Hasta 1841, una serie de autoproclamados discípulos de Jefferson fueron presidentes de Estados Unidos; la única excepción fue John Quincy Adams a finales de la década de 1820.[13]

En 1809 Jefferson calculó que su patrimonio neto ascendía a 225.000 dólares (unos 3,3 millones de 2014), incluidos cuatro mil hectáreas de terreno, una fábrica, doscientos esclavos y numerosas deudas. Tanto si era partidario como detractor de la esclavitud, Jefferson necesitaba esclavos para mantener su solvencia financiera y su lujoso tren de vida. En los primeros años de retiro, Jefferson terminó finalmente su mansión de mil metros cuadrados y treinta y tres habitaciones, en la que exhibía todo lo que había reunido con el paso del tiempo: los especímenes de animales y objetos de los nativos americanos, las medallas y los mapas, los retratos y las esculturas de Jesús, Benjamin Franklin, John Locke, sir Isaac Newton, Cristóbal Colón y Voltaire, y su retrato, pintado por el artista bostoniano Mather Brown, descendiente de Cotton Mather.[14]

Jefferson, que amaba el retiro, situó los libros por encima de los periódicos. Ya no tenía que salir de Monticello, y lo hacía muy de vez en cuando. Tenía una plantación, la cual funcionaba mediante mano de obra esclava, que gestionar para pagar sus deudas o, más bien, los lujos que tanto le gustaban. En el centro de sus intereses no puso la política, sino la ciencia, y se convirtió en el erudito más célebre de Norteamérica en la década de 1810. Las solicitudes de consejos y de datos y las revisiones de manuscritos parecían no acabar nunca. «Desde el amanecer hasta la una o las dos, y a menudo desde la cena hasta que anochece, estoy en mi escritorio, trabajando sin descanso», se quejó Jefferson a John Adams. Pero no actualizó sus *Notes*. Para 1813 había perdido todo interés en reproducir sus ideas.[15]

Jefferson también había perdido el interés en apoyar la causa del antiesclavismo. En 1814 Edward Coles, el secretario personal del presidente James Madison, le pidió a Jefferson que despertase el sentimiento del público contra la esclavitud. Jefferson rehusó, con la excusa de su avanzada edad —setenta y un años—, y le aconsejó a Coles que se reconciliase con la esclavitud y que promocionase la emancipación de forma que no ofendiera a nadie.[16] Irónicamente, la solución inofensiva que Jefferson ofrecía en sus *Notes*, y que trató de llevar a cabo como presidente, estaba a punto de ser adoptada por una nueva generación.

12

Colonización

Uno de los legados más duraderos de Thomas Jefferson fue su intento de establecer relaciones interraciales, que abarcó todo el siglo XIX. Todo empezó en la primavera de 1800 en el estado natal de Jefferson. Dos cautivos, Gabriel y Nancy Prosser, estaban organizando una rebelión de esclavos. Con una altura de más de un metro y ochenta centímetros, piel oscura, una mirada penetrante y abultadas cicatrices, Gabriel Prosser, de veinticuatro años de edad, llamaba la atención allí por donde pasaba. Se ganó el favor de más conversos al recordarles que los ejércitos de Haití habían forzado la retirada de los ejércitos de España, Inglaterra y Francia. Los Prosser tenían pensado organizar una marcha de centenares de esclavos hasta Richmond, donde se apoderarían de cuatro mil mosquetes que no estaban bajo vigilancia, arrestarían al gobernador James Monroe, mantendrían el control de la ciudad hasta la llegada de refuerzos de los condados vecinos y negociarían el fin de la esclavitud y la igualdad de derechos. A los metodistas, cuáqueros y franceses que se mostrasen amigables se les perdonaría la vida, pero matarían a los negros racistas. Se reclutaría a aliados entre los blancos y los nativos americanos pobres de Virginia.

La revuelta no logró materializarse en la fecha prevista, el sábado 30 de agosto de 1800. Dos cínicos esclavos, buscando el favor de su amo, traicionaron lo que habría sido la mayor insurrección de esclavos de la historia de Norteamérica; hasta cincuenta mil rebeldes se habrían unido a ella, desde lugares tan lejanos como Norfolk, Virginia. Cuando recibió el aviso aquella tarde, el gobernador James Monroe movilizó las defensas de Richmond e informó a todos los comandantes de milicia de Virginia, cuyas marismas estaban siendo azotadas por el viento y la lluvia. El derrumbe de un puente detuvo la entrada de un millar de rebeldes armados en la ciudad. El ejército de liberación, empapado, se desbandó. El ejército de los esclavistas, que seguía intacto, invadió varias comunidades y arrestó a los líderes rebeldes en el transcurso de las semanas siguientes. Gabriel Prosser huyó a Norfolk, donde fue traicionado y capturado el 25 de septiembre. Lo llevaron de vuelta a Richmond, donde lo ahorcaron junto con sus camaradas, aunque su actitud fue desafiante hasta el último momento. «Los acusados han mostrado un espíritu que, si se generaliza, bañará de sangre todo el Sur», relató un testigo ocular.[1]

Un esclavo rebelde era algo extraordinario; real, pero no exactamente representativo. Durante los últimos meses de 1800, los esclavistas difundieron este mantra racista acerca de los esclavos satisfechos y luego, con hipocresía, exigieron más armas, más organización y leyes más sofisticadas para dominarlos. El 31 de diciembre de 1800, la Cámara de Delegados de Virginia encomendó en secreto al gobernador James Monroe que se pusiese de acuerdo con el presidente entrante Jefferson para buscar territorios fuera de Virginia a los que «se pueda expulsar a las personas [...] peligrosas para la paz de la sociedad». El 24 de noviembre de 1801, Jefferson solicitó que expresaran con claridad sus deseos. Sugirió a los delegados de Virginia la colonización de territorios del Caribe o de África, y señaló que era improbable poder obtener territorios en la porción continental de Estados Unidos.[2]

Los legisladores de Virginia se reunieron de nuevo en secreto en 1802 para responder a su hijo nativo. La esclavitud debía continuar y su derivado natural, la resistencia, debía cesar. De manera que los delegados de Virginia aceptaron la propuesta de Jefferson y le pidieron que buscase un lugar en el extranjero al que llevar a los negros libres del estado. Jefferson se puso a trabajar e hizo consultas mediante intermediarios acerca de Sierra Leona, en África Occidental, la colonia británica para libertos fundada en 1792. Jefferson solo halló desdén por parte de Inglaterra, al igual que de otras naciones europeas. El 27 de diciembre de 1804, Jefferson transmitió las malas noticias a Monroe, asegurándole que prestaría «una atención constante al asunto».[3]

Los legisladores de Virginia juraron mantener el secreto y no revelar nunca sus intentos de colonización; ni siquiera informaron a la siguiente generación de legisladores. Pero en 1816 Charles Fenton Mercer, miembro de la Cámara de Delegados desde 1810, se enteró del plan de Jefferson. Sacó a la luz la correspondencia entre Monroe y Jefferson, y las razones de Jefferson para enviar a los negros al extranjero lo inspiraron. Mercer era un dueño de esclavos contrario a la esclavitud y antiabolicionista, como Jefferson. Aunque «la esclavitud es mala», escribiría más adelante, la emancipación «haría más mal que bien».[4]

Mercer quería reconvertir la economía agraria de su región, con mano de obra esclava, a otra industrial, con mano de obra libre. Temía las revueltas de la clase trabajadora que estaban tomando impulso en Europa Occidental, pero tenía fe en la capacidad de una educación pública para aplacar a los blancos de ingresos bajos y medios. No obstante, reconocía que la desenfrenada discriminación racial en Norteamérica iba a convertir a los negros libres en una clase obrera perpetuamente rebelde. Quería expulsar a los negros de Estados Unidos antes de que fuera demasiado tarde.

A Mercer la colonización le parecía una bendición. También le parecía atractiva a Robert Finley, que se enteró de la causa por su cuñado, el viejo amigo de Mercer, Elias B. Caldwell, que llevaba mucho tiempo como secretario del Tribunal Supremo. La difícil situación de los negros libres de ingresos bajos ya había captado la atención de Finley, un clérigo antiesclavista, y, en su opinión, la colonización parecía la respuesta perfecta a aquellos problemas. Mercer, Finley y los partidarios de la colonización a los que inspiraron terminaron por ser los herederos ideológicos de una extraña pareja que no se llevaba bien, Thomas Jefferson y Samuel Stanhope Smith. Este último apoyó la causa antes de su muerte, en 1819. Mientras que él creía que las personas negras eran capaces de llegar a ser blancas, Jefferson insistía en que no era posible que lo hiciesen en Estados Unidos. La colonización ofrecía una alternativa que ambos podían aceptar.[5]

En 1816 Finley se sentó a escribir el manifiesto del movimiento procolonización, *Thoughts on the Colonization of Free Blacks*. El panfleto empezaba diciendo: «¿Qué vamos a hacer con las personas de color libres?». Los negros libres debían recibir formación «para el autogobierno» y ser devueltos a su tierra de origen, escribió. Para los esclavos, «el mal de la esclavitud se reducirá de forma gradual, a fin de preparar a los blancos para este cambio feliz y progresivo».[6]

Armado con este proyectil literario de ideas racistas, Finley tomó al asalto Washington D. C. a finales de noviembre de 1816. Presionó a periodistas, políticos y al presidente James Madison, cuyos puntos de vista sobre los negros eran un reflejo de los de Jefferson. Finley y sus poderosos colaboradores convocaron una reunión para organizar a los partidarios de la colonización el 21 de diciembre de 1816. La presidió el representante de Kentucky Henry Clay, cuya vida había sido similar a la de Thomas Jefferson. Hijo de hacendados de Virginia, Clay se había convertido primero en un abogado, luego en un hacendado y finalmente en un político. Al principio había expresado una postura abolicionista que se disipó con el tiempo. Clay acababa de finalizar su segundo mandato como presidente de la Cámara de Representantes cuando presidió la reunión que alumbró la Sociedad Americana para la Colonización (ACS, por sus siglas en inglés). El dueño de esclavos y juez del Tribunal Supremo Bushrod Washington, sobrino de George Washington, fue elegido presidente de la sociedad, y entre los vicepresidentes estaban Finley, Clay, el general Andrew Jackson y el compañero de Mercer en Princeton Richard Rush, hijo de Benjamin Rush, que había prometido su apoyo a la colonización antes de su muerte, en 1813.

En la reunión inaugural, el abolicionismo gradual de Finley dejó paso a las demandas de los esclavistas. La sociedad pasaría por alto la «delicada cuestión» de la abolición y fomentaría únicamente la deportación de negros libres, dijo Henry Clay. «¿Acaso puede haber una causa más noble que aquella que, al tiempo que propone librar a nuestro país de una parte inútil y perniciosa, si no peligrosa, de su población, considera la propagación de las artes de la vida civilizada y la posible redención de la ignorancia y el barbarismo de una buena cuarta parte del planeta?». Estas palabras fueron reproducidas en periódicos de toda la nación.

En Filadelfia, el 15 de enero de 1817 al menos tres mil hombres negros se concentraron en la iglesia Metodista Episcopaliana Africana (AME, por sus siglas en inglés) de la Madre Bethel para hablar de la formación de la ACS. James Forten, partidario de la colonización desde hacía años, el fundador de la iglesia Richard Allen y otros dos pastores negros prometieron dar su apoyo a la colonización y a su potencial misionero. Una vez terminados los parlamentos, Forten subió al púlpito para sondear al público asistente. «¿Quién está a favor?», preguntó Forten. Nadie habló. Nadie levantó la mano. Nada. «¿En contra?», preguntó Forten nerviosamente. Todos. Un estentóreo «no» hizo temblar los muros de la iglesia.

Estos hombres negros habían entrado en la iglesia echando humo. Probablemente, sus esposas, prometidas, hermanas y madres también estaban furiosas, pero no tenían permiso para explicitarlo en aquella reunión solo para hombres. Los asistentes denunciaron con audacia el «inmerecido estigma» que Henry Clay «había arrojado sobre las personas libres de color». No querían irse a «las agrestes selvas de África», indicaron los asistentes, demostrando así que ya habían interiorizado aquellos mitos racistas. Pero al mismo tiempo expresaron su compromiso con las personas esclavizadas y con Norteamérica, y exigieron que se reconociese su papel en el crecimiento de la nación. Era «la tierra donde hemos nacido», una tierra que había sido «abonada con nuestra sangre y nuestro sudor». «Nunca nos separaremos voluntariamente de la población esclava de este país», decidieron.[7]

Los descendientes de africanos nacidos en Estados Unidos juzgaban el continente según los criterios que habían aprendido de las mismas personas que los consideraban inferiores y que trataban de echarlos de Estados Unidos. Los estadounidenses de origen africano habían recibido sus conocimientos de África y sus ideas racistas de los norteamericanos blancos, y las ideas racistas de estos se las habían suministrado una multitud de escritores europeos, desde el diseccionador de Sarah Baartman, el francés Georges Cuvier, hasta el filósofo alemán Georg Wilhelm Friedrich Hegel.

Más o menos en la época de la fundación de la Sociedad Americana para la Colonización, las naciones europeas estaban orientando cada vez más su capital y sus armas no al tráfico de esclavos, sino a la colonización de África (y también de Asia). Ejércitos ingleses, franceses, alemanes y portugueses se enfrentaron a ejércitos africanos durante todo el siglo XIX, tratando de establecer colonias a fin de explotar de forma más sistemática y eficiente los recursos y a las personas de África. Este nuevo impulso racista exigía ideas racistas para darle sentido, y las elucubraciones de Hegel sobre el atraso de los africanos llegaron justo a tiempo. Las ideas racistas siempre parecían llegar en el momento preciso para adornar la desagradable explotación económica y política de los africanos.

Irónicamente, en 1807 Hegel había expresado una idea profundamente antirracista en su clásico *Fenomenología del espíritu*, en el que condenaba «el juicio apresurado formado a primera vista sobre la naturaleza y el carácter interiores» de una persona. Hegel revolucionaría la filosofía y la historia europeas del siglo XIX en muchos aspectos importantes. Legiones de cátedras de filosofía de todo el continente se harían hegelianas, y los filósofos en los que influyó —entre ellos Søren Kierkegaard, Karl Marx y Friedrich Engels— constituían la élite de la intelectualidad europea. Sin embargo, antes de su muerte, en 1831, Hegel no fue capaz de librarse a sí mismo y a Europa de las ideas racistas de la época de la

Ilustración. «Es [...] el pensamiento concreto universal, autodeterminado, que constituye el principio y el carácter de los *europeos* —escribió Hegel una vez—. Dios se hace hombre, revelándose a sí mismo». Por el contrario, los africanos eran «una nación de niños» en la «primera fase» del desarrollo humano. «El negro es un ejemplo de hombre animal en todo su salvajismo y desorden». Podían ser educados, pero nunca avanzarían por sí mismos. La idea racista primordial de Hegel justificaba la colonización en curso de África. Los colonizadores europeos iban supuestamente a llevar progreso a los residentes de África, al igual que los esclavistas europeos habían llevado el progreso a los africanos en América.[8]

En su resolución contra la Sociedad Americana para la Colonización, los «negros de Filadelfia» destacaron el «inmerecido estigma» que había sido «arrojado sobre las personas libres de color». La muerte de Robert Finley, aquel mismo año, perjudicó a la ACS, que trataba de atraer fondos federales y el apoyo de los dueños de esclavos, en especial en el Sur profundo. Estos últimos nunca aceptarían la colonización a menos que se les convenciese de que iba a permitir el mantenimiento de la esclavitud, y los negros libres nunca se incorporarían a menos que la emancipación formase parte del acuerdo. Ninguno de los grupos estaba contento.[9]

De todos modos, la sociedad persistía. En términos de financiación federal, Charles Fenton Mercer se encargó de encabezar la siguiente ofensiva después de unirse a la Cámara de Representantes. El 13 de enero de 1819, Mercer presentó la Ley de Comercio de Esclavos, que asignaba cien mil dólares para enviar «negros» de vuelta a África. La firma de la propuesta y su conversión en ley corrió a cargo del antiguo gobernador de Virginia y partidario de la colonización James Monroe, que había sido elegido presidente de Estados Unidos antes de la formación de la ACS. Casi de inmediato hubo debates sobre si la ley autorizaba a Monroe a adquirir tierras en África. Para 1821, Monroe había enviado al oficial de la marina estadounidense Robert Stockton a África Occidental como agente de la sociedad. Con una pistola en una mano y una pluma en la otra, Stockton se hizo —se dice que por trescientos dólares— con una franja de tierra en la costa, al sur de Sierra Leona; se la vendió un caudillo local, que probablemente carecía de la titularidad de esa tierra de su gente. Estados Unidos se unió así al creciente grupo de naciones que pretendían colonizar África. En 1824 los esclavistas norteamericanos habían construido fortificaciones allí, y habían bautizado el asentamiento como «Liberia» y a su capital como «Monrovia» en honor al presidente de Estados Unidos. Entre 1820 y 1830 solo 154 negros del Norte, de más de cien mil, partieron rumbo a Liberia.[10]

El siglo XIX había empezado con un plan para desencadenar una rebelión de esclavos que había hecho que los esclavistas de Virginia y el presidente Jefferson considerasen seriamente el envío de negros libres y esclavos de vuelta a África. Las rebeliones de esclavos no cesaron, y fueron precisamente estas, ya fueran reales o simples proyectos, lo que más contribuyó a fomentar el apoyo de los esclavistas al movimiento de colonización.

En 1818 un carpintero libre de cincuenta y un años llamado Denmark Vesey empezó a reclutar, en Charleston y sus alrededores, a los miles de esclavos que constituirían su ejército, de nueve mil personas según una estimación. Vesey era conocido en la zona como uno de los fundadores de la iglesia AME de Emmanuel, la primera iglesia metodista episcopaliana africana del Sur. Antes de recibir su libertad en 1800, Vesey había recorrido el Atlántico con su amo, que era marino, y sentido un inmenso y creciente orgullo por los hechos, la cultura y la humanidad de los pueblos africanos. También se había inspirado en las revoluciones norteamericana, francesa y haitiana. Vesey probablemente pasó tiempo instruyendo, motivando y animando a otros negros esclavos y desafiando las ideas racistas que habían interiorizado, quizá recitándoles regularmente la historia bíblica de la liberación de los israelitas del yugo egipcio. Preparó la revuelta para el 14 de julio de 1822, el aniversario de la Revolución francesa. Sirvientes domésticos de confianza debían asesinar a las principales personalidades de Carolina del Sur mientras dormían. Seis compañías de infantería y caballería debían invadir Charleston y matar a cualquier antagonista, blanco o negro, al instante. Otros debían incendiar la ciudad hasta los cimientos. Los capitanes de barco, cuya vida se respetaría, debían llevar a los rebeldes a Haití o a África, no como colonizadores, sino como inmigrantes.

El esclavo doméstico Peter Prioleau puso al descubierto el complot a finales de mayo; recibió la libertad como compensación, y más tarde él mismo se convertiría en propietario de esclavos. Prioleau no tenía deseo alguno de abolir la esclavitud, y probablemente no cuestionase las ideas racistas que la apoyaban. En los cuatro largos años dedicados a reclutar a miles de rebeldes, los lugartenientes de Vesey no habían cometido ningún error —nadie había traicionado el complot—, una asombrosa proeza organizativa, hasta que Prioleau abrió la boca. A finales de junio las autoridades de Carolina del Sur habían destruido el ejército de Vesey, desterrado a treinta y cuatro de sus soldados y ahorcado a treinta y cinco hombres, incluido el propio Denmark Vesey, que mantuvo hasta el final su actitud desafiante.[11]

La vasta conspiración de Vesey suscitó profundos temores en Charleston y más allá. Los esclavistas empezaron a considerar la posibilidad de poner fin a la esclavitud, y expulsar a los negros parecía una opción atractiva. En palabras de un escritor, «todo Estados Unidos debería unirse en una sociedad de colonización». Otro ensayista de Charleston partidario de la colonización prometió que estaba listo para ayudar al país «a librarse de tan pesada carga». En cambio, lo que sucedió fue que se aprobaron nuevas leyes que oprimían aún más a los negros esclavos para calmar el miedo irracional. Los legisladores estipularon que los negros esclavos debían llevar únicamente «ropa de negros», hecha con una basta tela de algodón, a veces mezclada con lana. «Debe llevarse a cabo toda distinción posible entre los blancos y los negros —afirmó un jurista—, [...] a fin de que estos últimos sientan la superioridad de los primeros».[12]

Hasta 1822 —hasta los tiempos de Denmark Vesey—, la mayoría de los libros y opúsculos racistas que defendían la esclavitud los habían escrito personas del Norte. Escritores como Charles Jared Ingersoll, James Kirke Paulding y Robert Walsh, todos ellos de estados septentrionales, habían defendido la esclavitud de los embates británicos en la década de 1810. El 29 de octubre de 1822 el director del *Charleston Times*, Edwin Clifford Holland, publicó el primer tratado proesclavitud obra de un oriundo del Sur. Los esclavos africanos, decía, nunca podrían «llevar a cabo revolución alguna» debido a «su inferioridad general en los dones de la naturaleza». Estaba tratando de calmar a sus preocupados semejantes. Pero sí podían perturbar la sociedad, proseguía, y los blancos debían estar siempre alerta. «Que no se nos olvide nunca que nuestros negros [...] son los anarquistas y el enemigo interior; el enemigo común de la sociedad civilizada, y los bárbaros que, si pudieran, se convertirían en destructores de nuestra raza». Holland no incluía en esta denuncia a los «industriosos, sobrios y trabajadores» ni a las personas birraciales libres. En el caso de que estallara una rebelión, Holland creía que estos formarían «una barrera entre nuestro color y el de los negros», porque era «más probable que se enrolen bajo las banderas de los blancos».[13]

Thomas Jefferson probablemente esperase rebeliones como la de Denmark Vesey, y también grandes traiciones como la de Peter Prioleau. Lo que no había previsto era la Cuestión de Missouri. Semanas después de que Charles Fenton Mercer presentase la Ley de Comercio de Esclavos, que llevó a la creación de la primera colonia de Estados Unidos en África, su colega neoyorquino James Tallmadge Jr. añadió, a un proyecto de ley en virtud del cual se admitía a Missouri en la Unión, una enmienda que habría prohibido la entrada de africanos esclavos en el nuevo estado. La Enmienda Tallmadge desencadenó un acalorado debate que se prolongaría durante dos años. En última instancia, el debate se tranquilizó —pero no concluyó del todo— mediante el Compromiso de Missouri de 1820. El Congreso aceptó admitir Missouri como estado esclavista y Maine como estado libre, y también prohibir la introducción de la esclavitud en la parte norte del vasto Territorio de Luisiana, que Jefferson había comprado a Francia.

Al principio, Thomas Jefferson no le dio demasiada importancia al debate de la Cuestión de Missouri. Esperaba que pasase «como las olas de una tormenta pasan por debajo de un barco». Cuando la tormenta no amainó, Jefferson empezó a preocuparse, y pronto la describiría como «la más significativa que hasta ahora haya amenazado nunca a nuestra Unión». Ya en 1820 alertaba de una posible guerra civil que podía llegar a ser una guerra racial, y que más tarde podía convertirse en «una guerra de exterminio de los africanos en nuestro país».

La Cuestión de Missouri había despertado a Jefferson de su letargo «como una alarma de incendios en mitad de la noche», como le dijo él mismo al congresista por Massachusetts John Holmes el 22 de abril de 1820. «La consideré de inmediato la sentencia de muerte de la Unión», escribiría. También le dio a Holmes su discurso de campaña sobre la emancipación: nadie la deseaba más que él, pero no se había ideado plan viable alguno para compensar a los propietarios y enviar a los libertos a alguna colonia. «En esencia —dijo—, hemos cogido al lobo por las orejas y no podemos retenerlo ni dejarlo ir de forma segura». ¿Qué se podía hacer? «La justicia está en un lado de la balanza; la protección propia, en el otro».

Jefferson, la principal figura antiabolicionista y antiesclavista de la
nación, anhelaba que el Territorio de Luisiana, que había adquirido en
1803, se convirtiese en el hospital de la república, el lugar en el que poder
curar las enfermedades de los estados originales; en particular, la de la
esclavitud. Los esclavos africanos serían diseminados por la enorme Luisiana (si no eran enviados a África). La «dispersión [de esclavos africanos]
por una mayor superficie haría que cada uno de ellos fuera más feliz, y
proporcionalmente facilitaría su emancipación, al dividir la carga entre
un mayor número de coadjutores». Jefferson soñaba con que el inmenso
Territorio de Luisiana fuera capaz de engullir la esclavitud. ¿Bastaría con
dispersar a los esclavos africanos para que estos desaparecieran?[14]

Jefferson llegó a creer firmemente que la libertad de los negros no
era un asunto que tuviera que tratarse en las blancas cámaras del Congreso, y que se debía dejar que fueran los habitantes del Sur los que resolviesen el problema de la esclavitud a su ritmo y a su manera. En su juventud,
Jefferson había considerado que la solución podía ser la emancipación
gradual y la colonización. Su gradualismo se convirtió en procrastinación.
En sus últimos años, Jefferson dijo: «He dejado de pensar en el asunto de
la emancipación, porque no va a ser la obra de mi tiempo». La esclavitud
se había convertido en algo demasiado lucrativo para demasiados esclavistas como para que la emancipación pudiese ser la obra de Jefferson en
aquel tiempo.[15]

Para Jefferson, la Cuestión de Missouri era algo personal. Si la esclavitud no podía proseguir su expansión hacia el Oeste, sus finanzas podían
verse afectadas por la reducción de la demanda de cautivos en el comercio interno de esclavos. Mientras se mesaba los cabellos tratando de conciliar la supervivencia futura de Estados Unidos y sus perspectivas económicas personales, Jefferson no podía evitar pensar en el pasado de la
nación, en el suyo propio y en la forma en que ambos habían llegado a
ese punto en el que ya no había vuelta atrás. En 1821, con setenta y siete
años, Jefferson decidió «exponer algunos recuerdos de fechas y hechos
acerca de mí mismo». La *Autobiografía* tiene menos de un centenar de
páginas y termina cuando su autor se convierte en secretario de Estado
de Estados Unidos en 1790. En esta obra, Jefferson intentó de nuevo
afianzar sus credenciales antiesclavistas, después de toda una vida como
propietario de esclavos. «No hay nada escrito con mayor certeza en el
libro del destino que el hecho de que estas personas deben ser libres —escribió—. No es menos cierto que las dos razas, igualmente libres, no

pueden vivir bajo un mismo gobierno. La naturaleza, el hábito, la opinión..., han trazado líneas indelebles que distinguen a la una de la otra». En cuarenta años no hubo nada que redujese su necesidad de generar ideas racistas: ni los objetos de exhibición negros, ni la persuasión por elevación, ni las cartas de los abolicionistas, ni Sally Hemings, ni la lealtad o la resistencia de los esclavos africanos. Jefferson tenía el mismo punto de vista en su *Autobiografía* de 1821 que el que había expuesto en sus *Notes* de 1781. Fomentaba la idea de la colonización, de que los negros libres fueran transportados de vuelta a África de la misma forma que los esclavos negros habían sido transportados a América.[16]

En la década de 1820, la Sociedad Americana para la Colonización creció y se convirtió en la principal organización de reforma de las relaciones interraciales de Estados Unidos. Jefferson apoyaba de nuevo la colonización, y los segregacionistas más calculadores empezaron a verla como una solución frente a la resistencia negra. Los asimilacionistas altruistas estimaron que era una forma de desarrollo para los negros, tanto en África como en América. En 1825 un antiguo alumno de Yale de veintiocho años, Ralph Gurley, se convirtió en el nuevo secretario de la ACS. Mantuvo ese puesto hasta su muerte, en 1872, y también fue dos veces el capellán de la Cámara de Representantes. Gurley tenía una revelación: creía que la forma de ganar las mentes y las almas de los norteamericanos para la causa de la colonización era vincularla con el movimiento protestante. Eligió un buen momento, porque el Segundo Gran Despertar estaba a punto de ocurrir cuando ocupó su cargo en la ACS.

La Sociedad Bíblica Estadounidense, la Unión Estadounidense de Escuelas Dominicales y la Sociedad Americana de Folletos fueron fundadas en este periodo, y todas ellas utilizaron la imprenta para inundar la nación de biblias, folletos, imágenes y estampas que ayudasen a forjar una identidad nacional fuerte, unificada y centrada en Jesús. Un buen folleto «debe ser ameno —anunciaba la sociedad consagrada a su difusión en 1824—. Debe haber algo que impulse a los apáticos a leerlo». Esta atracción —imágenes de figuras santas— había sido considerada durante mucho tiempo un truco pecaminoso de Satán y de los «diabólicos» católicos. Pero ya no era así. Las organizaciones protestantes empezaron a producir, publicitar y distribuir en masa imágenes de Jesús, al que siempre se había representado como un hombre de raza blanca. Los protestantes vieron todas las aspiraciones de la nueva identidad norteamericana en el Jesús blanco, una idea racista que demostró responder a su propio interés cultural. Con la aparición de estas imágenes del Jesús blanco, los blancos y los negros empezaron a asociar, de forma consciente e inconsciente, al Dios padre blanco y a su blanco hijo Jesús con el poder y la perfección de las personas blancas. «Yo creía realmente que mi viejo amo era Dios todopoderoso —admitió el fugitivo Henry Brown—, y que su hijo, mi joven amo, era Jesucristo».[17]

Mientras el redivivo movimiento protestante despertaba el entusiasmo de estudiantes, profesores, clérigos, comerciantes y legisladores en Nueva Inglaterra, la Sociedad Americana para la Colonización atraía a más personas. Mientras que los colonizacionistas del Sur buscaban quitar de en medio a los negros libres, en el Norte se aspiraba a quitar de en medio a todos los negros, libres y esclavos. Las relaciones entre razas en el Norte habían empeorado progresivamente a partir de la década de 1790, contraviniendo la persuasión por elevación. Cada paso que elevaba el estatus de las personas negras alimentaba la animosidad, y los fugitivos no hacían más que incrementarla. En la década de 1820 se produjeron disturbios raciales en la ciudad de Nueva York, en New Haven, en Boston, en Cincinnati y en Pittsburgh. A medida que las tensiones raciales se acumulaban, la ACS seguía ganando partidarios a la causa. Sus agentes argumentaban de manera convincente que los prejuicios de los blancos y la esclavitud de los negros serían eternos, y que los negros libres debían utilizar las destrezas que habían adquirido de los blancos para volver a África y redimir a los no iluminados. En 1832 todas las cámaras legislativas de los estados del Norte habían aprobado resoluciones en apoyo de la idea de la colonización.[18]

La inmensa mayoría de los negros libres seguían estando en contra de la colonización. Su resistencia al concepto tenía que ver en parte con la sustitución del identificador «africano» por «negro» en el lenguaje común durante la década de 1820. Los negros libres teorizaban que, si se hacían llamar «africanos», estarían dando alas a la idea de que debían ser enviados de vuelta a África. Sus propias ideas racistas estaban también detrás del cambio de terminología. Consideraban que África y sus prácticas culturales eran atrasadas, puesto que ya habían aceptado las nociones racistas acerca del continente. Algunos negros de piel más clara preferían que los llamasen «de color», para diferenciarse de los negros o africanos de piel oscura.[19]

Para muchos, el movimiento a favor de la colonización imprimió una nueva urgencia a la idea de persuasión por elevación. Los negros libres racistas pensaban que esta ofrecía a las personas negras una forma de probar su valía ante las élites blancas. El Día de Acción de Gracias de 1828, el predicador de Boston Hosea Easton instó a una multitud de personas negras de Rhode Island a que «abandonaran este estilo de vida degradante». Al elevarse, «exigirían el respeto de los que se elevan a sí mismos por encima de vosotros».[20]

Como parte del renovado empeño en promover la persuasión por elevación, un grupo de negros libres fundaron el primer periódico negro de la nación, el *Freedom's Journal*, con sede en la ciudad de Nueva York. Los dos directores eran birraciales: Samuel Cornish, un predicador presbiteriano, y John Russwurm, el tercer licenciado universitario afroamericano de Estados Unidos. Su misión era hacer la crónica de la elevación del medio millón de negros del Norte a fin de reducir los prejuicios. «La disminución aún mayor de los prejuicios, y la mejora de las condiciones de miles de nuestros hermanos que aún llevan cadenas, dependen en gran medida de nuestra conducta —decía el *Freedom's Journal* en su primer editorial, el 16 de marzo de 1827—. Está en nuestras manos convencer al mundo, mediante una enmienda uniforme de nuestro comportamiento, industria y economía, de que somos merecedores de estima y apoyo».[21]

Sin embargo, los directores del diario y la élite negra a la que representaban se centraban con frecuencia en la conducta de «las clases inferiores de nuestro pueblo», a las que culpaban del fracaso de la raza. El racismo de clase salpicaba las páginas del *Freedom's Journal*, con artículos en los que se comparaba a los negros de ingresos bajos con los de ingresos más altos, y en que los primeros eran descritos como inferiores a los segundos. Cornish y Russwurm sí que defendían de vez en cuando a los negros de ingresos bajos. A medida que se acercaba la fecha en que Nueva York tenía previsto emancipar a sus últimos cautivos, el 4 de julio de 1827, los periódicos generalistas anunciaron su desaprobación. Los africanos liberados «incrementarían el almanaque de crímenes cometidos, la lista de mendigos y el registro de dandis» de la ciudad, tronaba el *Morning Chronicle*. Cornish y Russwurm reprendieron al periódico por su «grosero» ataque, al tiempo que estaban de acuerdo con buena parte del razonamiento que lo sustentaba. Los africanos a punto de ser liberados eran «personas heridas —alegaban los directores—, y creemos que es impropio del director de un medio público empeorar aún más su situación con insultos».[22]

Con el paso del tiempo, las opiniones de Cornish y Russwurm sobre la colonización acabaron divergiendo, lo que provocó la dimisión del primero. Russwurm decidió apoyar a la Sociedad Americana para la Colonización en 1829, algo que condenó a su periódico en la Norteamérica negra contraria a la colonización. Tras echar el cierre al primer diario negro, Russwurm viajó a Liberia, convencido de haber puesto todas sus fuerzas en el empeño, pero de todos modos había perdido la batalla contra las ideas racistas en Estados Unidos. No se daba cuenta de que, en realidad, las había fomentado. Había utilizado el primer periódico afroamericano para hacer circular las ideas propias del racismo de clase. Había dicho que los negros de ingresos bajos tenían una ética de trabajo, una inteligencia y una moralidad inferiores si se las comparaba con las de las personas blancas y las élites negras a las que él pertenecía. Un motivo por el que se discriminaba a los negros pobres, afirmaba, residía en que eran inferiores. Russwurm había utilizado su periódico para hacer circular la estrategia esclavista de la persuasión por elevación, que obligaba a los negros libres a preocuparse por cada una de las acciones que llevaran a cabo en presencia de personas blancas, al igual que sus hermanos esclavos vigilaban lo que hacían en presencia de sus amos.[23]

Los miembros de la Sociedad Americana para la Colonización apenas prestaban atención a la ira de la mayor parte de los negros libres, y eso era algo que se podían permitir. Las donaciones iban llegando a la sede nacional. Los ingresos anuales de la sociedad pasaron de 778 dólares en 1825 (unos 16.000 dólares de 2014) a 40.000 una década más tarde (unos 904.000 dólares de 2014). Surgieron sociedades a favor de la colonización en casi todos los estados del Oeste y del Norte. Pero la ACS nunca fue santo de la devoción de su principal patrón, Thomas Jefferson. El antiguo presidente seguía el desarrollo de la ACS a distancia. No se fiaba de la organización porque no podía soportar a los federalistas y a los presbiterianos que estaban tras ella.[24]

Quizá Jefferson no apoyase a la ACS, pero nunca vaciló en su apoyo a la idea colonizacionista en sus últimos años. Establecer una colonia en África «podía servir para mostrar a los aborígenes las artes de la vida cultivada y la bendición de la civilización y la ciencia», le escribió al historiador y futuro rector de Harvard Jared Sparks el 4 de febrero de 1824. Al parecer, los norteamericanos negros civilizarían el continente bajo la tutela de los norteamericanos blancos que los habían civilizado a ellos. Eso compensaría la «larga lista de perjuicios» que habían tenido que soportar, de manera que, en última instancia, «Norteamérica quizá les hubiera hecho más bien que mal».[25]

Una serie de enfermedades obligaron a Jefferson a bajar el ritmo en 1825. Aún leía, y es posible que hojease el primer número del boletín de la sociedad, el *African Repository and Colonial Journal*, publicado en marzo. El número empezaba con una historia de la ACS, a modo de reconocimiento a Jefferson, y terminaba hablando de los cuatrocientos colonos de Liberia, «rodeados de una solitaria belleza». En otro artículo, titulado «Observaciones sobre la historia antigua de la raza negra», un autor que se identificaba con las iniciales «T. R.» atacaba a los poligenistas que hablaban de las personas negras como una especie distinta, incapaz de ser civilizada, o como «el eslabón que engarza a los hombres y los monos». Los poligenistas no debían de saber, escribía T. R., «que las personas a las que calumniaban habían sido, durante más de un millar de años, [...] las más iluminadas del planeta».

T. R. citaba al viejo amigo de Jefferson, el conde Constantine Volney, el historiador francés que había dicho, cuarenta años atrás, que los antiguos egipcios eran descendientes de africanos. Después de varias páginas defendiendo con pasión que los antiguos egipcios eran africanos, T. R. afirmaba que Estados Unidos debía, «valiéndose de colonias, llevar de vuelta a África, sumida ahora en la barbarie, las bendiciones que [...] había recibido de ella». Supuestamente, según afirmaba, la civilización se había agotado en África para despertar en Europa. Pero ¿cómo habían llegado los iniciadores de la civilización a engendrar una región con semejante ignorancia y barbarie? ¿Cómo habían olvidado las artes y las ciencias? Estas preguntas no se formulaban, y tampoco se respondían. Como asimilacionistas, el único argumento que los colonizacionistas como T. R. trataban de señalar era que, como los africanos habían sido civilizados en el pasado, podían serlo de nuevo.[26]

Cuando la ACS publicó el segundo volumen de su boletín periódico, en la primavera de 1826, la salud de Jefferson se había deteriorado hasta el punto de no poder salir de casa. En junio quedó confinado a su cama. Aquel mismo mes, el autor Henry Lee IV, al que Jefferson conocía como nieto de un héroe de la guerra de Independencia, quiso reunirse con él.

Cuando Jefferson, postrado en su cama, se enteró de la presencia de Lee, exigió verle. El hermanastro del futuro general confederado Robert E. Lee fue el último visitante de Jefferson.

Jefferson tuvo que rechazar una invitación para asistir en Washington al quincuagésimo aniversario de la Declaración de Independencia. En su lugar envió un escrito de celebración, en el que decía: «La propagación general de la luz de la ciencia ha puesto al descubierto de todos los puntos de vista la verdad palpable de que el grueso de la humanidad no ha nacido para llevar una silla de montar en la espalda ni unos pocos favorecidos para llevar botas y espuelas, a punto para montarlos de forma legítima, bendecidos por la gracia de Dios». Esas fueron sus últimas palabras públicas, tan dulces para todas las personas libres, tan amargas para los esclavos.[27]

Aparte de a los hijos que tuvo con Sally Hemings (y a la propia Sally), Jefferson no liberó a ninguno de los esclavos que tenía en Monticello. Un historiador calculó que había sido propietario de más de seiscientos esclavos a lo largo de su vida. En 1826 poseía alrededor de doscientas personas y tenía deudas por valor de unos cien mil dólares (unos dos millones de 2014), una cantidad tan asombrosa que Jefferson sabía que, a su muerte, todo —y todos— debería venderse.

El 2 de julio de 1826, Jefferson parecía estar luchando para seguir con vida. El día 4 el anciano, que contaba ochenta y tres años de edad, se despertó antes del alba y llamó a sus sirvientes domésticos, todos ellos esclavos. Los negros rostros se congregaron alrededor de su cama. Probablemente fueran lo último que vio, y a ellos les dedicó sus últimas palabras. Había recorrido el ciclo completo. En su recuerdo más antiguo de la infancia y en su último momento de lucidez, Jefferson descansó en la comodidad de la esclavitud.[28]

Tercera parte

William Lloyd Garrison

13

Una igualdad gradual

Se trataba de la historia de una era; Thomas Jefferson y John Adams habían fallecido el 4 de julio de 1826, en el quincuagésimo aniversario de la Declaración de Independencia. Nunca un titular había causado tal estupor. Muchos pensaron que el doble fenecimiento en el mismo día en que se conmemoraba la libertad del país debía de haber sido un acto de la voluntad divina, una señal irrefutable de que Estados Unidos estaba bendecido por la gracia de Dios. Por más que los periódicos publicasen, no había panegírico, anécdota, carta, declaración o extracto biográfico que pareciera ser suficiente para aquellos dos hombres a quienes, en una ocasión, Benjamin Rush llamara «el Polo Norte y el Polo Sur de la guerra de la Independencia».[1]

John Adams murió en su casa de Quincy, justo al sur de la gran ciudad marítima de Boston, la cual, en esa época, había crecido hasta albergar a cerca de sesenta mil personas y estaba totalmente inmersa en la revolución industrial de Nueva Inglaterra, que se desarrollaba al abrigo del algodón del Sur. La singular colección de filosofías, transacciones comerciales, confesiones religiosas, grupos de interés y movimientos morales con que un visitante podía encontrarse en aquella urbe ribereña bastaría para marear a cualquiera. Pero no había en marcha ninguna teoría sobre la moralidad que buscase erradicar la institución más inmoral que existía en la nación. El movimiento abolicionista de la época revolucionaria estaba prácticamente muerto. El fatalismo de Jefferson sobre la dificultad de resolver el perverso problema de la esclavitud, junto con su hábito de culpar de este a los británicos, se había consolidado en el espíritu de la nación. La convención de las sociedades abolicionistas que Benjamin Rush había congregado en 1794 aún existía, pero ya no constituía una fuerza de cambio. Los colonizacionistas, con sus ideas llenas de racismo, estaban engullendo a las pequeñas sociedades antiesclavistas del Norte y del Sur.[2]

No parecía haber causa moral que no tuviese su propio día de donaciones en el programa anual de los filántropos. La Sociedad Americana para la Colonización dejó impresa la suya en la fiesta nacional más importante de Estados Unidos, el Día de la Independencia. El 4 de julio de 1829, la organización invitó a un joven recién llegado a dar el discurso oficial con ocasión de la efeméride, en la distinguida iglesia de Park Street, en Boston. Desde el momento en que llegara a la ciudad en 1826, con veintitrés años, la fama de editor reformista, piadoso y apasionado (es decir, las características usuales de un paladín de la colonización) de William Lloyd Garrison había ido en aumento.

El origen de su devoción se remontaba a la educación que había recibido de su madre, Frances Maria Lloyd, quien había criado soltera tanto a él como a sus dos hermanos en Newburyport, en el estado de Massachusetts. Eran pobres, pero su fe baptista les había ayudado a sobrellevar los tiempos más duros. William recordaba tanto la pobreza como las lecciones maternas con nitidez. En ocasiones, cuando llegaba a casa con su hermano mayor, después de haber recogido la comida que les entregaban los jefes de su madre o del comedor de beneficencia de la ciudad, tenían que soportar, en plena calle, una lluvia de insultos de los niños ricos. Entonces, Frances Maria Lloyd les daba discursos sobre la valía de cada ser humano; aunque no tuviesen dinero, no valían menos como personas.

Aunque su hermano mayor había sido un chico difícil, William Lloyd fue modélico, y lo único que quería era complacer a su madre. En 1818, a los doce años, firmó un contrato como aprendiz no abonado, de siete años de duración, con Ephrain W. Allen, el talentoso director del *Newburyport Herald*. Cuando no estaba ocupado aprendiendo el oficio de impresor o escribiendo cartas a su madre, que se había mudado a Baltimore, se dedicaba, por lo usual, a formarse mediante la lectura, devorando los trabajos de Cotton Mather, así como panfletos escritos por políticos y clérigos que pregonaban el destino peculiar de Nueva Inglaterra como civilizadora del mundo. Disfrutaba mucho de las novelas de sir Walter Scott, cuyos héroes llegaban a cambiar el mundo con su voluntad de carácter y predisposición a someterse a cualquier padecimiento en aras de la justicia humana. También admiraba la obra de la poeta inglesa Felicia Hemans, alabada por su pureza moral.

La madre de William Lloyd Garrison murió antes de que venciera el contrato al que estaba sujeto, en 1825. En una de las últimas ocasiones en que se dirigió a su hijo sin que se tratase de temas religiosos, le rogó que no se olvidase, «en nombre de tu pobre madre», de Henny, la mujer negra que con tanta bondad la había cuidado. «Aunque no sea más que una esclava para los hombres —le escribió Frances a su hijo—, se trata de un alma que nació libre por la gracia de Dios».

Una vez liberado de su contrato forzoso y con la pericia adquirida en la industria de la impresión, Garrison se trasladó a Boston y se hizo con la dirección de un periódico afín al movimiento por la abstinencia, en el cual tenía un gran interés. El alcohol siempre había acompañado a su padre ausente y había seducido a su hermano mayor. Es posible que Garrison hubiera llegado a convertirse en una de las voces más notables de la época en favor de la abstinencia, pero, un año antes de que la Sociedad Americana para la Colonización lo invitase a dar un discurso por el Día de la Independencia, un abolicionista itinerante vino a cambiar el rumbo de su vida.[3]

La primera vez que Garrison se topó con Benjamin Lundy, fundador y editor director de *The Genius of Universal Emancipation*, fue el 17 de marzo de 1828, cuando se sentó junto a ocho prestigiosos clérigos de Boston para escuchar a aquel cuáquero en el salón de la casa de huéspedes en que se alojaba, propiedad de un pastor baptista de la localidad. Lundy había llegado de Baltimore con la intención de recaudar fondos para su periódico y, así, obtener apoyo para la causa de la emancipación. Los males del esclavismo de los que habló aquella noche le llegaron a Garrison al corazón, del mismo modo que conmovió su vida consagrada al activismo, sin duda inspirada por John Woolman. Parecía sacado directamente de una novela de Walter Scott; había dado charlas en diecinueve de los veinticuatro estados, recorrido cerca de veinte mil kilómetros, participado en debates maratonianos con los propietarios de esclavos y hasta sufrido un apaleamiento en Baltimore por sus creencias. Las autoridades habían tratado de clausurar su periódico, sin conseguir por ello que dejase de decir lo que pensaba en voz alta: «No falta más [...] que la voluntad». Así, siguió publicando sus descarnadas viñetas con hileras de esclavos, bajo títulos como «¡Salve, Columbia!» y con punzantes apelaciones al lector como «Mírenlo, y *otra vez* y *una vez más*» en el cuerpo del texto. Mientras que los sacerdotes estaban recostados en los asientos, Garrison se había ido desplazando hacia el borde. Aquellos escucharon educadamente, pero solo uno contribuyó. El resto no vio nada que ganar y sí mucho que perder en la causa de la emancipación. Temían que incitarla solo serviría para dar lugar a desórdenes sociales.

Es probable que, antes del encuentro, Garrison, como los abúlicos pastores que tenía sentados a su lado, pensara que no había nada que se pudiera hacer con la nociva institución de la esclavitud. No se trataba de estar a favor de ella, sino de tener la convicción de que la de la abolición era una batalla perdida. Al oír a Lundy, todo cambió. Más tarde, Garrison se metió en la cama, entusiasmado con la idea de trabajar para conseguir el objetivo propuesto por el orador de una «gradual, si bien total, abolición de la esclavitud en Estados Unidos». Poco después de la visita de Lundy, él dimitió de su periódico consagrado a la abstinencia del alcohol y se entregó a la causa antiesclavista. Mal sabía entonces que aún tendrían que transcurrir casi cuatro decenios hasta que pudiese dar por concluida su lucha para que Estados Unidos se despojase de la lacra del esclavismo.[4]

Casi desde la primera palabra que pronunció en 1829, los representantes de la Sociedad Americana para la Colonización supieron que habían elegido al ponente equivocado. «Estoy harto [...] de ese nuestro hipócrita fingimiento en torno a los derechos de los hombres», bramó Garrison, haciendo cundir la incomodidad entre los presentes en la iglesia. Siguió con la idea de que había que proclamar «una abolición gradual de la esclavitud», no promover la colonización. Por otra parte, mantener que la emancipación sería nociva para los esclavos no era sino un «deplorable subterfugio», puesto que, si se defendía que la esclavitud había convertido en unos «brutos» a los esclavos, ¿acaso era «un argumento válido decir, entonces, que brutos deben permanecer»? Eran la libertad y la educación lo que elevaría a los negros «a una altura apropiada en la escala del ser».[5]

Diez días después, Garrison asistió a una iglesia baptista negra para participar en la celebración anual de la abolición del comercio de esclavos por parte de Inglaterra. Un pastor blanco se dirigió a una multitud mayoritariamente negra, sermoneándola sobre lo insensata y perniciosa que sería la emancipación sin que los negros pasasen por un periodo prolongado de capacitación para la libertad. La concurrencia soltó un murmullo de disgusto; entonces, un representante de la Sociedad Americana para la Colonización salió en defensa del orador.

Aquel murmullo siguió resonando en los oídos de Garrison mientras caminaba de noche hacia su casa. En el discurso del Día de la Independencia, había calificado la emancipación inmediata como una «idea disparatada», pero ¿realmente lo era? ¿O lo disparatado era permanecer en una especie de terreno intermedio entre la inmoralidad del esclavismo y la rectitud de la libertad? «Me di cuenta de que no tenía fundamento», admitiría Garrison. En agosto, se mudó a Baltimore para unirse a Benjamin Lundy como codirector de *The Genius of Universal Emancipation*.[6]

Desde la página editorial del diario, en septiembre de 1829, Garrison llamó a la emancipación inmediata. Esto constituía no solo un cambio de su propio punto de vista con respecto a dos meses antes, sino, además, un posicionamiento aún más atrevido que el del propio Lundy. «No hay ninguna excusa válida para continuar con este vergonzoso mal [de la esclavitud] ni una hora más», escribió; ni siquiera la colonización. Esta podía utilizarse para aliviar a algunos esclavos africanos, sin duda, pero como solución al problema de la esclavitud era «completamente inadecuada».[7]

Un discípulo de Denmark Vesey estuvo de acuerdo y así se lo hizo saber al mundo unos dos meses más tarde, en noviembre, con la publicación de *Appeal… to the Colored Citizens of the World*. El activista en contra del esclavismo David Walker pertenecía a la comunidad negra de Boston, y es posible que Garrison ya se hubiera cruzado con él en alguna ocasión. En el panfleto, Walker afirmaba que los blancos «nos arrastran con cadenas» para su propio enriquecimiento, «con la creencia firme» de que los negros estaban hechos para servirlos por toda la eternidad. «¿Nos hizo el Creador para ser esclavos? —interpelaba al lector—. Si no refutamos los argumentos del señor Jefferson sobre nosotros, entonces lo que hacemos es afirmarlos». Walker exhortaba a la gente negra a refutar y resistir el racismo, sin dejar de poner de manifiesto una clarividencia antirracista, gracias a la cual era capaz de ver que no se acabaría con el problema en tanto no se pusiera fin a la esclavitud. Les decía a los africanos esclavizados que se organizasen para una segunda guerra revolucionaria en Estados Unidos.

Ninguna persona negra podría haber leído el embriagador panfleto de Walker sin sentirse conmovida. Y eso que el discurso se veía ensombrecido por el desprecio que mostraba hacia la misma gente a la que alentaba a resistirse. De esta suerte, se afirmaba que los negros eran «el grupo de seres más degradado, miserable y abyecto que jamás haya existido desde que el mundo es mundo». También señalaba al «inhumano sistema esclavista», a la ignorancia de los negros, al clero y a los colonizacionistas como responsables a partes iguales de las penurias de entonces. Al hacerlo, regurgitaba la teoría de que la esclavitud había vuelto inferior a la gente negra, reproduciendo así la famosa contraposición racista entre una Europa ilustrada y una África miserable, la misma que habían hecho circular los defensores de la abolición gradual, los colonizacionistas y los propios esclavistas a quienes él se oponía. No obstante, Walker no compartía la imaginativa versión de sus oponentes, según la cual era la Europa ilustrada la que había civilizado África. En su lugar, hablaba de una «Europa ilustrada» dedicada a hundir a los «ignorantes» antecesores de la gente negra en «una miseria mil veces más intolerable».

En el racismo historicista de Walker, África era el lugar donde había «nacido la erudición» en la antigüedad. Sin embargo, desde entonces, había acabado por convertirse en una tierra de «ignorancia» debido a que los africanos habían desobedecido a su Creador. A causa de la maldición divina, estos pueblos carecían de unidad política, lo que permitía a sus «enemigos naturales» de Estados Unidos «seguir teniéndolos cogidos por el cuello». No se puede decir que David Walker fuese el primer activista negro en quejarse de la desunión política en cuanto que problema particular de los negros, y sin duda no sería el último, como si los abolicionistas blancos no fueran traidores a los esclavistas blancos o como si la gente blanca estuviese más unificada políticamente, de tal forma que fuese superior en ese sentido y, así, estuviese más capacitada para gobernar. Las tendencias del voto nunca respaldaron las quejas sobre la desunión negra y la unidad blanca. A finales de la década de 1820, los varones negros del noreste daban su apoyo, por lo normal, a unos desdibujados federalistas, mientras que los blancos se dividían entre los dos partidos principales. Dicho sea de paso, aunque los partidos hayan cambiado, en la actualidad persisten unos patrones de voto similares.

Estas ideas racistas diluían el mensaje de Walker, que, con todo, seguía siendo venenosamente antirracista. Entre otras cosas, identificaba y condenaba el pasatiempo favorito de los racistas, a saber, negar el acceso de los negros a la educación y al trabajo para luego afirmar que tal precariedad era su estado «natural». En la conclusión, Walker se dirigía a una nación esclavizadora, exclamando con coraje que estaba preparado para morir por la «verdad». «Para qué quiero yo la vida si en verdad ya estoy muerto». Exigía libertad y derechos, y, si no eran concedidos, entonces «¡maldeciréis hasta el mismo día en que nacisteis!». Recogía asimismo algunas partes de la Declaración de Independencia de Jefferson y rogaba a los estadounidenses («¡Ved vuestra declaración!»), para pedirles, en última instancia, que compararan las «crueldades» que Inglaterra les había infligido con las que ellos infligían a la gente negra.[8]

Appeal... to the Colored Citizens of the World corrió como un reguero de pólvora, forzando a los teóricos raciales como Garrison a responder a sus argumentos. El compromiso de este con la no violencia lo llevó a deplorar «una publicación de lo más imprudente». Aun así, a principios de 1830 admitió que contenía «muchas certezas de valor y advertencias razonables». Por aquel entonces, en el Sur se había desatado una porfiada batalla política y judicial para retirar el panfleto. El gobernador de Carolina del Norte lo calificó de «una subversión total de la subordinación de nuestros esclavos», algo que a Walker le resultó divertido al leerlo. En plena conmoción por el panfleto —y seguramente debido a ella—, las autoridades de Baltimore encarcelaron a Garrison, el 17 de abril de 1830. A él no parecieron importarle las siete semanas que pasó en prisión. «Hay que sacrificar algunas víctimas blancas para abrir los ojos de esta nación», declaró al salir, en junio, gracias a que un abolicionista acaudalado había pagado la multa.

David Walker moriría semanas más tarde por causa de la tuberculosis, pero la fuerza de su oposición al racismo y a la esclavitud, excepción hecha de la incitación a la resistencia violenta, siguió viva en las plumas y las voces de sus amigos, en especial las de la agitadora abolicionista y feminista Maria Stewart. «No es el color de la piel lo que hace al hombre ni a la mujer, sino la moral formada en el alma», les decía Stewart a los ciudadanos de Boston. Las cuatro conferencias públicas que pronunció entre 1832 y 1833 han llegado a ser recordadas hoy como la primera ocasión en que una mujer nacida en Estados Unidos se dirigía a una audiencia mixta, de mujeres y hombres de piel tanto negra como blanca. Fue una pionera del feminismo negro. No obstante, algunos encontraron «promiscua» la idea de un público de tal naturaleza.[9]

Después de todo aquello, Lundy continuó publicando el *Genius*, aunque con cierta irregularidad, pero él y Garrison siguieron cada cual su camino. Este necesitaba un nuevo medio para seguir fomentando el antiesclavismo. Se dirigió al Norte, en una gira de conferencias en contra de la esclavitud, allí, sus oponentes lo denigraron como un «nuevo Walker», y se encontró con unos «prejuicios aún más arraigados» que en ninguna otra parte. El francés Alexis de Tocqueville se haría eco de este sentimiento tras hacer su propia gira por Estados Unidos en 1831. En su obra de ciencias políticas, todo un clásico desde el primer momento, *La democracia en América* (1835), explicaría que «el prejuicio de raza me parece más fuerte en los estados que han abolido la esclavitud que en aquellos donde la esclavitud subsiste aún». Tocqueville describió el círculo vicioso de las ideas racistas, en virtud del cual persuadir o educar contra las ideas racistas era casi imposible. Para «conseguir que los blancos cambien» de opinión sobre la inferioridad negra, «los negros deben cambiar», dejó escrito, «pero en tanto dicha opinión persista, tal cambio es imposible». Había dos opciones para Estados Unidos, la colonización o la erradicación —o extinción— de los afroamericanos, puesto que Tocqueville tenía la impresión de que la persuasión por elevación nunca iba a funcionar. Para él, la colonización constituía una idea «excelsa», pero poco práctica. Así pues, la única opción que quedaba era la extinción.[10]

Cuando se estableció en Boston, Garrison tenía en mente una opción distinta, la de la abolición inmediata y la igualdad gradual. El sábado 1 de enero de 1831, publicó el primer número de *The Liberator*, el órgano que volvería a poner en la palestra al movimiento abolicionista entre los estadounidenses blancos. En el manifiesto de su primer editorial, «Al público», expresó su renuncia «total e inequívoca» a la «popular pero perniciosa doctrina de la abolición gradual».[11]

Durante el resto de su vida abolicionista, Garrison jamás se retractaría de la emancipación inmediata. Se dedicó a censurar cada charla que se daba sobre la abolición gradual, la meta de preparar a la sociedad y a los africanos esclavizados para un fin del esclavismo que llegaría algún día. Al mismo tiempo, dejaba clara su preferencia por una igualdad gradual, rechazando una transformación más inmediata y esbozando el proceso de civilización de las personas negras para que algún día pudieran ser iguales. Junto con su grupo de asimilacionistas, libraría una batalla enérgica por la igualdad gradual, acusando de insensatos y poco prácticos a aquellos antirracistas que luchaban por la igualdad inmediata, tal y como los segregacionistas lo habían tildado a él de lo mismo por exigir la emancipación inmediata.

Los suscriptores negros fueron el primer sustento de *The Liberator*. En el periódico y en sus discursos en Nueva York y Filadelfia, Garrison se dirigía a las personas negras, alentando a las que ya eran libres a que desa-fiasen «toda ley que infrinja vuestros derechos como ciudadanos nativos libres» y a «tener respeto por vosotros mismos si deseáis obtener el res-peto de los demás». Se habían «ganado» y seguirían ganándose «el respe-to, la confianza y el apoyo de los blancos a medida que mejoréis vuestra sapiencia y vuestra moral». Ahora los urgía asimismo a ganar dinero por-que «con dinero se consigue influencia y, con la influencia, respetabilidad».

Según uno de sus primeros biógrafos, Garrison pensaba que, cuanto más se asemejasen los negros «a los blancos en sus hábitos, mejores serán». Por un lado, cuando se veía a los negros como un problema social, la solución a las ideas racistas parecía simple, y es que, a medida que los negros se elevaran, también mejoraría la opinión de los blancos. Por otro lado, cuando se los veía como a gente sin más, como a una colección de individuos imperfectos, iguales a la colección de individuos imperfectos con la piel blanca, entonces el comportamiento imperfecto de los negros se volvía irrelevante, era la discriminación lo que pasaba a ser el problema social, la causa de las disparidades entre dos colecciones de individuos iguales.[12]

Al poner el énfasis en la mejora personal de los negros como herra-mienta para contrarrestar el racismo, Garrison recogía los puntos de vis-ta de los activistas negros de la élite, aquellos que lo invitaban a hablar en sus ciudades y estaban suscritos a su periódico. En muchos casos, los ac-tivistas negros se veían unos a otros como un problema social que había que arreglar. «Si esperamos que alguna vez la influencia de los prejuicios mengüe y se nos respete, esto ha de ocurrir por la gracia de una educa-ción ilustrada», resolvieron los participantes de la Segunda Convención Anual para el Progreso de las Personas de Color Libres, celebrada en Fi-ladelfia en 1831.[13]

Garrison escribía en reacción a las disparidades y la discriminación racia-les de las que había sido testigo en el Norte, donde los negros eran libres. Su llamamiento a una «mejora de la sapiencia y la moral» entre los negros que gozaban de libertad suponía un esfuerzo de persuasión por elevación, no muy diferente a las declaraciones de los directores del primer perió-dico negro, el *Freedom's Journal*. Sin duda, la historia reciente no ha veni-do a demostrar una relación proporcional entre la persuasión por eleva-ción de los negros y el respeto de los blancos. Que comenzasen a aparecer negros que ascendían en la escala social no atenuó el movimiento colonizador ni la proliferación de esclavos africanos en las regiones del sudoeste, como no fue óbice para que las clases populares blancas y los esclavistas uniesen fuerzas en el nuevo Partido Demócrata, en contra de los negros. Cuando, en 1829, el esclavista tennesiano y héroe de guerra Andrew Jackson se convirtió en el nuevo presidente, como campeón de la democracia para los hombres blancos y la autocracia para todos los demás, la producción y aceptación de ideas racistas parecieron acelerarse, a pesar de los recientes avances conseguidos por los negros. Cuando, en 1832, Henry Clay, senador por Kentucky, organizó a los aristócratas, industriales, moralistas y colonizacionistas en el Partido Whig para oponerse al Partido Demócrata de Jackson, las ideas racistas se estaban difundiendo a buen ritmo por Estados Unidos.

A principios de la década de 1830, la recién aparecida prensa urbana a bajo coste comenzó a dejar a un lado las «buenas» noticias, para centrarse en unas «malas» noticias más vistosas, haciendo sensacionalismo que asociaba crimen, negritud y pobreza. Los negros libres habían sido desterrados a las chabolas, los sótanos y las callejuelas de los segregados barrios de Nigger Hill o «colina de los negros», en el caso de Boston, Little Africa o «pequeña África», en el de Cincinnati, o Five Points, en Nueva York, «el peor infierno de América», según escribió un viajero. Se culpaba al comportamiento de los negros —no al penoso hacinamiento ni a la discriminación económica que sufrían— de la pauperización de esos enclaves. En una fecha tan temprana como 1793, un sacerdote blanco se quejaba de que «las chozas de los negros» habían hecho caer el valor de la propiedad en Salem. Lamentos similares salían a relucir en New Haven e Indiana, y se habían convertido en un lugar común en Boston en la época en que Garrison ya estaba asentado allí. El círculo vicioso de la vivienda había dado comienzo. Las políticas racistas menoscababan los vecindarios negros, generando ideas racistas que hacían que la gente no quisiera vivir cerca de personas negras, lo que hacía caer el valor de estas viviendas, lo que era a su vez un nuevo aliciente para que nadie quisiera vivir en vecindarios negros, debido a la depreciación de la propiedad.[14]

La inmigración de millones de europeos pobres, que poblaron como un torrente las ciudades portuarias del Norte a partir de 1830, aumentó la discriminación residencial y amenazó la continuidad de los negros libres en los puestos de trabajo no especializado o en el sector de los servicios. Los blancos nativos empleaban ahora sus herramientas retóricas, las mismas utilizadas durante tanto tiempo para denigrar a los negros, para arremeter contra los inmigrantes irlandeses, a quienes llamaban «negros blancos». Algunos de estos reaccionaban con respuestas nativistas; otros canalizaban —o les hacían canalizar— sus frustraciones económicas y políticas mediante ideas racistas, con lo que el resultado era más odio hacia las personas negras.

En este ambiente en el que el racismo estaba enquistado fue donde aparecieron los primeros espectáculos de minstrel, que empezaron a atraer a grandes audiencias de inmigrantes europeos, blancos nativos e incluso, en ocasiones, negros. Hacia 1830, Thomas Rice, apodado Daddy Rice, quien había aprendido a imitar el inglés afroamericano, hoy conocido como ebónico, se encontraba haciendo giras por el Sur, perfeccionando al personaje que le daría fama internacional, Jim Crow. Llevaba la cara pintada de negro, iba vestido con harapos, unos zapatos desgastados y un sombrero agujereado, y cantaba y bailaba como un estúpido, infantiloide y jovial peón agrícola negro. Otros personajes del minstrel eran el Viejo Darky, cabeza de una familia de esclavos, irreflexivo y musical, o Mami, la oronda, asexuada y entregada cuidadora de los niños blancos. También estaba la belleza birracial Yaller Gal, sexualmente promiscua, que despertaba el ardor de los blancos. Luego Dandy o Zip Coon, un negro del Norte en plena ascensión social, quien trataba de imitar, de manera risible, a las élites blancas. Un típico espectáculo de minstrel incluía un número con canciones y baile, un programa de variedades y una representación paródica de la vida en una plantación. En las décadas que precedieron a la guerra civil, las caras pintadas de negro al estilo minstrel se convirtieron en la forma teatral principal, el vivero de la industria del entretenimiento estadounidense. El minstrel se exportó al Viejo Continente, para emoción del público europeo, mientras que en Estados Unidos siguió siendo una corriente dominante hasta alrededor de la década de 1920, cuando el auge del cine racista le tomó el relevo.[15]

Entre tantos cambios, incoherentes y continuados, en las ideas racistas en el curso del siglo XIX, la superioridad blanca encontró un escudo normalizador en las caras pintadas de negro del minstrel. En 1835 y 1836, aquellos a quienes no les gustaba el minstrel pudieron asistir al espectáculo *La mayor curiosidad natural y nacional del mundo*. P. T. Barnum, de veinticinco años y en aquel entonces arruinado, iba exhibiendo por ahí a Joice Heth, de quien afirmaba que tenía ciento sesenta y un años e incluso que era la antigua niñera de George Washington. Heth parecía estar bien adaptada al papel, con su aspecto esquelético, las piernas y brazos paralizados, la piel tremendamente arrugada, la sonrisa mellada, garras en lugar de uñas y unos ojos casi ciegos. Más que nada, era la piel oscura de Heth lo que más hacía creíble su longevidad. El *Evening Star* contaba a sus lectores que la longevidad era algo común en África. Por supuesto, P. T. Barnum se convertiría en una de las mayores figuras del espectáculo en la historia estadounidense gracias a sus exhibiciones de todo tipo de *freaks*, entre los que se incluían negros de tez clara. Los asimilacionistas físicos no dejaban de ver todo eso con placer, y sostenían que el cambio de color de la piel era lo que, a la larga, acabaría por curar las enfermedades raciales de la nación.[16]

Además de los espectáculos de minstrel y las exhibiciones de *freaks*, había una serie de novelas y libros infantiles que se encargaban de producir ideas racistas e inculcárselas a niños cada vez de más corta edad. La novela de John Pendleton Kennedy *Swallow Barn*, de 1832, inauguraba el género de las plantaciones, que en mayor o menor medida reciclaba a los personajes de las niñeras y los zambos del minstrel, en unos libros embriagantes. La esclavista nacida en Boston Caroline Gilman recogió este género en *The Rose Bud*, la primera revista semanal del Sur para niños, aparecida en 1832. Al leer a Gilman —aunque, más a menudo, simplemente al fijarse en sus padres—, los niños del Sur se ponían a jugar al amo o, incluso peor, al capataz con sus compañeros de juegos negros, dándoles órdenes, poniéndolos en ridículo y atormentándolos. Estos encontraban consuelo al ponerse por encima de aquellos en los juegos físicos, como cualquier cosa que implicase correr, saltar o ejercicios de lanzamiento. «Éramos más fuertes y sabíamos cómo hacerlo, mientras que con los niños blancos sucedía lo contrario», recordaba un antiguo esclavo. En la estructura esclavista, tanto los niños negros como los blancos se formaban un sentido del yo sobre el fundamento de ideas racistas.[17]

Así era Estados Unidos cuando irrumpió *The Liberator* en la década de 1830, una tierra donde las personas negras eran vistas a un tiempo como amenazas terribles, como objetos de mofa y como *freaks*. En conjunto, todas estas ideas racistas, emanasen de los espectáculos de minstrel, de las exhibiciones de *freaks*, de la literatura, de los periódicos o de los Partidos Demócrata y *Whig*, veían a la gente negra como un problema social. Garrison rechazaba aquellos espectáculos y aquella literatura, como también a aquellos políticos, y, con todo, también concebía a los negros como un problema social.

Había un esclavo de Virginia que no compartía la perspectiva de Garrison de que los esclavos africanos debían esperar a que los abolicionistas blancos y los negros libres y cultivados resolviesen el problema mediante tácticas de conquista no violentas. Este nuevo predicador, que respondía al nombre de Nat Turner, rechazaba la persuasión por elevación, así como el discurso racista del comportamiento de los negros como parte del problema. En la tarde del 21 de agosto de 1831, él y cinco de sus discípulos, convencidos de que Dios les había asignado una tarea, comenzaron a confrontar el problema en el condado de Southampton matando al amo de Turner y a su familia, robando armas y caballos, y haciendo lo propio en la siguiente plantación. En veinticuatro horas, unas setenta personas liberadas se habían unido a la cruzada.

Pasados dos días, unos setenta guerreros negros habían matado a alrededor de cincuenta y siete esclavistas, y dejado tras de sí treinta y dos kilómetros de destrucción, antes de que se sofocase la revuelta. El pánico cundió a medida que los periódicos de todos los puntos de la geografía se fueron haciendo eco de los cruentos detalles de la «tragedia de Southampton». Antes de que lo ahorcaran, Turner compartió su teología de la liberación con un abogado de la localidad llamado Thomas Gray:

> —Oí un estruendo en los cielos y, al instante, el Espíritu Santo se apareció ante mí y me dijo que la serpiente estaba liberada y que Cristo había soltado el yugo con el que había cargado por los pecados de los hombres, que yo debía llevarlo y enfrentarme a la serpiente, puesto que llegaba raudo el tiempo en que los primeros serían los últimos y los últimos los primeros.
> —¿Le parece ahora que se ha equivocado? —le había preguntado Gray con rotundidad.
> —¿Acaso no crucificaron a Cristo? —replicó Turner.[18]

«El horror nos ha dejado estupefactos», escribió Garrison sobre la sublevación. En un país «imbuido de furia contra los rebeldes», ¿quién se iba a acordar de los «males» del esclavismo? Él mismo, sin duda, y estaba dispuesto a escuchar; lo que no haría sería aprobar la estrategia de la violencia. No entendía que algunos esclavos, si no todos, prefiriesen morir a obtener la libertad. Garrison ponía todo su empeño en comprometerse sin paliativos con su propia filosofía, la de que el mejor modo de «zanjar la inmensa tarea de la redención nacional» era «agenciarse el poder de la ética», es decir, de la persuasión moral.

Si los negros no se resistían con la violencia, entonces se asumía que estaba en su naturaleza ser serviles. Y a la inversa, cuando se mostraban dispuestos a luchar, los analistas reaccionarios del Norte y del Sur los clasificaban como bárbaros animalizados, a los que había que mantener sujetos mediante la esclavitud. Los esclavistas que buscaban sosiego en los mitos sobre la docilidad natural de los negros iban detrás de aquellos a quienes consideraban los auténticos agitadores, a saber, los abolicionistas como Garrison. En Georgia se fue tan lejos como ofrecer una recompensa de cinco mil dólares (unos 109.000 dólares actuales) a cualquiera que lo llevase al estado para someterlo a juicio. Pero Garrison no se achantó, y siguió publicando cada semana sus reportajes y columnas antiesclavistas en *The Liberator*, en torno a los acalorados debates que había suscitado la rebelión de Nat Turner.

El periódico había aumentado el número de páginas gracias a los fondos de la recién formada Sociedad Antiesclavista de Nueva Inglaterra, la primera organización no negra comprometida con la emancipación inmediata. El director de una publicación de Connecticut soltó la befa de que, como respuesta a la expansión de *The Liberator*, los legisladores de Georgia tendrían que «aumentar la recompensa» por la cabeza de Garrison «de manera proporcional». Este respondió que, más bien, los legisladores del estado de Georgia deberían poner recompensas por los legisladores de Virginia, quienes estaban «hablando seriamente de romper los grilletes de nuestros "felices" y "amorosos" esclavos».[19]

Tras la rebelión de Turner, los virginianos habían comenzado a considerar seriamente poner fin a la esclavitud. Así que no había sido por la persuasión moral de unos abolicionistas no violentos, sino por el miedo a las revueltas de los esclavos, ese «volcán dormido» que un día podía acabar con todos ellos. Durante el invierno de 1831-1832, una serie de abolicionistas encubiertos, colonizacionistas poderosos y legisladores llevados por el pánico levantaron la voz en Virginia contra el esclavismo. Al final, los legisladores que apoyaban el sistema esclavista tumbaron cada una de las medidas en contra de este e incluso consiguieron forzar una normativa esclavista aún más férrea que la que ya existía. Se dedicaron a reprimir a los mismos cautivos que supuestamente se caracterizaban por su docilidad, así como a restringir la educación de aquella gente, de la que decían que no era capaz de recibirla. Está claro que no fueron las ideas racistas las que dieron lugar a esas leyes, sino los intereses de los esclavistas. Las ideas racistas fueron elaboradas para preservar esos intereses.[20]

William Lloyd Garrison no llegaba a comprender eso, aunque sí entendía que, de hecho, tales intereses esclavistas no eran el mayor obstáculo a la emancipación. El 1 de junio de 1832, Garrison compartió sus pensamientos sobre la materia en su primer y único libro. «Abro esta mi boca para condenarlos», escribió, para después trufar la obra con citas de los colonizacionistas, los cuales dejaban constancia de su apoyo al esclavismo y probaban que eran enemigos de la «abolición inmediata», que aspiraban a la «absoluta expulsión de los negros» y que negaban «la posibilidad de que los negros puedan elevarse en este país». Concluía con setenta y seis páginas de proclamas en contra de la colonización por parte de las «personas de color». El libro se titulaba *Thoughts on African Colonization* y suponía un ataque devastador contra la que se había convertido en una de las organizaciones para la reforma racial más poderosas de todo el país. Con la obra de Garrison en la mano, los abolicionistas declararon la guerra a la Sociedad Americana para la Colonización. Se trató de un ataque del que esa organización jamás se recobraría.[21]

Y no era el único que iba a hacerle mella ese mismo año de 1832. Thomas Roderick Dew, profesor de la Universidad de William and Mary, en representación de los dueños de esclavos del Sur opuestos a la colonización, lanzó su obra *Review of the Debate in the Virginia Legislature of 1831 and 1832* un mes después de la publicación del libro de Garrison. El autor era hijo de unos hacendados de Virginia a quienes *La riqueza de las naciones*, de Adam Smith, había influido profundamente. «Las plantaciones del Sur» habían de «ser cultivadas» por esclavos africanos, pues eran capaces de «resistir la intensidad del sol sureño» y «padecer las fatigas que acarrea el cultivo del arroz, el algodón, el tabaco y la caña de azúcar mejor que los trabajadores blancos». Así pues, el «destierro de una sexta parte de nuestra población [...] supondría un acto de suicidio». Pero estas citas no son de Thomas Roderick Dew, sino que fue Garrison quien escribió estas intolerantes aseveraciones, en *Thoughts on African Colonization*; Dew se mostró de acuerdo con ellas en su propio libro. Estos dos defensores del antiesclavismo y el esclavismo, respectivamente, compartían más opiniones. Como Garrison, Dew consideraba que la colonización era una idea vil y poco práctica. Dejó escrito que las personas negras, «aunque inferiores con mucho en la escala de la civilización» y poco capacitadas para el trabajo «que no sea de tipo mecánico», seguían constituyendo la fuerza de trabajo barata que la economía del Sur necesitaba.[22]

El Comité de Relaciones Exteriores del Senado de Estados Unidos había brindado el mismo razonamiento para rechazar la última petición de fondos de la Sociedad Americana para la Colonización, en 1828. La conclusión de los miembros de dicho organismo había sido que, por cuanto los negros llevaban a cabo «varias tareas no especializadas pero necesarias», la colonización daría lugar a una escasez de mano de obra barata en las ciudades del litoral, lo que incrementaría el coste del trabajo. Entre las mencionadas tareas no especializadas y del ámbito doméstico se incluía el desempeño de los jornaleros, marineros, sirvientes, camareros, barberos, cocheros, limpiadores de zapatos y porteadores en el caso de los hombres, así como el de las limpiadoras, maquilladoras, costureras y encargadas de las tareas domésticas en el de las mujeres. «No vemos que se involucren en ninguna actividad que requiera ni tan siquiera la más básica de las competencias —observaba un cronista de Pensilvania—. Se trata de masas sin espíritu previsor, que se entretienen en los pasatiempos más pueriles». Las políticas racistas que forzaban a los negros libres a ocupar esos empleos considerados de poca categoría se apuntalaban mediante la aseveración racista de que, al ser vagos y poco habilidosos, se trataba de los mejores puestos para ellos. La discriminación racial quedaba libre de culpa, y las ciudades podían asegurarse ese cupo de trabajadores no cualificados que el Senado de Estados Unidos había considerado tan esencial para la salvaguarda de la economía.[23]

La obra de Thomas Roderick Dew cumplió con la misma función en los círculos esclavistas que la de Garrison en los abolicionistas. Después de Dew, quien se convirtió en el rector de la Universidad de William and Mary en 1836, «ha dejado de ser necesario decir una palabra más sobre la viabilidad de colonizar a nuestros esclavos», señaló un ciudadano de Carolina del Sur. La Sociedad Americana para la Colonización hizo todo lo que pudo para impugnarlo. En noviembre de 1832, el secretario de la organización, Ralph Gurley, alegó que «no está bien que un hombre posea una libertad para la que no está enteramente preparado, la cual solo puede probarse injuriosa para él mismo y para otros». El artículo de Gurley en el periódico de la sociedad fue el pistoletazo de salida de una sucia contraofensiva por parte de esta contra los partidarios de la abolición inmediata, que se desarrolló en el circuito de conferencias, desde los púlpitos, en las universidades, en los periódicos y hasta en las calles, entre la multitud. Tratando aún de seducir a los esclavistas para la causa, la Sociedad Americana para la Colonización no efectuó una ofensiva similar contra Thomas Roderick Dew ni contra los dueños de esclavos a quienes representaba.[24]

En tanto la plebe blanca se debatía, sesenta y seis abolicionistas, que tan solo temían la amenaza de la apatía, se reunieron en Filadelfia el 4 de diciembre de 1833 para formar la Sociedad Antiesclavista Estadounidense (AASS, por sus siglas en inglés), inspirada en la idea radical de la «emancipación inmediata, sin expatriación». La dirigían el filántropo más ilustre de Nueva York, Arthur Tappan, junto con sus pudientes hermanos, el futuro senador por Ohio Benjamin Tappan y el activista por el abolicionismo Lewis Tappan, más conocido por su dedicación a liberar a los africanos esclavizados ilegalmente del buque *Amistad*. La inviabilidad de la estrategia de la persuasión por elevación quedó bien establecida en el documento de constitución. «Esta sociedad pondrá su empeño en la elevación del carácter y las condiciones de la gente de color, alentando su mejora intelectual, moral y religiosa, así como acabando con todo prejuicio público».[25]

Garrison recibió un pequeño cargo en la sociedad, por cuanto los relativamente taimados hermanos Tappan y sus amigos trataban de arrebatar el control del movimiento abolicionista a los bostonianos. De modo más paternalista y menos pudoroso que aquel, estos dieron instrucciones a los representantes de la Sociedad Antiesclavista Estadounidense de inculcar a los negros libres «la importancia del orden doméstico y de las tareas que a cada uno le corresponden en la familia, de lo que son los hábitos correctos, del dominio del propio temperamento y de las maneras corteses». La misión consistía en elevar a los negros libres desde su inferioridad hasta «la igualdad con los blancos». Con todo, se advertía a dichos representantes contra la adopción de niños negros, la promoción de los matrimonios interraciales o el incitar a «las personas de color a darse aires». Los negros debían asumir «la auténtica dignidad de la mansedumbre» para sobreponerse a sus críticos.

En el encuentro anual de la Sociedad Antiesclavista celebrado en mayo de 1835, los miembros resolvieron valerse de las nuevas tecnologías para difundir la palabra del abolicionismo a los potenciales conversos. Contaban con lo necesario para la impresión a gran escala, en forma de los moldes estereotipados y prensas de vapor, así como con la novedad de los ferrocarriles y un eficiente servicio postal, y llegaron a abrumar a la nación con entre veinte mil y cincuenta mil ejemplares semanales de su panfleto abolicionista. El objetivo era «despertar la conciencia de la ciudadanía en torno a los males de la esclavitud». Los esclavistas no se imaginaban lo que estaba por venir.[26]

14

Embrutecidos o civilizados

Al tiempo que los esclavistas discutían tranquilamente los beneficios, las pérdidas, la colonización, las técnicas de tortura y los deberes de un amo cristiano, sentían la llovizna primaveral de panfletos abolicionistas. En el verano de 1835, se había llegado a convertir en un auténtico aguacero, y, solo en julio, se publicaron unos veinte mil, que se convirtieron en más de un millón hacia el final del año. Esta literatura, en la que se retrataba a los propietarios de los esclavos como la encarnación del mal, desafiaba algunas ideas racistas, como la de la incapacidad de los negros para la libertad, aunque al mismo tiempo producía otras, como la de que los africanos eran naturalmente gente piadosa e indulgente, que nunca dejaba de responder a los latigazos con amorosa misericordia. El ubicuo logotipo del movimiento consistía en un africano encadenado, de rodillas, con los escuálidos brazos alzados, como si estuviera rezando a un invisible dios celestial o implorando a un salvador blanco. Los esclavos debían esperar que los esclavistas los mantuvieran, que los colonizacionistas los evacuaran y que los abolicionistas los liberaran.[1]

Los esclavistas, encolerizados, veían la campaña postal de la Sociedad Antiesclavista Estadounidense como un acto de guerra. Enfervorizados en la defensa de «nuestros estados hermanos» frente a los abolicionistas, los matones blancos comenzaron a acechar a sus vecinos negros del Norte durante el verano y el otoño de 1835, saqueando y destruyendo sus casas, colegios e iglesias. Iban pregonando a los cuatro vientos que su misión era proteger a las mujeres blancas de la hipersexualidad de aquellos animales de cara negra, quienes, si se los liberaba, harían estragos con el modelo humano de la virtud y la belleza. De hecho, a partir de 1830, cada vez más jóvenes blancas solteras y de clase trabajadora ganaban un salario fuera de casa, con lo que se volvieron cada vez menos dependientes de los hombres en lo financiero y obtuvieron una mayor libertad sexual. Las violaciones en grupo de mujeres blancas comenzaron a aparecer casi al mismo tiempo que los asaltos de bandas de hombres blancos contra las personas negras. Ambos fenómenos constituían un intento desesperado por mantener la supremacía masculina blanca.[2]

El más temerario y astuto defensor del esclavismo que surgió con el despertar de las fuerzas abolicionistas fue el senador por Carolina del Sur John C. Calhoun, hijo de unos hacendados pudientes y vicepresidente durante los mandatos de John Quincy Adams y Andrew Jackson. Incluso quienes lo aborrecían no podían negar su brillantez como estratega y comunicador. Calhoun compartió su última y más ambiciosa estrategia en pro del esclavismo en el pleno del Senado, el 6 de febrero de 1837. Turbado por la alusión de un senador por Virginia al esclavismo como un «mal menor», se puso en pie para «reclamar un lugar más respetable» y echar tierra de una vez por todas sobre ese viejo concepto antiesclavista de corte jeffersoniano. «Yo digo que [...] la relación que existe hoy en los estados esclavistas entre ambas [razas] está lejos de ser un mal; es un bien, un bien positivo», afirmó, para luego explicar que lo era tanto para la sociedad como para las personas negras sometidas y plantear que la esclavitud era sinónimo de progreso racial.[3]

De algún modo, William Lloyd Garrison respetaba a Calhoun; lo prefería a él, con su osado candor proesclavista, antes que a políticos como el tímido Henry Clay, que aún creía en el abolicionismo gradual y en la colonización. No obstante, dijo de Calhoun que era «el paladín de la esclavitud, forjada en el infierno», y que «su conciencia está marcada con un hierro candente, mientras que su corazón es un órgano inflexible». Para quienes abogaban por la emancipación gradual, Garrison era un radical, debido a su insistencia en una manumisión inmediata, mientras que Calhoun lo era asimismo, en su caso por el apoyo a la esclavitud perpetua. Ellos se veían el uno al otro como el diablo encarnado, un fanático, un destructor de Estados Unidos, una merma de todo lo que era bueno en el mundo y un guardián de todo mal. A Garrison le hacía falta más arrojo que a Calhoun, puesto que, mientras que este era la voz cantante de un coro de importantes personajes dedicados a enmudecerlo, aquel estaba prácticamente solo entre las personalidades públicas que trataban de acallar a su oponente.[4]

Con todo, ni las proclamas de Calhoun sobre las bondades de la esclavitud ni la amenaza de las razias de los matones blancos iban a detener el creciente atractivo del abolicionismo. Garrison había opuesto resistencia a una turba en Boston, en octubre de 1835, con una solemne resistencia no violenta, y esta conducta hizo que miles de norteños se interesasen por su figura pública y por la causa del antiesclavismo. La cifra nada despreciable de trescientas mil personas se habían unido al movimiento cuando la década tocaba a su fin.

A medida que se sumaban nuevos conversos a finales de la década de 1830, las divisiones entre los abolicionistas se ampliaban. Estaban los garrisonianos, que se negaban a participar en unos partidos políticos y unas congregaciones religiosas «corruptos», y los abolicionistas, que, por el contrario, querían dar cabida a la causa en ellos. Al parecer, las divisiones también cundieron entre los abolicionistas negros. Jamás un antirracista tendría que volver a escuchar pacientemente a nadie decir que el comportamiento de los negros era la fuente de los prejuicios de los blancos. Peter Paul Simons, conocido por sus críticas al director de *Colored American*, quien creía que las personas birraciales eran «las más talentosas», se convertiría en uno de los primeros afroamericanos en atacar de forma pública la idea de la persuasión por elevación. El 23 de abril de 1839, ante la Sociedad Clarkson de Africanos de Nueva York, afirmó que dicha estrategia desprendía un tufo a conspiración y que ponía «a los blancos en la primera fila de nuestros propios asuntos», así como que la «estúpida idea de la elevación moral» no era más que «un visible espantapájaros». Este antirracista sostenía que los negros ya eran gente moral. «Mostrad al mundo un africano y lo que estaréis mostrando será auténtica moralidad». Simon reclamaba que se saliese a protestar, llamaba a la «¡acción!, ¡acción!, ¡acción!».[5]

Así, el antirracismo se las tenía que ver tanto con el fuerte asimilacionismo antiesclavista como con el aún más robusto esclavismo segregacionista. El evangelista *whig* Calvin Colton exigía que se actuase contra el antiesclavismo en *Abolition a Sedition* y *A Voice from America to England*, de 1839. «No hay tal cosa como la igualdad de los hombres ni la puede haber —dejó escrito Colton—. Ni Dios ni los hombres han instituido jamás la igualdad». La ciencia confirmaba este punto de vista. Entre los académicos, desde la Universidad de Cambridge de Massachusetts hasta la Universidad de Cambridge de Inglaterra, había un consenso prácticamente unánime en cuanto a que la igualdad racial no existía. En 1839 el debate aún giraba en torno al origen de las razas, la monogénesis contra la poligénesis.[6]

El fundador de la antropología estadounidense, el doctor Samuel Morton, se lanzó al debate sobre los orígenes el 1 de septiembre de 1839, con la publicación de *Crania Americana*. Para ello hizo uso de su famoso «Gólgota estadounidense», la mayor colección del mundo de cráneos humanos, la cual conservaba en la Academia de Ciencias Naturales de Filadelfia. Quería ofrecer a los investigadores una herramienta objetiva para poder distinguir las razas, a saber, la de la anatomía comparada con base en las matemáticas. Había llevado a cabo mediciones meticulosas de la «capacidad interna media» en pulgadas cúbicas de cerca de cien cráneos, para encontrarse con que, dentro de esa ínfima muestra, los de «raza caucásica» eran los de mayor tamaño, por lo que llegó a la conclusión de que los blancos estaban «mejor dotados intelectualmente» que ninguna otra raza. No obstante, lo cierto es que se trataba de una asunción incorrecta, la de que, cuanto mayor es el tamaño del cráneo, mayor es el intelecto del individuo.[7]

Enseguida llegaron a Filadelfia las elogiosas críticas sobre la «inmensa colección de pruebas» de Morton, recogidas en distinguidas publicaciones médicas y científicas. Aunque no todo el mundo lo vio igual. La medición de cráneos llevada a cabo por el alemán Friedrich Tiedemann no se ajustaba a la jerarquía de Morton, y, de hecho, su conclusión fue que sí había igualdad racial. Como los peticionarios del siglo XVII y John Woolman en el XVIII, el caso de Tiedemann evidencia el hecho de que el racismo no era un mero producto de aquel tiempo. Aunque la mayoría de los académicos se decantasen por la opción fácil, popular y ventajosa en lo profesional del racismo, hubo otros que no lo hicieron, que tomaron el duro y poco valorado camino del antirracismo.[8]

Una de las primeras grandes controversias científicas de Estados Unidos comenzó con lo que parecía ser una simple observación. Edward Jarvis, un psiquiatra antiesclavista formado en Harvard, revisó los datos del censo estadounidense de 1840, para encontrarse con que los negros libres del Norte tenían diez veces más posibilidades de ser clasificados como «locos» que los negros esclavizados del Sur. El 21 de septiembre de 1842 publicó sus resultados en el *New England Journal of Medicine*, que era y sigue siendo la principal revista médica de la nación. La conclusión era que el esclavismo había tenido «una influencia asombrosa en el desarrollo de las facultades morales y las capacidades intelectuales» de las personas negras.[9]

Un mes más tarde, en la misma revista, apareció una publicación anónima, otro supuesto estudio científico, «Vial Statistics of Negroes and

Mulattoes», según el cual, el censo mostraba aparentemente que los individuos birraciales tenían una menor esperanza de vida que los blancos y los «africanos puros». El autor reclamaba una investigación sobre «la causa de este hecho tan trascendental». El doctor Josiah C. Nott, de Mobile, en Alabama, acudió al rescate en 1843, en el *American Journal of Medical Science*, con el artículo «The Mulatto - A Hybrid». En él, este distinguido cirujano sostenía que las mujeres birraciales eran «malas reproductoras», en cuanto que producto de «dos especies distintas», del mismo modo que ocurría con las mulas «respecto de caballos y burros». La aseveración de Nott era tan extravagante como las cifras de insania que ofrecían los estudios, pero los científicos se hicieron eco de ellos.[10]

Cuando Jarvis estudió más detenidamente los datos del censo de 1840, encontró errores por todas partes. Algunas ciudades del Norte informaban de un número de lunáticos negros superior al de residentes negros. Junto con la Asociación Estadounidense de Estadística, pidió al Gobierno de Estados Unidos que lo corrigiera. El 26 de febrero de 1844, la Cámara de Representantes pidió a Abel Upshur, secretario de Estado, que lo investigara. Nunca tuvo la oportunidad. Dos días más tarde, Upshur se contaba entre las seis personas asesinadas en el buque de guerra estadounidense *Princeton*. El presidente John Tyler no nombró a otro que al mismísimo John C. Calhoun para sustituir a aquel en el cargo. Este se encontró con dos asuntos pendientes en el despacho de Upshur; por un lado, el censo, y por otro, una carta antiesclavista del ministro de Exteriores británico, lord Aberdeen, en la que expresaba su esperanza en la pronta emancipación universal y en una Texas libre e independiente.[11]

El empeño de los esclavistas en la anexión de Texas como estado en que el esclavismo fuese legal estaba encauzando la campaña electoral de 1844. El dueño de esclavos tennesiano James K. Polk, candidato demócrata, derrotó por poco margen al *whig* Henry Clay, quien perdió votos decisivos frente a James Birney, del nuevo Partido Liberty, de carácter antiesclavista. Negándose a votar, Garrison se apoyó en la Sociedad Antiesclavista Estadounidense para adoptar un nuevo lema, «¡No a la unión con los esclavistas!». Lo que intentaba era detener el giro del movimiento hacia la política, aunque no lo consiguió. El grueso del voto antiesclavista se había configurado en la década de 1840, con lo que estaba enviando a congresistas a Washington, desde John Quincy Adams, de Massachusetts, a Joshua Reed Giddings, de Ohio, pasando por Thaddeus Stevens, de Pensilvania, Owen Lovejoy, también de Ohio, o Charles Sumner, también de Massachusetts. Allí, estaban abriendo el debate sobre la esclavitud y la emancipación, para horror de John C. Calhoun.[12]

En abril de 1844, meses después de retirar su candidatura a la presidencia, el secretario Calhoun informó al ministro de Exteriores británico de que el tratado de anexión era un hecho consumado. Por otra parte, la esclavitud texana no era un asunto ni de Inglaterra ni del Gobierno estadounidense. Estados Unidos no debía emancipar a los esclavos, pues, como el censo demostraba, «la condición de los africanos» era peor en libertad que en servidumbre.

Con la necesidad de recabar más datos para defender el esclavismo nacional ante Europa Occidental, Calhoun se hizo con la información científica más reciente que había sobre el tema de las razas. Por este motivo, convocó al pionero de la egiptología George R. Gliddon, que acababa de llegar a Washington con motivo de una gira de charlas por el país con las que pretendía divulgar las maravillas del antiguo Egipto «blanco». Este envió a Calhoun sendas copias del *Crania Americana* de Morton y de la publicación más reciente del mismo autor, una bomba titulada *Crania Aegyptiaca*, en la que se describía el antiguo Egipto como una tierra de gobernantes caucásicos, hebreos y esclavos negros. En una carta adjunta, Gliddon añadía que la investigación de Morton probaba que las «razas negras» siempre habían desempeñado el papel de «sirvientes» y «esclavos», que siempre habían «sido distintas de los caucásicos» y habían «vivido sometidas a ellos, desde tiempos remotos». Respaldado por los «hechos» aportados por Giddon, Calhoun defendió las políticas nacionales ante la Europa antiesclavista. En lo que respecta a los «hechos» del censo de 1840, jamás se corrigieron, y los apologetas del esclavismo siguieron blandiéndolo como una prueba «incuestionable» de que el esclavismo era un bien positivo. Se continuó aseverando que traía el progreso racial, a pesar de que casi con seguridad sabían que se trataba de una falsedad. «Es demasiado bueno como para que nuestros políticos renuncien a ello», parece ser que confesó un congresista por Georgia. En vísperas de la guerra civil, un pastor unitario lo dijo de un modo más claro: «Demente era el censo, no la gente de color».[13]

El firme apoyo político y científico a la esclavitud dificultó a los abolicionistas la tarea de cambiar el modo de pensar de quienes concebían la idea de la esclavitud como un «bien positivo». ¿Sería más convincente la voz de un fugitivo o de una fugitiva que relatara su propia y terrible experiencia? En 1841, William Lloyd Garrison pasó tres felices días con otros abolicionistas en la cercana isla de Nantucket. Al final de la sesión del 11 de agosto, un huido de veintitrés años reunió el coraje para pedir la palabra. Sería la primera vez que un nutrido grupo de abolicionistas blancos escuchara a alguien así compartir sus vivencias sobre la penosa odisea que llevaba del esclavismo a la libertad. Habiendo quedado impresionados, los miembros de la Sociedad Antiesclavista de Massachusetts ofrecieron a Frederick Douglass, que así se llamaba, un trabajo como orador itinerante, de manera que se convirtió en el más reciente objeto de exhibición negro de Estados Unidos. Se lo presentaba ante las audiencias como un «bien mueble», una «cosa», una «propiedad sureña», antes de que procediera a detallar la brutalidad de la esclavitud. Aunque comprendía esa estrategia de conmocionar a los estadounidenses blancos para introducirlos en el antiesclavismo, Douglass empezó a sentir un rechazo cada vez mayor ante una práctica deshumanizadora semejante. Fuesen esclavas o libres, las personas negras eran personas. No importaba lo mucho que los esclavistas lo hubieran intentado, ellos nunca habían sido reducidos a cosas, nunca se había conseguido suprimir su humanidad, una humanidad que los hacía iguales a la gente de cualquier parte del mundo, a pesar de sus cadenas. Douglass era, y siempre había sido, un hombre, y como tal quería que lo presentasen.

También comenzó a cansarse de contar su historia sin más una y otra vez. Había ido puliendo sus habilidades comunicativas y desarrollando sus propias ideas. Cada vez que se salía del guion para hablar de su filosofía personal, oía un susurro: «¡Cuenta tu historia, Frederick!». Después, los abolicionistas blancos le decían cosas como «Danos los hechos, ya nos encargamos nosotros de la filosofía». También le pedían que sonase de otra forma, que hablase «con un leve deje del habla de las plantaciones», puesto que no era «la mejor idea que parezca que tienes demasiada formación». Douglass sabía muy bien por qué lo decían. Era normal que, a los pocos minutos de haber comenzado uno de sus discursos, se oyesen quejas entre el público del tipo «Este hombre nunca ha sido esclavo». Era una reacción que tenía sentido. Los abolicionistas racistas no se cansaban de hablar de cómo el esclavismo embrutecía a la gente, y Douglass, saltaba a la vista, no era ningún bruto.[14]

Cuando pudo por fin hablar tanto de su historia como de su filosofía en sus propias palabras, ofreció además la más persuasiva contrapartida al censo de 1840 y a la teoría del bien positivo. En junio de 1845, la casa de imprenta de Garrison publicó *Vida de un esclavo americano contada por él mismo*. Se vendieron cuatro mil quinientos ejemplares en cinco meses y treinta mil en los cinco años siguientes. Este arrollador éxito de ventas le dio a Douglass fama internacional y condujo a miles de lectores a replantearse la brutalidad de la esclavitud y el deseo humano de las personas negras de ser libres. No hay otro ejemplo de literatura antiesclavista que haya tenido un impacto semejante. El libro abrió la puerta a una serie de narraciones esclavas, las cuales mostraban, a cualquiera que tuviera el coraje de acercarse a ellas, la absoluta falsedad de la noción de que el esclavismo fuese algo bueno para la gente negra.

William Lloyd Garrison en persona escribió el prefacio de la obra de Douglass, en el cual sostenía que la esclavitud había «degradado» a las personas negras «en la escala de la humanidad. No hay nada que no se haya hecho para mutilarles el intelecto, nublarles la mente, degradar su naturaleza moral y eliminar cualquier resquicio de su relación con la humanidad». Aunque con puntos de partida distintos y por caminos conceptuales dispares, Garrison había acabado adoptando la misma posición racista que sus enemigos esclavistas, la de la inferioridad de los subhumanos negros. Por otro lado, en el prefacio a Douglass, Garrison afirmaba asimismo que el antiesclavismo estaba «confundido por completo con respecto a las diferencias físicas». También se decantó por pasar de puntillas por el escalofriante enfrentamiento físico con un amansador de esclavos que había puesto a Douglass rumbo hacia la libertad. A él le gustaba presentar dos tipos de persona negra, la degradada y la distinguida. Esperaba que la narración de Douglass despertase la «simpatía» de los blancos e impulsase «infatigables» esfuerzos por «romper todos los yugos». Y funcionó, como lo hicieron muchas de las narraciones esclavas que siguieron, que también se granjearon las adhesiones antiesclavistas de los blancos, sobre todo en Nueva Inglaterra y en la vieja Inglaterra. No atrajeron tanto, sin embargo, las simpatías de los blancos antirracistas. Después de todo, Garrison había enmarcado el libro en su idea asimilacionista de la mediocridad de los africanos, esclavos o libres, como personas «capaces de grandes logros como seres intelectuales y morales, sin necesitar más que una porción comparativamente pequeña de refinamiento, para convertirse en un orgullo para la sociedad y una bendición para su raza».[15]

El prefacio de Garrison en sí, aunque, tal y como sus lectores lo esperaban, vigorosamente persuasivo, era también un acuciante contrapeso racista al texto de Douglass. Como también lo fue el libro de Josiah Nott publicado en 1845 *Two Lectures on the Natural History of the Caucasian and Negro Races*. El cirujano se había distanciado de la teoría racista birracial y acercado a la de la poligénesis, una vez más sirviéndose de los datos deficientes del censo. Así, mantenía que, en cuanto que especie separada, «la naturaleza ha conferido» a las personas negras «una organización inferior, de manera que ni todos los poderes sobre la Tierra pueden elevarlas por encima de su destino». Un cronista recogía que la poligénesis de Nott se había convertido no solo en «la ciencia de esta época», sino además en «una ciencia estadounidense». Hasta los libros infantiles más leídos en el Norte hablaban de cosas como la «capacidad craneana». El exitoso autor de Nueva Inglaterra Samuel Goodrich escribió en *The World and Its Inhabitants* que los etíopes se ubicaban «decididamente en lo más bajo de la escala intelectual».[16]

La obra de Douglass también tuvo que competir con unos medios de comunicación en vertiginosa transformación. A principios de 1846, la recién formada Associated Press se valió del recién inventado telégrafo para convertirse en el principal filtro y proveedor de noticias de la nación. La gran velocidad de transmisión y el monopolio en la fijación de los precios favorecían las crónicas breves y simples, que decían pero no explicaban, que ofrecían un sensacionalismo sin matices, que reciclaban los estereotipos en lugar de desecharlos, al igual que hacían con el propio *statu quo*. Los partes de noticias que reforzaban las ideas racistas respondían a la demanda existente. En enero de 1846, por ejemplo, James D. B. De Bow, un ciudadano de Nueva Orleans, dio respuesta al clamor público por una voz sureña poderosa y autóctona con el lanzamiento de la revista *De Bow's Review*. Pasó apuros al principio, pero, para la década de 1850, se había convertido en la publicación de referencia del pensamiento de la región, el contrapunto segregacionista y a favor de la esclavitud respecto del asimilacionismo antiesclavista de *The Liberator*.[17]

Una serie de colaboradores habituales impulsaron la expansión de la *De Bow's Review*, escritores como Samuel A. Cartwright, un médico de Luisiana y antiguo estudiante de Benjamin Rush que escribía cosas como que los cautivos negros que estaban sanos trabajaban de forma productiva y amaban la esclavitud. Si alguna vez oponían resistencia en las plantaciones, escribiría en 1851, era porque sufrían lo que él llamaba «disestesia». «Prácticamente todos» los negros libres sufrían dicha enfermedad, debido a que no había «ningún blanco» para «encargarse de ellos». Cuando un esclavo negro huía era porque sufría de demencia, de lo que él llamó «drapetomanía». «Lo que se debe hacer es [...] tratarlos como si fuesen niños», les contaba a los propietarios de esclavos, «para prevenir y curar» el deseo insano de fugarse.[18]

Los experimentos médicos llevados a cabo en el Sur, en los que se utilizaba a sujetos negros de manera rutinaria, encontraban difusión en la *De Bow's Review*. En 1845, J. Marion Sims, de Alabama, inició una serie de horribles intervenciones en las vaginas de once esclavas para tratar de resolver una complicación del parto conocida como «fístula vesicovaginal». Según decía, el procedimiento no era lo «suficientemente doloroso como para justificar las complicaciones» de la anestesia. Se trataba de una idea racista para justificar su crueldad, no de algo que Sims creyera realmente en virtud de sus experimentos. En sus informes tenía apuntadas cosas como que «el dolor de Lucy era extremo». Tras un maratón de cirugías a principios de la década de 1850 —una mujer que respondía al nombre de Anarcha sufriría su bisturí hasta en treinta ocasiones—, Sims perfeccionó el procedimiento para curar la fístula. Anestesia en mano, comenzaría a sanar a las pacientes blancas, se mudaría a Nueva York y levantaría el primer hospital de mujeres, convirtiéndose en el padre de la ginecología estadounidense. En la actualidad hay una gran estatua monumental de bronce y granito en su memoria, la primera en representar a un médico en la historia de Estados Unidos, en la Quinta Avenida con la calle Ciento Tres, enfrente de la Academia de Medicina.[19]

Expuesto ahora a que su antiguo amo volviera a capturarlo en su condición de fugitivo público, Frederick Douglass se embarcó en 1845 para realizar una gran gira de charlas por Gran Bretaña. John O'Sullivan, director de la *Democratic Review*, se mostraba colérico ante el hecho de que «el vagabundo negro Douglass» dedicase «el tiempo a hacer propaganda en Inglaterra de sus sucias mentiras contra Estados Unidos». Este envió una respuesta aplastante. Como cualquiera que siguiese los asuntos políticos estadounidenses, es probable que Douglass supiera que O'Sullivan era un virulento partidario de la anexión de Texas (y de todo el territorio al oeste). Se admitió a Texas como estado esclavista el 29 de diciembre de 1845. Los expansionistas, en particular los expansionistas del esclavismo, pedían más: California, Nuevo México y Oregón. En tanto las primeras copias del libro de Douglass salían a la calle, O'Sullivan escribía sobre «el destino manifiesto» de los estadounidenses blancos «de poseer todo este continente que la providencia nos ha concedido».[20]

En mayo de 1846, el presidente James K. Polk desplegó sus tropas en la disputada frontera texana. El ejército mexicano se defendió, y Polk aprovechó para presentar a los mexicanos como los agresores y hacer propaganda de su actuación bélica. El ardid funcionó. La lucha contra México hizo que el Norte y el Sur actuaran al unísono, por la causa de la expansión nacional. No obstante, la cuestión de si la ampliación del territorio supondría la propagación de la esclavitud siguió dividiendo a ambas partes. En agosto de 1846 el representante demócrata por Pensilvania, David Wilmot, agregó en un proyecto de ley presupuestaria una cláusula por la que se exceptuaría el esclavismo en cualquier territorio con el que se hiciese Polk en la guerra mexicano-estadounidense. Wilmot se erigía así en el representante de la fuerza política más novedosa de Estados Unidos, el Partido del Suelo Libre, antiesclavista y contrario a los negros. Lo que Polk calificó como «una idiotez», los historiadores llaman Enmienda Wilmot y el propio Wilmot denominó «enmienda de los blancos» nunca se aprobó.[21] William Lloyd Garrison y John C. Calhoun no podían haber hecho más, a lo largo de los años, para polarizar Estados Unidos entre quienes deseaban la emancipación inmediata y aquellos que insistían en la esclavitud permanente. El término medio encarnado por los colonizacionistas y su apuesta por la emancipación gradual había naufragado en las postrimerías de la década de 1830. En 1846 los nuevos seguidores del Partido del Suelo Libre lo resucitaron, sobre todo, aunque no en exclusiva, en el Norte. Cuando la empresa Tredegar Iron Works de Richmond, en Virginia, puso a una serie de esclavos negros en puestos cualificados para reducir los costes de trabajo, los obreros blancos protestaron. En la única huelga industrial prolongada y de carácter urbano que estalló en el Sur antes de la guerra civil, lo que se exigía eran subidas salariales y que se retirase a los negros de esos puestos. Si los trabajadores pensaban que la causa del racismo era más importante para los esclavistas que la de los beneficios o que nunca iban a dejar de lado, aunque fuese por puro interés personal, el fomento de una masculinidad blanca unida, entonces aprendieron una larga y tortuosa lección sobre el poder, el peso de los beneficios y la propaganda. Las élites de Richmond hicieron piña; veían a los huelguistas en contra de los negros como equivalentes a los abolicionistas, porque trataban de evitar «el uso de mano de obra esclava», tal y como se lamentaba el periódico local. Al final, fueron todos despedidos.[22]

La «fuerza esclava» había declinado en los diez años anteriores, lo cual había llevado a una «gradual atenuación de los prejuicios que tanto hemos estado lamentando», escribía William Lloyd Garrison en *The Liberator* en el verano de 1847. No obstante, seguía dándose «el repugnante hecho de que quienes no pueden tolerar la compañía o la presencia de un hombre de color culto y refinado están ansiosos por rodearse de esclavos brutos e ignorantes, ¡y ni se les ocurre objetar nada al más estrecho contacto con ellos a causa de su piel! ¡Cuantos más así, mejor!». Aunque Garrison estaba condicionado por la imagen retrógrada de unos «esclavos brutos e ignorantes» y estaba completamente equivocado sobre el declive de la fuerza esclava que se enviaba al Oeste, tenía buena parte de razón. «Solo si son libres, cultos e ilustrados se convierten en una molestia», escribió. Se daba cuenta de por qué la persuasión por elevación no llegaba a funcionar, pero, con todo, nada quebraría su fe en esa estrategia.[23]

Cuando el general Zachary Taylor comenzó su mandato como duodécimo presidente de Estados Unidos, en 1849, los seguidores del Partido del Suelo Libre exigían restricciones al esclavismo, los abolicionistas solicitaban el cierre del mercado de esclavos de Washington y los esclavistas abogaban por la expansión de la esclavitud, así como por una ley más estricta con los esclavos huidos con el objetivo de hacer descarrilar de una vez por todas el Ferrocarril Subterráneo, una red clandestina que los ayudaba, y a sus valientes «maquinistas», como Harriet «Moses» Tubman. Henry Clay, el viejo arquitecto del Compromiso de Missouri de 1820, salió del olvido en que lo habían sumido sus candidaturas presidenciales fallidas para organizar una «reunión de la Unión». En enero de 1850, propuso satisfacer a los esclavistas y negar al Congreso jurisdicción sobre el comercio de esclavos interno, además de promulgar una Ley de Esclavos Huidos más dura. Para contentar a los antiesclavistas o a los seguidores del Partido del Suelo Libre del Norte, se prohibiría la trata en la capital de la nación y, además, se admitiría a California como estado libre de la Unión. Con esto último se equilibraría la balanza del poder en favor del Norte, lo que le permitiría erradicar la esclavitud. Un abundante grupo de sureños se resistió a aceptarlo o llegar tan siquiera a un arreglo. Entre ellos se encontraba un enfurecido Calhoun, que procedió a reunir a las fuerzas de la secesión.[24]

En marzo de 1850, una horda de científicos del Norte se desplazó al feudo del senador para asistir al tercer encuentro de la Asociación Estadounidense para el Avance de la Ciencia, celebrado en Charleston. Samuel Morton, Josiah C. Nott o el poligenista de Harvard Louis Agassiz se encontraban entre los primeros miembros de la organización. La ciudad de Charleston se enorgullecía de sus científicos, aclamados en toda la nación, así como de su museo de historia natural y su facultad de medicina, que alardeaba de estar en posesión de infinidad de cadáveres y «casos interesantes». Semanas antes de la conferencia, John Bachman, vecino de la ciudad y rey indiscutible del luteranismo del Sur, había publicado el artículo «The Doctrine of the Unity of the Human Race» en el muy respetable *Charleston Medical Journal*. En él, explicaba que Sem, uno de los hijos de Noé, era «el progenitor de la raza caucásica; el progenitor de [...] nuestro Salvador». Cam se encontraría en el origen de los africanos, que en toda su historia jamás tuvieron capacidad para el autogobierno. La monogénesis de Bachman fue motivo de un controvertido revuelo en el encuentro, aunque lo cierto es que, para 1850, tanto las mentes norteñas como las sureñas tenían mayor predisposición a la poligénesis.[25]

Louis Agassiz y Josiah Nott acudieron y presentaron sus artículos en torno a ese enfoque, el 15 de marzo de 1850. Peter A. Browne, de Filadelfia, que colaboró en la fundación del Instituto Franklin, de orientación científica, llamado así en honor a Benjamin Franklin, presentó su estudio comparativo del cabello humano. Sin irle a la zaga a la mayor colección de cráneos, Browne mostró al mundo la mayor colección de muestras de cabello, de cuyo estudio se había servido para escribir *The Classification of Mankind, By the Hair and Wool of Their Heads*, publicado en 1850. Puesto que los blancos tenían «cabello» y los negros «lana», Browne no tenía «duda en afirmar que pertenecen a dos especies distintas». Con respecto a las propiedades del pelo, aseveraba que «el del hombre blanco es más perfecto que el del negro». De acuerdo con el estudio de Browne, en el que se consideraba a los negros como una especie separada e inferior, más cercana a los animales, el pelo liso era «buen cabello», mientras que el más apelmazado de los africanos era malo. Aunque a duras penas decía nada nuevo. Había tanta gente negra, ya no digamos blanca, que había interiorizado esta idea asimilacionista, que en 1859 un escritor del *Anglo-African Magazine* se quejaba de que los padres negros enseñasen a sus hijos que «son bellos o bellas solo en la medida en que sus rasgos se aproximen al estándar anglosajón». Así, les rogaba que cesasen de caracterizar el pelo liso o los rasgos anglosajones como «buenos».[26]

Orgullosa de sus científicos, la ciudad de Charleston sufragó los gastos del encuentro y la publicación de las actas. Familias enteras pasearon su gentileza y finura por las sesiones, que las distrajeron de la ráfaga de noticias telegráficas sobre el furibundo debate en torno al Compromiso de 1850. No obstante, la conferencia de la Asociación Estadounidense para el Avance de la Ciencia en la cuna del proesclavismo vino a demostrar la intersección entre la ciencia y la política estadounidense. Al tiempo que los esclavistas seguían con rabia los acontecimientos políticos del Norte, los científicos de Charleston observaban con ilusión los desarrollos científicos de esa parte del país, en particular el de la poligénesis como ciencia racial dominante.

Días después de que el evento de Charleston concluyera, las campanas de Carolina del Sur doblaron para anunciar «una triste noticia». Tras una larga lucha contra la tuberculosis, John C. Calhoun fallecía el 31 de marzo de 1850. El presidente Taylor, un antisecesionista radical, moriría meses después. Millard Fillmore, con una gran intuición para la conciliación, tomó el cargo presidencial en el ínterin que siguió a la defunción de estos dos gigantes inflexibles. En septiembre se aprobó el Compromiso de 1850 de Henry Clay. «Significa [...] la paz —anunció un Clay feliz—. Y creo que será permanente».[27]

La medida más emblemática del compromiso, la Ley de Esclavos Huidos, permitió a los esclavistas extender aún más sus tentáculos hacia el Norte. Se criminalizaba a los encubridores de esclavos, de manera que daba a los norteños incentivos para capturarlos, y también se negaba a los negros capturados un proceso judicial con jurado, algo que abría la puerta a los secuestros masivos. Para William Lloyd Garrison, la ley era «tan desalmada, tan inhumana y atroz que el propio Satán se avergonzaría de admitir su paternidad».[28]

15

Alma

No había forma aceptable para la época de que una mujer se desahogase en público por la rabia que pudiera sentir ante la Ley de Esclavos Huidos. La hija de un famoso clérigo, también esposa de un conocido profesor, sabía que los hombres hacían las leyes, así como sabía que los hombres reaccionaban públicamente a las leyes. Pero Harriet Beecher Stowe no era un hombre, de manera que sus opciones eran limitadas. No era la única mujer a quien esto la frustraba. Como explica su biógrafa: «La impotencia política que embargaba a Stowe ante la injusticia de las leyes se iba acumulando, como el agua de una presa, en muchas otras mujeres de clase media».[1]

El primer golpe colectivo de envergadura organizado contra esa presa había tenido lugar dos años antes, en la primera convención por los derechos de las mujeres, celebrada en Seneca Falls, en Nueva York, del 19 al 20 de julio de 1848. Las cuáqueras de la localidad habían organizado el acontecimiento junto con Elizabeth Cady Stanton, quien redactaría la Declaración de Sentimientos del encuentro. En ella, se pedía la igualdad de género y el sufragio para las mujeres, unas aspiraciones que entonces se consideraban tan radicales como la igualdad racial y la emancipación inmediata. Muchas de las primeras sufragistas blancas llevaban años militando en las trincheras del abolicionismo, reconociendo con frecuencia la naturaleza interconectada del racismo y el sexismo en Estados Unidos.

La convención de Seneca Falls fue la primera de una serie de convenciones locales sobre los derechos de las mujeres celebradas en años subsiguientes, en especial en el cinturón abolicionista norteño, desde Nueva Inglaterra hasta el norte del estado de Nueva York y el estado en el que Harriet Beecher Stowe había vivido antes de mudarse a Maine, Ohio. La sufragista y abolicionista Frances Dana Gage, una de las primeras estadounidenses en reclamar el derecho al voto para todos los ciudadanos, con independencia de su género o raza, ayudó a organizar las convenciones sobre los derechos de las mujeres de Ohio, a principios de la década de 1850.

La conferencia más importante de Gage tuvo lugar en una iglesia de Akron, en 1851. Lo cierto es que no era la única celebridad presente. Una dama alta y delgada de cincuenta y tantos años, engalanada con un vestido gris y un chal y un turbante blancos, se adentró en la iglesia «caminando a lo largo del pasillo con el aire de una reina», como recordaría una testigo. Aunque las mujeres blancas la conminaron a que diese media vuelta y se fuera, Sojourner Truth, desafiante, ocupó un asiento e inclinó la cabeza en señal de disgusto, quizá pensando en todo el caos que le había tocado vivir, explicado en *The Narrative of Sojourner Truth*, que había impreso Garrison un año antes.

El 29 de mayo de 1851, el segundo día del encuentro, los hombres se presentaron allí, con todo el arsenal del que disponían, para impugnar las resoluciones. La convención se convirtió en una agria discusión en torno al género. Los pastores predicaron sobre la superioridad del intelecto masculino, el género de Cristo, así como sobre el pecado de Eva, sintomático de la debilidad de las mujeres, a fin de oponerse a las resoluciones por la igualdad de derechos. Las mujeres se iban mostrando cada vez más fatigadas cuando Sojourner Truth, que había mantenido la cabeza inclinada casi todo el tiempo, la alzó. Se puso en pie muy despacio y comenzó a caminar al frente. «¡Que no permitan que hable!», exclamó alguna mujer.

Antes de que nadie se diese cuenta, tenía los ojos puestos en la organizadora de la convención. Gage la presentó e imploró a la audiencia que la dejasen hablar. El silencio se hizo al instante y todos aquellos ojos enmarcados en caras blancas se quedaron absortos en aquel rostro oscuro. Truth estiró la espalda y se enderezó, dejando notar su altura, de casi dos metros. Se elevó así sobre los hombres circundantes. «¿Acaso no soy una mujer? ¡Miradme! ¡Mirad mis brazos!». Truth mostró unos músculos prominentes. «¿Acaso no soy una mujer? ¡Puedo trabajar, comer y soportar más que cualquier hombre! ¡Acaso no soy una mujer!». Sojourner Truth había hecho callar primero a los saboteadores, que enseguida volvieron a vociferar.

Mientras volvía a su sitio, le fue imposible no advertir los «ojos radiantes y corazones henchidos de gratitud» de las mujeres, así como el confuso aturdimiento de los hombres. En el «¿Acaso no soy una mujer?» de Truth había una doble afrenta; por un lado, un ataque a las ideas sexistas de los hombres que habían acudido a interrumpir; por otro, un ataque a las ideas racistas de las mujeres que habían tratado de censurarla. ¿«Acaso no soy una mujer» con toda esa fuerza, resistencia, dulzura e inteligencia? ¿«Acaso no soy una mujer» con toda esa piel oscura? Nadie volvería a reflejar de un modo tan sutil el doble desafío del feminismo antirracista.[2]

No cabe duda de que Harriet Beecher Stowe oyó hablar del discurso de Sojourner Truth en *The Liberator*, el periódico de Garrison, o quizá por medio de su correspondencia con las sufragistas y abolicionistas de Ohio. Pero no fue al naciente movimiento sufragista a lo que esta escritora genial prestó la mayor atención, sino a los indignados por la Ley de Esclavos Huidos, en virtud de la que se estaba enviando a negros tanto fugitivos como libres a los campos de algodón. Stowe supo de ellos por las cartas que su hermana pequeña, Isabella, le enviaba desde Connecticut. A menudo Harriet leía los manuscritos en voz alta en el salón, para que sus siete hijos escucharan el contenido. «En estos tiempos que corren, Hattie —le escribió Isabella a su hermana mayor en una de esas misivas—, si yo pudiese valerme de la pluma como tú lo haces, escribiría algo que hiciera que toda la nación pudiera sentir cuán detestable es la esclavitud». Harriet Beecher Stowe se levantó de su asiento. «Escribiré algo —afirmó—. Escribiré mientras viva».[3]

Con el título de *La cabaña del tío Tom*, la «dramática realidad de nuestros días» de Stowe estuvo en las librerías el 20 de marzo de 1852. «Las escenas de esta historia —empezaba el prefacio de la novela— tienen lugar en el seno [...] de una raza exótica» cuyo «carácter» era «muy opuesto al de la raza anglosajona, fría y dominadora». Las características de las personas negras, «su dulzura instintiva, su humildad de corazón, su docilidad, su sencillez infantil y afectuosa, su rápido olvido de las injurias y del maltrato —dejó escrito—, todas estas cualidades reunidas harán de esta raza una de las más perfectas manifestaciones de la vida cristiana». Solo la esclavitud las frenaba.[4]

Con una novela, Stowe lograba de forma muy ingeniosa lo que Garrison llevaba intentando hacer desde hacía cerca de dos décadas, artículo tras artículo, en *The Liberator*. Para que el giro cósmico en favor del antiesclavismo tuviera lugar, Stowe no pidió a los estadounidenses que cambiasen sus creencias profundas, tan solo que alterasen las implicaciones, la relevancia de tales creencias. Buscó a los estadounidenses justo donde estaban, en la concreción de sus ideas racistas. Aceptó la premisa del esclavista aceptada en toda la nación. Las personas negras, dóciles y de intelecto inferior por naturaleza, estaban predispuestas a ser esclavas de los blancos y, como Stowe añadía de forma crucial, de Dios. Así, invirtió la teoría de Cotton Mather y todos los predicadores después de él, quienes habían dedicado años a convencer a los dueños de las plantaciones de que el cristianismo hacía a los negros mejores esclavos. Para ella, puesto que los blancos autoritarios daban lugar a peores esclavos, también daban lugar a peores cristianos. Stowe ofrecía la salvación cristiana a la Norteamérica blanca mediante el antiesclavismo. Para ser mejores cristianos, los blancos habían de contener su temperamento dominante y acabar con el demonio del que brotaba, es decir, la esclavitud.

La cabaña del tío Tom fue una herramienta poderosa y muy eficaz para el abolicionismo racista de Stowe, dado que constituyó una imponente vuelta de tuerca. En el libro, un endeudado esclavista de Kentucky planea vender al tío Tom, un esclavo y líder religioso, así como al hijo de Eliza Harris. Esta coge al niño y huye con él para reunirse en libertad, en el Norte, con su marido huido. Tom se queda y es vendido en el Sur. Yendo aguas abajo en un bote, salvará a una devota niña blanca, Eva, que había caído al agua. Su padre, Augustine St. Clare, agradecido, compra a Tom.

La relación entre Tom y Eva es el centro temático de la novela. Stowe dio vida al personaje doble de Tom/Eva, cristiano por naturaleza, para poner de relieve la concepción de que los negros eran más femeninos, «dóciles, infantiles y afectados», lo que permite a la cristiandad encontrar una «atmósfera más propicia» en las personas negras. En medio de una batalla proselitista de gran envergadura, Stowe confronta al *cándido* Tom, el devoto esclavo negro, con el amo blanco, de escasa calidad cristiana, St. Clare. «Te has ocultado a los sabios y a los prudentes y te has mostrado a los infantes», dice Tom en un estilo bíblico. Stowe mantenía que los negros eran espiritualmente superiores a causa de su inferioridad intelectual, y por esto había que asumir que tenían alma.[5]

La popularización por parte de Stowe de la imagen de los negros como gente con un don espiritual se convirtió enseguida en un pilar de la identidad afroamericana a medida que los lectores de color fueron haciéndose con el libro y asumiendo sus ideas imbuidas de racismo. Los racistas blancos se consideraban vacíos de alma, por lo que su misión personal sería encontrarla a través de la gente negra. Los racistas negros se consideraban vacíos de intelecto, por lo que su misión personal era encontrarlo a través de la gente blanca. Los estadounidenses de color hicieron casi de inmediato del tío Tom el paradigma del negro sumiso, al tiempo que aceptaban la idea racista subyacente de Stowe, precisamente esa que hacía que el personaje fuese tan manso, la de que los negros eran especialmente espirituales, que se caracterizaban antes que nada por estar dotados de alma.

Al mismo tiempo, en la reproducción de Stowe del racismo birracial, la gente negra era inferior a las personas birraciales. Los únicos cuatro personajes adultos que huyen son los cuatro cautivos mestizos, los «trágicos mulatos». Aunque parezcan y actúen como blancos, están aprisionados de modo dramático en su negritud. Aun así, en su superioridad intelectual y estética, en su resistencia activa a la esclavitud, Stowe distingue a los mulatos de los «completamente negros».[6]

En los «Comentarios finales» de la novela, Stowe insta a la ciudadanía norteña a educar a los negros hasta que estos «alcancen la madurez moral e intelectual que les ayude luego en su pasaje» a África, «para que pongan en práctica las lecciones aprendidas en Estados Unidos». Este llamamiento fue un regalo del cielo para la Sociedad Americana para la Colonización, entonces en vías de extinción. La cabaña del tío Tom y aquellos negros que ya estaban hartos de Estados Unidos vinieron a revitalizar el movimiento de la colonización en la década de 1850. El presidente Fillmore quiso respaldarlo en un mensaje al Congreso en 1852. «No puede haber lugar a la esperanza —se suponía que iba a decir— en la mejora de la condición moral o social [de los negros] a menos que se acabe con ese humillante sentimiento de inferioridad en la presencia de una raza superior». Aunque las palabras se omitieron en el discurso, fueron recogidas por los periódicos.[7]

Garrison reverenció al tío Tom en su reseña del libro, publicada el 26 de marzo de 1852; al mismo tiempo, estaba prácticamente solo en el cuestionamiento antirracista al que sometía a la beatería de Stowe. «¿Acaso hay una ley de sumisión y no resistencia para la gente negra y otra ley de rebelión y conflicto para los blancos? ¿Hay acaso dos Cristos?». Garrison también lamentaba sus «sentimientos con respecto a la colonización africana». Rara vez la religiosidad antirracista de aquel había causado tanto revuelo como la crítica que hacía a la adhesión de Stowe a la colonización.[8]

Frederick Douglass también se mostraba receloso ante la aceptación de Stowe de la colonización, aunque nunca criticó el retrato que ofrecía del «conmovedor» tío Tom. Envió a la escritora una carta de contenido asimilacionista y contra los indios, en la que explicaba que «este hombre negro, al contrario que el indio de las praderas, ama la civilización. Puede que no haga muchos progresos por sí solo en ella, pero le gusta estar inmerso en ella». No es mi intención enmendar la plana por completo a Stowe ni a su novela, máxime cuando el hombre negro más influyente de Estados Unidos apenas frenó el consumo de las ideas racistas contenidas en la novela.[9]

Nadie estuvo tan cerca de arrojar al basurero *La cabaña del tío Tom* como un médico y escritor negro llamado Martin R. Delany, quien había llegado a desilusionarse con el abolicionismo, por no haber contado con ninguna ayuda de sus lectores más comprometidos cuando, en el año 1850, lo habían expulsado de la Facultad de Medicina de Harvard. Él y otros dos estudiantes negros habían sido aceptados, pero, cuando llegaron, los blancos comenzaron a exigir que los echasen. En 1852, Delany publicó una obra en buena medida antirracista, *The Condition, Elevation, Emigration, and Destiny of the Colored People of the United States, Politically Considered*. Según Delany, las sociedades antiesclavistas «pretenden pensar, dictar y saber lo que le conviene a la gente de color mejor que ella misma». Así pues, a esta le quedaban dos opciones, o bien una degradación continua en Estados Unidos, o bien el establecimiento de una comunidad propia en cualquier otra parte, con lo que se refería a la colonización en los términos dictados por las personas negras. Con todo, incluso en esos términos, la mayoría de la gente negra aún se oponía a la colonización.[10]

Aunque, en la década de 1850, los varones negros implicados en el activismo estaban divididos en lo relativo a la colonización, estaban unidos al parecer en su aversión hacia el modo en que el tío Tom reproducía el estereotipo del hombre negro débil. Durante cierto tiempo, los patriarcas negros racistas se habían dedicado a medir su masculinidad al margen de la masculinidad blanca, que se percibía como un medio de control, para acabar descubriendo que la masculinidad negra brillaba por su ausencia. Comenzaron a exigir el control de las mujeres, familias y comunidades negras para redimir su propia masculinidad del estereotipo de «hombre negro débil». En la petición que formularon en 1773, en Massachusetts, los patriarcas negros antiesclavistas se preguntaban cómo iba una mujer a ser sumisa en todo con su marido mientras los negros siguiesen siendo esclavos. Después, en la Convención Nacional de Ciudadanos de Color de 1864, celebrada en Syracuse, se lamentaban de que «se nos ha estado negando la propiedad de nuestros cuerpos, mujeres, hogares, hijos, así como del fruto de nuestro trabajo». Estos hombres negros resolvieron «reivindicar nuestra masculinidad», como si algo así fuese necesario. Puede que no fuera una coincidencia que, en la década de 1850 y principios de la de 1860, mientras que mujeres como Sojourner Truth defendían el derecho a la igualdad de género, los hombres negros (como los blancos) se dedicasen a afirmar su derecho a gobernar sobre las mujeres.[11]

La oposición sexista parecía enquistada en la oposición proesclavista, sobre todo desde que fuera una mujer quien firmara *La cabaña del tío Tom*. Los sureños celebraron el lanzamiento de *The Planter's Northern Bride*, de Caroline Lee Hentz, y *The Sword and the Distaff*, de William Gilmore Simms, las más prominentes de las más de veinte novelas de aprendizaje ambientadas en plantaciones y publicadas en la oleada reaccionaria que se desató tras la aparición de *La cabaña del tío Tom*. En estos libros, unos hacendados con aires profesorales se dedican en la granja familiar, junto con sus puras y honradas esposas, a civilizar a sus asilvestrados o infantilizados cautivos. Los novelistas de plantaciones no eran necesariamente malos escribiendo ficción. Volviendo a *La cabaña del tío Tom*, aunque no fuera una lectura tan extendida entre los sureños como los libros de aprendizaje mencionados, muchos de ellos arremetieron contra la obra. «La señora Stowe sostiene que [...] el principal de los males en el catálogo de los pecados contra los negros es el prejuicio de clase, la antipatía de raza, el sentimiento que les imbuimos en el corazón de que no son más que unos negritos», escribió una «dama» de Georgia en *De Bow's Review*, y añadía que lo que esa autora olvidaba era «el hecho de que su hacedor no los hizo otra cosa que negritos».[12]

Ni el significativo auge del movimiento por el suelo libre ni el del antiesclavismo, que habían impulsado la Ley de Esclavos Huidos y *La cabaña del tío Tom*, pudieron superar la abrumadora propaganda de los partidos políticos ni las tensiones sectoriales y esclavistas que se dieron durante las elecciones presidenciales de 1852. El extravagante general que había ganado la guerra entre México y Estados Unidos, Franklin Pierce, nacido en New Hampshire, dispuesto a orientar la atención de los ciudadanos hacia la expansión nacional en lugar de hacia la esclavitud, derrotaría por un amplio margen a los demócratas. «La cuestión ha quedado aparcada», afirmó en su primer discurso inaugural, en 1853. Garrison, que contaba entonces cuarenta y siete años, respondió que los antiabolicionistas nunca descansarían hasta «acabar de una vez y para siempre» con la esclavitud.[13]

La Sociedad Antiesclavista Estadounidense se negó a admitir la derrota que suponía para ella la victoria de Franklin Pierce. Ese mismo año, la organización celebraría su vigésimo aniversario rindiendo honores a Garrison, para que pudieran escucharlo tantas personas como fuese posible. Era una reacción al esfuerzo internacional llevado a cabo en esas fechas para dar a conocer al público al poligenista de la Universidad de Pensilvania Samuel Morton, recientemente fallecido, y aclamarlo como un pionero modélico. El 1 de abril de 1853, Josiah C. Nott y George Gliddon publicaron el monumental *Types of Mankind*, con ochocientas páginas en torno a la poligénesis y dedicado a «la memoria de Morton». Para facilitar el aprendizaje visual, incluyeron una ilustración de dos columnas adyacentes, una con cráneos y la otra con las caras correspondientes, con los «griegos» en la cúspide y los «simios» abajo del todo; los «negros» quedaban en el medio. El debate sobre «el origen primitivo de las razas» constituía «la última gran batalla entre la ciencia y el dogmatismo». ¿Quién conseguiría imponerse? «La ciencia debe triunfar una vez más, ¡y así lo hará!».[14]

Aquel tumultuoso año fue crítico en el esfuerzo de los segregacionistas por asentar de modo permanente la idea de la inferioridad de los negros mientras el abolicionismo asimilacionista avanzaba. Los demócratas celebraron la publicación de *Negroes and Negro Slavery*, de John H. van Evrie, un editor neoyorquino. Van Evrie estaba al frente de una avalancha norteña de defensores de la esclavitud y panfletistas valedores de los blancos, que en la década de 1850 fueron arrinconando al movimiento abolicionista. «Dios ha creado inferiores a los negros, no en algunos casos, sino en todos ellos». En 1853, lejos de allí, en Francia, el aristócrata realista Arthur de Gobineau publicaba en cuatro volúmenes su *Ensayo sobre la desigualdad de las razas humanas*, en el que exigía el retorno de Francia al sistema aristocrático e incluía un análisis de la «verdad colosal» de la jerarquía racial de la poligénesis. Los inteligentes amantes blancos de la libertad estaban en la cumbre, la raza amarilla era una «clase intermedia», mientras que abajo del todo se encontraba la codiciosa y concupiscente gente negra, cuyas características físicas, fuera de lo normal, se habían desarrollado para compensar su estupidez. Entre las especies blancas, la aria era la suprema, creadora indiscutible de todas las grandes civilizaciones de la historia del mundo. Las teorías de Gobineau tuvieron mucho éxito entre los alemanes, en particular porque afirmaba que la aria no era otra que «la raza germánica». En 1856, Josiah C. Nott preparó la traducción al inglés del libro de Gobineau.[15]

En lo que respecta a *Types of Mankind*, aunque se trataba de un libro caro y había mucha competencia por la atención de los lectores, se agotó casi de inmediato. Se le dio una «generosa bienvenida» en Europa y, en general, se consideró que constituía un tratamiento excelente de la «preeminentemente [...] estadounidense ciencia» de la poligénesis, tal como recogía *The New York Herald*. El crítico del *Putnam's Monthly* también elogiaba la poligénesis y explicaba que, «así pues, las naciones provienen de una sangre, no en el sentido genealógico, sino en el espiritual». El antiguo supuesto de Cotton Mather acerca de la igualdad espiritual (y la desigualdad de los cuerpos) para hacer encajar el esclavismo y el cristianismo servía ahora para hacer lo propio con dicha religión y la poligénesis.

Herman Melville, autor de *Moby Dick*, publicó «Los Gees» en el *Harper's Magazine*, competidor del *Putnam's Monthly*. Se trataba de una sátira antirracista que se burlaba de forma despiadada de la poligénesis. Los personajes ficticios de los Gees son gente que «se sitúa muy alto en el escalafón de la incultura, a pesar de estar muy abajo en estatura y moral»; además, tienen «un gran apetito, pero poca imaginación, unos ojos saltones, aunque poca perspicacia. En esa casa se devoran tantas galletas como hay abstinencia de sentimientos». Al mismo tiempo, con el personaje de Queequeg, de *Moby Dick*, se dio a sí mismo la oportunidad de desafiar los estereotipos raciales.[16]

Types of Mankind adquirió tanta fama y ejerció tal influencia que forzó la primera respuesta de envergadura a la poligénesis por parte de un afroamericano. El reverendo Martin B. Anderson, primer rector de la Universidad de Rochester, le prestó el volumen a su amigo Frederick Douglass. También le dejó otros trabajos de Nott, Gliddon y Morton. Douglass aprovechó su primera alocución oficial ante un público universitario, en la Case Western Reserve, en Cleveland, el 12 de julio de 1854, para lanzar una vivaz refutación. El discurso se publicó ese mismo año en Rochester, y Douglass reciclaría el mensaje transmitido en otras charlas que iba a dar a lo largo de los años siguientes.[17]

En él, Douglass aseveraba que «antes de que los Notts, los Gliddons, los Agassiz o los Mortons hicieran sus importantísimos descubrimientos [...] en nombre de la ciencia», había existido un acuerdo en torno a la monogénesis. Por otra parte, casi todos los defensores de la poligénesis «afianzan el privilegio de los anglosajones de esclavizar y oprimir a los africanos»; así, «cuando los hombres oprimen a otros hombres, los opresores siempre encuentran, en el carácter de los oprimidos, una justificación para su proceder». De un modo fabuloso, Douglass resumía la historia de las ideas racistas en una sola frase.

Después de probar sin ninguna dificultad que los antiguos egipcios eran negros y de calificar *Types of Mankind* como el más «conciso y descarado» intento de toda la historia de «estigmatizar a los negros achacándoles una inferioridad natural» y de atribuir todas las diferencias humanas al ambiente, Douglass pasaba de su mejor juicio antirracista a su peor cara racista, para citar el trabajo del médico neoyorquino birracial James McCune Smith, la mayor influencia en la vida de aquel, más incluso que Garrison. En la década de 1830, Smith se había convertido en el primer estadounidense de ascendencia africana en obtener una licenciatura en Medicina, en la escocesa Universidad de Glasgow. En una ocasión manifestó su regocijo por que el pelo de las personas negras creciera «cada vez más liso [...]. Tales influencias —el clima y la cultura— terminarán por dar lugar a la uniformidad» de los estadounidenses, todos los cuales acabarían teniendo la piel blanca y el pelo lacio.[18]

Apoyándose en la teoría climática y el racismo cultural de Smith, Douglass interrogó a los estudiantes de Cleveland: «¿Hemos de investigar las vicisitudes del barbarismo para explicar la apariencia macilenta, cansada y simiesca de algunos negros genuinos? ¿Hace falta mirar por encima de un sol cenital o más abajo del suelo húmedo y oscuro [del occidente africano] [...] para poder explicarnos el color de los negros?». Al tiempo que Douglass achacaba «las vicisitudes del barbarismo» a África, adscribía a Inglaterra «el mismo corazón del mundo civilizado», con lo que se erigió en el varón negro estadounidense más famoso en defender tanto el abolicionismo como el asimilacionismo.[19]

El blanco abolicionista y asimilacionista más famoso tampoco recibió con agrado el «completo» despiece que se hacía de la Biblia en *Types of Mankind*. El 13 de octubre de 1854 se publicaría la crítica de William Lloyd Garrison de la obra segregacionista, en el que era también su primer enfrentamiento con la poligénesis. Se cebó en particular con Josiah

C. Nott, quien decía haber «buscado en vano, durante veinte años, una sola excepción» al veredicto de Jefferson de no haber encontrado nunca «un negro capaz de articular un pensamiento que fuera más allá de la mera narración». Se trataba de «algo extraordinario», dijo Garrison con sarcasmo, «que Jefferson engendrase a tantos hijos estúpidos».[20]

Aunque estaban firmemente unidos en el rechazo a *Types of Mankind*, a las ideas segregacionistas y al esclavismo, en un momento dado Douglass y Garrison se distanciaron. Cuando el primero atacó el paternalismo de los abolicionistas blancos y reconoció la necesidad de que los negros se organizaran por sí mismos, quienes habían optado por la organización interracial lo fustigaron, Garrison incluido. Durante el verano y el otoño de 1853, las páginas tanto del *Frederick Douglass' Paper* como de *The Liberator* llegaron plagadas de invectivas. Garrison publicaría su afirmación más fulminante el 23 de septiembre: «Quienes, en Estados Unidos, sufren la esclavitud o el prejuicio, como clase», no eran capaces de «percibir» las exigencias del movimiento «o comprender la filosofía que subyace a sus acciones».[21]

Durante todo el lapso, sus amistades mutuas trataron de poner fin a la disputa. Antes de que acabase el año, Harriet Beecher Stowe mediaría entre Douglass y Garrison, logrando lo que otros no habían conseguido. Después de todo, el éxito de *La cabaña del tío Tom* la había catapultado a la cima del movimiento abolicionista, sobrepasando en fama a los dos hombres. La novela había captado a más norteños para el movimiento que todos los escritos y discursos de Douglass y Garrison, en especial, y de manera decisiva, a esas mujeres que estaban poniendo la nación del revés para luchar por sus propios derechos. Las cartas que Stowe les escribió sirvieron para contenerlos. La encarnizada batalla fue apaciguándose hasta cesar. Los contendientes perdonaron, pero no olvidaron. Ambos desviaron la atención a la controversia que estaba socavando el programa «ejecutorio» de la Administración Pierce en 1854.[22]

16

Al borde de la crisis

Stephen A. Douglas, senador de Estados Unidos por Illinois, albergaba el deseo de dar la categoría de estado a Nebraska y Kansas para poder construir a través de ambos territorios un ferrocarril transcontinental. Apoyado por una serie de inversores, mantenía la visión de que un proyecto de semejante calado transformaría el floreciente valle del Mississippi en el epicentro de la nación. Para asegurarse el respaldo crucial del Sur, la Ley Kansas-Nebraska de 1854 dejaba la cuestión de la esclavitud en manos de la población de cada región, por lo que se revocaba el Compromiso de Missouri.

Stephen Douglas sabía que la propuesta de ley desataría «una tormenta de aúpa», pero, con todo, en su previsión minusvaloró las iras norteñas. El día de la marcha nacional, la esclavitud pareció contar con aprobación oficial, al tiempo que los días del movimiento del suelo libre parecían estar contados. El miedo ante esta perspectiva llevó a los norteños a expresarse sin tapujos contra el avance de la esclavitud, entre ellos un abogado de Illinois con ambiciones políticas que había sido congresista durante un mandato, de 1847 a 1849. Se trataba de Abraham Lincoln, quien adoptó una postura antiesclavista y revitalizó una carrera política por entonces muerta para disputarle a Stephen Douglas el segundo escaño del Senado por Illinois en 1854. Así, en un prolongado discurso pronunciado en Peoria el 16 de octubre de aquel año, reprobó aquella «injusticia monstruosa», aunque tampoco sabía qué hacer «con respecto a la institución existente», a lo que añadió que «mi primer impulso sería liberar a todos los esclavos y enviarlos a Liberia». No obstante, se trataba de algo imposible. «Entonces, ¿qué? ¿Liberarlos a todos y mantenerlos entre nosotros como subalternos? [...], ¿liberarlos y convertirlos en nuestros iguales, en la sociedad y en la política? Mi corazón no me permite admitir algo así, y, aunque así fuera, bien sabemos que los de la inmensa mayoría de los blancos no lo harían».[1]

Abraham Lincoln era discípulo político de Henry Clay, el gran compromisario que había delineado los compromisos de 1820 y 1850. Una de las grandes causas de la vida política de Clay había sido la colonización. Había sido uno de los ponentes en el encuentro fundacional de la Sociedad Americana para la Colonización y presidió la organización entre 1836 y 1849. A su muerte, en 1852, se convertiría en el primer estadounidense en contar con una capilla ardiente instalada en el Capitolio. No fueron muchos los abolicionistas que se sumaron al luto. Garrison insistía en que las personas negras no habían tenido un enemigo mayor, mientras que Lincoln se refirió a él como «mi ideal de un gran hombre».[2]

Abraham Lincoln hizo el panegírico de Clay en el Capitolio de Illinois y, por primera vez en su vida pública, se mostró partidario de enviar a los negros libres y emancipados a su «tierra natal, hace tanto tiempo perdida», a África. Como Clay, Lincoln era de Kentucky, de manera que tenía familiares que eran dueños de esclavos. No era el caso de sus padres, que sentían aversión por el esclavismo. Al propio Lincoln le disgustaba la trata de esclavos nacional, y al mismo tiempo no tuvo reparos en manifestar su oposición al derecho de los negros a votar al principio de su carrera como legislador estatal de Illinois. En 1852, con cuarenta y tres años, se había acomodado en la práctica jurídica, convencido de que su carrera política en el Partido Whig había terminado, pero en 1854 la reanudó para optar a un escaño como senador.[3]

La Ley Kansas-Nebraska dividió al Partido Whig de Abraham Lincoln en facciones regionales y acabó con el retoño de Henry Clay. De ahí emergieron dos nuevos partidos que concurrirían a las elecciones presidenciales de 1856. Por un lado, el Partido Know Nothing, cuyos enemigos eran los inmigrantes y los católicos, y, por otro, el Partido Republicano, que consideraba al «poder esclavista» en expansión como su peor enemigo. Ninguno estaba preparado para imponerse a los demócratas, unidos en la oposición al abolicionismo. El 4 de marzo de 1857, el demócrata James Buchanan juró el cargo, convirtiéndose en el decimoquinto presidente de Estados Unidos. La «opinión dispar» en el Congreso y en el país en torno a la esclavitud debía «zanjarse de forma rauda y definitiva», y a ello se aplicaría, según anunció, el Tribunal Supremo estadounidense. Buchanan tenía información procedente de fuentes internas sobre cuál sería la decisión irrevocable del tribunal, pero aparentó ignorarlo al afirmar que «todos los ciudadanos de bien» debían unirse a él y rendirse «con alegría» a tal resolución.[4]

Tan solo dos días después, el 6 de marzo, el Tribunal Supremo presentó su dictamen, aunque no serían muchos los antiesclavistas norteños que lo suscribieran con alegría. En el caso de Dred Scott contra Sandford, los jueces rechazaban la demanda de libertad de Scott, a quien se había llevado a los estados y territorios libres. Cinco sureños, tanto demócratas como *whigs*, y dos norteños, ambos demócratas, habían determinado que el Compromiso de Missouri era anticonstitucional, puesto en cuestión la constitucionalidad de la abolición en el Norte, despojado al Congreso de sus poderes para regular la esclavitud en los distintos territorios y decretado que las personas negras no podían tener la condición de ciudadanos. Solo habían mostrado su desacuerdo un republicano de Ohio y un *whig* de Nueva Inglaterra.

El juez presidente Roger B. Taney comunicó la lacerante y controvertida consideración de la mayoría. Taney era un resuelto demócrata jacksoniano de Maryland que había emancipado a sus cautivos hacía tiempo y hecho carrera a base de defender el derecho de propiedad de los esclavistas, tanto su propio derecho a poner en práctica la emancipación como el derecho de sus amigos a tener esclavos. A punto de cumplir ochenta años, Taney se negaba a echar tierra sobre el esclavismo; curiosamente, este juez moriría el mismo día de 1864 en que Maryland abolía la esclavitud. Al concluir la redacción del veredicto mayoritario, de cincuenta y dos páginas, esperaba que los negros, los defensores del suelo libre y los abolicionistas se quedasen sin ningún asidero constitucional con el que fortalecer su lucha contra la propiedad de esclavos. El razonamiento de Taney era que, puesto que las personas negras estaban excluidas de la comunidad política estadounidense desde el momento en que se había fundado la nación, Estados Unidos no podía ampliar ahora sus derechos. «Se les lleva considerando desde hace más de un siglo seres de un orden inferior e inadecuados por completo para asociarse con la raza blanca, se trate de relaciones sociales o políticas, y, por extensión no aptos para poseer aquellos derechos a los que el hombre blanco debe respeto».[5]

Aunque Taney estaba en lo cierto con respecto a que los padres fundadores creían en la inferioridad de los negros, el dato de que a estos se los hubiera excluido de la comunidad política original era incorrecto.

El juez discrepante Benjamin Curtis puso de relieve que los varones negros habían tenido derecho al voto en por lo menos cinco estados, casi la mitad de la Unión, lo que daba al traste con el razonamiento en contra de sus derechos de ciudadanía. Pero la lección de historiografía de Curtis no supuso una aportación tan sustancial como para alterar el criterio de Taney ni el del resto de sus colegas del tribunal o de los ocupantes de la Casa Blanca o del Capitolio, quienes aplaudieron la decisión. Es probable que ya conociesen esa parte de la historia, y los efectos paralizantes de aquella decisión racista del tribunal no parecían importarles. Lo que preocupaba a todos ellos era preservar los lucrativos intereses económicos de la nación. Y, en 1857, nada enriquecía más a los inversores, empresarios, terratenientes y esclavistas norteños que la principal exportación nacional, el algodón.[6]

El senador demócrata Stephen Douglas se mostró exultante con la decisión de Taney, en nombre de los esclavistas y de sus defensores norteños por igual. Abraham Lincoln, que se encontraba en plena campaña para hacerse con el escaño de Douglas en el Senado en 1858, se opuso a la resolución, en nombre de los representantes del movimiento por el suelo libre y del abolicionismo en un Partido Republicano recién salido del nido. Ambos acordaron una tanda de siete debates, que se desarrollarían entre finales de agosto y mediados de octubre, en Illinois. Miles de personas acudieron a verlos, y millones leerían después las transcripciones. Los candidatos se convirtieron en hombres conocidos. El alto, enjuto, mal vestido y modesto Lincoln llegaba solo y silencioso a los debates, preparado para adoptar la posición defensiva. Douglas, pequeño, trabado, arrogante y siempre hecho un pincel, aparecía con su joven esposa, Adele, en un automotor privado, como si irrumpiese entre salvas de cañón, dispuesto a entrar directo al ataque. El contraste en lo visual y en lo auditivo estaba hecho a la medida de una tecnología que aún no existía.

«Si quieren la ciudadanía para los negros —afirmaba Douglas—, apoyen al señor Lincoln y al Partido Republicano de los negros». Se dedicaba a jugar la carta de la raza, manipulando las ideas racistas de los votantes para alejarlos de los republicanos. En las décadas previas a la guerra de Secesión, la baza racial se había convertido en una táctica electoral crucial, en particular para el dominante Partido Demócrata. Douglas señaló que Estados Unidos «lo hicieron los hombres blancos, para beneficio de los hombres blancos y para sus herederos, por siempre jamás», para advertir a continuación que, por el contrario, una presidencia de

Lincoln llevaría a la integración de las distintas comunidades. A medida que el candidato demócrata fue echando mano cada vez más del recurso de la raza, la afluencia de cartas que pedían al candidato republicano que desligara al partido de la igualdad racial se intensificó también. Llegado el cuarto debate, celebrado en Charleston, en la zona central de Illinois, Lincoln había tenido suficiente. «No estoy ni nunca he estado a favor de convertirlos [a los negros] en votantes o jurados», insistió Lincoln, ni en políticos ni en esposos o esposas de los blancos. «Hay diferencias físicas entre la raza blanca y la negra, las cuales creo que impedirán para siempre que las dos puedan vivir juntas en términos de igualdad social y política. En la medida en que no es posible que lo hagan, mientras permanezcan juntas habrá posiciones de superioridad e inferioridad, y personalmente estoy, como cualquier otro hombre, a favor de abrigar la posición superior asignada a la raza blanca».

Abraham Lincoln batió a un Stephen Douglas a la defensiva. Este lo acusó de ir cambiando de punto de vista con respecto a la raza para amoldarse a cada audiencia, de ir de «negro azabache» en la zona norte, abolicionista, al «color de un decente mulato» en el centro, antiesclavista y antiabolicionista, y «casi blanco» en el sur del estado, proesclavista. Lo que Douglas buscaba era mantener centrado el debate en el tema de la raza. No obstante, Lincoln obvió la cuestión racial y pasó a la ofensiva en los tres últimos debates, para encauzar la discusión hacia la esclavitud. En el último de ellos, celebrado en Alton, cuna del director de periódico abolicionista Elijah P. Lovejoy, asesinado allí veinte años atrás, Lincoln afirmó que el voto a Douglas serviría para expandir el esclavismo, así como que era un voto en contra de que las «personas blancas y libres» encontrasen un hogar y mejorasen sus vidas encaminándose hacia el oeste.[7]

Los demócratas de Illinois se hicieron con el control de las dos cámaras y reeligieron a Douglas en las elecciones de mitad de mandato de 1858. Los republicanos del estado aprendieron que la etiqueta de «en favor de los negros» era mucho más problemática políticamente que la de «en favor de la esclavitud», aunque en el resto del Norte les fue mucho mejor. Abraham Lincoln en Springfield, Illinois, William Lloyd Garrison a miles de kilómetros de distancia, en Boston, y otros comentaristas de la política estadounidense vieron los mismos y obvios resultados electorales. Además de alcanzar el poder en los estados pendulares de Nueva York, Pensilvania e Indiana, los republicanos habían obtenido una gran victoria en las regiones abolicionistas, como la zona provinciana de Nueva Inglaterra, conocida como el «Oeste yanqui», y las comarcas septentrionales que orillaban con los Grandes Lagos. Puesto que Lincoln y Garrison tenían distintas perspectivas estratégicas, ideologías y ambiciones personales y nacionales, no sorprende que respondieran de modo distinto a los mismos resultados.[8]

En el caso de Garrison, este suavizó, por primera vez en casi treinta años, sus críticas a un partido político importante, reconociendo que los votantes antiesclavistas de Estados Unidos habían acudido en tropel al redil republicano. Pensaba que esa coalición de «elementos incongruentes» se disolvería tras perder las elecciones de 1860, y que los políticos genuinamente antiesclavistas se harían entonces con el poder. Pero, entretanto, su tarea, como la de todo el movimiento, era «distinguir las deficiencias del programa republicano de las expectativas de su base electoral», es decir, persuadir a esta última de que no podía haber un compromiso con la esclavitud ni una unión con los propietarios de esclavos. El biógrafo de Garrison denominó «persuasión política» a esta nueva estrategia. Algunos de sus viejos amigos, decididos a mantener al movimiento alejado de la política, lo amonestaron, dando lugar a acalorados debates en los encuentros abolicionistas que tuvieron lugar a finales de la década de 1850.[9]

En cambio, Lincoln se alejó de la base republicana, contraria a la expansión esclavista, para dirigir la mirada a los independientes. En los estados pendulares como Illinois, los republicanos comenzaron a centrarse en cuestiones más populares, como la del «trabajo libre», un tema inspirado por el gran éxito de 1857 *The Impending Crisis of the South*, del norcarolino Hinton Rowan Helper. La esclavitud debía terminar porque estaba postergando el progreso de la economía sureña, así como las oportunidades para los blancos que no tenían esclavos, oprimidos por los pudientes esclavistas. Helper no creía «en la unidad de las razas», pero se negaba a aceptar la doctrina de la poligénesis para justificar la continuación de la esclavitud. Escribió que habría que enviar a África a los africanos emancipados.[10]

Horace Greeley, el director más conocido de la nación, hizo promoción del libro de Helper en el periódico más vendido del país, el *New-York Tribune*. Ambos aunaron esfuerzos para recaudar fondos y apoyo republicano, con el fin de lanzar una versión más breve y barata, a modo de compendio, de *The Impending Crisis of the South* y distribuirla en las elecciones venideras. Con respaldo de sobra, el compendio fue publicado en julio de 1859 y se convirtió enseguida en un éxito de ventas entre los círculos republicanos, pero también en el blanco predilecto de los círculos esclavistas. El mensaje de Helper, a favor de los trabajadores libres blancos y contra el esclavismo, era todo lo que los republicanos, en particular Lincoln, necesitaban, una argucia para oponerse a la esclavitud sin ser calificados de favorecedores de los negros.[11]

Los esclavistas estaban furiosos con las implicaciones del libro de Helper, que en la práctica era un llamamiento a formar un frente común integrado por defensores del suelo libre, abolicionistas y antiguos esclavos. Esta alianza blasfema se convirtió en una realidad en octubre de 1859, cuando el abolicionista John Brown y su batallón de diecinueve hombres interraciales se incautaron de un arsenal federal en Harpers Ferry, en Virginia Occidental, a cerca de cien kilómetros de Washington D. C. La «generala» Harriet Tubman no pudo acudir tal y como estaba planeado, es probable que a causa de una de sus recurrentes fiebres. Quizá Brown podría haberse valido del ingenio de esta. Sea como fuere, se decantó por dirigirse a un área de pequeñas granjas en lugar de plantaciones extensivas con muchos trabajadores, donde podría haber armado a miles de individuos y preparado la siguiente fase de la revuelta. Lo que pasó en su lugar fue que los marines, con el coronel Robert E. Lee a la cabeza, aplastaron la rebelión y capturaron a Brown. Murieron diecisiete personas.

Los esclavistas ya habían afrontado revueltas de esclavos de mayor envergadura a lo largo de la tumultuosa década de 1850, pero la de Brown los afectó hondamente. La creciente brecha en la unidad blanca los trastornó hasta el delirio. William Lloyd Garrison definió al principio a los rebeldes como «insensatos», aunque «bienintencionados» en su intento. Pero, en las semanas que siguieron al conflicto, cerró filas con los abolicionistas para transformar, a ojos de los antiesclavistas del Norte, la figura de John Brown, de la de un loco en la de un «mártir». Un sinnúmero de estadounidenses acudió para admirar su coraje, con reminiscencias al del rey David, al haberse atrevido a presentar combate ante el imponente Goliat que era el poder de los esclavistas. A la sombra de las loas a John Brown, sin embargo, se ocultaba el menosprecio hacia la lucha violenta de los revolucionarios negros. Los esclavos rebeldes nunca se convirtieron en mártires, nunca dejaron de ser más que un puñado de locos y locas. Nunca antes había recibido el cabecilla de un levantamiento esclavo y antiesclavista de cierta envergadura tantas alabanzas. Desde la rebelión de Bacon, tampoco había ocurrido que se tratase de un blanco.

Millones de personas leyeron la sentencia final de los tribunales contra John Brown, quien se había presentado como un honesto pastor cristiano sin otra voluntad que seguir la regla de oro, con lo que se refería a guiar a las dependientes ovejas hacia el fin de la esclavitud. El día en que lo colgaron, el 2 de diciembre de 1859, tanto los negros como los blancos del Norte guardaron silencio durante varias horas tras oír el repicar de las campanas de la iglesia.[12]

El 2 de febrero de 1860, Jefferson Davis, senador por Mississippi, presentó ante el Senado estadounidense el programa sureño en defensa de los derechos ilimitados de los estados y de los derechos de los esclavistas. El Sur exigía la aprobación de dichas resoluciones como condición imprescindible para permanecer fiel al Partido Demócrata de Stephen Douglas y para mantenerse en la Unión. Davis podría muy bien haber añadido que, a juicio de los sureños, el Gobierno federal no debía utilizar sus recursos para ayudar en modo alguno a los negros. De hecho, el 12 de abril objetó que se asignasen fondos a la educación de las personas negras en Washington D. C. «A este Gobierno no le dieron vida los negros para los negros», señaló, sino «los blancos para los blancos». Agregó que la propuesta se basaba en la hipótesis falaz de la igualdad racial, cuando la «desigualdad entre la raza blanca y la raza negra» estaba «marcada al nacer».

Davis sermoneó a los senadores, a quienes les dijo que Adán había expulsado al primer criminal blanco, su hijo Caín, que ya no tenía «cabida como compañero entre los creados para ejercer su dominio sobre el mundo». Así, se encontró «en la Tierra de Nod a aquellos con quienes su propio crimen había degradado a la igualdad». Al parecer, los negros habían vivido en la Tierra de Nod, entre los «seres vivos» que Dios había creado antes de los humanos. Más tarde se subió a los negros al arca de Noé, junto con otros animales, bajo la supervisión, cómo no, de Cam.[13]

En boca de uno de los políticos con más renombre de Estados Unidos, parecía que la poligénesis por fin se había convertido en tendencia. Pero, en realidad, la noción de unas distintas especies humanas creadas por separado tenía los días contados. Estaba a punto de cuajar otra perniciosa teoría, una de la que los apologetas del racismo se iban a valer durante todo el siguiente siglo.

En agosto de 1860, el poligenista Josiah C. Nott se apartó un poco de la tarea de dar vida a la primera Facultad de Medicina de Alabama, hoy en Birmingham. Se estaba dedicando a leer por encima un tomo de quinientas páginas, publicado el mes de noviembre anterior en Inglaterra, con el largo título de *El origen de las especies por medio de la selección natural, o la preservación de las razas favorecidas en la lucha por la vida*. Es probable que Nott conociera al autor, un británico, el eminente biólogo y marino, además de antiesclavista, Charles Darwin. En la obra se recogía la famosa exposición del autor de que

> la opinión que la mayor parte de los naturalistas mantuvieron hasta hace poco, y que yo mantuve anteriormente —o sea, que cada especie ha sido creada independientemente—, es errónea. Estoy completamente convencido de que las especies no son inmutables.

Según explicaba, los descubrimientos más recientes demostraban que el origen de los humanos se remontaba a mucho más que unos pocos miles de años. Así pues, Darwin le declaraba la guerra a la cronología bíblica y a la concepción dominante de la poligénesis, para venir a ofrecer una nueva idea rectora, la de la selección natural. En la «lucha recurrente por la existencia —escribió—, todos los dones intelectuales y corporales tenderán a progresar hacia la perfección».

Darwin nunca dijo de manera explícita algo como que la raza blanca fuera seleccionada por la naturaleza para evolucionar hacia la perfección. Apenas dedicó alguna palabra a la especie humana en *El origen de las especies*. Tenía el propósito, más ambicioso, de probar que todas las criaturas vivas de todo el mundo luchan, evolucionan, se propagan y afrontan la extinción o la perfección. No obstante, dejó abierta la puerta a que una serie de fanáticos se valiesen de su teoría para concebir unos estadios de «civilización», entre los que se contarían las «razas salvajes de los hombres» y el «hombre medio civilizado», siendo los nativos del África negra y sus descendientes «los más bajos salvajes».[14]

A lo largo de la década de 1860, la recepción de la obra de Darwin en Occidente fue experimentando una transformación, desde la oposición inicial, pasando por el escepticismo y, luego, la aprobación, hasta las alabanzas entusiastas. El sensible, reservado y enfermizo Darwin dejó que sus numerosos amigos desarrollasen las ideas que él había concebido y diesen cuenta de sus críticos. La mente del polímata inglés Herbert Spencer se convirtió en la matriz definitiva de la concepción darwiniana, y sus escritos en el amplificador de lo que llegaría a ser conocido como «darwinismo social». En *Principles of Biology*, de 1864, Spencer acuñaría el concepto de «supervivencia del más apto». Creía religiosamente que el comportamiento humano se heredaba y que unos rasgos hereditarios superiores hacían que las «razas superiores» fuesen más aptas para la supervivencia que las «inferiores», de manera que dedicó el resto de su vida a pedir a los gobiernos que se apartasen del camino de la lucha por la existencia. Sin embargo, en su deseo de limitar la acción gubernamental, hacía caso omiso de los movimientos discriminadores, aunque es probable que supiese muy bien que implicaban un amaño de la lucha por la existencia. En su afán por contar con ideas que justificasen las crecientes desigualdades de la nación, las élites estadounidenses se adhirieron firmemente a la propuesta de Charles Darwin y cayeron rendidas en los brazos de Herbert Spencer.[15]

El círculo académico de Darwin creció de forma desmedida durante aquella década y llegó a ser imperante en el mundo occidental. *El origen de las especies* cambió incluso la vida de su primo, sir Francis Galton, padre de la estadística moderna, que dio vida a los conceptos de «correlación» y «regresión a la media», e inició el camino del recurso a cuestionarios y encuestas para la recopilación de datos. En *Hereditary Genius*, de 1869, utilizó los datos con que contaba para popularizar el mito de que los padres transmitían rasgos hereditarios como la inteligencia, que el ambiente no podía alterar. «El patrón intelectual medio de la raza negra está un par de grados por debajo del nuestro», escribió. También acuñaría la expresión «naturaleza versus entorno», para afirmar que la primera salía invicta. Galton urgió a las autoridades públicas a librar al mundo de todas aquellas personas que no estuviesen seleccionadas naturalmente o, al menos, evitar que se reprodujeran, una política social que bautizó como «eugenesia» en 1883.[16]

Darwin no trató de impedir que sus adeptos aplicasen los principios de la selección natural a los seres humanos. No obstante, el mucho más desconocido codescubridor de ese mecanismo sí lo hizo. En 1869, el naturalista británico Alfred Russel Wallace enunció que la espiritualidad de los seres humanos y su capacidad de contar con un cerebro saludable los habían excluido de la selección natural. Pero, también Wallace, a pesar de hacerse un nombre como el científico inglés más igualitarista de su generación, profesaba la superioridad de la cultura europea sobre cualquier otra.[17]

Darwin trató de demostrar, de una vez por todas, que la selección natural se aplicaba a los humanos en *El origen del hombre*, publicado en 1871.

En este libro, relacionaba la raza y la inteligencia de un modo disperso, y hablaba sobre «los varios puntos de semejanza mental que existen entre las razas humanas más distintas», para después afirmar que «los indígenas americanos, los negros y los europeos discrepan en sus facultades mentales unos de otros tanto como cualesquiera otras tres razas que se puedan nombrar». Al mismo tiempo, se «sorprendía considerablemente» en presencia de un grupo de sudamericanos, así como de un «negro puro», por «lo semejantes que eran sus facultades a las nuestras». Sobre la evolución racial, mantenía que las «razas civilizadas» habían «extendido y en la actualidad [extienden] aún por todas partes su acción y [sustituyen] a las razas inferiores». Según él, estaba por tener lugar una futura brecha evolutiva entre los humanos «civilizados» y alguna «especie de mono», no como en el presente, en que «la laguna solo existe entre el negro y el gorila». Tanto los asimilacionistas como los segregacionistas aclamaron *El origen del hombre*. Los primeros leían a un Darwin que decía que algún día los negros evolucionarían hasta ser blancos civilizados; los segundos, a uno que los condenaba a la extinción.[18]

En abril de 1860, *De Bow's Review* publicaba una serie de conclusiones tras la «búsqueda de una comunidad moral, feliz y voluntariamente laboriosa de negros libres». Al parecer, el reportero había sondeado Jamaica, Haití, Trinidad, Guayana Británica, Antillas, Martinica, Guadalupe, Santo Tomas, las islas San Juan, Antigua, Perú, México, Panamá, Mauricio, Inglaterra, Canadá, Sierra Leona y Liberia, para encontrarse con que «no existe una comunidad que reúna tales características en toda la faz de la Tierra».[19]

La historia con más lectores de la publicación proesclavista de ese mes hablaba de que «la secesión del Sur y una nueva confederación son indispensables para preservar la libertad constitucional y la moralidad social». Sin estar aún preparados para escindirse de la Unión, los demócratas sureños se escindieron del Partido Demócrata y escogieron al vicepresidente y representante de Kentucky John C. Breckinridge como candidato a la presidencia para las elecciones de 1860.[20]

Los demócratas del Norte y del Sur acudieron a sus convenciones sin ninguna voluntad de moderar sus puntos de vista en pro de la victoria, mientras que, en el caso de la convención republicana, la divisa fue precisamente la de la moderación para alcanzar el triunfo en las eleccio-

nes. Los delegados estaban dispuestos a quitarse de encima la etiqueta de «republicanos negros» de una vez por todas. Abraham Lincoln fue
de ayuda en eso. Su estilo de vida humilde atraía a los votantes de clase
trabajadora; su posición de principios en contra de la esclavitud, a los
radicales, y su posición de principios en contra del voto de los negros y
la igualdad racial, a los defensores del suelo libre en contra de los negros.
Con el hombre que necesitaban al frente, los republicanos aprobaron un
programa que incluía la promesa de no poner obstáculos al esclavismo en
el Sur. Los cimientos sobre los que se asentaba dicho proyecto, lo que los
republicanos pretendían prolongar, era la declaración de libertad como
«la condición normal de todos los territorios».

A pesar de elogiar a Lincoln como un «hombre de voluntad y temple», Frederick Douglass rehusó darle su voto, a sabiendas de sus penosos
antecedentes en Illinois con respecto a los derechos de los negros. William Lloyd Garrison decidió ignorar a quienes lo apoyaban apelando a
sus credenciales antiesclavistas. Se mostraba desdeñoso y llegó a afirmar
que Lincoln no haría «nada que pueda ofender al Sur».[21]

Días antes de las elecciones de 1860, en noviembre, treinta mil demócratas salieron en procesión por las calles de Nueva York portando
antorchas, pancartas y carteles de contenido terminante, como «No a la
igualdad de los negros» o «Amor libre, negros libres, mujeres libres». No
obstante, los republicanos consiguieron convencer a suficientes ciudadanos del Norte de que el partido seguía oponiéndose a ampliar tanto el
esclavismo como los derechos civiles de los negros. Garrison habló por
boca de muchos cuando manifestó su esperanza en que la elección de
Abraham Lincoln como decimosexto presidente de Estados Unidos fuese síntoma de «un sentir mucho más profundo» en el Norte, que «con el
transcurrir del tiempo madure en acciones mucho más decisivas» en contra de la esclavitud. Eso era precisamente lo que los esclavistas temían.[22]

En una carta abierta a un ciudadano del Sur fechada el 15 de diciembre de 1860, Lincoln trató de zanjar la cuestión de la secesión. Para él,
solo había una «diferencia sustancial» entre el Norte y el Sur. «Usted
piensa que el esclavismo es justo y que debería ampliarse; nosotros pensamos que es un error y que habría que restringirlo». Era poco probable
que los proesclavistas del Sur prestasen oídos a Lincoln en lo que se refería a esta cuestión. El discurso secesionista les llegaba a través de los predicadores locales, los cuerpos eclesiásticos, los periódicos o los políticos,
en ningún sitio tanto como en Carolina del Sur, el único estado con

mayoría negra. Los esclavistas sabían que los abolicionistas —y la pérdida de poder federal, de la unidad proesclavista blanca y de la capacidad de aumentar la población de esclavos— eran una traba para poder controlar la ingente resistencia de los cautivos, que por aquellas fechas no había cesado. Los secesionistas de Carolina del Sur solo tenían que pronunciar una palabra para infundir miedo, «Haití», con un sentido bien conocido. Mientras que Garrison consideraba la secesión un suicidio, eran muchos los esclavistas que lo que consideraban suicida era permanecer en la Unión. En la última semana de 1860, esos mismos esclavistas darían, desde Carolina del Sur, una serie de pasos drásticos para garantizar su propia seguridad.[23]

17

El emancipador de la historia

El 24 de diciembre de 1860, los legisladores de Carolina del Sur aludieron a la Declaración de Independencia al exponer sus razones para la secesión. Los abolicionistas estaban «incitando» a los satisfechos esclavos a una «insurrección servil» y «elevando a la ciudadanía» a unos negros que eran constitucionalmente «incapaces de convertirse en ciudadanos». La secesión de Carolina del Sur no significaba únicamente la pérdida de un estado, y de una región al cabo de poco tiempo, sino también la pérdida del territorio y las riquezas de esa región. El Sur ocupaba millones de hectáreas que eran más valiosas en términos puramente económicos que los casi cuatro millones de seres humanos esclavizados que trabajaban duramente en sus plantaciones en 1860. Con sus inversiones financieras en la institución de la esclavitud y su dependencia de la productividad de esta, los prestamistas y fabricantes del Norte eran patrocinadores fundamentales de la esclavitud. Así, obligaron a sus acomodaticios congresistas a ponerse de rodillas para restablecer la Unión. Garrison calificó de «simplemente una idiotez» todos los esfuerzos para «salvar la Unión» llevados a cabo en diciembre de 1860 y enero de 1861. Fueran inteligentes o estúpidos, el hecho es que fracasaron. El resto del Sur profundo se separó en enero y febrero de 1861. Los secesionistas de Florida publicaron una Declaración de Motivos en la que sostenían que los negros debían ser esclavos porque en todas partes «su tendencia natural es a la ociosidad, la holgazanería y el crimen».[1]

En febrero de 1861, Jefferson Davis juró el cargo de presidente de los nuevos Estados Confederados de América en Montgomery, Alabama. En su discurso inaugural en marzo, Lincoln no puso inconvenientes a la Decimotercera Enmienda propuesta, que habría hecho que la esclavitud fuese intocable y, potencialmente, restableciese la Unión. Pero Lincoln sí juró que jamás permitiría que la esclavitud siguiese existiendo. El 21 de marzo, el vicepresidente de la Confederación, Alexander Stephens, respondió al compromiso de Lincoln en un discurso improvisado. El Gobierno confederado, declaró, se asentaba «sobre la gran verdad de que el hombre negro no es igual al hombre blanco; de que la subordinación del esclavo a la raza superior es su condición natural y normal. Este nuestro nuevo Gobierno es el primero en la historia del mundo basado en esta gran verdad física, filosófica y moral». Esta «gran verdad», decía Stephens, era la «piedra angular» de la Confederación. Pasó a ser conocido como el «discurso de la piedra angular».[2]

En la nueva literatura o propaganda para adultos y niños del Sur, los confederados ampliaron esta piedra angular con dos personajes tipo, los fugitivos que volvían y se daban cuenta de que la esclavitud era mejor que la libertad, y los heroicos confederados negros que defendían la esclavitud. Siempre han existido verdades individuales que dan apoyo a todas las mentiras racistas generalizadas. Es cierto que algunos oportunistas negros apoyaban la causa confederada para buscar el favor de sus partidarios en el caso de que la esclavitud persistiese. Es cierto que algunos negros libres que pasaban hambre apoyaban a los rebeldes a cambio de provisiones que les permitieran sobrevivir. Es cierto también que los racistas negros que pensaban que los negros estaban mejor como esclavos a veces ayudaban voluntariamente a la Confederación. Probablemente, el número de confederados negros voluntarios no era muy grande, pero nadie puede afirmarlo con seguridad.[3]

Tres semanas después de que Alexander Stephens pusiese la «piedra angular», los confederados atacaron el fuerte Sumter. El 15 de abril de 1861 Lincoln movilizó al ejército de la Unión para acabar con la «insurrección», que a finales de mayo abarcaba Virginia, Carolina del Norte, Tennessee y Arkansas. No importaba lo que Lincoln dejase de decir sobre la esclavitud ni las responsabilidades que los demócratas atribuyeran a los abolicionistas; para estos y para las personas negras, la guerra de Secesión fue una guerra contra la esclavitud y la culpa fue de los esclavistas. El 4 de julio, en el picnic abolicionista anual celebrado en Framingham, Massachusetts, William Lloyd Garrison repudió la «colorfobia» por haber refrenado el apoyo de los habitantes del Norte a una guerra de emancipación. «En cada esclavo debemos ver al propio Jesucristo», afirmó.[4]

En el *Weekly Anglo-African* se auguraba que millones de esclavos africanos no serían «observadores impasibles». Puede que Lincoln la calificase de «guerra del hombre blanco», pero los esclavos africanos tenían «una idea clara y decidida de lo que quieren, la libertad».[5]

El *Weekly Anglo-African* tenía razón. Docenas al principio, luego centenares, luego millares de fugitivos huyeron para incorporarse a las fuerzas de la Unión en el verano de 1861. Pero los soldados unionistas aplicaron con mano de hierro la Ley de Esclavos Huidos, hasta el punto de que, según un periódico de Maryland, en tres meses de guerra se devolvieron más fugitivos «que durante todo el mandato presidencial del señor Buchanan». Los habitantes del Norte oían con inquietud las informaciones acerca de los fugitivos devueltos, junto con las de negros del Sur obligados a trabajar para el ejército confederado.[6]

Después de que los confederados humillasen a los soldados de la Unión en la primera batalla de Bull Run, en el norte de Virginia, el 21 de julio de 1861, el Congreso y la Administración Lincoln se vieron asediados por propuestas acerca de la posible utilidad bélica de los esclavos africanos. Al principio, el Congreso aprobó una resolución en la que declaraba categóricamente que la guerra no se libraba «con el propósito de acabar o interferir con los derechos o las instituciones establecidas en estos estados». Pero las exigencias del conflicto bélico pronto cambiaron sus estimaciones. A principios de agosto, el Congreso, con mayoría republicana, se vio obligado a aprobar la Ley de Confiscación, con las objeciones de los demócratas y los unionistas de los estados limítrofes. Lincoln, con reservas, firmó la ley, que decía que los esclavistas renunciaban a la posesión de cualquier propiedad, incluidos los esclavos africanos, utilizada por el ejército confederado. La Unión podía confiscar a estas personas como «contrabando». Legalmente ya no eran esclavos, pero tampoco eran libres. Sin embargo, podían trabajar para el ejército de la Unión a cambio de un salario y vivir en los campamentos para personas de contrabando, cuyas condiciones eran deplorables. Uno de cada cuatro de los 1,1 millones de hombres, mujeres y niños de los campamentos de contrabando murió, en lo que fue uno de los peores desastres de salud pública de la historia de Estados Unidos. Solo tenían asignados 138 médicos para cuidar de ellos. Algunos facultativos llamaban «animales» a las personas de contrabando, y culpaban de su muerte masiva a las debilidades innatas de los negros, no a las extremas deficiencias de higiene, alimentación y cuidados médicos.[7]

A pesar de las terroríficas circunstancias, el número de personas negras de contrabando aumentaba mes a mes. Los esclavos huían de las pésimas condiciones de las plantaciones, sobre todo después de que los soldados de la Unión ocupasen el Sur profundo más densamente poblado. *The New York Times* informaba a finales de 1861 de que los esclavos «albergan un sincero anhelo de libertad». El número cada vez mayor de fugitivos demostraba que los informes confederados sobre cautivos satisfechos no eran más que propaganda. Esta forma de resistencia —no persuasión— negra empezó por fin a erradicar de las mentes del Norte la idea racista del negro dócil. El presidente no animó a los fugitivos en su mensaje al Congreso de diciembre de 1861, pero sí que solicitó financiación para los que optaran por la colonización, así como para compensar a los emancipadores unionistas y garantizar así que la guerra no acabara por convertirse en una «implacable contienda revolucionaria». Furioso, Garrison proclamó en una carta que Lincoln no tenía «ni una gota de sangre antiesclavista en las venas».[8]

En la primavera de 1862, miles de fugitivos huían semana tras semana a través de los bosques, llegaban a las líneas más al sur del ejército de la Unión y dejaban atrás plantaciones paralizadas y una Confederación cada vez más dividida. Algunos soldados desertaban del ejército confederado, y algunos de estos desertores se unían a los esclavos africanos para organizar revueltas contra sus enemigos comunes, los ricos hacendados. Y algunos blancos del interior que no eran dueños de esclavos ya habían perdido la ilusión de luchar en esa guerra de esclavistas. Alexander H. Jones, del este de Carolina del Norte, ayudó a organizar la fuerza de diez mil hombres llamada Héroes de América, que tendió un Ferrocarril Subterráneo para que los unionistas blancos que se hallaban en territorio confederado pudieran huir. «El hecho es —escribía Jones en una circular antirracista secreta, en alusión a los ricos hacendados— que estos pomposos y aristocráticos imbéciles han tenido la costumbre de mandar sobre los negros y sobre los blancos pobres hasta el punto de creerse superiores, y odian, desprecian y sospechan de los pobres».[9]

En el Norte, los republicanos radicales impulsaron multitud de medidas antiesclavistas a las que las personas del Sur y sus defensores del Norte se habían opuesto durante años. En el verano de 1862 ya se había prohibido la esclavitud en los territorios, y el tráfico transatlántico continuo de esclavos se había suprimido. Estados Unidos reconoció a Haití y a Liberia, la abolición había llegado a Washington D. C. y se prohibió al ejército de la Unión devolver a los fugitivos al Sur. La Ley de Esclavos Huidos había sido, en la práctica, derogada. Y entonces llegó la sorpresa, la Ley de Segunda Confiscación, aprobada y enviada a Lincoln el 17 de julio. La ley disponía que todos los africanos con dueño que huyesen a las líneas del ejército de la Unión o que residieran en territorios ocupados por la Unión quedaban «liberados para siempre de su esclavitud». El *Springfield Daily Republican* se dio cuenta del potencial de la ley, y afirmó que los esclavos africanos quedarían liberados «tan pronto como los ejércitos penetren en la sección del Sur». Pero el avance no era lo bastante rápido, y las bajas en el ejército de la Unión no hacían más que incrementarse. Los generales confederados Robert E. Lee y Stonewall Jackson parecían dirigirse al mal defendido Washington D. C., lo que tenía a Lincoln aterrorizado.

La Ley de Segunda Confiscación fue un punto de inflexión que marcó la política de la Unión en el camino que conducía a la emancipación. La guerra y el fracaso a la hora de convencer a los estados limítrofes de los beneficios de una emancipación gradual y con indemnizaciones habían minado la paciencia de Lincoln y del Congreso. Finalmente, el presidente se abrió a la idea de proclamar la emancipación para salvar así a la Unión (no para salvar a las personas negras). Las proclamas de los hacendados unionistas para recuperar la esclavitud durante la guerra le irritaban cada vez más. «No es posible arreglar los huevos rotos», le contestó en una ocasión al dueño de una plantación de Luisiana.

El 22 de julio de 1862, cinco días después de firmar la Ley de Segunda Confiscación, Lincoln planteó ante su gabinete un nuevo proyecto de ley, que entraría en vigor el 1 de enero de 1863. «Todas las personas retenidas como esclavas en cualquier estado [bajo control rebelde] serán, a partir de este momento y para siempre, libres». El gabinete de Lincoln quedó estupefacto y enseguida se dividió en cuanto a la Proclamación de Emancipación Preliminar. No se tomó una decisión inmediata, pero la información fue filtrada. No hubo muchos norteamericanos que se tomaran en serio la proclamación.[10]

Las conversaciones sobre los fugitivos, las personas de contrabando y la emancipación que tuvieron lugar durante la primavera y el verano de 1862 llevaron invariablemente a hablar de colonización. Los racistas del Norte empezaron a verla como la única posibilidad para los libertos. Temían que las personas negras huyeran al Norte, invadieran sus comunidades y se convirtiesen en «vagabundos violentos», como dijo el *Chicago Tribune*. La Ley de Segunda Confiscación y el decreto de 1862 por el que se abolía la esclavitud en la capital de la nación llevaban asociadas disposiciones acerca de la colonización. El establecimiento de relaciones diplomáticas entre Estados Unidos y Haití y Liberia se había hecho con vistas a la colonización. En sus medidas de adscripción de recursos, en 1862, el Congreso asignó seiscientos mil dólares (unos catorce millones de dólares actuales) a la expulsión de personas negras del país.

Las personas negras hicieron patente su oposición a la colonización de forma alta y clara en el verano de 1862. Lincoln, que deseaba obtener su apoyo, invitó el 14 de agosto a cinco hombres negros a la residencia presidencial. La delegación la encabezaba el reverendo Joseph Mitchell, encargado de inmigración en el Departamento de Interior. El debate no tardó en convertirse en un sermón: la negra nunca podría «situarse en pie de igualdad con la raza blanca» en Estados Unidos, manifestó Lincoln. «No necesito discutir si esto es bueno o malo», añadió. A continuación, culpó de la guerra a la presencia de los negros. Si se marchaban, todo iría bien, auguró. «Sacrificad algo de vuestro bienestar actual», aconsejó Lincoln, y le pidió al grupo que presionase a la población negra para que se embarcara rumbo a Liberia y empezase de nuevo. Negarse a ello sería «de un egoísmo extremo».

Aunque, aparentemente, los cinco hombres negros consideraron que los puntos de vista de Lincoln eran persuasivos, este no pudo convencer a las mujeres y a los hombres que leyeron su discurso en los periódicos de la nación. Airado, William Lloyd Garrison relegó las palabras de Lincoln a la sección «Refugio de la opresión» de *The Liberator*, donde solía publicar las opiniones de los esclavistas. No era el color lo que hacía que «su presencia aquí sea intolerable», escribió Garrison, sino «el hecho de que sean libres». En opinión de Frederick Douglass, Lincoln mostró «su desprecio por los negros y su hipocresía».[11]

Seis días después de reunirse con la delegación negra, Lincoln tuvo la oportunidad de afirmar categóricamente sus puntos de vista sobre la guerra, la emancipación y las personas negras. El editor más poderoso de la nación, Horace Greeley, insertó una carta abierta al presidente en su principal periódico, el *New-York Tribune*, el 20 de agosto de 1862. Greeley, que había tenido una influencia capital en la elección de Lincoln, le instaba a aplicar las «disposiciones de emancipación» de la Ley de Segunda Confiscación.[12]

«Mi principal objetivo en esta lucha es salvar la Unión, no salvar ni destruir la esclavitud —respondió Lincoln en el periódico rival de Greeley, el *National Intelligencer* de Washington—. Si pudiera salvar la Unión sin tener que liberar a ningún esclavo, lo haría, y si pudiera salvarla liberando a todos los esclavos, entonces haría eso. Lo que haga acerca de la esclavitud y la raza de color lo haré porque crea que ayuda a salvar la Unión». En el *New-York Tribune*, el prometedor abolicionista Wendell Phillips calificó los comentarios de Lincoln de «el documento más lamentable generado jamás por el dirigente de un pueblo libre».[13]

Con la guerra convertida en una carretera interminable, la proximidad de las elecciones de mitad de mandato y los fugitivos debilitando a los confederados más que las balas de la Unión, Lincoln convocó a su gabinete el 22 de septiembre de 1862. Después de presentar durante meses a los americanos su rostro impasible, finalmente mostró sus cartas, unas cartas que William Lloyd Garrison nunca creyó que estuvieran en su poder. Lincoln emitió la Proclamación de Emancipación Preliminar. A los estados esclavistas de la Unión y a cualquier estado rebelde que quisiera volver a ella, Lincoln les ofrecía de nuevo la emancipación gradual e indemnizada y la colonización. Para los estados que siguieran en rebelión el 1 de enero de 1863, Lincoln proclamaba que «todas las personas retenidas como esclavas [...] serán, a partir de este momento y para siempre, libres».[14]

«¡Gracias a Dios!», pregonaba estentóreo el *Pittsburgh Gazette*. «Dejaremos de ser hipócritas e impostores», proclamó Ralph Waldo Emerson. A William Lloyd Garrison le gustó cómo sonaba lo de «para siempre libres», pero poco más. En privado, mientras echaba chispas, afirmó que Lincoln no podía «hacer nada por la libertad de forma directa, solo mediante el circunloquio y la dilación».[15]

En su mensaje al Congreso del 1 de diciembre, Lincoln expuso un plan más detallado para la emancipación gradual e indemnizada y la colonización. Cualquier estado esclavista podía permanecer en la Unión o reincorporarse a ella si prometía lealtad y tenía la voluntad de abolir la esclavitud en cualquier momento antes del 1 de enero de 1900. El Gobierno estadounidense compensaría a dichos estados por liberar sus posesiones humanas, pero, si decidían volver a introducir o tolerar la esclavitud, tendrían que devolver la compensación recibida por la emancipación. «La oportuna adopción» de la emancipación gradual e indemnizada y la colonización «traería consigo la recuperación», alegó Lincoln. La mayoría de los líderes confederados rechazaron las propuestas de Lincoln, envalentonados después de sus impresionantes victorias en la guerra a mediados de diciembre.[16]

Abraham Lincoln se retiró a su despacho la tarde del 1 de enero de 1863. Repasó la Proclamación de Emancipación, «una medida bélica justa y necesaria para sofocar dicha rebelión», como él la denominaba, que emancipaba «a todas las personas retenidas como esclavas» y permitía a los hombres negros unirse al ejército de la Unión. Mientras Lincoln leía la declaración definitiva, su secretario del Tesoro, el abolicionista Salmon B. Chase, le sugirió que añadiese un comentario moral. Lincoln consintió, y agregó lo siguiente: «Por esta ley, que se tiene sinceramente por un acto de justicia, avalado por la Constitución, y por necesidad militar, invoco aquí al criterio considerado del ser humano y a la misericordia de Dios todopoderoso».

En los dos años siguientes, Lincoln se puso a disposición de escritores, artistas, fotógrafos y escultores, que lo inmortalizaron para la posteridad como el Gran Emancipador. Con su proclamación, Lincoln emancipó a unas cincuenta mil personas negras en las zonas confederadas ocupadas por la Unión aquel mes de enero. En cambio, mantuvo en la esclavitud al casi medio millón de personas africanas de los estados fronterizos, a fin de conservar la lealtad de sus propietarios. También mantuvo esclavizados a unos trescientos mil africanos de las zonas recién exentas que habían sido confederadas, a fin de lograr la lealtad de sus dueños. Más de dos millones de personas africanas de las plantaciones confederadas siguieron siendo esclavas porque Lincoln carecía de poder para liberarlas. Los demócratas se burlaban de él por «hacer, a propósito, que la declaración fuese inoperante en todos aquellos lugares donde [...] los esclavos [eran] accesibles» y que fuese operativa «solo allí donde era de sobra conocido que no tenía poder para ejecutarla», como indicaba el *New York World*.

Con todo, los esclavos africanos tenían ahora el poder de emanciparse a sí mismos. A finales de 1863, cuatrocientas mil personas negras habían huido de sus plantaciones hasta encontrarse con las líneas unionistas, corriendo hacia la libertad que la proclamación garantizaba.[17]

Hacía tiempo que algunos cristianos negros rezaban por la venida de un Gran Emancipador, y creían haberlo encontrado en Abraham Lincoln. Los bostonianos de clase alta prorrumpieron en una ovación estruendosa cuando las noticias de la firma de Lincoln llegaron al Concierto del Gran Jubileo, en el Music Hall, el 1 de enero de 1863. Después de lanzar los sombreros al aire, agitar los pañuelos, abrazarse, dar gritos, patear, llorar, reír y besarse, los asistentes iniciaron su propio concierto del jubileo. «¡Tres hurras por Garrison!», gritó alguien. Seis mil ojos se volvieron a mirar al director de *The Liberator*, de cincuenta y siete años, que tanto había rogado por la llegada de aquel día. Garrison se inclinó contra la baranda del palco, saludó y sonrió, radiante, inundando de luz Nueva Inglaterra.

Garrison elogió la Proclamación de Emancipación, que calificó de «momento decisivo». A partir de ese día se convirtió en un «tenaz unionista», un defensor apasionado y divinizador de Abraham Lincoln, tanto como cualquier republicano. Mientras que antes lo había criticado por su lentitud e indecisión, Garrison empezó ahora a elogiar la actitud «cauta y considerada» del presidente.[18]

Algunas personas no adoraron a Lincoln aquella noche, y fueron especialmente críticas con la misma cautela alabada por Garrison. El *Pacific Appeal* de San Francisco, propiedad de personas negras, detestaba esta «medida de medias tintas» e insistía en que «cada uno de los esclavos» debía haber sido emancipado y «cada una de las cadenas [...] rota».[19]

18

¿Preparados para la libertad?

A finales de abril de 1863, Willie Garrison, el segundo hijo de William Lloyd, llevó a casa a un conocido, el inmigrante alemán Henry Villard, uno de los más talentosos periodistas jóvenes que cubrían la guerra. Villard acababa de llegar de las Islas del Mar de Carolina del Sur, donde había observado a las primeras personas emancipadas de la conflagración y a los primeros regimientos de soldados negros. Villard compartió con los Garrison sus observaciones, de carácter racista, sobre los «semipaganos negros» de la costa de Carolina del Sur, al tiempo que condenaba las «salvajes supersticiones» de los negros y describía su «adoración fetichista» de una forma que demostraba que no comprendía sus religiones africanas ni la forma en que estaban modificando el cristianismo para adaptarlo a sus culturas. Villard llamó despectivamente «jerga» a la lengua gullah que utilizaban, y los menospreció por no comprender «nuestro inglés». En la misma línea de pensamiento, los negros de las Islas del Mar también podrían haber llamado «jerga» a la lengua de Villard y «salvaje» a su religión, y haberlo menospreciado por no comprender su «gullah» ni a sus dioses. Aun así, las observaciones de Villard confirmaban lo que Garrison creía desde hacía tiempo, que «desde luego no se podía esperar nada más de criaturas que habían sido mantenidas a propósito en la condición de brutos», como decía Villard.[1]

Durante años, los racistas del Norte habían coincidido de una forma casi religiosa en que los esclavos africanos eran como brutos. Entre ellos no se ponían de acuerdo acerca de la capacidad de las personas negras para la libertad, la independencia y la civilización. Este debate racista en el Norte —los segregacionistas, inflexibles en su postura acerca de la incapacidad de los brutos negros; los asimilacionistas como Garrison y Villard, inamovibles acerca de su capacidad— se convirtió en la conversación más habitual tras la emancipación. Casi nadie que ocupase una posición de autoridad —ya fuera en la élite económica, política, cultural o intelectual— aportaba a esta conversación ideas antirracistas sobre la igualdad de las personas negras.[2]

Durante su estancia en Boston, Villard acompañó a los Garrison hasta un lugar situado unos veintiún kilómetros al sur para que viesen los ejercicios de entrenamiento del 54.º Regimiento de Infantería Voluntaria de Massachusetts. En enero de 1863, Lincoln le había pedido al gobernador del estado que organizase un regimiento negro. «¡Hombres de color, a las armas!» se convirtió en el punto de convergencia de los líderes negros. Al luchar en el ejército, se hacía creer a los hombres negros que podían ganarse su derecho a la ciudadanía (como si tuvieran que, o pudieran, ganarse derechos). Los líderes negros hablaban sin cesar de los soldados que reivindicaban la masculinidad negra, lo que en sí se basaba en la suposición de que esta carecía de algo que solo podía suplirse matando confederados o siendo abatido por ellos. Al mismo tiempo, algunos unionistas blancos planteaban el hecho de tener que luchar «hombro con hombro con estos furiosos y tiznados negros» como una amenaza a su superior masculinidad, como se lamentaba el congresista demócrata por Nueva York James Brooks. Era una desagradable concurrencia de ideas racistas y sexistas alimentadas por hombres tanto negros como blancos. Al final de la guerra, casi doscientos mil hombres negros habían servido en el ejército. Habían caído a millares, y habían matado a millares de confederados. Mucha muerte a pesar de que el estereotipo del hombre negro débil seguía bien vivo.[3]

Cuando el gobernador de Indiana elogió a las tropas negras por volver con su equipo, mientras que las blancas no lo hacían, el *State Sentinel* de Indianápolis habló de un esfuerzo supremo para «desacreditar a los soldados blancos y elevar a los negros». Los combatientes blancos nunca daban parte a oficiales negros, se hallaban en más situaciones de combate, raramente eran esclavizados o acababan muertos cuando eran capturados, y cobraban más. Aun así, las acusaciones de favoritismo hacia los negros eran interminables.

Las ideas racistas eran fácilmente revisables, en especial a medida que cambiaban las exigencias de los discriminadores. Los demócratas alteraron sus ideas racistas cuando les convino para atacar a los soldados negros. Mientras que, antes de la guerra, habían justificado la esclavitud enfatizando la superioridad física de los hombres negros, durante el conflicto bélico concedían ascensos a los soldados blancos y resaltaban la superioridad física de los hombres blancos. Mientras que antes de la guerra habían justificado la esclavitud al considerar que los negros eran dóciles por naturaleza y estaban bien dotados para recibir órdenes, durante la guerra subrayaron que los negros eran brutos imposibles de controlar; en cambio, los republicanos sostenían que los negros, naturalmente dóciles, eran excelentes como soldados. Con frecuencia, los republicanos atribuían el soberbio rendimiento de los negros en el campo de batalla a su extraordinaria sumisión y a la excelencia de sus mandos blancos. Ambos bandos utilizaron el mismo lenguaje y las mismas ideas racistas, en distintos momentos, para defender su causa, reforzando el lenguaje y las ideas con ejemplos verosímiles del campo de batalla.[4]

Tras el entusiasmo de la Unión por su victoria en Gettysburg, a principios de julio de 1863, y en Vicksburg, que dividió en dos a la Confederación, llegaron noticias luctuosas de Carolina del Sur. El 18 de julio, casi la mitad del 54.° Regimiento Negro de Massachusetts había resultado muerto, capturado o herido al liderar el fallido asalto al fuerte Wagner. La fortificación defendía el flanco sur de la ciudadela sudista, Charleston. Seiscientos negros cansados y hambrientos habían corrido entre una nube de balas y proyectiles de artillería hacia los «enloquecidos» confederados y entablado un feroz combate cuerpo a cuerpo. Las historias de esta batalla recorrieron el Norte casi tan rápido como la Confederación ejecutaba a los capturados. El *New-York Tribune* predijo con exactitud que la batalla sería el punto de inflexión decisivo en el debate planteado en el Norte sobre la capacidad de combate de los negros. En última instancia, la batalla resultó decisiva en más de un aspecto.[5]

El publicista católico Orestes A. Brownson era uno de los muchos norteamericanos con poder que defendían la emancipación como medida bélica y la colonización como medida posbélica, y había aconsejado en ese sentido a Lincoln en 1862. Después de fuerte Wagner, Brownson tuvo que admitir que «los negros, que han derramado su sangre en defensa del país, tienen el derecho de reconocerlo como propio. Por consiguiente, la deportación o la colonización forzosa son, en lo sucesivo, impensables».[6]

A principios de 1863, el presidente Lincoln aún conservaba alguna esperanza en la colonización. Dio un anticipo a un pastor negro para que estableciese un asentamiento en Liberia, y se quejó a un congresista por Ohio de que no sabía «qué hacer con estas personas —los negros— cuando llegue la paz». La guerra exige soldados físicamente aptos, y las exigencias de mano de obra y votantes leales y aptos en el Sur habían empezado a alejar a la opinión pública de la idea de la colonización. El descalabro de los planes de colonización de la Administración Lincoln determinó el destino del movimiento. En julio de 1863 Lincoln habló del «fracaso» de la colonización. En 1864 el Congreso congeló los fondos destinados a ella, y Lincoln abandonó la idea como posible política de posguerra. El *Chicago Tribune* habló con confianza del «fin de la colonización». Pero el racismo no se había terminado. Su progresión durante la Administración Lincoln comportó confinar a los fieles votantes y trabajadores negros en el Sur, lejos de los territorios libres del Norte y del Oeste.[7]

La reconstrucción de la Unión parecía estar en mente de todos, incluidos los abolicionistas. A finales de enero de 1864, Garrison se opuso a una resolución contra Lincoln en la reunión de la Sociedad Antiesclavista de Massachusetts. Wendell Phillips, viejo amigo de Garrison y llamado a tomar el relevo del abolicionismo de su amigo y mentor, calificó a Lincoln de «un *whig* del Oeste semiconverso y honrado que trata de ser abolicionista». Mientras Garrison miraba la emancipación con desprecio, Phillips miraba más allá, a la reconstrucción de Estados Unidos. En diciembre de 1863 Lincoln había anunciado su Proclamación de Amnistía y Reconstrucción, que ofrecía la restitución de los derechos (salvo el de posesión de esclavos) a todos los confederados que hiciesen el juramento de lealtad. Cuando los niveles de lealtad alcanzaran el 10 por ciento, los estados podrían establecer gobiernos que restringiesen los derechos civiles de los residentes negros, había propuesto Lincoln. Pero esta propuesta «libera al esclavo e ignora al negro», repuso Phillips, airado. Igualmente airada estaba la nutrida comunidad libre birracial de Nueva Orleans, que exigía el derecho de voto. Estos activistas birraciales separaban «su lucha de la de los negros», comentó un observador. «A su juicio, estaban más cerca del hombre blanco y eran más avanzados que los esclavos en todos los aspectos». Los contactos con los blancos de Luisiana fracasaron, y los activistas birraciales no tuvieron más remedio que tragarse su orgullo racista y, para finales de 1864, aliarse con los negros emancipados.[8]

El coraje y los principios de Garrison, que lo habían convertido en una leyenda cuando la emancipación parecía tan lejana, habían sido reemplazados por un temor realista en 1864, cuando la abolición parecía tan cercana. Garrison temía que los demócratas se hicieran con un número suficiente de votantes cansados de la guerra y opuestos a la emancipación como para hacerse con la presidencia, negociar un acuerdo para poner fin a la guerra y mantener la esclavitud. «Haz que nuestras almas se colmen de paciencia», escribió. William Lloyd Garrison, el histórico apóstol de la emancipación inmediata, aconsejaba ahora paciencia.[9]

Los unionistas de Maryland se pusieron manos a la obra para reconstruir su estado sin esclavitud. A fin de alentarlos, Lincoln hizo un breve viaje a Baltimore, donde pronunció uno de los discursos abolicionistas más lúcidos de su carrera, el 18 de abril de 1864. En él respondía a la sempiterna paradoja norteamericana: ¿cómo pudo el país de la libertad ser también el de la esclavitud? «Para algunos, la palabra "libertad" puede significar hacer lo que les plazca con ellos mismos y con el producto de su trabajo —afirmó—, mientras que para otros la misma palabra puede significar hacer lo que les plazca con otros hombres y con el producto del trabajo de estos». Para aclarar su postura, Lincoln utilizó una analogía. «El pastor mantiene a las ovejas a salvo de las fauces del lobo, y las ovejas le dan las gracias como liberador, mientras que el lobo lo condena por el mismo acto como destructor de la libertad, sobre todo si se tiene en cuenta que la oveja era negra —dijo—. Así contemplamos los procesos por los que miles de personas se liberan a diario del yugo de la esclavitud, aclamados por muchos como un avance de la libertad y por otros como la destrucción de toda libertad». La analogía de la libertad de Lincoln, que evocaba a todas luces su identidad como el Gran Emancipador, era una reescritura de la realidad. La mayor parte de los esclavos africanos no eran precisamente ovejas esperando que los pastores de la Unión llegasen a sus plantaciones y los condujesen a la libertad. Las líneas de la Unión demostraban ser, en esta analogía, el establo de la libertad. Mientras Lincoln emancipaba a una minoría de ovejas, la mayor parte de ellas combatían a los lobos confederados o escapaban por sí mismos de ellos en sus plantaciones, corrían solos hacia la libertad y solos se alistaban en el ejército de la Unión para acabar con los lobos confederados.[10]

A partir de la promulgación de la Proclamación de Emancipación, Lincoln había empezado a imaginarse (como Garrison antes que él) como el pastor liberador de las personas negras, que tenían necesidad de que alguien las guiase hacia la civilización. El 1 de noviembre de 1864, el día de la emancipación en Maryland, los libertos se dirigieron a la residencia del presidente. Lincoln los instó a «perfeccionarse, tanto moral como intelectualmente», al tiempo que apoyaba la nueva Constitución de Maryland, que les impedía mejorar en el plano socioeconómico. Dicha constitución prohibía a los negros votar y asistir a las escuelas públicas, y también forzó a miles de niños a fungir como sirvientes de sus antiguos amos, a pesar de las objeciones de sus padres. Lincoln parecía seguir los pasos de Thomas Jefferson: prestar sus palabras vacías a la causa de la elevación de los negros al tiempo que apoyaba las políticas racistas que garantizaban su ruina.[11]

Al establecer los términos de la emancipación, Maryland (y Luisiana) ignoraron las recomendaciones de la Comisión Consultiva Estadounidense de Libertos (AFIC, por sus siglas en inglés), que había sido autorizada por el Departamento de la Guerra a petición del senador por Massachusetts Charles Sumner. En su ampliamente difundido informe final, en mayo de 1864, la comisión solicitaba igualdad de derechos, leyes que permitieran a los negros comprar tierras y la creación de una oficina de emancipación temporal que acompañase a los libertos hasta que pudieran ser independientes. Uno de los comisionados, el abolicionista bostoniano James McKaye, propugnaba la redistribución de las tierras confiscadas a los confederados entre blancos y personas emancipadas que no poseyeran.

Al promocionar la igualdad de derechos, McKaye y los otros dos comisionados, el reformista de Indiana Robert Dale Owen y el doctor Samuel Gridley Howe, un abolicionista de Nueva Inglaterra, nunca consideraron la idea de que los negros y los blancos fuesen realmente iguales. Se les había encargado dar respuesta a las cuestiones relativas al «estado y capacidad» de los negros para la libertad y para el trabajo como personas libres, una tarea cuyo verdadero objetivo era tranquilizar a los blancos que temían los efectos de la emancipación. ¿Eran los negros holgazanes por naturaleza? ¿Invadirían y arruinarían el Norte? ¿Podía la mano de obra negra ser más rentable en libertad que sometida a la esclavitud? En su informe a la AFIC sobre los fugitivos en Canadá, Howe pronosticaba que los negros «cooperarán vigorosamente con los blancos del Norte en la reorganización de la industria del Sur». Sin embargo, «menguarán y desaparecerán poco a poco de los pueblos de este continente», se aseguró de observar este darwinista social. En su informe final a la AFIC, el comisionado Owen mitigó las inquietudes de los blancos del Norte poniendo más el acento en las posibles contribuciones de los afroamericanos. Su «influencia tranquilizadora», fruto de su disposición «femenina», supondría en algún momento una mejora del endurecido «carácter nacional». La mente anglosajona «predomina por encima del corazón —escribió—. La raza africana es, en muchos aspectos, lo contrario». Una década después de *La cabaña del tío Tom*, de Harriet Beecher Stowe, los abolicionistas seguían viendo a las personas negras a través de su lente racista.[12]

Los informes de la AFIC fueron los textos más populares en el súbito aluvión de literatura sobre la emancipación y el futuro de las personas negras. Los informes posteriores a la emancipación incluían observaciones según las cuales la esclavitud no había convertido a los negros en brutos, y cualquiera que estuviera dispuesto a escudriñar entre todos los testimonios racistas podía encontrarlas. Antes de supervisar a los negros de contrabando de Virginia, un capitán del ejército de la Unión, C. B. Wilder, admitió que «no pensaba que [las personas negras] fueran tan inteligentes». Sus experiencias le habían enseñado que «son tan inteligentes como tú o yo, aunque tienen una forma curiosa de demostrarlo». A finales de 1864, el 78 por ciento de los contrabandos bajo la supervisión de Wilder no dependían de «ninguna asistencia». Un superintendente de contrabandos del valle del Mississippi describió la inteligencia de los negros como «tan buena como la de los hombres, mujeres y niños de cualquier origen y color que no saben leer».[13]

William Lloyd Garrison no era uno de los que cuestionaban el hecho de que los antiguos esclavos estuvieran embrutecidos. Durante treinta años, Garrison había movido a las personas del Norte hacia el abolicionismo con proclamas sensacionalistas en torno a la idea de que la esclavitud embrutecía a las personas. Como cualquier racista, rechazaba las pruebas que invalidaban su teoría, y la consolidaba con las pruebas que la apoyaban. En julio de 1864, Garrison defendió el apoyo de Lincoln a las leyes que restringían los derechos de ciudadanía de los negros. «De acuerdo con las leyes de desarrollo y progreso, no es factible conceder el derecho de voto a los subdesarrollados negros», afirmó.[14]

Garrison no lo pasó bien defendiendo a Lincoln en el verano de 1864. Las publicaciones y los políticos demócratas aleccionaban a los votantes sobre los peligros de proseguir con la guerra, de una probable invasión del Norte por parte de los negros emancipados y del mestizaje apoyado por los republicanos. La moral bélica había alcanzado el nivel más bajo. Un regimiento confederado se aproximaba a Washington D. C., y los ejércitos de la Unión apenas ganaban batallas. Las noticias de la guerra eran tan malas el 22 de agosto de 1864 que el Comité Nacional Republicano determinó que Lincoln no podría ser reelegido. Pero no hacía falta que nadie se lo dijese al presidente.

«Soy un hombre derrotado a menos que logremos una gran victoria», se dice que afirmó el 31 de agosto. Dos días más tarde, el general William T. Sherman saqueó Atlanta. Las victorias posteriores impulsaron el apoyo de los votantes a los republicanos, y lo consolidaron al igualar la ira antinegra de los demócratas. La repugnancia que sintieron los norteamericanos negros los llevó a unirse en su primera convención nacional en una década. Arremetieron contra los republicanos por permanecer «generalmente bajo la influencia del desprecio predominante por el carácter y los derechos del hombre de color». A pesar del rechazo —o quizá a causa de él— de los republicanos por parte de los norteamericanos negros, alrededor del 55 por ciento de los unionistas votaron por Lincoln, y su partido se hizo con tres cuartas partes del Congreso. El 45 por ciento de los unionistas, en cambio, votaron por los demócratas a fin de restablecer una Unión con esclavistas.[15]

Una semana después de la reelección de Lincoln, el general Sherman dejó atrás la capturada Atlanta para ponerse al mando de sesenta mil soldados de la Unión en la legendaria Marcha hacia el Mar. Sherman activó su estrategia de guerra total. Los soldados arrasaron a su paso las tierras confederadas (las instalaciones militares, las redes de comunicaciones, las plantaciones, todo lo que encontraron). Veinte mil fugitivos se unieron a la Marcha hacia el Mar. Los reporteros telegrafiaban noticias de sus victorias a los satisfechos unionistas del Norte. En Navidad, Sherman y sus decenas de miles de soldados y fugitivos habían entrado en Savannah (y en el corazón de millones de personas).

El secretario de la Guerra, Edwin McMasters Stanton, llegó a Savannah después de Año Nuevo e instó al general Sherman a que se reuniese con las personas negras de la localidad para hablar de su futuro. En una reunión con veinte líderes negros, sobre todo pastores baptistas y metodistas, celebrada el 12 de enero de 1865, el general Sherman recibió un curso acelerado de sus definiciones de «esclavitud» y «libertad». La primera significaba «recibir el trabajo de otro hombre a causa de un poder irresistible, no por su voluntad», dijo el portavoz del grupo, Garrison Frazier (el nombre del director de *The Liberator* estaba por todas partes). «Libertad» significaba «situarnos allí donde podamos cosechar el fruto de nuestro propio trabajo». Para llevarlo a cabo —para ser totalmente libres— necesitaban «tener tierras». Cuando se le preguntó si deseaban comunidades interraciales, Frazier dejó claro que preferían «vivir solos, por nuestros propios medios». Había «un prejuicio contra nosotros en el Sur que tardará años en superarse».

Por todo el Sur, las personas negras les decían a los funcionarios de la Unión: «No aboláis la esclavitud y luego nos dejéis sin tierras. No nos forcéis a trabajar para nuestros antiguos amos y llaméis a eso "libertad"». Distinguían entre «abolir la esclavitud» y «liberar a las personas». «Solo podremos ser libres si nos proporcionáis tierras que arar con nuestro propio esfuerzo», declararon. Al ofrecer políticas de posguerra, las personas negras estaban reescribiendo lo que significaba ser libres. Y además, al estilo antirracista, rechazaban la integración como una estrategia de relaciones raciales que implicase que los negros demostraran a los blancos que eran humanos en igual medida que ellos. Rechazaban la persuasión por elevación, el hecho de tener que trabajar para revertir las ideas racistas de los blancos al no responder a estereotipos. Las ideas racistas, decían, estaban solo en la mirada del que contemplaba, y solo los que abrigaban ideas racistas eran responsables de su liberación.[16]

Los negros de Savannah no lo mencionaron, pero millones de colonos blancos que habían adquirido tierras en el Oeste, confiscadas a comunidades rebeldes nativas en el transcurso de los años, habían sido liberados. Los negros de Savannah —sus iguales en el Sur— solo pedían lo mismo a las comunidades rebeldes confederadas. No obstante, las ideas racistas racionalizaron las políticas racistas. Los colonos blancos asentados en tierras proporcionadas por el Gobierno fueron considerados receptores de libertad; las personas negras fueron consideradas receptoras de limosnas. Siempre que las conversaciones, al principio de la guerra, tocaban el asunto de la distribución de tierras a las personas negras, los norteamericanos mostraban respeto por los derechos de propiedad de los confederados contra los que luchaban, un respeto que no solían mostrar por los de los pacíficos nativos norteamericanos. Cuando el Gobierno federal empezó a vender a propietarios privados tierras del Sur confiscadas y abandonadas en 1863, más del 90 por ciento fueron a parar a blancos del Norte, entre las protestas generalizadas de los negros locales.[17]

Cuatro días después de reunirse con los negros de Savannah, el general Sherman emitió la Orden Especial de Campo n.º 15 para liberar sus campamentos de fugitivos y castigar a los confederados. Estableció asentamientos para familias negras en parcelas de dieciséis hectáreas en las Islas del Mar y en buena parte de las zonas costeras de Carolina del Sur y Georgia. En junio de 1865, cuarenta mil ya se habían instalado en las parcelas y se les habían proporcionado mulas que habían pertenecido al ejército. La orden de campo de Sherman no era la primera de esta clase.

Los negros que habían ocupado las tierras de la familia de Jefferson Davis en el Mississippi habían formado su propio Gobierno y obtenido unos beneficios de ciento sesenta mil dólares con la venta de algodón. El llamado «Recodo de Davis» se convirtió en un testamento de lo que los negros de Savannah afirmaban en aquel tiempo: lo único que necesitaban las personas negras era que las dejaran en paz, firmemente instaladas en sus propias tierras y con sus derechos garantizados.

Y, sin embargo, para muchos racistas norteamericanos era algo inconcebible que las personas negras no hubiesen resultado perjudicadas por la esclavitud, que pudiesen entrar en la pista de baile de la libertad sin perder el compás. Al general John C. Robinson le preocupaba que el hecho de que los «perezosos» negros fuesen poseedores de tierras pudiera suponer un obstáculo para que «la energía y la laboriosidad del Norte» hiciesen un buen uso de la superficie disponible. Los asimilacionistas Frederick Douglass y Horace Greeley rechazaron la orden de Sherman, demandando comunidades interraciales y haciendo caso omiso de los deseos de los negros locales. El 30 de enero de 1865, Greeley escribió en su *New-York Tribune* que los negros del Sur, «como sus compañeros del Norte», debían «valerse del contacto con la civilización blanca para convertirse en buenos ciudadanos y hombres ilustrados».[18]

El presidente Lincoln no revocó la orden de campo de Sherman; tampoco expresó en público su apoyo ni su desaprobación. Por entonces estaba ocupado consumiendo su energía política en la Cámara de Representantes, algo que dio sus frutos. El 31 de enero, los miembros de la cámara aprobaron la Decimotercera Enmienda, por la que se abolía la esclavitud. El entusiasmo exhibido por los republicanos en el hemiciclo —abrazos, bailes, llantos, sonrisas y gritos— fue la primera de las celebraciones organizadas en las noches siguientes por todo Estados Unidos para festejar la emancipación.

La Decimotercera Enmienda llevó el sosiego a un fatigado activista centrado en la emancipación que estaba enfrentado a los abolicionistas que presionaban por los derechos civiles de los negros. Días antes de la aprobación de la enmienda, Frederick Douglass y Wendell Phillips se habían opuesto apasionadamente a la readmisión de Luisiana en la reunión de la Sociedad Antiesclavista de Massachusetts. Negar el voto a los negros de Luisiana era «señalarnos con el estigma de la inferioridad», entonó Douglass. Defendiendo la readmisión de Luisiana y a Lincoln, William Lloyd Garrison contratacó manifestando que el sufragio era «un derecho convencional [...]

que no debe confundirse con el derecho natural» a la libertad. La igualdad política llegaría por sí sola algún día, explicó, pero solo después del «desarrollo industrial y educativo» de los negros.[19]

El 3 de marzo de 1865, el Congreso creó la Oficina de Refugiados, Libertos y Tierras Abandonadas, u Oficina de Libertos, atendiendo la principal recomendación de la Comisión Consultiva de Libertos. Posiblemente, el deber más complicado que se había asignado a este organismo fuera el de establecer la igualdad racial en lugares en los que «no se considera asesinato matar a un negro; corromper a una mujer negra no se considera fornicación; quedarse con la propiedad de un negro no se considera robo», como observó un coronel de la Unión. Al frente de la Oficina de Libertos se puso a otro general unionista, Oliver Otis Howard. Este oriundo de Nueva Inglaterra creía que los negros emancipados deseaban ser dependientes del Gobierno porque estaban acostumbrados a depender de sus amos. Cuando se disolvió la oficina, en 1869, el general Howard alardeó de que no había sido una «agencia de empobrecimiento» porque había proporcionado ayuda a «muy pocas personas». ¿Funcionarios de un organismo asistencial jactándose de no dar asistencia? Aquello solo tenía sentido en un contexto de ideas racistas. Sin embargo, el hecho de que la oficina ayudase a algunas personas y diese aunque solo fuera la impresión de fomentar la igualdad de oportunidades fue demasiado para segregacionistas como el doctor Josiah C. Nott. En una carta abierta a Howard en 1866, Nott decía, indignado: «Todo el poder de la Oficina de Libertos o de las mismas puertas del infierno no puede imperar» sobre las leyes naturales permanentes que impedían a las personas negras crear la civilización.[20]

El 3 de abril de 1865, el ejército de Robert E. Lee abandonó la defensa de Richmond. Al día siguiente, el presidente Lincoln se paseó por esas mismas calles. Las personas negras que se habían liberado a sí mismas corrieron hacia él, cayeron de rodillas, le besaron las manos, lo subieron a hombros y le llamaron su «mesías». El senador por Massachusetts Charles Sumner tenía la esperanza de que aquella efusión de alabanzas convenciera finalmente a Lincoln de apoyar el sufragio de los negros. Las personas negras tenían objetivos más elevados. «Ahora todos somos iguales —dijo alguien—. Todas las tierras son de los yanquis y las van a repartir entre la gente de color».[21]

El 9 de abril el ejército de Lee se rindió, y así concluyó la guerra de

Secesión. «La esclavitud ha muerto —anunciaba el *Cincinnati Enquirer*—. Pero los negros no, y esa es nuestra desdicha». El 11 de abril Lincoln hizo públicos sus planes de reconstrucción ante una notable muchedumbre reunida frente a la casa presidencial. Al defender la readmisión de Luisiana, el presidente reconoció que «era insatisfactorio para algunos que no se diera el derecho a participar en elecciones a los hombres de color». Expresó su preferencia por conceder el derecho de voto a los negros «muy inteligentes» y a los «soldados» negros.[22]

Nunca un presidente norteamericano había manifestado su preferencia por conceder el derecho de sufragio, incluso uno limitado, a los negros. «Eso significa dar la ciudadanía a los negratas», murmuró un actor de veintiséis años de una famosa familia de intérpretes de Maryland. John Wilkes Booth y sus conspiradores confederados habían planeado secuestrar a Lincoln y exigir la liberación de las tropas confederadas. «Ahora, por Dios —dijo al parecer Booth, mirando con furia a Lincoln—, acabaré con él». El 14 de abril Mary y Abraham Lincoln asistieron a la representación de la obra *Nuestro primo americano* desde el palco presidencial del teatro Ford. Cuando el guardaespaldas de Lincoln salió del palco, poco después de las diez de la noche, Booth se situó furtivamente detrás de Lincoln y le disparó en la cabeza.[23]

Era el Viernes Santo de 1865, y Lincoln falleció a la mañana siguiente como el Gran Emancipador mártir. «Lincoln ha muerto por nosotros —señaló un negro oriundo de Carolina del Sur—. Cristo murió por nosotros, y creo que es el mismo hombre».[24]

Con la emancipación garantizada, William Lloyd Garrison se retiró tres semanas después de la muerte de Lincoln. «Mi vocación como abolicionista, gracias a Dios, ha concluido», dijo. Otros abolicionistas se negaron a retirarse con él. Los miembros de la AASS rechazaron la solicitud de Garrison de disolverla, ofrecieron su puesto de presidente a Wendell Phillips y reformaron su nuevo lema: «No habrá reconstrucción sin sufragio de los negros». Los miembros de la AASS tenían grandes esperanzas puestas en el sustituto de Lincoln, un demócrata de Tennessee de origen humilde que una vez había lanzado a los negros el mensaje «Desde luego que seré vuestro Moisés» y que había gritado indignado a los hacendados: «Las amapolas más altas deben ser derribadas».[25]

19

La reconstrucción de la esclavitud

El presidente Andrew Johnson emitió sus directrices para la Reconstrucción el 29 de mayo de 1865, acabando con las esperanzas de los activistas en pro de los derechos civiles. Ofreció la amnistía, derechos de propiedad y derecho de voto a todos los funcionarios de la Confederación, salvo a los de mayor rango (a los que, en su mayoría, perdonó un año después). Sintiéndose autorizados por el presidente Johnson, los confederados prohibieron el voto a los negros e instituyeron una serie de códigos discriminatorios para ellos en sus convenciones constitucionales para reformular su estado durante el verano y el otoño. Con la Decimotercera Enmienda, que prohibía la esclavitud «salvo como castigo de un crimen», la ley tomó el lugar del amo. El Sur de la posguerra se convirtió en la imagen especular del de preguerra, en todos los aspectos salvo en el nombre.

Por descontado, los legisladores justificaron estas nuevas políticas racistas con ideas racistas. Afirmaron que los códigos para negros —que les imponían contratos de trabajo, obstaculizaban sus movimientos y regulaban su vida familiar— estaban hechos para contenerlos, porque eran, de natural, holgazanes, anárquicos e hipersexuales. «Si a esto lo llamáis libertad —preguntó un veterano negro del ejército—, ¿a qué le llamáis esclavitud?».

Los negros del Sur se defendieron en la guerra de la neoesclavitud, exigieron derechos y tierras y publicaron brillantes réplicas antirracistas a las ideas racistas preponderantes. Si se podía calificar de «holgazán» a algún grupo, este era el de los hacendados, que habían «vivido todas sus vidas en la ociosidad gracias a mano de obra robada», concluyó un encuentro masivo en Petersburg, Virginia. Siempre les había resultado asombroso a las personas esclavizadas cómo alguien podía tumbarse a beber limonada, contemplar sus campos y llamar holgazanes a los que, con la espalda doblada, recogían el algodón. A los pronósticos racistas que decían que los negros no iban a ser capaces de cuidar de sí mismos, una persona emancipada respondió: «Antes, cuando éramos esclavos, éramos capaces de cuidar de nosotros mismos y de nuestros amos, así que creo que ahora podremos cuidar de nosotros mismos». Cuando el presidente Johnson expulsó a los negros de sus parcelas de dieciséis hectáreas en el verano y el otoño de 1865, estos elevaron sus protestas. «Tenemos derecho a la tierra en la que vivimos —se quejó Bayley Wyatt, de Virginia—. Nuestras esposas, nuestros hijos y nuestros maridos han sido vendidos una y otra vez para comprar las tierras en las que ahora estamos».[1]

En septiembre de 1865, el congresista por Pensilvania Thaddeus Stevens, probablemente el más antirracista de los «republicanos radicales» que apoyaban los derechos civiles, propuso (y no obtuvo la aprobación) la redistribución de los 162 millones de hectáreas que poseían el 10 por ciento de los hacendados más ricos. A cada liberto adulto se le concederían dieciséis hectáreas, y el 90 por ciento restante sería vendido en parcelas al «mejor postor», para pagar la guerra y enjugar la deuda nacional. El Congreso solo forzó a un grupo de esclavistas a ofrecer tierras a sus antiguos cautivos: los aliados nativos americanos de la Confederación.

El argumento más habitual contra la redistribución era que «arruinaría a los libertos» al hacerlos creer que podían obtener tierra «sin trabajar por ella», como sugirió el antiesclavista y dueño de una fábrica de algodón Edward Atkinson. ¿Creía realmente Atkinson en su razonamiento? Este rico empresario sabía, más que nadie, que muchos hombres ricos no se habían arruinado al heredar la tierra «sin trabajar por ella». La mayor parte de los republicanos querían que el Gobierno velase por la igualdad ante la ley y que todos los hombres y mujeres tuviesen los mismos derechos constitucionales y de voto. Una vez hecho esto, creían que el Gobierno ya había concluido su labor. «La eliminación de los prejuicios de los blancos hacia los negros depende casi en su totalidad de los propios negros», afirmaba *The Nation*, un periódico consagrado a la igualdad de derechos y fundado en julio de 1865, con el tercer hijo de Garrison, Wendell, como director adjunto.[2]

William Lloyd Garrison y otros muchos abolicionistas inspirados por él optaron por no entrar en el combate político contra la discriminación racial. Garrison no se daba cuenta de que había sido su genio lo que había transformado el abolicionismo, que había pasado de ser un proyecto político con múltiples fines y unas líneas de lucha poco claras a constituir un proyecto moral simple, con un único objetivo: la esclavitud era perversa y los racistas que la justificaban o la ignoraban también lo eran, y era el deber moral de Estados Unidos eliminar el mal de la esclavitud. Garrison no volvió a utilizar su genio para combatir el racismo, para insistir en la maldad de esas disparidades, en que los racistas que las justificaban o las ignoraban eran perversos y en que era el deber moral de Estados Unidos eliminar el mal de esas disparidades raciales. Estaba demasiado influido por la idea asimilacionista de que las personas negras debían ser desarrolladas por personas del Norte. En los últimos meses de *The Liberator*, Garrison destinó elogios y un espacio sustancial a un proyecto de misioneros del Norte para construir escuelas en el Sur para personas emancipadas. No le importaba que dichos misioneros no solo gestionasen la construcción y financiación de las escuelas, sino que también planeasen controlarlas y dotarlas de personal a fin de «civilizar» a los estudiantes.

Los negros antirracistas del Sur no esperaron a que los asimilacionistas del Norte actuasen. «A lo largo y ancho del Sur, las personas de color están esforzándose por educarse a sí mismas», informaba el superintendente de enseñanza de la Oficina de Libertos, John W. Alvord, a principios de 1866, después de recorrer la zona. Estas personas emancipadas no percibían a los misioneros del Norte como superiores ni los consideraban sus salvadores. Los educadores negros de Georgia, por ejemplo, dijeron en febrero de 1866 que esperaban que los maestros blancos no hubiesen ido al Sur «con la vana seguridad de sus dones superiores [...] o con la ridícula presunción de disponer de alguna vocación especial para este cargo o de estar especialmente dotados para cumplir sus exigencias».[3]

El 18 de diciembre de 1865, Estados Unidos agregó oficialmente la Decimotercera Enmienda a su Constitución. «Por fin, el antiguo "pacto con la muerte" ha sido anulado», escribió Garrison en el antepenúltimo número de la voz del abolicionismo. *The Liberator* había sido fundado con el objetivo de destruir la esclavitud como posesión de bienes muebles, dijo en el último número, el 29 de diciembre de aquel año. Ahora que la esclavitud estaba muerta y enterrada, lo más adecuado parecía que «la existencia de *The Liberator* cubra el periodo histórico de la gran lucha».[4]

Sin *The Liberator*, Garrison pronto se sintió «como una gallina desplumada». Después de que dos desafortunadas caídas a principios de 1866 lo apartaran de la circulación, se dedicó sobre todo a contemplar la Reconstrucción desde la barrera. Vio como Frederick Douglass encabezaba una delegación de hombres negros sufragistas que visitó la casa presidencial el 7 de febrero de 1866. La reunión no tardó en volverse agresiva cuando el presidente Andrew Johnson dijo que el derecho de voto debían decidirlo las mayorías de los estados. Cuando alguien replicó que los negros eran mayoría en Carolina del Sur, un molesto Johnson entró en detalles sobre lo que era su verdadero temor: que los votantes negros, mirando por encima del hombro a los blancos pobres, llegasen a una alianza política con los hacendados para gobernarlos. Cuando Douglass propuso «un partido [...] entre los pobres», Johnson mostró desinterés.[5]

Lo reconociese o no Douglass, algunos negros —quizá la mayoría de ellos— sí que miraban por encima del hombro a los blancos pobres. Denigraban a los que no tenían esclavos llamándolos «basura blanca». De hecho, hay indicios no corroborados que sugieren que fueron los esclavos negros los que crearon el término. Los negros habían visto a blancos pobres haciendo el trabajo sucio de sus amos, como vigilantes o en patrullas de esclavos, aferrándose a la absurda falacia de que los de menor rango de ellos aún ocupaban una posición más alta que los mejor posicionados de entre los negros. Y si los blancos pobres eran «basura blanca», ¿qué eran entonces las élites blancas? Los negros que se alimentaban de ideas racistas habían llegado a asociar la blanquitud con las riquezas, el poder, la educación y la posesión de esclavos. Solo por medio del constructo de la «basura blanca» podían mantenerse las ideas de la superioridad del blanco, ya que invisibilizaba a la mayor parte de las personas blancas, los millones que vivían en la pobreza, diciendo que no eran blancos corrientes, sino «basura blanca». De forma similar, los negros que ascendían en la escala social no eran realmente negros, sino personas extraordinarias. En algún momento, las élites blancas racistas y clasistas adoptaron ese apelativo como forma de despreciar a los blancos de ingresos bajos. «Basura blanca» transmitía la idea de que las élites blancas eran los representantes habituales de la blanquitud.[6]

En realidad, las personas negras ya no necesitaban que Andrew Johnson les garantizase sus derechos de posguerra. El senador republicano por Illinois Lyman Trumbull siguió fiel a la palabra que, como adepto del movimiento del suelo libre, había dado en 1862: «Nuestra gente no quiere tener nada que ver con los negros». Le causaba pánico que los negros pudieran invadir el Norte como reacción a la violencia, los códigos para negros y la reelección de confederados en 1865. Para ganarse la confianza de las personas negras del Sur, el senador Trumbull y sus correligionarios republicanos antinegros se aliaron con los republicanos radicales en febrero de 1866 para prolongar la existencia de la Oficina de Libertos. El «inmenso patrocinio» supondría un obstáculo para el «carácter» y las «perspectivas» de los negros emancipados que causaban problemas en el Sur por querer llevar una «vida de indolencia», afirmó el presidente Johnson en su sorprendente veto a la Ley de la Oficina del Liberto, el 19 de febrero de 1866. (El Congreso acabó anulando el veto en verano).[7]

El senador Trumbull y compañía siguieron trabajando para conseguir la aprobación en marzo de la Ley de Derechos Civiles de 1866. La ley dotaba del derecho de ciudadanía a todo aquel nacido en Estados Unidos y prohibía la «privación» de «cualquier derecho garantizado o protegido por esta ley» por razones de «color o raza». El Congreso no consideró que el voto fuera un derecho esencial del ciudadano estadounidense. Aunque estaba pensada contra los códigos para negros del Sur, la ley también invalidaba los códigos para negros del Norte, que habían discriminado a la población negra durante décadas. Pero la ley era limitada, en el sentido de que no decía nada acerca de legislaciones discriminatorias privadas, locales o que hablasen de la raza de una forma velada. El lenguaje racial discriminatorio (no las desigualdades raciales) se convirtió en la prueba de racismo para los tribunales federales; el sistema asumió la pesada carga de imponer el trato igualitario. Era como hacer leyes para el asesinato premeditado y no hacer leyes para homicidios de los que el estado no pudiera demostrar su premeditación. Los discriminadores más astutos cambiaron de táctica y se limitaron a evitar el uso de lenguaje racial para así ocultar sus intenciones discriminatorias y salirse con la suya en esta cuestión.

Johnson vetó la Ley de Derechos Civiles de 1866, incluso su versión moderada. Solo desde la perspectiva de alguien que se negaba a reconocer la existencia de discriminación en las disparidades raciales, que quería mantener los privilegios de los blancos y su poder para discriminar, podía verse esta ley como «favorecedora de las personas de color y contra la raza blanca», por emplear las palabras del propio presidente. Johnson venía de un Partido Demócrata en el que no se dejaba de vociferar que la concesión del derecho de voto a los negros tendría como resultado el «dominio de los negratas». Si se daba alguna apariencia de igualdad de oportunidades, afirmaban estos racistas, los negros se convertirían en los dominadores y los blancos sufrirían. Se trataba —y aún lo es— del folclore racista de la discriminación inversa. Fue Andrew Johnson el que elaboró esta forma de racismo, y mucho después de que el Congreso lo recusase seguía encabezando las listas de los peores presidentes de Estados Unidos.[8]

A principios de abril de 1866, el Congreso anuló el veto presidencial, dio la espalda al presidente y se encaminó a grandes zancadas hacia la Reconstrucción Radical del Sur. La violencia contra los negros en aquella parte de Estados Unidos hizo que los congresistas actuasen de forma más rápida y enérgica para impedir que los negros fuesen al Norte. A principios de mayo de 1866, turbas de blancos mataron en Memphis a al menos cuarenta y ocho personas negras, violaron en grupo a al menos cinco mujeres negras y saquearon o destruyeron propiedades de negros por valor de cien mil dólares. Las autoridades federales culparon de forma velada a los soldados negros apostados en las cercanías de provocar la violencia, y utilizaron sus embustes para justificar su movilización como «soldados búfalo» en el Oeste. Mientras los ciudadanos negros del Sur morían durante las décadas siguientes para dar paso a las «leyes Jim Crow», los soldados búfalo mataban a las comunidades indígenas del Oeste para dar paso a los colonos blancos.[9]

Era una cruel ironía, tan cruel como los negros de élite que culpaban a los inmigrantes rurales de los disturbios raciales y exigían su expulsión de Memphis. Durante la guerra y después de ella, campesinos negros de todo el Sur huyeron a ciudades del Sur y oyeron a sureños racistas —entre ellos, muchos de las élites negras— predecir que los inmigrantes caerían en la ociosidad y la delincuencia. Se decía que Dios había hecho a los negros para cultivar la tierra (en realidad, las élites negras no estaban de acuerdo con esta cuestión concreta). Los urbanitas negros, tanto nuevos como antiguos, hacían frente a la discriminación, construían escuelas, iglesias y asociaciones, y lograban una mínima seguridad económica. Y, sin embargo, su elevación no mejoró las relaciones entre razas. Esa elevación —así como el activismo y la migración— no hizo más que estimular la violencia, en Memphis y más allá.[10]

Con la propagación de la violencia de los blancos en el Sur, los periódicos demócratas publicaban historias en las que alegaban que la pérdida de control por parte de los amos estaba dando alas a la oleada de criminalidad negra. Las personas del Sur también leían relatos acerca del «asesinato y mutilación» de blancos en Jamaica por parte de «furiosos y salvajes negros, empeñados en destruir la civilización que los rodea y les molesta». La revuelta jamaicana de 1865 fue de hecho, y salvo por el nombre que se le dio, una lucha por la libertad y contra la esclavitud impuesta por los británicos. Así pues, era razonable que aquellos que estaban tratando de volver a esclavizar a los emancipados en Estados Unidos temiesen una repetición de los hechos de Jamaica. Para impedirlo, hicieron uso de todas las oportunidades disponibles para atacar a las comunidades negras, y emplearon todas las ideas racistas para justificar sus ataques.[11]

Días antes de los disturbios en Memphis, se presentó ante el Congreso una propuesta de compromiso que incorporaba en una única enmienda constitucional todas las cuestiones de posguerra divergentes; ello incluía denegar a los confederados la capacidad de ocupar cargos oficiales y poner en manos sureñas la deuda de guerra confederada. La primera disposición de la Decimocuarta Enmienda fue del agrado de los republicanos radicales: «Ningún estado podrá crear ni imponer ley alguna que reduzca los privilegios o inmunidades de los ciudadanos de Estados Unidos, ni podrá privar a ninguna persona de su vida, libertad o propiedad sin un proceso legal, ni denegar a ninguna persona dentro de su jurisdicción la protección igualitaria de las leyes». En aras de la aprobación de la enmienda, la mayor parte de los republicanos rechazaron las exigencias para definir los términos de esta afirmación. Los republicanos no negaban las acusaciones de los demócratas de que la enmienda estaba «sujeta a ambigüedades y a [...] interpretaciones contrapuestas». La ambigüedad garantizaba en la práctica que tanto los racistas como los antirracistas competirían por el poder de la enmienda. En efecto, tanto los defensores de la igualdad de oportunidades como los de los «privilegios o inmunidades» de los blancos competirían por los recursos de la Decimocuarta Enmienda tras su aprobación, el 13 de junio de 1866 (y su ratificación en 1868).[12]

Por no garantizar el sufragio de los hombres negros, Wendell Phillips atacó la Decimocuarta Enmienda, que calificó de «rendición fatídica y absoluta». Los republicanos argumentaron que la omisión del sufragio era una necesidad estratégica. Les dijeron a los sufragistas negros que «los negros deben votar», pero que la cuestión debía ser evitada en aquel momento para «conservar el poder de la mayoría de dos tercios en el Congreso».[13]

Las sufragistas Susan B. Anthony y Elizabeth Cady Stanton creían que las mujeres también debían votar, y en 1866 se unieron a los sufragistas negros para fundar la Asociación Estadounidense por la Igualdad de

Derechos (AERA, por sus siglas en inglés). «Yo no confiaría [en un hombre negro que tuviera] mis derechos; degradado, oprimido, sería aún más despótico [...] de lo que nunca lo fueron nuestros gobernantes sajones», dijo Stanton en la primera reunión anual de la AERA, en 1867. Con la «elevación de las mujeres» sería posible «desarrollar la raza sajona en una vida más alta y noble; y así, por la ley de la atracción, elevar a todas las razas», añadió. Stanton ofreció una imperecedera racionalización de la idea racista del hombre negro hipersexista o del hombre negro más sexista que el hombre blanco. Era la consecuencia de la opresión racial; la víctima de abuso se convertía en abusador.[14]

Sojourner Truth se alzó para defender la oposición de Stanton a la Decimoquinta Enmienda. «Las mujeres blancas son mucho más listas —dijo Truth—, mientras que las mujeres de color apenas saben nada». Después de blandir sus ideas racistas contra las mujeres de color, la legendaria mujer, de ochenta años, orientó sus ideas racistas a los hombres de color. Las mujeres de color «salen a lavar [...] y los hombres se quedan sin hacer nada —dijo—. Y, cuando las mujeres llegan a casa, piden dinero y se lo quedan todo, y luego se quejan porque no hay comida».[15]

Cuando los votantes de las elecciones de mitad de mandato de 1866 volvieron a elegir para el Congreso a la mayoría republicana de dos tercios necesaria para anular los vetos presidenciales, el presidente Johnson no se arredró. Si los republicanos invocaban ante los norteamericanos el sufragio de los hombres negros, dijo un ayudante de Johnson, entonces «los podemos derrotar en las próximas elecciones presidenciales». Los congresistas republicanos y sus votantes eran un grupo variopinto: incluía segregacionistas, que querían confinar a los «brutos» negros en el Sur mediante la eliminación de la discriminación racial; asimilacionistas, que querían humanizar a los «embrutecidos» negros y eliminar la discriminación racial, y un puñado de antirracistas, que querían eliminar la discriminación racial y conceder la igualdad de oportunidades a los negros iguales.[16]

El ámbito en el que las desigualdades más se acentuaban era el laboral, en el que los deseos de los negros rurales de poseer tierras y el de los negros urbanos de conseguir un empleo apenas tenían cabida en el debate político. Todos los sindicatos debían promover «una línea divisoria que separe a la humanidad en dos grandes clases», dijo el editor y sindicalista Andrew Carr Cameron en la convención de 1867 del recién fundado

Sindicato Nacional de Trabajadores (NLU, por sus siglas en inglés). Cameron desdibujó la línea racial en el primer plan nacional para los trabajadores. A partir de ese momento, esta negación del racismo permitió a los trabajadores racistas unirse a los capitalistas racistas para reducir los salarios de los negros, condenar a los trabajadores negros a los empleos más penosos, incrementar su índice de desempleo y culpar de las disparidades raciales que esos trabajadores racistas habían ayudado a crear a la estupidez y pereza de los negros.[17]

Los afroamericanos y sus aliados trataron de crear sus propias oportunidades estableciendo docenas de *colleges* y universidades históricamente negras (HBCU, por sus siglas en inglés) a finales de la década de 1860. Los educadores y filántropos antirracistas que consideraban a los estudiantes negros del Sur como iguales a los blancos estaban casi con seguridad implicados en ello, pero no eran ni de lejos tan numerosos, ni tenían tanto poder, como los educadores y filántropos asimilacionistas. Estos solían fundar HBCU «a fin de educar [...] a un cierto número de negros», para luego «enviarlos a regenerar» a su gente, que había sido degenerada por la esclavitud, como afirmaba un filántropo. Los fundadores de HBCU negros y blancos pensaban que el currículo de latín y griego de Nueva Inglaterra era el mejor, y ellos solo querían lo mejor para sus estudiantes. Muchos fundadores también pensaban que los «profesores blancos» eran «los mejores», como se afirmaba en el informe anual de 1865-1866 de la neoyorquina Asociación Nacional de Ayuda al Liberto. Los profesores y estudiantes de las HBCU se esforzaron por demostrar a los segregacionistas que los negros podían dominar la «alta cultura» de una educación grecolatina. Con todo, el puñado de licenciados de los HBCU, «refinados» y a menudo birraciales, solían ser ignorados y tildados de productos de la sangre blanca, o se los consideraba extraordinarios en comparación con los negros pobres habitualmente «no refinados».

No todos los HBCU fundados en el periodo posterior a la guerra de Secesión adoptaron el currículo de las humanidades. Los afroamericanos «tenían tres siglos de experiencia en la desmoralización en general y antes de eso en el paganismo», dijo una vez el fundador, en 1868, del Instituto Hampton de Virginia. Samuel Chapman Armstrong, antiguo oficial del ejército de la Unión y funcionario de la Oficina de Libertos, ofrecía una educación y una formación vocacional que enseñaban la aceptación de la supremacía política blanca y de la relegación de los negros a la clase trabajadora en la economía capitalista. El Instituto Hampton tenía un componente característico, hacer que sus aspirantes a profesores trabajasen duramente para que llegaran a apreciar la dignidad del trabajo arduo e inculcaran esa dignidad —en lugar de la resistencia— en las comunidades trabajadoras en las que habían fundado escuelas.[18]

A pesar de educar en la sumisión, era menos probable que los HBCU como Hampton cerrasen el paso a los solicitantes de piel oscura que los HBCU de orientación grecolatina. A finales de siglo había hecho acto de presencia una división: los negros de piel clara tendían a matricularse en las universidades con currículo grecolatino y se formaban en el liderazgo; en cambio, los negros de piel más oscura acababan en las escuelas industriales y se formaban en la sumisión. En 1916 un estudio calculó que el 80 por ciento de los estudiantes de los HBCU que ofrecían educación grecolatina eran de piel clara o birraciales. El colorismo racista que dividía a los HBCU se reflejaba en los clubes sociales, en la vivienda y en las iglesias que se construían. En todo Estados Unidos, después de la guerra surgieron iglesias negras que sometían a sus visitantes de piel oscura a la «prueba de la bolsa de papel» o que pintaban sus puertas de color marrón claro. Se excluía a las personas más oscuras que la bolsa o que la puerta, al igual que los negros de piel clara eran excluidos de los espacios para blancos.[19]

El Congreso aprobó cuatro leyes de reconstrucción entre el 2 de marzo de 1867 y el 1 de marzo de 1868, que sentaron las bases de las nuevas constituciones estatales y de la readmisión en la Unión de diez de los once estados del Sur. Se forzó a los confederados a aceptar el sufragio de los hombres negros, mientras que los simpatizantes del Partido del Suelo Libre del Norte votaron con contundencia contra él en el otoño de 1867. Los confederados pusieron el grito en el cielo ante la hipocresía de esos norteños, que «buscaban afianzar sobre las infortunadas gentes del Sur aquello que ellos mismos rechazaban con repugnancia». Que los republicanos arrebatasen el derecho de voto a los «respetables» blancos del Sur y se lo diesen a los «deshonrosos» negros del Sur «iba más allá de la locura», dijo el presidente Johnson en su tercer mensaje anual al Congreso, el 3 de diciembre de 1867. «Ningún gobierno independiente de cualquier cariz ha tenido nunca éxito en manos [negras]», añadió. Con capacidad para votar, los negros instaurarían «una tiranía como nunca se ha visto en este continente». Johnson se enzarzó en un debate que terminó antes de empezar. Como la mera presencia de los negros se consideraba tiránica, los racistas no veían más que tiranía, fuera lo que fuese lo que los votantes y políticos negros consiguiesen en los años venideros.[20]

Durante las elecciones de 1868, los demócratas prometieron librar a los blancos libres del Sur de los «semibárbaros» votantes negros que pretendían «someter a las mujeres blancas a su desenfrenada lujuria», como afirmó un candidato a vicepresidente, el fanático político de Missouri y general de la Unión Francis P. Blair Jr. La plataforma demócrata atacaba a los republicanos por someter al Sur, «en tiempos de una paz profunda, al despotismo militar y la supremacía negra». El Ku Klux Klan, fundado originalmente en 1865 como un club social de Tennessee, hacía ridículo el uso del término «paz profunda». Con los estamentos militares antinegros nombrados por Johnson mirando hacia otro lado, el Klan dio comienzo a un «reino del terror», asesinando a republicanos e impidiendo a los negros que votasen.

Millones de negros votaron en las elecciones presidenciales por primera vez en condados negros armados del Sur en los que el Klan no se atrevía a entrar, con lo que en esos comicios cambiaron el sentido del voto en favor del candidato presidencial republicano y héroe de guerra, el general Ulysses S. Grant. Los negros votaron para dar vida a lo que los segregacionistas empezarían a luchar por eliminar, el político negro. «El hecho de que los negratas voten, ocupen cargos y se sienten en el banquillo del jurado está mal —tronaba el *Columbus Democrat* de Mississippi—. Nada tendrá lugar con más certeza que la pronta eliminación de estos atropellos de la justicia y del buen gobierno».[21]

Numerosos congresistas republicanos, como James A. Garfield, de Ohio, expresaban en privado «una intensa sensación de repugnancia» porque los negros «sean ahora nuestros iguales políticos». Sin embargo, cuando estos republicanos racistas calcularon las ventajas significativas que el «fiel» voto negro podía darles en los estados pendulares, dieron finalmente su apoyo al sufragio negro. Al igual que en el caso de las Enmiendas Decimotercera y Decimocuarta, no fue la moralidad lo que convenció a estos poderosos congresistas de abrir la puerta a los derechos de los negros, sino el interés propio. El 27 de febrero de 1869, el Congreso, dominado por los republicanos, aprobó la Decimoquinta Enmienda a la Constitución. En ella se prohibía que Estados Unidos o los estados denegasen o limitasen el derecho de voto «en virtud de la raza, el color o la condición anterior de esclavitud». El Congreso se atribuyó poderes para «imponer el cumplimiento de este artículo mediante la legislación apropiada», pero rechazó ir más allá. Sin embargo, la protección a los políticos negros, la uniformidad de los requisitos de voto y la prohibición de medidas disimuladas para excluir a los negros fueron rechazadas.[22]

También se rehusaba cualquier debate serio sobre la concesión del derecho de voto a las mujeres. Esta cuestión provocó disensiones entre los sufragistas negros y blancos en la reunión de la AERA celebrada el 12 de mayo de 1869, semanas después de que el Congreso aprobase la Decimoquinta Enmienda. A la líder sufragista Susan B. Anthony le ofendió que la Constitución hubiera «reconocido» a los hombres negros como «políticamente superiores a todas las nobles mujeres». Habían «acabado de salir de la esclavitud» y eran «no del todo analfabetos, pero sí ignorantes en su mayor parte de todas las cuestiones públicas». Irónicamente, los hombres sexistas utilizaban argumentos similares acerca del analfabetismo de las mujeres, de su ignorancia de las cuestiones públicas y de la nobleza de los hombres —como políticamente superiores por naturaleza a todas las mujeres— para oponerse al apoyo de Anthony a los derechos de sufragio.[23]

Por ejemplo, George Downing, un activista y hombre de negocios negro que asistió a la reunión, expuso que la obediencia de las mujeres reflejaba la voluntad de Dios. La reunión de la AERA fue de mal en peor. Las feministas lo recusaron. Downing y otros organizadores pertenecientes al Sindicato Nacional de Trabajadores de Color (CNLU, por sus siglas en inglés) también fueron atacados por este punto de vista en su reunión fundacional, más tarde en ese mismo año. Una mujer negra del estado natal de Downing, Rhode Island, expresó su decepción al comprobar que «no se mencionan los intereses de las mujeres pobres». Finalmente el CNLU reconoció sus «errores». Habría sido una muestra de hipocresía por parte del sindicato dejar de abordar la discriminación de género después de que la cuestión fuera puesta sobre la mesa en reacción al rechazo del CNLU a abordar la discriminación racial. Claro que la hipocresía se había convertido en algo corriente en los movimientos reformistas norteamericanos. Los activistas raciales, de género, étnicos y sindicales desafiaban airados el fanatismo habitual contra sus propios grupos al tiempo que reproducían ese mismo fanatismo, pero dirigido contra otros grupos. No se daban cuenta de que las ideas racistas, sexistas, etnocentristas y clasistas las generaban algunas de las mismas poderosas mentes. El Sindicato Nacional de Trabajadores acogió a delegados negros en su convención de 1869 y proclamó que «no conoce color ni sexo en la cuestión de los derechos de los trabajadores». Los antirracistas y las feministas habrían preferido que el NLU no hubiese aceptado ni el racismo ni el sexismo en materia de derechos laborales, pero aún faltaba mucho para eso.[24]

Después de la debacle de George Downing, Frederick Douglass trató de suavizar las cosas sugiriendo que los miembros de la AERA diesen su apoyo a cualquier medida que supusiera la extensión del «sufragio a cualquier clase privada hasta ahora de ese derecho, como entusiasta parte del triunfo de nuestra idea global». Stanton y Anthony rechazaron la resolución. La poeta Frances Harper, en representación del feminismo negro más militante, reprendió a las «mujeres blancas» por hablar solo «del sexo y dejar que la raza ocupe una posición menor». Sojourner Truth había asistido para apoyar a Harper y Douglass. «Si pones como cebo a una mujer en el anzuelo del sufragio, sin duda pescarás a un hombre negro», advirtió Truth, como solo ella era capaz de hacer. Las discrepancias acerca de la Decimoquinta Enmienda condujeron a la disolución de la AERA y dividieron al movimiento sufragista. La lucha por el sufragio entró cojeando en la década de 1870, y en el caso de las mujeres no se solucionaría hasta casi medio siglo más tarde.

Si se hubiera dejado en manos de la primera generación de políticos negros, las mujeres habrían recibido el derecho de voto en la década de 1870. Los seis legisladores negros de Massachusetts y seis de los siete representantes negros de Carolina del Sur, por ejemplo, apoyaban el sufragio femenino. Es posible que Susan B. Anthony se diera cuenta oficiosamente de que los hombres negros no eran «ignorantes en su mayor parte de todas las cuestiones públicas», incluido su derecho al voto.[25]

Los demócratas trataron de bloquear la ratificación de la Decimoquinta Enmienda, calificándola de «ley de superioridad de los negratas» destinada a crear una horrenda y bárbara supremacía negra. No tuvieron suerte; la enmienda fue ratificada el 3 de febrero de 1870. Las personas negras, desde Boston hasta Richmond, pasando por Vicksburg, Mississippi, planearon grandes celebraciones después de la ratificación. Como orador principal, diversas comunidades invitaron a una leyenda viva.[26]

20

Reconstruir la culpa

William Lloyd Garrison decidió quedarse en casa a contemplar el magnífico desfile de dos horas de dignatarios, en especial de los veteranos de los 54.º y 55.º Regimientos de Massachusetts. Cuando Garrison subió al estrado de Faneuil Hall, al concluir la celebración de la aprobación de la Decimoquinta Enmienda, parecía mayor que los sesenta y cuatro años que tenía; estaba cansado y listo para apartarse por completo de la vida pública. Consideraba que la Decimoquinta Enmienda era un «milagro». Mientras, los miembros de la Sociedad Antiesclavista Estadounidense sentían que su trabajo había concluido. Se disolvieron oficialmente el 9 de abril de 1870.

«La Decimoquinta Enmienda concede poder a la raza africana para hacerse cargo de su propio destino. Pone su fortuna en sus manos», imaginó el congresista por Ohio James A. Garfield. Un periódico de Illinois proclamaba: «Los negros son ahora votantes y ciudadanos. Dejad que a partir de ahora corran sus propios riesgos en la batalla de la vida».[1]

La aprobación de la Decimoquinta Enmienda hizo que los republicanos volviesen la espalda a la lucha contra la discriminación racial. Después de negarse a la redistribución de la tierra, a darles a los negros sin tierras la posibilidad de elegir a sus propios amos y llamar a eso libertad, después de conceder a los negros pobres una igualdad de derechos que podían utilizar en los caros tribunales y llamar a eso igualdad, pusieron la papeleta de voto en manos de los hombres negros y lo llamaron seguridad. «La papeleta de voto es la fortaleza de la seguridad del hombre de color —afirmó, con afán de parodia, una persona negra del Sur—, el garante de su libertad, el protector de sus derechos, el defensor de sus inmunidades y privilegios, el salvador de los frutos de su duro trabajo, su arma ofensiva y defensiva, el hacedor de su paz, la némesis que lo vigila y lo protege con ojo insomne de día y de noche». Como bien sabía esta persona, la papeleta nunca detuvo a aquellos jinetes nocturnos encapuchados.[2]

La violencia del Klan era necesaria para «mantener a los negratas en su sitio», explicó el general confederado Nathan Bedford Forrest, el primer «gran brujo» honorario del Klan. Para el Klan, lo único peor que un negro era un «radical blanco». Pero el peor de los criminales era un negro sospechoso de haber violado a una mujer blanca. Los miembros del Klan glorificaban a la mujer blanca como epítome del honor y la pureza, y degradaban a la mujer negra como epítome de la inmoralidad y la obscenidad (y el sexo). Algunos hombres negros también degradaban a la mujer negra. «¡Por Dios! —dijo un próspero negro de Kansas—. ¡No creerás que me voy a casar con una sirvienta negrata!». Los miembros del Klan creían a pies juntillas que los negros poseían poderes sexuales sobrenaturales, y esta creencia estimulaba su atracción sexual hacia las mujeres negras y su miedo de que las blancas se sintieran atraídas por hombres negros. Se convirtió casi en procedimiento estándar justificar el terrorismo del Klan sosteniendo que la supremacía blanca en el Sur era necesaria para defender la pureza de la mujer blanca. En cambio, los cuerpos de las mujeres negras se percibían como un «campo de entrenamiento» para los hombres blancos o como una estabilizadora «válvula de seguridad para las energías sexuales» de los hombres blancos, que permitían perpetuar la veneración de la pureza asexual de la mujer blanca.[3]

La otra amenaza al dominio del hombre blanco eran las personas negras que mejoraban su posición en la sociedad. El terrorismo del Klan ponía de manifiesto que la persuasión por elevación era, y siempre había sido, una farsa. Al Klan «no le gusta ver que los negros progresan», declaró un nativo blanco de Mississippi. Los negros sin tierras eran aterrorizados por los que poseían tierras; los negros con tierras, por el Klan. En marzo de 1870 el presidente Grant remitió al Congreso pruebas documentales de más de cinco mil casos de terrorismo blanco. Entre mayo de ese año y abril de 1871, el Congreso aprobó tres leyes de ejecución mal financiadas en virtud de las cuales se enviaron supervisores electorales al Sur, se criminalizaron las injerencias en el voto negro y se convirtieron en crímenes federales un amplio abanico de actos de terrorismo típicos del Klan. El resultado fue la «disolución nominal» del Klan en 1871, pero siguió sembrando el terror bajo nuevos nombres. Quedó claro para todos, como explicó un norteño que se había trasladado al Sur, que solo «un poder externo firme y estable» podía garantizar la paz y la supervivencia del republicanismo en el Sur. Un poder negro firme y estable también podría haberlo logrado, pero los republicanos seguían sin querer fortalecer a los negros con soldados búfalo y tierras.[4]

Se suponía que el voto iba a obrar milagros, y en algunos casos así fue. Las convenciones constitucionales del Sur celebradas entre 1867 y 1869 fueron un espectáculo revolucionario. A ellas asistían personas del Norte que se habían trasladado al Sur, republicanos del Sur y delegados negros del Sur, la mitad de los cuales habían nacido siendo esclavos. A pesar de su falta de experiencia política, riquezas y escolarización —o puede que a causa de ello—, estos delegados elaboraron constituciones fascinantemente democráticas. Instituyeron los primeros centros educativos y penitenciarios, orfanatos y asilos para dementes con financiación pública del Sur, ampliaron los derechos de las mujeres y garantizaron los de los negros, redujeron el número de delitos y reorganizaron los gobiernos locales para eliminar los de corte dictatorial. Sin embargo, al principio los políticos negros solían apartarse cuando se repartían los puestos de poder porque no querían dar credibilidad a las continuas acusaciones de los demócratas de «supremacía negra», como si la acusación tuviera la más mínima lógica.

Mientras que los negros apenas se beneficiaban de las políticas económicas de la Reconstrucción, las crecientes corporaciones sí lo hacían. Los mismos políticos de la Reconstrucción que, enfrentados a comunidades y arcas públicas castigadas por la guerra, se negaban a otorgar parcelas y ayudas a los negros sin tierras con el pretexto de que las arruinarían, concedieron millones a las compañías ferroviarias con el pretexto de que los ferrocarriles desarrollarían el Sur llevando nuevos empleos, fábricas y núcleos de población, permitirían el transporte de minerales aún no explotados y mejorarían la agricultura. En 1872, la mayor parte del Sur no podía hacer gala más que de deudas y pobreza, comparado con la increíble cantidad de riqueza concedida a las empresas ferroviarias. Los políticos sobornados entregaban alegremente estos fondos. Solo un número reducido de políticos negros ocupaban posiciones de poder, por lo que su participación en la corrupción palidecía al lado de la de los políticos blancos.[5]

Cada dólar sacado de las tesorerías del Sur incrementaba su dependencia de la mano de obra barata. El presidente Grant pensó que, si los negros tenían otro sitio adonde ir, los hacendados darían más valor a la mano de obra negra. (En realidad, los hacendados sí que valoraban la mano de obra barata, y utilizaron sus armas y sus ideas racistas para mantener la mano de obra negra lo más barata posible). A principios de 1870, Grant empezó a presionar desde la presidencia para anexionarse la República Dominicana y así ofrecer un refugio «para toda la población de color de Estados Unidos en el caso de que opten por emigrar». En 1871 envió a Frederick Douglass a documentarse. La República Dominicana no solo podía convertirse en un refugio para los negros, informó un impresionado Douglass, sino que, «trasplantando al país tropical las gloriosas instituciones» de Estados Unidos, los negros que se trasladasen allí podrían mejorar la situación del empobrecido y atrasado pueblo dominicano. Douglass parecía no ser consciente de que estaba reciclando contra los dominicanos las mismas ideas racistas que se habían utilizado contra los afroamericanos. Y, si las instituciones de Estados Unidos eran tan «gloriosas», ¿por qué necesitaban los afroamericanos un refugio en el extranjero?[6]

Los asimilacionistas como Douglass alentaban la expansión de Estados Unidos, mientras que los segregacionistas y antirracistas hacían lo contrario, llevando así la disputa racial al campo de la política exterior. El Senado rechazó el tratado de anexión en junio de 1871. Cansados de la obsesión de Grant con la anexión y de su actitud receptiva al uso del poder federal para la protección de las vidas de los negros del Sur, los disidentes republicanos decidieron separarse. En mayo de 1872 el director del *New-York Tribune* Horace Greeley y el senador por Illinois Lyman Trumbull, fundamentales en la aprobación de las enmiendas de la Reconstrucción, encabezaron una asamblea de «republicanos liberales» en Cincinnati. «Ya hemos tenido suficiente reconstrucción y esclavitud», declaró E. L. Godkin, director de *The Nation*, hablando en nombre de los republicanos liberales. Prometieron conceder la amnistía y el derecho de voto a los exconfederados, el final de la intervención federal en el Sur, prosperidad para los ricos en forma de exenciones fiscales y nada para los pobres.[7]

Greeley salió de la asamblea como candidato a presidente. El archienemigo de la Confederación se convirtió en su archiamigo, de manera parecida al predicador más famoso de la nación, a quien Frederick Douglass llamaba sarcásticamente «el apóstol del perdón». Buscando unir de nuevo a los blancos del Norte y del Sur mediante la blanquitud cristiana, Henry Ward Beecher publicó la primera biografía estadounidense de

Jesús, *The Life of Jesus, the Christ*, en 1871. «No hay absolutamente ningún dato que nos permita determinar el aspecto personal de Jesús», escribió el hermano de Harriet Beecher Stowe, pese a lo cual incluyó en el libro cinco imágenes del perfecto Dios hecho hombre llamado Jesús, y todas ellas representaban a un hombre blanco. Henry Ward Beecher dio a los norteamericanos blancos un modelo para incorporar la blanquitud a su visión global de Jesucristo sin decirlo en voz alta, al igual que hacían los blancos del Sur y del Norte con sus visiones políticas globales. Para los racistas, se daba por descontado que los blancos eran los mejor dotados para gobernar Estados Unidos bajo la guía celestial del Padre y el Hijo blancos.[8]

Hacía tiempo que Horace Greeley estaba vinculado a la emancipación y la igualdad, pero se reinventó a fin de poder hacer campaña como candidato demócrata a la presidencia en 1872. «La igualdad política queda muy lejos —aleccionó a los negros—. La igualdad social quedará siempre fuera de vuestro alcance. No esperéis que os regalen la tierra. Segregaos y daos trabajo unos a otros. ¿Quiénes son vuestros mejores amigos? Los blancos del Sur, sólidos, conservadores, sagaces». Estos «sagaces blancos del Sur» les dejaron bien claro a los negros, como observó un nativo de Carolina del Sur, que «votar contra los deseos de sus patrones y vecinos blancos era arriesgar la vida». El Congreso emitió un informe, en la primavera de 1872, en el que condenaba la violencia en el Sur, pero no fue más allá. El documento adoptó incluso la postura de los segregacionistas al argumentar que los negros eran la causa. La violencia, explicaba el informe, era una respuesta a «la mala legislación, la incompetencia de los funcionarios y la corrupción» de los políticos negros. Apenas importaba que los políticos blancos del Sur ocupasen la inmensa mayoría de los puestos de poder y fueran por tanto más susceptibles a la corrupción. La verdad importaba poco a los generadores de estas ideas racistas, cuyo objetivo era defender las medidas racistas de limitación del poder político de los negros. El antiguo secretario del Interior de Grant, Jacob Cox, dijo que las personas del Sur «solo pueden ser gobernadas por los sectores de la comunidad que personifican la inteligencia y el capital». *The Nation* lo expresó sin rodeos: la Reconstrucción había sido un «completo fracaso».[9]

Una cantidad suficiente de negros y de blancos republicanos se arriesgaron a morir para obtener la victoria en la mayor parte del Sur y contribuir a la reelección del presidente Grant en 1872. En las calles del Sur, republicanos armados tuvieron que defender a sus políticos reelectos.

En Colfax, Luisiana, sesenta y un negros armados se atrincheraron en un juzgado el Domingo de Resurrección de 1873. Los demócratas atacaron el edificio con artillería, secuestraron a los treinta y siete supervivientes y los ejecutaron en la plaza del pueblo. Al día siguiente de la matanza de Colfax, el Tribunal Supremo, que incluía a los cuatro abogados del Estado nombrados por Grant, masacró las protecciones de los derechos civiles de la Decimocuarta Enmienda en la decisión conocida como *Slaughterhouse Cases* o «casos del matadero». Los carniceros blancos de Nueva Orleans creían que se les estaban denegando sus «privilegios e inmunidades» económicos a raíz de la ley de Luisiana de 1869, promulgada mediante sobornos, por la que se les exigía trabajar a través de la Compañía del Matadero. Recogiendo el dictamen de la mayoría, el juez Samuel Miller mantuvo el monopolio el 14 de abril de 1873, para lo cual efectuó una distinción entre la ciudadanía nacional y la estatal, y citó la opinión vertida por el juez Roger B. Taney en el caso Dred Scott contra Sandford. La Decimocuarta Enmienda solo protegía los relativamente escasos derechos de los ciudadanos nacionales, afirmó Miller. Tres años más tarde, esta separación doctrinal entre la ciudadanía nacional y la estatal permitió que una decisión del Tribunal Supremo, adoptada por unanimidad, anulase las condenas de los autores de la matanza de Colfax (los enjuiciamientos por asesinato «dependen únicamente de los estados»), dando así a Luisiana la libertad para exonerarlos. El Tribunal Supremo abrogó también las leyes de ejecución y dio alas a las organizaciones terroristas blancas justo a tiempo para las elecciones de 1876.[10]

Ninguno de los cuatro disidentes de la sentencia del matadero puso objeciones a la parte más trascendental de la opinión mayoritaria recogida por el juez Miller: «Tenemos serias dudas de que cualquier acción de un estado que no vaya dirigida por medio de discriminación contra los negros como clase, o de resultas de su raza, entre nunca dentro del ámbito de esta disposición». Hasta nuestros días, el Tribunal Supremo sigue utilizando la doctrina de Miller para proteger a los discriminadores que se amparan en un racismo velado, esto es, aquellos que, sin emplear un lenguaje racial, disimulan las políticas cuya intención es discriminar a las personas negras.[11]

Sin embargo, ni la restitución del voto a los exconfederados ni las sentencias del matadero tuvieron punto de comparación con la intensidad del Pánico de 1873. Fue la primera depresión económica importante del capitalismo industrial de Estados Unidos, y duró hasta el final de la década. Los demócratas del Sur se arrogaron la capacidad de restablecer el orden, al igual que el magnate del petróleo John D. Rockefeller y el del acero Andrew Carnegie hicieron lo propio para supervisar sus sectores. A finales de siglo, los monopolios de Rockefeller y Carnegie reflejaban los monopolios políticos blancos que dominaban en el Sur.

Los negros del Sur, los más pobres entre los pobres, fueron los más afectados por el Pánico de 1873. Este acontecimiento detuvo la modesta recuperación de los propietarios de tierra negros durante la posguerra, arrebatándoles las parcelas y la libertad. Cuando una multitud de pequeños propietarios blancos perdieron también sus tierras, se sintieron como si perdieran su blanquitud y su libertad. Los blancos «deben poseer pequeñas parcelas —se quejó un hacendado— y prefieren hacerse cargo de ellas, por escaso que sea el provecho que obtengan, antes que rebajarse, según opinan, a ser contratados por otros».[12]

Los negros del Sur rural, pese a conservar la esperanza en una redistribución de la tierra, volvieron a la aparcería, esto es, a entregar al propietario de las tierras una parte de la cosecha como pago por la autorización para cultivar en ellas. Los propietarios deshonestos provocaban que los apareceros se endeudaran, y las leyes impedían a estos desvincularse de los propietarios a los que debían dinero. Los negros que pudieron sortear la mala situación se pusieron a buscar incesantemente propietarios con un sentido ético. Los propietarios atribuían este hecho, que se repetía anualmente, a la holgazanería de los negros. Atrapados entre las políticas y las ideas racistas, aquella era una situación sin salida para los apareceros. Quedarse significaba a menudo caer en la servidumbre, e irse comportaba ser considerado un holgazán.[13]

No parecía que hubiese nada, ni siquiera el incremento de la prosperidad de los negros urbanos, capaz de hacer mella en las ideas racistas. En 1874 el periódico de Nashville *Republican Banner*, propiedad de blancos, elogiaba a los negros «limpios y ahorrativos», pero estos no podían «considerarse representativos de los cientos de miles vagos e indolentes», opinaba el *Banner*. Se trataba de casos extraordinarios.[14]

A principios de la década de 1870, dado el retroceso de los derechos civiles de los negros, William Lloyd Garrison no tuvo más opción que volver a hacer oír su voz. Ridiculizó el abandono de la Reconstrucción en un artículo tras otro en el periódico *The Independent* y en numerosas cartas abiertas en el *Boston Journal*. El vicepresidente Henry Wilson se quejó a Garrison de que una «contrarrevolución» estaba superando a la Reconstrucción. «Nuestros veteranos de la lucha contra la esclavitud deben volver a elevar sus voces», instó Wilson. Algunos no se pronunciaban porque estaban ocupados culpando a los negros de los fracasos de la Reconstrucción. ¿Y por qué no iban a hacerlo? Los reportajes publicados en la prensa del Norte presentaban regularmente a los votantes y políticos negros como estúpidamente autodestructivos y corruptos. Para elaborar sus despachos diarios, Associated Press solía basarse en informaciones de periódicos del Sur antinegros y contrarios a la Reconstrucción. El reportero del *New-York Tribune* James S. Pike bombardeaba a los norteños con fábulas racistas de políticos negros corruptos, incompetentes y vagos que conquistaban y oprimían a los blancos de Carolina del Sur durante la «tragedia» de la Reconstrucción. Estas afirmaciones fueron publicadas en 1873 en artículos de sus periódicos, que gozaban de una amplia difusión, y republicadas bajo el título *The Prostrate State, South Carolina Under Negro Government* en 1874. A las fuentes demócratas de Pike les parecía bien culpar de la corrupción del Sur a las personas negras, ya que así se desviaba la atención del importante papel que desempeñaban en esas corruptelas. La novela de Pike, que estaba bien escrita, se consideraba periodismo de investigación. «En el lugar de esta vieja sociedad aristocrática se alza la ruda forma de la democracia más ignorante nunca vista por la humanidad —escribía Pike—. Es la barbarie aplastando a la civilización» y «el esclavo sublevándose en los aposentos de su amo y aprisionándolo bajo sus pies».[15]

The Prostrate State provocó que los periódicos partidarios de la Reconstrucción —Scribner's, Harper's, The Nation y The Atlantic Monthly— castigasen aún más a los legisladores negros y exigiesen una reunión nacional del poder blanco. Un demócrata de Nueva York leyó fragmentos de The Prostrate State en la Cámara de Representantes. «¿Dónde está su libro sobre la corrupción en Nueva York?», le interpeló el congresista negro de Carolina del Norte Robert Small. A pesar de que tanto los sobornadores como los sobornados sabían que la corrupción era un problema a escala nacional, sobre todo entre los políticos blancos, las ideas racistas nunca se ajustaron demasiado a la realidad. La corrupción negra era una excusa urdida de antemano con vistas a abandonar las cada vez más difíciles, onerosas, desorganizadas y disgregadoras políticas de reconstrucción. Cada vez que la Administración Grant intervenía para proteger vidas de personas negras, alejaba a los blancos del Norte y del Sur del Partido Republicano. Durante las elecciones de mitad de mandato de 1874, los demócratas arrebataron a los republicanos el control de la Cámara de Representantes y los expulsaron del poder en todos los estados del Sur salvo Mississippi, Luisiana, Carolina del Sur y Florida. Las organizaciones terroristas blancas se enfrentaban a votantes negros armados y desarmados en todo el Sur. El presidente Grant tuvo que enviar tropas para evitar que un ejército de 3.500 demócratas expulsara a los cargos electos republicanos en Nueva Orleans en septiembre de 1874. Wendell Phillips sufrió escarnio y fue expulsado de un escenario en Boston por intentar defender a Grant. *The New York Times* informó de que «Wendell Phillips y William Lloyd Garrison no se han retirado del todo de la escena política norteamericana, pero representan ideas acerca del Sur que la mayoría del Partido Republicano ha dejado atrás».[16]

La última Ley de Reconstrucción Radical fue aprobada en el Congreso a principios de 1875, antes de que los nuevos demócratas jurasen sus cargos. La Ley de Derechos Civiles de ese año era un monumento legislativo en honor del senador Charles Sumner, que murió en 1874 después de pasar décadas combatiendo contra la esclavitud y en favor de los derechos civiles. La ley declaraba ilegal la discriminación racial en la selección de los jurados, en el transporte público y en las viviendas públicas, pero requería que los negros buscasen reparación en los caros y hostiles tribunales. La ley apenas surtió efecto en la campaña de terror contra los votantes negros de Mississippi, lo que permitió a los demócratas obtener el control del estado en las elecciones del otoño de 1875. El gobernador republicano de Mississippi, el combativo Adelbert Ames, declaró que «está teniendo lugar una revolución, por la fuerza de las armas, y se está perjudicando a una raza que va a volver a una condición de servidumbre, a una segunda esclavitud». Un periódico del Sur afirmaba que las Enmiendas Decimocuarta y Decimoquinta «pueden aguantar eternamente, pero tenemos la intención [...] de convertirlas en papel mojado».[17]

Con la reconstrucción de la democracia en el Sur en un estado agónico, Estados Unidos celebró el centenario de la Declaración de Independencia. Desde mayo hasta noviembre de 1876, alrededor de una quinta parte de la población norteamericana asistió a la primera de las «ferias mundiales» oficiales, la Exposición del Centenario organizada en Filadelfia. «Un grupo de "negritos" de las plantaciones de los viejos tiempos» que cantaban canciones en el Restaurante del Sur fue la única muestra en la que aparecían personas negras. En Boston, William Lloyd Garrison pronunció, el Día de la Independencia, un discurso que iba a ser recordado. El cambio experimentado por la opinión pública, que se había apartado de la Reconstrucción, era la consecuencia de la emancipación de las personas negras como una necesidad militar, más que como «un acto general de arrepentimiento», afirmó. En lo que sería su último discurso público de importancia, Garrison reconoció que el quid del problema estaba en las ideas racistas. «Debemos abandonar el espíritu de casta basado en el color de la piel o, de lo contrario, abandonar el cristianismo», señaló.[18]

En Hamburg, Carolina del Sur, la milicia negra celebró el centenario del 4 de julio con un desfile. Los racistas de la zona odiaban esa milicia por proteger la capacidad de los negros para controlar la localidad, mayoritariamente negra. Durante el desfile hubo un agrio intercambio verbal cuando un granjero blanco ordenó a los milicianos que se apartasen para dejar pasar su carruaje. El granjero mencionó al antiguo general confederado Matthew C. Butler, el demócrata más poderoso de la región. El 8 de julio, Butler y una pequeña pandilla ordenaron al jefe de la milicia de Hamburg, el veterano del ejército de la Unión Dock Adams, que la desarmase. Adams se negó y se inició una lucha. Los milicianos se retiraron a su armería. Butler se marchó a toda prisa en dirección a la vecina Augusta, pero regresó con centenares de refuerzos y un cañón. El contingente de Butler ejecutó a cinco milicianos y saqueó y destruyó las indefensas casas y tiendas de Hamburg.

Cuando en el Sur se quejaron de su causa perdida, un consternado presidente Grant se dio cuenta de que, en realidad, se estaban quejando de haber perdido la libertad «de matar negros y republicanos sin temor a ser castigados ni perder su pedigrí o su reputación». El general Butler se burló de la investigación del Congreso y sacó partido de la atención que recibió para ser elegido para el Senado estadounidense en 1877. Culpó de la matanza a la criminalidad innata de los negros. Según dijo, los negros daban «poca importancia a la vida humana».[19]

El general Butler estaba recurriendo a una supuesta tendencia natural de los negros a la violencia y la criminalidad para evitar ser castigado por la masacre que había perpetrado. Aun así, ninguno de los investigadores del Congreso cuestionó a duras penas su motivación para expresar estas ideas racistas, que en aquella época las estaba codificando un médico de prisiones en Italia. Cesare Lombroso «demostró» en 1876 que a los hombres no blancos les encantaba matar, «mutilar el cadáver, arrancarle la carne y beberse su sangre». Su libro *Los criminales* dio nacimiento a la disciplina de la criminología en 1876. Los criminales nacen, no se hacen, decía Lombroso. Creía que los criminales natos contaban con señales físicas que se podían estudiar, medir y cuantificar, y que «la incapacidad para sonrojarse [y, por consiguiente, la piel oscura] siempre se ha considerado que acompaña al crimen». Las mujeres negras, en su estrecho «grado de diferenciación del hombre», encarnaban, según afirmaría en *The Female Offender* en 1895, el prototipo criminal femenino. Mientras los terroristas blancos maltrataban, violaban y mataban a personas en comunidades de todo el mundo negro, la primera hornada de criminólogos de Occidente estaba decidida a dar a los criminales un rostro negro y al ciudadano disciplinado, uno blanco. El profesor de derecho Raffaele Garofalo, discípulo de Lombroso, acuñó el término «criminología» en 1885, y el médico británico Havelock Ellis popularizó a Lombroso en el mundo anglófono al publicar un compendio de sus obras en 1890.[20]

Los responsables de la matanza de Hamburg seguían vociferando: «¡Este es el principio de la redención del Sur!». Y, en efecto, lo fue. Cuando llegaron las elecciones, en noviembre de 1876, las votaciones fueron una guerra, y los demócratas recurrieron al pucherazo en todo el Sur. En la mañana del 8 de noviembre de 1876, el gobernador demócrata de Nueva York, Samuel J. Tilden, y el gobernador republicano de Ohio, Rutherford B. Hayes, estaban prácticamente empatados en votos electorales. El resultado de las elecciones presidenciales quedó a merced de los disputados resultados de Luisiana y Carolina del Sur. Cuando una comisión electoral de quince miembros puso la presidencia en manos republicanas, los demócratas montaron en cólera. A principios de 1877 ambos partidos, y ambas regiones, empezaron a hacer planes para una nueva guerra civil.

Los partidos y las regiones permanecieron unidos en una cuestión: los negros debían apaciguar sus «nuevas e inflamadas ambiciones» y reconocer que carecían de la «facultad hereditaria para el autogobierno» de los blancos, dijo el antiguo gobernador de Ohio Jacob D. Cox. El presidente saliente Grant dijo a su gabinete, de forma privada, que dar a los negros la capacidad de votar había sido un error, y también lo hizo el aspirante republicano Rutherford B. Hayes. Al tiempo que se formaba un consenso acerca de quién debía gobernar el Sur, la división se intensificó acerca de quién debía gobernar en Washington D. C.

Con la nación al borde de una crisis, los representantes de Hayes se reunieron con los demócratas en el Wormly House, un hotel propiedad del afroamericano más rico de la capital. Nadie reveló jamás los términos exactos del «Compromiso de 1877», pero los demócratas dieron la presidencia al republicano Rutherford B. Hayes, mientras que este, a cambio, terminó con la Reconstrucción. Hayes reconoció los gobiernos demócratas arrebatados en Luisiana y Carolina del Sur, retiró a las tropas federales del Sur y las utilizó para aplastar la gran huelga de aquel año. (Mientras el capital retomaba las riendas de la fuerza de los trabajadores, los Caballeros del Trabajo se afianzaron como la principal organización nacional de trabajadores. La cabeza visible de los Caballeros, Terence V. Powderly, exigió la disolución de los sindicatos a fin de poner coto a la competencia. Consideraba que los negros eran «una perezosa reserva de mano de obra barata» que se podía utilizar fácilmente contra los trabajadores blancos).[21]

The Nation dejó bien claro en qué consistía el Compromiso de 1877. Había llegado el momento de que «los negros desaparezcan del ámbito de la política nacional —decía la publicación—. En adelante, la nación como tal dejará de mantener relación alguna con ellos». Mientras, William Lloyd Garrison calificó el compromiso de «abominación equivalente al antiguo pacto con la muerte». Cuando las tropas salieron de Shreveport, Luisiana, un hombre negro se lamentó de que su gente volvía a estar «en manos de los mismos hombres que [los] habían retenido como esclavos», de manera que «no había forma humana de que pudieran mejorar [su] condición».[22]

«Ni uno solo de los derechos de los que disfrutan las personas de color les será arrebatado —prometió el nuevo gobernador demócrata de Carolina del Sur, Wade Hampton—. A medida que los negros se vuelven más inteligentes —añadió—, se alían de forma natural con el más conservador hombre blanco, dado que tanto la observación como la experiencia demuestran que sus intereses se identifican aquí con los de la raza blanca». Hampton abrió dos puertas a los negros de la Carolina del Sur posterior a la Reconstrucción: una inteligencia naturalmente sumisa o una estupidez naturalmente rebelde.[23]

La era de la Reconstrucción —los aproximadamente doce años posteriores al final de la guerra de Secesión, ocurrida en 1865— había sido una época horrorosa para los hombres blancos del Sur como Wade Hampton, que estaban acostumbrados a gobernar a «sus» negros y a «sus» mujeres. Se enfrentaron, y contratacaron con furia y con ideas violentas, a un movimiento radical por los derechos civiles y el empoderamiento de los negros, así como a un potente movimiento de mujeres que no generó tantos titulares. Con todo, sus supuestos subordinados no dejaron de rebelarse tras el punto final de la Reconstrucción. Para intimidar a los negros y a las mujeres blancas rebeldes y volver a imponer su control sobre unos y otras, los redentores hombres blancos recurrieron al linchamiento en la década de 1880. En promedio, se linchaba a alguien cada cuatro días entre 1889 y 1929. Atribuyendo a menudo las matanzas rituales al rumor falso de que la víctima había violado a una mujer blanca, hombres, mujeres y niños blancos se reunían para ver la tortura, muerte y descuartizamiento de seres humanos, al tiempo que llamaban «salvajes» a las víctimas. El odio fomentó la época de los linchamientos, pero detrás de este odio subyacía la idea racista que había evolucionado para cuestionar las libertades de los negros en todas las etapas. Y detrás de estas ideas racistas se hallaban poderosos hombres blancos que luchaban, de palabra y de obra, por recuperar el control absoluto, político, económico y cultural del Sur.[24]

Las personas negras del Sur sentían emociones contradictorias en su camino desde la esclavitud hasta la redención blanca, pasando por la guerra, la emancipación, la Reconstrucción Radical y la redención negra. Sus sentimientos debían de ser similares a los de un padre que vive el emocionante nacimiento, el esperanzador crecimiento y la trágica muerte de un hijo muy querido. Algunos negros, furiosos por el fracaso de la Reconstrucción, sintieron la necesidad de huir de su segunda esclavitud. «Nos es imposible vivir con estos esclavistas del Sur», dijo uno de los organizadores de Luisiana en representación de más de sesenta mil «personas trabajadoras» ansiosas de escapar de la región. El reasentamiento en África, en el Norte o en el Lejano Oeste no era ni de lejos tan popular a finales de la década de 1870 como el «éxodo» a Kansas. Los llamados *exodusters* hicieron caso omiso de la oposición de Frederick Douglass e incrementaron la población negra de Kansas en un 150 por ciento. Los aliados del Norte hicieron cuanto pudieron para recaudar fondos para los *exodusters*. William Lloyd Garrison, a los setenta y cuatro años, agotó sus fuerzas recaudando dinero para centenares de *exodusters* negros que huían de Mississippi y Luisiana.

El 24 de abril de 1879, Garrison esperaba poder dirigirse a un encuentro de *exodusters* en el Faneuil Hall de Boston, pero estaba demasiado débil para asistir. Sin embargo, se aseguró de que se oyese su voz enviando una contundente declaración: «Que todo el mundo sepa, que resuene con clamor de trompeta, que se va a poner fin a este sangriento desgobierno; que los millones de leales ciudadanos de color del Sur, actualmente proscritos y privados de sus derechos de ciudadanía, puedan disfrutar de estos derechos de forma segura; que puedan votar con libertad y ser representados con justicia, allí donde se encuentren. Y que este grito de guerra se oiga desde el Atlántico hasta el Pacífico: "¡Libertad e igualdad de derechos para todos y cada uno de nosotros, para siempre, allí donde nos encontremos y sin restricción ni imposición algunas!"». Garrison había tenido la esperanza de una emancipación inmediata cuando se había perdido toda esperanza. Ahora tenía la esperanza de una igualdad inmediata cuando se había perdido toda esperanza. La emocionante declaración de esperanza del 24 de abril de 1879 resultó ser la última voluntad y testamento de William Lloyd Garrison. Moriría cuatro semanas más tarde.[25]

Cuarta parte

W. E. B. Du Bois

21

La renovación del Sur

«Los esclavos consiguieron la libertad, por un breve momento tocaron el sol y, luego, volvieron a la esclavitud». W. E. B. Du Bois tenía casi siete décadas de vida cuando ofreció esta síntesis de la era de la Reconstrucción. Había visto la luz del sol por primera vez el 23 de febrero de 1868 en una pequeña ciudad llamada Great Barrington, en el extremo occidental de Massachusetts, la víspera del proceso de destitución del presidente Andrew Johnson, al mismo tiempo que, desde el otro extremo del mismo estado, Garrison aplaudía el acontecimiento. Crecería rodeado de dos cadenas montañosas, los Berkshires, al este, y las montañas Tacónicas, al oeste, así como de las ideas asimilacionistas, al norte, y las segregacionistas, al sur.[1]

A Willie lo crio Mary Silvina Burghardt. Alfred Duboise, el padre francohaitiano del niño, había dejado a su esposa e hijo para irse a Connecticut en 1870. Burghardt se convirtió en madre soltera de dos críos. Ya había dado a luz al único hijo fuera del matrimonio de la historia familiar reciente, el hermanastro mayor de Willie, Adelbert. De algún modo, Burghardt se parecía a la madre de Garrison, Frances Maria Lloyd, quien había desafiado a su propia familia al casarse con un trotamundos y vivir al margen de la sociedad, para luego quedar abandonada y devastada, consagrándose de lleno a sus hijos. En el caso de ambas, el menor, tan apreciado, se desvivió por hacer feliz a su afligida madre.

Willie experimentó por primera vez las diferencias raciales a los diez años, en 1878, durante un juego infantil interracial en el que él y otros niños se estaban «divirtiendo» con el intercambio de unas «bonitas tarjetas de visita [...], hasta que una niña, una pomposa recién llegada, rechazó la mía con actitud imperativa, mediante una simple mirada; luego, al reparar en mi reacción, de forma inesperada, me dijo que yo era diferente a los otros». Desde aquel momento, Du Bois entró en una inagotable

competición con sus prójimos blancos, en el juego de la persuasión por
elevación, en un intento de demostrarle «al mundo que los negros son
exactamente iguales que cualesquiera otras personas». Se introduciría en
el mundo intelectual europeo y llegaría hasta la cumbre, aunque no le
gustó lo que vio al alcanzar esa cima.[2]

En las décadas de 1870 y 1880, no importaban los méritos escolares ni
vitales de Willie o de otros jóvenes negros como él, las mentalidades discriminatorias no cambiaban. En aquel momento, esa discriminación se
basaba en el darwinismo social y en la idea de que los negros estaban
perdiendo la lucha racial por la existencia. Los esclavistas habían estado
describiendo a los negros, durante siglos, como gente vigorosa, lo suficiente como para sobrevivir a la esclavitud bajo el sol del Sur. Con la
emancipación, las ideas racistas evolucionaron para adaptarse a un nuevo
mundo. Se comenzó a presentar a los negros como demasiado débiles
para sobrevivir en libertad, como seres que necesitaban, con desespera-
ción, aprender a ser fuertes sin sus amos y sin la ayuda del Gobierno.[3]
    En 1883, el Tribunal Supremo de Estados Unidos declaró inconsti-
tucional la Ley de Derechos Civiles de 1875. Los activistas impugnaron
con vehemencia este funeral de la era de la Reconstrucción, aunque, en
opinión de cierto quinceañero de Great Barrington, no de una manera
lo suficientemente enérgica. Willie Du Bois se lanzó al mundo de la publicación con una protesta por la indiferencia local ante la decisión del
tribunal que apareció en el popularísimo periódico negro de T. Thomas
Fortune, *The New York Globe*.[4]
    Ahogando las voces de los jóvenes Willies y los más viejos Fortunes,
el Norte y el Sur, al unísono, encomiaron la decisión de arrojar al basurero la Ley de Derechos Civiles de 1875. *The New York Times* aplaudió el
«útil propósito de [...] deshacer la labor del Congreso». El juez Joseph
Bradley redactó el informe de la opinión mayoritaria, en el que se afirmaba que ni la Enmienda Decimotercera ni la Decimocuarta concedían
al Congreso prerrogativa alguna para prohibir la discriminación en instalaciones de gestión privada, tan solo las «acciones del Estado» que supusiesen una negación de la igual protección de las leyes. «Cuando alguien
ha salido de la esclavitud y, con la ayuda de una legislación propicia, se ha
deshecho de las concomitancias inherentes a ese estado —concluía Bradley—, debe haber algún momento en que, en el desarrollo de tal eleva-

ción, alcance el rango de un ciudadano más y deje de beneficiarse de un trato especial de esas leyes, en que sus derechos [...] sean amparados del mismo modo que los de los demás». ¿Un mero ciudadano sin favoritismos particulares, protegido igual que el resto? ¿Acaso no entendía el juez Bradley que ser meros ciudadanos era precisamente lo que las personas negras querían? ¿No era capaz de comprender que sus derechos no estaban amparados frente a los dueños de las plantaciones y los hombres del Klan?[5]

Es posible que este neoyorquino y hombre de leyes viviese en la ignorancia, sobre todo si se creía la optimista propaganda sobre lo que se anunciaba como el Nuevo Sur. El director de *The Atlanta Constitution*, Henry W. Grady, fue el principal propagandista de ese concepto en la década de 1880. «El espíritu de amistad entre amos y esclavos [...] ha sobrevivido a la guerra, al conflicto y a las campañas políticas», fantaseaba. El obispo metodista y rector de la Universidad de Emory, Atticus Haygood, también dio difusión al Nuevo Sur en sus discursos por todo el país, así como en su famoso libro de 1881, *Our Brother in Black*, de 1881. La «gran mayoría de los esclavos amaban de verdad a los blancos», presuponía. Los esclavistas blancos les enseñaban hábitos de trabajo, el idioma inglés y los principios de las instituciones libres y de la cristiandad. Por lo tanto, según las indicaciones de Haygood, los blancos debían continuar con su legado de elevación de la esclavitud en una sociedad de trabajadores libres y amigablemente segregados. ¿Cómo iban a poder los blancos instruir a los negros si las razas estaban separadas? Haygood hizo caso omiso de semejante contradicción.[6]

Pero un obispo episcopaliano, Thomas U. Dudley, no. Se mostró contrario a la «separación» racial por cuanto significaría «la degradación y el declive continuados y crecientes» de los negros. Enfatizaba que la esperanza de su salvación había de originarse «en su vinculación [con la gente blanca]». Un famoso novelista de la vida criolla anterior a la guerra, George Washington Cable, nacido en Nueva Orleans, también desafió a los segregacionistas del Nuevo Sur, con lo que consiguió despertar su cólera. En abril de 1885 Grady publicó una respuesta «oficial» a Cable y a otros críticos asimilacionistas y antirracistas en el *Century Magazine*: «La diversidad de las razas es sensata y adecuada, y su consecuencia es el programa de unos espacios iguales para cada raza, pero separados». Con esta declaración, nacía la defensa de la segregación racial del Nuevo Sur. Se creó un sistema de separación para garantizar la desigualdad racial, aunque Grady popularizase la noción de que se trataba precisamente de asegurar la igualdad y fomentar el progreso racial. La verdad nunca detuvo a los encargados de elaborar las ideas racistas. Grady inventó, defendió y vendió el eslogan «separados pero iguales» al pensamiento estadounidense. En aquella década de 1880, millones de ciudadanos lo abanderaron.[7]

Al tiempo que se creían la coartada del Nuevo Sur, los estadounidenses adoptaron una nueva herramienta para culpar a los propios negros de las disparidades raciales y, de paso, ignorar el aumento simultáneo del racismo. Se estaba enseñando que la esclavitud había contribuido al desarrollo de unas personas atrasadas, traídas desde el África salvaje. Según se decía, los misioneros del Norte y los partidarios del Nuevo Sur seguían desempeñando ese papel benefactor, al tiempo que esa gente ya se había visto liberada de las arbitrariedades de la esclavitud. Además, los proponentes del Nuevo Sur sostenían que, sin duda alguna, las enmiendas de la Reconstrucción habían reducido la discriminación racial e implantado la igualdad de oportunidades. Toda esta propaganda racista coincidió con una indeleble fe posbélica en el progreso racial, en concreto en que «los prejuicios por el color se desvanecen, de forma lenta pero firme», como recogía un periódico de Filadelfia en 1888. La aversión a «la industria y a la frugalidad», y no la discriminación, estaba en el origen de las disparidades socioeconómicas entre las razas, según la misma publicación. Para los antirracistas, que seguían denunciando la existencia de discriminación y desigualdad, «el progreso racial» pasaba a convertirse en el arma principal de los racistas. El Nuevo Sur se había convertido en el Nuevo Estados Unidos del progreso racial.[8]

Los darwinistas sociales invocaban la regresión de los negros desde los tiempos de la esclavitud, mientras que los remanentes confederados del viejo Sur rechazaban el progreso racial del Nuevo Sur y la fórmula «separados pero iguales». El reverendo Robert L. Dabney, uno de los intelectuales más influyentes del presbiterianismo y capellán del ejército confederado, alegó que solo el esclavismo podía proporcionar una educación civilizada a las personas negras. El hombre de leyes convertido en escritor Thomas Nelson Page dedicó su carrera literaria a ofrecer un contrapunto tajante entre lo que consideraba el capitalismo fuerte e industrialista del Nuevo Sur, con sus desobedientes africanos, y el capitalismo blando y agrícola de un viejo Sur que podía presumir de unos esclavos obedientes. Así, en el libro de relatos *In Ole Virginia, or Marse Chan and Others*, de 1887, Page inauguraba la escuela de ficción de plantaciones de la posguerra, un calco de la idílica ficción de plantaciones del periodo prebélico, rememorando los idílicos días de la infancia vividos en la plantación familiar de Virginia, rodeado de felices cautivos. Más tarde, en 1889, apareció el libro contra el Nuevo Sur que más fama adquirió, *The Plantation Negro as a Freeman*. El alumno de Harvard Philip Alexander Bruce, hermanastro de Page, aseguraba que la gente negra había «roto» con sus civilizadores amos blancos y degenerado hasta volver al «tipo africano», lo que, a su vez, había llevado a las mujeres negras más «atrevidas y audaces» a preferir a hombres blancos, a que grupos de criminales negros violasen a mujeres blancas (siendo esto motivo de los linchamientos por parte de los blancos) y a que los negros tuviesen hijos problemáticos y «menos inclinados al trabajo».[9]

Willie Du Bois se pasó la adolescencia soñando con ir a Harvard. Los caritativos blancos de la localidad, reacios a enviar al negro más extraordinario de la ciudad a la que históricamente era la mejor universidad blanca de la nación, en 1885 recaudaron fondos para enviarlo a la que históricamente era la mejor universidad negra de la nación, la Universidad de Fisk, en Nashville. Bajo el mando de filántropos y profesores negros, Fisk era una de las incubadoras de la persuasión por elevación y de ideas asimilacionistas más relevantes de la nación. Du Bois asimiló esas ideas, al igual que lo hicieron sus compañeros, y comenzó a reproducirlas cuando se convirtió en director del primer periódico estudiantil de Fisk, *The Herald*. En uno de los artículos publicados, hacía una crítica entusiasta al compendio de la historia de los afroamericanos contenido en *History of the Negro Race in America from 1619 to 1880*, de George Washington Williams. «Al menos», se consolaba Du Bois, las personas negras «tenemos un historiador».[10]

Otras críticas del libro, cuya primera edición salió en 1883, también fueron favorables. Pero una de ellas, del *Magazine of American History*, alegaba que Williams no era «lo bastante contenido», con lo que ponía de relieve el problema al que tantos académicos negros con espíritu revisionista tendrían que enfrentarse en las décadas subsiguientes. Si los revisionistas negros decidían no proponer renovaciones, entonces era como si permitiesen que los estudios racistas excluyesen o denigrasen a los negros en la búsqueda de la verdad; si actualizaban la literatura racista, entonces, resultaba que carecían de objetividad. Al parecer, solo los académicos blancos tenían la capacidad de ser «lo bastante contenidos» si de escribir sobre la raza se trataba, es decir, que solo los estudios racistas transmitían una verdad académica.[11]

Lo más lejos que había ido Williams en su revisionismo historiográfico de corte antirracista (y sexista) había sido demostrar que los (varones) negros estadounidenses habían sido una parte integral de la historia de Estados Unidos. Puso en entredicho las ideas racistas de los académicos y alegó que los negros habían dado pasos atrás desde los tiempos de la esclavitud, con sus propias ideas acerca del «hombre negro débil» y la «mujer negra fuerte». Williams se dedicó a citar con copiosidad el opúsculo de 1864 *Savage Africa*. «Mientras que las africanas son brutales —escribió—, los hombres son femeninos». De acuerdo con la lectura asimilacionista que Williams hacía de la historia, la libertad había facilitado que los hombres negros adoptaran los valores y normas de la civilización, con unos «rasgos de carácter mejores y más puros». Las mujeres negras, por su parte, «se han alzado para ocupar sus lugares en la sociedad». Pero ocurría que los hombres se estaban volviendo otra vez «demasiado afectuosos y benevolentes hasta el defecto».[12]

Du Bois se adhirió a la versión de la historia de Williams, y se diría que tanto las ideas asimilacionistas como el racismo de género del libro influyeron en él. En su discurso de graduación en Fisk, en junio de 1888, Du Bois presentó al canciller y fundador de Alemania, Otto von Bismarck, como un modelo para el liderazgo negro. Este era bien conocido por unir a las distintas comunidades para dar vida al poderoso país alemán en 1871. Según Du Bois, el Segundo Reich «tendría que servir como modelo para que los afroamericanos "marchen hacia delante, con fuerza y determinación, bajo la dirección de un líder bien preparado"». Le traía sin cuidado que Bismarck hubiera organizado la Conferencia de Berlín en 1885, en la que los colonizadores europeos se habían repartido África con el ímprobo pretexto de que estaban llevando la civilización al continente. «No lo comprendía en toda su magnitud, ni creo que mis estudios de historia me ayudasen a entenderlo —admitiría más adelante, sobre el modo tan agresivo en que el colonialismo había esquilmado las materias primas y la mano de obra africanas—. Mi actitud era la de un alegre europeo, la de un imperialista».[13]

Después de su etapa en Fisk, Du Bois tuvo la oportunidad de perseguir el sueño de Harvard. Se fue al Norte en 1888, en un momento en que los racistas del Sur debatían con serenidad dos posibilidades con respecto a los negros, a saber, si había que civilizarlos con mimo, o bien segregarlos de los blancos. Mientras que los demócratas del Nuevo Sur trataban de retener a los demócratas de las leyes Jim Crow, los republicanos recuperaban la casa presidencial y el Congreso en las elecciones de 1888. En su primer discurso ante la cámara, pronunciado al año siguiente, el presidente Benjamin Harrison preguntó: «¿Cuándo tendrán por fin [los negros] esos derechos civiles que tanto tiempo llevan siendo suyos según la ley?».[14]

Nunca, por lo que a los segregacionistas de las leyes Jim Crow concernía.

22

Los horrores del Sur

El 7 de enero de 1890, el senador por Carolina del Sur Matthew Butler y el senador por Alabama y antiguo «gran dragón» del Ku Klux Klan John Tyler Morgan presentaron un proyecto de ley al Congreso para financiar la emigración negra a África. Se trataba de una ingeniosa solución a los problemas de clase y raciales de los grandes latifundistas del Sur. Arruinados por la crisis agraria que asolaba la región, muchos granjeros pobres, los llamados *dirt farmers*, dirigieron su rabia contra los granjeros negros, mientras que otros unían sus fuerzas a las de estos para encauzar la ira hacia los grandes latifundistas blancos, en un creciente movimiento populista, interracial y antirracista. El proyecto de ley de colonización era un reflejo de la situación. Con él, los granjeros blancos iban a ver que la principal causa de la depresión agraria del Sur eran los negros sureños, y no los ricos propietarios blancos, en cuanto comprobasen que la salida en masa de aquellos aumentaba el valor de su propio trabajo.[1]

Es probable que en 1890 los estadounidenses estuviesen más abiertos que nunca a la colonización desde los tiempos de la insistencia de Abraham Lincoln, durante la guerra de Secesión. Edward Wilmot Blyden, un diplomático liberiano nacido en el Caribe, se encontraba haciendo una gira por Estados Unidos para pregonar que, si se había educado y preservado a los esclavos afroamericanos, era porque estos tenían la misión divina de redimir a África. «Dios sigue sus propios caminos para sanar y para purificar con fuego», escribiría Blyden en la publicación de la Sociedad Americana para la Colonización, en 1890. Los escritos de Henry Morton Stanley, el más famoso explorador anglófono de África del siglo XIX, conocían una gran difusión. Prácticamente todo el mundo anglófono interesado en África había leído el libro de Stanley *Through the Dark Continent*, de 1878, y prácticamente todo el que leía a Stanley acababa viendo a los africanos como salvajes, incluido el novelista Joseph Conrad, autor del clásico *El corazón de las tinieblas*, publicado en 1899. El viaje del protagonista blanco, aguas arriba del río Congo, «era como regresar a los orígenes del mundo», aunque no en tiempo cronológico, sino en la escala evolutiva.[2]

En su discurso de enero de 1890 ante el Senado, destinado a impulsar el proyecto de ley de colonización, John Tyler Morgan leyó algunos pasajes del libro de Henry Morgan Stanley. El texto sostenía que, bajo tutela blanca, los afroamericanos se habían civilizado hasta un punto en el que serían capaces de sacar a África del abismo de la barbarie. Así, esperaba que los potenciales emigrantes negros fueran «tan amables y generosos con sus nuevos vecinos como nosotros [los blancos del Sur] lo hemos sido con ellos». Aunque hubo millones de ciudadanos estadounidenses que apoyaron el proyecto de ley, la severa oposición se mantuvo firme, de manera que nunca llegó a aprobarse.[3]

El único demócrata que se envalentonó al ser testigo de este debate fue el entusiasta Walter Vaughan, de la nebrasqueña Omaha. Hijo de unos esclavistas de Alabama, ideó un plan del que estaba convencido que sería beneficioso para la «pobre condición» de las personas emancipadas que, en sus figuraciones, habían recibido tan buenos cuidados durante la esclavitud. Este empresario propuso que el Gobierno federal diese una pensión a los antiguos esclavos, quienes, entonces, gastarían el dinero en los apurados negocios de los blancos del Sur. Consiguió convencer al congresista que representaba a su distrito, el republicano William J. Connell, de que presentara el proyecto de ley de las pensiones de los antiguos esclavos en 1890. Con Frederick Douglass como uno de los pocos apoyos entre las élites negras, el proyecto conoció una muerte lenta.

Con todo, Vaughan siguió presionando para que las pensiones de los antiguos esclavos fuesen una realidad. Publicó el panfleto *Freedmen's Pension Bill: A Plea for American Freedmen*, cuyos diez mil ejemplares pronto fueron pasando de mano en mano entre las comunidades de negros pobres del Sur y del Medio Oeste hasta llegar, en 1891, a las de Callie House, una antigua esclava y mujer de la limpieza de Tennessee, que entonces se involucró en la creación de la Asociación Nacional de Ayuda Mutua, Munificencia y Pensión de Antiguos Esclavos, con sede en Nashville. Con al parecer cientos de miles de miembros, esta organización alumbró el movimiento que en el transcurso de esa década exigió el pago de indemnizaciones compensatorias a los antiguos esclavos. El movimiento recibió

un apoyo enfebrecido de los negros antirracistas de clase humilde, así
como una oposición enfebrecida por parte del mismo racismo de clase
que había evitado que el Congreso concediese a cada negro una porción
de tierra y una mula. Las élites negras, en unión con sus homólogos blancos, por lo general ignoraron o abortaron cualquier proyecto de ley de
reparación. Estas élites pusieron las injusticias económicas que afectaban
a los negros con bajos ingresos por detrás de las relacionadas con la educación o con el voto. «Parece que los más doctos de entre los negros —les
increparía Callie House— tienen menos interés en su raza que ningún
otro negro, por cuanto muchos de ellos luchan contra el bienestar de esa
raza».[4]

El 25 de junio de 1890, W. E. B. Du Bois hizo un discurso tras finalizar
sus estudios en Harvard. Había alcanzado la excelencia; se había graduado
en la universidad negra más prestigiosa de la historia y, después, en la
universidad blanca más prestigiosa de la historia. Tenía la convicción de
estar demostrando la capacidad de su raza. La alocución de Du Bois,
«brillante y elocuente», según el juicio de la prensa, giraba en torno a
«Jefferson Davis como representante de la civilización». Du Bois albergaba la idea de que Davis, fallecido justo el año anterior, representaba el
duro individualismo y el espíritu dominante de la civilización europea,
en contraste con las marcadas «sumisión» y abnegación que caracterizaban a la civilización africana. Los europeos «se encontraron con la civilización y la aplastaron», mientras que «los negros se encontraron con la
civilización y fueron aplastados por ella». En palabras de su biógrafo, este
licenciado en Harvard contraponía el europeo civilizado como «hombre
fuerte» al africano civilizado como «hombre sumiso».[5]
    Sin duda, Du Bois había recibido la influencia de la Nueva Inglaterra
de posguerra de Harriet Beecher Stowe, en la que las ideas en torno a la
raza parecían comenzar y terminar en *La cabaña del tío Tom*. En Harvard
también bebió de uno de sus profesores, el historiador Albert Hart, un
firme moralista que juzgaba que era en el carácter —en el «ser interno,
no en el externo»— donde residía la clave para el cambio. De él y otros
asimilacionistas tomó la idea racista de que la esclavitud (además de África) había mutilado social y moralmente a los afroamericanos. Du Bois
tenía más fe en el futuro que su profesor. En su libro de viajes *The Southern
South*, de 1910, Hart sostenía que «los negros son inferiores, y su historia

tanto en África como en América lleva a pensar que seguirá siendo así». Al pensar en Du Bois en particular, Hart reducía sus talentos a su ascendencia europea; era «la prueba viviente —escribió con plena confianza— de que los mulatos tienen tanta energía y pasión como cualquier hombre blanco».[6]

En el otoño de 1890, Du Bois se matriculó en el programa de doctorado del Departamento de Historia de Harvard, para estudiar bajo la tutela de Hart y seguir dando prueba de las capacidades de los negros. Con todo, pronto tendría la oportunidad de proporcionar una demostración de mayor envergadura. Más o menos al tiempo que entró en la escuela de posgrado, el antiguo presidente Rutherford B. Hayes, director del Fondo Slater para la Educación de los Hombres Libres, se ofreció a sufragar la educación en Europa de «cualquier joven de color» con el talento suficiente para la iniciativa, si es que existía tal persona. «Hasta ahora —explicó Hayes en una charla en la Universidad Johns Hopkins—, su principal y casi su único don ha sido el de la oratoria». Du Bois decidió aceptar este desafío intelectual. Dos años más tarde se matriculó en la Universidad de Berlín, la más distinguida del mundo europeo.[7]

El día previo al discurso de graduación de Du Bois en Harvard, un joven congresista por Massachusetts, Henry Cabot Lodge, presentó el proyecto de ley de elecciones federales. A diferencia de la legislación sobre las reparaciones, esta contaba con el apoyo de las élites negras. Su propósito era habilitar la competencia federal de supervisión de las elecciones locales cuando los votantes así se lo exigiesen a Washington por sospechar que se hubiese producido fraude. También conocida como «ley de fuerza», el cambio legislativo propuesto enfureció a los segregacionistas del Sur que estaban escuchando el discurso de Lodge en el Capitolio. El congresista cuestionaba la sensatez de la Decimoquinta Enmienda, aunque también afirmó que seguía siendo «responsabilidad federal defenderla». «Si un estado cree que algún grupo de ciudadanos está incapacitado para votar a causa de su ignorancia, entonces puede inhabilitarlo —dijo—, pero también tiene que poner en marcha programas de formación académica». Los republicanos de la cámara comenzaron a vitorear a Lodge, mientras este se regocijaba de vuelta a su asiento, entre aplausos. Los demócratas guardaron silencio; algunos de ellos, quizá, tomaban nota y preparaban su alegato final. *The Atlanta Constitution* condenó la propuesta de ley de derecho al voto como «el hijo mortinato del resentimiento». Los segregacionistas calificaron al instante y sin tapujos la propuesta contra la discriminación racial como un artefacto cargado de odio.

Los demócratas de Mississippi tuvieron muy en cuenta la frase de cierre de Lodge cuando se reunieron en su convención constitucional, el 12 de agosto. Para sorpresa de aquel, adaptarían el test de alfabetización contra los pobres, concebido en el Norte, y lo reformularían para que se convirtiera en una prueba contra los pobres y contra los negros en la cuarta Constitución del estado. La muy subjetiva «cláusula de entendimiento» hacía necesario que se interpretase este documento rector, lo que daba pie a que los funcionarios del registro de tendencias racistas permitieran el voto a blancos iletrados y se lo impidieran a negros capacitados. Cuando la nueva Constitución entró en vigor, el 1 de noviembre de 1890, el abogado y activista antirracista blanco Albion Tourgee lo identificó de inmediato como «el acontecimiento más importante de la historia estadounidense desde que Carolina del Sur se escindió de la Unión». Durante la década siguiente, el racismo conoció un nuevo impulso en el conjunto de los antiguos estados confederados, e incluso en algunos territorios fronterizos. Todos ellos siguieron el ejemplo de Mississippi, con la instauración de una serie de restricciones al voto de un carácter racista velado, desde diversos test de inteligencia hasta impuestos de capitación, lo que vendría a purgar las listas plebiscitarias del remanente de votantes negros (y también de muchos blancos pobres) sin tener que recurrir a un solo término racista. Una vez más, el Sur plantaba cara a la Constitución de Estados Unidos, en esta ocasión sin disparar un solo tiro ni afrontar represalias por parte del Norte.[8]

Bloqueada por las tácticas obstruccionistas de los senadores, la ley de fuerza nunca sería aprobada, para indignación de Frederick Douglass. Du Bois, sin embargo, se mantuvo sosegado y centrado en la lucha moral de la persuasión por elevación. «Si tenemos al tipo adecuado de votantes negros, las leyes electorales no importarán —escribió en el New York Age—. La batalla de mi gente ha de ser moral, no jurídica ni física». Lo cierto es que no se puede decir que los estadounidenses negros estuviesen perdiendo ninguna lucha moral ni cultural; lo que sucedía era que se los estaba derrotando, con medios tanto violentos como no violentos, en las batallas políticas y económicas, como Du Bois pronto asimilaría.[9]

El fracaso de la ley de fuerza puso fin a los esfuerzos republicanos por imponer las Enmiendas Decimotercera (emancipación), Decimocuarta (derechos civiles) y Decimoquinta (derecho al voto). Aunque el acuerdo de no injerencia federal se había alcanzado en 1876, fue en 1890 y en la primera década del siglo XX cuando se convertiría en la política nacional indiscutible, tras años de reticencias por parte del Norte y del Sur. Se promulgaron una serie de leyes espaciadas pero (des)iguales, que iban a suponer la segregación de casi cada aspecto de la vida en el Sur, desde las fuentes hasta las tiendas, pasando por el transporte, todo para asegurar la solidaridad blanca y la sumisión negra, y para garantizar asimismo que la mano de obra negra siguiese siendo barata. El que hubiese instalaciones separadas y de inferior calidad para los negros les inculcaba, en igual medida que a los blancos, la idea de que eran fundamentalmente gente distinta e inferior.

Las ideas y la organización segregacionistas se convirtieron en un hecho de la vida estadounidense en todas sus manifestaciones, desde el movimiento de las mujeres —las segregacionistas fueron bienvenidas en la Asociación Nacional de Mujeres Sufragistas de Estados Unidos a partir de 1890— hasta la más importante asociación sindical, la Federación Estadounidense del Trabajo (AFL, por sus siglas en inglés), de reciente creación, un hervidero de discriminadores. Su presidente, Samuel Gompers, sermoneó a los trabajadores negros con que «los sindicatos» no eran «el enemigo de la raza de color», aseverando que no conocía más que «unos pocos casos [...] en que se discrimine a estos trabajadores». De hecho, fue culpándolos cada vez más de sus míseras condiciones económicas, para así exonerar a los sindicatos de sus actos discriminatorios.[10]

La gente negra no se sentó a esperar mientras se organizaba la segregación, y la resistencia por su parte dio pie a un aumento de los linchamientos en los primeros años de la década de 1890. No obstante, los blancos que protagonizaban estas acciones las justificaban como la respuesta a un repunte de los crímenes cometidos por negros. Un joven W. E. B. Du Bois aceptaría estas excusas, al igual que lo harían el más entrado en años rector del Instituto Tuskegee de Alabama, Booker T. Washington, y también un agonizante Frederick Douglass. Tuvo que ser una joven negra antirracista quien pusiese a estos racistas en su sitio, la periodista de Memphis, nacida en Mississippi, Ida B. Wells, quien expresó su repulsión por los linchamientos, empezando por los de amigos cercanos, en vista del tremendo pico al que se llegó en 1892, cuando el número de afectados de toda la nación ascendió a la increíble cifra de 255. En ese contexto Wells lanzó un panfleto deslumbrante titulado *Southern*

Horrors. Lynch Law in All Its Phases. A partir de una muestra de 728 linchamientos que habían tenido lugar en años recientes, Wells establecía que tan solo un tercio de las víctimas habían sido «acusadas de violación, por no hablar de aquellas a quienes se había declarado inocentes del cargo». Así, la periodista vituperaba a los blancos por mentir sobre las violaciones de blancas a manos de negros, amén de ocultar los asaltos que ellos mismos cometían contra mujeres negras.[11]

Wells sabía bien que los constructos inmorales en torno a las mujeres negras les dificultaban el acceso a los florecientes clubes de mujeres, un movimiento moral que constituyó toda una avalancha durante la década de 1890. «En ocasiones oigo hablar de negras virtuosas, pero la idea me resulta absolutamente inconcebible», escribió una «mujer blanca anónima» en *The Independent*. La licenciada en Oberlin y profesora Anna Julia Cooper se impuso la tarea de defender la femineidad negra y alentar la formación de las mujeres negras en *A Voice from the South*, de 1892. Como Wells, Cooper entroncaba con la tradición feminista antirracista. «Puede decirse que las mujeres de color ocupan hoy en día, en este país, una posición única —explicaba—. Se les plantean el problema de la mujer y el problema de la raza, en los cuales, a su vez, se da un factor desconocido o no reconocido». No obstante, Cooper propugnaba una especie de racismo de clase; por ejemplo, encomiaba «la silenciosa e inmaculada dignidad y la solemnidad decorosa» de la Iglesia episcopal protestante, al tiempo que despreciaba la «religiosidad semicivilizada» de los negros con bajos ingresos del Sur.[12]

En *Southern Horrors*, Ida B. Wells mantenía que los blancos del Sur se estaban «escudando en la creíble pantalla de la defensa del honor [de sus mujeres]» mediante los linchamientos para mitigar así sus antecedentes de odio y violencia, algo que siguió repitiendo durante la gira de divulgación que hizo en 1893 por Inglaterra. Sus charlas suponían una vergüenza para los blancos estadounidenses. En sus trabajos, Wells condenaba en mayor o menor medida la estrategia de la persuasión por elevación y defendía la autodefensa armada de los negros para poner fin a los linchamientos. «Cuanto más se humilla, se rebaja e implora un afroamericano —afirmaba—, con más ahínco se le exige que lo haga, más lo insultan, lo maltratan y lo linchan».[13]

El presidente de la Asociación de Prensa de Missouri, James Jacks, favorable a los linchamientos, publicó una carta abierta en la que atacaba a Wells y, de paso, a todas las mujeres negras, quienes según su parecer no eran más que unas ladronas y rameras. Si lo que Jacks esperaba era acallar a Wells y sus hermanas, entonces su plan resultó contraproducente. Llegado el verano de 1896, un grupo de mujeres negras, hartas de la situación, se había unido en un club llamado Asociación Nacional de Mujeres de Color para defender la femineidad negra, plantar cara a la discriminación y dar vitalidad a las iniciativas de ayuda mutua. Bien es cierto que, si no todas, algunas de estas últimas robustecían las tradiciones asimilacionistas de las blancas. Se fundamentaban en el mismo y viejo racismo histórico que mantenía que las mujeres negras con bajos ingresos estaban moral y culturalmente echadas a perder a causa de la esclavitud. El lema de la asociación sería «Elevándonos a fuerza de subir montañas».[14]

Tras dos años de cursar estudios universitarios en el extranjero, en Alemania, W. E. B. Du Bois volvió a Estados Unidos en 1894. Los administradores del Fondo Slater habían decidido dejar de financiarlo, por lo que no pudo defender su tesis doctoral sobre economía. A pesar de sus pretensiones de probar las capacidades de aprendizaje de los negros, los responsables del fondo lo consideraban algo así como un profesor de educación especial que fuera en pos de un doctorado en física. Con independencia de lo que pudiera hacer, no conseguiría desembarazarse de las ideas racistas. Si un negro iba detrás del título más prestigioso del mundo europeo, entonces se lo trataba como si fuese estúpido por intentarlo, pero, si no lo hacía, entonces resultaba que no tenía el talento natural para ello, como Rutherford B. Hayes había dicho en 1890, palabras que provocaron la reacción de Du Bois. Incluso el hecho de que Du Bois se convirtiese en el primer afroamericano en obtener un doctorado en historia en 1895 fue objeto de las mofas racistas. En los círculos de la élite blanca, llegó a ser conocido como uno más del «puñado de negros» que habían permitido a Harvard «formar hombres a partir de semibestias», como afirmó el neoyorkino Franklin Delano Roosevelt al poco de entrar en dicha universidad, en 1903.[15]

Si bien el éxito académico de Du Bois en Alemania no sirvió para demostrar gran cosa a los productores ni a los «compradores» de las ideas racistas de Estados Unidos, sí que le valió para demostrarse algo a sí mismo. Había llegado a acostumbrarse a estar «no con gente blanca, sino con gente». En Alemania había experimentado una evolución mental que lo había llevado a equipararse con los blancos. Pero esta nueva mentalidad antirracista, consistente en no ver a los blancos por encima de sí mismo, no lo disuadió de seguir viendo por debajo de él a los negros con bajos ingresos. Le llevaría aún más tiempo ver no a gente negra de clase baja, sino a gente, personas que estaban en el mismo plano humano que él y que el resto de la gente (blanca).[16]

En 1894, Du Bois aceptó un puesto de profesor de griego y latín en la universidad insignia de la Iglesia episcopal metodista africana, en Wilberforce. Estaba determinado a «trabajar el resto de mi vida por la emancipación de los negros estadounidenses». De un modo u otro, seguía manteniendo la fe en que se podía transformar el racismo estadounidense, en que podía expurgarse mediante la educación. Mantenía la teoría de que «el mayor enemigo era la necedad» existente en lo relativo a la raza por parte de «la mayoría de los estadounidenses blancos», de manera que «la cura estaba en el conocimiento con base en la investigación científica».[17]

Mientras que Du Bois quería educar a los estadounidenses en las capacidades de las personas negras con los más elevados propósitos, Booker T. Washington, el calculador rector de Tuskegee, que entonces contaba con treinta y ocho años, pretendía que los negros se centrasen públicamente en objetivos más modestos, algo que sería mucho más aceptable para los blancos de la nación. Denunciaba la falta de liderazgo de la raza desde la muerte de Frederick Douglass en 1895. Ida B. Wells habría sido una mejor sustituta, pero era mujer, además de demasiado antirracista para la mayor parte de los estadounidenses. Durante toda su carrera, T. Washington, siempre en privado, dio su apoyo a los derechos civiles y la causa de la emancipación en el Sur, pero lo que decía en público constituía un reflejo del racismo del Nuevo Sur, lo que a las élites les gustaba oír.[18]

En la inauguración de la Exposición Internacional de los Estados Algodoneros, el 18 de septiembre de 1895, T. Washington presentó el Compromiso de Atlanta, con el que pedía a los blancos del Sur que cejasen en su empeño de expulsar a los negros del hogar que para ellos era Estados Unidos y les permitiesen residir cómodamente en el sótano, desde donde los ayudarían a ascender a sabiendas de que, cuando lo hiciesen, toda la casa lo haría. Muchos de los terratenientes que había entre el público se habían pasado toda su vida tratando de convencer a sus aparceros negros de «dignificar y glorificar el trabajo común», así que, cuando T. Washington dijo que «debemos comenzar desde el nivel más bajo de la vida, no desde el más alto», estuvieron encantados. Una vez que los tuvo en el bolsillo, añadió que «los más perspicaces de mi raza entienden que airear cuestiones relativas a la igualdad social es la mayor de las insensateces».[19]

Entre los emocionados aplausos de miles de espectadores, la agitación de pañuelos y las flores arrojadas al aire por las mujeres blancas presentes que arroparon a T. Washington en cuanto acabó de hablar, el director de *The Atlanta Constitution* y promotor del Nuevo Sur, Clark Howell, se dirigió al atril. Desde allí, vociferó: «¡El discurso de este hombre supone el comienzo de una revolución moral en Estados Unidos!». Las palabras de Washington se telegrafiaron a todos los periódicos relevantes de la nación. Los redactores publicaron críticas entusiastas. El presidente demócrata Grover Cleveland llegó a Atlanta y lo calificó como «la nueva esperanza» de la gente negra. «Déjeme que le felicite de todo corazón por su enorme éxito en Atlanta —le transmitió por telegrama un resplandeciente W. E. B. Du Bois el 24 de septiembre—. Cada palabra de ese discurso estaba donde tenía que estar».[20]

No obstante, Du Bois, con sus aplausos a T. Washington, no representaba a todos los cronistas negros. Calvin Chase, del *Washington Bee*, no apreciaba ningún compromiso, sino «la muerte de los afroamericanos y la elevación de los blancos». Fuese o no un certificado de defunción tal, Washington se granjeó la ovación nacional, atrajo a filántropos como Andrew Carnegie y erigió la «maquinaria de Tuskegee», una institución que a lo largo de la década siguiente iba a estar a la cabeza de las universidades, los negocios, los periódicos y el patrocinio político de los negros. Además, solo un año después de la enérgica presentación del Compromiso de Atlanta con los segregacionistas del Sur, el Tribunal Supremo de Estados Unidos siguió, sin hacer ruido, el mismo camino.[21]

La institución llevaba años nutriéndose de abogados corporativos de origen norteño que blandían con alegría la Decimocuarta Enmienda para frenar aquellas leyes que violasen la «libertad» y los «derechos civiles» del capital para imponer los salarios y las condiciones laborales. No se preocupaba, sin embargo, de proteger la libertad y los derechos civiles de los trabajadores, las mujeres, los inmigrantes o las personas negras. El 18 de mayo de 1896 decretó por siete votos frente a uno que, en el caso de Plessy contra Ferguson, la Ley de Vagones Separados de Luisiana, junto con otras leyes Jim Crow de reciente promulgación, no violaba ni la Decimotercera ni la Decimocuarta Enmiendas. El birracial Homer Plessy había plantado cara a la ley por la que los ferrocarriles de Luisiana debían contar con «asientos iguales pero separados» para los pasajeros blancos y negros. El juez de Nueva Orleans John H. Ferguson había dictaminado que «el fuerte olor de los negros en espacios cerrados» hacía que la ley fuese razonable. El Tribunal Supremo de Luisiana y el de Estados Unidos lo ratificaron.

La opinión mayoritaria del Tribunal Supremo, que el juez Henry Billings Brown reflejó en su dictamen, descansaba en ideas racistas, con el fin de apoyar unas políticas claramente discriminatorias. Su trabajo era encubrir dichas intenciones. Brown pasó por alto las políticas derivadas de la Ley de Vagones Separados de Luisiana, el propósito discriminatorio y la evidente chapuza de los asientos destinados a los negros para sacarse de la manga la calificación semántica de «ley social», que simplemente reconocía la «distinción» social entre razas. «Si una raza es inferior socialmente a otra, la Constitución estadounidense no puede ponerlas en el mismo plano», escribiría este antiguo abogado de empresas de Detroit. No se puede afirmar que la única voz discrepante en la resolución del caso Plessy, el juez John Harlan, de Kentucky, fuese antirracista. Si bien, escribió que los blancos siempre iban a ser «la raza dominante del país», añadió que «ante la Constitución, a los ojos de la ley, no existe en este país un grupo de ciudadanos al que se pueda considerar la clase dirigente, dominante o superior. La Constitución es ciega a los colores y no sabe de clases entre los ciudadanos ni las tolera».

Aquel 18 de mayo, *The New York Times* echó tierra sobre la decisión adoptada en el caso Plessy en una columna publicada en la tercera página, centrada en información sobre ferrocarriles, lo cual suponía dar una cobertura marginal a la noticia al tiempo que se alentaba una conciencia marginal acerca de su importancia. Con la sentencia se legalizaba lo que el Nuevo Sur y Estados Unidos en general ya tenían asumido, la aplicación de una política de «tanto separados como desiguales» en la que, sin embargo, se recurría a la etiqueta de «iguales» en los tribunales y en las conciencias, para poner cortapisas a la resistencia antirracista. La conciencia social estadounidense sería un factor político de importancia durante este periodo. Se trataba del inicio de la llamada «era progresista».[22]

Aunque en el imaginario popular se recordaría como una época de una preocupación y una concienciación social sinceras, lo cierto es que se trató de una componenda de los hombres y mujeres de la élite blanca. Lo que predominó, al menos desde la perspectiva de sus elitistas financiadores y organizadores, fue el deseo de acabar con los conflictos sociales derivados de la industrialización, la urbanización, la inmigración y la desigualdad de las décadas de 1880 y 1890. La sanción del orden a través de la benevolencia que formulara Cotton Mather aún latía en el espíritu de los filántropos, desde Boston hasta Atlanta, a pesar del paso de los años. La indulgencia prevista en la sentencia del caso Plessy y en el Compromiso de Atlanta parecía zanjar el «problema de los negros». Por supuesto, tal cosa, en las postrimerías del siglo xix, significaba que Estados Unidos se volcaría en minimizar los horrores de la discriminación en el Sur para alimentar la idea de que había algo errado en la gente negra.[23]

23

Los Judas negros

Después de que el caso de Plessy contra Ferguson supusiese una aparente solución al «problema negro», el médico inglés Havelock Ellis hizo notar que se había puesto un nuevo asunto sobre la mesa. «La cuestión del sexo —apuntó—, junto con los problemas raciales que a ella subyacen, se les presenta a las generaciones futuras como el principal inconveniente por solucionar». Se trataba de un vaticinio demasiado ambicioso, incluido en el primer tratado sobre la homosexualidad, *Studies in the Psychology of Sex*, de 1897. Las naciones occidentales aún no estaban suficientemente preparadas para lidiar con la realidad de las distintas sexualidades, al menos no en público. Con todo, Ellis trató de poner la sexualidad en el orden del día de la era progresista. Este médico, que se consideraba un amigo de la comunidad, aún sin bautizar, LGTBI, popularizó el término «homosexual» bajo la clasificación de anormalidad fisiológica congénita, una «inversión sexual». Su intención era defender la homosexualidad contra «las leyes y la opinión pública», por cuanto en el mundo anglófono de finales del siglo XIX se consideraba a los homosexuales como delincuentes.[1]

De manera similar, los académicos racistas llevaban largo tiempo concibiendo a los negros como delincuentes y a la negritud como una anormalidad fisiológica, sin dejar de debatir sobre si sería algo congénito. En el cambio de siglo, los «sexólogos» inspirados por los teóricos de la raza ya recurrían a la anatomía comparada de los cuerpos de las mujeres para urdir diferencias biológicas entre sexualidades. Mientras que dichos teóricos distinguían entre los clítoris «sueltos» y prominentes de las «negroides», frente a los más «prietos» de las mujeres arias estadounidenses, los académicos homófobos comenzaron a afirmar que las lesbianas «resultarán tener, en casi todos los casos, unos clítoris anormalmente prominentes, lo que es particularmente cierto en el caso de las mujeres de color».[2]

Los pensadores sexistas de finales del siglo XIX pensaban que cuanto más prominente fuese el clítoris, menos casta sería la mujer y cuanto menos casta fuese esta, más bajo caería en la jerarquía de la femineidad. De ahí la convergencia de ideas racistas, sexistas y homófobas que estimaban que las blancas lesbianas y las negras heterosexuales serían más castas y ocuparían un rango más elevado en la jerarquía de los tipos de mujer que las negras lesbianas, que supuestamente contarían con los clítoris de mayor tamaño. Cuando los hombres, las negras heterosexuales o las blancas lesbianas tachaban a las negras lesbianas, bisexuales o transgénero de inferiores biológica o socialmente en virtud de su escasa castidad, lo que estaban haciendo era pronunciarse en la intersección de las ideas racistas, sexistas y homófobas, es decir, estaban articulando el racismo *queer*.

No obstante, resultaba complicado encontrar a un académico dispuesto a comprometerse con el tema de la sexualidad, al igual que ocurría cada vez más con el de la raza, y no digamos ya con la sexualidad y la raza juntas. W. E. B. Du Bois había comenzado su carrera tratando de presentar a los intelectuales blancos soluciones para el «problema negro», pero muchos de estos tenían ahora la sensación de que el asunto había quedado zanjado con el caso Plessy, o bien que se acabaría resolviendo por la vía de la evolución por selección natural o de la extinción. Un estadístico de la Prudential Insurance Company llegó a predecir la inminente extinción de los negros en un libro desmesurado que se apoyaba en las cifras del censo de 1890. A diferencia de la sentencia del caso Plessy, *Race Traits and Tendencies of the American Negro*, de Frederick Hoffman, recibió una atención inaudita al ver la luz, en 1896. Repleto de tablas estadísticas y publicado por la Asociación Estadounidense de Economía, el volumen era un trabajo pionero de la investigación médica estadounidense y catapultó a su autor a la fama científica en el mundo occidental, donde fue aclamado como el padre de la sanidad pública norteamericana. En «la época de la emancipación», escribió, los negros del Sur tenían «un físico saludable y un carácter jovial», y se preguntaba «¿cuáles son las condiciones treinta años después?»; pues, «en el claro lenguaje de los hechos», los negros libres se dirigían a «una extinción paulatina», lastrados por el carácter natural de su inmoralidad, su tendencia a romper la ley y sus patologías. Hoffman puso en bandeja a la empresa para la que trabajaba una excusa para sus políticas de discriminación hacia los afroamericanos, en concreto la de negarse a hacerles seguros de vida. Las mismas compañías que aseguraban a los blancos no tenían por qué acceder a asegurar a una raza que agonizaba. Una vez más, se producía una nueva idea racista para dar cobertura a una política racista.[3]

En una reseña del libro, W. E. B. Du Bois adujo que Frederick Hoffman había manipulado los datos estadísticos para poder augurar la extinción de la población negra. Destacaba que en el país nativo de Hoffman, Alemania, las tasas de mortalidad eran iguales o excedían a las de los afroamericanos. ¿Se encaminaban los alemanes, pues, hacia la extinción? Esta era la pregunta burlona de Du Bois, quien a continuación rechazaba la suposición de que una mayor tasa de mortalidad entre los negros indicase su extinción inminente. No obstante, no fue capaz de objetar la de que los mayores índices de arrestos y reclusiones penitenciarias entre los negros indicaban que, de hecho, estos cometían más delitos. Ni Hoffman ni Du Bois ni nadie, en realidad, conocía las tasas delictivas, es decir, todos los casos en que un estadounidense hubiese quebrantado la ley, se lo hubiera arrestado o no. No obstante, los índices de arrestos y encarcelamientos de negros daban pábulo a la idea racista de que los negros transgredían más la ley. Tales suposiciones hacían girar la rueda de la discriminación racial en el sistema de justicia penal, que alentaba una mayor suspicacia hacia las personas negras, la presencia de más policía en los barrios negros, un mayor número de arrestos y un encarcelamiento más prolongado, lo que a su vez aumentaba aún más la suspicacia, etcétera.

Pese a toda su capacidad intelectual, Du Bois no fue capaz de poner freno a semejante círculo vicioso de elaboraciones de perfiles raciales, estadísticas delictivas e ideas racistas. Fundamentó las diferencias existentes en los índices de arrestos y encarcelamientos en explicaciones tanto antirracistas (como «prejuicios enquistados de los anglosajones», que habían «sometido [a negros y blancos] a distintos patrones de justicia») como racistas (los «confusos libertos» carecían de fundamentos morales). Du Bois estaba muy lejos de ser un caso único. De entre los académicos integrantes del primer grupo de intelectuales negros de la nación, ninguno pudo impugnar las estadísticas o refutarlas como indicadores de una mayor delincuencia entre los negros. En lugar de ello, aceptaron las cifras como un hecho consumado y trataron de combatir el estereotipo del negro como delincuente mediante la educación y la persuasión, reproduciendo de este modo las ideas racistas que luchaban por eliminar.[4]

Por ejemplo, en la conferencia que impartió en 1897 en el acto inaugural de la Academia Negra de Estados Unidos bajo el título de «La conservación de las razas», Du Bois formuló el argumento de que las razas eran biológicamente dispares, con historias, características y destinos diferentes. Afirmaba que los afroamericanos eran «miembros de una vasta raza histórica, que desde los albores de la creación ha permanecido dormida, aunque a medio despertar en las oscuras selvas de África, su tierra madre». «El primer y mayor paso hacia la solución de la actual fricción entre razas», es decir, hacia el equilibrio social, mantenía, «consiste en corregir la inmoralidad, el crimen y la holgazanería entre los propios negros, que aún se dan como herencia de la esclavitud».

El discurso se publicó con premura, tuvo difusión y recibió alabanzas. Con el panfleto, Du Bois y la Academia Negra de Estados Unidos esperaban refutar la concepción popular que, en la era posterior al caso Plessy y al libro de Hoffman, consideraba destructiva, decadente y agonizante a la población negra. Aun así, estaba plagado de ideas racistas, como las de la «sangre» de las razas, los caracteres raciales, el remontarse a África, el embrutecimiento por causa del esclavismo, la imagen de que los afroamericanos varones tenían una mentalidad criminal y eran afeminados, la de que los europeos eran vigorosos y la de que los afroamericanos eran superiores a los africanos continentales. Du Bois reforzaba al menos tantas nociones racistas como derribaba.[5]

No obstante, Du Bois también estaba dando vida a un tomo más marcadamente antirracista. En su etapa como investigador visitante de la Universidad de Pensilvania, entre 1896 y 1897, se dedicó a trabajar en *The Philadelphia Negro*, un «estudio social» de un profuso antirracismo en el que sostenía que el racismo era «el espíritu que permea y complica todos los problemas sociales relacionados con los negros». Con todo, seguía sin contenerse en sus ataques de índole moral a los pobres, los delincuentes negros o las mujeres, y decía, por ejemplo, cosas como que era «el deber de los negros resolver» el problema de la «incontinencia» de las mujeres negras. Aunque, hoy en día, el libro se considera un texto clásico de la sociología, solo unas pocas revistas académicas lo reseñaron en el momento de su publicación, en 1899. En la importante *American Historical Review*, un crítico anónimo encomiaba a Du Bois por «poner todo el énfasis debido en la debilidad de su gente», para luego pasar a ridiculizarlo por creer que tal cosa podía curarse. Al leerlo, Du Bois debió de encontrarse con que, cuando trataba de dirigirse a sus lectores desde el cruce de caminos entre el racismo y el antirracismo, ocurría a menudo que no alcanzaba el objetivo antirracista buscado. Una vez más, Du Bois, al igual que sus colegas de la élite negra, no acertaba a identificar como racistas sus ataques a los negros pobres y a las mujeres negras.[6]

Fueran cuales fuesen los logros de Du Bois o el valor de sus publicaciones, no llegó a obtener la atención, ni el apoyo financiero, de los filántropos del Norte de los que Booker T. Washington sí disfrutó. En sus giras para recaudar fondos, T. Washington mostraba una gran destreza para hacer que las audiencias blancas se sintieran cómodas, con sus célebremente divertidas (o infaustamente ofensivas) bromas sureñas de «negritos». T. Washington les daba a los blancos pudientes lo que querían, un espectáculo de minstrel con un solo actor, y, a su vez, ellos le daban lo que quería, un cheque para el Instituto Tuskegee. De alguna manera, T. Washington despreciaba la estupidez de la gente negra durante una hora y, después, recibía donaciones para educarla.[7]

Se dedicaba a entrar con ingenio en el juego racial, aunque también de un modo que, en las postrimerías del siglo XIX, podía resultar muy peligroso. Desde Carolina del Norte, en 1898, hasta Georgia, en 1899, hubo un repunte de la violencia, que buscaba socavar el poder político y económico de los negros. Du Bois pudo ser testigo de algunos ejemplos en Georgia. Había ocupado una plaza de profesor en la Universidad de Atlanta en 1897 y se había convertido en la punta de lanza de una serie de estudios científicos anuales en torno a todos los aspectos de la vida de los negros del Sur. Sin embargo, en abril de 1899, lo carcomió la angustia al comprobar su propia incapacidad para evitar el tristemente famoso linchamiento, cerca de Atlanta, de Sam Hose, quien había acabado en defensa propia con la vida de su patrón, un opresor blanco. En agosto, en el condado costero de McIntosh, en Georgia, un grupo de negros armados obligó a replegarse a los instigadores de un linchamiento multitudinario. «Uno no puede dedicarse a ser un científico sereno, excelente e imparcial mientras se está linchando, asesinando y matando de hambre a los negros; por otra parte, no existía la demanda de un trabajo científico del tipo del que yo estaba llevando a cabo, en contra de mi asunción de que con seguridad no tardaría en darse», escribiría más tarde Du Bois. Bajo la firme creencia de que «la mayoría de los estadounidenses elegiría la defensa de la democracia [...] si comprendieran el modo en que los prejuicios raciales la estaban amenazando», adoptaría un compromiso más agresivo con la persuasión educacional.[8]

En julio de 1900 asistió a la I Conferencia Panafricana, celebrada en Londres bajo los auspicios de Booker T. Washington. «Dejémoslo claro —dijo Du Bois en un estilo asimilacionista—, las razas de piel oscura son, hoy por hoy, las menos avanzadas culturalmente de acuerdo con los criterios europeos». No obstante, también tenían la «capacidad» de alcanzar algún día aquellos «elevados ideales». Así, señaló que, «tan pronto como sea materialmente posible», había de tener lugar una descolonización de África y del Caribe.[9]

El razonamiento de Du Bois en defensa de una descolonización gradual, a saber, que las naciones negras no estaban preparadas para ser independientes, parecía hacerse eco del viejo argumento racista a favor de la emancipación gradual según el cual las personas negras aún no estaban preparadas para la libertad. Emulaba así a quienes, en 1899, habían sostenido que Cuba, Puerto Rico, Guam y Filipinas, las colonias que Estados Unidos había obtenido al ganar la guerra hispanoestadounidense de 1898, no estaban listas para la independencia. Mientras que los segregacionistas y los antirracistas se opusieron a la puesta en marcha oficial del imperio estadounidense, los asimilacionistas lo secundaron. En un poema publicado en el *McClure's Magazine* en 1899, el profeta literario del imperialismo británico, Rudyard Kipling, exhortaba del siguiente modo a los estadounidenses: «Llevad la carga del hombre blanco. / Enviad adelante a los mejores entre vosotros. / Vamos, atad a vuestros hijos al exilio / para servir a las necesidades de vuestros cautivos, / para servir, con equipo de combate, / a naciones tumultuosas y salvajes, / vuestros recién conquistados y descontentos pueblos, / mitad demonios y mitad niños».[10]

Los asimilacionistas favorables al imperialismo ganaron el debate entre el electorado, mayoritariamente blanco y masculino, como parece indicar la reelección del presidente William McKinley en la campaña de 1900. En 1901 su oponente, Theodore Roosevelt, declararía: «Es nuestro deber hacia quienes viven en la barbarie verlos liberados de sus cadenas, y el único modo en que podemos hacerlo es acabar con la barbarie en sí». Los dirigentes del país mantenían debates públicos sobre la capacidad de los habitantes de las colonias para la civilización y la asimilación, al tiempo que en privado debatían sobre cuestiones como bases militares, políticos marioneta, recursos naturales, mercados exteriores y costes de guerra. El debate público de corte humanitario que al mismo tiempo era un debate privado de corte político-económico se convertiría en una constante del siglo XX a medida que el imperio estadounidense fuese luchando por ampliar su esfera de influencia. En el interior y en el exterior, se impuso un profundo racismo político que presentaba a quienes no fuesen blancos como incapaces de gobernarse a sí mismos, o bien capaces de hacerlo solo en un futuro lejano, lo que servía para justificar tanto su sometimiento como las desigualdades socioeconómicas resultantes. Algunos directores de periódicos negros trataron de descorrer el velo y poner en relación la política racial exterior de la nación con la política racial interna. En 1899, el *Broad Ax* de Salt Lake City echaba pestes de los «monopolios de ladrones y asesinos sin escrúpulos», y en otro periódico se acusaba al Gobierno federal de ser «incapaz de tratar de un modo justo a las personas de piel oscura, como ponen de relieve sus clamorosas inacciones en la política interior».[11]

En este nuevo imperio americano, las ideas racistas estadounidenses se colaban por lo que se asemejaba mucho a una puerta giratoria, saliendo constantemente del mundo colonizador para regresar a él más tarde, una vez condicionada la mentalidad inmigrante de quienes llegaban a Estados Unidos a principios de la década de 1900. Cuando los irlandeses, judíos, italianos, asiáticos, chicanos o latinos de Estados Unidos comenzaron a recibir epítetos originariamente insultantes para los negros, como «sudacas» o «guineanos» o «negratas blancos», algunos opusieron resistencia y se solidarizaron con las personas negras. Con todo, es probable que la mayoría interiorizara las ideas racistas para distanciarse de los afroamericanos. Los negros de principios del siglo xx bromeaban diciendo que la primera palabra en inglés que aprendían los inmigrantes era «negrata».[12]

El 29 de enero de 1901, el único diputado negro, George H. White, de Carolina del Norte, pronunció su discurso de despedida ante el Congreso. Cerca del 90 por ciento de las personas negras de la nación residían en el Sur, pero ya no contaban con la representación de políticos negros en las legislaturas estatales ni en el Congreso, algo que habían asegurado tanto la privación masiva del derecho a votar como las acusaciones de incompetencia que los políticos blancos vertían contra los negros. «Esta, señor presidente, es para los negros quizá una despedida temporal del Congreso de Estados Unidos —dijo White—, pero déjeme decir que, como el fénix, resurgirán de las cenizas y volverán». No hubo muchos que lo creyesen. Mientras el excongresista abandonaba la sala a grandes zancadas, el eminente historiador y politólogo estadounidense William

Archibald Dunning lo observaba como el último producto defectuoso de la era de la Reconstrucción manifestándose en la capital de la nación.[13]

Por entonces, Dunning sobresalía como director del excelso Centro Dunning para el Estudio de la Reconstrucción, de la Universidad de Columbia. El centro estaba en la vanguardia de una revolución académica que incidía en el uso «objetivo» del método científico en las humanidades. «Por primera vez, se llevaban a cabo investigaciones meticulosas y exhaustivas con el fin de determinar la verdad antes que de probar una tesis». De este modo describía un historiador el impacto del Centro Dunning en la *American Historical Review*, en 1940. Ahora bien, la «verdad», según la crónica de la era de la Reconstrucción de los historiadores del centro, consistía en que el Sur blanco había sido víctima de los corruptos e incompetentes políticos negros, mientras que el Norte se había equivocado al impulsar la Reconstrucción y después se había enmendado con rapidez y dejado que el noble Sur blanco se rigiera por su propio buen juicio. «Todas las fuerzas que habían hecho posible la civilización pasaron a estar dominadas por una masa de bárbaros libertos», presumía Dunning en su clásico de 1907, *Reconstruction. Political and Economic, 1865-1877*.[14]

Dunning formó a toda una generación de influyentes historiadores sureños, que se pusieron a la cabeza de distintos departamentos y dominaron la disciplina de la historiografía del siglo XX durante décadas. Su alumno más notable fue Ulrich Bonnell Phillips, oriundo de Georgia, quien en *American Negro Slavery*, de 1918, junto con otros ocho libros e incontables artículos, erradicó la realidad de la esclavitud como una empresa muy lucrativa dominada por unos terratenientes que forzaban sin tregua a trabajar mediante el terror, la manipulación y las ideas racistas a unas personas que se resistían a ello. En vez de ello, fantaseó con la existencia de un comercio poco rentable en manos de unos hacendados benevolentes y paternalistas, quienes habrían civilizado y cuidado a unos bárbaros «fuertes, amigables, obedientes y satisfechos». El recurso pionero de Phillips a la documentación de las propias plantaciones legitimó sus sueños racistas e hizo que parecieran realidades objetivas. Así, se erigiría en la voz académica más respetada en el estudio de la esclavitud hasta mediados del siglo XX.[15]

Hasta esa fecha, las fábulas del Centro Dunning sobre la esclavitud y la Reconstrucción se siguieron plasmando en los libros escolares, al menos en aquellos que se molestaban en mencionar a los negros. La mayoría de quienes escribían esos contenidos excluían a las personas negras de los libros de texto de un modo tan deliberado como los demócratas sureños los habían relegado de los comicios. Con todo, según Dunning, el mayor divulgador de la historia de la Reconstrucción no fue otro que el novelista Thomas Dixon Jr. Uno de los primeros recuerdos de Dixon era el de un linchamiento acaecido en su ciudad natal de Carolina del Norte. «El Klan pone todo su empeño [...] en que estemos a salvo», le contó su madre aquella noche, adoctrinándolo en la justificación racista del terror blanco. Siendo ya adulto, tras ver una representación teatral de *La cabaña del tío Tom*, se sintió afligido por la «imagen distorsionada de los sureños» que ofrecía la gente del Norte. Tras jurarse que daría a conocer la «auténtica historia», se dedicó a la redacción de la *Trilogía de la Reconstrucción*, compuesta de una serie de novelas de gran éxito de ventas, *The Leopard's Spots. A Romance of the White Man's Burden, 1865-1900*, de 1902, *The Clansman. An Historical Romance of the Ku Klux Klan*, de 1905, y *The Traitor. A Story of the Fall of the Invisible Empire*, de 1907. Su objetivo era «aleccionar al Norte [...] sobre aquello de lo que nunca ha tenido noticia, es decir, el terrible sufrimiento de los blancos durante el espantoso periodo de la Reconstrucción [...], demostrar al mundo que el hombre blanco debe imponerse, como así hará». En la trilogía de ficción, que millones de lectores tomaron como una obra histórica, Dixon presentaba la Reconstrucción como un periodo en el que la gente del Norte, corrupta e incompetente, junto con una serie de legisladores negros, gobernó, aterrorizó, marginó y violó a la gente blanca del Sur, hasta que acudieron en su rescate la fuerza y la virtud del Ku Klux Klan. Nada convenció más a la opinión nacional de los peligros del voto negro ni justificó mejor la actitud de pasividad que esta ficción racista sobre la Reconstrucción, ya fuera obra de novelistas o de académicos.[16]

Cuando, en 1901, dieron inicio en Washington las sesiones del nuevo Congreso, compuesto en su totalidad de varones blancos, estos estuvieron en condiciones de sacudirse cualquier atisbo de la culpa que pudieran haber sentido al leer el éxito autobiográfico de Booker T. Washington, *Ascenso desde la esclavitud*. A lo largo de la narración, T. Washington expresaba su fe en Dios, asumía su responsabilidad personal, hacía un trabajo titánico, vencía una serie de dificultades increíbles y veía por doquier progreso racial y «salvadores blancos». Los relatos sobre los salvadores blancos, de hecho, se convertirían en todo un recurso de las autobiografías, novelas y obras teatrales estadounidenses. Los ciudadanos de todas las razas las encontraban agradables, como un síntoma esperanzador del progreso racial. Las historias individuales, bien reflejaban, bien distorsionaban las realidades comunes; las de los salvadores blancos distorsionaban con audacia la realidad de quienes eran tales para unos pocos y discriminadores blancos para muchos otros, y lo mismo con la realidad de lo que para algunos era progreso racial y para muchos otros la postergación del progreso.[17]

La publicación de *Ascenso desde la esclavitud*, en febrero de 1901, situó a Booker T. Washington en lo más alto de su carrera. W. E. B. Du Bois fue testigo de la ovación nacional que recibieron esas memorias. Llegado el verano las alabanzas no se habían mitigado, y Du Bois veía a T. Washington en un pedestal blanco para el liderazgo negro, hasta que llegó un momento en que le resultó demasiado difícil contenerse. En la reseña que escribió de *Ascenso desde la esclavitud* en *Dial*, publicada el 16 de julio de 1901, Du Bois disparó la primera bala de una guerra entre la maquinaria de Tuskegee y su propia élite de activistas por los derechos civiles.

Además de reprender el «servilismo» de T. Washington, Du Bois hacía lo propio con los líderes «que representan las viejas ideas de la revuelta y la venganza, pero solo ven una salida para las personas negras en la emigración». El obispo de la Iglesia episcopal metodista africana Henry Mc-Neal Turner había predicado durante años que Dios era «negro», al tiempo que urgía a los afroamericanos a emigrar a África para dejar atrás todas las políticas discriminatorias. Para Du Bois, el empeño en regresar a África, aun en los términos defendidos por la propia comunidad negra, así como las protestas violentas contra los comerciantes y los propietarios de esclavos, eran meras expresiones de odio y venganza. A su juicio, los antirracistas no estaban defendiendo la humanidad y la libertad de los negros, como Ida B. Wells había sido partidaria de hacer, tan elocuentemente. Los asimilacionistas acostumbraban a acusar a los antirracistas de ser iguales que los segregacionistas, llenos de odio y desprovistos de racionalidad. Estas etiquetas estereotipadas relegarían el antirracismo a la marginalidad a lo largo del siglo XX y, en un momento dado, llegarían a hacer otro tanto incluso con un Du Bois ya anciano y plenamente antirracista. Pero en 1901 este había comenzado a criticar tanto a los serviles como a los antirracistas, en parte por interés propio; podría así preparar el terreno

para la formación de su «nutrido e importante grupo», opuesto a la maquinaria de Tuskegee, de reformistas de carácter asimilacionista en busca
de «autodesarrollo y autorrealización en todos los aspectos del quehacer
humano» a fin de conseguir que los negros, llegado el momento, ocupasen su lugar junto a la gente de otras razas.[18]

Ascenso desde la esclavitud sigue siendo un clásico de la literatura estadounidense. Con todo, en 1901 otro libro, publicado unas semanas antes,
recibiría muchas más alabanzas, la obra de William Hannibal Thomas *The
American Negro. What He Was, What He Is, and What He May Become*. Durante años, este autor había puesto su empeño en combatir la segregación
de las instituciones blancas, había sermoneado, enseñado y escrito para
elevar a los negros, eliminar las distinciones raciales y forjar un mundo en
el que los blancos aceptasen como iguales a las personas negras. Aun así,
de acuerdo con un anticipo aparecido en *The New York Times*, Thomas
presentaba «la materia sin un ápice de sentimentalismo».

En el texto, describía una «existencia al margen de la ley, conducida
por el impulso y las pasiones» por parte de los negros, particularmente
inmorales y estúpidos. Decía, además, que el 90 por ciento de las mujeres
negras se caracterizaba por un «instinto lascivo y por obtener placer físico de la servidumbre»; vivían vidas inmundas «sin parangón en la civilización moderna».

El pensamiento de Thomas se ubicaba en la confluencia entre las
ideas asimilacionistas y las segregacionistas. Mantenía que una minoría de
negros, con lo que se refería a sí mismo y a quienes se parecían a él, habían superado su herencia biológica inferior. Así, estos individuos extraordinarios serían la prueba de que «la redención de los negros [era] [...]
posible y podía asegurarse con una asimilación exhaustiva del pensamiento y los ideales de la civilización estadounidense». Thomas abogaba por
restringir el derecho de voto de los negros, corruptos por naturaleza,
perseguirlos, poner a los niños negros bajo la tutela de tutores blancos y
alentar la persuasión por elevación. Según su consejo, los negros debían
conducirse «de un modo tan ejemplar que desarme el antagonismo racial».[19]

Aunque con *The American Negro* Thomas trató de distanciarse de la
negritud, irónicamente fue su condición de negro lo que dio pie a que
los estadounidenses le profesaran esa adoración que él tanto ansiaba.
Puesto que las ideas racistas hacían de cada persona negra un experto en
la raza y un representante de ella, los negros como Thomas siempre ha-

bían demostrado ser un surtidor perfecto de ideas racistas. Era su negritud lo que los hacía más creíbles, lo que desarmaba cualquier mecanismo de defensa destinado a protegerse de sus ideas racistas sobre la inferioridad negra.

Los estadounidenses racistas, desde el sociólogo más eminente hasta cualquier lector corriente, celebraron el lanzamiento de *The American Negro* como la obra más autorizada, creíble y completa jamás publicada sobre la materia, por encima de *The Philadelphia Negro* de Du Bois. Se situó a William Hannibal Thomas «junto al señor Booker T. Washington» como «la mayor autoridad estadounidense en la cuestión negra», en palabras de *The New York Times*. No obstante, entre los estadounidenses negros pasó a ser conocido como «el Judas negro». De hecho, la activista Addie Hunton llamó literalmente a Thomas un «Judas Iscariote» en su artículo «Negro Womanhood Defended». Tanto Booker T. Washington como W. E. B. Du Bois aborrecieron el libro. El segundo lo atacó en una reseña, en la que escribió que «el libro del señor Thomas» era «un síntoma siniestro» de los tiempos que corrían, en el que a los negros no se les deseaba otra cosa que «se vayan amablemente al diablo y se den prisa en hacerlo», para que, en su «conciencia, los estadounidenses [puedan] justificar tres siglos de una historia vergonzosa». Después de que los líderes negros sacasen los trapos sucios de Thomas y arruinaran su credibilidad, cayó en el olvido. Murió en 1935, siendo negro; nunca llegó a volverse blanco.[20]

El 16 de octubre de 1901, recién jurado el cargo de presidente, Theodore Roosevelt, consciente de que Booker T. Washington se encontraba en la ciudad, invitó al «más distinguido miembro de su raza en todo el mundo» a una cena en familia en la casa presidencial. Fue una invitación que Roosevelt no meditó mucho, claramente sin prever cómo se lo tomarían los segregacionistas. Cuando el secretario de Comunicaciones se lo notificó a los ciudadanos como si tal cosa, al día siguiente de la visita de T. Washington, el terremoto social fue inmediato y de gran alcance. Los estadounidenses negros no cabían en sí de gozo, y muchos de ellos se rindieron a Theodore Roosevelt, mientras que para los segregacionistas el presidente había cruzado una línea roja. «Cuando el señor Roosevelt se sienta a cenar con un negro, lo que está diciendo es que los negros son socialmente iguales a los blancos», anunciaba un comedido periódico de

Nueva Orleans. El senador por Carolina del Sur Ben Tillman, apodado
Horca Tillman, no se contuvo tanto: «Las molestias que se ha tomado el
presidente Roosevelt para entretener a ese negro —dijo— nos obligarán
a matar a miles de ellos en el Sur si queremos que vuelvan a aprender cuál
es su lugar». Revelaba así la auténtica función de los linchamientos; si las
ideas racistas no servían para subyugar a los negros, entonces había que
recurrir a la violencia. Roosevelt aprendió la lección y nunca volvió a
invitar a una persona negra a la casa presidencial. No obstante, no consiguió acallar a los segregacionistas, quienes dieron a su residencia el nombre oficial de Casa Blanca. En los primeros años del siglo xx, los libros
segregacionistas afirmaban que los negros eran bestias, comenzando por
The Negro Beast, de 1900, escrito por el profesor del estado de Mississippi
Charles Carroll, y una bestia no podía cenar en la Casa Blanca.[21]

En medio de este abrumador discurso segregacionista, W. E. B. Du
Bois tuvo la audacia de publicar el libro más aclamado de su carrera.
Lanzado el 18 de abril de 1903, el título de la obra decretaba, con un
talante profundamente antirracista, que los negros no eran bestias sin
alma. El pueblo negro era humano hasta los huesos, y Du Bois haría que
los estadounidenses «escucharan la lucha en el interior de las almas del pueblo
negro». Décadas más tarde, James Weldon Johnson, compositor del «Himno nacional negro» ensalzaría *Las almas del pueblo negro*, el libro de Du
Bois, por haber tenido más impacto «en la raza negra que ningún otro
libro publicado en este país desde *La cabaña del tío Tom*». Se trataba de la
comparación perfecta. De un modo parecido a lo que el libro de Harriet
Beecher Stowe había conseguido en su momento, los catorce ensayos de
Du Bois calaron más hondo en la mentalidad estadounidense que la construcción racista de los rasgos biológico-raciales complementarios o la del
humilde y conmovedor negro como complemento del europeo fuerte y
racional. En ellos proponía que los negros debían incentivar y desarrollar
«sus rasgos y talentos, para que algún día, sobre el suelo estadounidense, los
dos mundos raciales compartan entre sí aquellas características de las que
por desgracia ahora carecen los negros». Mantenía, además, que las personas
negras eran «el único oasis de una fe y una devoción de carácter sencillo,
en un polvoriento desierto de dólares y apariencias».[22]

Asumir que los grupos raciales no eran iguales constituía una idea
racista, así como que a un grupo racial le faltaban ciertas características
humanas. En 1903, los blancos no adolecían de «una fe y una devoción
de carácter sencillo» ni las personas negras carecían de materialismo o de

gusto por la buena presencia. Es irónico que muchos de los defensores norteños de la esclavitud o de la abolición y, ahora, de las leyes Jim Crow o de los derechos civiles avalasen la «fe sencilla» de la humilde gente negra y la buena presencia de los fuertes blancos. En *Las almas del pueblo negro*, Du Bois intentó revolucionar la idea divisoria de la raza mediante una «unificación del ideal de raza» que sanaría no solo a Estados Unidos, según él mantenía, sino también las almas del pueblo negro. En el pasaje más memorable del libro, desarrollaba la idea:

> Este mundo americano [...] despoja [al negro] de una auténtica consciencia de sí mismo, permitiéndole verse solo mediante las revelaciones del otro mundo. Esta conciencia dual da lugar a una sensación peculiar, la de mirarse a uno mismo siempre a través de los ojos de otros, de medir el alma propia en función de un mundo que la observa con un desprecio y una lástima distraídos. Se trata de una dualidad que casi puede palparse; un estadounidense, un negro; dos almas, dos pensamientos, dos empeños irreconciliables; dos ideales enfrentados en un cuerpo oscuro, al que solo su obstinada fortaleza le impide partirse en dos.

Por lo tanto, los afroamericanos debían contar con que «la historia de los negros de Estados Unidos es la de este conflicto, la de este deseo de alcanzar la madurez de la conciencia independiente de sí, de fundir este ser dual en uno mejor y más auténtico», así, «lo único que un negro desea es hacer posible el ser negro y estadounidense al mismo tiempo».[23]

Parece que una gran cantidad de sus lectores negros hubiesen llevado todos esos años en ese forcejeo que Du Bois describía. La teoría de la doble conciencia venía a darles por fin las lentes que necesitaban para ver; para verse a sí mismos, para ver sus propias luchas interiores. Al igual que el libro de Harriet Beecher Stowe había puesto a muchos blancos en su lugar, en la tensa encrucijada entre las ideas segregacionistas y las asimilacionistas, Du Bois ponía ahora a muchos negros en su lugar, en la tensa encrucijada entre las ideas asimilacionistas y las antirracistas. El intelectual de Great Barrington creía tanto en el concepto antirracista del relativismo cultural —el que cada persona pueda verse a sí misma con los ojos de su propio grupo— como en la idea asimilacionista de que los individuos negros se viesen a sí mismos desde la perspectiva de los blancos. Para la mentalidad de Du Bois y para otras mentalidades afines, este deseo dual o conciencia dual generaba un conflicto interno, una lucha entre el orgullo en la igualdad de la negritud y la asimilación en una blanquitud superior.

Mientras que el ensayo que abre el libro permanece atemporal, su crítica puntual al «señor Booker T. Washington y otros» envolvió al volumen en la polémica. Du Bois había dado inicio a sus argumentos contra la maquinaria de Tuskegee dos años antes, y en este caso tampoco iba a soltar la presa. Tras desacreditar, una vez más, el servilismo de la gente de T. Washington, así como a los antirracistas de consciencia única, reivindicaba la posición de un grupo con doble consciencia al que bautizaría como «el décimo talentoso», el 10 por ciento a la cabeza del Estados Unidos negro. Los acusaba de saber perfectamente que «el bajo nivel social de gran parte de la raza es responsable de gran parte de la discriminación que existe contra ella», como también, al igual que lo sabía toda la nación, que «el implacable prejuicio por el color de la piel es más a menudo la causa que el resultado de la degradación de los negros». El décimo talentoso buscaría «la atenuación de cualquier vestigio de barbarismo frente a su fomento sistemático».[24]

Du Bois se refirió al décimo talentoso en otro artículo de 1903, plagado de más ideas asimilacionistas y racismo de clase. «Hay en esta tierra un millón de personas de sangre negra [...] [que] han alcanzado por completo la cultura europea en su mejor categoría», juzgaba Du Bois. Era la tarea de su «aristocracia del talento y del carácter» dirigir y civilizar a las masas para filtrar la cultura «de arriba abajo» y, así, demostrar «las capacidades de la sangre negra». No obstante, también se quejaba de que, «a medida que este décimo talentoso sale a la luz, los ciegos adoradores de la mediocridad se lamentan alarmados: "No se trata más que de excepciones; la muerte, la enfermedad y el crimen, en eso consiste la feliz norma". Por supuesto que se trata de la norma, pero porque una nación estúpida ha hecho que así sea». A Du Bois le irritaba profundamente la noción del negro extraordinario, esa «estúpida» fisura conceptual hacia la persuasión por elevación. Aunque de algún modo mantenía su fe en el potencial de la estúpida estrategia de la persuasión por elevación.[25]

La llamada a las armas que hacía Du Bois en *Las almas del pueblo negro* con el objetivo de desbancar a aquellos que se adaptasen a las leyes Jim Crow era tan esclarecedora y vehemente (y racista) como la que efectuara William Lloyd Garrison para hacer lo propio con los colonizacionistas que se adaptaban a la esclavitud. Los segregacionistas y servilistas se dieron cuenta al instante. «Es muy peligroso que los negros lean este libro», ad-

mitía el *Nashville American*. Un crítico de *The Outlook* reprendía con
bastante precisión a Du Bois por estar «medio avergonzado de ser negro»,
para, a continuación, ensalzar a Booker T. Washington de un modo bastante impreciso por no estarlo. La maquinaria de Tuskegee trató, en vano,
de amortiguar el influjo del libro. Por lo general, los periódicos negros a
los que no llegaban los tentáculos de T. Washington sostenían cosas como
que «todo el mundo debería leer y estudiar este libro, tanto los negros
como los blancos», por citar lo que el *Ohio Enterprise* afirmaba en un titular. El sociólogo de la Universidad de Pensilvania Carl Kelsey, erigido
en portavoz de los académicos racistas blancos, amonestó a Du Bois por
poner el acento en «lo malo», es decir, en la discriminación. Los prejuicios
«cesarán», según escribió, «cuando los negros sean capaces de ganarse el
respeto y la simpatía de los blancos».[26]

En el periodo que siguió a la publicación de *Las almas del pueblo negro*,
con el ensayo sobre el décimo talentoso, tanto los reformistas raciales como
los académicos que investigaban todo lo relacionado con la raza, ya fuesen
blancos o negros, ya aplaudiesen o criticasen a Du Bois, parecieron llegar
a un consenso en torno a la solución del «problema negro». Se hablaba de
la necesidad de una persuasión por elevación más enérgica, de manera que
el décimo talentoso en ascenso se viera en condiciones de disuadir de sus
ideas racistas al pueblo blanco. Todo quedó en una estrategia de un profundo racismo. Al parecer, las personas negras tenían la responsabilidad de
cambiar las ideas racistas que poblaban la mentalidad blanca. Al parecer, las
personas blancas no eran responsables de su propia mentalidad racista. Si
los blancos eran racistas y discriminaban a los negros, era a la gente negra
a la que había que culpar... ¿porque no se habían ganado el respeto de los
blancos? ¿Estos eran, en 1903, los efectos de la persuasión por elevación
después de más de un siglo de historia? El racismo estadounidense nunca
había sido peor, pero ni las ideas racistas que lo apuntalaban ni su quiebra
histórica, como tampoco el constructo del negro extraordinario que garantizaba la continuidad de tal quiebra, habían atenuado la fe de los reformistas. La persuasión por elevación había sido, y seguía siendo, una de las
grandes esperanzas blancas de los racistas de Estados Unidos.

24

La gran esperanza blanca

En mayo de 1906, W. E. B. Du Bois dio la bienvenida a la Universidad de Atlanta al antropólogo más eminente de la nación, Franz Boas, un profesor de la Universidad de Columbia, quien, de hecho, ponía en cuestión las ideas segregacionistas que veían a los negros como bestias. Había emigrado de Alemania en 1886, cuando los taxónomos raciales de Estados Unidos se estaban dedicando a identificar, de modo casi uniforme, la «inferioridad orgánica» o «negritud» de los ciudadanos judíos. La «boca preponderante de algunos judíos», como mantenía un antropólogo, era «resultado de la presencia de sangre negra». La experiencia personal de Boas con el antisemitismo había moldeado su hostilidad hacia las ideas segregacionistas sobre la distinción biológica de las razas y de las etnicidades, de la jerarquía humana de los grupos raciales y étnicos, es decir, aquellas ideas que ubicaban a los blancos por encima de los negros para, después, poner asimismo a los anglosajones, blancos como lirios, por encima de los judíos, solo medio blancos.[1]

Franz Boas asistió a la conferencia organizada por Du Bois en la Universidad de Atlanta sobre «La salud y el físico de los negros estadounidenses». Los académicos cuestionaban o rechazaban sin más la muy extendida impresión de que las razas eran diferentes biológicamente, el que los cardiólogos pudiesen de verdad distinguir la «sangre negra» o el que los médicos y los científicos en general fuesen capaces de caracterizar un cuerpo negro, más allá de la piel y el cabello, o una «enfermedad negra». Du Bois expuso su concepto biológico de la raza, durante tanto tiempo sostenido, aunque también supo de la ausencia de pruebas científicas que lo apoyaran.[2]

Dos días después del encuentro, Boas pronunció el discurso de apertura de la Universidad de Atlanta. «En lo que respecta a quienes mantienen la inferioridad de la raza negra —afirmó—, la historia pasada de vuestra raza no respalda semejante conclusión». A continuación, deslumbró a Du Bois, y es probable que a muchos de sus estudiantes negros, al hacer un resumen de los logros de los reinos precoloniales de África Occidental, como Ghana, Mali o Songhay. Así pues, lo despertó de la parálisis en que lo tenía sumido su racismo histórico o, como el propio Du Bois explicaría, «la parálisis en que me tenía sumido un juicio muy extendido que me habían inculcado en el instituto, así como en dos de las universidades más prestigiosas del mundo», a saber, que los africanos «no tenían historia».[3]

Aquel mayo, la estatura intelectual de Du Bois se vino abajo, al igual que ocurriría con el Estados Unidos negro a finales de año. Al día siguiente de que los republicanos recobrasen la Cámara de Representantes gracias al voto de la comunidad negra en las elecciones de mitad de mandato, el presidente Theodore Roosevelt ordenó el licenciamiento deshonroso (y la pérdida de las pensiones) de 167 soldados negros del 25.º Regimiento de Infantería, una unidad conformada por afroamericanos que había venido siendo un motivo de orgullo para la comunidad afroamericana. Algunos de los miembros del regimiento habían recibido la falsa acusación de asesinar a un camarero y herir a un agente de policía en Brownsville, una ciudad de Texas entreverada de un racismo atroz, el 13 de agosto de 1906. De la noche a la mañana, el presidente más querido por la comunidad negra desde Abraham Lincoln se convirtió en el más odiado. «Una vez consagrado en nuestros corazones como si fuera Moisés —vociferaba un pastor de Harlem, el reverendo Adam Clayton Powell—, ahora lo cubrimos con nuestro desprecio». En los últimos días de aquel año se hacía difícil encontrar a un afroamericano que no estuviese loco de rabia con la Administración Roosevelt. Los intentos de este por recuperar el apoyo de los negros mediante una serie de nombramientos federales no tuvieron éxito. Recogiendo la indignación de la prensa del momento, *The New York Times* aseveraba que no se había presentado «ni la más mínima prueba» que demostrase que esos hombres eran culpables. Por su parte, el presidente no mostró más que una actitud insolente en su discurso anual ante el Congreso, pronunciado el 3 de diciembre de 1906, en un grosero intento de granjearse a los votantes blancos del Sur. Advirtió a «la gente de color respetable [...] que no dé amparo a los criminales», con lo que se refería a los «criminales» de Brownsville. Luego se dirigió a los linchadores: «La causa principal de que tengan lugar los linchamientos es la perpetración, en especial por parte de hombres negros, del repugnante crimen de la violación».[4]

El presidente Roosevelt estaba dirigiéndose a un coro nacional de investigadores. En *Pure Sociology*, de 1903, el sociólogo de la Universidad Brown y antiguo abolicionista Lester Ward había expresado que, tanto en el caso de los hombres negros que deseaban y violaban a las mujeres blancas como en el de las muchedumbres que los linchaban en represalia, unos y otros actuaban guiados por su naturaleza racial. En *Lynch Law*, James Elbert Cutler, un economista de Wellesley, mantenía que, cuando se trataba de ejecutar a criminales, las turbas blancas no hacían «sino [actuar] en su capacidad soberana». Incluso Du Bois llegó a quejarse, en un estudio de 1904 para la Universidad de Atlanta («Some Notes on Negro Crime, Particularly in Georgia»), de que había «suficientes ejemplos bien probados de asaltos brutales a mujeres por parte de hombres negros» como para «avergonzar a cada negro». Mantenía que la población negra debía admitir su responsabilidad por lo que denominaba como sus peores clases.[5]

El presidente Roosevelt señaló que, cuando la criminalidad negra cesase, también lo harían los linchamientos, y que a aquella solo se le pondría fin mediante la educación en «academias como Hampton y Tuskegee». Mientras que, en años anteriores, Booker T. Washington había sentido regocijo cada vez que Roosevelt promocionaba su programa, esta vez es probable que le hiciera sentirse incómodo. En una comunicación previa, le había rogado al presidente que reconsiderase la dirección que había tomado, consciente de que la maquinaria de Tuskegee sería objeto de la furia del Estados Unidos negro. Al tiempo que T. Washington caía en desgracia junto con Roosevelt, la influencia del décimo talentoso de Du Bois iba en aumento.[6]

Theodore Roosevelt no llegó a conquistar a las comunidades blancas. Su acicalado sucesor en la presidencia, William Howard Taft, se alzó con el triunfo semanas antes de que los afroamericanos celebraran una victoria propia, el 26 de diciembre de 1908. El protagonista de este fenómeno fue un texano de color que se hizo con el título de campeón de los pesos pesados, el primer boxeador especializado en el contragolpe en un deporte de pendencieros, quien por fin tuvo su oportunidad en el campeonato de dicha categoría y noqueó a Tommy Burns en Australia, concretamente en Sidney «Nada en los últimos cuarenta años ha causado más satisfacción a la gente de color de este país que la señal de la victoria de Jack Johnson», informaba el *Richmond Planet*. Casi de inmediato, el reclamo de una «gran esperanza blanca» que viniera al rescate de la blanquitud fue ganando peso. Todos los ojos estaban puestos en un antiguo campeón de los pesos pesados, el por entonces retirado James J. Jeffries.

Cuando Jack Johnson, con una sonrisa de oreja a oreja, puso el pie en tierra firme en Vancouver, procedente de Australia, el 9 de marzo de 1909, los periodistas estadounidenses lo ametrallaron con preguntas sobre si pensaba pelear con Jeffries. Entonces advirtieron el ingrediente más noticiable de todos para un Estados Unidos rebosante de racismo, a saber, «la esposa blanca del campeón, una antigua vecina de Filadelfia que se había convertido en su mayor apoyo», como los lectores de los periódicos pudieron saber por Associated Press.

Los «quebraderos de cabeza» que las mujeres negras habían venido dándole a Jack Johnson habían hecho que este saliese antes que nada con blancas. Parece que aborrecía el hecho de que, «al margen de lo que las mujeres negras sientan por un hombre, no lo agasajan ni miman ni alimentan su autoestima». En su versión del racismo de género, las mujeres blancas sí lo hacían, y por eso eran mejores compañeras. La realidad era que había mujeres blancas que se negaban a alimentar la autoestima de sus parejas y negras que hacían lo contrario. Pero, para 1909, el tópico del racismo de género de la mujer blanca sumisa y la mujer negra como un hueso duro de roer hacía que los hombres del heteropatriarcado se decantasen por las mujeres blancas, del mismo modo que el tópico del racismo de género del negro débil e incapaz de hacerse cargo de las duras mujeres negras llevaba a muchas de estas a sentirse atraídas por la fortaleza de los hombres blancos; asimismo, el tópico del racismo de género de la hipersexualidad de las personas negras, materializado en los grandes penes o en las protuberantes posaderas, llevaba a mucha gente blanca a sentirse cautivada por aquellas; por otra parte, la creencia asimilacionista según la cual cuanto más blanca fuese la piel y más liso fuera el cabello, más bella era la persona facilitaba el que las personas blancas fascinasen a las negras. Todos estos mitos racistas no hicieron sino consolidarse a lo largo de los cien años siguientes, a medida que las atracciones interraciales de los estadounidenses fueron experimentando una exposición pública. ¿Qué tendría que ver el amor con este tipo de atracción, fundamentada en ideas racistas? Solo sus protagonistas lo sabían. Había muchas relaciones interraciales que no compartían esa misma base, pero ¿cuántas?, ¿y cuántas sí lo hacían? De nuevo, solo ellos lo sabían.

El negro más famoso de Estados Unidos no tardó en convertirse en el negro más odiado de Estados Unidos. En 1908, Johnson había obtenido tres de los cuatro grandes trofeos del heteropatriarcado blanco: riqueza, el título de los pesos pesados y una mujer blanca. Taft, instalado ya en la Casa Blanca, apenas podía calmar la ira de los hombres blancos, y menos aún con el alarde que hacía Johnson de su mujer blanca, de su riqueza y de su título.[7]

«Si un negro se alza con la victoria, miles y miles de sus ignorantes hermanos malinterpretarán esa conquista como una justificación para exigir mucho más que la mera igualdad física con sus vecinos blancos», predecía un columnista de *The New York Times* meses antes del acontecimiento deportivo más importante de la historia de Estados Unidos, el 4 de julio de 1910. Se trataba del primero que iba a retransmitirse en directo mediante telégrafo inalámbrico. El antiguo campeón de los pesos pesados, el colosal Jim Jeffries, conocido como «la Gran Esperanza Blanca», salió de su retiro para recuperar el título de los pesos pesados para la raza blanca, lo que suponía arrebatárselo al hombre más odiado y amado a partes iguales de Estados Unidos, Jack Johnson. El combate se celebró en el estado de Nevada, en la ciudad de Reno, ante doce mil exaltados espectadores. Johnson noqueó a Jeffries en el quinto asalto, con lo que generó una oleada de entusiasmo en todo el Estados Unidos negro, así como un torrente de furia en todo el Estados Unidos racista. Las turbas de fanáticos se pusieron manos a la obra para que los negros volvieran a poner los pies en la tierra, mientras que los escritores se pusieron manos a la obra para que las mentes negras volvieran a poner los pies en la tierra. «No saquéis el pecho tan ufanos —se advertía desde *Los Angeles Times*—. Nadie va a pensar que valéis más porque seáis del mismo color que el ganador de Reno». Tiempo después, en el libro *Knuckles and Gloves*, de 1922, el aficionado londinense al boxeo John Gilbert explicaba que los blancos estaban «en desventaja» en este deporte debido a su «desigualdad física». El Gobierno estadounidense no tardó en lograr aquello que los boxeadores blancos eran incapaces de hacer, tumbar a Jack Johnson, aunque solo de un modo metafórico, al arrestarlo bajo la acusación inventada de pasar de un estado a otro en compañía de una prostituta, es decir, de una mujer blanca. Tras saltarse la libertad condicional, vivió fuera del país durante siete años, antes de volver y pasar casi un año en prisión.[8]

Los racistas de Estados Unidos estaban ansiosos por restaurar la superior masculinidad blanca, que Johnson había echado sobre la lona, y un escritor de novelas sensacionalistas les dio justo lo que necesitaban. Edgar Rice Burroughs, que vivía por la misma zona que Johnson en Chicago, se había inspirado enormemente en las obras decimonónicas de Henry Morgan Stanley sobre el salvajismo que imperaba en África. En el *All-Story Magazine* de octubre de 1912, los estadounidenses pudieron paladear una primera muestra de su novela *Tarzán de los monos*.

En ella se cuenta la historia de un huérfano de padres blancos que queda abandonado en África Central y es criado por la hembra Kala en una comunidad de simios. De nombre real John Clayton, los simios lo designarán como Tarzán, que significa «piel blanca» en su lenguaje. A medida que se va haciendo mayor, se convierte en el cazador y guerrero más habilidoso de la comunidad, más que ninguno de los simios africanos con los que convive. En un momento dado, encuentra lo que había sido la cabaña de sus padres, donde aprende a leer con el material que allí había. En historias posteriores, Tarzán protege a una mujer blanca llamada Jane de los violentos negros y simios de la zona. Tarzán también enseña a los africanos, tal que si se tratase de niños, a combatir y cultivar sus propios alimentos.

Se hace difícil encontrar en el siglo XX un personaje de ficción más famoso que Tarzán, como lo es imaginar un argumento más racista que el ideado por Burroughs para su serie de libros de aventuras, que escribió y publicó casi hasta el momento de su muerte, en 1950. El concepto llegó a ser materia prima para Hollywood, reapareciendo una y otra vez, la última vez en el taquillazo de 2009 *Avatar*. Burroughs fijó la asociación entre los animales, los salvajes y África en la mentalidad estadounidense. El mensaje definitorio de la serie de Tarzán era claro; sea en Wall Street o en las selvas de África Central, desenvolviéndose entre los clásicos de la literatura griega o entre el ramaje de los árboles, los blancos eran mejores que los africanos, infantiloides y simiescos, hasta el punto de que el destino de aquellos es ejercer el tutelaje, en todo el mundo, de los pueblos de África.

Era hora de olvidarse del título de los pesos pesados de Jack Johnson; el hombre blanco contaba ahora con algo mejor, tenía a Tarzán, el éxito instantáneo, el icono cultural de una era, el personaje del que se harían cómics, productos, veintisiete secuelas y cuarenta y cinco películas, la primera en 1918.[9]

Aquel 1909, a W. E. B. Du Bois no le podrían haber importado menos Jack Johnson y el boxeo. Estaba ocupado con una biografía del activista por el antiesclavismo John Brown. Oswald Garrison Villard, predilecto del Estados Unidos blanco de inclinaciones progresistas, director del *Evening Post* y *The Nation* y nieto de William Lloyd Garrison, también había publicado una biografía de Brown ese mismo año. Fue ampliamente aclamada como la definitiva y se vendió bastante bien. Las ventas de Du Bois, sin embargo, fueron tan decepcionantes como las críticas. Era habitual que los medios y los lectores blancos ignorasen a los académicos negros, incluso cuando se trataba de nombres conocidos a nivel nacional, como era su caso. «Se nos considera como negros que estudian a negros sin más —recordaría Du Bois—, y, a fin de cuentas, ¿qué tenían que ver los negros con Estados Unidos o con la ciencia?». ¿Qué tenía que ver con la ciencia la encarnizada lucha contra la maquinaria de Tuskegee y el segregacionismo de las leyes Jim Crow? «¿Qué podía aportar yo, con todos mis sueños, mis estudios y mi experiencia en la enseñanza, a esa lucha?», se preguntaba Du Bois. Una vez perdida la fe en la persuasión científica, se resolvió a «guiar, inspirar y decidir». En el verano de 1910, dejó la Universidad de Atlanta para mudarse a Nueva York y convertirse en uno de los fundadores de la revista *The Crisis*, el órgano de la recién instituida Asociación Nacional para el Progreso de las Personas de Color (NAACP, por sus siglas en inglés).[10]

En la asociación, uniría fuerzas con Oswald Garrison Villard, junto con quien, entre otros, había fundado la nueva organización. Como su abuelo, Villard era más asimilacionista que antirracista, al tiempo que veía a las personas negras como un problema social. No obstante, mientras que su abuelo se regocijaba con los antirracistas agresivos, como fue el caso de la temprana feminista negra Maria Stewart, Villard «esperaba que, por naturaleza», los afroamericanos fuesen «humildes y agradecidos o, por lo menos, ni asertivos ni agresivos», como apuntaba un preciso Du Bois. Por ejemplo, en esa línea trataría de expulsar, aunque sin éxito, a Ida B. Wells del Comité de los Cuarenta, responsable de haber organizado la creación de la NAACP.[11]

Esa unión de asimilacionistas y antirracistas dio vida a la asociación en un momento crucial. Los segregacionistas habían puesto en marcha el movimiento eugenésico, lo que era una muestra de la progresión de las políticas racistas, así como de las ideas racistas que las justificaban. El darwinismo social se había asentado por completo en Estados Unidos.

En 1910 Charles Davenport, quien había ejercido de biólogo en la Universidad de Chicago, consiguió que la heredera de un magnate de los ferrocarriles diese apoyo económico a la Oficina de Registro Eugenésico, en el primer centro nacional dedicado a mejorar el acervo genético del país, el Cold Spring Harbor Laboratory, en Nueva York. Davenport era hijo de un abolicionista y había estudiado en Harvard en la época en que Du Bois daba clases. Su aspiración era probar una de las invenciones más opresivas de la imaginación humana, la de que los rasgos personales y mentales se heredaban y que los grupos raciales superiores heredaban rasgos superiores.

«Ya ve usted que las semillas que ha sembrado aún brotan en regiones distantes», le escribió Davenport al pionero inglés de la eugenesia, Francis Galton, el primo de Darwin, en 1910. No cabe duda de que las vides de la eugenesia germinaron desde aquel mismo año, gracias al riego incesante suministrado por él mismo y los doscientos cincuenta eugenistas a quienes formaba. «El avance permanente» solo se conseguiría si se «asegura la mejor "sangre"», escribiría en el manifiesto del movimiento, *Heredity in Relation to Eugenics*, de 1911. El movimiento eugenésico enseguida se precipitó en la cultura popular estadounidense, materializándose en los concursos para elegir al mejor bebé, en las revistas, en los seminarios de la universidad, en las charlas para el gran público o en la apreciación social de que la gente de éxito y los criminales tenían, respectivamente, buenos o malos genes, buena o mala «sangre». No importaba que las transfusiones de sangre no cambiasen a la gente ni que la eugenesia jamás acertase a desvelar ninguna evidencia de que la herencia conformaba el comportamiento. El movimiento eugenésico generó creyentes, no pruebas. Los estadounidenses querían creer que las jerarquías raciales, étnicas, de clase y de género eran naturales y normales; que transmitirían sus caracteres a sus hijos.[12]

A medida que la propuesta eugenésica ganaba terreno, Du Bois se valía de *The Crisis* para combatirla y dar publicidad a «los hechos y argumentos que demuestran el peligro de los prejuicios de raza». En el contexto de este programa, publicó un artículo de Franz Boas que serviría de preparativo a los lectores para la obra magna del antropólogo, *La mentalidad del hombre primitivo*, publicada en 1911. Este libro se haría eco del clásico credo asimilacionista, con el rechazo a la teoría segregacionista de la «inferioridad hereditaria» y la creencia de que la «completa pérdida» de cualquier cultura africana, las presiones del esclavismo y la discriminación habían vuelto inferior a la gente negra. «En resumen, hay infinidad de razones para creer que los negros, si se les dan facilidades y oportunidades, serán perfectamente capaces de ponerse a la altura de los deberes de la ciudadanía, al mismo nivel que sus vecinos blancos —dejó escrito Boas—. Puede que no lleguen a dar tantos grandes hombres como la raza blanca y que no lleguen a la altura promedio de los logros de la raza blanca, pero habrá también un incontable número de ellos que aventajarán a sus competidores blancos».[13]

En palabras de Boas, «los negros de Estados Unidos [...], en cultura y lenguaje», eran «esencialmente europeos». Se mostraba «absolutamente opuesto al más mínimo intento de promoción de la solidaridad racial», ni siquiera entre los judíos, comunidad de la que formaba parte. Como otros asimilacionistas, veía Estados Unidos como un crisol en el que todos los colores culturales se absorbían mutuamente (en una americanidad blanca). Resulta irónico que los asimilacionistas como Boas odiasen la solidaridad racial y, aun así, siguiesen produciendo ideas racistas con base en la solidaridad racial.[14]

En 1911, Boas escribió el prefacio de otro libro para el gran público, *Half a Man. The Status of the Negro in New York*, firmado por la cofundadora de la NAACP y académica Mary White Ovington. Al tiempo que destacaba algunos ejemplos de discriminación racial, daba un nuevo giro estadístico al viejo estereotipo racista de que las mujeres negras eran unas irresponsables hipersexualizadas. Cuanto mayor fuera la proporción de mujeres con respecto a los hombres entre los negros, más proclive sería ese «excedente de mujeres» a caer en la prostitución y «a echar a perder a los hijos de sus vecinos, incluso a los maridos de sus vecinos». En la misma línea, la precursora de la asistencia social Jane Addams alegaba en *The Crisis* que las madres negras eran menos capaces que las italianas de controlar el comportamiento sexual de sus hijas. Ida B. Wells-Barnett no podía permitir que este género de ataques por parte de mujeres blancas quedase sin respuesta. Así, escribió que las mujeres negras tenían «el mismo amor por sus maridos e hijos, las mismas y respetables ambiciones para sus familias que las mujeres blancas».[15]

Como parte del mismo esfuerzo por ampliar la base de lectores y demostrar las capacidades del pueblo negro, Du Bois introdujo, en junio de 1911, una sección divulgativa en *The Crisis* sobre los profesionales negros que estaban rompiendo las barreras raciales. A medida que la segregación se fue reduciendo durante el siglo que siguió, fueron lloviendo alabanzas sobre las personas negras destacadas, como la magnate de la industria de la peluquería Madame C. J. Walker o el fundador del *Chicago Defender*, Robert Abbott, quienes se habían convertido en los primeros millonarios negros. En su mejor cara antirracista, los encomios a estas personas se erigían en pruebas contra la discriminación racial, así como en una reivindicación no solo de los individuos negros destacados, sino de todos los negros; en su peor cara racista, los estadounidenses mantenían que se trataba de ejemplos excepcionales o de meros hitos del progreso racial. Cuantos más negros conseguían romper las barreras discriminatorias, más vías encontraba la sociedad para hacer como si de hecho no existiesen e incluso para argumentar que había algo que impedía llegar más lejos al común de las personas negras. Cada ejemplo de una persona negra sobresaliente servía para dirigir la responsabilidad hacia las personas negras que no conseguían superarse. En *The Crisis* se intentó repartir esta responsabilidad entre ambos, los negros que se quedaban atrás y las barreras discriminatorias. Pero normalizar a los negros más destacados implicaba abogar por el trabajo ético como una mejor política social que la acción contra las barreras discriminatorias. Si una persona podía romperlas, se entendía según esta lógica, entonces todo el mundo era capaz si se esforzaba lo suficiente. La lógica racista no tenía por qué ser lógica, bastaba con que pareciese de sentido común. Y así, a medida que un puñado de personas negras iba rompiendo las barreras sociales, en algunas ocasiones la publicidad en torno a ellas, cuando no la mayoría de las veces, reforzaba las ideas racistas que culpaban a los negros y no a unas persistentes barreras discriminatorias.[16]

Para 1913, *The Crisis* se había hecho con un público al que cautivaba con el liderazgo del décimo talentoso y la NAACP, con las secciones populares de la publicación, como la dedicada a negros célebres, y, más aún, con la brillante pluma editorial de W. E. B. Du Bois. En marzo Du Bois se uniría al resto del mundo editorial nacional al informar sobre la primera marcha sufragista en Washington, organizada por la segregada Asociación Nacional de Mujeres Sufragistas de Estados Unidos. De camino a Pennsylvania Avenue, cinco mil sufragistas se encontraron con una barrera de hombres blancos, tanto policías como civiles, deseosos de boicotearlas. En *The Crisis*, Du Bois informó de un «notable» contraste entre la despreciable oposición de esa gente y el respeto constatado que mostraron los varones de color presentes entre los espectadores. Impaciente por inocular un poco de sarcasmo antiasimilacionista, les preguntaba a los hombres negros que había entre sus lectores: «¿No os ponéis rojos de vergüenza al constatar vuestra condición de simples varones negros, mientras que los líderes de la civilización se entregan a tan gloriosas empresas? ¿No os hace sentir "vergüenza de vuestra propia raza"? ¿No os "hace arder en deseos de ser blancos"?».[17]

Unos días después, Du Bois dedicó un número de su publicación a un foro sobre el sufragio femenino, orientado en particular a mujeres negras. Pocos de entre los colaboradores negros apoyaban el extendido (y sexista) argumento de las sufragistas blancas, a saber, que la moralidad innata (e infantil) de las mujeres les daba un derecho de voto distinto. Pero la pedagoga Nannie H. Burroughs se dedicó a reformularlo. Se trataba de una de las dirigentes más elocuentes y firmes de su tiempo. En 1904, Burroughs se había posicionado en contra del colorismo racista en «Not Color but Character», artículo en el que acusaba a legiones de hombres negros «que se casarían con una mujer por el color de la piel antes que por el carácter». De resultas de ello, las mujeres negras trataban de cambiar de apariencia, alisándose el cabello o decolorándose la piel, para parecerse más a una mujer blanca. «Lo que las mujeres [...] que quieran alterar su situación necesitan no es cambiar de aspecto, sino de mentalidad —aseveraba Burroughs—. Si el tiempo que las mujeres negras dedican a tratar de parecer blancas lo dedicasen a mejorar, la raza daría grandes pasos hacia delante».[18]

En el foro de *The Crisis* en torno al problema del sufragio, Burroughs propugnaba sin tapujos ideas racistas, en especial la de que los débiles varones negros vendían su voto (mientras que las fuertes mujeres negras no lo harían con el suyo). Esta clase de racismo de género lo había articulado prácticamente todo el mundo, desde Anna Julia Cooper hasta Frances Ellen Harper, pasando por W. E. B. Du Bois y los segregacionistas sureños James K. Vardaman y Ben «Horca» Tillman. Burroughs mantenía que los inmorales, corruptos y frágiles hombres negros habían «negociado y vendido» sus votos. «Las mujeres negras [...] tienen que recuperar y usar sabiamente lo que los hombres negros han perdido y utilizado sin cabeza». Al afirmar que las mujeres negras no habían vendido sus votos, Burroughs reescribía de golpe la historia y retrataba a las mujeres negras como políticamente superiores a los varones. Ignoraba, pues, todo un historial de resistencia, tanto por parte de los hombres como de las mujeres de color, a las trampas de la ley, a la violencia y a la intimidación económica, fenómenos con los que precisamente se les había robado a aquellos el poder de su voto.[19]

Es posible que, entonces, Burroughs volviese a montar en cólera a causa de la ruidosa minoría de hombres negros que dieron su voto a los demócratas en las presidenciales de 1912. Aunque el candidato demócrata, el virginiano Woodrow Wilson, antiguo politólogo de Princeton, hubiese adquirido fama por evocar los terrores negros de la Reconstrucción y defender al Sur blanco en el proceso de reesclavización, se había asegurado el voto de Du Bois y de miles de otros hombres de color al comprometerse a la moderación con respecto a la raza. Una vez en el cargo, Wilson dio una influencia dominante a los segregacionistas del Sur al tiempo que animaba a los negros a centrarse en la persuasión por elevación. W. E. B. Du Bois se sintió estafado. Una vez más, un político estadounidense había jugado con los votantes negros como si fueran un tambor de hojalata en cuyo parche se pudiese aporrear alegremente la entumecida cadencia del segregacionismo, ya fuese en Washington o en las oficinas federales de todo el Sur.[20]

Durante su primer mandato, Wilson pudo disfrutar de la primera película proyectada en la Casa Blanca, un título de una marcada simbología sobre sus ideas en torno a la raza. *El nacimiento de una nación*, dirigida por D. W. Griffith y estrenada en 1915, era el primer largometraje producido en un estudio en Hollywood y estaba basada en la famosa novela de Thomas Dixon *The Clansmen*. La película señalaba el nacimiento de Hollywood y de la industria cinematográfica de Estados Unidos. El cine pasaba a convertirse en el último grito en cuanto a medios visuales para hacer circular las ideas racistas, eclipsando a los ya venidos a menos espectáculos de minstrel. La película muda que nos ocupa retrataba el periodo de la Reconstrucción como una época de supremacismo negro en que el miedo había tenido paralizados a los inocentes blancos. En el clímax, un violador negro (al que interpreta un actor blanco con la cara pintada) persigue a una mujer blanca hasta un bosque, donde, en un descuido, ella cae por un barranco y muere. «¡Que lo linchen! ¡Que lo linchen!», gritaba el público de la película en Houston, y, de hecho, se llegó a linchar a cerca de cien negros aquel año. Al final el hermano de la víctima de la película organiza a los hombres del Klan para volver a recuperar el control de la sociedad sureña. Un Cristo blanco, de cabello marrón, ojos también pardos y vestimenta blanca, se aparece para bendecir el triunfo del supremacismo blanco en el cierre de la película.[21]

«Es como escribir historia con la luz —parece ser que afirmó Wilson, una vez acabada la película—; lo único que me produce desazón es saber que lo que se cuenta es una terrible verdad». Millones de blancos del Norte y del Sur llenaron las salas de cine a partir del 8 de febrero de 1915, para regodearse en lo que, según una creencia muy extendida, era la verdad sobre la era de la Reconstrucción. En enero de 1916, la habían visto más de tres millones de personas solo en Nueva York. Fue la película con más espectadores del país durante dos décadas y ayudó a muchos estadounidenses a sentirse eximidos por los linchamientos y las políticas segregacionistas; revitalizó al Ku Klux Klan y fue un acicate para millones de ciudadanos que se unieron, a lo largo de la década de 1920, a ese club que aterrorizaba a judíos, inmigrantes, socialistas, católicos y negros.

Enfurecida por las terribles mentiras que se contaban en ella, la comunidad negra protestó aquí y allá por su disconformidad con El nacimiento de una nación. En los últimos días de su vida, Booker T. Washington trató de lograr entre bastidores lo que la NAACP y otros grupos en pro de los derechos civiles intentaban hacer abiertamente, es decir, impedir que se proyectara. No lo consiguió. Du Bois afrontó el asunto de un modo diferente, planteando un reto al racismo histórico de la película con su relato dramático The Negro, publicado ese mismo año. En él echaba por tierra las historias para no dormir sobre el antiguo Egipto no africano, la inexistencia de organizaciones estatales sofisticadas en la África premoderna, los horrores de la Reconstrucción y demás. Por el camino, se había ido deshaciendo de su concepción biológica de la raza, aunque no de su noción racista sobre el modo de ser característico de los negros, a quienes calificaba como «los más entrañables entre los hombres».[22]

Aun con todos los esfuerzos que llevaron a cabo los activistas del Norte para censurar El nacimiento de una nación —o para reescribir la historia que se contaba en el filme, o para plantar cara a la exclusión masiva de los hombres negros que la película sancionaba—, los activistas negros del Sur hicieron infinitamente más; se enfrentaron al segregacionismo sureño marchándose de allí. No cabe duda de que, para cuando este proceso terminó, habían dado nacimiento a una nueva nación.

25

El nacimiento de una nación

«La guerra es un infierno, pero también hay cosas peores que el infierno, como cualquier negro sabe». W. E. B. Du Bois siempre había tenido un talento para poner en palabras los enmarañados sentimientos del pueblo negro. Después de que la Primera Guerra Mundial cortase por lo sano la inmigración procedente de Europa, los empresarios de las industrias norteñas comenzaron a buscar un nuevo surtido de mano de obra en las poblaciones del Sur. Incluso aunque *El nacimiento de una nación* nunca se hubiera proyectado ante unas excitadas audiencias sureñas, es probable que los negros del Sur hubiesen sido igualmente todo oídos a las propuestas laborales venidas del Norte.[1]

Asimismo, los negros del Sur no necesitaban del empujón de estos empresarios para desear escapar de un lugar que, de algún modo, era peor que el infierno. Durante la Gran Guerra las personas negras volvieron a utilizar las piernas como una herramienta para el activismo, escapando al huir de las poblaciones rurales a las grandes ciudades, de las grandes ciudades del Sur a las grandes urbes fronterizas y, desde estas, a las grandes ciudades del Norte, en un proceso que se llegó a conocer como la Gran Migración. Durante el primer movimiento de masas antirracista del siglo XX, los emigrantes abjuraron de la esperanza en el progreso racial del Nuevo Sur, de la noción de que las leyes Jim Crow eran mejor que la esclavitud o de la afirmación de que las dificultades políticas y económicas de los negros eran culpa de ellos mismos. Los segregacionistas trataron de reducir el flujo migratorio mediante una serie de ideas racistas, que ponían en práctica para aterrorizar a los empleadores del Norte, arrestar a los emigrantes e incluso tratar de mejorar sus condiciones laborales. Pero ni nada ni nadie podía detener aquel movimiento.

Cuando los emigrantes llegaron a las ciudades del Norte, se encontraron con el mismo tipo de discriminación que creían haber dejado atrás, así como con las mismas ideas racistas. Los ciudadanos del Norte, tanto los blancos como los negros, consideraban que los inmigrantes y sus formas sureñas o rurales, diferentes de las suyas, aunque en realidad muy similares, eran el fruto de un retraso cultural. Consideraban disfuncionales a aquellas familias y tildaban a estos inmigrantes, que habían recorrido miles de kilómetros para tener un trabajo y una vida mejor, de vagos.

En 1918, el historiador formado en Harvard Carter G. Woodson, quien acababa de fundar la primera asociación profesional de historiadores negros y la primera publicación de la misma índole, predijo con acierto que «se nacionalizará el maltrato a los negros». Los migrantes tuvieron que enfrentarse al segregacionismo también en las «estaciones de llegada» del Norte, término acuñado por la periodista Isabel Wilkerson en 2010. Los racistas de Harlem, por ejemplo, se organizaron para combatir lo que denominaban «una amenaza creciente» u «hordas negras», para terminar segregando las comunidades locales. En el transcurso de seis décadas, alrededor de seis millones de negros del Sur dejaron sus hogares, con lo que el Estados Unidos negro pasó de ser principalmente sureño a ser urbano y de alcance nacional, al tiempo que las ideas segregacionistas se difundían por todo el país durante el proceso.[2]

La Gran Migración eclipsó la llegada de grupos más pequeños a Estados Unidos, desde el Caribe y África. Un joven, leído y carismático jamaicano, con pasión por los africanos y una comprensión integral del racismo, llegó a Nueva York en marzo de 1916 con la intención de conseguir fondos para construir una universidad en su propio país. A fin de conocer a Du Bois, Marcus Mosiah Garvey, recio y de piel oscura, se dirigió a las oficinas de la NAACP en Nueva York. Aquel se encontraba ausente, y Garvey «no tenía nada claro que estuviese en la sede de la NAACP y no en una oficina de blancos». Sin duda, la plétora de asimilacionistas blancos y birraciales entre el personal de la asociación, así como la gran cantidad de cabecillas birraciales y asimilacionistas del Estados Unidos negro, contribuirían a que el jamaicano tomase la decisión de quedarse en Harlem y fundar allí la Asociación Universal para el Progreso de los Negros (UNIA, por sus siglas en inglés). Los principios organizativos de esta última eran la solidaridad africana internacional, la reivindicación de la belleza de la piel negra y la cultura afroamericana, y la completa autodeterminación de África. «África para los africanos», le gustaba decir a Garvey. La asociación no tardó en atraer a antirracistas, a miembros de la clase trabajadora negra y a migrantes e inmigrantes negros a los que no agradaba el colorismo, el racismo de clase, el asimilacionismo ni el nativismo de la NAACP y el décimo talentoso.[3]

Marcus Garvey y sus seguidores no eran los únicos en advertir el incremento de la población birracial estadounidense y de su poder. Los académicos estaban tomando nota. Dos años después de la reveladora visita de Garvey a la sede de la NAACP, el sociólogo y eugenista Edward Bryon Reuter terminó de escribir *The Mulatto in the United States*, publicado en 1918. Desde su cuartel general en la Universidad de Iowa, Reuter se había hecho un nombre al mantener que todos los logros de los que los negros hubiesen sido capaces eran, en realidad, de las personas birraciales. Entendía a estas como una especie de clase racial intermedia, por debajo de la superior de los blancos, aunque por encima de los «completamente negros», como se los llamaba. (Hay que decir que la gente birracial rechazaba la idea racista de que fuesen inferiores a los blancos, pero muchos de ellos aceptaron y reprodujeron la de que eran superiores a los negros). Sea como fuere, Reuter marcó a las personas birraciales como «individuos peculiares», con independencia de sus éxitos, alrededor de la misma época en que se estaba comenzando a marcar a los homosexuales con esa misma etiqueta.[4]

El autor reforzaba así la idea fundamentalmente racista de que las personas birraciales eran *anormales*. Los homosexuales, al igual que aquellas, también eran juzgados como tales, y, siguiendo la misma tendencia, a ambos grupos se los consideraba en ocasiones compuestos de «individuos peculiares», ubicados en un estado intermedio. «Entre los más blancos de los hombres y los más oscuros de los negros existe una amplia gama de razas intermedias —afirmaba uno de los primeros defensores de los derechos de los homosexuales, Xavier Mayne, en *The Intersexes*, de 1908—. La naturaleza aborrece los absolutos y se regodea en [...] los pasos intermedios». Las transitorias personas bisexuales y birraciales venían a emborronar unas pretendidas normalidad heterosexual y pureza racial.[5]

Los eugenistas que impulsaban la necesidad de mantener la pureza de la raza blanca criticaban la reproducción interracial sin freno. En un explosivo libro publicado en tiempos de guerra, en 1916, bajo el título *The Passing of the Great Race*, el jurista neoyorquino Madison Grant ideaba una escala étnico-racial en la que los nórdicos, un nuevo término para definir a los anglosajones, se encontraban en la cúspide, mientras que los judíos, los italianos, los irlandeses, los rusos y todos los no blancos ocupaban los escalafones inferiores. Grant reconstruyó una historia mundial de civilizaciones que surgían y caían en función de la «cantidad de sangre nórdica de cada nación». «[Las] razas varían en el intelecto y en la moral al igual que lo hacen en el físico —mantenía—. Nos ha llevado cincuenta años aprender que ni el idioma inglés ni una vestimenta apropiada ni ir a la escuela o a la iglesia transforman al negro en un hombre blanco». Así pues, este segregacionista les explicaba con vehemencia a los asimilacionistas que sus empeños estaban abocados al fracaso. Las personas negras eran incapaces de desarrollarse y no podían llegar a ser blancas. Grant revisaría y volvería a publicar el libro hasta tres veces en cinco años; además, se tradujo a varios idiomas. Los teóricos blancos trataban de normalizar las desigualdades sociales del momento; entretanto, los editores apenas podían dar abasto con la tremenda demanda de ideas segregacionistas y con el pujante movimiento eugenésico.[6]

Cuando Alemania claudicó en la Gran Guerra, un resentido soldado austriaco dio el salto a la política germana, en la que recibió algunos elogios por sus repugnantes discursos contra los marxistas y los judíos. En 1924 Adolf Hitler fue encarcelado por un intento de golpe de Estado. El tiempo que pasó entre rejas, así como el libro de Madison Grant, los empleó para escribir su obra magna, *Mi lucha*. «El fundamento de la existencia humana es [...] la conservación de la raza», mantenía, como es sabido, Hitler. Más tarde, el cabecilla nazi agradecería a Grant el que hubiese escrito *The Passing of the Great Race*, que Hitler denominaba «mi biblia».[7]

Las ideas eugenésicas también penetraron en la naciente disciplina de la psicología y se convirtieron en la base de los novedosos test de inteligencia estandarizados. Muchos creían que esta clase de ensayos vendrían a probar, de una vez por todas, la existencia de jerarquías raciales naturales. En 1916, el eugenista de Stanford Lewis Terman y sus colaboradores «perfeccionaron» las pruebas del coeficiente intelectual con apoyo en la dudosa teoría de que los test estandarizados cuantificaban y medían de manera objetiva algo tan intrincado, subjetivo y variado como la inteligencia, y que lo hacían de un modo válido para cualquier grupo. No existía el concepto de inteligencia general. Cuando los investigadores trataban de señalar tal espejismo, parecían achacarlo al ojo del observador, como la belleza general, otro fenómeno inexistente. Pero Terman logró que los estadounidenses creyesen que algo inherentemente subjetivo era objetivo y cuantificable. Predijo que los test de coeficiente intelectual mostrarían «unas diferencias raciales de una relevancia gigantesca que nadie podrá negar». Los test estandarizados se convirtieron en el método «objetivo» más innovador para poder probar la inferioridad intelectual de los negros y justificar la discriminación, de modo que la multimillonaria industria de los test vino a desplegarse con gran celeridad en los centros de enseñanza y lugares de trabajo.[8]

Se hicieron test de coeficiente intelectual a 1,75 millones de soldados en 1917 y 1918. El presidente de la Asociación Estadounidense de Psicología y profesor de psicología en Princeton Carl C. Brigham se valió de los resultados de las pruebas hechas en el ejército para conjurar una jerarquía intelectual de corte racial, y algunos años después ideó los exámenes SAT para la admisión en universidades. Los soldados blancos puntuaban mejor, de manera que la conclusión de Brigham fue que esto se debía a la superioridad de la sangre blanca. Además, los afroamericanos del Norte obtenían puntuaciones mejores que los del Sur, por lo que en este caso mantenía que aquellos tenían una mayor concentración de sangre blanca; al mismo tiempo, estos afroamericanos superiores genéticamente habrían buscado mejores oportunidades en el Norte gracias a que contaban con una mayor inteligencia.[9]

Un armisticio firmado el 11 de noviembre de 1918 puso fin a los enfrentamientos de la Primera Guerra Mundial. Fueron necesarios los seis meses de negociaciones de la Conferencia de Paz de París antes de que las potencias coloniales firmasen el Tratado de Versalles. Ese año, W. E. B. Du Bois se trasladó a París para, desde allí, enviar a *The Crisis* fascinantes cartas y editoriales en los que hacía público el racismo al que se enfrentaban los soldados negros, unos escritos que se venían a sumar a los reportajes periodísticos del periodo bélico con abundantes historias sobre las heroicidades de los negros. No obstante, la narrativa del heroísmo negro se convertía, en los periódicos de los blancos, en un relato sobre la ineficiencia de los negros cuando los oficiales, blancos y sureños en un número desproporcionado, regresaban a Estados Unidos y comenzaban a contar sus propias anécdotas sobre la guerra a los reporteros. En conjunto, las comunicaciones y actividades parisinas de Du Bois constituían un despliegue de su atávica doble conciencia asimilacionista y antirracista. En la Conferencia de Paz de París, fue testigo de la creciente y feroz oposición de las potencias vencedoras a conceder la independencia a los pueblos de las colonias. En «Reconstruction and Africa», publicado en el número de febrero de 1919 de *The Crisis*, Du Bois rechazaba, en el marco de la tradición antirracista, la idea de que Europa fuese el «benevolente civilizador de África». Aducía asimismo que «los hombres blancos no hacen más que enredar con palabras, o algo peor, cuando afirman que la retirada europea de África solo sumiría al continente en el caos». En la vertiente asimilacionista, Du Bois ayudó a organizar el Primer Congreso Panafricano aquel mes en París, en el que se exigió que en la Conferencia de Paz de París se aceptasen de modo «gradual» la descolonización y la incorporación de los derechos civiles. Lo que Du Bois deseaba era «la oportunidad de un desarrollo pacífico y acelerado del pueblo africano».[10]

Por fin, el 28 de junio de 1919 las partes firmaron el Tratado de Versalles. Se obligaba a pagar reparaciones de guerra al colosal Estado alemán. Francia, Bélgica, Sudáfrica, Portugal e Inglaterra se repartieron sus preciadas colonias africanas. Además, se creó la Sociedad de Naciones, que tendría una autoridad internacional. La Administración Wilson se unió al Reino Unido y Australia para rechazar la propuesta japonesa de que la organización expresase un compromiso público con la igualdad de todos los pueblos. Al menos, el presidente estadounidense estaba siendo honesto; temía que el trato relativamente bueno que los soldados negros habían recibido en Francia se les hubiese «subido a la cabeza». Para los racistas estadounidenses de la época de Wilson, no había nada más peligroso que una persona negra que se respetase a sí misma y que albergase la expectativa antirracista de una equidad inmediata, en lugar de la igualdad gradual de los asimilacionistas o la desigualdad permanente de los segregacionistas. En 1919, muchos soldados negros regresaron a su hogar, llenos de expectativas antirracistas, como «nuevos negros». A su vez, eran recibidos también por nuevos negros.[11]

Estos nuevos negros acataron el llamamiento de Du Bois. «Por Dios santo, seríamos unos cobardes, además de unos estúpidos, si ahora que la guerra ha terminado no dedicáramos hasta el último átomo de nuestros cerebros y músculos a presentar una batalla mucho más dura, dilatada e inflexible contra las fuerzas infernales que habitan en nuestra propia tierra», escribió en «We Return Fighting», en el número de *The Crisis* de mayo de 1919. El mismo servicio postal estadounidense que, durante décadas, había repartido unos periódicos blancos empapados del queroseno con el que se encendían los linchamientos, se negaba ahora a distribuir la publicación de Du Bois al juzgar que las palabras de este eran «de una violencia indiscutible» y que «muy probablemente estimularán en un grado considerable los prejuicios raciales, si es que estos no han alcanzado ya su pico entre los negros». El análisis del antirracismo al que Du Bois había dado vida en 1901, según el cual solo era rabia y deseo de venganza contra los blancos (en lugar de ira frente a las ideas racistas y a la discriminación), se volvía ahora en su contra. Había dedicado los años de su juventud a convencer a la gente negra de que pusiese un sereno empeño en su elevación moral, en la persuasión por elevación, para cambiar las mentalidades racistas. Había tratado de ofrecer a los estadounidenses blancos hechos científicos para zanjar la cuestión de las disparidades raciales y había creído que, mediante la razón, podría persuadir a quienes producían ideas y políticas racistas de que dejasen de hacerlo. Había dedicado, en fin, aquellos años, a ridiculizar a cabecillas como Ida B. Wells-Barnett o al obispo Henry McNeal Turner, a quienes tildaba de incautos, violentos y llenos de prejuicios cuando incitaban apasionadamente a la gente negra a la lucha. Pero, a lo largo de esos años, a medida que los fracasos de la educación, de la persuasión y de la elevación se evidenciaban, las llamadas de Du Bois a que las personas negras recurriesen a la protesta y a la lucha se fueron volviendo cada vez más firmes y vehementes. Tuvo entonces que afrontar las mismas críticas y censuras que él había lanzado a otros en momentos más tempranos de su carrera. Después de una semana de retraso, los funcionarios del servicio de correos repartieron por fin *The Crisis*. Entretanto, habían descubierto que existían publicaciones antirracistas y socialistas aún más peligrosas, editadas por los nuevos negros, entre los que se incluía la de Marcus Garvey, *The Negro World*.

¿Cómo respondieron a esos nuevos negros aquellos estadounidenses que aún llenaban las salas de cine para ver *Tarzán* y *El nacimiento de una nación*, que aún dedicaban las tardes a leer *The Passing of the Great Race*, que asistían a los encuentros del Klan o luchaban por la segregación de los inmigrantes negros? James Weldon Johnson definió como el Verano Rojo la reacción que tuvo lugar en 1919 debida a la cantidad de sangre derramada en una serie de incursiones blancas, las más letales desde los tiempos de la Reconstrucción, en los vecindarios negros. Puesto que las ideas racistas no doblegaban la voluntad de los asertivos nuevos negros, la violencia acudió al rescate en al menos veinticinco ciudades de Estados Unidos, como para recordarles que eran los blancos quienes mandaban. «Si hemos de morir, que no sea sometidos —exclamaba Claude McKay en un explosivo poema de autodefensa fechado en julio—. Como hombres, a las bandadas de cobardes y asesinos plantaremos cara. / Abatidos contra la pared, agonizando, ¡pero sin dejar de responder en nada!».[12]

Los periódicos racistas de los blancos, tal como sigue sucediendo hoy, tendían a retratar a las víctimas negras como criminales y a los criminales blancos como víctimas. Los periódicos negros, como solía ocurrir tras cualquier acto desesperado de autodefensa, se dedicaban a escenificar la redención de la masculinidad negra. «Al menos nuestros hombres se han mantenido firmes como tales, devolviendo cada golpe, dejando de actuar como si fuesen un montón de ganado sin voluntad propia», se regocijaba una mujer negra en *The Crisis*. Para los analistas blancos de tendencias racistas, los negros que supuestamente habían instigado el Verano Rojo eran justo eso, un rebaño animalesco, mientras que para los analistas negros racistas, si lo habían parecido en algún momento, ahora, a base de devolver los golpes que recibían, se probaban a sí mismos que después de todo eran hombres. Ambos colectivos quedaron imbuidos de ideas racistas a lo largo de aquel verano al tiempo que el racismo de género se iba haciendo cada vez más evidente, en especial si se tiene en cuenta el lamentable y significativo silencio en torno a la gran cantidad de valientes mujeres que también habían defendido a sus hombres, a sus hijos y a sus comunidades.[13]

De algún modo, la Administración Wilson entremezcló el Verano Rojo con el miedo rojo que cundió después de la guerra, culpando a los anticapitalistas de aquella carnicería en lugar de a la violencia de los racistas blancos. El 27 de septiembre de 1919, 128 socialistas blancos desafectos, inspirados por la reciente Revolución rusa, se reunieron en Chicago para formar el Partido Comunista de Estados Unidos (CPUSA, por sus siglas en inglés). «La opresión racial de los negros no es más que la expresión de sus ataduras y su servidumbre económica, y ambas se intensifican mutuamente», se afirmaba en el programa del partido, que se daba un aire espeluznante al programa racial fundacional de 1903 del SPA, el Partido Socialista de Estados Unidos. A partir de entonces, la tendencia de los dirigentes socialistas, como en el caso del cinco veces candidato presidencial del partido Eugene V. Debs, había sido afirmar que «no hay una cuestión negra fuera de la cuestión del trabajo». Como sus predecesores del SPA, los cabecillas del CPUSA pondrían la explotación capitalista por encima de la discriminación racial, en lugar de situarlas al mismo nivel y combatirlas al mismo tiempo. En esa lectura incompleta de la economía política internacional, el racismo era el fruto del capitalismo y, por lo tanto, había que resolver el problema que planteaba este último antes que aquel. La teoría de los comunistas era que, si se acababa con el capitalismo, el racismo iba a desaparecer, sin tener en cuenta que tanto uno como otro habían surgido durante el largo siglo XV y que, desde entonces, se habían reforzado mutuamente al tiempo que se desarrollaban por separado. Durante el Verano Rojo, en *The Communist*, la publicación del CPUSA, se advertía a los negros —así como a los blancos— de que debían entender que su miseria no se debía a un antagonismo de raza, sino a un antagonismo de clase, entre el gran capital y el trabajo.[14]

Sin duda, las grandes empresas producían y reproducían políticas e ideas racistas para dividir y derrotar a la clase trabajadora, reducir los costes laborales e incrementar su propio poder político. No obstante, el CPUSA desdeñaba o ignoraba sin más las muchas formas en que los trabajadores blancos y los sindicatos discriminaban y degradaban a los obreros negros para aumentar sus propios salarios, mejorar sus propias condiciones de trabajo y robustecer su propio poder político. Así las cosas, ¿por qué no iban los trabajadores blancos a seguir imponiéndose a los negros si la clase trabajadora llegase a arrebatar el control de la política y de la economía al capital estadounidense? Los comunistas no parecían tener pensada una respuesta, al igual que, en esos años fundacionales, tampoco daba la impresión de que se preocupasen de sus propias ideas racistas, señaladas por los negros antirracistas que se iban uniendo a sus filas. Con el deseo de unificar a la clase obrera, los dirigentes del CPUSA centraron los esfuerzos de reclutamiento iniciales en los trabajadores blancos y racistas. Se negaban a actualizar los escritos de Karl Marx para dar cuenta de la nación profundamente racializada que era Estados Unidos en 1919. En general, los miembros del partido guardaban silencio sobre lo que podría significar para el futuro del racismo el que llegase a estallar una revolución comunista que no constituyera una revolución simultánea contra el fenómeno racista.[15]

El Verano Rojo inspiró a W. E. B. Du Bois como nada lo había hecho antes, no solo porque estuviera entusiasmado con los nuevos negros o porque hubiese comenzado a leer (y actualizar) con detenimiento a Karl Marx. En febrero de 1920 publicó el agudo ensayo *Darkwater. Voices from Within the Veil*. Un Du Bois resignado había empezado a comprender que la «creencia de que los negros no son más que subhumanos» de la que hacían gala los segregacionistas no estaba fundamentada en una carencia de

conocimientos: «No se trata más que de una herencia pasional y arraigada, la cual, como tal, no se puede extirpar ni con los argumentos ni con
los hechos». Al alejarse de la persuasión educacional, Du Bois comenzó
por fin a aproximarse a una monoconsciencia de carácter antirracista,
aunque el cambio no se consumó del todo. Así, escribió: «¿No es la cultura europea mejor que cualquier otra que surgiese en África o en Asia?
En efecto, lo es».[16]

Después de repudiar las culturas modernas de los continentes africano y asiático, Du Bois se manifestaba en contra de «The Damnation of
Women», como rezaba el título de uno de sus artículos. En *Darkwater*
hizo por las mujeres negras algo que rara vez se hacía; por «su valía» y «su
belleza», así como por «su talento y su duro pasado, glorifico a las mujeres
de mi raza». Además, al tiempo que rendía honores a las mujeres negras,
deshonraba a las blancas y a los hombres negros, en particular en sus papeles de madres y padres. Ofrecía la descripción de una infeliz familia
internacional. «Asia es el padre al que se profesa adoración y Europa es el
niño precoz, egocéntrico, que se esfuerza diligentemente, pero la tierra
de la madre es y siempre será África», escribió. En ningún lugar el amor
maternal era tan fuerte y profundo como en África. Como hijo de madre
soltera, no sorprende que W. E. B. Du Bois afirmase que «son las madres
y las madres de las madres quienes cuentan, en tanto los padres no son
más que recuerdos vagos».[17]

Así, Du Bois seguía la larga tradición de los reformistas que ensalza-
ban en las personas negras precisamente aquello que los racistas pretendían desprestigiar; en su caso, para transustanciar la proyección general de
la mujer negra como una antimadre inmoral, la antimujer, en la proyección general de las mujeres negras como un ejemplo moral, unas super-
madres y unas supermujeres. Pero, redimiesen o condenasen a las mujeres
de color, tales proyecciones suponían un revés a la realidad, una generalización del comportamiento de las mujeres inmorales o maternales, un
proceso en el que se propagaban ideas racistas. Un bosquejo antirracista
de la mujer negra habría descrito misma diversidad de comportamientos
maternales y antimaternales entre las mujeres de todos los grupos raciales,
iguales en su imperfección.

Unos retratos más diversos del comportamiento femenino de las
negras llevaban décadas calando en las cabezas y en las caderas, en las mentes y en los corazones, gracias a los alegres bares de carretera conocidos
como *juke joints*. Meses después de la publicación del nuevo libro de Du

Bois, Mamie Robinson lanzaría la primera grabación de la que iba a ser la forma artística antirracista por excelencia en la década de 1920. «Crazy blues» se convirtió en todo un éxito. Las compañías de discos capitalizaron la moda del blues entre negros y blancos por igual. Robinson, Ma Rainey, Ida Cox o Bessie Smith cantaban sobre las mujeres negras, tanto las deprimidas como las felices, las tranquilas como las inquietas, las que odiaban a los hombres y las que los amaban, las crédulas y las manipuladoras, las sexualmente libres y las conformistas, las asertivas y las pasivas, las que emigraban y las que se quedaban, las angelicales y las salvajes. Las *blueswomen* y sus colegas varones se expresaban en términos culturales propios de los afroamericanos, despreciaban la estrategia de tratar de persuadir a los blancos de que los negros eran de fiar y, por lo tanto, repudiaban al décimo talentoso.[18]

A pesar de todas sus ideas asimilacionistas, *Darkwater. Voices from Within the Veil* estaba bien cargado de ingredientes antirracistas, demasiado para los delicados paladares de unos lectores imbuidos de racismo. Los críticos del Norte y del Sur, así como de otros países, hicieron una condena unánime del libro como el amargo «himno de odio racial» de un demente o «lo que un sureño escribiría si se convirtiese en un negro», tal y como llegó a afirmar el socialista Harold Laski, de la London School of Economics. Entretanto, la respuesta abrumadora de los lectores negros, incluidas las legiones de aparceros y empleados del hogar, se podría resumir en que se trataba de «un hito en la historia de la raza negra», tal y como indicaba el *Washington Bee*. En su antirracismo, algunos de los nuevos negros se mostraron disconformes con las muestras de moralina insípida y de racismo de clase que se hallaban diseminadas por el texto. William Ferris, antiguo alumno de Yale y director de *The Negro World*, la publicación de Garvey, afirmó que Du Bois miraba hacia abajo, a las masas negras y sus males, «desde las alturas de su propia grandeza».[19]

Se trataba de una acusación que nadie podría a duras penas negar, en particular, después de que la opinión de Du Bois sobre Marcus Garvey saliese a la luz pública. Al parecer, había afirmado que el movimiento de Garvey se vendría abajo «en poco tiempo» y que «sus seguidores son la clase más decadente de entre los negros, gente más que nada de la zona caribeña». Es probable que el reportero que publicó aquellas declaraciones, de un manifiesto racismo tanto de clase como étnico, pillase a Du Bois de mal humor aquel agosto de 1920. Durante todo el mes, había tenido que ver y oír hablar de las multitudinarias marchas y encuentros de la primera convención internacional de la UNIA de Garvey. «Hemos de encuadrar a los cuatrocientos millones de negros que hay en el mundo en una gran organización, desde la que obrar el milagro de la libertad en el gran continente africano», había exclamado este en el Madison Square Garden, el 2 de agosto de 1920, ante los veinticinco mil delegados que asistían embelesados a la convención. El altisonante acontecimiento dejó al mundo del activismo africano en un estupefacto desconcierto durante meses. Fuera como fuese, Du Bois y el décimo talentoso se sintieron profundamente amenazados por el hecho de que Garvey pusiese sobre la mesa la incómoda realidad del privilegio de las pieles más claras. «Garvey es un líder extraordinario», admitió Du Bois en *The Crisis* a finales de 1920; no obstante, consideraba que su intento de llevar el discurso caribeño sobre el color a Estados Unidos había sido un error. «Los negros estadounidenses no reconocen divisorias de color, ni dentro ni fuera de la raza —aducía—, y terminarán por castigar a aquel que trate de implantarlas».[20]

Es probable que se trate de la afirmación más absurda jamás hecha por Du Bois en su solemne trayectoria. Sonaba tan extraviado como los racistas que llevaban décadas enfureciéndolo con su insistencia en recusar la existencia de líneas raciales. Al negar las divisorias de color, Du Bois desechaba la existencia de la discriminación por el color, de manera que, en la práctica, estaba culpando a los negros más oscuros de su pobreza desproporcionada. Du Bois tenía ojos, sabía que las pieles claras ocupaban los puestos políticos y económicos más deseables de entre los disponibles para los negros. En su ensayo de 1903 sobre el décimo talentoso había mencionado a veintiún negros destacados del pasado y del presente, y todos ellos, con excepción de Phillis Wheatley, eran birraciales. No estaban en la lista ni Ida B. Wells-Barnett ni Callie House. También es probable que hubiese oído la siguiente cancioncilla infantil: «Si eres blanco, la razón para ti. / Si eres amarillo, vas bien por ahí. / Si eres marrón, quédate donde estás. / Si eres negro, vuelve atrás». Sabía bien que la élite de piel más clara seguía utilizando bolsas de papel marrón y reglas de madera como herramientas de medida para restringir el acceso de quienes tenían la piel más oscura a las iglesias, los puestos de trabajo, las organizaciones civiles, las universidades históricamente negras, las fraternidades y sororidades negras e incluso los barrios y otros tipos de estructuras comunitarias.[21]

Lo más probable es que Du Bois no estuviese extraviado, sino, más bien, que él y sus colegas de piel clara viesen sus privilegios de color amenazados por las discusiones sobre el colorismo y la igualdad de color, no de forma muy diferente a los blancos que sentían sus privilegios raciales bajo amenaza por los debates sobre el racismo y la igualdad de raza. Así pues, Du Bois terminó por imitar a sus enemigos, valiéndose tanto de ideas racistas como de su poder para imponer el silencio disciplinario al reto antirracista de la discriminación por el color.

El conflicto entre Du Bois y Garvey llegó al punto álgido a principios de la década de 1920, cuando se pelearon por la cuestión de las relaciones interraciales. En octubre de 1921, el presidente Warren G. Harding, con la intención de granjearse el apoyo sureño, se desplazó a Birmingham, Alabama, donde insistiría en que «la amalgama racial tiene que acabarse». Mientras que en *The Crisis* se reprobó un rechazo tal a las relaciones interraciales, Garvey celebraba que el presidente hubiese validado el separatismo racial. A diferencia del eugenista Madison Grant, que abogaba por la pureza racial de los blancos y se oponía a la reproducción interracial a causa de la intrusión de la sangre negra «inferior», Garvey defendía la pureza racial negra y se oponía a la reproducción interracial debido a la intrusión de una sangre «diferente», la blanca. A menudo, los asimilacionistas confundían, sin acierto, el separatismo de Garvey, que de hecho sí creía en el «separados pero iguales», con la doctrina segregacionista, cuya idea real era la de «separados pero sin igualdad». Los detractores asimilacionistas de Garvey eran los mismos que aspiraban a alcanzar la integración de los negros en los espacios blancos en tanto que sinónimo de progreso. Al mismo tiempo, veían una analogía entre la lucha de Garvey por la solidaridad racial y los empeños segregacionistas para mantener la exclusión racial de los pueblos inferiores. Así, no alcanzaban a comprender que no había intrínsecamente nada de tolerante o de intolerante en que los estadounidenses quisiesen separarse o integrarse de manera voluntaria; era habitual en ellos hacer tal cosa, en función de la religión, el género, la etnia, la sexualidad, la profesión, la clase, la raza o los intereses sociales. Una organización separatista puede ser racista (y, cuando lo es, acaba siendo también segregacionista) si pone el énfasis en la exclusión de quienes se considera inferiores; una organización interracial también puede ser racista (y, cuando lo es, por su parte, acaba siendo asimilacionista) si pone el énfasis en elevar a los negros, en su inferioridad, para ponerlos bajo los auspicios del grupo superior de los blancos. Esa era la impresión, de algún modo ilusoria, que causaba a Garvey el programa interracial de la NAACP.[22]

Du Bois y Garvey personificaban una pugna más dilatada y escabrosa en el seno del Estados Unidos negro, entre asimilacionistas, antirracistas y separatistas, entre clases, entre nativos y caribeños, entre nacionalistas y panafricanos, y entre pieles claras y pieles oscuras. Con todo, Garvey contaba con un enemigo de mucha mayor envergadura que trataba de silenciarlo, a saber, el Gobierno estadounidense. En junio de 1923, fue arrestado por fraude postal. Una vez puesto en libertad, bajo fianza, se aventuró a viajar a Liberia, como también lo haría Du Bois. A su regreso, la cólera y el sentido del privilegio de este último resultaron evidentes cuando, en mayo de 1924, calificó a Garvey como «el enemigo más peligroso de la raza negra que hay en Estados Unidos y en el mundo». Con sus días de libertad contados, Garvey devolvió el golpe a Du Bois y al décimo talentoso al presidir la convención de la UNIA, en agosto de aquel mismo año. Sus afirmaciones antirracistas habían pasado a ser de un ridículo despiadadamente racista. Las personas negras eran, según declaró ante miles de personas en Madison Square Garden, «las más descuidadas y apáticas del mundo». Transcurridos seis meses, agotadas las apelaciones, hubo de entrar en la prisión federal, solo para ser deportado tres años más tarde.[23]

Semanas antes de la última convención de la UNIA organizada por Garvey, los delegados de la Convención Nacional Demócrata se habían reunido en el mismo Madison Square Garden. Los demócratas estuvieron a un voto de ratificar el programa antinegro, anticatólico y antisemita propugnado por el Ku Klux Klan. Dicho programa también habría incluido propuestas contra la inmigración de no ser porque el Congreso ya había aprobado la Ley de Inmigración con el respaldo de ambos partidos a comienzos de ese mismo año. La había presentado Albert Johnson, representante republicano del estado de Washington, bien formado en las ideas racistas contra los asiáticos y en contacto cercano con Madison Grant. Los políticos hicieron suyas las poderosas demandas eugenésicas a favor de imponer restricciones a la inmigración procedente de cualquier país que no perteneciera al noroeste de Europa, a la región poblada por los nórdicos. El presidente Calvin Coolidge, un republicano de Massachusetts que había sustituido a Harding tras su repentina muerte en 1923, firmó con gusto la nueva norma antes de ser reelegido. «Las leyes biológicas nos dicen que algunos individuos dispares no pueden mezclarse o cruzarse —había escrito como vicepresidente electo en 1921—. Los nórdicos se propagaron con éxito. En el caso de otras razas, el resultado parece haber sido el deterioro de ambas partes».[24]

Tras la aprobación de la Ley de Inmigración de 1924, los eugenistas volvieron a centrarse enseguida en la segregación de los no nórdicos de Estados Unidos. Es irónico que aquella ley tuviese, entre otros, el efecto secundario de ralentizar el avance del programa eugenésico, puesto que redujo el miedo que los nórdicos sentían ante la posibilidad de que los no nórdicos se hiciesen con el país, al tiempo que supuso un estímulo para la lucha intelectual de los asimilacionistas para que los no blancos se acomodasen al ideal blanco de la homogeneidad nacional. La sociedad histórica de los Caballeros de Colón, cuyos miembros eran católicos y proinmigración, incluso financió la publicación de varias obras que se centraban en las contribuciones de los diferentes grupos raciales y étnicos. Entre estas, se incluían *The Germans in the Making of America* —hay que tener en cuenta que, en el periodo de entreguerras, Alemania era un país muy odiado— o *The Jews in the Making of America*, así como una obra escrita por Du Bois y publicada en 1924, *The Gift of Black Folk. The Negro in the Making of America.*

A diferencia de los eugenistas y los asimilacionistas, Du Bois aspiraba a un pluralismo multirracial en el que se reconociesen las diferencias, en el que estas se aceptasen y se equiparasen, en una tendencia antirracista, sin ninguna pretensión de categorizarlas, suprimirlas o ignorarlas. No obstante, en lugar de compartir sin más las diferencias culturales de los afroamericanos en el ámbito de la espiritualidad, el arte o la música, el propio Du Bois clasificaba a los negros a la manera racista, haciéndose eco del sociólogo urbano más eminente de la nación, Robert Park, de la Universidad de Chicago. En sus escritos, este mantenía que el negro «es ante todo artista, un amante de la vida por el propio placer de vivirla. Es, por decirlo así, la dama de las razas», por lo que se interesaba en «cosas físicas más que [...] en estados subjetivos y objetos de introspección». En la misma línea, Du Bois afirmaba que los negros tenían un sentido inigualable de «los sonidos y los colores», además de «humildad» y «cierto regocijo espiritual, un amor sensual por la vida, de carácter tropical, muy al contrario que el frío y cauto racionalismo de Nueva Inglaterra». Después de tantos años, Du Bois seguía ayudando a reforzar las ideas de Harriet

348   W. E. B. DU BOIS

Beecher Stowe acerca de la cándida alma negra y la rigurosa mentalidad blanca. Parecía que nada podría llegar a extirpar esta idea racista tan arraigada en W. E. B. Du Bois. Cuando en marzo de 1924 asistió a un acontecimiento histórico, es probable que tuviera la sensación de que la defensa del don de la superioridad artística de los negros a la que llevaba dedicándose toda la vida estaba dando por fin sus frutos. Había mantenido la esperanza de que los artistas negros pudieran utilizar tanto su creatividad como los medios a su alcance para desalentar cualquier tipo de idea racista. Con todo, otra tenue esperanza en dicha persuasión estaba a punto de desvanecerse.[25]

26

La persuasión mediática

La tarde del 21 de marzo de 1924, W. E. B. Du Bois asistió a un apabu-
llante encuentro artístico en el Civic Club de Manhattan. Alaine LeRoy
Locke, un filósofo de la Universidad Howard, oficiaría de maestro de
ceremonias. En la antología definitiva de la época, *The New Negro*, publicada en 1925, Locke profetizaría que el desarrollo cultural acabaría por
«probar que la clave de la reevaluación de los negros debe preceder o
acompañar a cualquier mejora considerable de las relaciones raciales».
Proponía una persuasión mediática, llevada a cabo por «los más talentosos
de entre nosotros», para ahuyentar las ideas racistas. El veinteañero Countee Cullen, estudiante de la Universidad de Nueva York y poeta, que
también mantenía el compromiso con la persuasión mediática, se encontraba entre el nutrido grupo de artistas negros, de los cuales el más conocido era el novelista Jessie Fauset, que habían asistido al encuentro, y que
recibirían una serie de consejos del décimo talentoso y de los editores
blancos que también se encontraban allí. Cullen, que salía con la hija de
Du Bois, Yolande, clausuró la fiesta de presentación en sociedad del Renacimiento de Harlem entre un estallido de poesías y ovaciones.[1]

Du Bois contribuyó a que el movimiento artístico del Renacimiento
de Harlem alzara el vuelo y se mostró incluso más determinante a la hora de
incitar el activismo de los estudiantes negros. En aquellos días, estos protestaban contra las reminiscencias del enfoque educativo de Tuskegee y
de todas las universidades históricamente negras que se habían estado
dedicando a «formar a sirvientes y a una mano de obra dócil», según las
palabras de Du Bois en una crítica publicada en *The American Mercury*, en
octubre de 1924. Al alzarse primero en la Universidad Agrónoma y Me-
cánica de Florida en 1923 y luego en Fisk en 1924, en Howard en 1925
y en Hampton en 1927, así como en otro raudal de universidades y campus

históricamente negros, los nuevos negros y activistas universitarios también combatían las reglas de la moral impuesta por los campus para controlar y civilizar a los estudiantes de color, por cuanto se los veía como unos bárbaros hipersexuados e indisciplinados (y también para apartarlos del camino de destrucción de los hombres del Klan). El 4 de febrero de 1925, en Fisk, más de cien manifestantes ignoraron las restricciones impuestas y marcharon por el campus mientras gritaban: «¡Du Bois!, ¡Du Bois!» y «¡Antes muerto bajo tierra que esclavo sobre ella!». Para cuando la fiebre de las protestas fue disminuyendo, hacia el final de la década, se habían eliminado muchas de aquellas normas, y el currículo de las universidades y facultades históricamente negras, aparte de por un puñado de asignaturas de Estudios Negros, apenas se distinguía ya del de las universidades y facultades históricamente blancas. Mientras que ni los servilistas ni los antirracistas se sintieron demasiado contentos, los asimilacionistas estaban encantados.[2]

Una facción de los jóvenes y talentosos artistas negros se negaba a ponerse bajo la tutela de W. E. B. Du Bois; en 1926 se dieron a sí mismos el nombre de «niggerati». Mostraban un claro desdén por la asimilación y por la persuasión mediática. Entre los componentes del grupo se encontraban el novelista Wallace Thurman, conocido sobre todo por su tributo narrativo a la belleza negra en *La fruta más negra*, de 1929, y Zora Neale Hurston, nativa de Florida, que había estudiado bajo la tutela de Franz Boas, rechazado el asimilacionismo y llegado a ser una de las últimas representantes antirracistas de la cultura negra y rural del Sur. Estos jóvenes buscaban articular un espacio literario y social de total libertad y tolerancia frente a las diferencias de cultura, color, clase, género, raza y sexualidad. Es posible que los niggerati fuesen la primera congregación intelectual y artística completamente antirracista de la historia estadounidense. Los miembros mostraban su rechazo al racismo de clase, cultural, histórico, de género e incluso *queer*, por cuanto algunos de ellos eran homosexuales o bisexuales. No es que tuviesen tanto valor como para mostrarse en público como tales; Alaine LeRoy Locke, Bessie Smith o Ma Rainey eran algunos de los numerosos artistas destacados del Renacimiento de Harlem que llevaban una doble vida en un Estados Unidos homófobo y completamente dentro del armario, pues en privado afirmaban las sexualidades negras negadas y, en público, se limitaban a afirmar el arte negro negado.[3]

En *The Nation* de junio de 1926, un joven de veinticuatro años que estaba causando sensación en el mundo de la poesía, otra de las estrellas que posiblemente no se aventuraba a salir del armario, formalizó la filosofía antirracista de los niggerati en «The Negro Artist and the Racial Mountain», donde aseveraba que «esa propensión de la raza a la blanquitud [...], a ser lo menos negro y lo más estadounidense posible», era «la montaña que se levanta en el camino de un arte negro auténtico», escribió Langston Hughes. Se trataba de una reacción a las palabras de otro poeta, el cual le había dicho que quería «ser un poeta, no un poeta negro»; es probable que Countee Cullen, el futuro yerno de Du Bois. A lo largo del artículo, Hughes describía la formación de un «joven poeta» en un típico hogar negro de ingresos medios, en el que a menudo la madre reñía a los niños que se portaban mal diciéndoles «No os portéis como negros», o el padre, quien por lo general había tratado de casarse «con la mujer que tuviese la piel más clara que pudiera encontrar», los aleccionaba: «Mirad lo bien que hacen las cosas los blancos». En casa se leían periódicos blancos, se acudía a teatros blancos y a centros educativos blancos y se preferían las iglesias frecuentadas por negros de piel clara. A lo que se aspiraba era a «los modales nórdicos, las caras nórdicas, el cabello nórdico, el arte nórdico», mantenía Hughes, mientras «un susurro que dice "Quiero ser blanco", inadvertido, les horada la mente». Se trataba de «una montaña muy elevada, sin duda, que el aspirante a artista racial ha de ascender para descubrirse a sí mismo», algo que impedía al artista negro ver «la belleza de su propia gente».

En las vidas de la «gente con pocos ingresos», a la que «le trae sin cuidado si son como los blancos», ya había «suficiente con que un artista negro pueda comer», de lo que era muestra la trayectoria de su amiga Zora Neale Hurston. Lo cierto era que «las relaciones entre los negros y los blancos» no eran algo que tuviese que quitarle el suelo al artista negro; la única responsabilidad que Hughes veía en el «joven artista negro» era la de «cambiar con la fuerza de su arte ese antiguo susurro que dice "Quiero ser blanco" y que se halla oculto en las aspiraciones de su gente por un "¿Por qué iba a querer ser blanco? Soy negro, y mi belleza es mía"» y «también mi fealdad».[4]

Mientras que Langston Hughes ponía toda su energía creativa, de querencias antirracistas, en alejar a las personas negras de las ideas asimilacionistas, y Countee Cullen ponía toda su energía creativa, de querencias asimilacionistas, en alejar a las personas blancas de las ideas segregacionistas,

Du Bois seguía empeñado en ambas tareas. Pero, en 1926, su atención parecía más enfocada en convencer a los blancos. Así las cosas, vio el ensayo de Hughes, así como los elogios que en agosto de aquel año dedicó este al libro *El paraíso de los negros*, de Carl van Vechten, como una completa traición.

Van Vechten era el más omnipresente de entre los blancos que apoyaban el Renacimiento de Harlem, un hombre con una curiosa pasión por andar cerca de gente negra y presentársela al público, igual que el guarda de un zoo al que le gustase andar cerca de sus exóticas mascotas y presentárselas al público. En los años precedentes, había estado llevando a los artistas europeos que visitaban Nueva York de «safari» por Harlem, tal y como los turistas y el guía más o menos lo entendían. Ahora, plasmaba el mismo tour en un libro, el mencionado *El paraíso de los negros*.

La novela de Van Vechten consiste en una trágica historia de amor de tono melodramático, del tipo chico conoce a chica, con la particularidad de que los momentos de atracción, seducción, vacilación, traición y muerte típicos del género se mueven por los sinuosos meandros de la discriminación racial. También retrata la sensualidad vigorosa y exuberante de los clubes de jazz y los cabarets de los negros de a pie, la pretenciosidad solemne de los hogares excepcionalmente ilustrados de las élites negras, cultas y asimiladas, y a los intelectuales políticamente correctos que se dedicaban a debatir sobre «el problema de la raza». La amarga divisoria racial entre las críticas negativas por parte de los negros y las positivas por parte de los blancos no podría haber sido más taxativa. *El paraíso de los negros*, desde el burdo título hasta los burdos extremos de la decadencia y la pomposidad negras que se delinean en la narración, era como «recibir una bofetada en la cara», a juicio de W. E. B. Du Bois y el décimo talentoso; una casi tan fuerte como la que en 1901 había propinado William Hannibal Thomas con *The American Negro*. Uno de los personajes negros de *El paraíso de los negros*, con carácter de mentor, afirma en una muestra de menosprecio hacia la persuasión mediática que el progreso de los artistas negros en los círculos blancos no iba a cambiar la opinión de estos, «porque los blancos con los que se mezclen los verán como genios, es decir, como excepciones».[5]

Nada sentó peor entre los críticos de *El paraíso de los negros* que la ofensiva e ilegítima acusación, que Van Vechten dirigía a los negros asimilados, de haber sido objeto de un despojo, en una línea de pensamiento similar a la de esos trotamundos racistas a quienes gusta ver a los «exóticos» países caribeños como víctimas de un despojo ocasionado por el desarrollo de los blancos. El personaje de la virginal y pura (además de asimilada) cantante de góspel Mary Love, por ejemplo, habría «perdido o renunciado a su legado, su primigenio legado [...], ese que todas las razas civilizadas se esfuerzan en no recuperar jamás». Ahora esa carencia la afligía, por lo que deseaba enmendarla con todas sus fuerzas. «Semejante amor al sonido de la percusión, a la excitación del ritmo [...], esa emoción cálida y erótica [...]. Somos salvajes —se repetía a sí misma—, todo el mundo lo es, al parecer, excepto yo».[6]

Al reducir las aptitudes artísticas de los negros a su naturaleza racial, Van Vechten daba a entender que no era necesaria ninguna clase de inventiva intelectual ni de práctica constante o refinamiento perpetuo del oído para dominar la sofisticada grandeza de la música y el baile del blues o del jazz. Los negros cantaban, bailaban y tocaban de manera natural (y, al parecer, todas aquellas personas negras que no fueran capaces de cantar, bailar o tocar un instrumento no eran negras de verdad). Se trata de una idea que más adelante reforzaría John Martin, quien llegaría a ser el crítico de danza más importante de Estados Unidos con su pluma al servicio de *The New York Times*, a partir de 1927. Su razonamiento era que, para los negros, la habilidad de bailar era «intrínseca» e «innata», que poseían un «ritmo racial» natural, aunque les costaba formarse en estilos de danza más técnicos, como sería el caso del ballet. Lo que Van Vechten por un lado y Martin por otro planteaban como el trágico dilema de los negros asimilados entrañaba una forma hiriente de racismo, a saber, que jamás podrían alcanzar la grandeza de la civilización blanca, pero, al mismo tiempo, se alejaban de la grandeza de su salvajismo natural.[7]

Van Vechten hizo que Harlem pareciese tan excitante y exótico que los lectores blancos convirtieron *El paraíso de los negros* en un éxito de ventas de escapada. Los blancos comenzaron a pulular por el barrio —por la América negra— para ver, oír y tocar aquel supuesto legado primitivo y superior del arte y la sexualidad de los negros. Se zambullían en clubes como el Harlem's Jungle o asistían a las exhibiciones del equipo recién fundado de los Harlem Globetrotters. Fue en 1927 cuando estos animadores negros comenzaron a correr como balas de un lado al otro de la cancha de baloncesto, haciendo gala de un «ritmo natural», emitiendo ruidos selváticos y estallando de repente en risotadas salvajes, como unos niños frívolos, traviesos y vagos que necesitasen de la madura tutela de un blanco, algo que encontraron en la figura del fundador del club, Abe Saperstein.[8]

En ocasiones, en *El paraíso de los negros* y en las formas artísticas del blues en general, se ofrecía a los estadounidenses blancos un retrato de los negros de a pie como personas sexuales, ignorantes, perezosas, rudas, inmorales y proclives al delito. Esta imagen acarreó nuevos debates sobre la persuasión por elevación y la mediática. Eran muchos los miembros de la élite negra que se subían por las paredes cada vez que se encontraban con semblanzas «negativas» de los negros en los medios, bajo la convicción de que reforzaban estereotipos y hasta constituían el alma de las ideas racistas. Creían religiosamente que solo si los blancos se encontraban con más representaciones «positivas» de los negros, en las que fueran descritos como personas puras, cultas, refinadas, íntegras y cumplidoras con la ley, las ideas racistas perderían fuelle hasta desaparecer. Por otra parte, aunque repudiaban que los blancos concibiesen aquellas descripciones generales de los negros como si también fuesen representativas de la élite de la que ellos formaban parte, a menudo también creían que eran acertadas en el caso de los negros de a pie.[9]

Estos, así como sus defensores de la élite antirracista, en cambio, veían la realidad diversa de las personas negras en aquellos retratos y en el arte. No les preocupaba demasiado el impacto que tuvieran en las ideas racistas y disfrutaban tanto de *El paraíso de los negros* como del blues. Y no había razón para que les importase. Lo único que demostraban los estadounidenses que se dedicaban a generalizar el comportamiento «negativo» de los personajes negros de *El paraíso de los negros* o del blues era que habían interiorizado de antemano una serie de ideas racistas. La aspiración del décimo talentoso a la persuasión mediática era una causa perdida desde el principio. Mientras que los retratos «negativos» de personas negras a menudo reforzaban las ideas racistas, los «positivos» no necesariamente las debilitaban. Se podía restar importancia a estos últimos como casos extraordinarios y generalizar al mismo tiempo los «negativos» como típicos. Incluso aunque los reformistas raciales llegasen algún día a sustituir cada representación «negativa» por otra «positiva» en los medios de comunicación convencionales, los racistas, como adictos, encontrarían otras fuentes. Antes de *El paraíso de los negros* y del blues, el racismo ya contaba con una nutrida fuente de recursos en los espectáculos de minstrel, en la ciencia y en la generalización de cualquier nimiedad negativa que sus partidarios pudieran advertir en sus interacciones con cualquier persona negra.

El debate sobre las representaciones ideológicas transclasistas, transgeneracionales y transideológicas empezó en la década de 1920, y se centró primero en el blues, después en el jazz y en *El paraíso de los negros* y, más adelante, en *Home to Harlem*, de Claude McKay, publicado en 1928. Se trató del primer éxito de ventas escrito por un negro, e hizo que Du Bois se sintiera «tal que si me tomara un baño». Enfurecido, ese mismo año lanzaría su propia novela, *Dark Princess*. *A Romance*, en la que aparecían mujeres fuertes e inteligentes, así como hombres sensibles y asimismo inteligentes, del modo en que siempre había ocurrido en su ficción, al parecer sin sospechar siquiera que él también estaba robusteciendo una serie de ideas racistas.[10]

Los empeños de Du Bois reforzaban las ideas asimilacionistas, que en la década de 1920 fueron penetrando en la mentalidad norteña, en particular entre los intelectuales. Su aceptación parecía ser un efecto colateral de la Gran Migración del pueblo negro desde el Sur segregado, el activismo incesante de los nuevos negros a favor de la desegregación del Norte y de su sistema educativo, y la constante reproducción del pueblo negro. La causa no era, por lo tanto, que los activistas del décimo talentoso hubieran logrado convencer a los estadounidenses racistas de que los aparceros y empleados domésticos negros pudiesen vivir y trabajar en el Norte industrial. Los emigrantes que se dirigían allí estaban quebrantando por la fuerza los confines del trabajo agrícola y doméstico del Sur segregado y, por ende, las ideas racistas que los justificaban. En 1928, algunos de los principales investigadores sobre la raza unieron fuerzas para publicar un número antológico sobre «The Negro» en la prestigiosa *Annals of the American Academy of Political and Social Science*. El director de la revista escribió que, en los últimos quince años, «quienes se dedican al estudio de la raza, así como los expertos en el tema en general, se han visto en la obligación de poner en duda e incluso desechar muchas de sus propias teorías». La Gran Migración había «puesto en entredicho» la «teoría ampliamente aceptada» de que segregar a los negros en su «naturaleza tropical» resolvería el problema negro. Así, las personas negras «de ambos sexos» habían demostrado su capacidad para trabajar en puestos industriales que antes se consideraban más allá de sus facultades. Por su parte, la teoría de que los problemas de salud de los negros se debían a un proceso de «extinción por degeneración» había «sufrido unos reveses enormes». Asimismo, «las antiguas teorías relativas a la absorción por asimilación biológica se han mostrado incapaces, en su forma original, de soportar el escrutinio de la investigación». Es más, «los criterios éticos y morales [de los negros] están en pleno desarrollo», añadía el director a la manera asimilacionista. En resumidas cuentas, se daba el hecho simbólico de que la revista científica más prestigiosa del país anunciaba el retroceso de las ideas segregacionistas, que habían dominado el ámbito académico estadounidense durante casi un siglo, desde los tiempos previos a la guerra de Secesión, con Samuel Morton y los poligenistas.[11]

Aquel número especial contaba con la participación de una serie de académicos estelares, negros y blancos, entre quienes se contaban W. E. B. Du Bois, Robert Park o el respetado sociólogo de la Universidad de Pensilvania Thorsten Sellin. Este indicaba la «poca fiabilidad» de las estadísticas de delincuencia por razas y trataba de cuantificar los que debían de ser los niveles reales. «Los delincuentes de color no suelen disfrutar del anonimato racial que encubre las faltas cometidas por individuos de raza blanca —escribía Sellin—. Al imponérsele el distintivo del color, su individualidad, de algún modo, queda sumergida, y en lugar de un simple ladrón, asaltante o asesino, pasa a ser un representante de su raza». Asimismo, aunque no se puede decir que Sellin llegase tan lejos como los nuevos negros antirracistas consagrados a la criminología, admitía que la criminalidad real de los negros era más baja que la de los blancos o, al menos, igual de baja.[12]

Walter White, quien en diversas ocasiones en la década de 1920 había «osado» llevar a cabo brillantes investigaciones para la NAACP sobre las partidas de linchamiento del Sur, indicaba que la «divisoria de color» existía no solo en Estados Unidos, sino también en Europa y en Sudáfrica, «aproximadamente en las mismas proporciones». Quizá para no caer en la incorrección política, no aludía a la Rusia comunista, donde el enfoque del Estado sobre la raza difería del de otras naciones colonizadoras de Europa. Allí, en el verano de 1928, el VI Congreso del Komintern declaraba que «el partido debe expresarse de manera abierta y sin reservas en favor del derecho de los negros a la autodeterminación nacional en los estados del Sur, donde conforman la mayoría de la población».[13]

Los comunistas estadounidenses estaban listos para la acción. En *The Communist* se pregonaba que «el eslogan central» del partido debería ser «Por la abolición de todo el sistema de discriminación racial». Para los sindicalistas negros, la declaración de 1928 del Komintern, así como su versión extendida de 1930, era como un salvavidas para una clase trabajadora negra cada vez más hundida. Al fallecer Samuel Gompers, dirigente de la Federación Estadounidense del Trabajo, William Green siguió con su política de sostener que los negros eran bienvenidos en la AFL y negar, al mismo tiempo, la existencia de discriminación racial en las filas de los sindicatos. Al hacerlo, a efectos prácticos culpaba a los negros de la segregación existente en las organizaciones sindicales y del desproporcionado porcentaje de negros que ocupaban los puestos de trabajo menos cualificados.[14]

Es probable que Claude G. Bowers no leyese los ensayos del número especial de *Annals*. En noviembre de 1928 tenía la atención puesta en otra cosa, a saber, en los resultados de las elecciones. Bowers era director del *New York Post* y uno de los principales biógrafos de Thomas Jefferson, y profesaba una lealtad al Partido Demócrata tan enfebrecida como la del que más. Observaba encolerizado que, con ocasión de las elecciones presidenciales, los republicanos iban ganando terreno en los estados del Sur, por lo que decidió recordarles a los sureños blancos que el Partido Republicano había sido el responsable del horror de la Reconstrucción. En 1929, publicó un éxito de ventas titulado *The Tragic Era. The Revolution After Lincoln*. «Los historiadores se han visto abocados a la infeliz tarea de mostrarnos las cámaras de tortura», afirmaba, en las que unos irreprochables blancos del Sur habrían sido torturados «literalmente» por unos ruines negros republicanos. Es imposible saber cuántos estadounidenses leyeron *The Tragic Era*, para luego ver de nuevo *El nacimiento de una nación* en los cines locales y jurar que no volverían a votar nunca a los republicanos ni dejarían pasar la oportunidad de participar en un linchamiento, ni sopesarían siquiera la idea de la desegregación; en resumen, que no reincidirían jamás en nada que pudiese resucitar el espectro del voto a gran escala de los negros y la tortura de los blancos. En cualquier caso, fueron muchos. Más que ningún otro libro de finales de la década de 1920, *The Tragic Era* ayudó al Partido Demócrata a mantener a los segregacionistas en el poder durante otra generación más.[15]

«Soy de la opinión de que *The Tragic Era* no puede quedar sin una respuesta adecuada, total, bien fundada, definitiva, y de nuevo pienso que "¡Tú eres el hombre!"». Du Bois recogió el guante de dar tal respuesta al libro, que no le lanzaba otra que la legendaria educadora negra Anna Julia Cooper. Así, se entregó a la investigación para la obra que más tarde llegaría a considerar la mejor que había escrito, por encima de *Las almas del pueblo negro*. En este nuevo volumen, publicado en 1935 bajo el título de *Black Reconstruction in America: 1860-1880*, concluía que Estados Unidos jamás podría contar con una historiografía fiable e íntegra «hasta que haya en las universidades personas para las que la verdad sea algo más importante que la defensa de la raza blanca». Mantenía que, lejos de haber sido un periodo trágico, la Reconstrucción habría encarnado la primera y única vez en que Estados Unidos había llegado a saborear una democracia auténtica. Tras la guerra de Secesión, la gente de a pie, negros y blancos, se había unido para dar vida a unos gobiernos estatales democráticos, que pudiesen ofrecer los servicios públicos requeridos por el conjunto de los habitantes del Sur. Con el paso del tiempo, las élites blancas habían desbancado del poder a esos gobiernos, lo que les había granjeado la lealtad del común de los blancos, un éxito que no obtuvieron gracias a haberles ofrecido un aumento de las tasas salariales, sino haciéndolos partícipes de unas lucrativas «tasas públicas y psicológicas». Desde Du Bois, los historiadores han venido dando a estas gratificaciones la denominación de «tasas de blanquitud», los privilegios que se traducían en ventajas económicas para los blancos mediante la aplicación de ideas racistas y de la segregación. Para obtenerlas, lo único que tenían que hacer los trabajadores blancos era colaborar codo a codo con las élites blancas para linchar, violar y explotar los cuerpos negros.[16]

Para un crítico de *The New Yorker*, Du Bois partía de la «anómala perspectiva, a diferencia de la mayor parte de los autores anteriores, de que los negros son seres humanos». En una reseña de la revista *Time*, también podía leerse que su exposición sobre la Reconstrucción venía a «distorsionar o hasta desechar las escenas e hitos más conocidos» de la historia estadounidense. Con todo, Du Bois no conseguiría reducir el efecto de *The Tragic Era* entre los segregacionistas del Sur. No es muy probable que los lectores racistas cambiasen de idea porque lo dijera un académico negro. De hecho, sería precisa la legitimación por parte de un historiador blanco y sureño, Howard K. Beale, de la Universidad de Carolina del Norte en Chapel Hill, para que en 1940 se rompiera el consenso del Centro Dunning de Columbia.[17]

Aunque no cabe duda de que el libro ayudó, lo cierto es que el que Claude Bowers escribiese *The Tragic Era* no fue necesariamente un requisito indispensable para frenar el avance del Partido Republicano. El 29 de octubre de 1929 el mercado de valores se desplomó, poniendo fin a varias

LA PERSUASIÓN MEDIÁTICA 359

décadas de dominio de unos republicanos favorables al mundo de los negocios. La Gran Depresión golpeó al Sur, y en particular al Estados Unidos negro, de forma muy dura. «Ni un trabajo para los negros hasta que cada hombre blanco tenga el suyo», pasó a ser el nuevo lema del Sur profundo. En el Norte era fácil ver a los negros, tanto inmigrantes como nativos, aguardando en los «mercados de esclavos», como se llamaba a las esquinas de las calles de las ciudades norteñas a las que los patronos blancos podían acudir para elegir a los trabajadores más baratos del día. La explotación tanto fiscal como sexual campaba a sus anchas.[18]

En medio de la Gran Depresión y del sufrimiento de tantos estadounidenses, se volvió más difícil apoyar la eugenesia, es decir, achacar las tribulaciones económicas de alguien a factores hereditarios. Los asimilacionistas aprovecharon el ínterin y continuaron con la toma de control de la comunidad científica. Franz Boas criticó duramente a los segregacionistas en su discurso presidencial ante la Asociación Estadounidense para el Avance de la Ciencia de 1931. El psicólogo de Princeton Carl C. Brigham confesó en 1932 que sus primeras deducciones de que los test de coeficiente intelectual venían a certificar la inferioridad de los negros «no tenían ningún fundamento» (aunque el uso de los exámenes SAT de Brigham no hizo más que extenderse). Las disciplinas científicas se dividieron en distintas facciones en pugna, y los genetistas se distanciaron de los eugenistas. Al mismo tiempo, la Alemania nazi ayudó a que estos siguieran manteniéndose a flote, al igual que el movimiento estadounidense por el control de la natalidad, liderado por Margaret Sanger y su Liga por el Control de la Natalidad.[19]

La antropología física, una disciplina que estudiaba las disparidades raciales de carácter biológico, se había separado de la antropología cultural, dedicada al estudio de las diferencias culturales. Boas fue la punta de lanza de la segunda, y los antropólogos de Harvard Earnest A. Hooton y Carleton S. Coon lo fueron de la primera. En 1931 Hooton publicaría *Up from the Ape*, que se convirtió en una obra indispensable de la disciplina durante las décadas siguientes. «Las características físicas —explicaba Hooton— que determinan la raza están asociadas, sobre todo, a variaciones temperamentales y mentales, intangibles, no cuantificables, pero, de cualquier manera, reales e importantes».[20]

Muchos de los estudiantes de Hooton entrarían más tarde en el sector de la salud, donde las ideas segregacionistas de las razas biológicas estaban muy extendidas y los profesionales seguían tratando de modo diferente las enfermedades según la raza de la que se tratase. Según mantenía el «experto» en la enfermedad de la sífilis Thomas Murrell en el *Journal of the American Medical Association* en 1910, dicha afección era mucho peor para los negros que para los blancos, aunque se trataba de una teoría que no contaba con pruebas definitivas. Así pues, en 1932, el Servicio de Salud Pública de Estados Unidos dio inicio a un «Estudio de la sífilis en los varones negros no tratados». Los investigadores del Gobierno ofrecieron atención sanitaria gratuita a seiscientos aparceros infectados del área de Tuskegee y alrededores. Después, les interrumpieron el tratamiento sin comunicárselo y se quedaron esperando a sus muertes para poder llevar a cabo las autopsias. Lo que buscaban era confirmar la hipótesis de que la sífilis dañaba el sistema neuronal de los blancos, mientras que, en el caso de los negros, la bacteria ignoraba ese mismo sistema por estar «subdesarrollado», por lo que afectaba en mayor medida al sistema cardiovascular. No se puso fin al estudio hasta que saltó a la prensa en 1972.[21]

Al libro de Hooton vendría a agregársele un complemento cuando en 1933 se estrenó *King Kong* en la gran pantalla. La película narra los hechos de un simio colosal y primitivo que habita en una isla y que acaba muriendo, por su empeño en poseer a una joven y hermosa mujer blanca. Los estadounidenses se olvidaron de la Gran Depresión, se rascaron los bolsillos e hicieron que el filme fuese un éxito de taquilla impresionante. La crítica quedó cautivada. «Se trata de una de las novedades más originales, excitantes y épicas que jamás haya salido de un estudio de rodaje», informaba un exultante *Chicago Tribune*. En realidad, *King Kong* no era más que un *remake* de *El nacimiento de una nación* enmarcado en un escenario isleño a lo *Tarzán*, desde el que la acción pasaba luego a Nueva York. Sin embargo, *King Kong* no invitaba a la polémica como sí lo había hecho *El nacimiento de una nación*. Los productores habían velado al negro de físico portentoso y lo habían plasmado como el simio de físico portentoso. En ambas películas, el negro-simio aterroriza a los blancos, trata de destruir su civilización y persigue a las mujeres blancas antes del clímax dramático, que no consiste en otra cosa que su linchamiento. La cautivadora originalidad de *King Kong* residía en su capacidad para poner en imágenes las ideas racistas sin decir una sola palabra sobre las personas negras, con una gran comprensión de los elementos que las descalificaban.[22]

Los críticos negros se vieron en aprietos para condenar *King Kong*, al tiempo que no tenían reparo alguno en atacar al programa de radiocomedia de la NBC *Amos'n'Andy*. Más de cuarenta millones de radioyentes, tanto blancos como negros, la sintonizaron cada noche durante los años treinta para escuchar «The Perfect Song», de la banda sonora de *El nacimiento de una nación*, tras lo que intervenían Amos y Andy. Entre toda una variedad de personajes estereotipados se encontraban «negratas», «pimpollos», «chachas» y hasta una «negraza», irritante, asertiva e intimidadora. Mientras que los racistas se reían de ellos, los antirracistas lo hacían con ellos, en particular con los dos protagonistas, profundamente entrañables y llenos de imperfecciones humanas, a quienes interpretaban dos blancos veteranos del minstrel y que compartían los problemas, miedos, frustraciones y restricciones que la vida urbana reservaba a los negros durante la Gran Depresión. Aquellos afroamericanos que sentían desdén por *Amos'n'Andy* despreciaban asimismo a la primera estrella negra de Hollywood, Stepin Fetchit, quien interpretó una serie de papeles en los que hacía de «el hombre más vago del mundo»; protagonizaría *Hearts in Dixie*, de 1929, la primera producción de un estudio cuyo elenco estaba compuesto en su mayoría de personas negras. Los personajes de Fetchit eran audaces a pesar de su holgazanería, pues apenas llegaban a hacer trabajo alguno, por lo que los exasperados personajes blancos se veían obligados a hacerlo por sí mismos. Los negros antirracistas lo amaban. Tomaba el pelo a los racistas, dándole la vuelta a la tomadura de pelo de la esclavitud.[23]

El pueblo negro, económicamente deprimido, tenía que encontrar alguna forma de comer, de reducir las opresivas cargas de trabajo en unos empleos que, además, eran los más desagradables y exigentes, incluso si para conseguirlos había que aparentar una vagancia incorregible. No se puede decir que el Gobierno los ayudase mucho; con lo único que contaban era con la misma ración de siempre de discriminación racial. Los miembros de la NAACP trataban de prestar auxilio, pero el número de miembros y de recursos había sufrido una drástica mengua. Por otra parte, en la sede nacional de la asociación estaban ocupados en distanciarse de Du Bois y de las luchas de los negros pobres.

27

Old Deal

Corría el año 1933 y W. E. B. Du Bois no compartía el enfoque del nuevo secretario ejecutivo de la NAACP, Walter White. Aquel aspiraba a una asociación de personas corrientes como los chicos de Scottsboro, nueve adolescentes negros a quienes un jurado compuesto en su totalidad por blancos había encarcelado en 1931 bajo la acusación falsa de haber violado en grupo, en un tren, a dos jóvenes blancas. Esos adolescentes pobres, de piel oscura, sin estudios y no asimilados, cuya situación llevó a activistas de todo el mundo a exigir su libertad, no necesariamente se ajustaban a la visión de Walter White. Lo que este quería era transformar la NAACP en un equipo de litigadores y cabilderos que, encuadrados en una estructura vertical, situara a la gente «refinada» como él mismo ante los órganos judiciales y políticos para convencer a los jueces y legisladores blancos de que pusieran fin a la discriminación racial. Walter White, quien de hecho a veces pasaba por un auténtico blanco, tenía una forma de ver las cosas muy parecida a la de aquel joven Du Bois de la doble consciencia, pero, en 1933, este había virado casi por completo hacia el antirracismo.[1]

Du Bois eludió las batallas internas de la NAACP gracias a un paréntesis de cinco meses en los que ejerció de profesor visitante en su antigua casa, la Universidad de Atlanta. La Gran Depresión había hecho que casi todos los pensadores hubieran pasado a preocuparse de materias económicas; en este contexto académico, Du Bois impartió dos asignaturas en el semestre primaveral de 1933 y envió dos artículos a *The Crisis* sobre el marxismo y los negros. Abram Harris, un marxista ortodoxo de Howard, rogó a Du Bois que reconsiderase el entrecruzamiento que proponía entre las ideas marxistas y las antirracistas, pues mantenía que Marx no había desarrollado por completo el problema racial, con independencia de su famosa afirmación de que «el trabajador de piel blanca no puede emanciparse a sí mismo mientras siga marcado a fuego el trabajador de piel negra». Pero fue la deprimente realidad del momento y no una vieja teoría lo que convenció a Du Bois de que era la hora de marcar nuevos rumbos en la ideología del socialismo antirracista. En uno de los artículos de 1933, calificaba a Estados Unidos como un «fenómeno posmarxista» con una «aristocracia de la clase obrera» conformada por blancos. En 1940, expondría su socialismo antirracista en *Dusk of Dawn*. «En lugar de una división de clases horizontal, lo que había era una fisura vertical, una separación completa de las clases en virtud de la raza que dejaba su estampa en todas las capas económicas», defendía Du Bois. El cuchillo con el que se practicaba aquel corte vertical estaba forjado con siglos de ideas racistas. «Este hecho categórico, irrefutable, que el importado comunismo ruso ha venido ignorando, no admite discusión».[2]

Así, el socialismo antirracista de Du Bois no solo reflejaba su desencanto con el capitalismo, sino además con el pensamiento asimilacionista. En junio de 1933, Du Bois desafiaría a los educadores de las universidades y facultades históricamente negras que se dedicaban a imitar los currículos de las facultades blancas en un discurso de apertura pronunciado en su *alma mater*, la Universidad de Fisk. Sabía que, en 1929, cuando Thurgood Marshall era alumno de la Universidad Lincoln de Pensilvania, su clase había votado de forma abrumadora contra la contratación de profesores negros y la introducción de la materia de Estudios Negros, para luego explicar el sentido de su voto mediante ideas racistas. La exigencia antirracista de que en las universidades negras se impartieran Estudios Negros siguió viva en las bocas de Du Bois, de Langston Hughes o del creador de la famosa Semana de la Historia Negra de 1926, Carter G. Woodson. En su libro *The Mis-Education of the Negro*, de 1933, este había puesto sobre la mesa el tema. «Es algo que se comprendió muy bien [...] el que, con la enseñanza de la historia, el hombre blanco se aseguraría mucho mejor su superioridad —mantenía Woodson—. Si se puede controlar la forma de pensar de alguien, ya no habrá que preocuparse de lo que haga; si se puede hacer que una persona se sienta inferior, no hará falta coaccionarla para que acepte su estatus inferior, pues ella misma buscará ese lugar, [y] si no hay una puerta de atrás, su propia naturaleza hará que la pida». Y, en efecto, los académicos negros asimilacionistas estaban pidiendo una puerta de atrás al entorpecer el avance de los Estudios Negros en la década de los treinta.[3]

Cuanto más antirracista se volvía W. E. B. Du Bois, más comprendía que tratar de convencer a los racistas poderosos era una pérdida de tiempo y más seguro estaba de que las personas negras tenían que apoyarse las unas a las otras. Es probable que lo que consolidara la idea de la solidaridad negra en la mente de Du Bois fuese el estudio de los remedios para la Gran Depresión que llegaban de Washington. Tras ocupar el cargo, el presidente Franklin D. Roosevelt impulsó lo que él mismo denominó New Deal, el «nuevo pacto», un aluvión de programas de ayuda y empleo y leyes de derechos laborales, todo para la salvaguarda del capitalismo, que el Gobierno puso en marcha entre 1933 y 1938. Para asegurarse los votos de los demócratas sureños del Congreso, lo que hicieron Roosevelt y los demócratas del Norte fue diseñar esas leyes de tal forma que, para los negros del Sur, pareciesen más bien el Old Deal, el «viejo pacto». Igual que en los viejos tiempos antes de Roosevelt, a los segregacionistas se les dio la potestad de administrar en su territorio las ayudas de los programas federales y de hacerlo aplicando los criterios de la discriminación racial. Además, se estaban asegurando de que los granjeros y los trabajadores domésticos, ocupaciones principales de los negros, fuesen excluidos de los nuevos beneficios laborales recogidos en esas leyes, como el salario mínimo, la seguridad social, el subsidio de desempleo o el derecho a sindicarse. Con el fin de que no se les negasen sus derechos, en la década de los treinta los negros del Sur aunaron fuerzas en secreto con los sindicatos de aparceros y obreros industriales dentro y fuera del CPUSA para luchar por su propio New Deal. Durante la Depresión, los negros de Alabama mezclaron su socialismo antirracista de cosecha propia con la teología cristiana en un dicho popular: «Y llegará el día en que los últimos serán los primeros y los primeros, los últimos; los etíopes extenderán los brazos y encontrarán un lugar bajo el sol».[4]

Los negros del Norte se unieron al Congreso de Organizaciones Industriales (CIO, por sus siglas en inglés), surgido en 1935. Algunos sindicatos los apoyaban en su doble lucha contra el capitalismo y contra el racismo, pero otros ofrecían a los trabajadores negros el Old Deal; si querían unirse al sindicato, «los negros tendrán que olvidar que son negros» y dejar de hablar de todo el tema de la raza. Estos sindicatos racistas se negaban a hacer lo que precisamente era necesario para conseguir algo así, a saber, poner fin a la discriminación racial.[5]

Junto con la del empleo, no había un área donde la discriminación fuese más devastadora que la de la vivienda. La Corporación de Préstamos para Propietarios de Vivienda y la Administración Federal de la Vi-

vienda (HOLC y FHA, respectivamente, por sus siglas en inglés) de la
Administración Roosevelt también proponían a los residentes negros el
Old Deal cuando, entre otras cosas, se dedicaban a elaborar mapas con
«códigos de colores» en los que los vecindarios negros aparecían señalados
en color rojo, es decir, se tachaban de indeseables. Esos mapas ocasionaban
que los bancos negasen a los residentes las nuevas hipotecas a treinta años
e impedían a los negros que vivían de alquiler comprar una casa y acu-
mular riqueza. Por supuesto, se ignoraba o se descartaba la discriminación,
y se culpaba a los hábitos fiscales de las personas negras de las crecientes
inequidades y la segregación de tipo fiscal a las que estaban dando lugar
esas políticas. Por lo general, el saldo final era discriminación para los
negros y ayudas del Gobierno para los blancos.[6]

Aunque lo que recibían era desproporcionadamente menos que los
blancos, los estadounidenses negros, sobre todo los del Norte, aún contaban con cierta ayuda del New Deal, más de lo que habían recibido de
ningún programa federal en la historia reciente. Los agradecidos republicanos negros se pasaron a las filas del Partido Demócrata de Roosevelt.
También los atraía el famoso «cupo negro» del presidente, el mínimo de
cuarenta y cinco negros en la Administración, pero no hubo nada que
acercase tanto a los negros a la Administración Roosevelt y, en consecuencia, al Partido Demócrata como la primera dama, Eleanor Roosevelt.
En 1934, se había mostrado públicamente favorable a la revitalización de
las medidas contra los linchamientos, que convalecían en el Congreso.
Asimismo, trabó amistad con la única mujer del «cupo negro», Mary
McLeod Bethune, así como con Walter White, y le encantaba el don de
los negros «para el arte, la música y el ritmo», que «son tan connaturales
para tantos de ellos».[7]

El presidente Roosevelt hizo del año 1933 un antes y un después en
la historia económica de Estados Unidos al promulgar, en los primeros
cien días en el cargo, una serie de leyes para reactivar la economía. También
podría haber sido un antes y un después en la historia racial de Estados
Unidos, pero Roosevelt tenía demasiados compromisos con los segregacionistas de su partido. Al mismo tiempo, los negros con poder tenían
demasiados compromisos con el asimilacionismo o con las tácticas de
persuasión como para que los incendiarios artículos de Du Bois pudiesen
encender la chispa de un movimiento antirracista. En el número de septiembre de 1933 de *The Crisis*, Du Bois publicó «On Being Ashamed»,
una mirada al pensamiento que lo había animado desde sus inicios, que

en este artículo generalizaba como el modo de pensar de todo el Estados Unidos negro. Desde la emancipación hasta alrededor de 1900, las «clases más pudientes de entre los estadounidenses de color», explicaba, habían pugnado «para diluirse en la masa de los estadounidenses», «avergonzados» en la práctica de quienes no estaban participando del proceso de asimilación. Pero desde entonces el Estados Unidos de color se había descubierto a sí mismo, como Du Bois se había descubierto también a sí mismo, para encontrarse con su monoconsciencia antirracista. En el número de noviembre, una vez más, reprobaba la conducta del «gran número de negros estadounidenses que, en todos los aspectos esenciales, se conciben a sí mismos como pertenecientes a la raza blanca». Y más adelante, en el número de junio de 1934, sorprendía a los lectores acostumbrados a su política integracionista con la publicación de «Segregation». Siguiendo a Marcus Garvey, Du Bois distinguía entre la separación, voluntaria y no discriminatoria, y la segregación, involuntaria y discriminatoria. No sería de las ideas racistas, insistía, ni de «ningún tipo de aversión o falta de voluntad de las personas de color para trabajar en común, para cooperar, para convivir, las unas con las otras» de donde viniese la oposición a la separación voluntaria de los negros.[8]

Los periódicos negros recogieron todo tipo de reacciones a estos artículos, que iban desde la aprobación hasta la cólera, pasando por la confusión. Los asimilacionistas, que tenían la sensación de estar logrando por fin algún avance en la desegregación del Norte blanco, quienes creían religiosamente en la persuasión por elevación y también aquellos que se habían comprometido con obstinación con la política racista de que la mejora de los negros solo podía venir de manos blancas, todos ellos vieron a Du Bois como a un traidor. «La amplia mayoría de los negros de Estados Unidos nacen en hogares de color, estudian en centros separados, van a iglesias separadas, se casan con otras personas de color y se divierten en las asociaciones de jóvenes para gente de color», explicaba Du Bois en 1934 para seguir desarrollando su argumento. En lugar de gastar energías en derribar los muros de las instituciones blancas, ¿por qué no emplearlas en mejorar las propias? Los jefes de Du Bois en la NAACP y las encargadas de la presidencia de la Asociación Nacional de Mujeres de Color no estaban de acuerdo. Para las voces más veteranas, las más pudientes, las más asimiladas o las más doctrinarias del décimo talentoso, Du Bois estaba «dando un patinazo», tal y como recogía el editorial del *Philadelphia Tribune*.[9]

Aun así, ensayo tras ensayo, Du Bois también se iba ganando el respeto de una nueva generación. Carter G. Woodson, Zora Neale Hurston,
Mary McLeod Bethune o Langston Hughes estaban de acuerdo con sus
afirmaciones. Y para los aparceros sindicados del Sur, los migrantes que
se reían con *Amos'n'Andy* y con Stepin Fetchit y los estudiantes que se
preparaban para organizar el Congreso Negro Nacional, Du Bois nunca
había sido más interesante. Vigorizado por estos apoyos, se volvió contra
los críticos que creían que la asimilación y «los logros de los negros [po-
drían] derrumbar los prejuicios». «Se trata de una fábula —aseveraba en
el número de abril de 1934 de *The Crisis*—. Una vez, yo mismo lo creí
con pasión. Quizá pueda llegar a ser verdad dentro de doscientos cincuenta o de mil años. Pero, en este momento, no lo es». Du Bois nunca
volvió a dar pábulo a la persuasión por elevación de forma seria.[10]

W. E. B. Du Bois sabía que se estaba «situando en el ojo de una de las
tormentas políticas más mortíferas de los tiempos modernos» a su llegada
en tren a Berlín el 30 de junio de 1936. El nuevo profesor de la Universidad de Atlanta estaba de viaje para llevar a cabo una investigación, después de haber sido expulsado de la NAACP por promover el empoderamiento de los negros antes que la integración o la asimilación. Una vez
en casa, Du Bois no tardó mucho en escribir que los judíos eran los negros de Alemania, en el segundo año de Adolf Hitler en la cancillería del
país germano.[11]
    Once días antes de la llegada de Du Bois, el alemán Max Schmeling
se había enfrentado al orgullo de los afroamericanos —y blanco de las
chanzas del Estados Unidos segregacionista—, el invicto Joe Louis, el
Bombardero Pardo, en el Yankee Stadium. La masculinidad blanca llevaba
intentando redimirse desde los días de Jack Johnson, no solo con Tarzán,
sino también calificando a boxeadores negros de la talla de Joe Louis
como «el magnífico animal», según el epíteto con el que se refirió a él el
New York Daily News antes de la pelea. En un combate espectacular,
Schmeling noqueó a Louis, para júbilo de los supremacistas blancos desde Brooklyn hasta Berlín. Dos años más tarde, Louis se resarciría en el
racial «combate del siglo».[12]
    Como anfitrión de los Juegos Olímpicos de Verano de 1936, Hitler
planeaba proyectar la superioridad del atletismo ario. Un Du Bois falto
de interés se mantuvo lejos de Berlín la mayor parte de agosto, pero el

escasamente conocido Jesse Owens, hijo de unos aparceros de Alabama, hizo historia en las pruebas. Sus carreras y sus saltos le valieron cuatro medallas de oro y gran cantidad de ovaciones por parte de los espectadores, de esas que hacen temblar un estadio. Cuando estuvo de vuelta en Estados Unidos, desfilando por las calles y recibiendo aclamaciones desde ventanas y balcones, tuvo la esperanza de haber conseguido cambiar también las ideas racistas de los estadounidenses. Pero esa era una carrera que no ganaría. No pasó mucho tiempo antes de que Owens estuviese corriendo para medirse con caballos o perros, con el fin de no verse abocado a la pobreza, lo que lo llevó a llegar a decir que los nazis lo habían tratado mejor que los estadounidenses.[13]

Si acaso, para lo que sirvieron las carreras de oro de Jesse Owens fue para hacer más profunda la línea de color, en particular las ideas racistas en torno a una superioridad atlética de los negros basada en su animalidad. Los racistas de Estados Unidos se negaban a reconocer los éxitos de los negros en deportes como el boxeo o el atletismo, así como el hecho de que era una mente disciplinada, competitiva y audaz, más que un físico vigoroso, lo que diferenciaba a los grandes atletas. En su lugar, los racistas del atletismo recurrieron a un increíble repertorio de explicaciones anatómicas, comportamentales e históricas para justificar el éxito de los corredores y saltadores negros en las Olimpiadas de 1932 y 1936. «No hace tanto que la capacidad de correr y saltar era una cuestión de vida o muerte para él, en la jungla», explicaba Dean Cromwell, una leyenda de la Universidad del Sur de California y entrenador olímpico de Owens. Sin embargo, el antropólogo de Howard W. Montague Cobb descubrió, en 1936, que Jesse Owens no poseía «la corva, los pies y los talones del tipo negroide», que en teoría daban ventaja a los negros en cuanto a la velocidad. Puesto que varias estrellas del atletismo podían pasar por blancas, «no hay una sola característica física, inclusive el color de la piel, que tengan en común todos los campeones negros y que permita calificarlos de manera definitiva como negros». Cobb no se granjeó muchos admiradores en Estados Unidos, donde la gente estaba convencida de los dones naturales de los negros para el atletismo y de las distinciones biológicas en general. Casi todo el mundo creía aún que la diferencia en el color de la piel tenía una relevancia mayor que la mera diferencia cromática.[14]

Los seis meses de peregrinación cultural para conocer las economías políticas de Alemania, Japón, China y Rusia llegaron a su fin. En la segunda semana de enero de 1937, W. E. B. Du Bois divisaba la bahía de San Francisco desde la cubierta del *Tatsuta Mara*. Volvía una vez más a Estados Unidos, donde Franklin D. Roosevelt había forjado una imponente coalición de progresistas, trabajadores, negros del Norte con derecho al voto y segregacionistas del Sur para ganar las elecciones presidenciales más asimétricas de la historia. Temeroso de perder a los segregacionistas, Roosevelt no se valió de su poder para imponer la aprobación en el Congreso del proyecto de la ley antilinchamientos, que seguía en estado vegetativo. «Si se aprueba esta ley», se desgañitó el senador por Mississippi Theodore Bilbo el 21 de enero de 1938, entonces «las violaciones, el acoso, los linchamientos, los disturbios raciales y el crimen aumentarán de mil formas, y los trajes que ustedes visten [...] quedarán manchados con la sangre de las mujeres violadas» y de los linchados. Bilbo proponía que los negros colonizaran territorios en el extranjero y ensalzaba las doctrinas de la Alemania nazi. Pero lo que estaba haciendo el dogma alemán, en particular a raíz del asesinato masivo de judíos, un proceso que había comenzado ese mismo año, era enfurecer a los intelectuales blancos y alejarlos de las leyes Jim Crow. En diciembre, en un comunicado anónimo, la Asociación de Antropología de Estados Unidos denunciaba el racismo biológico.[15]

Para denunciar el racismo, los académicos debían definirlo primero. A comienzos de 1940, Ruth Benedict, antropóloga de la Universidad de Columbia y estudiante de Franz Boas, introdujo el término «racismo» en el vocabulario nacional. «El racismo es la asunción sin pruebas de la superioridad biológica, con carácter perpetuo, de unos grupos humanos sobre otros», afirmaba en *Raza. Ciencia y política*, publicado ese año. No obstante, en su definición quedaba excluido el tipo de asimilacionismo que ella misma profesaba, es decir, la asunción de la superioridad cultural, con carácter temporal, de unos grupos humanos sobre otros. A medida que los asimilacionistas fueron cogiendo el timón del pensamiento racial, sus ideas racistas se convirtieron en ley de Dios, en leyes naturales, en leyes científicas, al igual que ocurriera con las ideas segregacionistas durante el siglo anterior. Degradaban y menospreciaban las costumbres de los pueblos africanos al tiempo que, de algún modo, transmitían la idea de no ser racistas al no sostener que hubiese una causa biológica subyacente ni considerar que fuese una situación perpetua —aludiendo a

causas históricas y ambientales— y defender que los negros tenían aptitudes para la civilización y el desarrollo.[16]

Más allá del libro de Benedict, el texto científico de carácter asimilacionista más influyente de la época lo escribiría E. Franklin Frazier,
antiguo estudiante del también asimilacionista Robert Park. En 1939, este
sociólogo de la Universidad Howard publicaría un estudio puntero titulado *The Negro Family in the United States*. En la introducción, expresaba
la deuda que había contraído con el estudio sobre la familia negra estadounidense que Du Bois había llevado a cabo para la Universidad de
Atlanta treinta años antes, cuya conclusión era que «es probable que la
inmoralidad sexual sea por sí sola el mayor foco de enfermedades entre
los estadounidenses negros». Aquel le devolvería el cumplido al encomiar
la brillantez de Frazier como sociólogo negro, de manera que dejaba
entrever algunos vestigios de las ideas asimilacionistas que había mantenido en el pasado.[17]

A grandes rasgos, Frazier presentaba a las familias negras urbanas no
pertenecientes a la élite como un lastre grotesco y caótico de carácter
matriarcal. Describía a unos padres ausentes del hogar y a unas madres
solteras y asalariadas que dejaban solos en casa a sus niños, unos hijos
que acababan abocados a la delincuencia y unas hijas que aprendían a
imitar «el comportamiento disoluto de sus madres» y a seguir transmi-
tiendo «la perversión moral» de generación en generación. Desde el
enfoque sexista que Frazier mantenía, el modelo familiar ideal era el nu-
clear, con un padre y una madre, el primero como cabeza de familia;
asimismo, desde su enfoque racista, las estadísticas indicaban que las
familias negras se quedaban cortas con respecto a las blancas si de ajus-
tarse a dicho ideal se trataba. Las causas de la «desorganizada vida familiar» que predominaba en los barrios negros eran la discriminación racial, la pobreza, las patologías culturales y la introducción de la familia
negra matriarcal durante la época de la esclavitud. Frazier mantenía que,
plenamente «despojado de su herencia cultural», el esclavo se había
convertido en un bruto. De este modo, el emerger de los esclavos «en
calidad de seres humanos fue posible gracias a la asimilación» de la cultura de sus amos. Lo que estaba ocurriendo en aquel momento, según
su conclusión, era que en las áreas urbanas estaba en marcha «la asimilación [...] de los aspectos más formales de la civilización blanca. En el
futuro los matrimonios interraciales traerán consigo un tipo de asimilación fundamental».[18]

E. Franklin Frazier no estaba ni mucho menos solo en su predilección asimilacionista por volverse blanco. Entre 1940 y 1941, los psicólogos Mamie Clark y Kenneth Clark llevaron a cabo un estudio que arrojó el resultado de que, de una muestra de 253 niños negros, la mayoría escogían a una muñeca de piel blanca antes que a una de piel oscura. Algunos estudiantes de los primeros cursos de la secundaria asociaban los tonos de piel de claros a medios con «inteligencia» y «refinamiento», y los tonos oscuros con «mezquindad» y «fuerza física»; cuanto más claros, mejor, en paralelo a la idea asimilacionista de que cuanto más liso, mejor. Desde la década de 1920 y la aparición de la moda de los peinados *conk*, abreviación de *congalene*, los hombres negros se habían sumado a las mujeres en la tendencia a alisarse el cabello. Hacia 1941 o 1942, un adolescente de Boston al que apodaban Shorty le hizo su primer *conk* a un amigo de Michigan. «Nos reíamos y sudábamos», recordaría más tarde Malcolm Little. Se quedó de pie, mirándose al espejo, «admirado de cómo mi pelo había pasado a parecer "blanco"». Dos décadas más tarde, Malcolm X reflexionaba sobre su «primer gran paso hacia la autodegradación, soportar tal dolor, quemarme literalmente el cuero cabelludo, todo para tener el pelo como lo tienen los blancos». Fue entonces cuando comprendió que se «había sumado a una multitud de negros y negras estadounidenses a quienes se les lava el cerebro para que crean que las personas negras son "inferiores" y las blancas, "superiores", hasta el punto de que llegan a violar y mutilar los cuerpos que Dios les ha dado solo para ver si así están más "guapos" en virtud de los cánones blancos».[19]

La preocupación repentina por denominar y definir el racismo no ayudaba demasiado a erradicarlo, en especial en la cultura popular. En 1939, la Metro-Goldwyn-Mayer estrenó *Lo que el viento se llevó*, basada en la novela de Margaret Mitchell, que le había valido el Premio Pulitzer en 1936. La película narraba la historia de la impetuosa hija de un esclavista georgiano que persigue a un hombre casado. Dejando a un lado la falta de moral de Scarlett O'Hara, en la película se ofrece un retrato de los señores blancos como nobles y atentos, y de los esclavos como leales aunque gandules, poco preparados para la libertad.

Las protestas de los afroamericanas no detuvieron el éxito comercial de la película, que fue casi universalmente aclamada por los críticos de cine blancos, en virtud del soberbio elenco de actores y actrices, con unos personajes que parecían —oh, maravilla— tremendamente reales, tanto que parecían traer a la vida las plantaciones de la antigua Georgia ante los ojos de los espectadores. El largometraje batió todos los récords de taquilla de un modo tan aplastante como hizo añicos la verdad de la esclavitud, y recibió diez premios de la Academia. Sustituiría a *El nacimiento de una nación* como éxito de taquilla, para convertirse en la película más taquillera de la historia de Hollywood. De igual modo que *Tarzán* se había convertido en la principal fuente de aprendizaje de los estadounidenses sobre África, *Lo que el viento se llevó* pasó a serlo sobre la esclavitud. El problema es que, tanto en un caso como en el otro, las estampas adolecían de una inexactitud deplorable.[20]

La leal y cariñosa Mammy, uno de los personajes más recordados de la historia de Hollywood, fue interpretada por la actriz Hattie McDaniel. «Por cuanto disfruta de la servidumbre, [Mammy] actúa como ungüento sanador de una nación rota por el pecado del racismo», explicaba la científica y política Melissa Harris-Perry en un análisis de la película en 2011. McDaniel recibió un Oscar a la mejor actriz de reparto, con lo que se convertía en la primera persona negra en recibir este galardón. A partir de Hattie McDaniel, los productores de Hollywood le cogieron afición a las *Mammies* negras y orondas con la cabeza envuelta en un pañuelo, en una procesión de películas que fueron apareciendo a mediados del siglo xx. El estereotipo masculinizaba la femineidad negra al tiempo que se enfatizaba una suerte de ultrafemineidad de las mujeres blancas. Las negras de piel más clara interpretaban a mulatas o bien exóticas, o bien trágicas, personajes que no eran capaces de asimilarse a la condición de mujer blanca ni de seducir a los hombres blancos.[21]

Ante semejante serie de caricaturas racistas, W. E. B. Du Bois se aferró al potencial de un grupo de escritores negros que conoció en Chicago en 1940. «Uno puede sentir cierto grado de alivio y confianza al toparse con tan sólidos pilares del porvenir», fueron las fulgurantes declaraciones que hizo para los lectores del *New York Amsterdam News*. Era su primer encuentro con el pilar más sólido de todos, Richard Wright, un joven de treinta y un años, nacido y criado en Mississippi, que había emigrado a Memphis y después a Chicago, donde se había familiarizado con el trabajo y los estudiantes del asimilacionista Robert Park. Richard Wright, quien en su autobiografía *Chico negro*, publicada en 1945, meditaba sobre la «esterilidad cultural de la vida negra», resultó ser el equivalente al sociólogo E. Franklin Frazier en el ámbito de la novela. Ambos brindaron a sus lectores una inmersión de calado en la discriminación existente en Estados Unidos y se beneficiaron de la marcha intelectual del Norte hacia la doctrina asimilacionista durante la Gran Depresión.[22]

Wright se hacía eco de la crónica histórica racista que Frazier ofrecía del esclavismo, en virtud de la cual, los africanos habrían sido despojados de su cultura para sufrir una «deshumanización progresiva, hasta llegar a un punto en que los impulsos como el hambre, el miedo o el sexo son completamente aleatorios», tal y como se lo explicaba a un amigo en 1945. Melville Herskovits, un antropólogo del noroeste, puso en cuestión esta teoría en *The Myth of the Negro Past*, aparecido en 1941, algo que le valió las críticas iracundas de E. Franklin Frazier. La tesis de Herskovits era que la cultura africana no era menos perdurable que la europea y que el intercambio cultural se había producido en ambos sentidos. Los afroamericanos habían dado lugar a una cultura sólida y compleja de «apariencia» europea «en la que al mismo tiempo se retienen sus valores [africanos] internos», alegó de un modo esclarecedor. Quienes aceptaban el mito del pasado negro sufrían de «prejuicios raciales».[23]

La antropóloga Zora Neale Hurston era una de las pocas personas entre la intelectualidad negra que escribían para un público popular que no sufría de ese extraño prejuicio, de ese asimilacionismo cultural que se propagó por el ámbito académico en las décadas de los treinta y los cuarenta. Desde los días de su juventud con los niggerati de Harlem, Hurston se había estado abriendo paso para ganarse la vida como escritora; en concreto como escritora negra. Había estado trabajando en un programa laboral del New Deal destinado a fomentar el empleo entre los escritores, donde se le había remunerado peor que a escritores blancos menos cualificados. En 1935, publicó *Mules and Men*, la colección de folclore negro más exquisita jamás reunida. La obra no se ajustaba al canon literario del persuasionismo mediático, como aquellos libros en que se presentaba la vida cotidiana de los negros como un calvario, o bien según unos estereotipos a cuya definición se contribuía, algo que el experto en literatura de la Universidad Howard Sterling Brown encontraba irritante. Por el contrario, la colección de Hurston desplegaba la humanidad única, diversa e imperfecta de la gente negra del Sur.[24]

Casi se podría considerar que *Mules and Men* fue un aperitivo de no ficción de la novela que publicaría en 1937. El nuevo libro llevaba el indeleble título de *Sus ojos miraban a Dios*. En sus páginas, Hurston guía a los lectores por la cultura negra del mundo rural de la Florida profunda de la mano de su protagonista, Janie Mae Crawford. Tras escapar de los despóticos brazos de dos hombres acaudalados pero autoritarios, Janie encuentra el amor en el más joven y mucho más humilde Tea Cake, con quien se casa, para al final verse «despojada del amparo encontrado». *Sus ojos miraban a Dios* indaga en la precaria vida amorosa de una mujer negra heterosexual, en la intersección entre el sexismo y el racismo. «Mi niña, el hombre blanco es dueño de todo lo que hay hasta donde mis ojos hayan alcanzado a ver —le cuenta a Janie su abuela—, así que se quita de encima toda carga y ordena a los negros que la recojan. Estos lo hacen porque no tienen más remedio que hacerlo, pero tampoco la cargarán ellos mismos, sino que se la echarán encima a sus compañeras. La mujer negra es la mula de la tierra hasta donde mis ojos hayan alcanzado a ver».

Hurston se decantó por no ensalzar ni tampoco denigrar la cultura negra sureña, es probable que a sabiendas de que los persuasionistas y los asimilacionistas mediáticos se mostrarían descontentos con semejante postura. No obstante, poco debía de importarle a ella, que había hecho una semblanza esclarecedora de la locura de los negros asimilacionistas a través del personaje de la señora Turner, una amiga de Janie. «Según su criterio, cualquiera que se pareciese más a una blanca que ella misma era también mejor —narra Hurston—. La señora Turner, como una creyente más, le había levantado un altar al hecho inalcanzable de que todo el mundo pudiese tener unos rasgos caucásicos. No importaba si su dios la golpeaba o que la arrojase desde una cumbre o la abandonase en el desierto; ella jamás iba a dar la espalda a su altar».[25]

No se vendieron muchos ejemplares, a pesar de la cantidad de reseñas positivas (y racistas) que la obra recibió de los críticos blancos. De acuerdo con una publicada en *The New York Times*, la novela reflejaba la vida «normal» de los negros del Sur, «con sus atavismos de la época de la esclavitud, sus dificultades sociales, su entusiasmo infantil y su euforia desenfrenada». El *New York Herald Tribune* ensalzaba *Sus ojos miraban a Dios* por rebosar «un sentido del humor sin límites, así como una melancolía salvaje y extraña». Mientras que los racistas blancos parecían disfrutar de las descripciones que Hurston hacía de los negros, «quienes no están tan civilizados como para haber perdido la capacidad de brillar con luz propia», como escribió otro crítico del *New York Herald Tribune*, por su parte

Alain Locke, el padrino de la persuasión mediática, exigiría que Hurston cesara de dar vida a «esos entes pseudoprimitivos con los que a los lectores aún les gusta reírse, llorar y compartir anhelos». Richard Wright, ahogado en todo su racismo cultural, tan incapaz como reacio a advertir el mensaje de feminismo antirracista de la novela o el contenido político de la historia de amor que en ella se relata, afirmó que «carece de tema, de mensaje y de pensamiento». Según él, no hacía más que explotar los aspectos más «pintorescos» de la vida de los negros, con lo que constituía algo así como un espectáculo de minstrel hecho libro para satisfacer los gustos de los lectores blancos.[26]

Hurston no sentía ninguna necesidad de responder a las críticas de los varones negros. «No llevo mi color como si se tratase de una tragedia —había dejado dicho ya en una ocasión—. No tengo grandes penas acumuladas en el alma ni escondo nada parecido detrás de la mirada. No poseo en absoluto esa clase de preocupaciones. No pertenezco a esa escuela plañidera de negros que sostienen que la naturaleza, de algún modo, les ha hecho un jugarreta muy ruin y que parecen estar tan dolidos por ello». Pero el caso era que esa escuela plañidera vendía libros. A finales de la década, *Sus ojos miraban a Dios* había dejado de imprimirse, y Hurston hubo de buscarse un trabajo como sirvienta.[27]

Se trataba de una escritora adelantada a su tiempo. Cuando en la década de los setenta llegó su momento de gloria, mucho después de su fallecimiento, y las feministas antirracistas redescubrieron *Sus ojos miraban a Dios*, estas comenzaron a consumar, en correspondencia con la novela, unas relaciones afectivas propias y definitorias por sí mismas, al igual que Janie en la narración, con lo que consiguieron delimitar la grandeza de la obra mediante sus propios actos y en sus propios términos, en un mundo literario que la había rechazado y que ahora le daba con descaro el crédito que antes le había negado, hablando sobre ella como una de las novelas estadounidenses más impecables de todos los tiempos, si no la más.[28]

Con sus críticas al novelista antirracista más importante del periodo de entreguerras, Richard Wright cobró fama. Cuando W. E. B. Du Bois puso por primera vez los ojos en Wright, en 1940, estaba poniendo los ojos en el autor de *Hijo nativo*, una novela que él admiraba. El título llegó a recibir un premio del Book of the Month Club y convertiría a Wright en la sensación del mundillo literario en la década de los cuarenta. El protagonista de la novela, el confundido y confuso Bigger Thomas, representaba a «muchos» negros a quienes «la religión y la cultura popular de su raza les habían acabado por resultar extrañas», de manera que vivían «apegados a la misma civilización que pretendía mantenerlos al margen», explicaba Wright; Thomas fluctúa «entre los dos mundos sin ser bienvenido en ninguno de ellos», para acabar liquidando ambos de forma simbólica con la violación y asesinato premeditados de su novia negra y el homicidio impulsivo de una chica blanca. A través de este personaje, Wright lanzaba un ultimátum asimilacionista muy llamativo; si no se permitía a los afroamericanos el acceso a la civilización blanca, estos acabarían recurriendo a la violencia.[29]

A finales de marzo de 1940, *Hijo nativo* había vendido doscientos cincuenta mil ejemplares y cosechado alabanzas entusiastas tanto de blancos como de negros, más que las que habían recibido Hurston y Langston en dos décadas. Wright parecía intocable, hasta que un desconocido escritor de veinticuatro años procedente de Harlem comenzó, en 1949, su revolución literaria personal, con un ensayo que llevaba por título «Everybody's Protest Novel». Este relámpago literario impactó contra la persuasión mediática y el apuntalamiento asimilacionista de la «ficción de protesta social», desde su piedra fundacional, *La cabaña del tío Tom* de Harriet Beecher Stowe, hasta el último elemento del edificio, *Hijo nativo*.

Al «pasar por alto, negar o evadir» la «complejidad» de los seres humanos negros en aras de la persuasión, dichas novelas de protesta eran «fantasías que conectan algo inexistente con la realidad», escribía James Baldwin cinco años antes de publicar su mejor novela, *Ve y dilo en la montaña*. Como el tío Tom de Stowe, el Bigger Thomas de Richard Wright, de modo trágico, «admite la posibilidad de ser un subhumano y se siente por lo tanto obligado a pugnar por su propia humanidad». Con todo, lo que los negros tenían que hacer era algo «infinitamente más difícil», a saber, aceptar la imperfección que los equiparaba al resto de los seres humanos. «Es un peculiar triunfo de esta sociedad, y también una gran falta, el que tenga la capacidad de convencer a las personas a las que ha dotado con un estatus inferior de que semejante categoría responde a una realidad».[30]

El despliegue de batallas literarias seguiría teniendo lugar durante la Segunda Guerra Mundial y tras la contienda, un conflicto bélico que concluiría con el triunfo global del poderío estadounidense, así como con la necesidad de convencer a un mundo colonial en descomposición de la sustantividad de la nueva voluntad estadounidense, a saber, que Estados Unidos debía ocupar el lugar correspondiente a la cabeza del mundo libre.

28

La marca de la libertad

Como a muchos otros activistas, la dimensión del Holocausto nazi, el exterminio de los judíos y otros no arios, hizo sentir un gran vértigo a W. E. B. Du Bois. Tras la entrada de Estados Unidos en la Segunda Guerra Mundial, en 1942, se sintió vigorizado por la Campaña de la Doble V, con la que se pretendía promover la victoria contra el racismo en el país y la victoria contra el fascismo en el extranjero. La campaña puso el movimiento por los derechos civiles a toda máquina, en particular en el Norte; asimismo, el largamente esperado estudio sobre los negros, financiado por la Fundación Carnegie, supuso a su vez otro gran estímulo, en particular en el Sur.

En 1936, el presidente de la Fundación Carnegie, Frederick P. Keppel, había considerado fugazmente solicitar los servicios de algunos investigadores blancos estadounidenses tras haberse decidido a prestar oídos a la recomendación del alcalde de Cleveland, Newton Baker, de patrocinar un estudio sobre la «raza de los infantes». Sin embargo, en el proceso hubo poca cabida para Zora Neale Hurston o para los ancianos e ilustres W. E. B. Du Bois y Carter G. Woodson. Aunque los asimilacionistas y filántropos blancos estaban empezando a aceptar el discurso racial en el ámbito académico, al mismo tiempo dejaban fuera a los eruditos negros, pues los consideraban demasiado subjetivos y tendenciosos como para estudiar a su propia gente. Parece increíble que esos mismos intelectuales y filántropos que no hallaban problema alguno en que los blancos investigasen sobre la gente blanca tuviesen todos esos reparos llenos de sesgos cuando se trataba de que los académicos negros estudiasen a la gente negra. Pero ¿qué serían las ideas racistas sin contradicciones?[1]

Los responsables de la fundación elaboraron una lista integrada tan solo por investigadores europeos y funcionarios blancos emplazados en colonias europeas, quienes tendrían la capacidad de completar el estudio «de manera totalmente objetiva y desapasionada». Al final, se eligió al economista sueco y premio Nobel Gunnar Myrdal, quien se trasladaría a Estados Unidos en 1938. Con los trescientos mil dólares aportados por la Fundación Carnegie, Myrdal reunió un equipo de investigadores punteros, blancos y también negros, entre los que se encontraban Frazier y Herskovits y, al parecer, prácticamente todo el mundo menos Hurston, Du Bois y Woodson.[2]

En el estudio, de casi mil quinientas páginas y dos volúmenes, publicado en 1944, Myrdal arrojaba un soplo de optimismo sobre lo que en el título denominaba *An American Dilemma*. En él identificaba el problema racial como un «problema moral», en sintonía con lo que los asimilacionistas llevaban tanto tiempo afirmando, desde los días de William Lloyd Garrison. Escribió asimismo que los estadounidenses blancos hacían gala de «una ignorancia supina con respecto a los negros» al considerarlos de forma irreflexiva como «criminales» o con «una moral sexual disoluta», como «religiosos» o poseedores «de un don para la danza y el canto», o como «los retoños despreocupados de la madre naturaleza». Myrdal se convenció, y también convenció a muchos de sus lectores, de que las ideas racistas eran un producto de la ignorancia, así como de que las políticas racistas eran a su vez un producto de las ideas racistas, por lo que «la gran mayoría de las personas blancas de Estados Unidos estarían dispuestas a dar a los negros un mejor trato si tuviesen conocimiento de la realidad». Es probable que W. E. B. Du Bois hiciese gestos de negación con la cabeza al leer ese párrafo; quizá repitiese para sí mismo que «los estadounidenses ya conocen la realidad», como una vez hubo escrito. Du Bois había estado difundiendo la realidad durante casi cincuenta años, y lo había hecho en vano.[3]

No obstante, Du Bois se regocijó con la mayor parte de ambos volúmenes, incluida la devastadora crítica a los argumentos segregacionistas, el análisis enciclopédico de la discriminación racial y la falacia del eslogan sureño de «separados pero iguales». «Nunca antes en la historia de Estados Unidos —admitía Du Bois—, ha habido un investigador que cubriese de un modo tan integral este campo. Se trata de una labor monumental». E. Franklin Frazier estuvo de acuerdo en las dos radiantes críticas que hizo de la obra, en las que alababa la «objetividad» de Myrdal y su voluntad de describir «a la comunidad negra por lo que es, un fenómeno patológico de la vida estadounidense».[4]

Aun así, una de las soluciones que Myrdal proponía para el racismo de los blancos era la asimilación de los negros. «En casi todas sus divergencias, la cultura de los negros estadounidenses supone [...] un desarrollo distorsionado, o bien un trastorno patológico, del general de la cultura estadounidense —conjeturaba Myrdal—. Por lo que los negros de Estados Unidos sacarían gran provecho, tanto en cuanto que individuos como en condición de grupo, de asimilarse en la cultura estadounidense». *An American Dilemma* fue para los asimilacionistas culturales lo que *El origen de las especies* había sido para los darwinistas sociales, *La cabaña del tío Tom* para los abolicionistas, *Crania Americana* para los poligenistas o *Thoughts on Colonization* para los colonizacionistas. El libro inspiró a toda una serie de importantes políticos, abogados, jueces, sacerdotes, investigadores, capitalistas, periodistas y activistas para poner en marcha la siguiente generación de ideas racistas y el ala asimilacionista del movimiento por los derechos civiles. Para Myrdal, ni los académicos segregacionistas, con sus «ideas preconcebidas sobre la inferioridad intrínseca de los negros», ni los antirracistas, quienes constituirían «básicamente una expresión del movimiento de protesta negro», podían llegar a tener la objetividad de la que gozaban él y los nuevos asimilacionistas.[5]

A medida que la Segunda Guerra Mundial se acercaba a su fin, en abril de 1945, W. E. B. Du Bois se unió a los representantes de cincuenta países en la Conferencia de las Naciones Unidas sobre Organización Internacional, celebrada en San Francisco. Presionó, en vano, para que la Carta de las Naciones Unidas llegase a ser un amortiguador contra el racismo político del colonialismo. Más tarde ese mismo año, Du Bois asistió al V Congreso Panafricano en Manchester, Inglaterra, donde se lo presentó, de un modo muy apropiado, como el «padre del panafricanismo». Un sentimiento de determinación permeó el congreso, que reunió a doscientos hombres y mujeres, muchos de los cuales se pondrían a la cabeza de los movimientos de descolonización africana, como Kwame Nkrumah en Ghana o Jomo Kenyatta en Kenia. Estos representantes no aceptaron la estipulación políticamente racista de anteriores congresos panafricanos de una descolonización gradual, que parecía implicar que los africanos no estuviesen listos para gobernarse a sí mismos. El antirracista «desafío a las potencias coloniales» exigía la independencia inmediata y el fin del dominio colonial europeo.[6]

El Estados Unidos surgido de la Segunda Guerra Mundial tenía la mirada puesta en los devastados mundos europeo y asiático oriental, y como nuevo líder mundial puso en acción su capital, su fuerza industrial y su poderío militar, todos ellos sin parangón. Solo la comunista Unión Soviética parecía interponerse en el camino estadounidense. La Guerra Fría, en la que el capitalismo y el comunismo entrarían en pugna por granjearse la adhesión económica y política de las naciones descolonizadas, con sus mercados y recursos, estaba en marcha. En marzo de 1946, Dean Acheson arrojaba la advertencia de que «la discriminación de los grupos minoritarios de este país tendrá un efecto adverso en nuestras relaciones con otros países». Acheson era una fuente tan fiable como la que más. Había estado al frente de la delegación del Departamento de Estado en la Conferencia de Bretton Woods, en 1944, en la que se reconstruiría el sistema capitalista internacional. El presidente Harry S. Truman, que había sustituido a Roosevelt a la muerte de este, en 1945, no hizo caso omiso del aviso de Acheson de que una serie de informaciones sobre la discriminación que circulaban en una red internacional, cuyas llamas avivaban los medios de difusión rusos, estaban dañando a la política exterior de Estados Unidos y llevando a que se les cerrasen las puertas a los empresarios nacionales, en particular en las naciones no blancas en proceso de descolonización.[7]

El presidente Truman se dispuso a llevar a cabo algunas reformas, pero los segregacionistas del Sur lucharon con uñas y dientes para mantener el *statu quo* racial. El senador por Mississippi y agitador Theodore Bilbo, por mencionar un solo caso, no aceptó el veredicto de Acheson. «Hago un llamamiento a todos los blancos que tengan sangre en las venas con vistas a mantener a los negros lejos de las urnas», diría en un mitin de la campaña de reelección de 1946. El llamamiento a las armas de Bilbo desencadenó una tormenta de críticas tal que, cuando ganó aquellas elecciones, la recién electa mayoría republicana impidió que volviese a entrar en el Senado en 1947. A sus colegas del Sur que aún clamaban por el «derecho de los estados» a mantener a los negros lejos de las urnas se les permitió que ocuparan sus escaños. Lejos de mantenerse callado, Bilbo se retiró a su tierra natal, en el sur de Mississippi, y autoeditó *Take Your Choice. Separation or Mongrelization* para movilizar a sus adeptos contra el igualitarismo. «Que el negro es inferior al caucásico es algo que ha venido demostrándose durante seis mil años de experimentación por todo el mundo», aseveraba.[8]

El libro fue un éxito en las librerías sureñas en un año en que se publicaron una gran cantidad de títulos. *From Slavery to Freedom*, una historia radical del pueblo negro escrita por John Hope Franklin, un historiador de Howard, fue un hito y un pulso categórico a la versión racista de la historia que promovían tanto Bilbo como un venido a menos Centro Dunning. Con todo, no era antirracista en su integridad. Franklin abría con la racista concepción histórica de que la esclavitud había inducido la inferioridad de los negros. Aunque semejante afirmación combatía al menos las tesis de los historiadores del bando Jim Crow, que proponían la esclavitud como «una fuerza civilizadora», ambos cuadros históricos eran imprecisos y racistas; en uno, la inferioridad de las personas negras era previa a la esclavitud, y, en el otro, la inferioridad de la gente negra era posterior. Por otra parte, en el libro de Franklin, las mujeres y los pobres de color se veían reducidos a impotentes espectadores en la «lucha [de los negros] por obtener la libertad». Instigados por historiadoras del feminismo negro como Mary Frances Berry, Nell Irvin Painter, Darlene Clark Hine o Deborah Gray White, John Hope Franklin y todo el círculo de historiadores negros, con una destacable preponderancia de varones, dedicaron el resto del siglo a tratar de corregir esos yerros en posteriores reediciones y nuevas publicaciones.[9]

Al tiempo que en 1947 Franklin fijaba el nuevo rumbo de la historiografía negra (masculina), décadas antes de que la historiografía negra hecha por mujeres estableciese un rumbo aún más novedoso, Theodosius Dobzhansky, biólogo evolutivo, y Ashley Montagu, antropólogo, ambos de Columbia, asentaban el nuevo programa para el darwinismo social alejándolo de la eugenesia. Nacido en Ucrania, Dobzhansky era célebre por haber conjugado la evolución y la genética al definir la primera como un «cambio en la frecuencia de un alelo en el acervo génico». Montagu había nacido en Inglaterra y al fallecer su mentor, Franz Boas, en 1942, lo había sustituido como el detractor más eminente de la segregación en el campo de la antropología. El libro de Montagu *Man's Most Dangerous Myth. The Fallacy of Race* también llegó a la lista de los más vendidos aquel año, en el que los estadounidenses aún se estremecían por las noticias sobre el Holocausto. Montagu sacaba a relucir el peligroso mito de las jerarquías raciales de cuño biológico y compartía el concepto antirracista de que «hay que juzgar a cada cultura con relación a su propia historia [...] y no, qué duda cabe, según el esquema arbitrario de una cultura en particular». No obstante, no siempre seguía sus propias directrices. En un «ejemplo de relativismo cultural» que ponía, juzgaba que en los últimos cinco mil años, durante el avance de las culturas europeas, «los reinos africanos han conocido, en comparación, pocos avances».[10]

El 6 de junio de 1947, estos dos respetados investigadores publicaron un artículo pionero en la todopoderosa revista *Science*. «Las diferencias de raza —decían Dobzhansky y Montagu— aparecen, sobre todo, debido a la acción diferencial de la selección natural sobre poblaciones geográficamente separadas». Rechazaban la idea eugenésica de las razas fijas, de los caracteres raciales como algo perenne y de una jerarquía racial inamovible. Aducían que las poblaciones humanas (o razas) evolucionaban y cambiaban genéticamente, por medio de dos procesos evolutivos, uno biológico y otro cultural. No era la naturaleza o la educación lo que distinguía a los humanos, sino la naturaleza junto con la educación. Esta fórmula llegaría a ser conocida como la «teoría evolutiva dual» o «consenso evolutivo moderno». Este consenso se asentó a medida que la biología evolutiva fue desarrollándose a lo largo del siglo. Se trataba de un ámbito en expansión a menudo complementado por el florecimiento de la biología molecular, en particular después de que el estadounidense James Watson y los británicos Francis Crick y Rosalind Franklin descubriesen la estructura del ácido desoxirribonucleico, o ADN, en 1953.

Tanto los segregacionistas como los asimilacionistas seguían encontrando formas de adaptar teorías como la de la evolución dual para ajustarlas a sus propias ideas sobre las personas negras. En lo que a ellos se refiere, los segregacionistas podían alegar que las poblaciones africanas poseían la frecuencia más baja de los «mejores» genes; los asimilacionistas, por su parte, aducirían que las poblaciones europeas habían creado las sociedades más complejas y sofisticadas, y que, por lo tanto, se erigían en las más evolucionadas culturalmente. Dobzhansky y Montagu terminaron por destronar a los eugenistas en el ámbito científico, pero entronizaron unas ideas racistas de nuevo cuño, como se refleja en las Declaraciones sobre la Cuestión Racial de la Organización de las Naciones Unidas para la Educación, la Ciencia y la Cultura —también conocida como Unesco— de 1950 y 1951, que conocieron una difusión internacional.[11]

La Unesco había reunido en París a un equipo de lujo, compuesto por investigadores de todo el mundo, para formular la refutación definitiva y de carácter internacional del nazismo y la eugenesia. Prácticamente todos ellos, incluidos Montagu, Dobzhansky, E. Franklin Frazier y Gunnar Myrdal, habían expresado ideas asimilacionistas, prueba de que, incluso en un momento en que la institución científica reconocía que las ideas segregacionistas eran racistas, aún se aseguraban la continuidad y preponderancia del asimilacionismo en el discurso racial. En la Declaración sobre la Cuestión Racial elaborada por la Unesco en 1950, al mismo tiempo que pregonaban que ninguna población humana había obtenido ventajas biológicas en el transcurso del proceso evolutivo, hablaban de las «ventajas culturales» de ciertos grupos humanos. Más adelante, en 1951, genetistas y antropólogos físicos resolvieron, en una revisión de la declaración, que «es posible, aunque no está probado, que exista algún tipo de capacidad innata para las respuestas intelectuales y emocionales que sea más común en algunos grupos humanos que en otros». Los intelectuales asimilacionistas se proponían atribuir tales diferencias innatas de carácter racial a la inteligencia.[12]

Incluso antes de que las declaraciones de la Unesco apareciesen en las portadas de todos los periódicos de Nueva York a París, Harry S. Truman había tomado la iniciativa de mejorar las relaciones raciales en Estados Unidos. La reforma racial era un asunto vital, aunque relativamente poco recordado de la Doctrina Truman, presentada por el presidente ante el Congreso el 12 de marzo de 1947. En su discurso, Truman calificaba a Estados Unidos como el líder del mundo libre y a la Unión Soviética como el líder de un mundo oprimido. «Los pueblos libres del mundo miran hacia nosotros en busca de apoyo para seguir manteniendo su libertad», afirmó Truman. Al presentarse como el líder del mundo libre, el país quedaba expuesto a las críticas por sus incontables políticas raciales contrarias a la libertad, por no mencionar sus políticas de clase, género o sexo que adolecían del mismo defecto.

El duro trato dispensado a los inmigrantes no blancos, la sucesión de despreciables linchamientos sufridos por soldados de color al poco de regresar de la guerra mundial, el activismo antilinchamientos del afamado artista internacional Paul Robeson, las acusaciones de violar los derechos humanos presentadas por la NAACP ante las Naciones Unidas... De repente, todas esas políticas y actuaciones de carácter racista se convirtieron en un lastre. Proteger la marca de la libertad de Estados Unidos pasó a ser más importante para los políticos del Norte que la unidad sectorial y que asegurarse los votos segregacionistas; al mismo tiempo, la explotación de los recursos exteriores pasó a ser más importante para los magnates del Norte que la explotación de los recursos del Sur. Las consideraciones en torno a la Guerra Fría y un activismo cada vez más vigoroso estaban forzando, de la noche a la mañana, la inclusión de los derechos civiles en la agenda nacional. Aun así, por supuesto, el relato inspirado por semejantes reflexiones económicas y políticas no era la interpretación —o la historia— de las relaciones raciales a la que la Administración Truman deseaba dar el visto bueno. Dichas relaciones, según dejó escrito Gunnar Myrdal, constituían problemas morales que requerían de soluciones persuasivas con fundamento moral.[13]

En octubre de 1947, el Comité de los Derechos Civiles de Truman emitió un informe de 178 páginas con el nombre de *To Secure These Rights*. La comisión elogiaba *An American Dilemma* de Myrdal, condenaba la «carcoma moral» que anidaba en el corazón de Estados Unidos y recomendaba legislar en materia de derechos civiles. «La inadecuación de los derechos civiles en nuestro territorio es un obstáculo» para la política exterior estadounidense, señalaba, recurriendo como fuente al entonces secretario de Estado en activo, Dean Acheson. Pese a todo, los encargados del informe se apresuraron a recabar el dato de que solo el 6 por ciento de los estadounidenses blancos pensaba que había que asegurar esos derechos de inmediato. Al parecer, en 1947, solo el 6 por ciento de los estadounidenses blancos era antirracista.[14]

El 2 de febrero de 1948, Truman instó al Congreso a aplicar las recomendaciones del Comité Presidencial de Derechos Civiles, con independencia de la falta de apoyo de los estadounidenses blancos. «La posición de Estados Unidos en el mundo actual» hacía que los derechos civiles fueran algo «de especial urgencia», recalcaba Truman. La reacción fue significativa. Un representante de Texas puso en marcha su campaña para el Senado estadounidense movilizando a diez mil simpatizantes en Austin, donde se refirió a la propuesta de los derechos civiles de Truman como «una farsa absurda, un intento de levantar un Estado policial tras una máscara de libertad». Se trataba de Lyndon Baines Johnson, quien, con todo, no se uniría al Dixiecrat, una escisión del Partido Demócrata a resultas del programa de derechos civiles de Truman. Este nuevo partido presentaría a Strom Thurmond, de Carolina del Sur, como candidato a la presidencia, con un programa segregacionista que recordaba de modo inquietante al del Partido Nacionalista de la Sudáfrica del *apartheid*, que se hizo con el poder ese mismo año, 1948.[15]

Gracias en parte al apoyo de los votantes negros, el presidente Truman se impuso en las elecciones tanto a Thurmond como al gran favorito, el republicano Thomas E. Dewey. El uso que el presidente había hecho del poder ejecutivo para acabar con la segregación en las fuerzas armadas y en el funcionariado federal fue muy importante para que los votantes negros y los activistas por los derechos civiles, a quienes esto había satisfecho enormemente, se decidieran a darle su voto. Los activistas, además, tenían otras razones para sentirse esperanzados. Jackie Robinson había acabado con la segregación en las grandes ligas de béisbol; asimismo, más o menos al mismo tiempo, la Liga Nacional de Fútbol Americano y la Asociación Nacional de Baloncesto habían puesto coto a la segregación. A partir de entonces, y durante décadas, los profesionales negros del béisbol, el fútbol americano y el baloncesto serían orientados a aquellas posiciones en las que pudiesen aprovechar los supuestos dones que les brindaba la naturaleza, una velocidad y una fuerza animalescas. Al parecer, la gente negra que no gozaba de un físico atlético no debía de ser realmente negra.[16]

Los activistas por los derechos civiles también se mostraron complacidos con el informe que el Departamento de Justicia de Truman emitió sobre el caso Shelley contra Kramer. El 3 de mayo de 1948, el Tribunal Supremo dictaría la sentencia, en la que mantenía que los tribunales no podían obligar a cumplir las cláusulas inmobiliarias «solo para blancos» que proliferaban en las ciudades del Norte, con las que se pretendía mantener a raya la inmigración y detener la desegregación de las viviendas. «Estados Unidos se ha visto abochornado en el campo de las relaciones internacionales a raíz de las acciones discriminatorias que tienen lugar en el país», declaraba escuetamente el Departamento de Justicia. Era la primera vez que el Gobierno federal intervenía en un caso para reivindicar los derechos civiles de los negros, y no sería la última. El Departamento de Justicia de Truman emitiría más informes parecidos sobre otros casos exitosos de desegregación en la enseñanza superior en la década de los cuarenta y primeros cincuenta, sin dejar de recordar las implicaciones de la discriminación en la política exterior.[17]

La sentencia del caso Shelley contra Kramer no fue demasiado popular. En 1942 las encuestas habían reflejado que el 84 por ciento de los estadounidenses blancos deseaba acotar las viviendas de los negros a ciertas zonas de sus localidades. No parece que las condiciones de hacinamiento de los barrios negros les supusiesen un gran problema. Pero la decisión de 1948 dio un impulso al movimiento por una vivienda abierta —y abrió las puertas de la oposición blanca a la desegregación— en las ciudades de todo el Estados Unidos de la posguerra. Dicho movimiento lo integraba una colección variopinta de gente, personas negras en proceso de ascensión social y activistas antirracistas que luchaban por un acceso justo a la vivienda. Había racistas negros que odiaban vivir en los mismos vecindarios que otra gente negra a la que veían inferior y que soñaban con tener un hogar en los barrios superiores de los blancos. También había asimilacionistas que pensaban que unos vecindarios integrados facilitarían la persuasión por elevación, mejorarían las relaciones entre razas y resolverían los problemas raciales de la nación. Los especuladores y agentes inmobiliarios blancos se dedicaban a sacar provecho de las ideas racistas de unos y otros gracias al *blockbusting*, es decir, la práctica de convencer a los propietarios blancos de que vendieran sus inmuebles a un precio reducido induciéndoles el miedo a que el valor de las propiedades estuvieran al borde de una caída en picado a causa de la llegada de gente negra a los vecindarios, solo para revendérselos, por encima del valor de mercado, a compradores negros ansiosos por acceder a un parque inmobiliario de mejor calidad. No les resultaba difícil asustar a los propietarios blancos en vista de las advertencias que circulaban acerca de «un aumento inmediato del crimen y la violencia [...], el vicio, la prostitución, el juego y las drogas», según las palabras del más famoso activista de Detroit contra el acceso abierto a la vivienda. Los barrios blancos se volvían interraciales para luego acabar siendo negros casi en su totalidad; este cambio demográfico de blanco a negro hacía que empeorase rápidamente la idea que la gente tenía de un vecindario concreto. Cuando el siglo XX estuviese tocando a su fin, habría llegado a ocurrir justo lo contrario, pues los blancos estarían «gentrificando» los barrios urbanos tradicionalmente negros. Estos vecindarios pasarían a ser interraciales y, llegado un momento, a ser prácticamente blancos, en un cambio demográfico que haría que la percepción que se tenía de ese mismo vecindario cambiase. Parece ser que la presencia de blancos indicaría que un barrio es bueno, mientras que, si en ese mismo lugar hubiese negros, entonces pasaría a ser malo, en una demostración del poder de las ideas racistas.[18]

Durante los años cuarenta, cincuenta y sesenta, allí donde las ideas y políticas racistas no bastaron para mantener a raya a los negros, los urbanitas blancos recurrieron a la violencia. No obstante, la mayoría de los habitantes blancos de las ciudades preferían «ahuecar el ala a dar batalla». Los agentes inmobiliarios, especuladores y promotores siguieron sacando pingües beneficios a base de vender nuevos hogares en los barrios de las afueras a los blancos que «ahuecaban el ala». El Estados Unidos de la posguerra experimentó un *boom* sin precedentes de la construcción residencial y de nuevas carreteras a medida que las familias blancas se iban mudando al extrarradio, que a su vez debía estar bien comunicado con los lugares de trabajo. Para costearse estas nuevas viviendas, los estadounidenses recurrieron a los ahorros acumulados durante la guerra y a los beneficios de la Ley de Ayuda al Soldado, aprobada en 1944. Se trataba del mayor paquete de ayudas sociales jamás ofrecido por el Gobierno federal en una sola ley. Más de doscientos mil veteranos de guerra recurrieron a ella para comprar una granja o empezar un negocio; cinco millones compraron una vivienda nueva y casi diez millones fueron a la universidad. Entre 1944 y 1971, el gasto federal destinado a soldados retirados en virtud de este «sistema social ejemplar» ascendió a más de noventa y cinco mil millones de dólares. Al igual que había ocurrido con los programas sociales del New Deal, los veteranos negros tuvieron que afrontar una discriminación que vino a reducir o a denegarles esas mismas ayudas. Junto con el New Deal y la construcción de viviendas en el extrarradio (en urbanizaciones que encontraron formas jurídicas de impedir el acceso a las personas negras), la Ley de Ayuda al Soldado dio nacimiento a la clase media blanca y amplió la brecha económica que existía entre razas, unas disparidades crecientes de las que los racistas culpaban a los deficientes hábitos fiscales de los negros.[19]

En tanto los barrios urbanos negros del Estados Unidos de posguerra se convirtieron en el símbolo nacional de la pobreza y la delincuencia, los del extrarradio blanco, rebosantes de viviendas blancas, protegidos por cercas blancas y habitados por felices familias blancas, se convirtieron en el símbolo nacional de la prosperidad y la seguridad. Toda la cháchara asimilacionista de los medios, la ciencia y la cultura popular apenas refrenó la reacción segregacionista contra el movimiento por una vivienda abierta, pero obró milagros al unir a los grupos étnicos europeos históricamente oprimidos en el extrarradio blanco. Los enclaves étnicos de las ciudades se transfiguraron en un extrarradio multiétnico, el hogar donde los italianos, los judíos, los irlandeses y otros no nórdicos disfrutarían por fin del privilegio de la blanquitud. «Ni en la escuela ni en el barrio estábamos separados según la fe o la etnia», recordaría después Karen Brodkin, una antropóloga de la Universidad de California en Los Ángeles, cuya familia judía se mudó a Long Island, en Nueva York, en 1949.[20]

La NAACP dio su apoyo al movimiento por una vivienda abierta. Pero, en el Estados Unidos de posguerra, involucrarse en el activismo era como caminar por la cuerda floja. En 1950, el senador por Wisconsin Joseph McCarthy se puso al frente de una caza de brujas dirigida contra los comunistas, en la que «comunista» quería decir prácticamente cualquiera que fuese crítico con las ideas entonces dominantes, como el capitalismo, la política exterior colonialista de Estados Unidos, la asimilación en el Norte y la segregación en el Sur. Walter White y su mano derecha, Roy Wilkins, tuvieron que esmerarse en mantener el activismo jurídico y la persuasión por elevación de la NAACP dentro del orden establecido del anticomunismo y la asimilación. «Los negros quieren cambiar para poder amoldarse a la horma estadounidense», escribió Wilkins en *The Crisis* en diciembre de 1951. Entretanto, los antirracistas y socialistas, y, sin duda, los antirracistas socialistas, sufrían amenazas, despidos, arrestos y encarcelamientos por cargos inventados. Incluso un Du Bois de ochenta y dos años llegó a ser encarcelado (y luego absuelto) en 1951. El Departamento de Estado le retiró el pasaporte, igual que hizo con Paul Robeson. También trató de acallar a la bailarina Josephine Baker, que entonces residía en Francia, todo para mantener la marca de la libertad estadounidense en el extranjero.[21]

A pesar de los esfuerzos, no se pudo impedir que William Patterson, presidente del efímero Congreso de los Derechos Civiles, viajara a Ginebra en 1951 y transmitiese en persona una petición al Comité de Derechos Humanos de Naciones Unidas titulada «Acusamos de genocidio». La firmaban Du Bois, Paul Robeson, la periodista trinitense Claudia Jones (fundadora del primer periódico negro de Inglaterra) y un centenar de personas más. La petición, acompañada de la documentación de casi quinientos casos de crímenes brutales cometidos contra afroamericanos a finales de los años cuarenta, venía a socavar la credibilidad del autodenominado líder del mundo libre. La auténtica «puesta a prueba de los fines básicos de una política exterior es inherente al modo en que un Gobierno trata a sus propios ciudadanos», estallaron los antirracistas, desde Suiza hasta Suazilandia.[22]

Apresurándose a mitigar los daños, el Departamento de Estado encontró a algunos negros anticomunistas, racistas e incondicionalmente patrióticos para que realizaran una serie de giras propagandísticas, como Max Yergan, quien se convertiría en un defensor declarado del *apartheid* de Sudáfrica. Hacia 1950 o 1951, un equipo de brillantes propagandistas encuadrados en lo que acabó conociéndose como la Agencia de Información de Estados Unidos (USIA, por sus siglas en inglés), dedicada a las relaciones públicas en el exterior, elaboró e hizo circular por todo el mundo un panfleto titulado *The Negro in American Life*. En él, se reconocían los fracasos de la esclavitud y el racismo de antaño y se declaraba que había habido una reconciliación racial, así como que la redención había sido posible gracias, por supuesto, al poder de la democracia estadounidense.Estos creadores de marcas de la Nueva América pusieron el énfasis de un modo muy ingenioso en el progreso racial (y no en el presente racista) y en las élites negras (y no en el común de los negros) como la mejor vara para medir las relaciones raciales en Estados Unidos. La cuestión no era si Estados Unidos había eliminado las disparidades raciales, algo que se consideraba imposible, tal y como la supresión de la esclavitud había sido considerada imposible en otra época; la cuestión era que el décimo talentoso sufría menos discriminación entonces que en el pasado. «Es en comparación con estos antecedentes que hay que evaluar los progresos hechos por los negros y los pasos aún necesarios para alcanzar soluciones integrales a sus problemas», se podía leer. En *The Negro in American Life* también se presumía de que, en los cincuenta años anteriores, habían aparecido cada vez más «grandes latifundistas», empresarios de éxito y universitarios negros, y no era el activismo el que había abierto «este amplísimo espacio» para el progreso racial, sino la persuasión por elevación y mediática, en una evocación de las conjeturas de Gunnar Myrdal. Mientras que cincuenta años atrás «la mayor parte de los blancos, tanto en el Norte como en el Sur, opinaban sin tapujos que los negros eran inferiores», el creciente «número de negros con formación académica, así como de periodistas y novelistas de color, ha hecho que la comunidad blanca esté plenamente al tanto de la cruel injusticia de los prejuicios raciales». En definitiva, el folleto informaba al mundo de que «a día de hoy, apenas queda alguna comunidad en la que esa noción no haya cambiado de un modo drástico».

De hecho, apenas había una comunidad a principios de los cincuenta en que los prejuicios no alimentasen de manera cruel las injustas campañas de los blancos contra la vivienda abierta, la educación desegregada, la igualdad de oportunidades laborales y los derechos civiles. *The Negro in American Life* contenía fotografías de aulas y, en general, comunidades desegregadas que pocos estadounidenses habrían reconocido, al tiempo que se admitía que «aún queda mucho por hacer». También se preguntaba, habida cuenta de las condiciones tan malas que llegaron a darse, si no era increíble lo lejos que se había conseguido llegar. Con cada victoria y con cada fracaso de los derechos civiles, esta línea de razonamiento venía a entreverar toda declaración de índole asimilacionista que vinculase el pasado y el futuro, a saber, la de que «hemos recorrido un largo camino y que aún nos queda camino por recorrer». Esquivaban con resolución la realidad del racismo existente en ese preciso momento.[23]

The Negro in American Life trataba de ganarse el corazón y la simpatía del mundo descolonizado no blanco, de sus mercados y recursos. En 1952, el embajador de Estados Unidos en India, Chester Bowles, afirmaría en Yale que nada sería mejor para los intereses estadounidenses en Asia que «la armonía racial en la nación». No obstante, una vez que el ilustre general y veterano de la Segunda Guerra Mundial Dwight D. Eisenhower entró en la Casa Blanca, en 1953, hubo una discontinuidad con respecto a la Doctrina Truman, sobre los derechos civiles. La discriminación racial dejaría de considerarse un problema social para pasar a ser un fracaso de la sensibilidad individual. Eisenhower aleccionó al país al afirmar que la solución no residía en la fuerza, sino en la «persuasión, impulsada con honestidad», y en el «despertar decidido de las conciencias». Esta quimera permitió al astuto Eisenhower conciliar a los lectores norteños de An American Dilemma y a los sureños de Take Your Choice.[24]

Antes de que Truman dejara el cargo, el Departamento de Justicia llegó a emitir un comunicado más sobre un caso de desegregación ante el Tribunal Supremo de Estados Unidos, una combinación de cinco demandas de la NAACP contra una serie de centros educativos segregados de Kansas, Carolina del Sur, Virginia, Delaware y Washington D. C. «Es en el contexto de la pugna en el mundo actual entre libertad y tiranía que hay que entender el problema de la discriminación racial», expresaba el comunicado en apoyo de la desegregación. El 8 de diciembre de 1953, el tribunal escuchó por segunda vez los alegatos orales del caso de Brown contra la junta escolar de Topeka. Eisenhower invitaría a una cena en la Casa Blanca al recién nombrado presidente del Tribunal Supremo, Earl Warren, quien se sentaría junto al eminente abogado y defensor de los segregacionistas John Davis, alguien a quien el presidente elogiaba sin parar, calificándolo como «un gran hombre». Mientras se dirigían a la mesita del salón, Eisenhower le comentó a Warren que podía entender que la gente del Sur quisiese asegurarse de que «sus cándidas niñas no se tengan que sentar en el colegio con uno de esos jabatos negros».[25]

El 17 de mayo de 1954, el juez presidente Warren, en el dictamen emitido por la decisión unánime del Tribunal Supremo, se mostraba, en cierto modo, de acuerdo con los tribunales de instancias inferiores en que los centros educativos del Sur ya habían sido «igualados o estaban en vías de hacerlo». Por consiguiente, para el Tribunal Supremo lo que había en juego en el caso de Brown contra la junta escolar era el impacto psicológico que los centros educativos separados tenían en los niños negros. A la pregunta de por qué las personas negras no estaban asimiladas y las disparidades raciales aún persistían, Warren había encontrado una respuesta en la literatura disponible en ciencias sociales, gracias a un reciente aluvión de artículos que trataban el tema. Puesto que la teoría de que la esclavitud había deformado a los negros ya no se podía sostener a principios de los años cincuenta, los asimilacionistas comenzaron a invocar la de que la segregación deformaba a los negros. En ese sentido, citaban el famoso experimento de las muñecas llevado a cabo por los psicólogos Kenneth Clark y Mamie Clark, así como toda una serie de libros de divulgación sobre el tema, como *The Mark of Oppression*, de 1951, escrito a cuatro manos por dos psicoanalistas. La discriminación y la separación de las razas, defendían los asimilacionistas, habían estado teniendo un efecto terrible en las personalidades y la autoestima de los negros.[26]

En su dictamen sobre el caso Brown, el juez presidente Warren invocaba precisamente el experimento de las muñecas como una prueba del impacto negativo de la segregación en las personas negras. Se sentía lo suficientemente seguro de ello como para escribir: «Separarlos [a los niños de color] de otros niños de edades y aptitudes similares solo por el criterio de la raza les genera un sentimiento de inferioridad, como si su posición en la comunidad les afectase tanto en el corazón como en la mente, de un modo que es poco probable que se pueda revertir»; en resumen, «la segregación de los centros públicos tiene un efecto nocivo en los niños de color». Warren conjeturaba, además, que tendería a retrasar «su educación y su desarrollo mental» y a privarles de «algunas de las ventajas de las que se beneficiarían en un sistema educativo racialmente integrado [...]. Nuestra conclusión es que, en el terreno de la educación pública, no ha lugar a la doctrina de "separados pero iguales". Unas instalaciones educativas separadas son intrínsecamente desiguales».[27]

En esencia, lo que Warren ofrecía en este caso histórico era una opinión racista, a saber, la de que separar las instalaciones educativas de los negros era intrínsecamente desigual porque, en tal caso, dejaban de estar expuestos a los estudiantes blancos. El problema asimilacionista de Warren condujo, durante la siguiente década, a una solución de igual cariz para desegregar los centros educativos estadounidenses, la cual no consistió en otra cosa que forzar a los niños de los centros educativos negros a desplazarse en los autobuses de los centros educativos blancos, intrínsecamente superiores. Rara vez un niño blanco cogió el autobús de un centro negro. En los años setenta, la oposición a este tipo de prácticas había ido aumentando entre los padres blancos y segregacionistas desde Boston hasta Los Ángeles, quienes dedicaban a los reformistas toda clase de improperios racistas. Por su parte, los padres negros y antirracistas exigían que este proceso se llevase a cabo en ambos sentidos, o bien que se reasignasen los recursos para destinar una parte de la sobrefinanciación de los centros blancos a los necesitados centros negros. A este tipo de propuestas antirracistas se opusieron tanto los segregacionistas como los asimilacionistas, quienes parecían asumir, como el Tribunal Supremo, que unos colegios de mayoría negra nunca podrían alcanzar el nivel de los colegios de mayoría blanca.

No hubo muchos estadounidenses que se dieran cuenta de inmediato del razonamiento asimilacionista que subyacía a la decisión sobre el caso Brown, pero Zora Neale Hurston sí que lo hizo. Tenía entonces sesenta y cuatro años y vivía en Florida. A pesar de su decadencia literaria, estaba más mordaz que nunca. «Si no hay colegios negros apropiados en Florida y la calidad sobra en los blancos, si esta es intrínseca e inmutable, imposible de emular en ningún otro sitio, entonces tendré que ser la primera en insistir en que se permita a los niños negros de Florida compartir este regalo —escribiría en el *Orlando Sentinel*—. Pero si resulta que hay colegios negros y tanto profesores como programas adecuados, entonces no hay nada diferente, a excepción de la presencia de gente blanca. Por eso la resolución del Tribunal Supremo de Estados Unidos me parece insultante, antes que una dignificación de mi raza». Haciendo un llamamiento a los líderes de la lucha por los derechos civiles, calificó como un contrasentido vocear el orgullo de raza y la igualdad, y, al mismo tiempo, desdeñar a «los profesores negros y la asociación mutua». Circularon muchísimas copias del escrito de Hurston, y tanto los segregacionistas como los antirracistas lo encomiaron, de manera que solo despertó las iras de los asimilacionistas.[28]

A pesar de estar cimentada en razonamientos racistas —aunque hay que tener en cuenta que mucha gente no leyó en realidad el dictamen de Warren—, el efecto de aquella decisión emblemática, que pasó a superar en importancia a la del caso Plessy contra Ferguson, hizo que muchas personas negras se sintieran dignificadas. «He visto ocurrir lo imposible», escribió W. E. B. Du Bois. Los propagandistas de la USIA estaban tan entusiasmados como la gente negra. Al cabo de una hora de su anuncio, la radio pública nacional, Voice of America, radiotransmitió la noticia a Europa del Este. Llovieron los comunicados de prensa en multitud de idiomas. La decisión «encaja a la perfección en los repetidos ataques frontales de la Administración Eisenhower al comunismo internacional», tuvo que limitarse a declarar el Comité Nacional Republicano el 21 de mayo de 1954, ya que Eisenhower se negaba a respaldar la sentencia.

En el Sur de las leyes Jim Crow, James Eastland, senador por Mississippi, juró en una arenga a las tropas que el Sur «ni tolerará ni obedecerá una decisión legislativa adoptada en un tribunal». La resistencia segregacionista surgió tan rápido y fue tan poderosa que, cuando llegó el momento de que el Tribunal Supremo hiciese efectiva la decisión sobre el caso Brown, en 1955, por primera vez en la historia de Estados Unidos los miembros del tribunal terminaron por defender el derecho constitucional y, al mismo tiempo, «postergar su puesta en práctica hasta encontrar un momento más propicio», lo que puso furiosos a Du Bois y otros activistas. Aun así, los segregacionistas del Sur cerraron filas para organizar una «resistencia masiva» mediante la violencia y las ideas racistas. Por lo visto, les preocupaba más defender su marca de «separados pero iguales» ante el conjunto de Estados Unidos que defender la marca de la libertad estadounidense ante el resto del mundo.[29]

29

Resistencia masiva

La víctima más célebre de lo que acabó conociéndose como la «resistencia masiva» a la desegregación fue Emmett Till, de catorce años, asesinado el 28 de agosto de 1955 por silbarle a una mujer blanca en Mississippi, a manos de una jauría humana que lo apaleó de forma tan despiadada que ni siquiera podía reconocérsele el rostro, como pudieron comprobar los asistentes a su funeral, oficiado en su Chicago natal, durante el cual el ataúd permaneció abierto. Las terribles fotografías circularon y enfurecieron al conjunto de la comunidad negra. El 12 de marzo de 1956, diecinueve senadores y setenta y siete miembros de la Cámara de Representantes firmaron un manifiesto desde el Sur en el que se oponían a la decisión adoptada en el caso de Brown contra la junta escolar porque sembraba «el odio y la sospecha donde antes reinaban la amistad y el entendimiento». El Klan reclutó a nuevos miembros, y los segregacionistas de la élite procedieron a formar consejos de ciudadanos blancos. Los centros educativos del Sur aseguraron que los libros de texto proporcionarían a los estudiantes «cuentos para dormir», como los llamó el historiador C. Vann Woodward, cuyo mensaje fuera similar al de *Lo que el viento se llevó*.

Pero el movimiento por los derechos civiles no se detuvo. De hecho, W. E. B. Du Bois se quedó pasmado al saber del boicot a los autobuses de Montgomery, durante el año electoral de 1956. No fueron la organizadora inicial del boicot, Jo Ann Robinson, una profesora de la Universidad Estatal de Alabama, ni sus protagonistas, una serie de empleadas del hogar negras, quienes lo sorprendieron. Cualquier estudiante serio del activismo negro sabía que era habitual que las mujeres actuasen como fuerza motriz. Quien lo asombró, sobre todo, fue el adalid del boicot, un reverendo baptista de veintisiete años. ¿Era posible que fuese también un activista radical? A Du Bois jamás se le había pasado por la cabeza que sus ojos de ochenta y ocho años viviesen para ver a un pastor como Martin Luther King Llegó a enviarle un mensaje de apoyo, al que King respondió agradecido. Había leído los libros de Du Bois y llegó a calificarlo como «un gigante intelectual» que había conseguido ver por entre «la bruma venenosa de las mentiras de la inferioridad [de la gente negra]». Du Bois, por su parte, enviaría una nota al periódico indio *Gandhi Marg* en la que aseguraba que, por su enérgico compromiso con la desobediencia civil no violenta, King podría ser el Mahatma Gandhi estadounidense.[1]

Otro de los intelectuales favoritos de King publicaría el libro más controvertido de 1957, quizá de toda la década. Haciendo gala de un racismo de género tan patente como su racismo histórico, en *Black Bourgeoisie* E. Franklin Frazier presentaba a las mujeres blancas como más hermosas y sofisticadas que las negras, a las esposas negras como más dominantes y a los maridos negros como «impotentes física y socialmente». «La esclavitud constituyó un sistema bárbaro y cruel que acabó por aniquilar a los negros en cuanto que personas», mantenía Frazier, una teoría que recordaba a las tesis racistas del historiador Stanley Elkins en su éxito de ventas *Slavery. A Problem in American Institutional and Intellectual Life*, de 1959. Con todo, Frazier había superado su racismo cultural. Los libros populares de ciencias sociales sobre los efectos psicológicos de la discriminación que habían moldeado el dictamen sobre el caso Brown también recompusieron las antiguas ideas de Frazier sobre la asimilación como progreso psicológico, y por entonces este creía que la asimilación era, en realidad, una regresión. Mantenía que no había grupo de la comunidad negra que sostuviese con más firmeza las ideas asimilacionistas que la burguesía, la cual trataba de «desprenderse de cualquier [...] reminiscencia de sus orígenes negros».[2]

Frazier no sonaba muy diferente de lo defendido por los ministros de la Nación del Islam de Elijah Muhammad, aparecida a finales de los años cincuenta, con sede en Chicago y en pleno auge. «Ellos no van a dejaros ser blancos y vosotros no queréis ser negros —le gustaba decir al nuevo ministro de la Nación del Islam en Harlem, hijo de garveyistas y antiguo presidiario—. No queréis ser africanos y no podéis ser estadounidenses [...]. ¡Estáis en muy mala posición!». Mike Wallace, de la CBS, pondría a Malcolm X y a la Nación del Islam bajo la atención de millones de ciudadanos en el sensacionalista documental de televisión de cinco capítulos *The Hate that Hate Produced. A Study of the Rise of Black Racism and Black Supremacy*, de 1959. Elijah Muhammad y sus ministros se oponían al asimilacionismo y, en lugar de ello, abogaban por la separación racial (no el supremacismo negro), con el argumento de que los blancos eran una raza inferior de demonios. Es irónico que los asimilacionistas tanto blancos como negros, empapados de odio y racismo por todo lo que fuera negro, condenaran a la Nación del Islam por estar empapada de odio y racismo por todo lo que fuera blanco.[3]

En *Black Bourgeoisie*, Frazier lanzaba contra la clase media negra el ataque más fulminante de la historia de las letras estadounidenses y sacaba al mercado un nuevo racismo de clase, el de la burguesía negra como inferior a la burguesía blanca, más irresponsable socialmente, mucho más compulsivamente consumista, más corrupta políticamente, más explotadora y más ridícula en sus «políticas de respetabilidad», por utilizar el término recientemente acuñado por la historiadora Evelyn Brooks Higginbotham. A pesar de excederse en su racismo de clase, o quizá precisamente por ello, el libro de Frazier tuvo una influencia importante en el movimiento por los derechos civiles e inspiró a la generación de Martin Luther King de jóvenes de clase media para desprenderse de lo que llamaba su apático «mundo de simulaciones».[4]

Esta poderosa fuerza de coraje juvenil, que poco a poco iba ganando en vigor, había de oponerse a la resistencia masiva del segregacionismo, la cual parecía engrosar sus filas aún más cada día que pasaba. Los segregacionistas habían desprovisto de todo poder efectivo a la Ley de Derechos Civiles, convirtiéndola en la práctica en papel mojado tras su aprobación, el 29 de agosto de 1957. El 4 de septiembre, el gobernador de Arkansas, Orval Faubus, desplegó a la Guardia Nacional para impedir que los «nueve de Little Rock» desegregaran el Instituto Central, desafiando así el mandato de los tribunales federales. Con las imágenes y grabaciones de las tropas gubernamentales defendiendo a la vociferante muchedumbre segregacionista circulando por todo el mundo, el episodio de Little Rock supuso un duro golpe a la marca de la libertad estadounidense.

«Nuestros enemigos se están regodeando en este incidente —gimoteaba Eisenhower en un discurso televisado en todo el país— y están utilizándolo para ofrecer una imagen distorsionada de la nación». Eisenhower y sus asesores estuvieron angustiados durante semanas, tratando de encontrar en vano una solución que mantuviera intactas a un tiempo su fuerza política en el Sur y la marca de la libertad de Estados Unidos en el exterior. El 24 de septiembre el presidente enviaría a las tropas federales para proteger a los estudiantes de Little Rock mientras entraban en el instituto, en lo que más tarde calificaría como «la acción más repugnante en sus ocho años en la Casa Blanca». Algunos activistas por los derechos civiles advirtieron el increíble poder que les otorgaban los cálculos tácticos de la Guerra Fría para poner en aprietos a Estados Unidos en lo relativo a la desegregación. Otros creían, esperanzados, que el dictado de Gunnar Myrdal se estaba haciendo realidad, es decir, que el movimiento por los derechos civiles estaba acabando con las ideas racistas.[5]

Du Bois, ya con noventa años, también tenía esperanza, aunque de otro modo. «A día de hoy, Estados Unidos mantiene una lucha contra el progreso internacional, el cual ha de encaminarse hacia el socialismo y oponerse al colonialismo», diría ante setecientos estudiantes y profesores de la Universidad Howard en abril de 1958. Más adelante, ese mismo año, una vez que le hubieron devuelto el pasaporte, Du Bois hizo una gira por Europa del Este, la Unión Soviética y la China comunista, donde tuvo el gusto de conocer al presidente Mao Tse-tung. Cuando este comenzó a referirse a la «psicología dañada» de los afroamericanos, mostrándose en sintonía con la ciencia social racista más reciente, Du Bois lo interrumpió. Los activistas solo se equivocaban cuando dejaban de luchar. «En eso coincido —respondió Mao—, y es algo que nunca habéis dejado de hacer».[6]

Martin Luther King tampoco había dejado nunca de luchar, pero Du Bois había cambiado de opinión acerca de él. A finales de 1959, decidió que, después de todo, no se trataba del Gandhi estadounidense. «Gandhi se entregó [a la no violencia], pero también siguió un programa [económico] positivo para compensar las consecuencias negativas de esa estrategia», afirmó Du Bois. En aquel momento, los críticos negros estaban atacando sin descanso la filosofía de la no violencia de King, y también había quienes llamaban la atención del adalid del movimiento por los derechos civiles acerca de sus persistentes ideas racistas. En 1957, este había recibido una carta con motivo de la columna que escribía para la revista *Ebony*, «Consejos para la vida». En ella King se preguntaba: «¿Por qué hizo Dios blanco a Jesús, cuando la mayoría de las personas del mundo no son blancas?». Para él, la respuesta era que «[Jesús] no habría llegado a ser importante si hubiese tenido la piel negra. Si consiguió llegar a tener la importancia que hoy tiene, fue gracias a que era blanco». ¿El predicador y activista más famoso de la nación rezaba a un Jesús blanco? Un lector «molesto» escribió una carta a *Ebony*. «Como usted, creo que el color de la piel no debería importar, sin embargo, no creo que Jesús fuera blanco —manifestaba—. ¿En qué se basa para asumir que lo era?». King, con las ideas racistas como único fundamento, no llegaría a responder.[7]

En otro orden de cosas, ni Du Bois ni él habían levantado nunca el pie del acelerador de la lucha, como tampoco lo habían hecho los universitarios. Así, cuatro novatos de la Universidad Agrónoma y Técnica Estatal de Carolina del Norte entraron en una tienda de Woolworths en Greensboro el 1 de febrero de 1960, ocuparon los asientos del mostrador donde servían la comida preparada, reservados para los blancos, y se quedaron ahí hasta la hora de cierre del establecimiento. En unos días, cientos de estudiantes de todos los campus e institutos de la zona estaban haciendo sentadas similares. Las noticias sobre estos actos no violentos llenaron las pantallas de todo el país, poniendo en marcha toda una oleada de sentadas que pretendían desegregar los establecimientos del Sur. «Por fin llegan los estudiantes al rescate», se regodeaba Du Bois, alentándolos. Hacia abril había en marcha setenta y ocho sentadas estudiantiles en comunidades sureñas y fronterizas, y se había creado el Comité Coordinador Estudiantil No Violento (SNCC, por sus siglas en inglés).[8]

Por cuanto los activistas por los derechos civiles mantenían la esperanza en que la atención que se les brindaba ejerciese una influencia sobre los candidatos presidenciales, acabaron por sentirse decepcionados. El aspirante demócrata a la presidencia, un apuesto senador por Massachusetts, habló tan poco como fue posible, tanto durante la campaña como en el primer debate televisado con motivo de las elecciones presidenciales. John F. Kennedy suscitó el entusiasmo de los activistas con su apoyo a la plataforma demócrata por los derechos civiles, pero también los decepcionó al nombrar a un dudoso detractor de este movimiento, el senador por Texas Lyndon B. Johnson, como vicepresidente.

Tanto Kennedy como su oponente republicano, Richard Nixon, evitaron posicionarse. Eran muchos los foros donde se debatía con pasión tanto sobre el movimiento por los derechos civiles como sobre el de la resistencia masiva, incluidas las comunidades académica y artística, que a su vez los agitaban aún más. En aquella época, Harper Lee, agente de reservas de una compañía aérea de Nueva York y escritora de ficción en sus ratos libres, tocó la fibra sensible de activistas y simpatizantes de los derechos civiles con una novela de factura brillante. La propia autora no esperaba que la historia de una joven que lidia con las relaciones raciales del Sur se convirtiera en un éxito de ventas instantáneo y perenne, ni mucho menos ganar el Premio Pulitzer de Ficción de 1961. *Matar a un ruiseñor*, en la que se narra la exitosa defensa que hace un abogado blanco de un hombre negro acusado de violar a una mujer blanca, se convirtió en *La cabaña del tío Tom* del movimiento por los derechos civiles, llamando la atención de millones de lectores sobre el conflicto racial y el increíble poder de las ideas racistas. El discurso más famoso de la novela, alabado por su antirracismo, pone en realidad de relieve su racismo subyacente. «Los ruiseñores no hacen otra cosa que música, para que nosotros la disfrutemos —le explica un vecino a la belicosa hija del abogado, Scout—. Por eso es un pecado matar a un ruiseñor». El ruiseñor constituye una metáfora de los afroamericanos. Aunque la novela transcurre en la década de los treinta, el rebosante activismo ya en marcha en esa época brillaba por su ausencia en *Matar a un ruiseñor*. Los afroamericanos aparecían como meros espectadores, que esperaban, mantenían las esperanzas y cantaban para su salvador blanco, agradecidos por el heroísmo moral del abogado, Atticus Finch. No ha habido una reliquia racista de la época del esclavismo más popular que la idea de que las personas negras han de ponerse en manos de los blancos para conseguir su libertad.[9]

No se puede decir que los activistas por los derechos civiles que participaban en las sentadas estuviesen aguardando a ningún salvador blanco. Una vez más, lo que sí esperaban muchos de estos estudiantes era que la nobleza de sus campañas no violentas removiera la conciencia moral de los estadounidenses blancos, quienes librarían a su vez a los negros del Sur de las políticas segregacionistas. Dicha estrategia socavaría la simpatía que sentía W. E. B. Du Bois por el movimiento por los derechos civiles. El que los activistas se dedicasen a desegregar negocios sureños que los negros con bajos ingresos difícilmente podían permitirse no le parecía progreso racial a Du Bois, quien se negaba a medirlo en función de los avances de las élites negras. Lo que él había estado esperando era que tomase forma un programa de carácter político-económico, algo como el decidido posicionamiento en contra de la pobreza que el investigador Michael Harrington adoptaría en su gran éxito *La cultura de la pobreza en los Estados Unidos*, de 1962. «Se ha levantado un muro de prejuicios que mantiene a los negros apartados de cualquier avance —escribió Harrington—. Cuantos más estudios tiene un negro, mayor es la discriminación económica que ha de soportar». El autor se valía de las estadísticas para demostrar que la persuasión por elevación no funcionaba. Es más, destacaba que «las leyes contra las personas de color se pueden derogar, pero permanecerá la pobreza, consecuencia histórica e institucionalizada de las diferencias de color». Por la época en que Harrington consiguió que la guerra contra la pobreza formara parte del proyecto demócrata, Du Bois había dejado el país.[10]

El 15 de febrero de 1961, solo unos días después de su noventa y tres cumpleaños, Du Bois había recibido una nota del presidente Kwame Nkrumah, en la que este le informaba de que la Academia de Ghana daría apoyo financiero a su *Encyclopedia Africana*, por la que llevaba tanto tiempo suspirando. Hacia finales de año ya estaba en el país africano. Pocos meses después sufría una infección de la próstata. Nkrumah asistió a la cena en casa de Du Bois por su noventa y cuatro cumpleaños, y cuando, en un momento dado, se disponía a marcharse, este le cogió la mano y le agradeció calurosamente que le hubiese dado la oportunidad de terminar sus días en suelo africano; después adoptó un semblante sombrío. «Os he fallado; me quedaré sin fuerzas antes de poder llevar a cabo nuestros planes para la enciclopedia. Perdonad a este anciano», dijo. Nkrumah se resistió, pero Du Bois fue perseverante. Su sonrisa rompió el lúgubre silencio, y Nkrumah se marchó con lágrimas en los ojos.[11]

Era a los dirigentes de las naciones descolonizadas como Kwame Nkrumah, amistosos con la Unión Soviética y críticos con el capitalismo y el racismo estadounidenses, a quienes los diplomáticos de Estados Unidos deseaban atraer (cuando no debilitar). Pero la respuesta del Sur a las protestas por los derechos civiles, de una violencia atroz, ponía en evidencia al país ante el mundo no blanco. En 1961 el presidente John F. Kennedy trató de encauzar las energías del movimiento alejándolo de las humillantes protestas de acción directa para acercarlo al registro electoral. También creó el Cuerpo de Paz, que, en teoría, se dedicaría a «mostrar a las nuevas naciones que los estadounidenses no son ningunos monstruos». Las universidades del Norte también estaban trabajando en el mismo sentido, abriendo poco a poco las puertas a los estudiantes negros. En lo que respecta al Sur, la Administración Kennedy enviaría tropas para desegregar la Universidad de Mississippi, algo que le valió el aplauso de la comunidad internacional, un resultado que no pasó desapercibido para JFK.[12]

La mayor parte de los estadounidenses no consideraba que los asimilacionistas fuesen racistas. No creían que la segregación en el Norte o las disparidades raciales fuesen un indicio de políticas racistas, y la avalancha de protestas antirracistas de 1963 por el empleo, la vivienda, la educación y la justicia, desde Boston hasta Los Ángeles, apenas sirvió para cambiar ese punto de vista. Los ojos de la nación, el mundo y la historia estadounidense permanecerían concentrados en la que supuestamente era la auténtica región racista, el Sur. El 14 de enero de 1963, George Wallace fue investido cuadragésimo quinto gobernador de Alabama. Tanto en cuanto que político como en cuanto que juez, se había estado oponiendo al Klan hasta perder las elecciones a gobernador contra el candidato cercano a este en 1958. «Bueno, chicos —dijo Wallace a su equipo tras la derrota—, ningún hijo de perra va a volver a meterme en el saco de los negros». Wallace se unía así a la fraternidad secreta de políticos ambiciosos que adoptaban una retórica racista popular que es probable que no profesasen en privado.[13]

The New York Times, las revistas Time y Newsweek, las principales cadenas de televisión y, en general, una multitud de medios de difusión acudieron a cubrir lo que los reporteros esperaban que fuese un discurso veteado con la polarización más abyecta. George Wallace no decepcionó al mostrar en público su nueva ideología. «Es de lo más pertinente que en la cuna de la Confederación, en el corazón mismo del gran Sur anglosajón, hagamos resonar hoy los tambores de la libertad, como lo han estado haciendo sin descanso nuestros ancestros antes que nosotros, generación tras generación, en el transcurso de la historia», declaró. Aquel que llamaba a repicar era solo uno de los dos manidos tambores de la libertad estadounidense, no el de la libertad frente a la opresión, sino el de la libertad para oprimir. «En nombre del pueblo más grandioso que jamás ha pisado la tierra —declamó— [...], yo digo: ¡segregación hoy!, ¡segregación mañana!, ¡segregación siempre!».[14]

Wallace se convirtió en el rostro del racismo estadounidense, cuando debería haber sido el de la segregación. Harper Lee, por su parte, debería haber reinado como la cara visible de la asimilación en el mundo literario, mientras que los sociólogos Nathan Glazer y Daniel Patrick Moynihan deberían haberlo hecho como los de la asimilación en el mundo de la investigación. En 1963, estos publicaron su exitoso libro *Beyond the Melting Pot. The Negroes, Puerto Ricans, Jews, Italians, and Irish of New York City*. Oscar Handlin, historiador de Harvard y ganador del Premio Pulitzer, escribió una reseña del libro para *The New York Times* en la que lo encomiaba por su tratamiento de los negros y lo consideraba «una corrección necesaria [y excelente] de muchas de esas generalizaciones que se caen por su propio peso». Esta afirmación es un buen ejemplo de las irreflexivas aseveraciones que los intelectuales del Norte dedicaron a la obra.[15]

Glazer y Moynihan, nacidos en Nueva York y formados en la ciencia social asimilacionista de la posguerra, se habían conocido mientras trabajaban para la Administración Kennedy en torno a problemas relacionados con la pobreza. *Beyond the Melting Pot* difundió una escala fundamentada en el racismo étnico —es decir, una jerarquía de grupos étnicos dentro de la jerarquía racial— en la que los judíos, trabajadores e inteligentes, se situaban por encima de los irlandeses, italianos y puertorriqueños, así como los caribeños estaban por encima de los «negros del Sur», debido a que se preocupaban más de «ahorrar, trabajar, invertir [y] formarse». Glazer firmaba el capítulo dedicado a los negros, en el que mantenía que «el periodo de protesta» vendría a ser desplazado por «una etapa de autoconocimiento y autoayuda» y explicaba que «los prejuicios, los bajos ingresos [y] una educación deficiente explican en gran medida [...] los problemas que afligen a tantos negros». En cuanto que asimilacionista, Glazer, rescatando a Frazier, atribuía dichos problemas tanto a la discriminación como a la inferioridad de los negros, en particular a la «débil» familia negra, la «herencia más grave» de la esclavitud. A partir del racismo histórico, daba un giro al racismo de clase de *Black Bourgeoisie*. A diferencia de otras, «la clase media negra contribuye muy poco [...] a la solución de los problemas sociales de los negros», dejó escrito. Y del racismo histórico y el racismo de clase pasaba asimismo al racismo cultural y político, para explicar por qué aquellas problemáticas persistían en la comunidad negra. «Los negros no son otra cosa que estadounidenses, ni más ni menos —mantenía—. No tienen valores ni cultura que preservar ni proteger». Así, criticaba a los negros por insistir «en que el mundo blanco lidie con sus problemas, porque ellos son en gran medida un producto estadounidense». La vivaz inventiva de Glazer presentaba a unas personas negras que insistirían en que «sus problemas no son suyos, sino de todo el mundo», y esto, según él, era «la clave de muchas de las cosas que ocurren en el mundo de los negros», que no estarían asumiendo la suficiente responsabilidad ante sus propios problemas.[16]

Es irónico que «la clave de muchas de las cosas que ocurren en el mundo negro» bien pudiera radicar en justo lo contrario de lo que proponía la fórmula de Glazer, es decir, en que los negros quizá hayan estado asumiendo demasiada responsabilidad por las dificultades que los acucian, de manera que quedaba en sus manos el no haber hecho lo suficiente para forzar al «mundo blanco» a poner fin a las fuentes discriminatorias de tales problemas. Los miembros de las élites negras, con la ayuda de la estrategia de la persuasión por elevación y de la convicción racista de que cada individuo negro era representativo de la raza —por lo que el comportamiento de cada una de las personas negras era en parte (o del todo) responsable de las ideas racistas—, habían estado ejerciendo como vigilantes unos de otros, así como del común de los negros y de la imagen mediática que de ellos se ofrecía, en un esfuerzo por asegurarse de que cada persona negra se presentaba de un modo admirable ante los blancos de Estados Unidos. Lo hacían bajo la asunción de que cada acción aislada que estos presenciasen vendría a confirmar o a desafiar los estereotipos, a beneficiar o perjudicar a la raza negra.

Beyond the Melting Pot aplaudía a los dirigentes de la Liga Nacional Urbana, la NAACP y el Congreso para la Igualdad Racial por su capacidad para presionar y por su activismo legal. Por el contrario, Glazer y Moynihan ni alababan ni tan siquiera mencionaban a la multitud de agrupaciones locales que ese mismo año de 1963 se estaban enfrentando en las calles, con uñas y dientes, a los segregacionistas; como tampoco aludían a los jóvenes miembros del Comité Coordinador Estudiantil No Violento de Mississippi, la presencia de Malcolm X en Harlem o la figura de Martin Luther King.

El 3 de abril de 1963, King ayudó a poner en marcha una oleada de protestas en Birmingham, hecho que provocó la ira de Eugene Conner, el Toro, jefe de policía y segregacionista implacable. Nueve días después, el día de Viernes Santo, ocho clérigos blancos de Alabama contrarios al segregacionismo firmaron una declaración pública en la que se exigía que cesasen aquellas protestas callejeras «precipitadas e inoportunas» y se llevase a los instigadores «ante los tribunales». Ese mismo día, Martin Luther King fue encarcelado y, desde su celda, leyó un comunicado en el que, empujado por los acontecimientos, hacía algo que rara vez había hecho. En su «Carta desde la prisión de Birmingham», que aquel verano se imprimió profusamente y circuló como un reguero de pólvora, King se dedicaba a responder a sus críticos. Atacaba no solo a los sacerdotes de Alabama, sino también a todos aquellos que habían aplaudido *Beyond the Melting Pot*. Así, confesaba que «casi» había «llegado a la triste conclusión de que el mayor escollo de los negros en el avance hacia la libertad» no estaba constituido por los segregacionistas, «sino [por] los blancos moderados [...], que no se cansan de decir: "Estoy de acuerdo contigo en la meta que persigues, pero no puedo estarlo en los métodos de acción directa que propones"; que, en su actitud paternalista, creen que pueden ser ellos quienes fijen el calendario para la libertad de otras personas». Para King, «cuando la injusticia impera en alguna parte, se trata de una amenaza para la justicia en todas partes».[17]

No se sabe si el ya enfermo W. E. B. Du Bois leyó la carta de King desde la prisión, pero, tal y como aquel había hecho en 1903 para luego lamentarlo, el predicador, en su misiva, mezclaba equivocadamente a dos grupos opuestos, los antirracistas que aborrecían la discriminación racial y los separatistas negros que aborrecían a los blancos, como era el caso de la Nación del Islam. Más adelante, King se distanciaría de ambos para hablar de una creciente división en el seno del movimiento por los derechos civiles. El número de jóvenes activistas que, curtidos en el fragor de la lucha, criticaban la no violencia de King y renegaban de los penosos esfuerzos de este para disuadir a los blancos de sus ideas racistas iba en aumento. En vez de ello, cada vez más prestaban oídos a los sermones de Malcolm X sobre la autodefensa, sobre la necesidad de desprenderse de las ideas asimilacionistas de los negros y de movilizar a los antirracistas para forzar el cambio. El 3 de mayo de 1963, todos estos jóvenes pudieron ver por televisión cómo los despiadados sabuesos del Toro Connor atacaban a los niños y adolescentes de la Birmingham negra; cómo las mangueras contra incendios les rompían los huesos, les arrancaban la ropa y los lanzaban contra las fachadas de los edificios, y cómo los agentes aporreaban sin misericordia a los manifestantes.

De hecho, el mundo entero estaba mirando, y la Agencia de Información de Estados Unidos comunicaría a Washington «el incremento de las reacciones adversas entre los ciudadanos» de todo el mundo «ante las hirientes imágenes de los perros y las mangueras contra incendios». Kennedy se reunió con sus consejeros de mayor confianza para discutir sobre «este asunto de importancia tanto nacional como internacional». Se acordó enviar a Birmingham a un asesor, Burke Marshall, para que colaborase en la elaboración de un acuerdo de desegregación que pusiese fin a las protestas. Kennedy también envió soldados para garantizar una desegregación pacífica de la Universidad de Alabama el 21 de mayo. El gobernador George Wallace montó un espectáculo para sus votantes al ponerse firme ante la entrada del centro y reprobar aquella «intrusión improcedente, indeseada y por la fuerza [...] del Gobierno central».

El Departamento de Estado tuvo que hacer horas extra cuando una serie de dirigentes africanos críticos con Estados Unidos se reunió en Etiopía con el objetivo de formar la Organización para la Unidad Africana. El secretario de Estado, Dean Rusk, envió una circular a los diplomáticos estadounidenses en la que se aseguraba que Kennedy estaba «plenamente al tanto de la influencia negativa que los problemas raciales internos tienen en la imagen de Estados Unidos fuera de sus fronteras, así como en la posibilidad de alcanzar los objetivos de la nación en materia de política exterior». Rusk adelantaba, además, que Kennedy emprendería «acciones decisivas».

El 11 de junio John F. Kennedy se dirigió a los ciudadanos —o, mejor dicho, al mundo— y alentó al Congreso a aprobar una legislación sobre derechos civiles. «Hoy, estamos comprometidos con una lucha a escala mundial para impulsar y proteger los derechos de todos los que desean ser libres —afirmó—. Preconizamos la libertad en todo el mundo, y lo hacemos de corazón». Los ojos de la nación y del mundo se posaron en los legisladores de Washington, quienes a su vez no apartaban los suyos de lo que ocurría en el mundo. Cuando el nuevo proyecto de ley de los derechos civiles llegó al Comité de Comercio del Senado, Kennedy pidió al secretario de Estado que encabezase el debate. La discriminación racial había «tenido un profundo impacto en cómo ve el mundo a Estados Unidos y, por lo tanto, en nuestras relaciones internacionales», atestiguaría Rusk. En su opinión, los nuevos pueblos no blancos independientes estaban «determinados a erradicar todo vestigio de la idea de que la raza blanca es superior o de que le están reservados ciertos privilegios por motivos raciales». En agosto de 1963, el 78 por ciento de los estadounidenses blancos pensaba que la discriminación racial había perjudicado a la reputación de Estados Unidos en el extranjero. Con todo, no había mucha gente dentro de la Administración Kennedy —ni, en realidad, fuera de ella— dispuesta a admitir que la creciente oleada de apoyos a Washington por una legislación fuerte sobre los derechos civiles tenía más que ver con el deseo de ganar la Guerra Fría en África y Asia que con ayudar a los afroamericanos. Los segregacionistas del Sur sí que sacaban a colación dichos intereses en el exterior para hacer oposición. Por ejemplo, el senador por Carolina del Sur Strom Thurmond se negaba a «aceptar una medida concreta por la propaganda comunista que pueda generar el no hacerlo», como le espetó a Rusk.[18]

La introducción por parte de Kennedy de la legislación de los derechos civiles no detuvo el ímpetu de la Marcha sobre Washington por el Trabajo y la Libertad, esperada durante tanto tiempo. Aunque lo habían organizado una serie de grupos por los derechos civiles, la Administración Kennedy controlaba el acontecimiento a fin de evitar actos de desobediencia civil. Los asesores de Kennedy aprobaron la lista de oradores y discursos, en la que no había una sola mujer negra ni tampoco estaban James Baldwin o Malcolm X. El 28 de agosto, cerca de doscientos cincuenta mil activistas y reporteros de todo el mundo marcharon desde el monumento a Lincoln hasta el monumento a Washington. Antes de que el equipo de Kennedy leyese alborozado el informe de la USIA en el que se decía que un gran número de periódicos extranjeros habían podido comparar las «garantías» de las que disfrutaba el derecho a manifestarse «en una sociedad libre» con «la censura despótica practicada por la URSS»; antes de que King pusiese el broche final a la ronda de discursos aprobados por el Gobierno con el enardecedor e imborrable sueño antirracista que había tenido, según el cual unos niños vivirían algún día «en una nación en la que no se les juzgará por el color de la piel, sino por la fuerza de su carácter»; antes también de que Mahalia Jackson cantara ante una deslumbrante multitud de pancartas y cámaras de televisión antes de todo aquello, Roy Wilkins, de la NAACP, llegó con malas noticias.

El día anterior, W. E. B. Du Bois había muerto en Ghana mientras dormía. «Con independencia de que, en los últimos años, el doctor Du Bois hubiese escogido un camino diferente —manifestó Wilkins—, es innegable que, en los albores del siglo XX, fue la voz que nos llamó a reunirnos hoy aquí, por esta causa». El experto periodista y dirigente de la NAACP decía la verdad. De hecho, el joven Du Bois había propugnado tal encuentro con la esperanza de persuadir a millones de las almas humildes del pueblo negro y de granjearse su simpatía. Y era cierto que el viejo Du Bois había elegido un sendero diferente, la menos transitada senda antirracista, con el fin de empujar a millones de ciudadanos a que aceptasen la igualdad de las almas del pueblo negro. Se trataba del mismo camino, el de la desobediencia civil, que los jóvenes manifestantes del

Comité Coordinador Estudiantil No Violento y el Congreso para la
Igualdad Racial habrían deseado para la Marcha sobre Washington, el
mismo que una joven birminghense de Dynamite Hill ya estaba reco-
rriendo y nunca abandonaría. Roy Wilkins no insistió en esa diferencia.
Observó a la fulgurante multitud de la Marcha sobre Washington y, solemne, pidió un minuto de silencio en honor de los noventa y cinco años
de lucha de un hombre.[19]

QUINTA PARTE

Angela Davis

30

La Ley de Derechos Civiles

Los veraneantes ya habían dejado los llamativos casinos en primera línea de mar de Biarritz cuando llegó ella para cursar su tercer año de estudios universitarios en el marco del Programa Francia. Había venido desde muy lejos, desde su ciudad natal de Birmingham y el campus de la Universidad Brandeis a las afueras de Boston. El 16 de septiembre de 1963, Angela Davis llegó con sus compañeros de clase a Biarritz y hojeó un *Herald Tribune*. Se fijó en un titular sobre la muerte de cuatro chicas por el estallido de una bomba en una iglesia. Al principio le pasó por alto, pero enseguida se dio cuenta. Se detuvo y cerró los ojos con incredulidad mientras sus compañeros, confusos, la miraban. Señaló el artículo. «Las conozco —balbuceó—. Son amigas mías». Evitando a sus compañeros de clase y sus condolencias de rigor, Davis siguió mirando con tristeza e ira esos nombres tan familiares. Cynthia Wesley. Carole Robertson. Carol Denise McNair. Addie Mae Collins.

La única chica muerta a la que Angela Davis no conocía personalmente era Addie Mae. La madre de Angela, Sallye, había sido maestra de Denise en primer grado. Las familias Robertson y Davis habían sido buenas amigas desde siempre, según ella recordaba. Los Wesley vivían a la vuelta de su casa, en el empinado barrio de Birmingham en el que creció Angela.[1]

Angela tenía cuatro años cuando sus padres, Sallye y B. Frank Davis, se habían integrado en ese barrio en 1948. Las familias blancas empezaron a irse de allí a medida que llegaban familias negras. Algunas se quedaron y opusieron una resistencia violenta. A raíz de las bombas que los resistentes blancos ponían en las casas de los negros, con frecuencia se llamaba al barrio Dynamite Hill, la «colina de la Dinamita».

Pero las bombas no desalentaron a los padres de Angela, en especial a su madre. Sallye Davis había sido una de las cabezas visibles del Congreso de Jóvenes Negros del Sur, una organización marxista antirracista que había protestado contra la explotación económica y la discriminación racial a finales de la década de 1930 y en la de 1940, y que se había granjeado la admiración de W. E. B. Du Bois. En Dynamite Hill, Sallye y su esposo criaron a Angela con una dieta constante de ideas anticapitalistas y antirracistas. Así, cuando Angela llegó al primer grado se vio sorprendida por las desigualdades a la hora de comer; niños hambrientos que no tenían suficiente comida se veían obligados a quedarse mirando cómo otros niños comían. Al igual que su madre, Angela compartía su comida con los niños que tenían hambre. Creció detestando la pobreza que la rodeaba, también la de las ideas asimilacionistas, y pronto tomó la decisión de que «nunca, de forma categórica, albergaría o expresaría el deseo de ser blanca».[2]

En el otoño de 1959 se arriesgó a ir al Norte para estudiar en un instituto integrado de Manhattan, donde sus profesores de historia orientarían sus ideas hacia el socialismo. Se unió a una organización juvenil llamada Advance y se manifestó delante de una sucursal de los grandes almacenes Woolworths en solidaridad con la avalancha de sentadas que tuvieron lugar en el Sur en la primavera de 1960. Davis se quedó en el Norte y se matriculó como uno de los escasos estudiantes negros de la Universidad Brandeis en 1961. Tenía la intención de proseguir con su activismo, pero los activistas blancos del campus de Brandeis la apartaron. «Parecía que estuvieran decididos a ayudar a los "pobres y miserables negros" a ser iguales, y yo simplemente creía que no merecía la pena que fuésemos iguales a ellos», recordaba.[3]

Davis encontró otras válvulas de escape. Asistió al VIII Festival Mundial de la Juventud y los Estudiantes celebrado en Helsinki, Finlandia, en el verano de 1962. Cuando uno de sus autores favoritos llegó a Brandeis para dar una conferencia en octubre de aquel año, Davis se hizo con un asiento en la primera fila. James Baldwin iba a publicar en 1963 su luminoso libro para activistas, en el que criticaba las ideas a favor de la integración, la persuasión y la no violencia del movimiento por los derechos civiles. Tituló a su manifiesto *The Fire Next Time*, con un epígrafe en el que citaba un espiritual afroamericano para poner el título en contexto: «Dios dio a Noé el signo del arcoíris, / ¡ya no más agua; la próxima vez, el fuego!».[4]

Las noticias sobre la crisis de los misiles de Cuba pusieron fin de forma prematura a la conferencia de Baldwin. Más adelante daría, sin embargo, una conmovedora charla en una manifestación contra la guerra organizada precipitadamente en el campus de Brandeis. Davis estaba allí, escuchando con atención a Baldwin, y luego hizo lo propio con Herbert Marcuse, el sofisticado filósofo marxista de Brandeis que se convertiría en su mentor intelectual, como lo estaba siendo de la «Nueva Izquierda» que por entonces se estaba organizando con rapidez. Davis siguió prestando atención cuando otro de los destacados mentores de la juventud de la década de 1960 fue a hablar a Brandeis. Davis no podía verse reflejada en el menosprecio religioso de Malcolm X hacia los blancos, pero «quedó fascinada —diría más adelante— por su descripción de la forma en que las personas negras habían interiorizado la inferioridad racial que una sociedad blanca supremacista nos había impuesto».[5]

En su tercer año Davis había ido a estudiar a Francia, pero la tragedia del asesinato de las cuatro chicas la devolvió a Dynamite Hill. Davis no vio el atentado de la iglesia de Birmingham como un incidente aislado que hubieran llevado a cabo extremistas blancos del Sur. «El desmembramiento salvaje de cuatro chicas fue un suceso espectacular, violento, que sobresalía de la rutina diaria, a veces aburrida, de la opresión racista», afirmó. Pero los compañeros de clase de Davis en Francia, adoctrinados por la mitología del Norte antirracista y el Sur racista, se negaron a aceptar su tenaz análisis de que «todo el estrato gobernante de su país, al ser culpable de racismo, era también culpable de aquel crimen».[6]

Angela Davis, que contaba por entonces diecinueve años, no era en absoluto la única que hacía aquel análisis de las relaciones raciales en Estados Unidos. Los asesinatos de Birmingham pusieron al descubierto la resistencia masiva al movimiento por los derechos civiles y la descarnada fealdad del racismo en el país. Mientras la brutalidad hacía que en el mundo en descolonización se lanzasen miradas de reprobación hacia Estados Unidos, se elevó el listón de la legislación en materia de derechos civiles para garantizar la «marca libertad» de Norteamérica, lo cual obligó al presidente Kennedy a tomar cartas en el asunto. Este hizo público su «profundo sentimiento de indignación y pesar» por el atentado de Birmingham y ordenó una investigación, lo que hizo que sus índices de aprobación en el Sur se hundieran. Kennedy trató de aumentarlos dos semanas más tarde con un viaje a Dallas. Nunca regresaría a Washington.[7]

El 27 de noviembre de 1963, dos días después del entierro de JFK, el trigésimo sexto presidente de Estados Unidos enterraría los persistentes temores mundiales a que la legislación por los derechos civiles hubiera muerto con Kennedy. «Ninguna oración o alabanza conmemorativas podría honrar de un modo más elocuente la memoria del presidente Kennedy que la aprobación, a la máxima brevedad posible, de la Ley de Derechos Civiles por la que él luchó durante tanto tiempo», declaró Lyndon Baines Johnson en el Congreso. Los derechos civiles no ocupaban precisamente el primer puesto de los planes de Kennedy, pero los activistas y los diplomáticos suspiraron aliviados.[8]

El 26 de marzo de 1964, Martin Luther King y Malcolm X asistieron como espectadores al debate sobre la Ley de Derechos Civiles y se reunieron por primera vez —y única, que se sepa— en el Capitolio. Malcolm había sido expulsado hacía poco de la corrupta Nación del Islam. Cuando abandonó Washington, empezó a advertir a los racistas norteamericanos acerca de su ultimátum, «voto o bala». En una iglesia de Detroit, el 12 de abril de 1964, Malcolm expuso su plan para el voto en lugar de la bala: presentarse ante Naciones Unidas para acusar a Estados Unidos de violar los derechos humanos de los afroamericanos. «Decidme ahora cómo es posible que las súplicas de todas las personas del mundo lleguen a los auditorios de Naciones Unidas —dijo Malcolm con voz atronadora— ¡y tener al mismo tiempo a veintidós millones de afroamericanos cuyas iglesias están siendo voladas en pedazos, cuyas niñas están siendo asesinadas, cuyos líderes están siendo tiroteados a plena luz del día!». Y Estados Unidos aún tenía «la osadía o el descaro de alzarse y presentarse como el líder del mundo libre [...] con la sangre de vuestras madres y vuestros padres, y los míos, en sus manos, con la sangre goteando de sus fauces como un lobo salvaje».[9]

Al día siguiente del discurso de Detroit, Malcolm, que era musulmán, se embarcó en un avión para hacer el obligatorio *hajj* a La Meca. Tras toda una vida en el escenario del racismo estadounidense, que se inició con el linchamiento de su padre, en ese viaje Malcolm X vio por primera vez «todos los colores, desde rubios de ojos azules hasta africanos de oscura piel», interactuando como iguales. La experiencia le hizo cambiar. «El verdadero islam me ha enseñado que acusar en general a todos los blancos es tan erróneo como cuando los blancos acusan en general a los negros», dijo. A partir de aquel momento se enfrentó a los demonios racistas, fuera cual fuese el color de su piel. A pesar de que los medios de comunicación norteamericanos se hicieron eco de este cambio, Malcolm X siguió siendo descrito como alguien que odiaba a los blancos.[10]

Malcolm volvió a Estados Unidos el 21 de mayo, durante la sesión de filibusterismo más larga de la historia del Senado: cincuenta y siete días. Los senadores que habían impulsado esta sesión estaban tratando de detener la Ley de Derechos Civiles de 1964. En un segundo plano, quienes apoyaban la ley acordaron declarar ilegal cualquier discriminación que se produjera en el futuro, pero no lograron ponerse de acuerdo sobre la discriminación de tiempos pasados. Los antirracistas exigieron que las disposiciones de la ley en favor de un empleo justo eliminasen los derechos de antigüedad establecidos para los trabajadores blancos. Los asimilacionistas se mostraron reacios a la idea, mientras que los segregacionistas trataron de convertir la demanda en una cuestión fundamental. Los segregacionistas sabían que los norteamericanos blancos solían oponerse al reconocimiento de los beneficios acumulados debido a la discriminación de antaño, y en el mercado de trabajo esos beneficios se expresaban en forma de antigüedad. Pero los poderosos asimilacionistas que apoyaban la ley eran inflexibles; esta no debía afectar a los derechos de antigüedad de los blancos. «Creemos que una forma de injusticia no se puede ni se debe corregir con la creación de otra», dijo el abogado del sindicato AFL-CIO Thomas E. Harris. ¿Igualar las medidas que corregían desigualdades mediante medidas que creaban desigualdades? Era tan ridículo como igualar el daño del crimen con el daño del castigo.[11]

Harris creía que arrebatarles la antigüedad «sería injusto para los trabajadores blancos» que llevaban años acumulando antigüedad en sus empleos. Sin embargo, no hacerlo sería igualmente injusto para los trabajadores negros que habían sido discriminados durante el mismo tiempo. No abordar el problema de la antigüedad (y la discriminación del pasado) «sería como pedirles a los negros que participasen en la carrera de los cien metros lisos cuarenta metros por detrás de la línea de salida», razonó el asesor jurídico del Congreso de Igualdad Racial (CORE, por sus siglas en inglés), Carl Rachlin. Pero eso era en gran medida lo que los redactores de la Ley de Derechos Civiles de 1964 estaban exigiendo a los negros. Y cuando estos perdieron la carrera y las disparidades raciales persistieron, los racistas pudieron echarle la culpa a la supuesta lentitud de los negros en lugar de a la ventaja inicial de los privilegios acumulados por los blancos.[12]

Así pues, al igual que sirvió para levantar un dique de contención contra las políticas Jim Crow, la Ley de Derechos Civiles también abrió

las compuertas para que fluyeran nuevas ideas racistas, incluida la más
racista hasta entonces, la mencionada anteriormente, que hacía caso omiso de la ventaja inicial de los blancos y daba por hecho que la discriminación ya había sido eliminada, que la igualdad de oportunidades se había
impuesto y que, como los negros seguían perdiendo la batalla, las disparidades raciales y las derrotas continuas debían de ser culpa suya. Las
personas negras debían de ser inferiores y las políticas de equiparación,
como la eliminación o reducción de la superioridad jerárquica por antigüedad de los blancos o la instauración de políticas de discriminación
positiva, debían de ser injustas e ineficaces. La Ley de Derechos Civiles
de 1964 logró al mismo tiempo impulsar el progreso racial y el racismo.

Las palabras más transformadoras de la ley de 1964 eran las que le-
gislaban contra la «voluntad de discriminar» de forma clara y obvia, como
las políticas públicas segregacionistas del Sur. Pero ¿y los discriminadores
del Norte con políticas privadas que hacía tiempo que mantenían marginados a los negros? ¿Y los que seguían segregando las ciudades del
Norte, creando, manteniendo e incrementando las desigualdades raciales
en materia de riqueza, vivienda y educación? Si las personas del Norte
que apoyaban la ley definían el racismo de las políticas por sus resultados
públicos en lugar de por sus intenciones públicas, iban a tenerlo complicado para seguir manteniendo el mito del Norte antirracista y el Sur
racista. Al no centrarse ante todo en los resultados, los discriminadores
no tenían más que privatizar sus políticas públicas para esquivar la Ley de
Derechos Civiles. Y eso fue exactamente lo que hicieron.

Aunque los congresistas eran conscientes de estas fuerzas privatiza-
doras, optaron por no prohibir de manera explícita las políticas raciales
aparentemente neutrales, pero que tenían resultados públicos discriminatorios a raíz de las disparidades raciales. A instancias de los segregacionistas, el Congreso proporcionó en realidad los medios para el avance del
racismo. El apartado 703(h) del título VII permitía a los patronos «solicitar pruebas de capacidad desarrolladas por profesionales y actuar en función de los resultados». Aunque los eugenistas habían sido apartados de
la corriente de pensamiento mayoritaria en Estados Unidos, los miembros del Congreso y sus electores habían aceptado por completo que sus
test estandarizados tenían la capacidad de evaluar algo que no existía, la
inteligencia general. En el ámbito laboral, en la educación y en otros
muchos sectores de la sociedad, los funcionarios podían aducir los resultados de los test y afirmar que no tenían la intención de discriminar,

mientras que para los estadounidenses racistas las diferencias raciales en las puntuaciones —la llamada «brecha de rendimiento»— indicaban que el problema lo tenían los negros que hacían los test, no los propios test.[13]

La Ley de Derechos Civiles de 1964 fue la primera legislación importante sobre la materia desde la Ley de Derechos Civiles de 1875. Declaraba ilegal la discriminación por motivos de raza, color, religión, sexo u origen nacional en los organismos y las instalaciones gubernamentales, así como en la vivienda, la enseñanza y el empleo públicos; establecía una estructura federal para garantizar el cumplimiento de la ley y capacitaba a las víctimas de la discriminación para demandar, y al Gobierno para retener fondos federales, a los infractores. Horas después de ratificar la ley con su firma, el 2 de julio de 1964, el presidente Johnson apareció ante las cámaras de televisión para escenificar el «ideal de libertad» estadounidense ante los descreídos de Los Ángeles, Lagos y Lhasa. «Hoy, en distantes lugares de continentes remotos —anunció—, los ideales de aquellos patriotas norteamericanos siguen dando forma a la lucha de los hombres que ansían la libertad».

Malcolm X tenía otro punto de vista sobre la Ley de Derechos Civiles, uno que se hacía eco de los pensamientos de jóvenes mentes antirracistas como la de Angela Davis. Si el Gobierno era incapaz de hacer cumplir las leyes ya existentes, preguntó en la conferencia de la Organización para la Unidad Africana celebrada en 1964, «¿cómo podía alguien ser tan ingenuo como para creer que podía hacer cumplir las disposiciones adicionales que traiga consigo la Ley de Derechos Civiles?».[14]

La aprobación de la Ley de Derechos Civiles apenas afectó a las posibilidades de Lyndon B. Johnson de ser reelegido durante aquel año electoral. Sin embargo, Johnson se enfrentó al inverosímil desafío del gobernador de Alabama, George Wallace, con vistas a su nominación como candidato demócrata. Después de adoptar una postura pública a favor de la segregación el año anterior, Wallace había recibido más de cien mil cartas de apoyo, sobre todo de personas del Norte. Wallace se dio cuenta, como declaró ante el periodista de la NBC Douglas Kiker, de que «todos odian a las personas negras [...]. ¡Exacto! [...] ¡Todo Estados Unidos es sureño!».[15] Durante su campaña, George Wallace sonó más como el candidato del Partido Republicano que Johnson. La nominación a la presidencia del senador por Arizona Barry Goldwater indicó su ascenso por encima del movimiento conservador en la política norteamericana, impulsado por su libro *The Conscience of a Conservative*, de 1960, que se elevó al primer puesto de las listas de ventas. Goldwater inspiró a millones de demócratas a convertirse en republicanos, incluida la estrella de Hollywood Ronald Reagan. El panfleto de Goldwater actuó como un catalizador para los estadounidenses que habían dejado de necesitar (o que no habían precisado nunca) la ayuda del Gobierno. La beneficencia «transforma al individuo, que de constituir un ser espiritual digno, trabajador y autosuficiente pasa a convertirse en una criatura dependiente sin que él mismo se dé cuenta», escribía Goldwater sin ofrecer la más mínima prueba. Muchos miembros dignos, trabajadores y autosuficientes de la clase media blanca, que habían obtenido su patrimonio gracias a alguna herencia, al New Deal o a la Ley de Ayuda al Soldado dieron por bueno el discurso de Goldwater, a pesar de que la ayuda de su familia o del Gobierno no los había convertido en criaturas dependientes. Después de percibir durante décadas a las madres blancas que recibían beneficencia como «merecedoras» de ella, los conservadores partidarios de Goldwater percibían a las madres negras que recibían beneficencia como «no merecedoras» de ella, como criaturas dependientes.[16]

Barry Goldwater y su movimiento conservador embrionario no tenían muy preocupado a Johnson cuando llegó a las playas de Atlantic City para la Convención Nacional Demócrata en agosto de 1964, pero sí le preocupaban las protestas violentas de los activistas del Norte contra la brutalidad de la policía y la explotación económica, protestas que aquel verano se habían convertido en revueltas urbanas, desde Harlem hasta Chicago. En el Sur, agentes de campo del SNCC habían logrado capear la brutalidad del Klan durante su «Verano de la Libertad de Mississippi», que atrajo a centenares de estudiantes universitarios del Norte a enseñar en «Escuelas de la Libertad» antirracistas y a contribuir a la organización del Partido Demócrata por la Libertad de Mississippi (MFDP, por sus siglas en inglés). El interracial MFDP llegó a Atlantic City y solicitó reemplazar a la delegación regular de Mississippi, que, como era sabido por todos, había sido elegida por medio del fraude y la violencia. La conmovedora vicepresidenta del MFDP, Fannie Lou Hamer, fascinó a la nación con su testimonio en la convención, televisado en directo. «Si el Partido Demócrata por la Libertad no tiene su puesto, tengo que poner en cuestión a Estados Unidos. ¿Estados Unidos es así? ¿La tierra de los libres y el hogar de los valientes, donde tenemos que dormir con los teléfonos descolgados porque amenazan a diario nuestras vidas por querer vivir como seres humanos decentes?».

El presidente Johnson convocó una rueda de prensa de urgencia para desviar la atención de las cadenas de noticias del fascinante testimonio de Hamer, y más tarde ofreció al Partido por la Libertad un «acuerdo», dos puestos sin derecho a voto que acompañasen a la delegación segregacionista. «¡No hemos venido hasta aquí por dos miserables puestos!», tronó Fannie Lou Hamer. Los activistas del MFDP y del SNCC volvieron a casa con una valiosa lección sobre la política del poder: la persuasión no funciona. «Las cosas ya no podían seguir igual —recordaba Cleveland Sellers, del SNCC—. Ya nunca podrían hacernos creer que nuestra tarea era poner al descubierto las injusticias para que las "buenas" personas de Estados Unidos pudieran eliminarlas [...]. Después de Atlantic City nuestra lucha ya no era por los derechos civiles, sino por la liberación». La filosofía del empoderamiento de Malcolm X por la unidad negra nacional e internacional, la autodeterminación, la autodefensa y el orgullo cultural empezó a sonar a música celestial en los oídos de los jóvenes del SNCC. A finales de 1964 Malcolm X volvió de un largo viaje a África para encontrarse con un grupo cada vez mayor de admiradores y otro grupo, también creciente, de enemigos.[17]

El 21 de febrero de 1965, Malcolm X fue asesinado a tiros por varios de esos enemigos durante un mitin en Harlem. Cuando James Baldwin se enteró de la noticia en Londres, montó en cólera. «Es por vuestra culpa —les gritó a los reporteros londinenses—, de los hombres que crearon la supremacía blanca; ¡esa es la causa de que este hombre esté muerto!». Desde su campaña de registro electoral en Selma, Alabama, que captó la atención de toda la nación, Martin Luther King se mostró comedido. «A pesar de que no siempre estábamos de acuerdo en los métodos para resolver el problema racial, siempre sentí un profundo afecto por Malcolm, y pensaba que tenía una gran capacidad para señalar la existencia y la raíz del problema». El 22 de febrero de 1965, el principal titular de *The New York Times* rezaba: «Ha muerto el apóstol del odio».[18]

Días después, el actor Ossie Davis bautizó a Malcolm como «nuestro brillante príncipe negro» en las magnéticas palabras que pronunció ante la multitud que llenaba a rebosar el Templo de la Fe de la Iglesia de Dios en Cristo, en Harlem. «Muchos dirán [...] que lo movía el odio, que era un fanático, un racista —dijo Davis—. Y la respuesta sería: "¿Acaso le habéis escuchado realmente? Porque, si fuera así, le conoceríais. Y si le conocieseis, sabríais por qué tenemos el deber de honrarle».[19] Los norteamericanos antirracistas sí le honraron, sobre todo después de que grabaciones y transcripciones de sus discursos empezasen a circular y después de que Grove Press publicase *Malcolm X. Una autobiografía contada por Alex Haley*. Este último, un periodista, había colaborado con Malcolm para escribir la biografía, que Eliot Fremont-Smith, de *The New York Times*, calificó de «libro brillante, doloroso e importante» tras su aparición, en noviembre de 1965. La transformación ideológica de Malcolm X, de asimilacionista a separatista antiblanco, fue una inspiración para millones de personas. Es posible que ninguna otra biografía estadounidense abriese más mentes antirracistas que *Malcolm X. Una autobiografía*. Malcolm condenaba con furia las medias verdades del progreso racial. «Uno no le hunde quince centímetros un cuchillo a alguien en la espalda, lo saca cinco y lo llama "progreso". ¿Se supone que el hombre negro tiene que dar las gracias? ¿Por qué? ¡Si el hombre blanco sacara por completo el cuchillo, de todos modos iba a dejar una cicatriz!». Alegaba que los blancos no nacían racistas, pero que «el ambiente político, económico y social de Estados Unidos [...] fomenta una psicología racista en los blancos». Alentaba a los blancos antirracistas que habían dejado atrás el racismo a luchar «en los frentes de batalla en los que realmente anida el racismo en Estados Unidos, en sus propias comunidades». Atacaba ferozmente a «los "líderes" negros que eran marionetas del hombre blanco» que habían explotado «a sus hermanos negros pobres», y que no querían separación ni integración, sino únicamente «¡vivir en una sociedad abierta y libre, en la que puedan caminar con la cabeza alta, como hombres y como mujeres!». Pero lo más atractivo del discurso de Malcolm X era su generoso humanismo: «Estoy a favor de la verdad, la diga quien la diga. Estoy a favor de la justicia, no importa quién esté a favor o en contra. Antes que nada, soy un ser humano, y como tal estoy a favor de cualquier persona, de cualquier cosa que suponga un beneficio para la humanidad en su conjunto».[20]

Los estadounidenses antirracistas tuvieron motivos de esperanza para obtener justicia cuando el Congreso admitió a trámite la Ley de Derecho de Voto después de que cientos de manifestantes fuesen golpeados con porras en un puente en las afueras de Selma, el 7 de marzo de 1965. Sin embargo, ni siquiera con una Ley de Derecho de Voto Estados Unidos había terminado el trabajo, se atrevió a afirmar el presidente Johnson en su discurso de inicio del curso académico pronunciado en junio ante los licenciados de la Universidad Howard. «No se puede tomar a una persona que ha arrastrado cadenas, liberarla, llevarla a la línea de salida de una carrera, decirle "Eres libre de competir con los demás" y creer de buena fe que has sido completamente justo». Fue probablemente la declaración más antirracista jamás pronunciada por un presidente de Estados Unidos, y Johnson no había hecho más que empezar. «No solo buscamos libertad, sino oportunidad —dijo—. No solo buscamos la igualdad jurídica, sino la capacidad humana, no solo la igualdad como un derecho y como una teoría, sino como un hecho y como un resultado». El progreso racial había llegado sobre todo para «una creciente minoría de clase media», mientras que para los negros pobres, dijo Johnson, «las paredes se elevan y la brecha se ensancha».

En la época de Johnson —en mitad de la legislación por los derechos civiles—, las disparidades raciales en cuanto a desempleo, ingresos, pobreza, mortalidad infantil y segregación urbana no habían hecho más que aumentar, como él mismo había señalado en la Universidad Howard. ¿Por qué había sucedido todo aquello? Johnson ofreció «básicamente dos razones, en un sentido amplio»: una antirracista (la «pobreza heredada» y la «desoladora» herencia de la discriminación) y una racista (la devastación que trajo consigo «la ruptura de la estructura familiar de los negros»).[21]

El discurso de Johnson en Howard reforzó las esperanzas de los líderes de los derechos civiles y encantó al subsecretario de Trabajo de Johnson, Daniel Patrick Moynihan, cuyo libro *Beyond the Melting Pot* aún se leía con avidez en el campo de la sociología urbana. Moynihan, de hecho, había combinado el discurso de Johnson con las ideas, que aún tenía frescas en la mente, de un informe gubernamental inédito que acababa de concluir. *The Negro Family. The Case for National Action*, de Moynihan, que había llegado al escritorio de Johnson en mayo de 1965, demostraba con estadísticas que la legislación sobre derechos civiles de los diez años anteriores no había mejorado las condiciones de vida de la mayor parte de los afroamericanos. Pero entonces, después de todas estas revelaciones antirracistas acerca del avance del racismo, Moynihan dio muestras de que había coqueteado con las ideas asimilacionistas. Alegaba que la discriminación había impuesto al pueblo negro «una estructura de sociedad matriarcal que, al estar tan apartada del resto de la sociedad norteamericana, representaba un grave contratiempo en el progreso del grupo en su conjunto y castigaba a los hombres negros —y, por tanto, a un gran número de mujeres negras— con una pesada carga». Moynihan terminó por hacerse seguidor de E. Franklin Frazier —su principal padre académico— al juzgar como inferiores (al estilo sexista) a las familias con un cabeza de familia femenino y al juzgar a la familia negra como «un laberinto patológico» (al estilo racista). Presentaba a los hombres negros como castrados por la discriminación, y, como estaban abrumados por tener que asumir sus roles sociales de cabezas de familia, estaban más oprimidos que las mujeres negras. Necesitaban, aducía Moynihan, una acción a escala nacional.[22]

El 6 de agosto de 1965, más o menos a la hora en que se filtró a la prensa el informe de Moynihan, Johnson firmó la trascendental Ley de Derecho de Voto. Los discriminadores que buscaban la forma de esquivar la Ley de Derechos Civiles de 1964 podrían haber aprendido algunas lecciones de los discriminadores del voto, que llevaban seis o siete décadas ocultando sus intenciones en sus pruebas de alfabetización, sus impuestos electorales y sus cláusulas de derechos adquiridos, todas ellas desprovistas de lenguaje racial. La Ley de Derecho de Voto de 1965 no solo prohibía estas políticas aparentemente neutrales desde el punto de vista racial, que prácticamente habían privado de sus derechos a los negros del Sur, sino que también exigía que todos los cambios en las leyes de voto del Sur tuvieran ahora que ser aprobados por un funcionario federal, que garantizaría que «no tuvieran efecto alguno en denegar o reducir el derecho de voto por motivos de raza o color». La Ley de Derechos Civiles de 1964, centrada en las intenciones, no fue ni de lejos tan eficaz como la Ley de Derecho de Voto de 1965, centrada en los resultados. Solo en Mississippi, la participación de votantes negros pasó del 6 por ciento en 1964 al 59 por ciento en 1969. La Ley de Derecho de Voto terminó por convertirse en la ley antirracista más eficaz jamás aprobada por el Congreso de los Estados Unidos de América. Pero no dejaba de tener sus lagunas jurídicas. «Reconocemos que un aumento de la fuerza de voto puede alentar un cambio en las tácticas de la discriminación —testificó ante el Congreso el fiscal general Nicholas Katzenbach—. Aunque un número significativo de negros pueda votar, las comunidades pueden seguir poniendo obstáculos para desalentar a estos votantes o dificultar que una persona negra logre ser elegida». El reconocimiento por parte de Katzenbach de que las políticas racistas podían avanzar frente al progreso racial demostró ser profético.[23]

31

Poder Negro

No pasaría mucho tiempo hasta que el renovado avance del racismo mostrase su rostro. El 9 de agosto de 1965, tres días después de que Johnson firmase la Ley del Derecho de Voto, *Newsweek* hizo sonar la alarma entre los norteamericanos al revelar los hallazgos del informe Moynihan una vez que se hubo filtrado. «El ascenso de la ilegitimidad no blanca», la «curva desbocada de los casos de beneficencia infantil» y las «raíces sociales» del «dilema racial en Estados Unidos» tenían su origen en la «descomposición de la familia negra». Una fotografía de unos niños de Harlem tirando botellas incluía el siguiente pie: «Hay una bomba de relojería en el gueto». La bomba de relojería explotó dos días más tarde en el barrio de Watts, en Los Ángeles, cuando un incidente policial fue el detonante de seis días de violencia, la rebelión urbana más letal y destructiva de la historia. Cuando hubo concluido, el ruiseñor injustamente tratado que en los últimos años había sido objeto de tanta compasión paternalista se había convertido en la agresiva pantera que había que controlar.[1]

Mientras Watts ardía, Angela Davis se subió a un barco rumbo a Alemania. Había regresado de Francia, había estudiado como alumna del filósofo Herbert Marcuse y se había graduado en Brandeis. Ahora se dirigía al hogar intelectual de Marcuse en Frankfurt para proseguir sus estudios universitarios de filosofía. «Volvía a sentir la tensión de la cabeza de Jano; dejar el país en aquel tiempo fue difícil para mí», diría tiempo después. Pero la lucha antirracista se estaba globalizando, como pudo ver en Francia y pronto vería de nuevo en Alemania. Poco después de su llegada, en septiembre de 1965, un grupo internacional de académicos se reunió al norte, en Copenhague, con motivo de la Conferencia sobre la Raza y el Color. Al parecer, Davis no asistió, pero, si lo hubiera hecho, habría oído disertaciones sobre el papel racista del simbolismo en el lenguaje.

Los académicos señalaron que hacía tiempo que expresiones cotidianas como «oveja negra», «tener la negra», «trabajar como un negro» y «lista negra», entre otras, asociaban la negritud con algo negativo.[2]

El simbolismo del lenguaje no era menos sorprendente en dos nuevos identificadores norteamericanos, «minoría» y «gueto». Durante siglos, los racistas habían interpretado que las personas negras eran «menores» y las blancas, «mayores», y que la historia podía manipularse fácilmente gracias al último identificador que habían ideado para las personas supuestamente inferiores, «minorías». El apelativo tenía únicamente un significado numérico, y como tal solo tenía sentido para referirse a la población de un país o a la dinámica de poder, pero enseguida se convirtió en un identificador racial para los afroamericanos (y otros no blancos), incluso en debates que no tenían ninguna relación con cuestiones nacionales. No tenía sentido como forma alternativa de llamar a las personas negras, ya que la mayor parte de ellas vivían, iban a la escuela, trabajaban, se socializaban y morían en espacios de mayoría negra. El término solo tenía sentido desde el punto de vista de los blancos, que por regla general se relacionaban con las personas negras como minoría numérica en sus espacios de mayoría blanca, y de los negros de la élite, que era más probable que existiesen como minoría numérica en espacios de mayoría blanca. Así, el racismo de clase —que degradaba la vida de los plebeyos negros en los espacios de mayoría negra— quedó indisolublemente unido al término «minoría», de manera similar a un término que el psicólogo Kenneth Clark había popularizado al separar en dos grupos a unas muñecas de piel morena y clara.

En 1965 Clark publicó su libro más importante, *Dark Ghetto*. El término «gueto» era conocido como identificador de las comunidades judías, implacablemente segregadas, de la Alemania nazi. Aunque los científicos sociales como Clark esperaban que el término transmitiese la segregación y la pobreza despiadadas a las que se enfrentaban los negros urbanos, la palabra adquirió enseguida una connotación racista propia. A finales de siglo las palabras «oscuro» y «gueto» pasarían a ser, en la mente racista, términos equivalentes, como «minoría» y «negro», «gueto» e «inferior», «minoría» e «inferior», «gueto» y «clase baja», y «gueto» y «poco refinado». En esos «guetos oscuros» vivía «gente del gueto» que manifestaba una «cultura del gueto» y que era «muy del gueto», lo que significaba que los barrios, las personas y la cultura eran inferiores, de clase baja y poco refinados. Los racistas de clase y algunos estadounidenses de los barrios de las afueras de las ciudades veían poca diferencia entre los barrios urbanos negros pobres, los barrios urbanos negros de clase obrera y los barrios urbanos negros de clase media. Todos eran guetos, con peligrosos pandilleros y delincuentes negros que organizaban disturbios para recibir más ayudas estatales.[3]

El 9 de enero de 1966, *The New York Times Magazine* comparaba a estos alborotadores negros del «gueto» con la «minoría modelo», los asiáticos. Algunos estadounidenses de origen asiático recibían el apelativo racista de «minoría modelo», que ocultaba la discriminación y la pobreza generalizadas de las comunidades asiático-norteamericanas, vistas como superiores (en virtud de su capacidad para asimilarse) a los latinos, los nativos americanos y los afroamericanos. Los estadounidenses de origen asiático antirracistas rechazaban el concepto de «minoría modelo» y crearon un movimiento propio a finales de la década de 1960.[4]

En 1966 los asimilacionistas daban una connotación negativa, con asociaciones racistas, a los términos «minoría modelo» y «gueto». Mientras, los antirracistas andaban despojando de asociaciones negativas al identificador *black*, y el más destacado de ellos era Stokely Carmichael. Carmichael había nacido en Trinidad en 1941 y se había trasladado al Bronx en 1952, el mismo año en que su ídolo, Malcolm X, salió de la cárcel en libertad condicional. En 1964 Carmichael se licenció en la Universidad Howard. Para entonces los discípulos de Malcolm, Carmichael entre ellos, estaban dotando al viejo identificador, *negro*, de matices de adaptación y asimilación, y despojando al nuevo identificador, *black*, de matices de fealdad y maldad. Esto sorprendió a los discípulos «negros» de Martin Luther King Jr. y a sus propios padres y abuelos asimilacionistas, que preferían que los llamasen *nigger* («negrata») antes que *black*.[5]

Como nuevo presidente del Comité Coordinador Estudiantil No Violento, Stokely Carmichael fue uno de los líderes de la Marcha contra el Miedo de Mississippi, en el verano de 1966, junto con King y Floyd McKissick, del Congreso para la Igualdad Racial. La multitudinaria marcha recorrió las localidades del estado luchando contra la resistencia segregacionista, movilizando y organizando a la población local y registrándola para que votara. El 16 de junio la Marcha contra el Miedo se detuvo en Greenwood, Mississippi, uno de los bastiones del cinturón de condados del Sur con mayoría negra aún controlados por blancos armados. «Llevamos seis años pidiendo libertad y no tenemos nada —gritó Carmichael en un mitin en Greenwood—. ¡Lo que vamos a empezar a decir ahora es poder negro!». «¿Qué queréis?», gritaba Carmichael. «¡Poder negro!», respondía la multitud de negros desposeídos de Greenville.[6]

Rápidamente pregonado por los medios de comunicación estadounidenses, el lema se extendió como un reguero de pólvora por todas las zonas urbanas y los condados rurales de mayoría negra que estaban siendo políticamente controlados, económicamente explotados y culturalmente denigrados por asimilacionistas y segregacionistas blancos. Los antirracistas, que pronto iban a poder leer la biografía de Malcolm X, habían estado buscando un concepto que resumiese sus demandas de control negro para las comunidades negras. El lema «Poder negro» se afianzó con igual firmeza en el Norte y en el Sur, y Martin Luther King supo por qué aquel mismo verano. El 5 de agosto, después de una marcha en favor de una política de vivienda abierta que recorrió un encolerizado barrio blanco de Chicago, King declaró a los periodistas que «nunca había visto tanto odio y hostilidad por parte de tantas personas».[7]

No había nada tan democrático como decir que la mayoría, en este caso la mayoría desposeída negra, debía gobernar sus propias comunidades, debía tener el «poder negro». Pero, al igual que los sexistas no podían concebir más que la supremacía del hombre o de la mujer, los racistas del Norte y del Sur solo podían concebir la supremacía blanca o negra. La veintena de rebeliones urbanas que estallaron aquel verano de 1966 no hicieron más que confirmarles a muchos racistas que «poder negro» quería decir que los negros establecían con violencia la supremacía negra y asesinaban a la gente blanca. La revista *Time*, el *Saturday Evening Post*, el *U.S. News and World Report*, el *New York Post* y *The Progressive* fueron algunos de los muchos periódicos que condenaron el nacimiento del movimiento del Poder Negro.[8]

Incluso destacados líderes negros lo criticaron. Roy Wilkins, de la NAACP, aprovechó el libro de letanías de respuesta a las ideas antirracistas; redefinió la idea del antirracismo como segregacionista y atacó su propia redefinición. «No importa que lo expliquen una y otra vez; el término "poder negro" significa antipoder blanco —cargó Wilkins en la convención anual de la NAACP, el 5 de julio de 1966—. Es la otra cara de la moneda de Mississippi, de Hitler, del Ku Klux Klan». El vicepresidente Hubert Humphrey añadió un par de perlas de cosecha propia a la convención. «Sí, racismo es racismo, y en Estados Unidos no hay sitio para el racismo, sea del color que sea». Sacando partido de la oposición al Poder Negro, los republicanos de Goldwater obtuvieron un avance sustancial en las elecciones de mitad de mandato de 1966.[9]

Sin embargo, Carmichael no dejó de promover el Poder Negro. Viajó por toda la nación en los últimos meses de 1966 para afianzar y fortalecer el movimiento. En octubre pronunció el discurso de apertura de un congreso sobre el Poder Negro celebrado en la Universidad de Berkeley. Aquel mes, en la cercana Oakland dos estudiantes de una universidad comunitaria, indignados porque sus compañeros no actuaban a la altura de las directrices de Malcolm X, habían organizado su propia conferencia del Poder Negro con solo dos hombres. Huey P. Newton y Bobby Seale redactaron el programa de diez puntos para su recién fundado Partido de los Panteras Negras para la Autodefensa, en el que exigían el «poder para determinar el destino de nuestra comunidad negra», «pleno empleo», «viviendas dignas», compensaciones, «el fin inmediato de la brutalidad policial y del asesinato de personas negras», libertad para todos los presos negros y «paz», citando la Declaración de Independencia de Jefferson. En los años posteriores, el Partido de los Panteras Negras y sus delegaciones proliferaron por todo el país, atrayendo a miles de comprometidos y carismáticos jóvenes servidores de la comunidad. Se dedicaban a controlar a la policía, proporcionaban desayunos gratuitos a los niños y organizaban servicios médicos y programas de formación política, entre otras muchas iniciativas.[10]

El crecimiento del Partido de los Panteras Negras y de otras organizaciones del Poder Negro en 1967 reflejaba el hecho de que los jóvenes negros se habían dado cuenta de que las tácticas de persuasión y presión política en el campo de los derechos humanos no habían logrado rebajar la opresión sofocante por parte de los policías violentos, los propietarios tiránicos, los consejos escolares negligentes y los empresarios explotadores. Pero lo que más reflejó esa realidad, y el esfuerzo por aliviar ese dominio, fueron las casi ciento treinta revueltas negras violentas que entre marzo y septiembre de aquel año estallaron en todo el país. Aun así, los psiquiatras racistas afirmaban que esos «revoltosos» sufrían de esquizofrenia, que definían como una «enfermedad de negros» que se manifestaba en forma de ira. Para los sociólogos que habían leído el informe Moynihan, los alborotadores varones estaban furiosos por su castración. Entretanto, los criminólogos racistas sugerían que los agitadores rezumaban la «subcultura de la violencia» de los negros, una expresión que Marvin Wolfgang utilizó en 1967 en su clásico texto de criminología.[11]

Una banda de astutos políticos de Goldwater proclamaron que los díscolos «holgazanes» demostraban la necesidad de reducir la asistencia social e imponer obligaciones laborales. Sin embargo, las madres que cobraban subsidios se resistieron a ello. En septiembre, la recién formada Asociación Nacional por el Derecho a las Prestaciones Sociales (NWRO, por sus siglas en inglés) organizó una sentada en las cámaras del Comité Económico del Senado, lo que provocó que el senador por Luisiana Russell Long denominase a la asociación «Yeguas de Cría Negras, S. A.». De todos modos, el Congreso aprobó el primer requisito de trabajo obligatorio para los perceptores de subsidios de ayuda.[12]

La inquietud de Angela Davis creció en Fráncfort al leer acerca del surgimiento del movimiento del Poder Negro «y verse forzada a experimentarlo de manera indirecta». Davis decidió regresar a Estados Unidos durante el verano de 1967. Se organizó para concluir su doctorado en la Universidad de California en San Diego, donde estaba enseñando el filósofo Herbert Marcuse después de que, en una maniobra política, hubiera sido apartado de Brandeis. A finales de julio, de camino a casa, hizo una parada en Londres para asistir a la conferencia Dialéctica de la Liberación, donde Marcuse y Carmichael intervenían como principales ponentes. Su peinado natural llamaba enormemente la atención, y enseguida se sintió como pez en el agua en el pequeño contingente del Poder Negro.[13]

Cuando Davis llegó al sur de California, estaba ansiosa por implicarse en el movimiento del Poder Negro. Al igual que otros activistas de este último en otros lugares, llevó el movimiento hasta su propio terreno: ayudó a crear el Sindicato de Estudiantes Negros (BSU, por sus siglas en inglés) de la Universidad de California en San Diego. Aquel otoño, allí donde hubiese estudiantes negros se creaban BSU o se tomaban las riendas de los órganos de gobierno estudiantiles, solicitando y exigiendo una enseñanza antirracista y relevante, tanto en las universidades históricamente negras como en las históricamente blancas. «El estudiante negro está exigiendo [...] una reforma radical de sus universidades», informaba el *Chicago Defender*.[14]

En noviembre Davis efectuó un corto viaje a Watts para asistir a la Conferencia de la Juventud Negra. Al entrar en la Segunda Iglesia Baptista, observó las coloridas telas africanas que llevaban los jóvenes, enérgicos y sonrientes hombres y mujeres que se llamaban unos a otros «hermana» y «hermano». Fue su primera reunión real con el Poder Negro en Estados Unidos. Se sintió eufórica al ver una negritud tan bella.

En los seminarios, Davis se dio cuenta de que las mentes de los asistentes poseían una gama de colores tan variada como sus atuendos. Algunos activistas expresaban el viejo socialismo antirracista de Du Bois, algo que le encantó. Otros hablaban de sus aspiraciones de vuelta a África, separatistas, antiblancas, de servicio a la comunidad o revolucionarias. Algunos agentes del FBI que fingían ser activistas trataban de tomar notas y ampliar las fisuras ideológicas. Había activistas que aspiraban a provocar una revolución cultural, destruyendo las ideas asimilacionistas y revitalizando la cultura africana o afroamericana. El Poder Negro atraía a activistas de muchas tendencias ideológicas.[15]

Este atraía incluso al movimiento por los derechos civiles. De hecho, el movimiento ya se estaba transformando en el movimiento del Poder Negro en 1967, si no antes. «Ni la Proclamación de Emancipación de Lincoln ni la Ley de Derechos Civiles de Johnson» podían traer la «libertad psicológica» completa, tronó el 16 de agosto Martin Luther King en la convención anual de la Conferencia de Líderes Cristianos del Sur (SCLC, por sus siglas en inglés). Los negros debían «decirse a sí mismos y decirle al mundo [...] "Soy negro, pero soy negro y hermoso"». King provocó un estremecedor aplauso de los activistas de la SCLC, que llevaban carteles en los que se leía «El negro es hermoso, y es hermoso ser negro».[16]

Aquel año King abandonó la buena disposición de los asimilacionistas de Estados Unidos. Estos aún querían mantenerlo en los sueños de doble conciencia de 1963, al igual que habían buscado mantener a Du Bois en las almas de doble conciencia de 1903. Pero King ya no veía utilidad estratégica alguna en las técnicas de persuasión que tanto gustaban a los asimilacionistas o en los esfuerzos de desegregación que apoyaban. Empezaba a darse cuenta de que la desegregación había beneficiado principalmente a las élites negras, dejando a millones revolcándose en la desgarradora pobreza que había terminado provocando las rebeliones urbanas. King cambió de táctica y empezó a planificar la Campaña para las Personas Pobres de la SCLC con el objetivo de llevarlas a la capital de la nación para forzar al Gobierno federal a que aprobara una «declaración de derechos económicos» en la que se comprometiera al pleno empleo, unos ingresos garantizados y una vivienda asequible, una declaración que sonaba inquietantemente similar a las propuestas económicas del programa de diez puntos del Partido de los Panteras Negras.

El título de la conferencia de King en la convención de la SCLC era el mismo que el de un libro suyo aparecido en el otoño de 1967, «¿Adónde vamos? Caos y comunidad»: «Cuando un pueblo está sumido en la opresión, solo alcanza la liberación cuando ha acumulado el poder suficiente para imponer el cambio —escribía King—. El poder no es el derecho natural del hombre blanco; no será legislado para nosotros ni nos será entregado en pulcros paquetes del Gobierno». El camino hacia un progreso duradero era la desobediencia civil, no la persuasión, sostenía King. Criticaba valerosamente el todopoderoso informe Moynihan, advirtiendo del peligro de que «los problemas se atribuyan a flaquezas de los negros y se utilicen para justificar el abandono y racionalizar la opresión». Los asimilacionistas de Moynihan respondieron a King con tanta firmeza como respondieron a los segregacionistas, calificando la Campaña para las Personas Pobres de la SCLC y al propio King de extremistas. King, dijeron, se había convertido en un anarquista. Su crítica contra los antirracistas, a los que había tildado de extremistas y anarquistas en su carta de Birmingham cuatro años antes, había tenido el efecto contrario al buscado.

El libro de King parecía complementar al que había coescrito Stokely Carmichael, *Black Power. The Politics of Liberation in America*, publicado poco después de *Where Do We Go from Here?* Carmichael y el académico Charles Hamilton inventaron términos innovadores para dos nuevas clases de racismo. Denominaron y contrastaron el «racismo individual», que los asimilacionistas percibían como el principal problema, que creían que podía resolverse mediante la persuasión y la educación; y luego estaba el «racismo institucional», las políticas institucionales y los conjuntos de prejuicios individuales que los antirracistas consideraban el principal problema, que creían que solo podía resolverse mediante el poder.[17]

No obstante, el poder blanco norteamericano no parecía estar a la altura de aquella tarea. El 17 de enero de 1968, el presidente Johnson pronunció su discurso del estado de la Unión ante el Congreso. Los congresistas, así como sus electores, estaban furiosos, pero no a raíz de la discriminación, sino de las protestas, fuesen o no violentas, que se oponían a la guerra de Vietnam, al racismo, a la explotación y a la desigualdad. Cuando Johnson clamó que «el pueblo norteamericano ya ha dicho basta al aumento de la delincuencia y del desorden», el aplauso fue ensordecedor. Después de tres veranos seguidos de rebeliones urbanas, algunos de los que aplaudían el discurso, tanto en el Capitolio como en el resto del país, sentían un miedo real a que se avecinase una revolución negra violenta. Y sus temores se reflejaron en una película que batió récords de taquilla semanas después del discurso de Johnson.[18]

Cuando unos astronautas blancos aterrizan en un planeta después de un viaje de dos mil años, unos simios los esclavizan. Un astronauta logra escapar y, en una de las escenas más simbólicas de la historia de Hollywood, al final de la película se tropieza con una ruinosa Estatua de la Libertad. El astronauta —Charlton Heston— y los espectadores se dan cuenta, para su consternación, de que no se encuentran a años luz de casa, sino en la propia Tierra. *El planeta de los simios* ocupó el lugar de *Tarzán* en la cultura popular racista e inspiró cuatro secuelas entre 1970 y 1973, tres más en el siglo XXI, una serie de televisión y multitud de cómics, videojuegos y cualquier producto que quepa imaginar. Mientras que *Tarzán* llevó a las pantallas norteamericanas la confianza racista de la conquista del mundo negro que prevaleció en la primera mitad del siglo XX, *El planeta de los simios* representaba, a todo color, el pánico racista al mundo negro conquistado rebelándose para esclavizar al conquistador blanco.

En 1968 tanto los demócratas como los republicanos habían popularizado la llamada a «la ley y el orden», que se convirtió en un lema para la defensa del «planeta de los blancos». La retórica de la «ley y orden» se utilizó para justificar la brutalidad policial, y tanto la retórica como la brutalidad provocaron revueltas urbanas que, a su vez, desencadenaron más retórica y brutalidad. Nadie pudo explicar mejor todo esto, a principios de 1968, que un gigante devenido en pensador y escritor, el antiguo convicto y discípulo de Malcolm X Eldridge Cleaver, que se había convertido en ministro de información del Partido de los Panteras Negras. «La policía son los guardias armados del orden social. Los negros son las principales víctimas del orden social en el país —explicó Cleaver—. Por consiguiente, hay un conflicto de intereses entre los negros y la policía».

Cleaver escribió estas palabras en lo que se convertiría a buen seguro en la respuesta literaria más famosa de la época al movimiento por la ley y el orden. Con un grado de detalle vivamente furioso, divertido, desagradable y lúcido, Cleaver describía «un alma negra que ha sido "colonizada" por una opresiva sociedad blanca». *Alma encadenada* se publicó en febrero de 1968, y en poquísimo tiempo vendió un millón de ejemplares.

The New York Times ensalzó la obra, en parte libro de memorias y en parte comentario social, como una de las diez más importantes del año. *Alma encadenada* fue oportuno y altamente polémico. Cleaver reflexionaba sobre su escalofriante transformación, de un «aprendiz» de violador de mujeres negras a un «insurgente» violador de mujeres blancas y, finalmente, a un optimista revolucionario por los derechos humanos. «Si un hombre como Malcolm X pudo cambiar y repudiar el racismo, si yo mismo y otros exmusulmanes pueden cambiar, si los jóvenes blancos pueden cambiar, hay esperanza para Estados Unidos», concluía.

El libro de Cleaver se convirtió en el manifiesto de la masculinidad del Poder Negro para redimir al trágico macho colonizado, cuya alma estaba «encadenada», cuyo ser era el «eunuco negro». El libro demostraba que la masculinidad del Poder Negro había aceptado en realidad la idea racista del hombre negro castrado, popularizada por el célebre informe Moynihan en 1965. A pesar de sus ataques antirracistas a las ideas asimilacionistas, a las cárceles y a la policía, a pesar de sus ataques marxistas antirracistas al capitalismo supremacista blanco y a la burguesía negra, el racismo *queer* y el racismo de género de Cleaver eran notables. Los homosexuales negros eran castrados por partida doble (y eran, por tanto, inferiores a los blancos, que solo lo eran una vez); eran castrados como hombres negros y de nuevo mediante la «enfermedad» de la homosexualidad, sostenía Cleaver. En el racismo de género de Cleaver, la mujer negra y el hombre blanco eran «aliados tácitos»; el hombre blanco ponía a la mujer blanca «en un pedestal» y «convertía a la mujer negra en una amazona fuerte e independiente». Aun así, Cleaver concluía *Alma encadenada* con una apasionada carta de amor «A todas las mujeres negras, de parte de todos los hombres negros». «A través del abismo desnudo de la masculinidad negada, de cuatrocientos años de castración, nos enfrentamos a diario, reina mía —escribía Cleaver—. He regresado del mundo de los muertos».[19]

A pesar de su racismo de género, Cleaver seguía siendo excepcionalmente antirracista en su atracción suntuosa hacia las mujeres negras, y en especial hacia su nueva esposa, Kathleen Cleaver, la secretaria de comunicaciones nacionales del Partido de los Panteras Negras. Kathleen, un producto de una errante familia militar, del activismo por los derechos civiles y del SNCC, fue la primera mujer que formó parte del Comité Central de los Panteras Negras. Eldridge desdeñaba de forma inequívoca a todos los hombres negros que se negaban a salir con mujeres negras o a apreciarlas, y que veían a las mujeres blancas como superiores. El psiquiatra nacido en Martinica Franz Fanon, que se había casado con una mujer francesa antes de convertirse en uno de los padrinos de la masculinidad del Poder Negro al escribir la bomba anticolonialista *Los condenados de la tierra*, de 1961, comprendía con gran sagacidad a esta nueva generación de Jacks Johnson. «Si me ama, [la mujer blanca] demuestra que soy digno del amor del blanco —escribió Fanon en *Piel negra, máscaras blancas*, publicado en 1952—. Soy querido como un hombre blanco. Soy un hombre blanco. [...] Cuando mis manos inquietas acarician esos pechos blancos, están asiendo la civilización blanca». Y esos asimilacionistas negros, que deseaban ser hombres blancos y justificaban constantemente dicho deseo imaginando los errores de la mujer negra, eran bastante numerosos dentro y fuera del movimiento del Poder Negro a finales de la década de 1960. Los hombres negros buscaban mujeres blancas porque el intenso rechazo hacia sí mismas de las mujeres negras hacía que dejasen de buscar la atención del hombre y se dejasen ir, como los psiquiatras negros William Grier (padre del cómico David Alan Grier) y Price Cobbs sostenían en su influyente libro *Black Rage*, de 1968.[20]

La creencia en una femineidad y una masculinidad negras patológicas indicaba la creencia en la patología de la familia negra, que a su vez indicaba la creencia en la patología de la cultura afroamericana. Eran como los pilares que sostenían el edificio de las ideas racistas en Estados Unidos. El sociólogo Andrew Billingsley fue uno de los primeros académicos que atacó esos pilares. Su fundamental estudio *Black Families in White America*, de 1968, supuso una revolución entre las monografías antirracistas sobre familias negras. Billingsley se negó a analizar las familias negras utilizando los criterios de las familias blancas. «A diferencia de Moynihan y otros, no vemos a los negros como un nexo causal en un "laberinto patológico" que se alimenta de sí mismo», escribió. En vez de eso, veía a la familia negra como un «mecanismo absorbente, adaptativo y con una resiliencia asombrosa para la socialización de sus niños». Billingsley planteó lo mismo acerca de la cultura afroamericana. «Decir que un pueblo carece de cultura es decir que no tiene una historia común que le haya dado forma y lo haya educado —sostenía Billingsley—. Y negar la historia de un pueblo es negarle su humanidad».[21]

El 29 de febrero de 1968, mientras los estadounidenses leían *Alma enca-denada,* la Comisión Consultiva Nacional sobre Desórdenes Civiles (NACCD, por sus siglas en inglés) publicaba su último informe sobre las revueltas urbanas de 1967. Johnson creó la comisión en julio para dar respuesta a las preguntas «¿Qué pasó? ¿Por qué pasó? ¿Qué podemos hacer para impedir que vuelva a suceder una y otra vez?». Con nueve investigadores blancos y dos negros en representación de grupos hostiles al Poder Negro y pregonando el nuevo lema del *statu quo,* «ley y orden», los antirracistas no tenían muchas esperanzas puestas en la Comisión Kerner (que tomaba el nombre de su presidente, el gobernador de Illinois Otto Kerner Jr.).

Las conclusiones de la Comisión Kerner conmocionaron a Estados Unidos en igual medida que las revueltas que investigaba. Los miembros de la comisión culparon sin paliativos de las revueltas urbanas al racismo. La comisión señalaba: «Lo que los norteamericanos blancos nunca han entendido por completo —pero los negros no pueden olvidar— es que la sociedad blanca está profundamente implicada en el gueto. Las instituciones blancas lo crearon y lo mantienen, y la sociedad blanca lo consiente». Los medios de comunicación dominantes, todos ellos racistas, habían fallado a Estados Unidos, concluía el informe. «La prensa se ha recreado durante demasiado tiempo en un mundo blanco que miraba hacia el exterior, si es que lo hacía, con los ojos y la perspectiva de un hombre blanco». A la luz de las Leyes de Derechos Civiles y del Derecho de Voto —mientras Estados Unidos proclamaba el progreso racial—, la Comisión Kerner proclamaba el progreso del racismo en su párrafo más famoso: «Nuestra nación se mueve hacia dos sociedades, una negra y otra blanca, separadas y desiguales».[22]

Todo el mundo parecía tener una opinión acerca del documento de 426 páginas, y más de dos millones de estadounidenses adquirieron un ejemplar. Richard Nixon arremetió contra el informe por exonerar a los revoltosos, como también hicieron los racistas a los que Nixon atraía para su campaña presidencial. Martin Luther King en mitad de la organización de su Campaña para las Personas Pobres, dijo del informe que era «la advertencia de un médico sobre la proximidad de la muerte, con una receta para la vida». El presidente Johnson creía que sus propios médicos habían exagerado el racismo blanco, y probablemente le preocupaban los efectos dañinos del informe sobre la verdad a medias del progreso racial y el coste de su receta para la vida. El informe recomendaba la asignación de miles de millones de dólares a la diversificación de las políticas del país, para la creación de nuevos empleos, escuelas mejores y más ayudas para las comunidades negras pobres, así como para erradicar la discriminación en el terreno de la vivienda y la construcción de bloques asequibles, nuevos y con espacios libres para los millones de residentes negros que se habían visto forzados a vivir en casas y en altos edificios infestados de ratas y en proceso de deterioro. Johnson y sus colegas de ambos partidos pusieron la excusa del coste, mientras desplegaban tropas a un coste superior para la odiada guerra de Vietnam. Johnson, eso sí, impulsó una recomendación: la creación de más unidades de inteligencia policial para espiar a las organizaciones del Poder Negro. Aquel mismo año, el presidente creó una segunda comisión presidencial sobre los disturbios civiles, pero esta vez seleccionó con mayor cuidado a sus miembros. Esta comisión recomendó fuertes incrementos del gasto federal en armas, entrenamiento y formación contra revueltas urbanas para la policía. Washington no tuvo problema alguno en poner en práctica estas recomendaciones.[23]

Angela Davis pasó la mañana del 4 de abril de 1968 en la nueva oficina del SNCC en Los Ángeles. La recién creada delegación del SNCC se convirtió en la nueva sede de su activismo en una época en que frecuentaba Los Ángeles para cursar sus nuevos estudios de doctorado en la Universidad de California en San Diego. La tarde del 4 de abril se dedicó a tareas de impresión. Aquella noche oyó que alguien gritaba: «¡Han disparado a Martin Luther King!». Incrédula al principio, se vio invadida por una abrumadora sensación de culpa cuando le confirmaron la noticia. Al igual que otros activistas del Poder Negro, había rechazado la filosofía religiosa de la no violencia de King, al que veían como un líder inofensivo. «Creo que no nos habíamos dado cuenta de que este nuevo concepto de lucha, en la que intervenían personas pobres de todos los colores, personas oprimidas de todo el mundo, podía representar una amenaza mayor para nuestro enemigo —recordaba Davis—. Ninguno de nosotros había augurado nunca que fuese abatido por la bala de un asesino». Al parecer, King sí que lo sabía. La noche anterior había pronunciado, en el Templo Masón de Memphis, el que probablemente fuera el discurso más escalofriante, esperanzador y valeroso de su legendaria trayectoria como orador. Habló de la «revolución de los derechos humanos», de los empobrecidos «pueblos de color de todo el mundo» que se alzan

para exigir «ser libres» en la Tierra Prometida. «Puede que yo no os acom-
pañe —dijo con voz portentosa—, pero ¡quiero que sepáis esta noche
que nosotros, nuestro pueblo, alcanzaremos la Tierra Prometida!».[24]

Conmovida por el asesinato, Davis se unió a los líderes de otros grupos locales del Poder Negro y organizó una colosal manifestación en la
Segunda Iglesia Baptista de Los Ángeles. Se instó a los asistentes a que
reanudasen e intensificasen su lucha contra el racismo. En opinión de
Davis, «el racismo fue el asesino de Martin Luther King, y era el racismo
lo que debía ser atacado». Ella y los otros organizadores de la manifestación estaban decididos a encauzar la ira en Los Ángeles para evitar cualquier confrontación con el bien pertrechado Departamento de Policía de
Los Ángeles (LAPD, por sus siglas en inglés), en el que había muchos
agentes reclutados en el Sur profundo. Lo consiguieron. Sin embargo, esta
vez el fuego prendió en otros lugares; durante la semana posterior al asesinato de King, más de ciento veinticinco ciudades experimentaron otra
oleada de revueltas urbanas que condujeron a una nueva reacción auto-
ritaria por parte de los norteamericanos racistas encabezada por los aspirantes a presidentes, entre ellos George Wallace y Richard Nixon. El
gobernador de Maryland, Spiro T. Agnew, provocó con sus ocurrencias
a los líderes negros. «Os desafío a que repudiéis públicamente a todos los
racistas negros, algo que hasta ahora os habéis negado a hacer». Agnew se
volvió tan célebre que, de cara a las elecciones, Nixon lo eligió como su
candidato a la vicepresidencia.[25]

La muerte de King convirtió a innumerables activistas con doble
conciencia en antirracistas de conciencia única, y el Poder Negro creció
hasta convertirse en la mayor movilización antirracista desde el periodo
posterior a la guerra de Secesión, cuando la principal cuestión había sido
la demanda de tierras. El Padrino del Soul hablaba del nuevo bolso del
Estados Unidos negro en «Papa's Got a Brand New Bag». Mientras los
segregacionistas decían que no deberían estar orgullosos y los asimilacionistas afirmaban que no eran negros, en agosto de 1968 James Brown se
puso al frente de un coro de millones de personas («Dilo en voz alta, soy
negro y estoy orgulloso»); fue un éxito arrollador que encabezó las listas
de *singles* de rock y blues durante seis semanas. Todas estas canciones
sobre el Poder Negro hicieron que algunos afroamericanos dejasen de
lado sus jerarquías de color (cuanto más claro, mejor). Algunos activistas
invirtieron amenazadoramente dicha jerarquía al juzgar que la negritud
de una persona se basaba en lo oscura que fuese su piel, lo rizado que

tuviera el cabello, el tamaño de su peinado afro, su fluidez en el ebónico o su voluntad (en el caso de un negro de piel clara) de salir con una mujer negra de piel oscura, o en si alguien llevaba cuero negro o atuendos africanos o era capaz de citar a Malcolm X. Los activistas antirracistas del Poder Negro iniciaron el proceso de desenterrar y destruir los profundamente arraigados estándares asimilacionistas blancos. Estaban en pleno proceso de impedir que las personas negras se percibiesen a sí mismas, y percibiesen el mundo, a través de lo que Du Bois había llamado «los ojos de otros» (y lo que la Comisión Kerner había denominado la «perspectiva blanca»). El Poder Negro antirracista impulsó la polémica búsqueda de nuevos criterios, de puntos de vista negros, de personas negras que se mirasen a través de sus propios ojos.

La búsqueda de puntos de vista negros se puso de relieve sobre todo en las escuelas y universidades, donde los estudiantes activistas, los educadores y los padres negros exigían la introducción de la disciplina académica más reciente, los Estudios Negros. «Cuando el enfoque en las aulas es casi exclusivamente [...] blanco [...] y casi nunca negro —alegó Barbara Smith ante el claustro de profesores de la Universidad Mount Holyoke—, el descontento entre los estudiantes con raíces históricas y culturales no blancas y europeas es inevitable». Entre 1967 y 1970, los estudiantes negros y sus cientos de miles de aliados no negros forzaron a casi un millar de universidades en casi todos los estados del país a introducir departamentos, programas y cursos de Estudios Negros. La demanda de Estudios Negros cuajó también en las escuelas de primaria, donde los libros de texto habían presentado a los afroamericanos «ante millones de niños, negros y blancos, como [...] subhumanos, incapaces de poseer cultura, felices en su papel de siervos e intrusos pasivos», como explicaba Hillel Black en *The American Schoolbook*, de 1967. Los primeros intelectuales de los Estudios Negros empezaron a trabajar en nuevos libros de texto antirracistas. Soportaron críticas de intelectuales asimilacionistas y segregacionistas de todas las razas que menospreciaban los estudios negros por considerarlos separatistas o inferiores a las disciplinas históricamente blancas; y desdeñaban el nuevo campo por los mismos motivos por los que habían menospreciado las universidades, instituciones, empresas, grupos, barrios y naciones históricamente negras. Cualquier cosa creada, manejada o poblada por personas negras tenía que ser inferior, en su opinión,

ANGELA DAVIS

y si le costaba prosperar tenía que ser culpa de esas personas negras. Las ideas racistas justificaban la discriminación no solo contra las personas negras, sino también contra cualquier cosa fundada por negros y contra las ideas promovidas por los activistas negros, como los Estudios Negros.[26]

No obstante, los Estudios Negros y las ideas del Poder Negro en general empezaron a inspirar cambios antirracistas entre las personas no negras. Los miembros blancos de la asociación contra la guerra Estudiantes por una Sociedad Democrática (SDS, por sus siglas en inglés) y colectivos de hippies se solidarizaron con el Poder Negro y empezaron a comprometerse a «acabar con la influencia del racismo de los estadounidenses blancos», como exhortó un líder blanco del Partido Comunista de Estados Unidos en 1968. Con la fundación ese mismo año del Partido Young Lords, los antirracistas de Puerto Rico reconocían el «alto grado de racismo entre los puertorriqueños y los negros, y entre los puertorriqueños de piel clara y los de piel oscura», como dijo el cofundador de la sección de Nueva York, Pablo «Yoruba» Guzmán, una jerarquía de colores racista que se daba en todas las etnias latinas o chicanas multicolores. La aparición del Poder Marrón supuso un desafío para todas estas jerarquías, al igual que la del Poder Negro ponía en entredicho las jerarquías de color dentro de las multicolores etnias negras.[27]

El SNCC de Los Ángeles sobrevivió al saqueo de sus oficinas por parte del LAPD tras el asesinato de King, pero no pudo hacerlo a las luchas de género intestinas que afectaron a muchas organizaciones universitarias. Las organizaciones negras tenían que lidiar con las populares teorías acerca de los hombres negros castrados del informe Moynihan. Cada vez que Angela Davis y otro par de mujeres se hacían valer, los patriarcas racistas del grupo empezaban inevitablemente a sacar a colación los mitos sobre la condición femenina de las mujeres negras, diciendo que eran demasiado dominantes y que les estaban arrebatando su masculinidad. Kathleen Cleaver se enfrentó a problemas similares en el Partido de los Panteras Negras, al igual que Frances Beal en la oficina neoyorquina del SNCC.

Beal se había involucrado en el activismo por los derechos sociales y en el socialismo en la universidad, antes de vivir en Francia a principios de la década de 1960. En diciembre de 1968 había regresado a Estados Unidos y estaba ayudando en la fundación del Comité por la Liberación de la Mujer Negra dentro del SNCC. Fue el primer colectivo feminista negro formal del movimiento del Poder Negro. En 1969 Beal proporcionó a las feministas negras uno de sus principales manifiestos ideológicos, «Double Jeopardy. To Be Black and Female», un artículo de opinión que circuló con más amplitud al año siguiente, cuando apareció en la inimitable antología de Toni Cade Bambara, *The Black Woman*. «Desde la aparición del Poder Negro, los hombres negros afirman que han sido castrados por la sociedad, pero que, de algún modo, las mujeres negras han evitado esa persecución», señalaba Beal. De hecho, «la mujer negra de Estados Unidos puede ser descrita con justicia como la "esclava de un esclavo"», una víctima de la doble amenaza de la discriminación por motivos de raza y género. Beal citaba estadísticas de empleo que mostraban que las mujeres no blancas recibían salarios más bajos que las mujeres blancas, los hombres negros y los hombres blancos, unas estadísticas que socavaban la tesis de Frazier-Moynihan de que los hombres negros eran los más oprimidos, una teoría sensacionalista que había movilizado a los activistas en defensa del hombre negro. La tesis de Beal de que las mujeres negras se llevaban la peor parte no fue menos eficaz en la movilización de activistas para defender a la mujer negra. El ascenso del feminismo negro y del patriarcado negro suscitó debates ideológicos dentro y fuera de las organizaciones del Poder Negro acerca de quién se llevaba la peor parte.[28]

En la delegación del SNCC en Los Ángeles, el conflicto de género —y luego la caza de comunistas— llegó hasta tal punto en 1968 que la delegación cerró sus puertas a finales del verano. Angela Davis empezó a pensar seriamente en unirse al CPUSA, el Partido Comunista, una formación que, en su opinión, no había prestado «suficiente atención a las dimensiones nacionales y raciales de la opresión de las personas negras». Pero el nuevo Club Che-Lumumba del CPUSA sí que lo hizo, y este colectivo de comunistas de color se convirtió en la puerta de entrada de Davis en el Partido Comunista en 1968. Allí empezó a trabajar en la campaña de la primera mujer negra que optaba a la presidencia de Estados Unidos, la candidata del CPUSA Charlene Mitchell.[29]

En las elecciones presidenciales de 1968, Mitchell se enfrentó al vicepresidente de Johnson, Hubert Humphrey. Frente a los demócratas estaba también el candidato a la presidencia republicano, Richard Nixon. Su innovadora campaña desveló el futuro de las ideas racistas.

32

Ley y orden

Richard Nixon y su equipo de ayudantes habían estudiado minuciosamente las campañas presidenciales de George Wallace. Se dieron cuenta de que sus bravuconadas segregacionistas solo atraían a los segregacionistas más fanáticos. Nixon decidió atraer a estos segregacionistas y, al mismo tiempo, apelar a los norteamericanos que se negaban a vivir en «peligrosos» barrios negros, que se negaban a creer que las escuelas negras podían ser iguales, que no querían aceptar las iniciativas de transporte escolar conjunto para la integración de las escuelas, que rechazaban individualizar la negatividad negra, que se negaban a opinar que las madres negras que recibían ayuda social fuesen merecedoras de ella y que no querían defender el Poder Negro en condados y ciudades de mayoría negra, es decir, todos los racistas que no se consideraban racistas en 1968. Nixon organizó de tal modo su campaña, como explicó un estrecho colaborador, para permitir que un posible simpatizante «evitase admitir que se veía atraído por el racismo». ¿Cómo iba a conseguirlo? Fácil: denigrando a las personas negras y elogiando a las blancas, sin decir nunca «negros» ni «blancos».[1]

Los historiadores la han llamado la «estrategia del Sur». De hecho, fue la estrategia a escala nacional —y lo siguió siendo durante las cinco décadas siguientes— con la que el Partido Republicano trató de unir a los racistas antinegros (y antilatinos) del Norte y del Sur, a los partidarios de la guerra y a los conservadores en materia fiscal y social. La estrategia llegó justo a tiempo. En una encuesta Gallup de 1968, el 81 por ciento de las personas que participaron dijeron que creían en el eslogan de la campaña de Nixon: «La ley y el orden se han venido abajo en el país». En un anuncio televisado de Nixon se oía música y se mostraban imágenes inquietantes de activistas violentos cubiertos de sangre. Una profunda voz decía: «Os lo prometo, vamos a poner orden en Estados Unidos». El anuncio era «un directo en la nariz. Va de esos malditos grupos de negros y puertorriqueños», dijo al parecer Nixon en privado. En público la música era la misma, aunque no así la letra racial. El 6 de septiembre, ante treinta mil texanos que le jaleaban, Nixon atacó al Tribunal Supremo por haber «ido demasiado lejos al fortalecer a las fuerzas criminales». Treinta años antes Theodore Bilbo hubiera dicho «fortalecer a las fuerzas negratas». El racismo en campaña había progresado, y Nixon ganó las elecciones.[2]

En el otoño de 1969, unos meses después de la campaña de Charlene Mitchell, Angela Davis planeaba acomodarse en su primer puesto como profesora en la Universidad de California en Los Ángeles (UCLA, por sus siglas en inglés). El FBI tenía otros planes. Los agentes de J. Edgar Hoover habían iniciado una descarada guerra sin cuartel para destruir el movimiento del Poder Negro aquel mismo año. El mensajero del FBI en el *San Francisco Examiner*, Ed Montgomery, informó de la pertenencia de Davis al Partido Comunista (así como al SDS y al Partido de los Panteras Negras). En medio del posterior revuelo, el gobernador de California, Ronald Reagan, ávido de obtener los votos de los detractores de rojos, estudiantes y negros y los partidarios de la ley y el orden, reactivó una antigua normativa anticomunista y despidió a Angela Davis, que entonces contaba veinticinco años. Davis apeló ante los tribunales de California poniendo en marcha una confrontación en el estado entre racistas y antirracistas, entre comunistas y anticomunistas, entre emancipadores y esclavistas de los círculos académicos. Angela Davis había entrado en la vida pública. Sus detractores la acusaron de ser tendenciosa y de rezumar inquina, su buzón empezó a llenarse de mensajes de odio, recibió amenazas telefónicas y los agentes de policía empezaron a hostigarla. El 20 de octubre de 1969, el juez del Tribunal Superior de California Jerry Pacht dictaminó que la normativa anticomunista era inconstitucional. Davis recuperó su empleo como profesora y Reagan empezó a buscar otra forma de despedirla.[3]

En algún momento de febrero de 1970, el Club Che-Lumumba de Davis se enteró de la campaña para liberar a tres presos negros de la prisión estatal de Soledad, cerca de San José. Con pruebas que solo demostraban que eran activistas del Poder Negro, George Jackson, John Clutchette y Fleeta Drumgo habían sido acusados del asesinato de un guardia de prisiones durante una pelea carcelaria con tintes raciales. En 1961 George Jackson, de dieciocho años, había sido condenado a servir una sentencia de cadena perpetua, revisable tras un año, por robo a mano armada; supuestamente, había utilizado un arma de fuego para robar setenta dólares en una gasolinera. Lo habían trasladado a Soledad en 1969, después de sufrir una transformación política similar a las de Malcolm X y Cleaver, pero su activismo carcelario convirtió finalmente su condena por el robo de setenta dólares en una cadena perpetua. Davis trabó amistad con George Jackson y con su serio hermano menor, Jonathan, que había consagrado su vida a liberar a George.[4]

Angela Davis habló en una animada concentración llamada «Libertad para los hermanos de Soledad» en Los Ángeles, a poca distancia del Departamento de Prisiones de California, el 19 de junio de 1970. Aquel mismo día el Consejo Rector de Reagan volvió a despedir a Davis de la UCLA, esta vez con la excusa de que sus discursos políticos no eran «convenientes para una profesora universitaria». Entre otras pruebas, los miembros del consejo citaron sus reproches al psicólogo educacional de Berkeley Arthur Jensen, que representó el renacimiento del segregacionismo a finales de la década de 1960. Había «un creciente consenso» en el campo de la psicología en el sentido de que las puntuaciones de los test de inteligencia más bajas de los negros no podían ser «atribuidas por completo o directamente a la discriminación o a las desigualdades en educación —había escrito Jensen en la *Harvard Educational Review* en 1969—. Parece que no es del todo irrazonable [...] la hipótesis de que los factores genéticos puedan desempeñar cierto papel en esta situación». El Consejo Rector amonestó a Davis por no poner en práctica «la moderación apropiada en el ejercicio de la libertad de cátedra» en su profunda crítica a Jensen; según el consejo, este había dedicado «años de estudio» antes de publicar el «extenso artículo». Al parecer, los académicos solo tenían libertad para apoyar ideas racistas.[5]

Mientras en el mitin los periodistas acribillaban a Davis para que respondiese a su despido, ella relacionó su esclavitud académica con la esclavitud judicial de los presos políticos. Un fotógrafo hizo una foto de Davis con un cartel que decía: «Salvemos a los hermanos de Soledad de un linchamiento legal». Jonathan Jackson estaba de pie a su lado, sosteniendo otro cartel: «Basta de represión política en las cárceles».[6]

El 7 de agosto de 1970, Jonathan Jackson entró con tres armas en un juzgado del condado de Marin, California, y tomó como rehenes al juez, al fiscal y a tres miembros del jurado. Ayudado por tres presos, a los que liberó en el mismo tribunal, el joven de diecisiete años llevó a punta de pistola a los rehenes hasta una furgoneta aparcada en el exterior. La policía abrió fuego. El tiroteo les costó la vida a Jackson, al juez y a dos de los presos. La policía averiguó que una de las armas pertenecía a Angela Davis. Una semana más tarde, Davis fue acusada de asesinato, secuestro y asociación ilícita, y se emitió una orden de arresto contra ella. Aún llorando la muerte de Jackson, Davis vio claramente la represión política que se le venía encima: una condena a muerte si se la declaraba culpable. Huyó de la formidable operación de caza, convertida en una fugitiva que trataba de evitar la esclavitud o algo peor, como habían hecho muchos de sus compañeros políticos y otros antes que ella. J. Edgar Hoover, meses antes de su muerte, incluyó a la «peligrosa» Davis en la lista de las diez personas más buscadas por el FBI. Las dos imágenes del cartel de «Buscada por el FBI» (una con gafas de sol, la otra sin ellas) mostraban a la mujer que se convirtió en la activista más icónica del movimiento del Poder Negro.[7]

También mostraban su famoso peinado afro. Pero el tocado más popular fue el de la mujer más dura, más valiente y más negra de la época —la mujer que transformó en verdad el peinado, que pasó de ser una declaración política antiasimilacionista a constituir una declaración estética—, la estrella de cine de *Foxy Brown* (1974) y *Coffy* (1973), Pam Grier. Cuantos más afroamericanos dejaban crecer sus peinados afro como el de Grier a principios de la década de 1970, más se enfrentaban a la ira de los padres, los predicadores y los patronos asimilacionistas, que decían que los afros eran feos, «una desgracia», y que eran «como volver a la selva». Los afroamericanos eran asimilacionistas, no cuando se hacían la permanente en su cabello, sino cuando clasificaban los peinados naturales como no profesionales o estéticamente inferiores a las permanentes.[8]

El afro era omnipresente en el «blaxploitation» hollywoodiense, un género de películas de acción y aventuras con intérpretes negros cuya popularidad alcanzó el punto álgido entre 1969 y 1974. Hollywood, que se enfrentaba a la ruina económica a finales de la década de 1960 y a una creciente crítica antirracista de personajes como los interpretados por Sidney Poitier, frecuentes en los argumentos de las películas integracionistas de la década, decidió resolver sus cuitas económicas y políticas mediante la explotación de la popularidad de la negritud. La principal

ANGELA DAVIS

figura del género de blaxploitation fue Melvin Van Peebles. Su *Sweet Sweetback's Baadasssss Song*, de 1971, era la historia de un «duro» héroe negro que reacciona violentamente a la represión policial, elude una enorme operación de caza utilizando cualquier arma a su alcance (incluido su pene) y se escapa hacia una puesta de sol en México. Por el camino recibe la ayuda de niños, predicadores, jugadores, proxenetas y prostitutas, todos ellos negros. Los tornados de represión policial ocurridos fuera de la pantalla en los años anteriores y la popular idea racista del macho negro supersexual y ya no castrado fueron sin duda factores que ayudaron a que la película fuese inmensamente popular entre los afroamericanos.

Pero la película no gustó a todos los negros. En una explosiva pieza literaria publicada en *Ebony*, el famoso intelectual Lerone Bennett Jr. la juzgó «ni revolucionaria ni negra» por idealizar la pobreza y la miseria del Estados Unidos negro urbano. A Bennett no le faltaba razón. Siempre que los artistas negros mostraban a las personas negras con problemas financieros como los verdaderos representantes de los negros, estaban pasando por el aro de las ideas racistas. Con demasiada frecuencia, veían el mundo de la pobreza, las estafas, la prostitución, el juego y el crimen como el «de los negros», como si los no negros no estafasen, no se prostituyesen, no traficasen con drogas, no jugasen ni cometiesen crímenes a un ritmo similar. Aun así, cada vez que estos artistas humanizaban a los proxenetas, los gánsteres, los criminales y las prostitutas, estaban en su plenitud antirracista. Pero los que constituían la oposición pro derechos civiles a las películas de blaxploitation —en su infalible creencia en la persuasión mediática— apenas se fijaban en esta distinción humanista. Lo único que veían eran desagradables estereotipos que reforzaban a los personajes negros fuera de la pantalla. «La transformación cinematográfica del Stepin Fetchit estereotipado al Supernegrata no es más que otra forma de genocidio cultural», cargaba la asociación pro derechos civiles Coalición de Blaxploitation en 1972.[9]

La operación de busca y captura culminó con Angela Davis en Nueva York el 13 de octubre de 1970. Davis fue encarcelada en el Centro Penitenciario Femenino de Nueva York, y fue allí donde, rodeada de mujeres negras y otras no blancas, empezó a desarrollar «el embrión de mi conciencia feminista negra», como lo llamó ella. Fue aquel año cuando el movimiento de mujeres alcanzó por fin la conciencia general de Estados Unidos. Norma L. McCorvey (con el sobrenombre de Jane Roe) había solicitado legalmente en Texas el derecho a abortar. Cuando el Tribunal Supremo legalizó el aborto en la resolución Roe contra Wade, tres años más tarde, el presidente Nixon declaró que solo había «dos casos en que el aborto es necesario, si alumbras a dos bebés, uno blanco y otro negro, o si te han violado».[10]

El 25 de agosto de 1970, Frances Beal y sus hermanas de la recién rebautizada Alianza de Mujeres por el Tercer Mundo aparecieron con sus pancartas («No toquéis a Angela Davis») para unirse a más de veinte mil feministas en la huelga por la igualdad impulsada por la Organización Nacional para las Mujeres (NOW, por sus siglas en inglés) en Nueva York. Al ver la pancarta de Beal, una representante de NOW se acercó y dijo con brusquedad: Angela Davis no tiene nada que ver con la liberación de la mujer», a lo que Beal replicó: «No tiene nada que ver con la clase de liberación de la que tú hablas. Pero tiene todo que ver con la clase de liberación de la que hablamos nosotras». Como explicó la novelista Toni Morrison en la revista *The New York Times Magazine* meses más tarde, las mujeres negras «miran a las blancas y ven al enemigo porque saben que el racismo no está circunscrito a los hombres blancos y que hay más mujeres blancas que hombres blancos en el país». Toni Morrison acababa de lanzar *Ojos azules*, un relato antiasimilacionista sobre la ferviente búsqueda por parte de una chica negra de unos «bonitos» ojos azules. La novela con la que debutó Morrison era tan emotiva en el terreno de la ficción como el relato real *Yo sé por qué canta el pájaro enjaulado*, de 1969, el recorrido autobiográfico de Maya Angelou desde la espinosa jungla de las ideas racistas (donde deseaba poder despertar de su «feo sueño negro») hasta el claro de la dignidad y la resistencia antirracista.[11]

En diciembre de 1970 Angela Davis fue extraditada a California. Pasó la mayor parte de su encarcelamiento esperando el juicio en régimen de aislamiento, mientras leía y respondía las cartas de sus miles de partidarios, estudiaba su caso y reflexionaba sobre Estados Unidos. A veces oía los cantos de «Libertad para Angela» y «Libertad para todos los presos políticos». Doscientos comités de defensa en Estados Unidos y sesenta y siete en otros países gritaban las mismas palabras. Los comités de defensa formaron una amplia coalición interracial de simpatizantes que creían que el Estados Unidos de Nixon había llegado demasiado lejos; demasiado lejos a la hora de acosar, encarcelar y matar a multitud de activistas anti-rracistas, anticapitalistas, antisexistas y antimperialistas, y condenarlos por sus ideas. En aquel momento, esas ideas se concentraban en el cuerpo y la mente de Angela Davis, una mente y un cuerpo que el Estados Unidos de la ley y el orden de Nixon y Reagan quería matar.[12]

Las ideas antirracistas que Davis encarnaba se esgrimieron en un caso distinto ante el Tribunal Supremo, más o menos por la época en que la policía la trasladó a California. En la década de 1950, la fábrica de Duke Power en Dan River, Carolina del Norte, había impuesto a sus trabajadores negros los trabajos peor pagados, lo que era de conocimiento público. Después de la aprobación de la Ley de Derechos Civiles, Duke Power adoptó la discriminación privada —exigió diplomas de enseñanza secundaria y test de coeficiente intelectual—, lo cual produjo el mismo resultado: los blancos recibieron el grueso de los puestos mejor pagados. El 8 de marzo de 1971 el Tribunal Supremo dictaminó, en su resolución del caso Griggs contra Duke Power Co., que los nuevos requisitos de la empresa no tenían nada que ver con el rendimiento laboral.

La Ley de Derechos Civiles «prohíbe no solo la discriminación manifiesta —opinó el presidente del tribunal, el juez Warren E. Burger—, sino también las prácticas que son justas en la forma, pero discriminatorias en el terreno práctico». Si el dictamen del caso Griggs parecía demasiado ventajoso para los antirracistas, es porque era en efecto engañoso. No impedía necesariamente las prácticas y políticas que producían disparidades raciales. Aunque Duke Power cambió su política el día en que entró en vigor la Ley de Derechos Civiles, el Tribunal Supremo, para asombro de todos, apoyó la suposición del tribunal de apelación de que no había «intención discriminatoria», y el presidente Burger brindó a los patronos una laguna legal para el avance del racismo. «La piedra angular es la necesidad empresarial. Si no se puede demostrar que una práctica laboral cuyo funcionamiento excluye a los negros está relacionada con el rendimiento en el trabajo, la práctica está prohibida». Así pues, los patronos racistas podían asegurarse simplemente de que sus prácticas discriminatorias de contratación y promoción estuvieran relacionadas con el rendimiento en el trabajo y, por tanto, con las necesidades de la empresa.[13]

La sentencia del caso Griggs apenas importó a los activistas del Poder Negro. De todos modos, no confiaban en que el Tribunal Supremo estadounidense ilegalizase los últimos progresos del racismo institucional. Tenían puesta su atención en las luchas locales, en el caso Davis y en la mayor convención negra de la historia de Estados Unidos. Unas ocho mil personas asistieron a la reunión más multitudinaria del movimiento del Poder Negro, que ya contaba seis años de edad, el 10 de marzo de 1972, en Gary, Indiana. La clase media negra más numerosa de la historia estaba representada en esa multitud; era el nuevo Estados Unidos negro. El surgimiento de estas élites negras era el resultado del activismo, de las reformas en materia de derechos civiles y sin duda de los movimientos del Poder Negro, así como de la sólida economía de la década de 1960. En 1973 el índice de pobreza negra alcanzaría su nivel mínimo en la historia de Estados Unidos. Los ingresos de los negros aumentaban y las disparidades raciales político-económicas se estrechaban antes de que la recesión golpeara a finales de ese año.[14]

Cuando se inauguró la convención de Gary, los negros habían tomado el control político en muchas de las ciudades y condados de mayoría negra. Con todo, algunos votantes negros tuvieron que aprender por las malas que darle el poder a una persona negra no comportaba automáticamente dárselo a un antirracista. Así, la principal demanda de los independientes en la convención de Gary —la creación de un partido político independiente— no conllevaba de forma automática una actualización antirracista de la situación de aquel momento, marcada por los asimilacionistas en el Partido Demócrata. Pero políticos negros con intereses propios acabaron de todos modos con el plan durante los años posteriores.[15]

Días antes de la inauguración de la colosal convención de Gary, dio por fin comienzo el proceso de Angela Davis en California. «Las pruebas demostrarán —dijo el fiscal Albert Harris— que la motivación básica de la acusada no era liberar a los presos políticos, sino al preso al que ella amaba». La titularidad del arma, la huida de Davis, las palabras de amor en su diario y las cartas de George Jackson debían servir supuestamente para condenarla por homicidio en primer grado, secuestro y asociación ilícita. Jurados formados en su totalidad por blancos habían condenado y aplicado la pena capital por menos que eso. Pero no fue el caso de aquel jurado, que absolvió a Davis de todos los cargos el 4 de junio de 1972 y la soltó de las garras del sistema penal estadounidense. Pero Angela Davis salió airosa mirando hacia atrás, a las mujeres y los hombres entre rejas, y prometiendo dedicar el resto de su vida a liberarlos de la esclavitud.[16]

A pesar del movimiento por la ley y el orden contra los activistas, en 1972 había en toda la nación casi 350.000 personas encarceladas. Esta cifra era excesiva para Davis y para los criminólogos más respetados de la nación, muchos de los cuales predecían la desaparición del sistema penitenciario. El sólido activismo y las ideas anticarcelarias estaban surtiendo efecto. En 1973 la Comisión Asesora Nacional sobre Criterios y Objetivos de Justicia Penal calificó al sistema penitenciario de «fracaso» y lo acusó de fomentar la delincuencia en lugar de prevenirla. La comisión recomendaba que «no se construyan nuevas instituciones para adultos y que se clausuren las ya existentes para jóvenes».[17]

Tras la absolución de Davis, los más de doscientos cincuenta comités de defensa por la libertad de Angela Davis recibieron un comunicado suyo. «Quedaos con nosotros mientras el racismo y la represión política» mantuviesen a seres humanos «entre rejas». En mayo de 1973, los comités de defensa se habían organizado para dar origen a la Alianza Nacional contra la Represión Racista y Política. El escándalo Watergate del presidente Nixon puso de relieve las contradicciones del sistema penal y penitenciario. Muchos norteamericanos cumplían condenas, buena parte de ellos por sus acciones y puntos de vista políticos, mientras que el paladín de la ley y el orden, Richard Nixon, no pasó ni un solo día en la cárcel por el escándalo Watergate. Cuando el presidente Gerald Ford juró el cargo tras la dimisión de Nixon, le perdonó y le dio inmunidad penal.[18]

En el otoño de 1975 Davis volvió al mundo académico. Habían pasado cinco años, pero seguía siendo el centro de la polémica. Hubo alumnos que pusieron el grito en el cielo cuando se unió al profesorado del Centro de Estudios Negros de la Universidad de Claremont, en el sur de California. Allí se dio cuenta de que el muestrario de ideas era el mismo que cuando se había marchado; los segregacionistas aún imaginaban diferencias genéticas entre las razas y los asimilacionistas aún trataban de averiguar por qué su único intento para la elevación de los negros —la integración— había fracasado. El sociólogo asimilacionista Charles Stember argumentaba en *Sexual Racism* (1976) que los celos sexuales que los hombres blancos sentían por el hipersexual hombre negro estaban en la base del fracaso de la integración. El racismo sexual —el núcleo del racismo— estaba «principalmente centrado» en el hombre negro, sostenía.[19]

Al mismo tiempo, Stember degradaba el racismo sexual al que se enfrentaban las mujeres negras y prácticamente pasaba por alto el racismo sexual contra el colectivo LGTBI negro. Pero sus miembros tampoco esperaban nada de Stember. Desde la rebelión interracial de Stonewall, en Greenwich Village, Manhattan, en 1969, que había supuesto el pistoletazo de salida del movimiento de liberación gay, los miembros negros de este colectivo se habían apartado de los márgenes de los movimientos de liberación femenina, del Poder Negro y del de liberación de los gais blancos, y habían iniciado su propia nueva danza integradora de antirracismo *queer* en la década de 1970. La escritora lesbiana neoyorquina Audre Lorde «dio nombre» de forma brillante a estas danzas de la vida «sin nombre» en su poesía, sus ensayos y sus conferencias. «Se esperaba» que los no blancos, las mujeres y el colectivo LGTBI «educasen» a los blancos, los hombres y los heterosexuales para que apreciaran «nuestra humanidad», decía Lorde en uno de sus discursos más famosos. «Los opresores mantienen su posición y evaden la responsabilidad por sus propios actos. Hay una fuga constante de energía que podría tener un mejor uso en redefinirnos e idear escenarios realistas para modificar el presente y construir el futuro».[20]

La feminista negra Ntozake Shange usó su energía creativa antirracista para concebir una obra de teatro, *For Colored Girls Who Have Considered Suicide/When the Rainbow Is Enuf,* que debutó en Broadway el 15 de septiembre de 1976. Siete mujeres negras, con los nombres de los colores del arcoíris, expresaban de manera poética y dramática sus experiencias de abuso, alegría, sufrimiento, fuerza, debilidad, amor y anhelo de amor. *For Colored Girls* apareció y reapareció como fenómeno artístico durante las siguientes cuatro décadas en escenarios y pantallas como la «biblia del feminismo negro», por citar a la profesora de la Universidad de Pensilvania Salamishah Tillet. En cada ocasión, Shange aguantó con firmeza bajo el ingenuo fuego cruzado de los debates sobre las representaciones de los negros. Algunos dejaban oír claramente su temor a que la obra reforzase las concepciones racistas de las mujeres negras; otros temían que hiciese lo mismo con los hombres negros.[21]

El debate sobre *For Colored Girls* se prolongó durante el resto de la década. La misma cantinela empezó a sonar de nuevo, pero con mucha más fuerza, en 1982, cuando Alice Walker escribió su novela *El color púrpura* (y de nuevo en 1985, por el éxito de taquilla de Steven Spielberg, que hizo la adaptación cinematográfica, y otra vez en 1995, a raíz de *Esperando un respiro*, una película acerca de cuatro mujeres afroamericanas). Ambientada en la Georgia rural, la obra de Walker presenta a una mujer negra que busca (y encuentra) su camino entre los límites de los abusivos patriarcas blancos, la abusiva pobreza del Sur y los abusivos blancos racistas. Al tiempo que el éxito de ventas pasaba por millares de manos, algunos lectores (y, a buen seguro, muchos más que no la habían leído) echaban chispas por la forma de presentar a los hombres negros. Sin embargo, si quienes vieron la obra de Shange o leyeron la novela de Walker (o vieron la película de Spielberg) salieron del teatro o la sala de cine, o cerraron el libro, y generalizaron que los hombres negros eran abusadores, que el problema eran ellos, y no la obra de teatro, la novela o la película. Siempre ha habido una delgada línea entre el racista que representa la parte negativa de los negros y el antirracista que representa la imperfección de la humanidad negra. Cuando los consumidores han percibido los retratos estereotípicos de los negros como representativos de su comportamiento, en lugar de representar a aquellos personajes individuales, no es la persona que presenta el retrato, ya sea racista o antirracista, quien se ha convertido en un problema racista, sino los consumidores que generalizan. Pero esta compleja distinción, o el hecho de que las representaciones positivas de los negros apenas afectan al racismo, no pudo terminar con los argumentos sin sentido de los medios de comunicación, que se vieron de nuevo inflamados por el estallido de vídeos de hiphop en las décadas de 1980 y 1990, y de programas de telerrealidad con negros en el siglo XXI.[22]

«Al ver una representación de *For Colored Girls*, se ve el apetito colectivo por la sangre del hombre negro», escribió el sociólogo Robert Staples en 1979 en «The Myth of Black Macho. A Response to Angry Black Feminists». Sin embargo, la feminista negra más furiosa era Michele Wallace, de veintisiete años. La revista *Ms.* presentaba a la joven Wallace en la portada de su número de enero de 1979 anunciando su explosivo *Macho negro y el mito de la supermujer* como «el libro que dará forma a la década de 1980». Sin duda, a lo que dio forma fue al gran debate negro sobre el género. Algunos la odiaron, y otros la amaron, por plantear que el sexismo es un problema mayor que el racismo y por denunciar el «mito de la castración del hombre negro» y el mito racista de la negra como «mujer con una fuerza desmedida». Wallace afirmaba: «Incluso para mí, sigue siendo difícil librarse del mito» de la supermujer negra.[23]

Pero allí acababa su antirracismo, que daba paso a sus ataques racistas tanto contra las mujeres como contra los hombres negros. Después de librarse del retrato de la supermujer negra, Wallace ofrecía a sus lectores el retrato opuesto, el de una mujer negra que «se forzaba a ser sumisa y pasiva» durante la década de 1960, una aseveración que la poeta June Jordan atacó en *The New York Times*, calificándola de «sin fundamento», «autodegradante» y «ahistórica». Angela Davis dejó las cosas claras acerca del activismo justificado y agresivo de las mujeres y los hombres negros en la década de 1960 en la revista *Freedomways*. Davis incluía a los hombres porque, según Wallace, «el activismo del [macho] negro revolucionario de los años sesenta no recuerda más que a un niño que actúa por el simple placer de la reacción que va a provocar, por el dolor que va a causar en su padre [...] el hombre blanco». En el prólogo de la nueva edición, once años más tarde, Wallace reconocía con valor haber cometido algunos errores y se retractaba de su tesis de que el machismo negro era «el factor clave en la destrucción del movimiento del Poder Negro». Aunque para hacer honor a Wallace, aún puso el acento en la masculinidad patriarcal negra como uno de tantos factores clave en la desaparición del movimiento.[24]

Solo una mujer alentó más debates que Michele Wallace en las comunidades negras en el año 1979, y fue una mujer blanca, aquella a la que muchos asimilacionistas veían como la más bella del mundo. En la película *10, la mujer perfecta*, Bo Derek lucía trencitas africanas cosidas con abalorios, lo que provocó que una multitud de mujeres de la élite blanca fueran a las peluquerías para que les pusiesen sus «trencitas Bo». Los afroamericanos se pusieron furiosos al ver la cobertura mediática de aquella carrera desenfrenada. Las trencitas habían llegado, anunciaban los medios de comunicación, como si los blancos fueran los únicos portadores de cultura. Más o menos en la misma época, American Airlines despidió a su empleada Renee Rogers por llevar trencitas africanas. Para los americanos racistas, las trencitas, los minirrizos y otros peinados «naturales» eran poco profesionales. Cuando Rogers denunció a la empresa por discriminación, el juez sacó a relucir las «trencitas Bo» para rechazar su argumento de que el peinado reflejaba su herencia cultural.[25]

Posiblemente, la parte más apasionante del furor de las trencitas fue la sensación generalizada de que Bo Derek y sus imitadoras se estaban apropiando del legado de la cultura afroamericana, una sensación que posiblemente derivaba de la apolillada idea racista de que las culturas europeas podían dominar a las africanas. Lo más asombroso de todo aquel alboroto —revuelos similares por la apropiación blanca estallarían décadas más tarde en torno a Eminem (por la música rap) y Kim Kardashian (por el aspecto físico de su cuerpo)— fue la hipocresía de algunas personas negras. Algunas de ellas, que habían sometido su cabello a permanentes —una apropiación de la cultura europea—, estaban ahora ridiculizando a Bo Derek y a otras mujeres blancas por ponerse trencitas en el pelo y apropiarse de la cultura africana.

Bo Derek y sus imitadoras con trencitas parecían ser ubicuas a principios de la década de 1980, y las personas negras estaban disgustadas. Sin embargo, esta tendencia estilística no tuvo, ni de lejos, la fuerza y la duración de la última reinvención de la masculinidad blanca dominante. Si *El planeta de los simios* había supuesto el epítome de los sentimientos de derrota de los racistas, la película más taquillera de 1976, que ganó un Oscar a la mejor película, representó aquel año su sentimiento de lucha. *Rocky* mostraba a un boxeador italiano de Filadelfia, pobre, trabajador y amable, de habla y puño pausados, pero con una mandíbula de acero, que se enfrentaba a un afroamericano cruel, fanfarrón y de puño y verbo veloces, campeón del mundo de los pesos pesados. El oponente de Rocky, Apollo Creed, con su increíble avalancha de puñetazos, simbolizaba los movimientos de empoderamiento, el ascenso de la clase media negra y al auténtico campeón del mundo de los pesos pesados en 1976, el orgullo de la masculinidad del Poder Negro, Muhammad Ali. Rocky Balboa, interpretado por Sylvester Stallone, pasó a simbolizar la negativa, por parte del orgullo de la masculinidad supremacista blanca, a ser noqueado por la avalancha de derechos civiles y de protestas y políticas del Poder Negro.[26]

Sin embargo, semanas antes de que los norteamericanos se precipitasen a ver *Rocky*, lo hicieron para adquirir *Raíces*, de Alex Haley. Aquellos a los que no les apetecía hacer el esfuerzo de recorrer las 704 páginas del volumen, que se alzó al primer puesto de la lista de superventas de *The New York Times*, pudieron ver la aún más popular adaptación televisiva que empezó a emitir la cadena ABC en enero de 1977, y que se convirtió en lo más visto de la historia de la televisión en Estados Unidos. *Raíces* contaba la emocionante, trágica y tumultuosa historia de Kunta Kinte, desde su secuestro en Gambia hasta su brutal mutilación, que terminaba en sus incesantes intentos de fuga en Virginia. Haley, que afirmaba que Kinte era un antepasado real, seguía su vida y la de sus descendientes a lo largo de la historia de Estados Unidos hasta llegar a él mismo. Para los afroamericanos, en el esplendor de las ideas panafricanas del Poder Negro y hambrientos de conocimientos sobre su vida antes de la esclavitud y durante aquel periodo, *Raíces* fue un éxito absoluto, una de las obras más influyentes del siglo xx. *Raíces* puso al descubierto multitud de ideas racistas sobre el retraso de África, sobre la civilización de la esclavitud en Estados Unidos, sobre el esclavo satisfecho con su situación, sobre esclavos estúpidos y embrutecidos, sobre esclavas ligeras de cascos y sobre las raíces de los afroamericanos como esclavos. El género de plantación, de Mammies y Sambos felices, se lo llevó el viento.[27]

Pese a todo, el nuevo género de plantación, de holgazanes negros revoltosos que derribaban los medios de vida de los blancos —los pobres a través de la beneficencia, los que ascendían de clase a través de la discriminación positiva—, seguía vigente a finales de la década de 1970. Así, al igual que los norteamericanos negros antirracistas amaban sus raíces, los norteamericanos blancos racistas amaban —en la pantalla y fuera de ella— a su otro Rocky, con su implacable lucha por la ley y el orden del racismo. Y entonces, en 1976, este Rocky se presentó a las elecciones presidenciales.

33

Las drogas de Reagan

Paradójicamente, sería una antigua estrella de Hollywood la que vendría a representar a Rocky Balboa en la vida real y, al mismo tiempo, a personificar el contrataque racista contra el Poder Negro en política. Este Rocky de la vida real decidió desafiar al entonces presidente, Gerald Ford, en las primarias de 1976 del Partido Republicano. Reagan combatió todos esos movimientos de empoderamiento en su propio estado, California, y en toda la nación. Difícilmente cualquier otro político republicano podía igualar sus credenciales en materia de ley y orden, y apenas había otro político republicano más despreciado por los antirracistas. Durante su primera campaña para el cargo de gobernador de California en 1966, Reagan había prometido «volver a poner a trabajar a los holgazanes de las paguitas». En 1976 había hecho progresar lo bastante su problema ficticio con las ayudas públicas como para atraer a su candidatura a los racistas ocultos de Nixon, obteniendo su apoyo al recortar los programas sociales de ayuda a los pobres. En la campaña presidencial, Reagan hizo pública la historia de Linda Taylor, una mujer negra de Chicago acusada de cometer fraude para beneficiarse de los subsidios. «Sus ingresos libres de impuestos superan los 150.000 dólares», le gustaba decir a Reagan. De hecho, se había acusado a Taylor de defraudar al estado ocho mil dólares, una cantidad excepcional para algo que sucedía con muy poca frecuencia. Pero en la campaña de Reagan la verdad no era tan importante como dar pábulo al contrataque blanco al Poder Negro.[1]

Gerald Ford utilizó todo su poder como titular de la presidencia para superar por un escaso margen el desafío de Ronald Reagan en la Convención Nacional Republicana de 1976. Pero Ford, que había perdonado a Nixon y administraba una economía empobrecida, fue derrotado por el «impoluto» y desconocido antiguo gobernador demócrata de Georgia,

Jimmy Carter. Las esperanzas negras se mantuvieron incólumes hasta que la austera Administración Carter, a fin de impulsar la economía, aplicó unos recortes sin precedentes en los programas de protección social, sanidad y educación al tiempo que incrementaba el gasto militar. Después de que en 1973 se hubiera registrado el índice de pobreza negra más bajo de la historia de Estados Unidos, la década terminó con unas tasas récord de desempleo, inflación y reducción salarial, un incremento del índice de pobreza de los negros y una mayor desigualdad. En el ámbito local, los activistas y los residentes culparon del incremento de la pobreza, en parte o por completo, a los políticos negros amigos de los empresarios. Se suponía que los políticos negros hacían algo mal. Como era de prever, nadie aportó prueba alguna para corroborar este racismo político contra los negros. Los políticos negros y las élites negras a las que en gran medida satisfacían no eran muy distintos de los políticos y las élites de otras razas, que se vendían al mejor postor o que mantenían sus principios antirracistas y/o racistas.[2]

Mientras, en la década de 1970, los racistas negros culpaban a los políticos negros —y cada vez más a los capitalistas negros— de sus problemas socioeconómicos, los blancos racistas culpaban a las personas negras y a la discriminación positiva de los suyos. Las ideas racistas apartaron de la realidad a todos estos estadounidenses, como en el caso del ingeniero aeroespacial blanco que quería ser médico. Allan Bakke tenía más de treinta y tres años cuando la Facultad de Medicina de la Universidad de California en Davis lo rechazó por segunda vez en 1973, citando como principales factores su «edad actual» y sus puntuaciones mediocres en las entrevistas. Para entonces, ya había sido rechazado por más de una docena de facultades de medicina, generalmente a causa de su edad. En junio de 1974 Bakke demandó al Consejo Rector de la universidad, el mismo órgano que cuatro años antes había despedido a Angela Davis. Él no alegó discriminación por edad, sino que su solicitud de ingreso a la Facultad de Medicina había sido rechazada «a causa de su raza», porque la Universidad de California en Davis tenía asignadas dieciséis plazas de un total de cien para no blancos «desfavorecidos». Los tribunales de California le dieron la razón, eliminaron la «cuota» y ordenaron que se le admitiese.

El Tribunal Supremo estadounidense decidió admitir el caso Consejo Rector contra Bakke. Los abogados de Bakke afirmaban que el sistema de cuotas había reducido las oportunidades de Bakke de ser admitido al forzarlo a competir por ochenta y cuatro plazas en lugar de un centenar.

Los abogados del Consejo Rector alegaron que el estado tenía un «interés [...] imperioso» en incrementar el minúsculo porcentaje de médicos no blancos de California. Dado que, en general, los no blancos recibían una educación primaria inferior, tendían a tener promedios académicos (GPA, por sus siglas en inglés) y puntuaciones de test más bajos que los blancos; de ahí la necesidad de reservar dieciséis plazas. Y, a pesar de sus puntuaciones más bajas, esos estudiantes no blancos estaban pese a todo cualificados, decían los abogados del Consejo Rector. El 90 por ciento de ellos se graduaban y aprobaban sus exámenes de licenciatura, muy poco por debajo del porcentaje de blancos que lo hacían.

Lo más irónico y trágico del caso Consejo Rector contra Bakke —y de los casos de discriminación positiva posteriores— no fue que Allan Bakke se negara a tener en cuenta su edad y su competencia para afrontar las entrevistas, sino que nadie cuestionara los métodos de admisión utilizados, los test estandarizados y las puntuaciones GPA, que eran los primeros responsables de crear y reforzar las disparidades raciales en las admisiones. El hecho de que los estudiantes de Medicina no blancos de la Universidad de California en Davis obtuvieran puntuaciones mucho más bajas en la Prueba de Admisión de la Facultad de Medicina (MCAT, por sus siglas en inglés) y en los GPA que los estudiantes de Medicina blancos, pero que prácticamente igualasen los índices de graduación y de aprobación de sus exámenes de licenciatura, ponía al descubierto la futilidad de los criterios de admisión de la facultad. Desde que los segregacionistas los desarrollasen a principios del siglo XX, los test estandarizados, desde el MCAT hasta el SAT y las pruebas de inteligencia, habían fracasado una y otra vez a la hora de predecir el éxito en la universidad y en las carreras profesionales, o incluso en la medición real de la inteligencia, pero habían cumplido su misión original: hallar una forma «objetiva» de decretar la inferioridad intelectual de los no blancos (y de las mujeres y los pobres) y justificar que se los discriminase en el proceso de admisión. Se habían convertido en algo tan poderosamente «objetivo» que los no blancos, las mujeres y los pobres aceptaban la carta de rechazo sin cuestionar los criterios de admisión.

Los exámenes estandarizados, si acaso, han predicho la clase socioeconómica del estudiante y, quizá, el éxito del estudiante en la universidad o en un programa de formación profesional durante el primer año, algo que indica que los test podrían ser útiles para los estudiantes después de su admisión a fin de evaluar quién necesita ayuda durante ese primer año.

Así, el 12 de octubre de 1977 fue un hombre blanco quien se presentó ante el Tribunal Supremo solicitando ligeros cambios en la política de admisiones de la Universidad de California en Davis para abrir dieciséis plazas para él, y no una mujer negra pobre solicitando que se abandonasen los test estandarizados como criterio de admisión para abrir ochenta y cuatro plazas para ella. Se trataba de nuevo de un caso de racistas contra racistas, que los antirracistas no tenían oportunidad alguna de ganar.[3]

Con cuatro jueces con una postura sólida a favor del Consejo Rector y otros cuatro a favor de Bakke, el antiguo abogado de empresa cuyo bufete había defendido a los segregacionistas de Virginia en el caso Brown inclinó la balanza en el caso Consejo Rector contra Bakke. El 28 de junio de 1978, el juez Lewis F. Powell se puso del lado de los cuatro jueces que consideraban que las plazas reservadas de la universidad constituían una «discriminación contra los miembros de la "mayoría" blanca» y permitió que Bakke fuera admitido. Powell se puso también del lado de los otros cuatro jueces al permitir que las universidades «tuviesen en cuenta la raza» al elegir a sus estudiantes, siempre y cuando ello no fuese «determinante» en la decisión. Lo más significativo fue que Powell calificó la discriminación positiva de una política «con conciencia de raza», mientras que las puntuaciones en los test estandarizados no lo eran, a pesar de que todo el mundo estaba al tanto de las disparidades raciales en esas puntuaciones.[4]

Los principales partidarios de las políticas «con conciencia de raza» para mantener el *statu quo* de las disparidades raciales a finales de la década de 1950 se habían reinventado como los principales opositores de las políticas con «conciencia de raza» a finales de la década de 1970 para mantener el *statu quo* de las disparidades raciales. «Lo que haga falta» para defender a los discriminadores; ese había sido siempre uno de los lemas de los difusores de las ideas racistas. Allan Bakke, su equipo jurídico, las organizaciones que los apoyaban, los jueces que los respaldaban y sus millones de partidarios en Estados Unidos estaban todos ellos preparados para demostrar que la Tierra era plana y que Estados Unidos ya había dejado atrás el racismo en 1978. Estos racistas leían con alegría el texto sociológico más destacado y elogiado del año, *The Declining Significance of Race*, y hacían uso de los argumentos de William Julius Wilson para afirmar que la raza ya no importaba. Este sociólogo de la Universidad de Chicago trataba de resolver la paradoja racial de finales de la década de los setenta: el ascenso de las clases medias negras y la caída de los negros pobres. Wilson caracterizaba la época posterior a la Segunda Guerra Mundial como «el periodo de transición paulatina de las desigualdades raciales a las desigualdades de clase». Las «antiguas barreras» de la discriminación racial que afectaban a «toda la población negra» se habían transformado en las «nuevas barreras» que coartaban a los negros pobres. «La clase se ha convertido en algo más importante que la raza a la hora de determinar el acceso de los negros a los privilegios y al poder», escribía Wilson.

Wilson no admitía el progreso racial del que se beneficiaban algunos y el avance del racismo que afectaba a todos. Como señalaban los críticos antirracistas de Wilson, pasaba por alto la evidencia que mostraba el aumento de la discriminación al que se enfrentaban los cada vez más numerosos negros de ingresos medios, algo que ya había destacado Michael Harrington en 1962 en su libro *La cultura de la pobreza en los Estados Unidos*. Wilson dirigía su lente académica a la dinámica económica que creaba la «subclase» negra urbana, una clase cuya pobreza desgarradora la convertía en inferior desde el punto de vista de la conducta.[5]

Los académicos asimilacionistas que estudiaron esa subclase a finales de la década de 1970 y principios de la de 1980 examinaron la «etnografía del gueto»; esos asimilacionistas reconstruyeron el supuesto mundo cultural subestándar de los negros urbanos que no eran de la élite. «Creo que esta antropología no es más que otra forma de llamarme "negrata"», se quejaba el trabajador de una fábrica en la introducción al texto clásico de la etnografía antirracista de la época, *Drylongso*, de 1980. El antropólogo de Syracuse John Langston Gwaltney —que es ciego— dejaba que sus entrevistados negros construyeran su propio mundo cultural. *The New York Times* calificó *Drylongso* de «la exposición más amplia y realista jamás publicada de las actitudes negras generales contemporáneas».[6]

En el trigésimo tercer aniversario de la publicación de *The Declining Significance of Race*, cuando los académicos recurrían de nuevo a la clase en lugar de a la raza para explicar las desigualdades raciales, Wilson hizo lo que solo los mejores estudiosos han tenido el valor de hacer: reconoció los defectos del libro y confesó que debería haber planteado «soluciones tanto de raza como de clase para abordar las oportunidades vitales de las personas de color».[7]

Eran estas soluciones fundamentadas en la raza y en la clase las que el juez Thurgood Marshall había tratado de poner de manifiesto en su opinión disconforme en el caso Consejo Rector contra Bakke. La opinión divergente de Harry Blackmun, el juez que había sido decisivo en el caso Roe contra Wade, fue la última en salir a la luz. Blackmun dio a Estados Unidos una lección intemporal: «Para ir más allá del racismo, debemos antes tener en cuenta la raza. No hay otra manera. Y, para tratar igual a algunas personas, debemos tratarlas diferente. No podemos —no osamos— dejar que la Decimocuarta Enmienda perpetúe la supremacía racial». Pero eso era precisamente lo que los racistas tenían la intención de hacer. Los partidarios de la discriminación positiva eran «racistas fanáticos de la discriminación inversa», afirmó el profesor de derecho de Yale y antiguo fiscal general Robert Bork, que en *The Wall Street Journal* ridiculizó la decisión del Tribunal Supremo de mantener una forma limitada de discriminación positiva. Bork y otros como él utilizaron la Decimocuarta Enmienda para atacar las iniciativas antirracistas durante las décadas siguientes, dejando tras de sí una ampliación de las disparidades raciales. Cuatro años después del caso Consejo Rector contra Bakke, la probabilidad de que un estudiante blanco se inscribiera en las universidades más selectivas era dos veces y media superior a que lo hiciera uno negro. Para 2004 esa disparidad racial se había duplicado.[8]

Mientras la prosperidad de la década de 1960 se desvanecía y la pobreza se extendía a finales de la de 1970, un número cada vez mayor de personas negras se sentían ajenas al sistema político norteamericano. A medida que este distanciamiento aumentaba, las ideas racistas sobre ellas también crecían. Los votantes negros menospreciaban a los negros que no votaban y los veían como inferiores. Los abstencionistas, en su opinión, eran insensibles por no tener en cuenta la sangre derramada por el derecho de voto de los negros, habían renunciado a su poder político de la forma más estúpida y, en ese sentido, actuaban de manera inmoral e indolente. Estaba claro que a los abstencionistas negros —o a los votantes de terceros partidos, como Angela Davis— no los impulsaba a ir a las urnas el miedo a una victoria republicana. Parecía que solo tenían la voluntad de votar a políticos concretos, algo de lo que Angela Davis empezó a darse cuenta.[9]

El 19 de noviembre de 1979, el Partido Comunista anunció su candidatura a la presidencia para las elecciones de 1980. Gus Hall, de sesenta y nueve años de edad, cabeza visible del CPUSA durante mucho tiempo, se presentaba de nuevo. Su nueva compañera de candidatura había cumplido el 26 de enero los treinta y cinco años de edad requeridos por la Constitución. Acababa de unirse al claustro de profesores del histórico campus en el que había nacido la asignatura de Estudios Negros trece años atrás, la Universidad Estatal de San Francisco. Angela Davis aceptó participar en su primera campaña para optar a un cargo público, pero eso no significaba que ella y otros miembros no blancos estuviesen del todo a gusto en el CPUSA. La falta de diversidad en la dirección del partido siguió siendo una fuente de conflicto durante la década de 1980.[10]

Davis tampoco estaba satisfecha con el declive del activismo antirracista, que se había ralentizado en el contexto de —o, más bien, a causa de— la creciente elaboración y aceptación de ideas racistas de finales de la década de 1970. «En una sociedad racista no basta con no ser racista, debemos ser antirracistas», tronó Angela Davis en el Auditorio de Oakland en septiembre de 1979. Davis se unió a otros políticos y activistas del Área de la Bahía para instar a organizar protestas contra un mitin nazi previsto en las cercanías. Durante todo el decenio, la Alianza Nacional contra la Represión Racista y Política de Davis había desafiado constantemente a los crecientes grupos nazis y del Klan. Este último casi triplicó el número de miembros a escala nacional entre 1971 y 1980, y desencadenó su terrorismo armado en más de un centenar de localidades para destruir los avances de la década de 1960. Se seguían produciendo linchamientos; hubo al menos doce en Mississippi en 1980, veintiocho jóvenes negros fueron asesinados en Atlanta entre 1979 y 1982, y en 1980 se produjeron ejecuciones aleatorias en las calles de Buffalo. Pero la violencia del Klan y los linchamientos a manos de ciudadanos palidecían en comparación con el terror perpetrado por grupos de policías a lo largo y ancho del país, desde registros a mujeres negras en los que eran obligadas a desnudarse y abusos sexuales contra ellas hasta golpes propinados con la culata de la pistola en la cabeza de hombres negros. A principios de la década de 1980, un estudio mostraba que, por cada persona blanca muerta por agentes de la policía, estos acababan con la vida de veintidós personas negras.[11]

«Es posible romper este círculo vicioso de racismo, sexismo, desempleo e inflación creado por aquellos que siempre anteponen los beneficios a las personas», resonaban las palabras de Davis en los carteles que anunciaban sus mítines de campaña en 1980. Los políticos comunistas tenían que hacer correr la voz de sus actos de campaña porque su partido recibía mucha menos atención por parte de los medios que el presidente

Jimmy Carter, que hacía campaña para su reelección, y que Ronald Reagan, quien finalmente había logrado obtener la nominación republicana. A principios de agosto, Angela Davis llevó su campaña «Personas antes que beneficios» al lugar donde había dado inicio su vida pública, la Universidad de California en Los Ángeles. Se lamentó de la escasa cobertura mediática. «Es parte de una conspiración para impedirnos llevar nuestro mensaje al pueblo —dijo Davis, sentada a una mesa con dosieres de prensa no distribuidos—. Si Ronald Reagan estuviera celebrando una rueda de prensa aquí, no podríais ver nada desde manzanas de distancia debido a la cantidad de periodistas que habría».[12]

Días antes, el 3 de agosto, sí que hubo un gran despliegue de medios cuando el antiguo gobernador de California inauguró más o menos su campaña presidencial en la Feria del Condado de Neshoba. El evento tuvo lugar a solo unos kilómetros de Filadelfia, Mississippi, donde tres activistas por los derechos civiles habían sido asesinados en 1964. Era una astuta estrategia que mejoraba la táctica que Nixon había dominado antes que él. Reagan no aludió a la raza al mirar a algunos de los descendientes de esclavistas y segregacionistas, personas que habían defendido los «derechos de los estados» para mantener la supremacía blanca durante casi dos siglos en la otra Filadelfia, donde se había redactado la Constitución estadounidense. Reagan prometió «restituir a los estados y a los gobiernos locales el poder que, por derecho, les pertenece». Luego esquivó las acusaciones de racismo que Carter le había lanzado. Gracias en parte al apoyo del Sur, Reagan se hizo fácilmente con la presidencia.[13]

Reagan no perdió mucho tiempo en llevarse por delante los beneficios fiscales que las personas de ingresos medios y bajos habían obtenido en las cuatro décadas anteriores. Tan rápido como lo permitió el Congreso y lo justificó la débil economía, redujo los impuestos a los ricos y recortó los programas sociales para las familias de ingresos medios y bajos al tiempo que incrementaba el presupuesto militar. Por lo visto, Reagan hizo fuera de la pantalla lo que Sylvester Stallone había hecho en ella, noqueando primero a los negros de la élite como Rocky había noqueado a su oponente Apollo Creed en *Rocky II* (1979). Luego, por sorprendente que parezca, Reagan se hizo amigo de esos Creed —esos negros racistas o de élite a los que había derrotado en peleas anteriores— y los utilizó para acabar con la amenaza de los negros de bajos ingresos, representados por el rival de Rocky en *Rocky III* (1982), Clubber Lang, conocido popularmente como Mr. T.[14]

462   ANGELA DAVIS

Durante el primer año de Reagan en la presidencia, la renta media de las familias negras descendió un 5,2 por ciento y el número de norteamericanos pobres en general aumentó en 2,2 millones. En un año, según observó *The New York Times*, «se ha destruido buena parte del progreso contra la pobreza alcanzado en las décadas de 1960 y 1970».[15]

Con el incremento de las disparidades económicas y raciales y de la inestabilidad de los ingresos de las clases medias a finales de la década de 1970 y principios de la de 1980, las antiguas disciplinas segregacionistas —como la psicología evolutiva, que pregonaba las jerarquías intelectuales genéticas, y la antropología física, que defendía las distinciones raciales biológicas— y nuevos campos de estudio, como la sociobiología, disfrutaron al parecer de una mayor popularidad. Después de todo, se necesitaban nuevas ideas racistas para racionalizar las nuevas y crecientes disparidades. En 1975 el biólogo de Harvard Edward Osborne Wilson, que tenía formación en la teoría de la herencia dual, publicó *Sociobiología. La nueva síntesis*. Wilson, en cierto modo, animaba a los estudiosos estadounidenses a hallar «la base biológica de todas las formas de comportamiento social en todo tipo de organismos, incluido el hombre». A pesar de que la mayor parte de los sociobiólogos no aplicaban la sociobiología directamente a la raza, la teoría no demostrada subyacente a la propia disciplina de la sociobiología permitía a quienes creían en ella aplicar los principios de esta a las disparidades raciales y llegar a ideas racistas que culpaban de las desgracias de los negros a su comportamiento social. Era la primera gran idea académica posterior a la década de 1960 en la que sus creadores trataban de evitar la etiqueta de «racistas». Los intelectuales y los políticos estaban generando teorías —como que los perceptores de ayudas sociales eran holgazanes, que los barrios urbanos pobres eran peligrosos, que las personas pobres eran ignorantes o que las familias monoparentales eran inmorales— que permitían a los norteamericanos llamar a los negros holgazanes, peligrosos e inmorales sin tener que decir «negros», con lo que podían esquivar las acusaciones de racismo.[16]

Los asimilacionistas y los antirracistas, al darse cuenta de las implicaciones de *Sociobiología*, organizaron una enérgica reprobación que condujo a un acalorado debate académico y popular acerca de sus valores y de su relevancia política a finales de la década de 1970 y principios de la de 1980. El biólogo evolutivo de Harvard Stephen Jay Gould, que publicó *La falsa medida del hombre* en 1981, lideró la reprobación de las ideas segregacionistas en el terreno de las ciencias biológicas. Edward O.

Wilson, que no se arredró, emergió como un intelectual para el gran público. Sin duda disfrutaba al oír a los estadounidenses hacer afirmaciones no probadas que demostraban la popularidad que habían alcanzado sus teorías, como cuando alguien bromea con que cierta conducta «está en mi ADN». Sin duda, a Wilson también le satisfizo obtener dos premios Pulitzer por sus libros y una Medalla Nacional de Ciencia del presidente Jimmy Carter. La sociobiología de Wilson fomentó, pero nunca demostró, la existencia de genes para conductas tales como la mezquindad, la agresividad, el conformismo, la homosexualidad e incluso la xenofobia y el racismo.[17]

Angela Davis se unió a otros estudiosos antirracistas para combatir estos postulados segregacionistas dentro (y fuera) del mundo académico. Su tratado más influyente en este terreno, *Mujeres, raza y clase*, fue publicado en 1981. Se trataba de una historia revisionista de las mujeres negras como agentes históricos activos a pesar de la prevalencia del sexismo y la explotación a que se habían enfrentado, así como del racismo que habían sufrido por parte de las feministas blancas en la lucha por el derecho de voto y en los recientes conflictos sobre los derechos reproductivos y las leyes antiviolación. Davis ponía al descubierto las contradicciones en los ejemplos más populares de literatura antiviolación de la década de 1970 —*Contra nuestra voluntad*, de Susan Brownmiller, *Rape. The Bait and the Trap*, de Jean MacKellar, y *The Politics of Rape*, de Diana Russell— por acrecentar el «mito del violador negro». Este mito, afirmaba Davis, reforzaba «la invitación abierta del racismo a los hombres blancos a que dispusiesen sexualmente de los cuerpos de las mujeres negras. La imagen ficticia del hombre negro como violador siempre ha sido un refuerzo para su compañera inseparable, la imagen de la mujer negra como promiscua crónica». El amplio relato de Davis acerca de mujeres negras activistas ofrecía una poderosa respuesta a las imágenes racistas de Michele Wallace —y de los historiadores patriarcales—, que presentaban a las mujeres negras como «pasivas» durante las luchas raciales y de género. Junto con el libro de la activista bell hooks *Ain't I a Woman. Black Women and Feminism*, publicado también en 1981, *Mujeres, raza y clase* contribuyó a crear un nuevo método de estudio, un análisis integrador de la raza, el género y la clase, en el mundo académico estadounidense. Tal como hooks escribió de forma indeleble, «el racismo siempre ha sido una fuerza de división que ha separado a los hombres blancos y a los hombres negros, y el sexismo ha sido una fuerza de unión de ambos grupos».[18]

No obstante, ninguna gran obra del feminismo antirracista académico —y *Ain't I a Woman* y *Mujeres, raza y clase* se convirtieron enseguida en clásicos— podía detener a esos generadores de ideas segregacionistas que defendían las políticas racistas y clasistas de Reagan. En 1982 el presidente emitió una de las órdenes ejecutivas más devastadoras del siglo xx. «Debemos movilizar todas nuestras fuerzas para detener el flujo de entrada de drogas en este país» y para «tachar drogas como la marihuana exactamente de lo que son, peligrosas», dijo Reagan al anunciar su «guerra contra las drogas». Los criminólogos no temían que esta nueva guerra fuese a enviar a la cárcel a un número desproporcionado de afroamericanos; muchos de esos criminólogos publicaron estudios pueriles según los cuales ya no había discriminación racial en el sistema de justicia penal.

«Podemos luchar contra el problema de las drogas y podemos ganar», anunció Reagan. Era una maniobra sorprendente. Los delitos relacionados con las drogas se estaban reduciendo. Solo el 2 por ciento de los estadounidenses creían que las drogas fuesen el problema más urgente de la nación. Eran pocos los que consideraban que la marihuana fuera una droga especialmente peligrosa, sobre todo en comparación con la más adictiva heroína. Los terapeutas de la adicción se quedaron atónitos ante la afirmación sin fundamento de Reagan de que Estados Unidos podía «acabar con el consumo de drogas mediante una legislación más restrictiva».[19]

A raíz del anuncio, Angela Davis volvió a optar a la vicepresidencia en la candidatura del CPUSA de 1984. «Llevad a la victoria la derrota de Ronald Reagan», el «presidente más sexista, [...] racista, enemigo de la clase obrera [...] y belicoso de la historia de este país», pidió Davis en una conferencia de mujeres negras en agosto. Pero la primicia racial de las elecciones de 1984 fue el asombroso éxito en las primarias demócratas de un antiguo ayudante de Martin Luther King el cautivador orador y líder de los derechos civiles, el reverendo Jesse Jackson. Aun así, ni Jackson ni Davis acumularon suficientes votos. Demasiados norteamericanos se creyeron el mito del nuevo «amanecer en Estados Unidos» que Reagan les estaba vendiendo a través de la mejora de la economía.[20]

Puede que estuviese volviendo a amanecer en Estados Unidos en ciertos barrios ricos y blancos, que se habían despertado para encontrarse con la prosperidad diversas veces en el transcurso de los años. Pero no amanecía de nuevo en el país para las comunidades en las que los rebeldes de la Contra nicaragüense, con el apoyo de la CIA, empezaron a introducir de contrabando cocaína en 1985, ni amanecía tampoco ese mismo año en Estados Unidos para los jóvenes negros. Su índice de desempleo era cuatro veces mayor que en 1954, mientras que el índice de ocupación de los jóvenes blancos había experimentado un incremento marginal. Ni amanecía tampoco en Estados Unidos cuando algunos de esos desempleados empezaron a convertir la cara cocaína en crack, más barato, para venderlo y poder ganarse la vida. La Administración Reagan quería asegurarse de que todo el mundo supiera que no había amanecido en Estados Unidos para los barrios urbanos negros y que las drogas —en concreto el crack— y los drogadictos eran los culpables.

En octubre de 1985, la Administración para el Control de Drogas (DEA, por sus siglas en inglés) acusó a Robert Stutman, el agente especial a cargo de la oficina de la DEA en la ciudad de Nueva York, de atraer la atención de los medios de comunicación sobre la difusión del crack (y la violencia de los traficantes que trataban de controlar y estabilizar sus mercados). Stutman atrajo tanta atención que revitalizó la guerra contra las drogas de Reagan, que languidecía. En 1986, miles de historias extremadamente racistas recorrieron las ondas y los quioscos. En ellas se describía a los «depredadores» traficantes de crack que proporcionaban la «droga demoniaca» a «yonquis enganchados al crack» y a «putas enganchadas al crack» (que eran madres de «bebés del crack», biológicamente inferiores, en sus temibles junglas de hormigón urbanas). No eran muchas las historias que hablaban de distribuidores y consumidores de crack blancos. En agosto de 1986, la revista *Time* calificó al crack de «el problema del año». Pero, en realidad, la cocaína en piedra se había convertido en la última droga que había hecho a los estadounidenses adictos a las ideas racistas.[21]

Si la respuesta de Reagan a las drogas fue la comidilla racista del año, el Movimiento por una Sudáfrica Libre (FSAM, por sus siglas en inglés) convirtió el *apartheid* —y el apoyo fiscal y militar que Reagan le daba— en la noticia antirracista del año que pasó más desapercibida. El movimiento FSAM puso al descubierto el histórico racismo étnico entre los afroamericanos y los inmigrantes africanos, un racismo étnico que Eddie Murphy mostró en su taquillazo de 1988, que se convirtió en una de las comedias negras más queridas de todos los tiempos. *El príncipe de Zamunda*, la historia de amor de un rico príncipe africano que llega a Queens en busca de una esposa, se burlaba de forma hilarante de las ideas racistas, además de ridículamente falsas, de los afroamericanos sobre que la gente de África era animalesca, incivilizada, corrupta y belicosa, ideas racistas que *Raíces* no había logrado erradicar por completo.

Semanas después de aprobar la ley más antirracista de la década tras superar el veto de Reagan —la Ley Integral contra el Apartheid, con sus duras sanciones económicas—, el Congreso aprobó la ley más racista de la década. El 27 de octubre de 1986, Reagan firmó «con gran placer» la Ley contra el Consumo de Drogas con el apoyo de republicanos y demócratas. «El pueblo norteamericano quiere que su Gobierno endurezca la ofensiva y continúe con ella», comentó Reagan. Al firmar la ley puso el sello presidencial en la campaña «Simplemente di no» y en las «leyes duras» que se suponía que iban a reducir el consumo abusivo de drogas. Mientras que la Ley contra el Consumo de Drogas estipulaba una condena mínima de cinco años para un traficante o consumidor detenidos con cinco gramos de crack, la cantidad que solían manejar los negros y las personas pobres, los consumidores y traficantes mayoritariamente blancos de cocaína en polvo —que operaban en barrios con menos policía— debían ser detenidos con quinientos gramos para recibir la misma condena mínima de cinco años. Las ideas racistas de la época defendían esta política racista y elitista.[22]

Esta ley respaldada por los dos grandes partidos condujo a un encarcelamiento masivo de ciudadanos norteamericanos. La población penitenciaria se cuadruplicó entre 1980 y 2000 debido enteramente a la política condenatoria más estricta, no al incremento de la criminalidad. Entre 1985 y 2000, los delitos por drogas justificaban dos tercios del aumento masivo de la población reclusa. Para el año 2000, los negros suponían el 62,7 por ciento, y los blancos el 36,7 por ciento, de todos los condenados por drogas en las cárceles de los estados, y no porque vendiesen o consumiesen más drogas. Aquel año, la Encuesta Nacional por Hogares sobre el Consumo de Drogas informaba de que un 6,4 por ciento de los blancos y un 6,4 por ciento de los negros eran consumidores de drogas ilegales. Los estudios raciales sobre narcotráfico solían hallar porcentajes similares. En un análisis de 2012, la Encuesta Nacional sobre Consumo de Drogas y Salud halló que era un 32 por ciento más probable que los jóvenes blancos vendieran drogas a que lo hicieran los jóvenes negros (un 6,6 por ciento frente a un 5 por ciento). En cambio, era mucho más probable que los jóvenes negros fuesen arrestados por ello.[23]

Durante la fiebre del crack, a finales de la década de 1980 y principios de la de 1990, la situación era la misma. Los blancos y los negros vendían y consumían drogas ilegales en porcentajes similares, pero los consumidores y traficantes negros eran arrestados y condenados con mucha más frecuencia. En 1996, aun cuando dos tercios de los consumidores de crack eran blancos o latinos, el 84,5 por ciento de los condenados por posesión de crack eran negros. Incluso sin el factor crucial de la elaboración de perfiles raciales de los negros como traficantes y consumidores de drogas por parte de la policía, se aplicaba una regla general que aún sigue siendo aplicada hoy en día: allí donde haya más policía habrá más arrestos, y allí donde haya más arrestos las personas percibirán que hay más crímenes, lo que justifica que haya más policía, más arrestos y, supuestamente, más crimen.[24]

Como era mucho más probable que los negros de los barrios urbanos pobres, con mucha más policía, fueran arrestados y encarcelados —en comparación con los blancos— en la década de 1990, porque había más homicidios en sus barrios, los racistas dieron por supuesto que las personas negras consumían más drogas, traficaban más con drogas y cometían más delitos de todo tipo que las personas blancas. Estas falsas suposiciones fijaron en las mentes de la gente la imagen de la peligrosa barriada negra urbana pobre, así como la imagen contrapuesta del barrio blanco suburbano seguro, una idea racista que afectó a numerosas decisiones tomadas por muchos estadounidenses, desde la elección de vivienda hasta las decisiones policiales en materia de drogas, pasando por políticas imposibles de cuantificar. El concepto de «barrio negro peligroso» se basa en ideas racistas, no en la realidad. Sin embargo, sí que existen los «barrios castigados por el desempleo» peligrosos. Por ejemplo, en un estudio basado en la Encuesta Nacional Longitudinal sobre la Juventud, recopilado entre 1976 y 1989, se halló que era mucho más probable que los jóvenes negros se implicasen en delitos violentos graves, en comparación con los jóvenes blancos. Aun así, cuando los investigadores compararon solo a los jóvenes con empleo, desaparecían las diferencias raciales en cuanto a conductas violentas. Ciertos índices de delitos violentos eran mayores en los barrios negros simplemente porque las personas en paro se concentraban en los barrios negros.[25]

Los republicanos de Reagan partidarios de la mano dura contra la delincuencia, sin embargo, no tenían intención alguna de cometer un suicidio político ante sus donantes ni de atribuir la culpa de los delitos

violentos a la política económica de Reagan en vez de a las personas que
infringían la ley. Tampoco tenían la intención de perder sus cargos tratando de crear millones de nuevos empleos en una guerra contra el paro,
que habría supuesto sin duda una reducción de los delitos violentos. En
lugar de eso, al convertir la campaña por la ley y el orden en una guerra
contra las drogas, enriquecieron muchas vidas políticas a lo largo de las
dos décadas siguientes. Esto arrojó a millones de empobrecidos consumidores y traficantes de droga no blancos y no violentos a cárceles donde
no podían votar, personas que más tarde fueron puestas en libertad pro-
visional sin derecho de voto. Un número significativo de elecciones con
resultados muy ajustados habrían tenido consecuencias muy distintas si
no se les hubieran negado sus derechos a los delincuentes, incluidas al
menos siete elecciones al Senado entre 1980 y 2000, así como las presidenciales de 2000. Qué forma tan ingeniosamente cruel de arrebatar si-
lenciosamente el poder de voto a tus rivales políticos.[26]

Incluso las estadísticas que sugerían que había más delitos violentos
—sobre todo contra víctimas inocentes— en los barrios urbanos negros
estaban basadas en un método estadístico racista más que en la realidad.
Los conductores ebrios, que matan por regla general a más personas que
los negros urbanos violentos, no eran percibidos como criminales violentos en esos estudios, y resulta que en 1990 el 78 por ciento de los
conductores borrachos arrestados eran hombres blancos. En 1986, 1.092
personas fallecieron por motivos «relacionados con la cocaína» y hubo
otros 20.610 homicidios. Eso suma 21.702, una cifra aún inferior a las
23.990 muertes de tráfico relacionadas con el alcohol que hubo aquel
año (por no mencionar el número de heridos graves que no fallecieron
causados por conductores ebrios). Los narcotraficantes y gánsteres de la
droga se mataban básicamente entre sí en los centros urbanos, mientras
que las víctimas de conductores borrachos solían ser transeúntes inocentes. Por tanto, en 1986 y los años posteriores era legítimo preguntarse si
un norteamericano estaba realmente más a salvo de recibir daños mortales en las calles del centro o en las carreteras suburbanas. Aun así, era
mucho más probable que los estadounidenses blancos temieran más
aquellas distantes fichas policiales de negros que aparecían en sus pantallas
de televisión que a los conductores borrachos blancos de sus barrios, que
los mataban a un ritmo superior.[27]

Como Reagan no ordenó nunca una guerra contra los conductores
borrachos, hizo falta un movimiento de base prolongado y decidido en

la década de 1980, forjado por la Asociación Madres contra Conductores Ebrios (MADD, por sus siglas en inglés), e innumerables incidentes espantosos —como el conductor bebido que mató a veintisiete pasajeros de un autobús escolar en 1988— para forzar a los reacios políticos a promulgar sanciones más estrictas. Pero estos nuevos castigos por conducir bajo los efectos del alcohol aún palidecían al compararlos con los cinco años de cárcel automáticos por ser detenido por primera vez con cinco gramos de crack.

En efecto, en 1986 la atención de los medios de comunicación no se centraba en los conductores borrachos, sino en las sensacionalistas noticias sobre delitos relacionados con el crack y los posteriores efectos en las familias negras. En un reportaje especial de la CBS sobre «La desaparición de la familia. Crisis en el Estados Unidos negro», la cadena mostraba imágenes de jóvenes madres dependientes de las ayudas sociales y de padres separados en un edificio de apartamentos de Newark, imágenes estereotípicas de la promiscuidad de la mujer negra, la desidia del hombre negro y la irresponsabilidad de los padres negros; la familia negra patológica. Fue este tipo de historias lo que provocó que una irritada Angela Davis escribiese un ensayo sobre la familia negra en la primavera de 1986. El porcentaje de hijos nacidos de mujeres negras solteras había pasado del 21 por ciento en 1960 al 55 por ciento en 1985, exponía Davis. Las tasas de natalidad de las adolescentes negras no podían explicar aquel incremento (esas cifras habían permanecido sin apenas cambios entre 1920 y 1990). Davis explicaba que el «número desproporcionado de nacimientos en adolescentes no casadas» era fruto de que las mujeres negras mayores y casadas habían empezado a tener menos hijos en las décadas de 1960 y 1970. Por tanto, era el porcentaje global de bebés nacidos de madres negras jóvenes y solteras, en comparación con las madres casadas —y no el número de bebés nacidos de madres solteras—, lo que había aumentado espectacularmente.[28]

Pero, para los propagandistas de Reagan, la beneficencia era la causa del inexistente pico en el número de madres solteras negras, y el inexistente pico había causado la desaparición de la familia negra. «Las pruebas estadísticas no demuestran estas suposiciones [que las ayudas sociales son un incentivo para tener hijos] —admitía el consejero de política interior de Reagan, Gary Bauer, en *The Family. Preserving America's Future*, de 1986—.

Y, sin embargo, hasta el observador menos experimentado en los programas de asistencia pública comprende que existe una relación entre la disponibilidad de subsidios y la inclinación de muchas mujeres jóvenes a tener hijos sin padre». Las pruebas apenas tenían importancia alguna si de lo que se trataba era de convencer a los estadounidenses de que algo andaba mal con las madres negras receptoras de ayuda social y, en consecuencia, con la familia negra.[29] Incluso la idolatrada abogada de los derechos civiles Eleanor Holmes Norton sintió la necesidad de instar en 1985 al restablecimiento de la «familia negra tradicional». «El remedio no consiste simplemente en proporcionar necesidades y oportunidades —explicaba Norton en *The New York Times*—. La recuperación de la fortaleza histórica de la familia requerirá acabar con la compleja subcultura predatoria del gueto». Norton no ofrecía prueba alguna para justificar su racismo de clase, según el cual los negros del gueto carecían de valores como «el trabajo duro, la educación, el respeto por la familia negra y [...] la consecución de una vida mejor para los hijos» si se los comparaba con las élites negras o con cualquier otra clase racial.[30]

Esta droga racista de la decadencia de la familia negra era tan adictiva como el crack para los consumidores de todas las razas, y lo era tanto como la cantinela del «barrio negro peligroso». Pero muchos de los consumidores negros no se daban cuenta de que habían sido drogados, como tampoco se percataban de que el nuevo programa de televisión que ellos creían que contrarrestaba tan bien los pensamientos desagradables sobre las personas negras no era más que una nueva droga racista.

34

Nuevos demócratas

Los creyentes acérrimos en la persuasión por elevación y en la persuasión mediática confiaban en que *La hora de Bill Cosby*, de la NBC, que se estrenó el 20 de septiembre de 1984, redimiese a la familia negra a ojos del Estados Unidos blanco. Aunque muchos televidentes disfrutaban de las brillantes dotes cómicas de Bill Cosby y de los atractivos argumentos de la serie, y a muchos televidentes negros les complació ver un reparto negro en televisión en horario de máxima audiencia durante ocho temporadas, fue la visión racial de Cosby la que convirtió a *La hora de Bill Cosby* en el programa más exitoso de Estados Unidos entre 1985 y 1989 (y uno de los más populares en la Sudáfrica del *apartheid*). Cosby concibió el programa definitivo de persuasión mediática sobre una familia que desafiaba los estereotipos, elevada gracias a sus esfuerzos por ir más allá de los confines de la negritud discriminada. El actor creía que estaba mostrando a los afroamericanos a qué podían aspirar si trabajaban con ahínco y abandonaban su activismo antirracista. Cosby y sus millones de leales espectadores creían realmente que *La hora de Bill Cosby* y las series derivadas de esta estaban persuadiendo a sus millones de espectadores blancos para que dejaran de lado sus ideas racistas. Y así fue para algunos. Para otros blancos, la ficticia familia de Cosby, los Huxtable, eran negros extraordinarios, y la serie se limitaba a corroborar su convicción —y la de Reagan y los racistas negros— de que el racismo solo se encontraba ya en los libros de historia. Algunos analistas del momento se dieron cuenta de ello. *La hora de Bill Cosby* «sugiere que los negros son los únicos responsables de sus condiciones sociales, sin reconocer la estricta restricción de oportunidades vitales a la que se enfrentan la mayoría de las personas negras», exponía en 1989 el crítico literario Henry Louis Gates Jr. en *The New York Times*, en la cresta de la popularidad del programa.[1]

Al igual que todos los intentos de persuasión por elevación anteriores, *La hora de Bill Cosby* no hizo nada para entorpecer la producción y el consumo de la racista guerra contra las drogas de Reagan. El columnista de *The Washington Post*, médico de Harvard y ganador del Premio Pulitzer Charles Krauthammer escribió la que quizá fuese la más sensacionalista de las historias sobre el crack publicadas en aquella época. «La epidemia del crack en las ciudades está dando origen ahora al último de los horrores, una subclase biológica, una generación de bebés de la cocaína con secuelas físicas», escribió el 30 de julio de 1989. Estos bebés eran probablemente una «raza desviada de zombis (sub)humanos» cuya «inferioridad biológica ha sido sellada al nacer» y era «permanente», añadía. «Los bebés muertos puede que sean los más afortunados».[2]

La columna provocó la segunda oleada importante de noticias horrendas sobre el crack. *The New York Times* hablaba de cómo «las maternidades de todo el país resuenan con los "chillidos de gato" de los bebés del crack, neurológicamente afectados». En el *St. Louis Post-Dispatch* apareció un titular que advertía de un «Desastre en ciernes. Los bebés del crack empiezan a hacerse mayores». Investigadores médicos validaban estos informes —y las ideas racistas que los inspiraban— junto con pediatras como Judy Howard, de la UCLA, que dijo que los bebés del crack carecían de la función cerebral «que nos hace seres humanos». La neonatóloga del Hospital Pediátrico de Filadelfia Hallam Hurt empezó a hacer un seguimiento de la vida de 224 «bebés del crack» nacidos en la ciudad entre 1989 y 1992, y previó que «se encontraría con multitud de problemas». En 2013 concluyó su estudio con un hallazgo que caía por su propio peso: la pobreza era peor para los niños que el crack. Los investigadores médicos se vieron obligados a admitir finalmente que los «bebés del crack» eran como la ciencia de las ideas racistas: nunca habían existido.[3]

Con el respaldo de la ciencia o sin él, las ideas racistas persistieron en la mente de los estadounidenses, y el vicepresidente de Reagan se aseguró de manipularlas cuando se presentó a la presidencia en 1988. George H. W. Bush había ido por detrás en las encuestas frente al candidato demócrata, el gobernador de Massachusetts Michael Dukakis, hasta que hizo público un anuncio televisivo acerca de un asesino negro, además de violador de mujeres blancas, Willie Horton. «A pesar de su condena a cadena perpetua —afirmaba la aterradora voz en *off*—, Horton recibió diez permisos de fin de semana. Horton huyó, secuestró a una joven pareja, apuñaló al hombre y violó repetidamente a su novia. Permisos de fin de semana, esa es la postura de Dukakis sobre el crimen».[4]

Apartándose de la postura del «débil» Dukakis sobre la criminalidad, el «duro» Bush apoyaba la pena capital y sus endémicas disparidades. En 1987 el Tribunal Supremo dictaminó, en el caso McCleskey contra Kemp, que «el impacto racialmente desproporcionado» de la pena de muerte en Georgia —los negros recibían sentencias de muerte con una frecuencia cuatro veces superior que los blancos— no justificaba la anulación de la pena capital para un hombre negro llamado Warren McCleskey a menos que se pudiera demostrar un «propósito racialmente discriminatorio». Si el tribunal hubiera optado por fallar en favor de McCleskey, habría abierto el futuro a procesos antirracistas y a reformas del sistema de justicia penal, que estaba podrido de racismo. En cambio, los jueces desvincularon las disparidades raciales del racismo, consideraron que esas disparidades constituían una parte normal del sistema de justicia penal y culparon de ellas a los delincuentes negros, lo que generó de nuevo ideas racistas para defender políticas racistas. El caso McCleskey contra Kemp resultó ser, como predijo el abogado de la Universidad de Nueva York Anthony G. Amsterdam, «el caso Dred Scott de nuestros días». El Tribunal Supremo había convertido en constitucional la elaboración generalizada de perfiles raciales que impulsaba el crecimiento inhumano de la población negra ejecutada y esclavizada en las cárceles.[5]

Al igual que sus antepasados, los jóvenes negros urbanos se resistían a los agentes de la autoridad que los condenaban a una esclavitud del siglo XX, y a veces lo hacían con ritmo. El hiphop y el rap florecieron en 1988, después de una década de crecimiento, desde el hormigón de la zona sur del Bronx. Las cadenas BET y MTV empezaron a emitir sus populares programas de hiphop. *The Source* llegó aquel año a los quioscos, publicación que llegaría a ser la revista de rap más longeva del mundo. En ella se hablaba de las rimas de Public Enemy, que hacían agitar la cabeza, de «Fuck tha Police», el superéxito de N.W. A., o Niggaz Wit Attitudes, salidos directamente de Compton.[6]

El hiphop y los programas de Estudios Negros alcanzaron su apogeo al mismo tiempo, en 1988. Aquel año el profesor Molefi Kete Asante creó el primer programa de Doctorado en Estudios Negros del mundo en la Universidad Temple de Filadelfia. Asante era el teórico afrocéntrico más destacado del planeta, y propugnaba una exhaustiva teoría de antirracismo cultural para contrarrestar las ideas asimilacionistas que proseguían su escalada después de la debacle del movimiento del Poder Negro. Un número excesivo de personas negras —y de académicos dedicados a los Estudios Negros— «se miraban» a sí mismos, al mundo y a sus temas de investigación sobre la negritud desde el centro y los estándares de los europeos, alegaba en *The Afrocentric Idea*, de 1987. Los europeos hacían pasar la perspectiva centrada en ellos como la mejor, y a veces como la única. Para Asante había muchas formas de ver, sentir, teorizar y estudiar el mundo, no solo las visiones del mundo, las culturas, las teorías y las metodologías eurocéntricas. Reivindicó la «afrocentricidad», que significaba para él un centro cultural y filosófico destinado a las personas africanas y basado en «las aspiraciones, las visiones y los conceptos africanos».[7]

En 1989 Public Enemy grabó uno de los temas más famosos de la historia del hiphop, «Fight the Power». La canción encabezaba la banda sonora de la película de Spike Lee sobre la rebelión urbana *Haz lo que debas*, que fue elogiada por la crítica. «Fight the Power» vinculaba el inicio de la era con conciencia social del hiphop con la realización de películas negras y los Estudios Negros. *Haz lo que debas* era el tercer largometraje de Lee. El segundo, *Aulas turbulentas* (1988), abordaba las ideas asimilacionistas relacionadas con el tono de la piel, el color de los ojos (cuanto más claros, mejor) y la textura del cabello (cuanto más liso, mejor), un tema sugerido por el hecho de que las permanentes estaban sustituyendo a los peinados afro de la época del Poder Negro. Algunos negros llegaban a decolorarse la piel para que fuese blanca. El más conocido de ellos (al menos se sospechaba que lo hacía) a finales de la década de 1980 y principios de la de 1990 fue el que quizá fuese el afroamericano más famoso, el cantante Michael Jackson. Se rumoreaba que Jackson se había aclarado el tono de la piel y se había afinado la nariz y los labios para impulsar su carrera. Es cierto que las pieles más claras garantizaban ingresos más altos y eran preferidas en las adopciones, mientras que las más oscuras predominaban en las viviendas públicas y en las cárceles, y era más probable que conllevasen discriminación racial. Los racistas culpaban a las personas de piel oscura de estas disparidades; los antirracistas culpaban a la discriminación por el color. «Cuanto más clara sea la piel, más benévola será la sentencia», era una popular frase antirracista.[8]

Varias docenas de estudiosos del ámbito jurídico se reunieron en un convento en las afueras de Madison, Wisconsin, el 8 de julio de 1989, mientras «Fight the Power», de Public Enemy, alcanzaba el primer puesto de las listas Billboard. Su finalidad era forjar una perspectiva intelectual antirracista denominada «teoría crítica de la raza». La especialista en derecho de la UCLA Kimberlé Williams Crenshaw, de treinta años de edad, organizó el retiro estival el mismo año en que escribió el ensayo «Demarginalizing the Intersection of Race and Sex», en el que demandaba una «teoría interseccional», la conciencia crítica del racismo de género (y, en consecuencia, otras intersecciones, como el racismo *queer*, el racismo étnico y el racismo de clase). «A pesar de que el racismo y el sexismo se intersectan fácilmente en las vidas de las personas, apenas lo hacen en las prácticas feministas y antirracistas», escribiría Crenshaw tres años más tarde en otro artículo innovador publicado en la *Stanford Law Review*. Derrick Bell, Alan Freeman y Richard Delgado, los pioneros de la formulación de la teoría crítica de la raza en las facultades de derecho, asistieron también al acto estival organizado para presentar la teoría crítica de la raza. Una de las principales consecuencias de la teoría fueron los estudios críticos sobre la raza blanca, en los que se investigaban la anatomía de la raza blanca, las ideas racistas, los privilegios blancos y la transición de los inmigrantes europeos a miembros de la raza blanca. Los teóricos críticos de la raza, como se les llamó, se unieron a los académicos antirracistas de Estudios Negros en la primera línea de la revelación del avance del racismo en la década de 1990.[9]

Angela Davis, profesora de la Universidad Estatal de San Francisco, trabajando desde las mismas tradiciones intelectuales antirracistas, llamaba también la atención sobre la progresión del racismo. «Los afroamericanos sufren la peor opresión desde los tiempos de la esclavitud», tronó Davis en 1990 en la Universidad Estatal de California en Northridge. Su discurso enfureció a los que creían en el progreso racial. Después de todo, los afroamericanos poseían el 1 por ciento de la riqueza nacional en 1990 después de haber poseído el 0,5 por ciento en 1865, aunque habían seguido constituyendo entre el 10 y el 14 por ciento de la población en ese periodo. «Nuestro país está ahora repleto de numerosos negros en posiciones de prestigio y poder», lo cual estaba «ciertamente muy alejado de la "peor opresión desde los tiempos de la esclavitud"», como alguien escribió en una irritada carta al director del periódico *Los Angeles Times*. No eran fuerzas externas a la sociedad las responsables de «fecundar a chicas no casadas» y de forzar a «jóvenes negros a dejar el instituto para dedicarse al tráfico de drogas, meterse en bandas y matar». Nadie había obligado a los ugandeses a «matarse y oprimirse entre sí» u obligado a Etiopía a «arruinar de tal forma su economía» que sus ciudadanos tuviesen que «depender de las donaciones de los capitalistas para sobrevivir». Al parecer, tanto en Estados Unidos como en África, los racistas imaginaban que eran las guerras étnicas, la corrupción y las ayudas públicas las que estaban provocando la pobreza global y la inestabilidad política del mundo negro, así como las persistentes disparidades entre norteamericanos blancos y negros, y entre Europa y África. De una forma mucho más amable, Ronald Reagan se hizo eco de la proyección que la autora de la carta hacía de la incompetencia africana global cuando habló en Inglaterra, tras la disolución de la Unión Soviética en diciembre de 1991. El fin de la Guerra Fría había «privado a buena parte de Occidente de un propósito común y motivador», afirmó Reagan. Los norteamericanos y sus aliados debían unirse «para imponer criterios civilizados de decencia humana» al resto del mundo.[10]

En Estados Unidos, eran las mujeres negras jóvenes y pobres a las que los racistas de todas las razas debían imponer supuestamente los mayores criterios civilizados de decencia humana. Los generadores y reproductores de ideas racistas decían que era su conducta sexual casquivana —y no la reducción del número de hijos de las parejas negras casadas— lo que estaba causando un aumento del porcentaje de niños con madres solteras negras. Los asimilacionistas alegaban que esas jóvenes negras podrían algún día aprender a contenerse sexualmente (como las mujeres blancas). Los segregacionistas sostenían que no podrían, y defendían políticas de esterilización o el suministro de anticonceptivos a largo plazo. En diciembre de 1990, la Administración de Productos Alimentarios y Farmacéuticos (FDA, por sus siglas en inglés) aprobó el implante anticonceptivo Norplant, a pesar de sus espantosos efectos secundarios. El *Philadelphia Inquirer* publicó un editorial apoyándolo, bajo el título «Poverty and Norplant. Can Contraception Reduce the Underclass?». El periódico defendía el Norplant —no una ley de fomento del empleo urbano— como una solución a la pobreza de los niños negros.

Mientras los antirracistas se indignaban con el editorial, Angela Davis se erigió en una de las pocas voces que condenaron la constante negación de la capacidad de decisión sexual de las jóvenes negras. Pero los racistas negros y blancos se precipitaron a defender al *Inquirer*. El legislador de

Luisiana David Duke, antiguo gran mago del KKK, lo convirtió en motivo central de su campaña. Se presentó a las elecciones a gobernador de Luisiana en 1991 bajo la promesa de reducir el número de perceptores de ayudas sociales negros financiando la implantación de Norplant. El plan de Duke era astuto; a pesar de que la mayor parte de los negros que tenían derecho a recibir prestaciones públicas no las solicitaban, un estudio halló que el 78 por ciento de los norteamericanos blancos creían que los negros preferían vivir de ellas. Duke perdió las elecciones a pesar de que la mayoría de los blancos de Luisiana votaron por él. Al día siguiente, *The New York Times* publicó una foto de una receptora de ayudas sociales, blanca y pobre, que había votado a Duke porque los negros, decía, «no hacen más que tener bebés y vivir de la beneficencia». La imagen simbolizaba el poder de las ideas racistas. Se podía manipular a los blancos con ingresos bajos para que votasen a políticos que querían recortar sus prestaciones sociales, al igual que se manipulaba a los blancos de ingresos medios para que votasen a personas cuyas políticas estaban aumentando las desigualdades socioeconómicas entre la clase media y la clase alta.[11]

Inspiradas por el libro de la socióloga Patricia Hill Collins *Black Feminist Thought*, publicado en 1990, las feministas negras lideraron la campaña para la prohibición del Norplant. Las representaciones negativas de las jóvenes negras en el debate sobre el Norplant siempre las encolerizaban. Algunas feministas negras eran más tolerantes acerca de la representación sexista de las mujeres en el hiphop, y veían «el sexismo en el rap como un mal necesario» o como un reflejo del sexismo de la sociedad estadounidense, según el reportaje de Michele Wallace publicado en *The New York Times* el 29 de julio de 1990. Wallace ponía de manifiesto el reciente incremento de mujeres raperas, como Salt-n-Pepa, M. C. Lyte y la «políticamente sofisticada» Queen Latifah.[12]

A las raperas les iba mejor que a sus hermanas de Hollywood porque al menos su arte circulaba masivamente. Aparte de la pionera *Daughters of the Dust*, de Julie Dash, los hombres negros eran los únicos que rodaban películas negras importantes en 1991. Entre ellas había filmes ilustres como *La fortaleza del vicio (New Jack City)*, de Mario Van Peebles; la tragedia antirracista con la que debutó John Singleton, *Los chicos del barrio*, y la aclamada *Fiebre salvaje*, de Spike Lee. *Fiebre salvaje* hizo que muchos hablasen de hombres negros engañando a mujeres negras con mujeres blancas;

de que las relaciones interraciales no eran amor, sino «fiebre animal»; de
la discriminación a la que se enfrentaban las parejas interraciales; de si les
pasaba algo malo a las mujeres negras (que hacía que los hombres negros
saliesen con mujeres blancas), y de si «no hay ni un solo negro bueno ahí
fuera» porque todos los hombres negros eran «yonquis, maricas» o «unos
cerdos», por citar a un personaje. Algunos de los espectadores defendían
la verdad antirracista: que no les pasaba nada malo a las mujeres negras ni
a los hombres negros como colectivo. Algunos se tomaron al pie de la
letra la sátira de Spike Lee, probablemente sin darse cuenta de que «no mujeres negras buenas» más «no hombres negros buenos» era igual a «no
personas negras buenas», o sea, una idea racista.[13]

Los hombres negros hicieron más películas en 1991 que durante
toda la década de 1980. Pero fue un hombre blanco, George Holliday, el
que rodó el filme racial más influyente del año; lo hizo el 3 de marzo
desde el balcón de su apartamento de Los Ángeles. Filmó noventa cruentos segundos en que cuatro agentes del LAPD golpeaban salvajemente a
Rodney King, un taxista negro. Holliday envió el metraje a las cadenas
de televisión y estas empezaron a emitirlo por todo el país, desde comunidades urbanas que habían sufrido a golpe de porra la agresividad policial durante años hasta comunidades suburbanas y rurales que habían
jaleado la agresividad policial en los núcleos urbanos durante años. Enseguida se presentaron acusaciones contra los cuatro agentes del LAPD por
agresión con arma letal y uso excesivo de la fuerza. Durante esta montaña rusa de emociones, la canción de N. W. A. «Fuck tha Police» volvió a
sonar con determinación social en los ruidosos equipos de música de los
coches y en los televisores. El presidente Bush condenó la paliza, pero no
se desdijo de la letanía de «mano dura contra el crimen» que le había
llevado hasta la Casa Blanca. El LAPD tan solo había seguido con aquellos cuerpos de personas negras, que acabaron molidos a golpes y encarcelados, las mismas directrices políticas y con la misma eficiencia que
cualquier otro departamento de la nación. Los políticos crearon el Estados Unidos de «la ley y el orden», pero los agentes de policía eran los
peones que ponían en práctica las políticas.[14]

La danza política de Bush al ritmo de la paliza a King soliviantó a los
antirracistas al tiempo que la primavera daba paso al verano. Bush avivó
la furia el 1 de julio de 1991, cuando nombró a un jurista negro, Clarence
Thomas, como sustituto del símbolo de los derechos civiles Thurgood
Marshall en el Tribunal Supremo. Thomas se percibía a sí mismo como

un modelo de independencia a pesar de que había necesitado el activismo y las políticas antirracistas para entrar en el Holy Cross College y en la Facultad de Derecho de Yale, y a pesar de que había necesitado su negritud racista para entrar en la Administración Reagan en 1981, en primera instancia como subsecretario de Educación para la Oficina de Derechos Civiles. A lo largo de toda su carrera había ejercido de «asesor en la sombra» de fuerzas antirracistas y racistas, y ahora Bush lo llamaba para ocupar un puesto en el Tribunal Supremo y afirmaba que era «el más cualificado en aquel momento», un juicio que sonaba tan ridículo como los agentes al tratar de justificar la paliza propinada a Rodney King. Thomas, de cuarenta y tres años, el «más cualificado», solo había ejercido como juez durante quince meses.[15]

Aquel otoño, durante las sesiones formales de confirmación de Thomas en el Senado, se oyó el testimonio de Anita Hill, que había sido su ayudante en la Comisión de Igualdad de Oportunidades Laborales (EEOC, por sus siglas en inglés) del Departamento de Educación. Hill acusó a Thomas de acoso sexual y discriminación de género mientras coincidieron en dicho organismo. Thomas negó las acusaciones y las calificó de «sofisticado linchamiento de los negros engreídos que osan pensar y actuar por sí mismos». Los frenéticos debates de confirmación en el Senado captaron la atención de todo el país y convirtieron en irrelevantes los debates veraniegos sobre *Fiebre salvaje*. Los defensores de Hill se hicieron oír una y otra vez, alegando que la difamación de la mujer negra y la falta de conciencia sobre el acoso sexual impedían a los norteamericanos dar credibilidad a su testimonio. Mientras, los defensores de Thomas sostenían que se trataba de otro caso de un hombre negro al que se humillaba. Los racistas de género generalizaron el litigio entre Thomas y Hill para preguntarse en voz alta qué les pasaba a los hombres o a las mujeres negras. Finalmente, Thomas fue confirmado por un estrecho margen el 15 de octubre de 1991. Pero los defensores de Hill y de las mujeres negras no se limitaron a callar y otorgar. «No podemos tolerar que se ignore de esta forma la experiencia de cualquier mujer negra», escribieron un mes después varios cientos de mujeres negras en un anuncio de protesta publicado en *The New York Times*.[16]

Clarence Thomas se unió a un Tribunal Supremo que había vaciado de contenido a la Ley de Derechos Civiles de 1964, lo que obligó al Congreso a aprobar la Ley de Restauración de Derechos Civiles con los vetos de Reagan y Bush. La parte más relevante de la ley incidía en la «discriminación deliberada» demostrable y pasaba de puntillas sobre los múltiples brazos de una discriminación que había crecido en el ámbito privado durante las tres décadas anteriores, provocando disparidades raciales en todos los niveles del mercado laboral, desde profesionales negros que recibían sueldos inferiores a los de sus homólogos blancos hasta obreros negros a los que se imponían empleos sin futuro en el sector de los servicios. Los trabajadores y profesionales blancos habían llegado a creer en secreto que debían ayudar a sus compañeros de raza en el mercado laboral, partiendo del supuesto falso de que las políticas del Gobierno estaban ayudando a los negros más que a los blancos. Los blancos discriminadores habían sustituido la «vieja justificación de la inferioridad negra para la exclusión» por una justificación más sofisticada a partir de la discriminación positiva. Se trataba de una nueva teoría racista para justificar una antigua discriminación laboral. En cuanto a las disparidades raciales en los índices de desempleo, la teoría racista más reciente era que «el rechazo [de los afroamericanos] a moderar sus demandas contribuye a que sigan en el paro», como afirmó Lawrence Mead, profesor de ciencias políticas de la Universidad de Nueva York. Los racistas, con muy buen criterio por su parte, evitaban la cuestión de si los blancos desempleados tenían una mayor voluntad de moderar sus demandas. En vez de eso, exhibían su racismo étnico, pues consideraban que los afroamericanos eran menos trabajadores y más dependientes de las ayudas sociales, y estaban menos dispuestos a reducir sus demandas laborales que los inmigrantes no blancos.[17]

Los afroamericanos estaban ganando millones en la industria del espectáculo, pero tampoco allí iba todo tan bien. El 7 de noviembre de 1991, Earvin «Magic» Johnson se retiró de repente del equipo de baloncesto Los Angeles Lakers después de dar positivo en una prueba de VIH. Prometiendo «luchar contra esta enfermedad mortal», se convirtió de la noche a la mañana en el rostro heterosexual de la supuesta enfermedad de los gais blancos. Tras una larga, tortuosa y cruelmente opresiva década de 1980, los hombres y mujeres seropositivos estaban por fin, a principios de la década de 1990, empezando a ser vistos como víctimas inocentes de una enfermedad. Pero la declaración pública de Johnson, su rostro y el hecho de que admitiera haber tenido múltiples parejas sexuales alentaron un cambio en la percepción del VIH y del sida. La «enfermedad de los gais blancos» que afectaba a víctimas inocentes, y que precisaba de políticas de protección, se transformó en una «enfermedad de negros» que afectaba a ignorantes, hipersexuales y merodeadores desalmados, y que requería políticas disciplinarias para controlarlos.[18]

Para Angela Davis, 1991 empezó con la indignación por la flagelación física a que había sido sometido Rodney King y terminó con la indignación por la flagelación verbal a que había sido sometida Anita Hill. El año también concluyó para Davis en un lugar que no le resultaba conocido. Había aceptado una nueva plaza como profesora en la Universidad de California en Santa Cruz y se había alejado del Partido Comunista después de pasar veintitrés años como la figura comunista más reconocible en la patria del capitalismo global. En la noche de la XXV Convención Nacional del CPUSA en Cleveland, en diciembre de 1991, Davis se unió a otros ochocientos miembros del partido para redactar y firmar una iniciativa en la que se criticaban el racismo, el elitismo y el sexismo del partido. En una dura respuesta, ninguno de los firmantes fue reelegido para ocupar algún cargo. Todos ellos abandonaron el CPUSA.[19]

Aunque andaba en busca de una nueva formación, Davis no se unió al Partido Demócrata ni tampoco a la nueva fuerza de la política estadounidense, el de los «nuevos demócratas». Este grupo apoyaba políticas fiscales progresistas, pero aceptaba la mano dura al estilo republicano contra las ayudas sociales y la delincuencia. Un deslumbrante, gran orador y calculador gobernador de Arkansas se proclamaba en aquel momento el nuevo demócrata definitivo. El 24 de enero de 1992, semanas antes del inicio de las primarias demócratas, Bill Clinton volvió a Arkansas. El país había pasado por la ley y el orden de Nixon, las «reinas de las paguitas» de Reagan y el anuncio de Bush sobre Willie Horton; ahora, Clinton convirtió la ejecución de un hombre negro con discapacidad intelectual, Ricky Ray Rector, en un espectáculo de campaña para hacerse con los votos racistas. «Se me puede acusar de muchas cosas —dijo Clinton más tarde a los reporteros—, pero nadie puede decir que sea blando con el crimen».[20]

Cuando un jurado formado íntegramente por blancos absolvió a los cuatro agentes del LAPD por la paliza propinada a Rodney King, el 29 de abril, Clinton prácticamente se había hecho con la nominación demócrata. A los millones de personas que habían visto la paliza se les dijo que aquellos agentes no habían hecho nada malo. Después de que se les negase la justicia en los tribunales, las personas negras y otras no blancas invadieron las calles de Los Ángeles para reclamarla. Habían llegado a su propio veredicto: el sistema de justicia penal, los propietarios de negocios de la ciudad y las políticas económicas de Reagan y Bush eran culpables de los cargos de robar los medios de vida de los pobres y asaltarlos con el arma letal del racismo. El 30 de abril Bill Cosby suplicó a los rebeldes que pusieran fin a la violencia y viesen el último episodio de *La hora de Bill Cosby*. El propio Rodney King, con lágrimas en los ojos, rogó al día siguiente: «¿Podemos llevarnos todos bien?». Se necesitarían veinte mil soldados para apaciguar la revuelta, que duró seis días, y para restablecer el orden del racismo y la pobreza en Los Ángeles.[21]

Los estadounidenses de mentalidad abierta que trataban de comprender los orígenes racistas de la rebelión y el avance del racismo leyeron el éxito de ventas de *The New York Times* de 1992, *Two Nations. Black & White, Separate, Hostile, Unequal*, de Andrew Hacker, y *Faces at the Bottom of the Well. The Permanence of Racism*, de Derrick Bell, o bien, dos años después, *Race Matters*, de Cornel West. O bien entraban en una sala de cine para ver el mejor de los filmes de Spike Lee, que Roger Ebert calificó como la mejor película de 1992. En la primera escena de *Malcolm X*, Lee mostraba la paliza a Rodney King y la quema de la bandera estadounidense.[22]

«Si se le llama "tumulto", no suena más que a un grupo de chalados que salieron a montar jaleo sin ningún motivo», señaló la nueva congresista antirracista de la zona Centro Sur de Los Ángeles, la muy energética Maxine Waters. La rebelión, afirmó, «fue una reacción espontánea, en cierto modo comprensible, si no aceptable, [...] a una gran cantidad de injusticias». Para el vicepresidente Dan Quayle, sin embargo, los rebeldes no se rebelaban debido a la pobreza económica, sino a una «pobreza de valores». El nuevo demócrata Bill Clinton culpó a ambos partidos políticos por desatender al Estados Unidos urbano antes de reprobar la «conducta salvaje» de unos «vándalos sin ley» que «no comparten nuestros valores, cuyos hijos están creciendo en una cultura ajena a la nuestra, sin familia, sin barrio, sin iglesia, sin apoyo». A raíz del comentario racista de Clinton, investigadores de la Universidad de Columbia iniciaron un estudio de cinco años de duración dirigido únicamente a chicos latinos y negros de Nueva York en busca de un vínculo entre la genética, la mala crianza y la violencia (no encontraron nexo alguno).[23]

Alrededor de un mes después de la revuelta de Los Ángeles, Bill Clinton llevó su campaña a la conferencia nacional de la Coalición Arcoíris de Jesse Jackson. A pesar de que Jackson era muy impopular entre los blancos racistas a los que Clinton trataba de atraer hacia los nuevos demócratas, cuando Jackson invitó a la artista de hiphop Sister Souljah a dirigirse a los asistentes a la conferencia, el equipo de Clinton vio su oportunidad política. Nacida en la pobreza del Bronx, la cantante, de veintiocho años, acababa de lanzar *360 Degrees of Power*, un álbum antirracista tan provocativo que hacía que las películas de Lee y los álbumes de Ice Cube pareciesen prudentes. Los estadounidenses blancos aún estaban furiosos por su defensa de la rebelión de Los Ángeles en *The Washington Post*. «Bueno, si las personas negras matan a diario a otras personas negras, ¿por qué no tomarse una semana para matar a personas blancas?». Este fragmento circuló por todas partes, pero pocos norteamericanos racistas oyeron o entendieron —o quisieron entender— su argumento: estaba criticando la idea racista de que las ocasionales muertes de blancos a manos de negros importaban más que las muertes cotidianas de negros a manos de negros.[24]

El 13 de junio de 1992, Clinton subió al estrado de la conferencia de la Coalición Arcoíris. «Si tomáis las palabras "blanco" y "negro" y las invertís, quizá pensaríais que fue David Duke quien pronunció ese discurso», dijo Clinton en alusión a los comentarios de Sister Souljah. Esta maniobra asimilacionista de desviar la atención comparando a los antirracistas con los segregacionistas, esta jugada política planificada, animó a los votantes racistas casi tanto como la promesa lanzada por Clinton durante su campaña de «acabar con las prestaciones públicas tal y como las conocemos». Clinton obtuvo una ventaja en las encuestas que ya no perdió.[25]

Para las Navidades de 1992-1993, los raperos recibían críticas de todo el arco racista, no solo de Bill Clinton. La veterana de la lucha por los derechos civiles C. Delores Tucker, de sesenta y seis años, y su Congreso Político Nacional de Mujeres Negras llevaron el debate sobre las representaciones en los medios a un nuevo nivel racista en su intensa campaña para prohibir el «gangsta rap». Este tipo de rap no solo hacía quedar mal a las personas negras ante los blancos y reforzaba sus ideas racistas. Según Tucker, las letras y los vídeos musicales del gangsta rap perjudicaban literalmente a las personas negras al hacer que fueran más violentas, más sexuales, más sexistas, más malhechores y más materialistas (aquí estaba haciendo sonar un acorde sensacionalista que volvería a sonar años más tarde en respuesta a los programas de telerrealidad con personas negras). En resumen, el gangsta rap hacía que sus oyentes negros urbanos fuesen inferiores (por no mencionar el número aún mayor de oyentes blancos de los barrios suburbanos). Era una época curiosa para esta campaña bienintencionada, y no solo porque Queen Latifah hubiese presentado su himno feminista, galardonado con el Premio Grammy, «U.N.I.T.Y.», que inmovilizaba a los hombres y les gritaba: «¡A quién le estás llamando zorra!». El especialista en ciencias políticas Charles Murray estaba en pleno proceso de reproducir ideas racistas para las elecciones de mitad de mandato de 1994 vinculando el «sistema de prestaciones sociales» al incremento de la «ilegitimidad», que, como dijo en *The Wall Street Journal* el 29 de octubre, «afecta ahora al 68 por ciento de los hijos de mujeres negras [solteras]». Esta afirmación la repitió en diversos programas de televisión en las últimas semanas de 1993.[26]

C. Delores Tucker podría haber hecho campaña frente a los desvaríos de Charles Murray contra la política asistencial, que eran mucho más devastadores, tanto material como socialmente, para las personas negras pobres —sobre todo mujeres— que las letras del gangsta rap. En vez de eso, se convirtió en la diana de los artistas de hiphop, sobre todo del nuevo rey del gangsta rap Tupac Shakur, de veintidós años, hijo de antiguos miembros de los Panteras Negras. En 1993 Tupac animaba a sus fans a «Mantener la cabeza alta» y conectaba con ellos con rimas como «I'm tryin to make a dollar out of fifteen cents. / It's hard to be legit and still pay tha rent».[27]

Mientras Tucker seguía concentrada en ser el azote del gangsta rap, la historiadora del Instituto Tecnológico de Massachusetts (MIT, por sus siglas en inglés) Evelyn Hammonds se movilizaba para defenderse de la difamación acerca de las mujeres negras. Más de dos mil intelectuales negras de todo el país acudieron al campus del MIT el 13 de enero de 1994 para asistir a «Mujeres negras en la universidad. En defensa de nuestro nombre». Fue el primer congreso nacional de académicas negras, cuyas carreras en la universidad se habían truncado a menudo por el racismo de género. En el gélido ambiente del invierno de Boston, estas mujeres se enardecieron al hablar sobre la deshonra pública de las madres negras receptoras de ayudas sociales, de Anita Hill, de Sister Souljah y de tres de los nombramientos fallidos de Clinton (Johnetta Cole, Lani Guinier y Joycelyn Elders); en definitiva, de la mujer negra. Algunas de las asistentes habían firmado el anuncio del *Times* en el que se defendía a Anita Hill en noviembre de 1991.

Angela Davis tuvo el honor de pronunciar el discurso de clausura del acto. Era sin duda la académica afroamericana más famosa del país, pero, más importante aún, había defendido con constancia, de manera visible

y sin reservas a las mujeres negras a lo largo de toda su trayectoria, incluidas aquellas a las que incluso otras mujeres negras se negaban a defender.
Probablemente había sido la voz más férrea del antirracismo en Estados
Unidos durante las dos décadas anteriores, firme en su búsqueda de explicaciones antirracistas cuando otros tomaban el camino más sencillo, el
racista, para culpar a los negros. Davis había escrutado los ojos, las mentes
y las experiencias de las jóvenes presas negras y otras no blancas durante
su propio encarcelamiento en Nueva York en 1970, y nunca había dejado
de examinar sus vidas y de defenderlas. Su recorrido vital era la encarnación del nombre de aquel encuentro, como las carreras de muchas de
aquellas consumadas intelectuales que escucharon su discurso aquel día.

Davis abrió la charla solicitando a las asistentes que prestasen atención a los orígenes del título del congreso, «Defender nuestro nombre».
Les recordó la vigilancia moral a la que estaban sometidos los clubes de
mujeres negras en la década de 1890, que, como en las campañas de un
siglo después «contra los embarazos adolescentes», negaba «la autonomía
sexual de las jóvenes negras». Davis advirtió acerca del «discurso contem-
poráneo de la ley y el orden», que era «legitimado» por ambos partidos
políticos y por todas las razas. Los políticos negros respaldaban una «ley
contra el crimen nociva» y las personas negras «pedían cada vez más policía y más prisiones», sin darse cuenta de que los afroamericanos constituían el 12 por ciento de los consumidores de drogas y más del 36 por
ciento de los arrestados en relación con las drogas. Davis pidió a sus
hermanas que imaginasen «un nuevo abolicionismo» e «instituciones distintas de las prisiones para abordar los problemas sociales que conducen
al encarcelamiento».[28]

Diez días después, en su primer discurso del estado de la Unión, el
presidente Clinton pidió justo lo contrario de «un nuevo abolicionismo».
El Congreso, dijo, debía «dejar de lado las diferencias entre los dos partidos y aprobar una ley contra el crimen fuerte, inteligente y dura», y se
mostró partidario de una ley federal de «tres oportunidades como máxi-
mo», algo que tanto los demócratas como los republicanos aplaudieron a
rabiar. A petición de Clinton, los republicanos y los nuevos demócratas
le enviaron en agosto de 1994 para que la firmara una ley contra el crimen
con una dotación de treinta mil millones de dólares. Los nuevos demócratas recibieron con alborozo la ley como una victoria con la que «poder
arrebatarles a los republicanos el asunto de la delincuencia y convertirlo
en algo propio». La Ley de Control de Delitos Violentos y Aplicación de

la Ley, la más exhaustiva al respecto de la historia de Estados Unidos, creó docenas de nuevos delitos federales castigados con la pena capital, estableció condenas de cadena perpetua para algunos delincuentes que reincidieran tres veces y proporcionó miles de millones para la expansión de las fuerzas policiales y las prisiones; el efecto neto sería el mayor incremento de la población penitenciaria en la historia de la nación, sobre todo de la condenada por delitos no violentos relacionados con las drogas. Clinton cumplió su promesa de campaña de que ningún republicano sería más duro contra la delincuencia que él, y en Estados Unidos la delincuencia tenía color negro. Como decía Tupac Shakur en «Changes»: «En vez de guerra contra la pobreza hay una guerra contra las drogas para que la policía pueda atosigarme». (Unas dos décadas después Hillary Clinton, candidata a presidenta, abjuró de los efectos de la ley de su marido y exigió «el fin de la era de los encarcelamientos masivos»).[29]

Al igual que el discurso sobre la exageración del problema de las ayudas sociales denigraba principalmente a las mujeres negras, el discurso sobre la exageración del problema de la delincuencia en 1994 denigraba sobre todo a los hombres negros. El analista Earl Ofari Hutchinson reprendía con pasión a los difamadores en *The Assassination of the Black Male Image*, el incendiario libro que publicó ese año. El rapero nacido en Queens Nas incluyó «One Love», una canción con fragmentos de cartas a amigos encarcelados, en su álbum de debut, *Illmatic*, canción que se convirtió de inmediato en un clásico y que aquel año —y con posterioridad— fue tan venerada como «Juicy», el *single* de debut del oriundo de Brooklyn Biggie Smalls. En el vídeo musical de Biggie se canta una letra sobre la imagen de un hombre negro entre rejas. «Me tienen por idiota porque dejé el instituto. / Estereotipos incomprendidos de hombres negros. / Y, de todos modos, no pasa nada».[30] Biggie Smalls no tenía ni idea de que había lanzado su *single* de debut en vísperas del debate académico más acalorado de la historia reciente sobre si las personas negras eran idiotas por naturaleza o por crianza. Fue un debate académico que tuvo graves repercusiones políticas para los nuevos demócratas de Clinton y sus ideas sobre los negros, y en la fuerza emergente de la política estadounidense, que prometía ser aún más estricta.

35

Nuevos republicanos

Para cuando «Juicy», de Biggie Smalls, fue lanzada en 1994, un número cada vez mayor de académicos aceptaban la verdad de que la «inteligencia» era algo tan fugaz, polifacético y relativo que nadie podía medirla con precisión sin caer en algún tipo de sesgo, y estas revelaciones amenazaban los fundamentos mismos de las ideas racistas en materia de educación (así como las ideas sexistas y elitistas). De hecho, ponían en peligro las percepciones racistas, entre ellas que las escuelas y universidades históricamente blancas constituían los ambientes más inteligentes; la artificiosa brecha de logros (que era en realidad una brecha de financiación); las vías de entrada privilegiadas con que los blancos accedían a las escuelas, las universidades, los empleos y las vidas con mayores recursos económicos, y la estandarización de los test que hacían que esas vías de entrada continuaran siendo mayoritariamente blancas. El psicólogo experimental de Harvard Richard Herrnstein y el experto en ciencias políticas Charles Murray constataron el avance de estas peligrosas ideas en la década de 1980 y principios de la de 1990. Como respuesta publicaron *The Bell Curve. Intelligence and Class Structure in American Life*, un texto fundamental que dio nueva vida a los test estandarizados (y a las ideas racistas subyacentes).

Ya en la primera frase, Herrnstein y Murray atacaban la idea cada vez más extendida de que la inteligencia general no existía y, como tal, no podía variar de un ser humano a otro de una forma que pudiera medirse en una única escala ponderada, como un test estandarizado. «Que la palabra "inteligencia" describe algo real y que varía de una persona a otra es tan universal y antiguo como cualquier conocimiento sobre la condición del ser humano», escribían Herrnstein y Murray al principio de la introducción. A partir de ahí, tachaban de «radicales» e «ingenuos» a los antirracistas que negaban la validez de las puntuaciones de los test estandarizados como indicadores de inteligencia y, por tanto, de la existencia de la brecha de logros racial. Para Herrnstein y Murray, eso dejaba dos «alternativas» razonables: «1) la diferencia cognitiva entre negros y blancos es genética» (como sostenían los segregacionistas) o «2) la diferencia cognitiva entre negros y blancos está relacionada con el entorno» (como argumentaban los asimilacionistas). En realidad, razonaban Herrnstein y Murray, «es muy probable que tanto los genes como el entorno tengan algo que ver con las diferencias raciales». Afirmaban que «la capacidad cognitiva es en esencia heredable, al parecer no menos del 40 por ciento y no más del 80 por ciento».

La «subclase», cada vez más numerosa y genéticamente inferior, era la que tenía más niños, y, por ello, la gran «élite cognitiva» blanca y rica estaba desapareciendo poco a poco. «La herencia desigual, incluida la inteligencia, es una realidad —concluían Herrnstein y Murray—. Tratar de erradicar la desigualdad con resultados elaborados artificialmente ha conducido al desastre».[1]

De hecho, era la resistencia a las medidas igualitarias por parte de los poderosos beneficiarios de la desigualdad y de sus generadores de ideas racistas, como Herrnstein y Murray, lo que había conducido al desastre. El libro contó con una buena campaña de marketing, y los comentarios iniciales fueron bastante positivos. Llegó en vísperas de las elecciones de mitad de mandato de 1994, alrededor del momento en que los «nuevos republicanos» lanzaron su extremadamente duro «Contrato con Estados Unidos» para arrebatarles a los nuevos demócratas de Clinton la iniciativa en la guerra contra los subsidios públicos y la delincuencia. Charles Murray inició el ciclo de estas elecciones arengando a los electores sobre el «incremento del índice de hijos ilegítimos» y lo terminó racionalizando el «Contrato con Estados Unidos» de los nuevos republicanos, sobre todo la «Ley para Recuperar Nuestras Calles», especialmente dura con el crimen, y la «Ley de Responsabilidad Personal», especialmente dura con las políticas asistenciales.[2]

El término «responsabilidad personal» había desempeñado un papel menor durante cierto tiempo. En 1994 el representante de Georgia Newt Gingrich y el de Texas Richard Armey, los principales autores del «Contrato con Estados Unidos», pusieron el término en primer plano al agregarlo al léxico de millones de estadounidenses racistas y dirigirlo no solo a los perceptores de ayudas negros. La misión era bastante simple: las personas negras, en especial las personas negras pobres, tenían que asumir una «responsabilidad personal» por sus apuros socioeconómicos y por las disparidades raciales, y dejar de achacar sus problemas a la discriminación racial y de depender del Gobierno para que los solucionase. El mandato racista de la «responsabilidad personal» convenció a una nueva generación de estadounidenses de que eran las personas negras irresponsables, y no la discriminación, las causantes de las desigualdades raciales, convenciendo así a una nueva generación de norteamericanos racistas para luchar contra las personas negras irresponsables.

Era razonable alentar a un individuo negro (o no negro) para que asumiese más responsabilidad por su propia vida. Era razonable desde un punto de vista racista decirles a las personas negras, como grupo, que asumiesen una mayor responsabilidad por sus vidas y por las disparidades raciales de la nación, puesto que las acciones irresponsables de los individuos negros eran siempre generalizadas en las mentes de los racistas. De acuerdo con esta lógica racista, la culpa de los mayores índices de pobreza, desempleo y empleo precario era de las personas negras, como si hubiese más individuos negros que blancos que fuesen dependientes y holgazanes. La teoría racista de los esclavistas según la cual los afroamericanos eran más dependientes había sido desempolvada y renovada para la década de 1990, lo que permitía a los racistas creer en la idea huera de que los afroamericanos no asumían la suficiente responsabilidad personal y, por ese motivo, había tantos que dependían de las ayudas estatales, al igual que antes dependían de la ayuda de su amo.

Era una idea racista popular, incluso entre las personas negras que generalizaban las acciones individuales de alguien de su entorno. En las elecciones de mitad de mandato de 1994, los votantes entregaron el control del Congreso a los republicanos y a su máxima sobre la responsabilidad personal. Después de que los nuevos demócratas se volvieran más duros que los nuevos republicanos al aprobar la ley sobre delincuencia más estricta de la historia, los nuevos republicanos prometieron ponerse aún más duros que los nuevos demócratas. Ambos pretendían ganarse el favor de uno de los grupos de interés más antiguos, el voto racista, que probablemente nunca había sido tan multirracial como en 1994.

A comienzos de 1995, los partidarios y los detractores de *The Bell Curve* empezaron a enfrentarse. Es difícil citar otro libro que desencadenase una guerra académica tan intensa, quizá a causa del gran influjo de los segregacionistas desde sus *think tanks*, de los asimilacionistas desde sus universidades y asociaciones, y de los antirracistas desde sus colectivos populares de estudios negros y de teoría crítica de la raza. En su edición de 1996, revisada y ampliada, de *La falsa medida del hombre*, Stephen Jay Gould sostenía que nadie debía sorprenderse de que la publicación de *The Bell Curve* «coincidiera exactamente [...] con una nueva era de mezquindad social». Dicha obra, decía Gould, «debe de [...] estar registrando un desplazamiento del péndulo social hacia una posición lamentable que requiere una justificación para consolidar las desigualdades sociales como dictados de la biología». Criticaba a los partidarios de esta nueva mezquindad por su exigencia de «recortar todos los programas de servicios sociales para las personas realmente necesitadas [...] pero no recortar ni un centavo, Dios nos libre, de los fondos del ejército [...] y aliviar de impuestos a los ricos». El psicólogo británico Richard Lynn defendía la mezquindad social y *The Bell Curve*, y se preguntaba, en el título de un artículo, si la humanidad no estaría regresando a la era de los simios. La «subclase» solo «sirve» para «tener hijos», y «esos hijos tienden a heredar la baja inteligencia de sus padres y adoptar su estilo de vida sociópata, reproduciendo así el ciclo de privaciones». La Asociación Psicológica de Estados Unidos (APA, por sus siglas en inglés), que representaba a los creadores y divulgadores de los test de inteligencia estandarizados, convocó un grupo de trabajo sobre inteligencia en respuesta a *The Bell Curve*. «El diferencial entre las puntuaciones medias obtenidas por blancos y negros en los test de inteligencia no es el resultado de sesgos evidentes en la confección y empleo de los test, ni refleja simplemente diferencias en el estatus socioeconómico —afirmaba la APA en un asimilacionista y defensivo informe publicado en 1996—. Las explicaciones basadas en factores de clase y cultura quizá sean apropiadas, pero hasta ahora el respaldo empírico de estas es escaso. Ciertamente, este respaldo no existe para una interpretación genética. En este momento, no se sabe cuál es el factor responsable de semejante diferencial». Nadie sabrá nunca algo que no existe.[3]

Al tiempo que felicitaban y elogiaban a Herrnstein y Murray por *The Bell Curve*, los políticos republicanos trataban de quitar de su puesto a Angela Davis después de que el profesorado de la Universidad de California en Santa Cruz le concediese la prestigiosa cátedra President's Chair en enero de 1995. «Estoy indignado —declaró el senador por el estado de California Bill Leonard a los periodistas—. La integridad de todo el sistema está en peligro cuando se nombra a alguien con la reputación de racismo, violencia y comunismo de la señora Davis». Davis, afirmó, estaba «tratando de provocar una guerra civil entre blancos y negros». Los segregacionistas del Sur habían dicho que los integracionistas del Norte estaban tratando de provocar una guerra civil entre las razas ya en la década de 1950. Los esclavistas habían dicho que los abolicionistas estaban tratando de provocar una guerra civil entre las razas ya en el siglo xix. Tanto los segregacionistas del Norte como los del Sur habían visto con buenos ojos las leyes Jim Crow y la esclavitud, y afirmaban que la discriminación había terminado o que no había existido nunca. Por mucho que la teoría segregacionista hubiera cambiado con el paso de los años, seguía siendo la misma. A partir de la década de 1960, los teóricos del segregacionismo, como sus predecesores, habían pretendido convencer a todos los estadounidenses de que el racismo no existía, a sabiendas de que los antirracistas solo dejarían de oponer resistencia al racismo, y este quedaría garantizado, cuando los norteamericanos se convenciesen de que la era del racismo se había terminado.[4]

Después de que Herrnstein y Murray decretasen que la desigualdad racial no se debía a la discriminación, sino a la genética, un colega de Murray en el Instituto Estadounidense de la Empresa decretó en 1995, como si esperase la señal, el «fin del racismo» en un libro provocador, en cuyo título utilizaba dicha frase. «¿Por qué grupos con un color de piel, una forma craneal y otras características visibles diferentes iban a ser idénticos en su capacidad de razonamiento o de construir una civilización avanzada? —preguntaba el antiguo ayudante de Reagan Dinesh D'Souza—. Si los negros tienen ciertas capacidades heredadas, como la toma de decisiones improvisadas, esto podría explicar por qué destacan en ciertos campos, como el jazz, el rap o el baloncesto, y no en otros, como la música clásica, el ajedrez y la astronomía». Estas ideas racistas no le parecían racistas a D'Souza, que se escudaba en sus orígenes hindúes en la primera página del libro para sostener que sus «inclinaciones» eran «fuertemente antirracistas y solidarias con las minorías». D'Souza, el autodenominado antirracista, rechazaba la idea antirracista de que el racismo era «el principal obstáculo al que actualmente se enfrentan los afroamericanos y la principal explicación de los problemas de los negros». En cambio, consideraba que el «antirracismo liberal» era el principal obstáculo de los afroamericanos, porque «culpa de las patologías afroamericanas al racismo blanco y se opone a todas las medidas que imponen criterios civilizatorios».[5]

El increíble talento de D'Souza para la escritura, la oratoria y el marketing —y sus poderosos partidarios— habían logrado que muchos estadounidenses reflexionasen sobre las cuestiones debatidas en *The End of
Racism*. Pero en 1995 la discriminación les parecía a todas luces ubicua a
las personas que se molestasen en abrir los ojos y prestar atención a las
políticas, las disparidades y la retórica que las rodeaban. ¿Cómo se podía
afirmar el fin del racismo durante uno de los años con más carga racial
de la historia de Estados Unidos, con ideas racistas yendo de un lado a
otro como pelotas de ping-pong en la cobertura por parte de los medios
del proceso penal del siglo? Desde los alegatos iniciales, el 24 de enero,
hasta el veredicto retransmitido en directo, el 3 de octubre de 1995, el
proceso por asesinato de O. J. Simpson y su exculpación se convirtieron
en el epítome de transigencia con el crimen para los airados norteamericanos racistas.[6]

El caso O. J. no fue la única prueba del avance del racismo que
D'Souza omitió astutamente. Don Black, de Florida, fundó una de las
primeras páginas web de los supremacistas blancos, Stormfront.org, en
1995. En ella se informaba de los puntos de vista de esta nueva hornada
de «ciberracistas», como los denominó la periodista Jessie Daniels, entre
los que había segregacionistas como el psicólogo canadiense J. Phillippe
Ruston, que sostenía que la evolución había dado a los negros un cerebro
y unos genitales de un tamaño distinto del de los blancos. «Es una compensación, o más cerebro o más pene. No se puede tener todo», declaró
Ruston a los lectores de la revista *Rolling Stone* en enero de 1995. En
marzo Halle Berry protagonizó *Instinto maternal*, al tiempo que el creciente debate sobre las adopciones interraciales llegaba a los cines. El
filme trataba de una madre negra adicta al crack cuyo bebé era adoptado
por una mujer blanca. Y, mientras que la idea de unos padres negros que
adoptaran un niño blanco no les cabía en la cabeza a los racistas, los asimilacionistas no solo animaban a que padres blancos salvadores adoptasen
a niños negros, sino que afirmaban que los niños negros estarían mejor
en hogares blancos que en hogares negros.[7]

Cuando ese año se hizo una encuesta en la que se pedía «Cierre los
ojos por un segundo, imagínese a un drogadicto y descríbamelo», el 95
por ciento de los encuestados describían un rostro negro, a pesar de que
los negros constituían por entonces solo un 15 por ciento de los drogadictos. Pero los norteamericanos racistas cerraban los ojos ante estos estudios y, en cambio, los abrían ante artículos como «The Coming of the

Super Predators», publicado en la revista *The Weekly Standard* el 27 de noviembre de 1995. John J. Dilulio, de la Universidad de Princeton y miembro del Instituto Manhattan, al que Charles Murray había pertenecido en la década de 1980, reveló un incremento del 300 por ciento en el índice de asesinatos cometidos por jóvenes negros de entre catorce y diecisiete años entre 1985 y 1992, una cifra seis veces superior a la de los blancos. No explicaba que este pico de violencia se correspondía con uno simultáneo en los índices de desempleo entre los hombres negros jóvenes. Dilulio tampoco revelaba la información de que las unidades policiales de lucha contra la droga encarcelaban en masa, de forma desproporcionada, a traficantes negros jóvenes, en algunos casos pese a ser plenamente conscientes de que la consecuencia de desarticular una red de tráfico de drogas era una lucha violenta por controlar el mercado, hasta entonces estabilizado. Dilulio explicaba este pico de violencia con ideas sensacionalistas acerca de la «pobreza moral» fruto de crecer «en entornos agresivos, dominados por la violencia, sin padre, sin Dios y sin empleo». Al mirar «al horizonte, vemos decenas de miles de superdepredadores juveniles con graves problemas de pobreza moral que harán aquello que les es natural: asesinar, violar, robar, asaltar, traficar con drogas mortales y colocarse». ¿Cuál era la solución de Dilulio para los «superdepredadores»? «Se llama religión».[8]

A ojos de Dilulio y de millones de personas de todas las razas, los jóvenes negros que llevaban ropas anchas, que juraban en ebónico, que escuchaban hiphop y que decían «a la mierda la policía» no tenían que llevar un disfraz en Halloween en 1995; ya eran personajes aterradores —«amenazas para la sociedad»—, como los había mostrado una película de 1993, *Infierno en Los Ángeles*. Y sus jóvenes madres eran una amenaza por haberlos parido. Las principales presas masculinas y femeninas del racismo depredador eran, en efecto, calificadas de «superdepredadores». Como decía a los jóvenes negros un profesor antirracista en *Infierno en Los Ángeles*, «¡la cacería ha empezado y vosotros sois la presa!».[9]

En mitad de toda aquella palabrería sobre el final del racismo en 1995, los afroamericanos pusieron en marcha la mayor movilización política de su historia, la audaz Marcha del Millón de Hombres a Washington D. C. La había propuesto Louis Farrakhan una vez aclarado el ambiente después de las elecciones de mitad de mandato de 1994. El fervor de la marcha pronto cautivó a los estadounidenses negros. Las feministas antirracistas, incluida Angela Davis, ridiculizaron el racismo de género del principio rector oficioso de la marcha: los hombres negros debían superar su debilitante estado de castración para convertirse en cabezas de familia y líderes de las comunidades y elevar la raza. «No se puede estar al servicio de la justicia si a una visión racista distorsionada de la masculinidad negra se la rebate con una estrecha visión sexista que sitúa a los hombres "un escalón por encima de las mujeres"», dijo Davis en una rueda de prensa en el centro de Manhattan en vísperas de la marcha. Pero algunos críticos fueron demasiado lejos. Mientras diversas feministas negras llamaban erróneamente sexistas a los organizadores de la marcha por movilizar únicamente a los *hombres* negros, algunos asimilacionistas blancos llamaban erróneamente racistas a los organizadores de la marcha por movilizar únicamente a los hombres *negros*.[10]

Algunos activistas divididos acerca de la Marcha del Millón de Hombres se unieron en el verano de 1995 para defender la vida del preso político negro más famoso del mundo, Mumia Abu-Jamal, que había sido condenado por el asesinato de un agente de policía blanco en Filadelfia en 1982. «Estos son los residentes del corredor de la muerte en Estados Unidos, hombres y mujeres que caminan por el filo de la navaja entre una vida a medias y una muerte segura —afirmaba Mumia en *Desde la galería de la muerte*, una recopilación de sus comentarios—. En el corredor de la muerte encontrarás un mundo más negro que en ninguna otra parte. Los afroamericanos, apenas el 11 por ciento de la población nacional, constituyen alrededor del 40 por ciento de la población del corredor de la muerte. Allí encontrarás también al que escribe estas líneas».[11]

Semanas después de la publicación de *Desde la galería de la muerte*, que recibió un alud de comentarios, en mayo de 1995, y días antes de que los abogados de Mumia solicitasen formalmente la celebración de un nuevo juicio, el gobernador republicano de Pensilvania, Thomas Ridge, partidario del movimiento por la ley y el orden, firmó la sentencia de muerte de Mumia Abu-Jamal. La ejecución se llevaría a cabo el 17 de agosto de 1995. En todo el mundo hubo protestas aquel verano por la vida de Mumia y la muerte de la pena capital. Entre los que protestaron había activistas veteranos, algunos de los cuales habían gritado «Liberad a Angela» hacía décadas, y otros más jóvenes, algunos de los cuales habían ayudado a organizar la Marcha del Millón de Hombres. No obstante, antes de que se celebrase el día de protesta nacional, programado para el 12 de agosto, se concedió a Mumia una suspensión indefinida de su ejecución.[12]

Al final de aquel explosivo verano, la inmensa mayoría de los afroamericanos apoyaban la doblemente consciente —de las ideas racistas y antirracistas— Marcha del Millón de Hombres. Su principio organizativo más popular y generalizado probablemente fuera la responsabilidad personal, la llamada a que los hombres negros se hiciesen más responsables de sus vidas, sus familias, sus barrios y su nación negra. Muchos del alrededor de un millón de hombres negros que se presentaron en el National Mall el 16 de octubre lo hicieron convencidos de la idea racista de que algo hacían mal los hombres, los jóvenes, los padres y los maridos negros. Pero muchos de los que marchaban, muchos de los que escucharon a los cincuenta oradores creían también en la idea antirracista de que la discriminación desenfrenada no estaba bien. Como tronó Louis Farrakhan en el clímax de su discurso, de dos horas y media de duración, «el verdadero mal en Estados Unidos no es la carne blanca o la carne negra. El verdadero mal es la idea subyacente a la disposición del mundo occidental, y esa idea se llama supremacía blanca».[13]

Bill Clinton no dio la bienvenida al millón de hombres negros ni oyó sus afirmaciones sobre la persistencia del racismo. Lo que hizo, en cambio, fue pronunciar un discurso sobre el progreso racial en la Universidad de Texas; defendió la curación de las heridas racistas en el corazón más religioso de Estados Unidos y exhortó a una cruzada evangélica de masas destinada a la reconciliación de las razas en 1996 y 1997. Los soldados del evangelio predicarían que el llamado «problema del odio racial mutuo» podía ser resuelto por Dios, trayendo consigo el amor mutuo. Clinton, al menos, sí que reconoció en su discurso de Texas que «debemos limpiar de racismo la casa del Estados Unidos blanco», pero acompañó una de las declaraciones más antirracistas de su presidencia con dos de las más racistas. En lugar de citar las estadísticas según las cuales los blancos sufrían por regla general violencia a manos de otros blancos, Clinton legitimó las «raíces del miedo blanco en Estados Unidos» diciendo que «demasiado a menudo la violencia, para [...] las personas blancas, tiene un rostro negro». Y continuó a la defensiva: «No es racista que los blancos afirmen que la cultura de depender de las ayudas públicas, de los embarazos fuera del matrimonio y de la ausencia de padres no puede ser combatida mediante programas sociales a menos que haya antes una mayor responsabilidad personal».[14]

Clinton se declaró oficialmente partidario de la idea racista de la responsabilidad personal cuando firmó la entrada en vigor de la Ley de Conciliación de la Responsabilidad Personal y las Oportunidades Laborales

(PRWORA, por sus siglas en inglés) el 22 de agosto de 1996, con las siguientes elecciones presidenciales ya en el horizonte. La ley era un compromiso entre los nuevos republicanos de Newt Gingrich y los nuevos
demócratas de Clinton. Limitaba el control federal de los programas de
protección social, exigía buscar trabajo para poder ser beneficiario de
ellos e introducía límites temporales a la percepción de ayudas. A pesar
de que dichos programas representaban solo el 23 por ciento del presupuesto no destinado a defensa y habían sufrido el 50 por ciento de los
recortes presupuestarios durante los dos años anteriores, la reforma de las
prestaciones sociales seguía siendo la principal cuestión de política interna para la mayoría de los estadounidenses blancos. Desde las «criaturas
dependientes» de Barry Goldwater hasta las «reinas de las paguitas» de
Reagan, los generadores de ideas racistas habían hecho bien su trabajo. El
congresista republicano por Florida John L. Mica alzó un cartel que lo
decía todo durante el debate de la ley en el Congreso: «No den de comer
a los cocodrilos. Mostramos estos avisos porque la alimentación por medios no naturales y los cuidados artificiales crean dependencia».[15]

Los mismos generadores de ideas racistas también ejercieron su influjo en los norteamericanos negros al impedir una marcha contra la
reforma de la política asistencial y conseguir que algunos afroamericanos
odiasen a los irresponsables, dependientes y violentos «negratas» tanto
como los no negros racistas. «Amo a las personas negras, pero no soporto
a los negratas», exclamó el relativamente desconocido cómico negro
Chris Rock en el programa de HBO *Bring the Pain* el 1 de junio de 1996.
La inolvidable actuación empezaba por una letanía de burlas antirracistas
dirigidas a negros y blancos acerca de sus reacciones al veredicto del juicio a O. J. Simpson, y catapultó a Chris Rock al panteón de la comedia
estadounidense. Marcó el inicio de una revolución en la comedia negra
e introdujo los tres principales temas cómicos de la nueva generación: las
relaciones raciales, el racismo de los blancos y los defectos de los negros.
A partir de *Bring the Pain*, la comedia negra doblemente consciente se
erigió en uno de los escenarios más dinámicos de confrontación de ideas
racistas y antirracistas, en el que los espectadores se reían de, o con, los
cómicos.[16]

Los antirracistas sufrieron una abrumadora derrota en California durante la noche electoral de 1996. Los votantes del estado prohibieron la

discriminación positiva, o el «trato preferente», en los empleos, los contratos y los centros de enseñanza públicos. No se prohibieron, en cambio, las políticas de asignación de recursos a las universidades y las escuelas de primaria públicas ni los test estandarizados, que en ambos casos dispensaban un trato preferente a los estudiantes blancos, ricos y varones. El porcentaje de afroamericanos en los campus de la Universidad de California empezó a disminuir.

La campaña para la iniciativa de voto de la Propuesta 209 puso de relieve el avance de las ideas racistas en todo su esplendor; sus defensores tildaban de discriminatoria la acción positiva, afirmaron que la campaña y el referéndum eran una «iniciativa por los derechos civiles», evocaron el «sueño» de Martin Luther King en un anuncio y pusieron un rostro negro a la campaña, el del miembro del rectorado de la Universidad de California Ward Connerly. Era la hoja de ruta que Connerly seguiría para eliminar la discriminación positiva en otros estados, pero no sin antes recibir una amonestación pública de Coretta Scott King, que ya contaba sesenta y nueve años de edad. «Martin Luther King, de hecho, apoyaba el concepto de discriminación positiva —dijo—. Quienes sugieren que no la apoyaba están tergiversando sus creencias y el trabajo de su vida».[17]

El 6 de noviembre de 1996, un día después de la aprobación de la propuesta y de la reelección de Clinton y de un Congreso republicano, se estrenó en las salas de cine el que posiblemente fuera el *thriller* más sofisticado e integralmente antirracista de la década. Dirigido por F. Gary Gray, de veintisiete años —que ya era conocido por *Todo en un viernes* (1995)—, escrito por Kate Lanier y Takashi Bufford y protagonizado por Jada Pinkett, Queen Latifah, Vivica A. Fox y Kimberly Elise, *Hasta el final* mostraba cómo y por qué la discriminación laboral, marital y de género en Los Ángeles, la explotación de clase y sexual y la violencia policial racista podían empujar a cuatro mujeres singulares a cometer delitos violentos —en su caso, robos bien planificados a bancos— en un intento de mejorar sus vidas y desquitarse de aquellos que estaban tratando de destruirlas. *Hasta el final* hacía lo que el racismo de las políticas de ley y orden y de dureza contra la delincuencia se negaba a hacer, humanizar a los negros de las ciudades que llevaban a cabo acciones ilegales y, al mismo tiempo, obligar a los espectadores a reflexionar sobre quiénes eran los verdaderos delincuentes en Estados Unidos. Mientras Pinkett interpretaba a una mujer heterosexual culta, independiente y sexualmente empoderada en toda su normalidad entre amantes y abusadores, Latifah interpretaba a una hombruna lesbiana en toda su normalidad entre negros pobres. Al final tres de las mujeres mueren, pero la astuta Pinkett huye con el dinero robado hacia la puesta de sol, dejando atrás el racismo del país.

Los críticos y los espectadores se rindieron ante la historia de tragedia y triunfo de *Hasta el final*. Incluso el crítico cinematográfico Roger Ebert quedó «sorprendido por cómo empecé a preocuparme por los personajes». Habría sido ideal que el Estados Unidos de la ley y el orden, al ver el racismo estructural, hubiese empezado a preocuparse por los personajes reales. Pero los generadores de ideas racistas parecían decididos a garantizar que eso no sucediese jamás.[18]

Bill Clinton, por desgracia, se equivocó sobre la raíz del «problema de la raza» cuando hizo una sorprendente declaración al respecto el 14 de junio de 1997. En su discurso de inauguración del curso académico en la universidad donde había estudiado Angela Davis, la de California en San Diego, Clinton se comprometió a liderar «al pueblo estadounidense en un debate sin precedentes sobre la raza». Los reformistas raciales elogiaron a Clinton por su voluntad de condenar los prejuicios y la discriminación y por sus ambiciones antirracistas de construir «la primera democracia realmente multirracial del mundo».[19]

Más de un millón de mujeres negras se aseguraron de introducir sus ideas en el debate congregándose en Filadelfia el 25 de octubre de 1997. La congresista Maxine Waters, Sister Souljah, Winnie Mandela, Attallah e Ilyasah Shabazz (hijas de Malcolm X) y Dorothy Height hablaron en la Marcha del Millón de Mujeres. En un momento determinado, un helicóptero sobrevoló a baja altitud la concentración para apagar sus palabras. Miles de mujeres alzaron los brazos, tratando de ahuyentar al helicóptero como si fuera una mosca. Funcionó. «¿Veis de qué somos capaces cuando trabajamos unidas?», entonó la apasionada maestra de ceremonias, Brenda Burgess, de Michigan.

Los llamamientos a la unidad negra resonaron en Filadelfia igual que lo habían hecho dos años antes entre aquel millón de hombres en Washington D. C., como si las personas negras tuviesen un problema de unidad, como si esta desunión estuviera contribuyendo al sufrimiento de la raza y como si en otras razas no hubiera también vendidos y traidores. La raza más unificada de la nación detrás de un único partido político no fue nunca la más políticamente dividida. Pero, como ha sucedido siempre, las ideas racistas no necesitaban amoldarse a la realidad.[20]

«El racismo no desaparecerá si nos centramos en la raza», sostuvo el presidente de la Cámara de Representantes, Newt Gingrich, a raíz del discurso sobre la raza pronunciado por Clinton. Esta reacción sintetizaba una expresión que se había popularizado hacía poco, «ciego al color». La retórica de la «ceguera al color» —la idea de resolver los problemas raciales haciendo caso omiso de la raza— empezó a parecerles lógica a las mentes ilógicas. Los segregacionistas de la «ceguera al color» condenaban los debates públicos sobre el racismo, siguiendo los pasos de las leyes Jim Crow y de los esclavistas. Pero estos segregacionistas supuestamente ciegos al color iban mucho más allá que sus predecesores racistas al afirmar que cualquiera que participase en el debate nacional de Clinton con un punto de vista antirracista era, de hecho, racista. En su libro de 1997 *Liberal Racism*, el periodista Jim Sleeper sostenía que cualquiera que no fuese ciego al color —o «transracial»— era racista. En un éxito de ventas de aquel mismo año, *America in Black & White*, la miembro del Instituto Manhattan Abigail Thernstrom y el historiador de Harvard Stephan Thernstrom decían que «las políticas con conciencia de raza provocan más conciencia de raza; hacen, de hecho, retroceder a la sociedad estadounidense». «Pocos blancos son racistas en la actualidad», y lo que domina hoy en día las relaciones raciales es «la cólera negra» y «la rendición blanca», escribían los Thernstrom, haciéndose eco de los ensayos incluidos en *The Race Card*, una influyente antología editada en 1997 por Peter Collier y David Horowitz. Quienes pregonaban la discriminación racial estaban jugando la «baza de la raza», una baza falsa, y estaban ganando por el «sentimiento de culpa blanco» de los progresistas.[21]

Toda esta retórica de la ceguera al color pareció surtir el efecto deseado. Por lo visto, el tribunal de la opinión pública empezó a mostrarse partidario del producto de la ceguera de color casi un siglo después de que el Tribunal Supremo hubiese dictaminado en favor del producto «separados pero iguales». El nuevo milenio se acercaba, y los colores seguían haciendo que las personas fuesen ciegas a la igualdad humana.

36

99,9 por ciento iguales

El ideal de la ceguera al color resultó reforzado por la propaganda acerca de la llegada del multiculturalismo norteamericano. «Más que nunca, comprendemos las ventajas de nuestra diversidad racial, lingüística y cultural», dijo Clinton en un discurso en la Universidad de California en San Diego. El viejo ideal asimilacionista de que todos los estadounidenses, fuera cual fuese su herencia cultural, adoptasen la cultura euroamericana había sufrido un asalto devastador en las escuelas, y sobre todo en las universidades, a causa de los nuevos departamentos de estudios étnicos, de la profusión de inmigrantes no blancos y de los estadounidenses que se informaban acerca de sus raíces ancestrales nativas y foráneas. Nathan Glazer, el coautor de un libro en el que se detallaba la pauta asimilacionista de la década de 1960, *Beyond the Melting Pot*, confesaba abatido que las cosas habían cambiado. El título del libro que publicó en 1997 era *We Are All Multiculturalists Now*. La obra se convirtió en el blanco de los ataques de los asimilacionistas, que se habían pasado la década lanzando sus golpes contra los cada vez más populares programas y departamentos de Estudios Negros.[1]

No obstante, Glazer se equivocó de nuevo en cuanto a la cultura. Una nación verdaderamente multicultural dirigida por multiculturalistas no tendría el cristianismo como la religión estándar oficiosa, ni el traje de chaqueta y corbata como el atuendo profesional estándar, ni el inglés como la lengua estándar, ni los test como el método de evaluación estándar. Los estudios étnicos no serían considerados superfluos en el currículo educativo. Los académicos afrocéntricos y otros teóricos multiculturales que enseñaran acerca de múltiples perspectivas culturales no estarían siempre envueltos en la polémica. No se pediría, ni directa ni indirectamente, a ningún grupo cultural que aprendiese o se adaptase en público a las normas culturales de otro grupo para poder avanzar. Una nación de personas con aspectos distintos no es automáticamente multicultural o diversa si la mayor parte de estas personas practican o están aprendiendo a practicar la misma cultura. Quizá Estados Unidos fuese una nación multicultural en los hogares, de puertas adentro, pero ciertamente no en público, no en 1997. Los racistas de Estados Unidos solo aceptaban de palabra la diversidad y el multiculturalismo. En la práctica, estaban imponiendo estándares culturales.

Este mantenimiento del *statu quo* resultó patente en las críticas al nuevo y revolucionario libro de Angela Davis, *Blues Legacies and Black Feminism*, publicado en 1998. Le había costado años transcribir el grueso de las grabaciones de blues disponibles de Ma Rainey y Bessie Smith, la base material de su estudio. Conocida por su análisis integrador del género, la raza y la clase, Davis amplió discretamente los factores analíticos para incluir la sexualidad y la cultura. Examinó las letras a la luz del lesbianismo y la bisexualidad, y analizó los vestigios de la cultura africana en el género del blues. No eran muchos los norteamericanos que hubieran expresado ideas antirracistas en las cinco principales categorías de análisis, género, raza, clase, sexualidad y cultura, de manera que las críticas partieron de los cinco lados, en especial del de la cultura. El reseñador de *The New York Times* le reprochó a Davis su antirracismo cultural y dijo que se trataba de un «arraigado nacionalismo cultural», mientras que *The Washington Post* la ridiculizó por su «rimbombante jerga académica y su rígida ideología». Al parecer, los expertos como Angela Davis, que revelaban, estudiaban y articulaban las diferencias culturales no solo de palabra, eran ideólogos y nacionalistas culturales.[2]

Davis prosiguió con su innovadora labor académica de integración de las mujeres negras y continuó concentrada en dar nueva vida al movimiento abolicionista con la llegada del nuevo milenio. «El preso número dos millones entró en el sistema penitenciario estadounidense el 15 de febrero de 2000, y la mitad de esos presos son negros», dijo a principios del año 2000 en la Universidad de Colorado. Davis sabía que la mayor parte de esos presos habían sido condenados por delitos de drogas, y también que era más probable que los blancos vendieran drogas a que lo hicieran los negros, como afirmaba un informe de Human Rights Watch. Así pues, recorría el país para dirigir la atención de los norteamericanos hacia la injusticia del sistema de justicia penal, que ella percibía como la nueva forma de esclavitud. Unos años más tarde, Davis ofreció la solución

abolicionista más natural al formular la pregunta antirracista de la época
en el título de un nuevo libro publicado en 2003, *Are Prisons Obsolete?*
En las 115 páginas de su manifiesto por la abolición de las cárceles se
imaginaba «un mundo sin prisiones». «A causa del pertinaz poder del
racismo, a los "delincuentes" y los "malhechores" se los concibe, en el
imaginario colectivo, como personas de color», escribía Davis. Y «la cárcel» aliviaba al país «de la responsabilidad de pensar sobre los verdaderos
problemas que afligen a las comunidades de las que proceden los presos
en cifras tan desproporcionadas».[3]

Un destacado lingüista negro de la Universidad de California en
Berkeley no estaba de acuerdo con la apreciación de Davis. La proporción de personas negras en la población reclusa «refleja claramente sus
índices de delincuencia», sostenía —sin aportar pruebas— John
McWhorter en *Losing the Race. Self-Sabotage in Black America.* Este gran
éxito de ventas de 2000 lo convirtió en el centro de atención como el
intelectual conservador negro más famoso de Estados Unidos. Como
lingüista, por supuesto, McWhorter tuvo que dedicar un capítulo a
comentar el debate en torno al ebónico, que había saltado a la palestra
cuatro años antes, cuando se supo que el Distrito Escolar Unificado de
Oakland lo había reconocido como un idioma derivado de África Occidental. Aparte de una línea (retirada en una versión posterior) en la
que decía que los afroamericanos tenían una predisposición genética al
ebónico, la resolución de Oakland de 1996 era asombrosamente antirracista y compasiva, e igualaba el ebónico con lenguas inglesas más
aceptadas. Reconociendo la fluidez de esos estudiantes en ebónico, la
junta de enseñanza quería mantener «la legitimidad y la riqueza de ese
idioma» y «facilitar la adquisición y el dominio de las habilidades de la
lengua inglesa». Querían asegurarse de que los estudiantes fueran bilingües.[4]

El psicólogo social Robert Williams había acuñado el término «ebónico» en 1973 para sustituir los identificadores racistas, como «inglés negro no estándar». «Sabemos que "ébano" significa "negro" y que "fonéti-
ca" hace referencia a los sonidos del lenguaje o a la ciencia de los sonidos
—explicó—. Así, en realidad estamos hablando de la ciencia de los sonidos del habla negra o del lenguaje negro». «Ebónico» siguió siendo un
término lingüístico poco conocido hasta que la resolución de la junta de
enseñanza de Oakland provocó un torbellino de cólera asimilacionista y
réplicas antirracistas a finales de la década de 1990. McWhorter se hizo

un nombre como uno de los escasos lingüistas negros que se oponían a la resolución de Oakland.[5]

En una intervención en el programa de la cadena NBC *Meet the Press* días después de la resolución, Jesse Jackson declaró, airado: «Comprendo el intento de acercarse a estos niños, pero esto es una rendición inaceptable, por no decir una vergüenza. Es reducir el nivel educativo de nuestros hijos». Por el contrario, la Sociedad Lingüística de Estados Unidos emitió una declaración de apoyo en 1997. «Las caracterizaciones del ebónico como "argot", "mutante", "perezoso", "defectuoso", "agramatical" o "inglés chapurreado" son incorrectas y degradantes», decía la declaración. Las pruebas mostraban que las personas podían «obtener ayuda en su aprendizaje de la variedad estándar mediante estrategias pedagógicas que reconozcan la legitimidad de las otras variedades del lenguaje. Desde esta perspectiva, la decisión de la junta de enseñanza de Oakland de reconocer la lengua vernácula de los estudiantes afroamericanos en la enseñanza del inglés estándar es lingüística y pedagógicamente sólida». Cuando Jesse Jackson se enteró de que en Oakland se había aprobado el uso del ebónico para enseñar el «inglés estándar», como él lo llamó, se retractó de su oposición inicial. Aun así, esta postura inicial de Jackson —por no hablar de la oposición de personas de todas las razas que seguían estando en contra de la adopción del ebónico— demostraba que, a pesar del favor que le hacían al hablar de él, muchos estadounidenses despreciaban el multiculturalismo.[6]

Los asimilacionistas que cambiaron de parecer para apoyar la enseñanza del «inglés estándar» utilizando el ebónico no lo hicieron en cuanto a dejar de lado la jerarquía racista que sitúa al inglés «estándar» o «correcto» por encima del ebónico. Esta jerarquía lingüística ya existía en todo el mundo occidental. Todos los nuevos idiomas que los africanos esclavos habían desarrollado en las colonias españolas, francesas, holandesas, portuguesas y británicas eran igualmente denigrados a la manera racista y calificados de «dialectos» defectuosos o variedades inferiores del idioma europeo estándar, que en Estados Unidos era el «inglés estándar». El ebónico se había formado a partir de los troncos de las lenguas africanas y del inglés moderno, al igual que el inglés moderno se había formado a partir de los troncos del latín y de las lenguas germánicas. El ebónico no era «más defectuoso» ni «menos estándar» que el inglés respecto del alemán o del latín.[7]

Para John McWhorter, los defensores de la decisión de Oakland de

ofrecer una educación bilingüe a los hablantes de ebónico constituían
un nuevo ejemplo del autosabotaje del Estados Unidos negro. En *Losing
the Race*, alegaba que las personas blancas eran mejores, y más prósperas,
que las negras porque no se saboteaban tanto a sí mismas. Con «el racismo blanco [...] ya prácticamente obsoleto», sostenía McWhorter, el
principal obstáculo para las personas negras era ellas mismas, su «victi-
mología» (o su uso de la baza de la raza), su separatismo (o sus ideas an-
tiasimilacionistas) y su «antintelectualismo negro», como saltaba a la
vista en el «movimiento del ebónico» y en la represión del hecho de
«imitar a un blanco» en las escuelas, de lo que se quejaban airadamente
las élites negras. McWhorter incluyó sus propias anécdotas, al igual que
muchos otros explicaban las suyas, pero no aportó prueba alguna de
que los niños negros que reprobaban a otros niños negros por «imitar a
un blanco» estuviesen siempre relacionando el intelectualismo con «imitar a un blanco». Algunos de estos estudiantes con altas calificaciones a
los que se increpaba por «imitar a un blanco» podrían, de hecho, haber
menospreciado a sus compañeros con bajas calificaciones, lo cual, desde
un punto de vista político, sería «imitar a un blanco» (si es que eso quiere decir menospreciar a las personas negras). En realidad, algunos de estos
estudiantes podrían haber «actuado como un blanco» porque no podían
sino manifestar lo que sus padres no dejaban de decirles: que ellos no
eran como aquellos otros niños negros. Algunos de estos estudiantes
podían, de hecho, estar «imitando a un blanco» porque carecían de fluidez en las formas culturales negras (si es que «actuar como un negro» es,
desde un punto de vista cultural, poseer fluidez en las formas culturales
negras).[8]

Tres años después del lanzamiento de *Losing the Race*, John
McWhorter presentó *Essays for the Black Silent Majority*. De acuerdo con
este libro de 2003, la mayoría silenciosa negra creía que las «ideologías
culturales internas» propias de los afroamericanos habían supuesto un
lastre para el grupo y les habían impedido «sacar partido de los caminos
hacia el éxito». McWhorter escribió *Essays for the Black Silent Majority*
a partir de la verdad a medias del progreso racial, ignorando la verdad a
medias del progreso del racismo. «Hoy en día, las historias de éxito de
personas negras —escribía— se basan en los viejos valores del trabajo
duro, el ingenio y la fortaleza interior», mientras que «el racismo residual
[...] [era] una molestia menor que superaban manteniendo la atención
en el objetivo final».[9]

La «mayoría silenciosa negra» de McWhorter no era ni silenciosa ni mayoritaria, pero el lingüista estaba movilizando a una ruidosa minoría negra, cuyas expresiones de racismo cultural, de racismo de clase, de personas negras con dificultades que necesitaban asumir una responsabilidad personal y esforzarse más quizá hubieran sido profundamente personales. Algunas personas negras se negaban a admitir que se aprovechaban de las oportunidades extraordinarias de su élite o incluso de sus orígenes humildes, y que hay personas pobres y extremadamente trabajadoras que nunca han tenido las mismas oportunidades. Como los blancos racistas, los negros racistas creían que su «éxito» se debía a sus cualidades extraordinarias concedidas por Dios o su extraordinaria ética del trabajo; que, si ellos «lo conseguían», cualquier persona negra podía lograrlo también si se esforzaba lo suficiente. Para muchos de estos racistas negros, sus expresiones podrían haber sido extremadamente políticas; podrían haber estado astutamente recitando temas de conversación racistas a fin de recibir favores económicos o laborales, tanto si creían realmente en estas ideas racistas como si no. Las oportunidades proliferaban en los gabinetes de los políticos, en los *think tanks* y en los medios de comunicación para racistas negros que se prestasen a menospreciar a los afroamericanos en el siglo XXI. En 2003 McWhorter dejó su puesto de profesor por un sofisticado puesto como investigador sénior en el Instituto Manhattan. Sin embargo, si la ciencia fuese más importante que el interés propio, entonces la producción de ideas racistas del Instituto Manhattan habría cesado tres años antes de la llegada de McWhorter.

Los reporteros aplaudieron a Clinton cuando entró en la Sala Este de la Casa Blanca el 26 de junio de 2000. Llevaba con él la respuesta a una de las preguntas más antiguas de la historia moderna del mundo: ¿había alguna diferencia biológica intrínseca entre las razas identificables? A ambos lados del atril presidencial había dos grandes pantallas en las que se leía «Descodificar el libro de la vida» y «Un hito para la humanidad».

«Estamos aquí para celebrar que se ha completado el primer estudio de la totalidad del genoma humano —anunció con regocijo Bill Clinton a un público de reporteros y cámaras—. Sin el menor género de dudas, este es el mapa más importante y maravilloso elaborado nunca por el ser humano». Era un mapa que debía «revolucionar» la medicina al dar a los científicos información sobre las «raíces genéticas» de las enfermedades.

También debía revolucionar, anunció Clinton, las ciencias raciales. El mapa nos muestra que «en términos genéticos todos los seres humanos son en un 99,9 por ciento iguales, independientemente de la raza».

Uno de los científicos responsables de la secuenciación del genoma humano, Craig Venter, fue aún más franco con los reporteros. «El concepto de raza no tiene base genética ni científica», afirmó Venter. Su equipo de investigación en Celera Genomics había determinado «el código genético» de cinco individuos, a los que se identificó como «hispánicos, asiáticos, caucásicos o afroamericanos», y los científicos fueron incapaces de distinguir una raza de otra.[10]

Cuando finalizó la rueda de prensa y los reporteros emitieron sus crónicas, la vieja frase racista que decía que se podía juzgar un libro humano por su portada debería haber desaparecido. La cantinela de «sangre blanca» y «enfermedades negras» debería haber dejado de existir, y la copla de los segregacionistas que decía que los seres humanos habían sido creados desiguales, que había estado sonando durante cinco siglos, también debería haber cesado. Pero no había sido la ciencia la que había empezado con esa copla, y la ciencia no iba a poder detenerla. Los segregacionistas tenían demasiadas políticas racistas que ocultar, disparidades raciales que justificar, carreras científicas y políticas que mantener y dinero que ganar. El progreso racial del anuncio de Clinton acerca del 99,9 por ciento trajo consigo la siguiente teoría segregacionista: el 0,1 por ciento de diferencia genética entre los seres humanos debía de ser racial. Primero la teoría de la maldición, luego la teoría de la esclavitud natural, después la poligénesis, luego el darwinismo social y ahora los genes; los segregacionistas habían generado nuevas ideas para justificar las desigualdades de cada era. «Los científicos que planifiquen la fase siguiente del proyecto del genoma humano se verán forzados a enfrentarse a una cuestión peliaguda, la de las diferencias genéticas entre las razas humanas», escribió el periodista científico Nicholas Wade en The New York Times, semanas después de la rueda de prensa de Clinton.[11]

Los genetistas segregacionistas prosiguieron con su inútil búsqueda, tratando de averiguar algo que no existía: cuáles eran las diferencias genéticas entre las razas. En 2005 el genetista de la Universidad de Chicago Bruce Lahn lanzó la conjetura de que había dos genes de superinteligencia, y dijo que había menos probabilidades de que existieran en los africanos subsaharianos. Cuando los científicos exigieron pruebas, Lahn tuvo problemas para ofrecerlas. Aún no se había demostrado asociación alguna entre los genes y la inteligencia, por no hablar de los genes y la raza. «No existe un conjunto de genes que pertenezcan en exclusiva a un solo grupo [racial] y no a otro», explicaba la experta en bioética de la Universidad de Pensilvania Dorothy Roberts en su libro de 2011 *Fatal Invention*, en el que ponía al descubierto el fundamento no científico de las razas biológicas, de los genes específicos de una raza y de los fármacos específicos de una raza para enfermedades específicas de una raza. «La raza no es una categoría biológica con una carga política —añadía—. Se trata de una categoría política que ha sido disfrazada de categoría biológica». Pero las ideas biológicas siguieron viviendo con comodidad. Para el año 2014, Nicholas Wade se había jubilado de *The New York Times* y había publicado su propia defensa del racismo biológico, *Una herencia incómoda. Genes, raza e historia humana*. «La tesis presentada aquí da por supuesto [...] que hay un componente genético en la conducta social del ser humano —decía Wade—. Llevándole la contraria a la creencia fundamental de los multiculturalistas, la cultura occidental ha llegado mucho más lejos que otras en muchos aspectos significativos», escribía, a causa de la superioridad genética de los europeos. Craig Venter, el genetista implicado en la elaboración del mapa del genoma, volvió a escribir en 2014 para garantizar de nuevo a sus lectores que «los resultados de la secuenciación del genoma a lo largo de los últimos trece años solo demuestran con más claridad mi tesis, que hay más diferencias genéticas entre individuos del mismo grupo "racial" que entre individuos de diferentes grupos».[12]

Meses después de que Clinton evocase la frase intemporal —«iguales en un 99,9 por ciento»—, el Informe de Estados Unidos al Comité de Naciones Unidas para la Eliminación de la Discriminación Racial señalaba algo sobre la raza que en el país se había convertido en un disco rayado: que se habían producido «avances sustanciales», pero aún quedaban «obstáculos significativos». Era septiembre de 2000, y el gobernador de Texas George W. Bush prometía restablecer «el honor y la dignidad» de la Casa Blanca, mientras que el vicepresidente Al Gore trataba de distanciarse del escándalo de Bill Clinton y Monica Lewinsky. Los hallazgos del informe sobre el alcance de la discriminación y las disparidades en todo el país no fueron merecedores de que se les prestara atención en la campaña, ya que reflejaban una mala imagen tanto de la Administración Clinton como del Estados Unidos «ciego al color» de los republicanos.

«La ley estadounidense garantiza el derecho a participar con igualdad en las elecciones», había asegurado el Departamento de Estado a Naciones Unidas. No obstante, el 7 de noviembre de 2000 decenas de miles de votantes negros residentes en la Florida del gobernador Jeb Bush vieron cómo se les prohibía votar o cómo sus votos eran destruidos, lo que permitió que George W. Bush ganase el estado de su hermano por menos de quinientos sufragios y se hiciera con los votos electorales por un escaso margen. Parecía algo irónicamente normal. Después de anunciar triunfalmente ante Naciones Unidas su compromiso de eliminar el racismo, los funcionarios locales, los funcionarios del estado, el Tribunal Supremo y el Senado estadounidenses ejecutaron o validaron un tipo de racismo que dio la victoria en unas elecciones presidenciales. «La táctica ha cambiado, pero el objetivo, por desgracia, sigue siendo el mismo —concluía el columnista de *The New York Times* Bob Herbert—. "¡No les dejéis votar! Si hay alguna forma de detenerlos, hacedlo"».[13]

Una vez en el cargo, el presidente Bush trató, en vano, de ralentizar el impulso del movimiento antirracista a finales de la década de 1990 mediante la financiación de los curanderos de la raza evangélicos y de los defensores de la responsabilidad personal. El director ejecutivo de Trans-Africa Randall Robinson aceleró ese impulso en 2000 con su manifiesto sobre las indemnizaciones, el éxito de ventas *The Debt. What America Owes to Blacks*. La demanda de indemnizaciones de Robinson llegó justo después de que los países africanos exigieran la condonación de la deuda e indemnizaciones a los países de Europa. Mientras, el mundo antirracista se preparaba para una de las reuniones más nutridas, más serias y más colaborativas de la historia. Casi doce mil mujeres y hombres viajaron a la hermosa ciudad de Durban, en Sudáfrica, para la Conferencia Mundial de Naciones Unidas contra el Racismo, la Discriminación Racial, la Xenofobia y las Formas Conexas de Intolerancia, celebrada del 31 de agosto al 7 de septiembre de 2001. Entre los delegados se hizo circular un informe sobre el «complejo industrial de prisiones» y las mujeres de color, coescrito por Angela Davis. También se identificó internet como la plataforma más reciente de propagación de ideas racistas, y se citaron las aproximadamente sesenta mil páginas web supremacistas y las afirmaciones racistas que con tanta frecuencia se vertían en las secciones de comentarios asociadas a noticias sobre personas negras. Estados Unidos tenía la delegación más numerosa, y los norteamericanos antirracistas establecieron vínculos fructíferos con activistas de todo el mundo, muchos de los cuales tenían la intención de asegurarse de que la conferencia fuese el pistoletazo de salida de un movimiento antirracista global. Cuando los participantes regresaron de nuevo a Senegal, Estados Unidos, Japón, Brasil o Francia, el 7 de septiembre, llevaron por todo el mundo su impulso antirracista.[14]

Entonces, todo este impulso antirracista chocó contra un muro como consecuencia de los hechos del 11 de septiembre de 2001. Después de que más de tres mil estadounidenses fallecieran de manera desgarradora en los ataques al World Trade Center y al Pentágono, el presidente Bush condenó a los «malhechores», a los enloquecidos «terroristas», al tiempo que fomentaba animadversión contra los árabes y contra el islam. Los racistas ciegos a los colores sacaron provecho de las crudas sensaciones posteriores al 11-S apelando a un Estados Unidos patriótico y unido donde la defensa nacional había dejado de lado las divisiones entre razas y donde los antirracistas y los activistas contra la guerra se convirtieron en amenazas para la seguridad nacional. Pero ese provecho duró poco; solo el 44 por ciento de los afroamericanos apoyaron la invasión de Irak en 2003, mucho menos que el 73 por ciento de blancos o el 66 por ciento de latinos.[15]

Para entonces, los antirracistas habían recuperado los ánimos inspirados por un magnífico documental educativo de tres partes de la compañía California Newsreel, *Race. The Power of an Illusion*, emitido por primera vez en abril de 2003. Meses antes, un cómico conocido por haber protagonizado la película *Medio flipado* (1998) debutó con un programa en el canal Comedy Central. Dave Chappelle interpretaba un hilarante *sketch* sobre un supremacista ciego que cree que es blanco y que escupe ideas antinegras como quien escupe tabaco. Al final recibe la trágica —para los espectadores cómica— noticia de que es un hombre negro. De todos sus notables *sketches* antirracistas, aquel primero del hombre negro racista puede que sea el más inteligente e inolvidable de Chappelle. Millones de personas lo vieron en YouTube mucho después de su emisión original, el 22 de enero de 2003. El siempre popular *Chappelle's Show* fue emitido durante tres temporadas hasta 2006, demostrando una y otra vez lo absurdo del Estados Unidos ciego al color de los nuevos republicanos.[16]

Muchos republicanos asumieron, dado el supuesto «final del racismo», que pronto se acabaría también la discriminación positiva. Para su asombro, sin embargo, el 23 de junio de 2003 la juez del Tribunal Supremo Sandra Day O'Connor emitió una opinión mayoritaria en virtud de la que se mantenía la política de discriminación positiva de la Universidad de Michigan, y se aducía para ello un «interés imperioso en obtener las ventajas educativas que emanan de un cuerpo de estudiantes diverso». Complacidos en cierto modo, los defensores de la discriminación positiva razonaron que el Tribunal Supremo la había mantenido porque tener unos cuantos estudiantes negros beneficiaba los intereses de los estudiantes blancos en un mundo cada vez más multiétnico y globalizado. El dictamen de O'Connor agregaba un límite temporal al señalar que «el Tribunal espera que, dentro de veinticinco años, el uso de las preferencias raciales ya no será necesario para apoyar los intereses aprobados hoy». O'Connor, según investigadores de la organización United for a Fair Economy, estaba muy equivocada. La «fecha de paridad», al ritmo existente de igualdad gradual, no era de veinticinco años, sino de quinientos —y, para determinadas disparidades raciales, de miles de años— después de 2003. Los defensores de la discriminación positiva quedaron, de momento, aliviados por que O'Connor la hubiese mantenido.[17]

El ritmo de avance hacia la paridad racial se podía acelerar si se erradicaban las preferencias raciales de los test estandarizados. Pero el uso de estos test creció exponencialmente en las escuelas de primaria cuando la ley de la Administración Bush Que Ningún Niño Se Quede Atrás, apoyada por demócratas y republicanos, entró en vigor en 2003. Según dicha ley, el Gobierno federal obliga a los estados, las escuelas y los maestros a establecer criterios y objetivos de gran exigencia y llevar a cabo test con regularidad para evaluar cómo los estudiantes los alcanzan. A continuación vincula la financiación federal a los resultados de los test y al avance para garantizar que los estudiantes, los maestros y las escuelas cumplan esos criterios y objetivos. La ley aseguraba que su finalidad era evitar que los niños se quedasen atrás, pero, al mismo tiempo, fomentaba mecanismos de financiación que reducían los fondos asignados a las escuelas en las que los estudiantes no experimentasen mejora, dejando así atrás a los estudiantes más necesitados. La Ley Que Ningún Niño Se Quede Atrás no estaba hecha para tener sentido; era el último y más notable mecanismo para culpar de las desigualdades en materia de financiación a los niños, los maestros y los padres negros y a sus escuelas públicas. Esta culpabilización de la víctima impulsó el crecimiento del movimiento de los centros subvencionados conocidos como escuelas «No hay excusas», que conminaba a los niños a que se elevasen por encima de las circunstancias difíciles y los culpaba (y expulsaba) si no podían hacerlo.[18]

Los científicos saben que, desde el punto de vista del desarrollo, cuando los niños están enfermos, dolidos, confusos o enfadados, una de las formas de expresar estos sentimientos es el mal comportamiento porque tienen dificultades para identificar y comunicar sentimientos complejos (por ejemplo, a causa del hambre, el encarcelamiento de los padres o el acoso policial). A pesar de que los niños blancos revoltosos suelen ser objeto de compasión y tolerancia —y así debe ser—, es mucho más probable que los niños negros revoltosos oigan lo de «No hay excusas», sean objeto de una actitud de tolerancia cero y acaben esposados. Más del 70 por ciento de los estudiantes arrestados durante el curso escolar 2009-2010 eran negros o latinos, según las estadísticas del Departamento de Educación.[19]

Los asimilacionistas aplaudieron el objetivo de reducir la brecha de logros racial, con lo que acallaron a los segregacionistas, que decían que los niños negros eran incapaces de reducir esa brecha, y a los antirracistas, que no creían en su existencia porque, a su juicio, se basaba en las puntuaciones de unos test estandarizados que no eran válidos. A principios de la década de 1970 muchos estadounidenses imaginaban un mundo sin cárceles, y a comienzos de la de 1980 muchos imaginaban uno sin test estandarizados, pero desde entonces el racismo había avanzado. En 2004, en el quincuagésimo aniversario del fallo sobre el caso Brown, un mundo sin test estandarizados parecía tan inimaginable como uno sin cárceles, a pesar de que ambos mantenían entre rejas a millones de jóvenes negros.

Dicha efeméride y el discurso sobre la educación negra siempre hacían aflorar las ideas racistas sobre lo que había de malo en los padres negros. Nadie se adaptaba mejor a aquella tarea que Bill Cosby, que había sido considerado en su momento el modelo de padre negro, durante la emisión de *La hora de Bill Cosby*. «Las personas de menor nivel económico no están cumpliendo su parte de este trato. Estas personas no actúan como unos buenos padres —dijo Cosby en Washington D. C., después de una gala de homenaje de la NAACP en mayo de 2004—. Les compran cosas a los niños. Zapatillas deportivas de quinientos dólares... ¿para qué? Luego no son capaces de gastarse doscientos en material escolar. Estoy hablando de las personas que lloran cuando su hijo está ahí, de pie, con un traje naranja de presidiario».

Bill Cosby difundió sus ideas racistas y provocó una oleada de debates entre los racistas y los antirracistas. El sociólogo Michael Eric Dyson contrató y derribó a Cosby de su pedestal en su elogiado libro *Is Bill Cosby Right? Or Has the Black Middle Class Lost Its Mind?*, publicado en 2005. «Toda la autoayuda del mundo no va a eliminar la pobreza ni a crear la cantidad de buenos empleos necesaria para darle trabajo a la comunidad afroamericana», añadió el historiador Robin D. G. Kelley.[20]

Durante la «gira de culpabilización del pobre» de Cosby, como lo denominó Dyson, la estrella en ascenso del Partido Demócrata subvirtió el mensaje de Cosby durante su discurso inaugural en la Convención Nacional Demócrata, celebrada en Boston el 27 de julio de 2004. La estrella había hecho su aparición en el panorama en el mes de marzo, al alzarse con una sorprendente victoria en las primarias demócratas de Illinois para ocupar un escaño en el Senado estadounidense.

Sin embargo, fue su discurso en la convención, seguido por nueve millones de espectadores, lo que afianzó su condición de estrella. Trabajadores de todo tipo, «de pequeños pueblos y grandes ciudades», ya estaban asumiendo la responsabilidad que se les exigía, afirmó Barack Obama. «Id a cualquier barrio pobre y los vecinos os dirán que el Gobierno por sí solo no puede hacer que sus hijos aprendan. Ellos saben que los padres tienen que ser padres y que los hijos no tendrán afán de superación si no poseen expectativas más altas, apagan los televisores y destierran el pernicioso mito de que, cuando un joven negro lee un libro, está imitando a los blancos. Ellos saben de lo que hablo». Un aplauso atronador interrumpió a Obama al tiempo que su reproche a los sermones de Cosby calaba en la gente. También calaron sus afirmaciones de que la Ley Que Ningún Niño Se Quede Atrás incrementaba las expectativas en lugar de la financiación y de que nunca se había demostrado la teoría de que «imitar a los blancos» se traducía en mayores logros.

Barack Obama se presentó como la encarnación de la reconciliación racial y del excepcionalismo estadounidense. Sus orígenes eran humildes y su ascenso, vertiginoso, y en él se unían antepasados nativos e inmigrantes, africanos y europeos. «Aquí estoy, consciente de que mi historia forma parte de la historia general de Estados Unidos [...] y de que una historia como la mía no sería posible en ningún otro país de la Tierra —afirmó—. Esta noche, Estados Unidos, si tenéis la misma sensación de urgencia que yo, la misma pasión que yo, y estáis llenos de esperanza como yo lo estoy, si hacemos lo que debemos hacer, no me cabe duda alguna de que, a lo largo y ancho del país, las personas se alzarán en noviembre y John Kerry jurará el cargo de presidente».[21]

Los republicanos de Bush, decididos a detener ese ascenso, en 2004 llevaron a Ohio las técnicas de exclusión del voto negro que habían empleado en Florida. Kerry perdió las elecciones, desde luego, y Bush y sus tácticas parecían estar listas para encarnar el futuro del Partido Republicano. Pero Barack Obama parecía estar listo para encarnar el futuro del Partido Demócrata.

37

El negro extraordinario

Dos semanas después de su sensacional discurso inaugural, se reeditó el libro de memorias de Barack Obama, *Los sueños de mi padre. Una historia de raza y herencia*, que se encaramó a lo alto de las listas de ventas y provocó apasionadas reseñas en los últimos meses de 2004. Toni Morrison, la reina de las letras norteamericanas y editora de las icónicas memorias de Angela Davis tres décadas atrás, calificó *Los sueños de mi padre* de «absolutamente extraordinario». Obama había escrito aquel volumen en 1995, un año muy movido desde el punto de vista racial, mientras se preparaba para iniciar su carrera política en el Senado de Illinois. En su fragmento más antirracista, Obama reflexionaba sobre los negros birraciales asimilados como «la pobre Joyce», su amiga en el Occidental College. En Joyce y en otros estudiantes negros, Obama «reconocía partes de mí mismo». Las personas «como Joyce» hablaban de «la riqueza de su herencia multicultural y todo sonaba muy bien, hasta que te dabas cuenta de que evitaban a las personas negras. No era necesariamente una cuestión de elección consciente, sino más bien un asunto de atracción gravitatoria, la forma en que solía funcionar la integración, una vía de dirección única. La minoría asimilada en la cultura dominante, no al revés. Solo la cultura blanca podía ser "neutral" y "objetiva". Solo la cultura blanca podía ser "no racial". Solo la cultura blanca tenía "individuos"».

La letanía antirracista de Obama proseguía al revelar de manera crítica el complejo del «negro extraordinario». «A nosotros, los mestizos y los licenciados universitarios, [...] nada nos molesta más que un taxista pase de largo o que una mujer en el ascensor agarre con firmeza el bolso, no tanto porque nos preocupe que tales humillaciones sean las que tienen que soportar todos los días de su vida las personas de color menos afortunadas —aunque eso es lo que nos decimos a nosotros mismos—, sino porque [...] nos hayan confundido con un negrata más. ¿Es que no sabes lo que soy? ¡Soy una persona!».[1]

Irónicamente, en 2004 los estadounidenses racistas de todos los colores empezaron a elogiar a Barack Obama, con toda su inteligencia pública, su moralidad, su capacidad oratoria y su éxito político, como el negro extraordinario. El sello distintivo del negro extraordinario había recorrido un largo camino desde Phillis Wheatley hasta Barack Obama, que en 2005 se convirtió en el único afroamericano en el Senado de Estados Unidos. A partir de Wheatley, los segregacionistas habían despreciado a estos negros extraordinarios, objetos de exhibición de la capacidad de los negros, y habían hecho todo lo posible por derribarlos de su pedestal. Pero Obama —o, más bien, la era de Obama— era distinto. Los segregacionistas les dieron la espalda a sus predecesores y adoraron al objeto de exhibición Obama como proclamación del final del racismo. Querían concluir el debate sobre la discriminación.

Sin embargo, para su consternación, el debate no iba a entibiarse. A los segregacionistas no les impresionaban las animalescas películas sobre salvadores negros en las que negros físicamente sobrenaturales salvaban a blancos (*La milla verde*, 1999), o las paternalistas películas sobre salvadores blancos en las que blancos moralmente sobrenaturales salvaban a negros (*Un sueño posible*, 2009), o las películas sobre asombrosas historias reales en que la responsabilidad personal sirve para superar una gran adversidad (*En busca de la felicidad*, 2006).

Pero a los segregacionistas sí que les importó *Crash*, rodada por Paul Haggis en 2005 y galardonada con el Oscar a la Mejor Película, un filme que entrelaza las experiencias, a lo largo de dos días, de personajes de todos los grupos raciales salvo nativos americanos. Cada personaje es mostrado como alguien que alberga prejuicios y al mismo tiempo es víctima de ellos, y las ideas y acciones prejuiciosas de los personajes son presentadas como el resultado de la ignorancia y del odio. Mientras que, en el transcurso de los años, los segregacionistas han rechazado el discurso racial explícito de *Crash* y los asimilacionistas han elogiado el magistral retrato que el filme hace de los efectos generalizados, ilógicos y opresivos del fanatismo individual, los antirracistas han alegado que la película deja mucho que desear. Han criticado sobre todo la falta de complejidad en las relaciones raciales y la ausencia de cualquier exploración del racismo institucional. En la revista *The Atlantic*, Ta-Nehisi

Coates no suavizó su reseña antirracista y la llamó «la peor película de la década». Y, para los segregacionistas ciegos al color, John McWhorter describió *Crash* como «un melodrama, no una reflexión sobre el Estados Unidos real».[2]

No obstante, sería un devastador desastre natural y racial acaecido aquel verano lo que forzaría un tenso debate sobre el racismo institucional y personal. Durante los últimos días de agosto de 2005, el huracán Katrina se cobró más de mil ochocientas vidas, obligó a muchas personas a emigrar, inundó la bella costa del golfo de México y provocó daños materiales por valor de miles de millones de dólares. El Katrina se llevó por delante el tejado de la ceguera estadounidense al color y dejó que todos vieran —si es que se atrevían— el espantoso avance del racismo.

Durante años, los científicos y los periodistas habían lanzado la advertencia de que, si el sur de Luisiana resultaba afectado por «el impacto directo de un huracán importante», los diques podían ceder y la región quedaría inundada y destruida, como informaba el *New Orleans Times-Picayune* en el año 2002. Los políticos ignoraron las advertencias, casi como si estuvieran esperando a que llegara un huracán destructivo para poder practicar a continuación lo que Naomi Klein denominó el «capitalismo del desastre». Los políticos podían otorgar contratos de reconstrucción de millones de dólares a las empresas que financiaban sus campañas, y se podía expulsar de Nueva Orleans a los residentes negros que ocupaban terrenos de alto valor inmobiliario para dar paso a la gentrificación de la zona. De todos modos, no importaba si en verdad habían esperado que sucediese algo como el huracán Katrina, porque los políticos y los capitalistas del desastre (como la empresa Halliburton del vicepresidente Dick Cheney) sacaron provecho de la destrucción. Hasta miembros del Ku Klux Klan se hicieron ricos mediante sitios web falsos en los que recogían donaciones.[3]

Hubo rumores de que la Administración Bush dio instrucciones a la Agencia Federal para la Gestión de Emergencias (FEMA, por sus siglas en inglés) para que aplazara su respuesta a fin de ampliar la recompensa destructiva de quienes podían sacar partido de ello. No se sabe si eso sucedió realmente, pero no importaba, porque la FEMA acabó retrasándose y millones de personas sufrieron a causa de ello. Mientras reporteros de toda la nación llegaban rápidamente a la ciudad y captaban con sus cámaras a miles de residentes del Noveno Distrito, mayoritariamente negro, atrapados en tejados y en el estadio Superdome, los funcionarios federales buscaban excusas para su tardanza. Se tardó tres días en desplegar tropas de rescate en la región de la costa del Golfo, más de lo que se tardó en situar tropas sobre el terreno para sofocar la rebelión por el caso Rodney King en 1992, y el resultado fue letal. «Estoy convencido de que ha sido por racismo», dijo un paramédico que fue testigo de la espiral de muerte en Nueva Orleans.[4]

Pero ni siquiera aquello daba cuenta de todo lo ocurrido a raíz del huracán Katrina. La historia del racismo en un desastre extremo se convirtió en una historia de desastres extremadamente racista. La agencia Associated Press envió una fotografía de personas blancas llevándose «pan y bebidas de un supermercado local» y otra de un hombre negro que «saquea un supermercado». Mientras los bebés morían por infecciones y las personas heridas esperaban a las ambulancias, los reporteros emitían noticias sensacionalistas de «bebés en el Centro de Convenciones a los que les han cortado el cuello» en una «ciudad atestada de hordas criminales armadas hasta los dientes» que robaban ambulancias y de «refugiados» buscando dónde resguardarse. El periodista de izquierdas Matt Welch no tuvo pelos en la lengua al decir que el «fanatismo mortal» de los medios probablemente ayudó a «acabar con la vida de algunas víctimas del Katrina». Funcionarios federales y miembros del personal de emergencias de las proximidades se escudaron en esta información de los medios para justificar sus demoras, citando los peligros de enviar ayuda y personal con tanta gente saqueando las «tiendas de armas» y disparando «a la policía y a los equipos y helicópteros de rescate». Los norteamericanos racistas llegaron a creerse y hacer circular los indignantes embustes de quienes decían que las personas negras de una zona azotada por una catástrofe dispararían a quienes acudieran en su ayuda.

Nadie resumió mejor el racismo de clase de la respuesta del Gobierno y los medios al huracán Katrina que Lani Guinier, de la Facultad de Derecho de Harvard. «Las personas negras pobres son desechables, y les atribuimos rasgos patológicos para justificar nuestra indiferencia», dijo. Y nadie resumió mejor los sentimientos en carne viva de los negros antirracistas que la superestrella del rap Kanye West, que acababa de lanzar su segundo álbum de estudio, *Late Registration*. «A George Bush no le importan las personas negras», dijo con valentía West, saliéndose del guion durante un concierto por las víctimas del huracán emitido en directo por la cadena NBC el 2 de septiembre de 2005. A mediados de aquel mes, los encuestadores se precipitaron a tomar el pulso del racismo en Estados Unidos. Según una encuesta nacional, solo el 12 por ciento de los norteamericanos blancos —frente al 60 por ciento de los afroamericanos— estaban de acuerdo con la afirmación de que «el retraso del Gobierno federal a la hora de ayudar a las víctimas en Nueva Orleans se debió a que esas víctimas eran negras». Probablemente, las mentes del 88 por ciento de los norteamericanos blancos y del 40 por ciento de los norteamericanos negros —si nos fiamos de la representatividad de la encuesta— también se habían inundado, pero de ideas racistas.

En la era del racismo ciego al color, no importaba lo espantoso del crimen racial ni cuántas pruebas se acumularan contra ellos; los racistas se ponían en pie ante el juez y afirmaban que eran «no culpables». Pero ¿cuántos delincuentes confiesan cuando no tienen necesidad de hacerlo? Desde los «civilizadores» hasta los partidarios de los test estandarizados, los asimilacionistas casi nunca habían confesado su racismo. Los esclavistas y los segregacionistas de las leyes Jim Crow se fueron a la tumba afirmando su inocencia. George W. Bush probablemente haga lo mismo. «Me enfrenté a muchas críticas como presidente —reflexionaba Bush en sus memorias, publicadas tras dejar la presidencia—. No me gustaba oír como la gente afirmaba que mentí acerca de las armas de destrucción masiva de Irak o que reduje los impuestos para beneficiar a los ricos. Pero la sugerencia de que fui racista por mi respuesta al Katrina representó el punto más bajo de todos».[5]

Ya en el otoño y el invierno de 2005, a las acusaciones de racismo en Nueva Orleans por parte de los antirracistas les salieron al paso las acusaciones racistas del «uso irresponsable de la baza de la raza», por citar a Larry Elder, una personalidad negra de los medios de comunicación. A comienzos de 2006 los generadores de ideas racistas afirmaban que las acusaciones de discriminación generalizada en Nueva Orleans, y en Estados Unidos en general, eran falsas o exageradas. Estados Unidos era ciego al color, y las personas negras que acusaban de discriminación mentían; estaban jugando la baza de la raza.[6]

Fue durante este clima racial polarizado posterior al Katrina cuando Crystal Mangum hizo de *stripper* en una fiesta para el equipo blanco de la disciplina deportiva lacrosse de la Universidad Duke. Después de la fiesta, en marzo de 2006, Mangum, madre soltera negra y estudiante de la universidad, fue a la policía de Durham. Miembros del equipo le habían proferido insultos racistas antes de obligarla a entrar en una habitación y violarla en grupo, contó. Los inspectores interceptaron luego, y publicaron, un correo electrónico enviado después de la fiesta. Quería «traer a unas cuantas *strippers* —les contaba Ryan McFadyen a sus compañeros de equipo—. Tengo pensado matar a las zorras y despellejarlas mientras me corro en mis pantalones de licra oficiales de Duke». Mientras el fiscal de distrito de Durham presentaba cargos, el caso se convirtió en una noticia a escala nacional. La comunidad antirracista, antiviolación y antisexista del país se alzó en apoyo de Crystal Mangum. «Sea cual sea el resultado de la investigación policial —decían ochenta y ocho profesores de Duke en un anuncio a toda página en el *Duke Chronicle* el 26 de abril de 2006—, lo que ahora es evidente es la ira y el miedo de muchos estudiantes que se saben objetos de racismo y sexismo».

Al año siguiente el caso había dado un vuelco. Las pruebas físicas y de ADN los habían exonerado de cualquier conducta impropia, y revelaciones sobre el consumo de drogas, la promiscuidad y los problemas de salud mental de Crystal Mangum habían manchado su reputación. Cuando se reveló que había mentido acerca de su violación, todo pareció dar un giro de ciento ochenta grados. El fiscal de distrito de Durham fue despedido y expulsado del colegio de abogados. Los jugadores demandaron a la ciudad. Los racistas y los sexistas utilizaron el caso para tratar de silenciar el debate sobre el racismo provocado por el Katrina, así como el debate sobre la cultura de violación provocado por la denuncia de Mangum. Se llegó a decir que los profesores antirracistas, antisexistas y antipobreza de Duke habían aprovechado el caso para hacer propaganda.

Las mentiras de Crystal Mangum fueron extrapoladas a todas las personas, a todas las mujeres y, en especial, a todas las mujeres negras. Los racistas empezaron a agitar la baza de la raza, explicando que las personas negras habían estado inventando y exagerando todo el tiempo el grado de discriminación racial existente. Los sexistas empezaron a agitar la baza de la «violación», acusando a las mujeres de inventar y exagerar todo el tiempo el grado de violencia sexista. Los racistas de género combinaron ambas bazas para hacer caso omiso de todas las mujeres negras que afirmaban ser víctimas de violencia sexual racista. Fue como si todas las mujeres negras hubiesen hecho algo malo en Durham, Carolina del Norte. Y a continuación, los reformistas de la raza y de la violación se sintieron traicionados —sobre todo los hombres— y empezaron a denigrar a Crystal Mangum por haber causado un retroceso de los movimientos antiviolación y antirracismo, al dar a los violadores y a los racistas más bazas con las que jugar. Sus mentiras harían que les resultase más difícil impugnar las ideas que alimentaban la violación y el racismo, convencer a los blancos de que reconociesen su racismo y convencer a los hombres de que reconociesen su cultura de la violación. Irónicamente, al mismo tiempo que estos reformistas condenaban a Mangum por su necedad, las tácticas necias de tratar de persuadir (en lugar de obligar) a los criminales de que dejasen de practicar sus crímenes contra la humanidad estaban haciendo que la cultura de la violación y el racismo volvieran a los niveles del pasado.[7]

En el exterior del hotel Marx, en Syracuse, Nueva York, activistas contra la guerra se estaban manifestando contra la ocupación de Irak por parte de Estados Unidos. Una lluvia helada caía sobre sus cabezas mientras seguían manifestándose. «¡No solo sois activistas cuando hace buen tiempo!», gritó Angela Davis el 20 de octubre de 2006. Davis los invitó a escuchar su discurso plenario en el congreso sobre «Feminismo y guerra» que iba a celebrarse en la Universidad de Syracuse. Muchos de ellos lo hicieron. Davis habló sobre cómo determinados conceptos habían sido «colonizados» por la Administración Bush, que había empleado, por ejemplo, «democracia» en discursos sobre la necesidad de «liberar» a las mujeres de Irak y Afganistán. El Gobierno, el ejército y las prisiones habían empleado «diversidad» para presentarse como las instituciones más «diversas» de la historia. Pero los opresores se ocultaban detrás de su «diversidad» y mantenían intacto su racismo institucional, señaló Davis. Era una «diferencia que no marca diferencia alguna». Los conceptos de «democracia» y «diversidad» se estaban convirtiendo en algo tan cáustico para la causa antirracista como los de «baza de la raza» y «responsabilidad personal».[8]

Sin embargo, los activistas por los derechos civiles siguieron fijando su atención en la «palabra que comienza por "n"», sobre todo después de que el actor de *Seinfeld* Michael Richards lanzara una diatriba cargada de esa palabra al enfrentarse a miembros del público negros en un espectáculo en directo en la hollywoodiense Laugh Factory el 17 de noviembre de 2006. El escándalo provocado por las palabras «¡Es un negrata! ¡Es un negrata! ¡Es un negrata!» de Richards se mezcló en la primavera con el escándalo provocado por Don Imus, presentador de un programa de entrevistas, que describió a las jugadoras de piel oscura del equipo de baloncesto femenino de la Universidad Rutgers como «tías con cara de pañal». El escándalo no tuvo consecuencias para Richards o Imus. «Somos nosotros —escribió el periodista de Fox Sports Jason Whitlock en el periódico *Pittsburgh Post-Gazette* el 16 de abril de 2007—. En estos momentos nosotros somos nuestro peor enemigo. Hemos permitido a nuestros jóvenes hacerse partícipes de una cultura [se refería al hiphop] que es antinegra, antieducación, pro tráfico de drogas y violenta».[9]

En su convención anual, a principios de julio de 2007, la NAACP organizó el funeral y el entierro públicos de la «palabra que empieza por "n"». Sin embargo, «baza de la raza», «responsabilidad personal», «ciego al color», «no hay excusas», «brecha de logros» y «somos nosotros» seguían teniendo permiso para ocupar un lugar en el diccionario del racismo. «Este fue el hijo más notable que engendró el racismo», dijo el reverendo Otis Moss III en su parlamento por la «palabra que empieza por "n"». ¿Después de todas las muertes causadas por el huracán en Nueva Orleans, nacidas del racismo, resultaba que la «palabra que empieza por "n"» era el más notable de sus hijos? Meses antes, el 25 de noviembre de 2006, agentes de policía de Nueva York habían matado a Sean Bell, de veintitrés años de edad, la noche de su boda. Poco después se acusó penalmente a seis estudiantes de instituto de Jena, Luisiana, por el supuesto crimen de haber golpeado a un compañero de clase blanco que colgaba cuerdas con nudos corredizos y los insultaba con epítetos racistas. Días antes del funeral por la «palabra que empieza por "n"», el juez presidente del Tribunal Supremo, John Roberts, había puesto fin a los esfuerzos de tres comunidades por desegregar sus escuelas porque, según dijo, «la forma de detener la discriminación por motivos de raza es dejar de discriminar por motivos de raza». ¿Y la «palabra que empieza por "n"» era el más notable de los hijos del racismo? «Muere, palabra que empieza por "n"», había ordenado el alcalde de Detroit Kwame Kilpatrick en el funeral. Pero no se dijo nada acerca de los otros hijos, aún más monstruosos, del racismo.[10]

«Es el primer afroamericano común que es elocuente, brillante, limpio y bien parecido». El aspirante a presidente y senador por Delaware Joe Biden podría igualmente haber calificado a Barack Obama de negro extraordinario. Las evaluaciones de Biden acerca de sus rivales en las primarias aparecieron en *The New York Observer* días antes de que Obama apareciese ante el edificio del Capitolio Estatal de Springfield, Illinois, y anunciase formalmente su candidatura a la presidencia el 20 de febrero de 2007. Obama ocupó el lugar en el que Abraham Lincoln había pronunciado su histórico discurso de la «casa dividida» en 1858. Obama rebosaba de palabras sobre la unidad de los estadounidenses, esperanza y cambio.

Los comentarios de Joe Biden, sin embargo —de los que más tarde se «arrepintió profundamente»—, se convirtieron en un augurio de lo que estaba por venir. Lo que estaba por venir durante la campaña era un reflejo de la audacia de las mentes racistas —desde el presidente Bush hasta la megaestrella de la radio Rush Limbaugh, pasando por incondicionales del Partido Demócrata—, todas las cuales veían a Obama como un negro extraordinario. En febrero de 2007, la revista *Time* especulaba con la posibilidad de que los afroamericanos estuvieran dando un mayor respaldo a la senadora por Nueva York Hillary Clinton al preguntarse si Obama era «lo bastante negro». No podía ser porque vieran a Obama como una apuesta arriesgada, sino porque no veían a Obama como a un negro corriente como ellos, es decir, con dificultades para expresarse, feo, sucio y poco inteligente.[11]

Los expertos calificaban a Hillary Clinton de la candidata «inevitable» a la presidencia hasta que Barack Obama la desbancó en las primarias de Iowa, el 3 de enero de 2008. Cuando llegó el supermartes, el 5 de febrero, los norteamericanos habían sido cautivados por la cruzada de Obama (el «Yes We Can», «Sí, podemos») en favor de la esperanza y el cambio, términos que él encarnaba y de los que hablaba con tanta elocuencia en sus discursos de campaña que las personas los esperaban con anhelo. A mediados de febrero, su perceptiva y brillante esposa, Michelle Obama, dijo en un mitin en Milwaukee: «Por primera vez en mi vida adulta estoy realmente orgullosa de mi país, y no solo porque a Barack le haya ido bien, sino porque creo que las personas tienen sed de cambio». De repente, cayó sobre ella el escarnio de los racistas, que denigraron sus afirmaciones «antipatrióticas», su ascendencia de esclavos y su piel marrón, y la calificaron como la «mujer negra [más] furiosa». Avanzada la campaña, la revista *The New Yorker* puso en portada una imagen de Michelle Obama en la que se la representaba con ropa militar y botas de combate, con un AK-47 a la espalda y un peinado afro de gran tamaño en la cabeza; era la imagen simbólica, estereotípica, de la mujer negra fuerte, y estaba de pie junto a su marido, vestido con atuendo islámico. Los analistas racistas se obsesionaron con el cuerpo de Michelle Obama, su figura escultural y curvilínea de casi un metro ochenta, al mismo tiempo semimasculina e hiperfemenina. Buscaron problemas en su matrimonio negro y en su familia negra, y los llamaron «extraordinarios» cuando no pudieron encontrar ninguno.[12]

Cuando los reporteros de investigación fueron incapaces de encontrarles ningún trapo sucio a los Obama, empezaron a investigar su entorno. A principios de marzo de 2008, ABC News emitió fragmentos de los sermones de uno de los teólogos de la liberación más respetados de Estados Unidos, el recientemente jubilado pastor de la gran Iglesia de la Unidad de la Trinidad de Cristo de Chicago, Jeremiah Wright, que había casado a los Obama y bautizado a sus dos hijas. En un reportaje de la cadena, se citaban las palabras de Wright en un sermón: «El Gobierno les da las drogas, construye cárceles más grandes, endurece injustamente las penas para los reincidentes mediante la ley de los tres *strikes* y luego pretende que cantemos "Dios bendiga a América". No, no, no [...]. Maldita sea América por tratar a nuestros ciudadanos como si fueran menos que humanos». Wright había pasado por alto la antigua lección racista, la primera que se les había enseñado a los esclavos: se suponía que los afroamericanos debían amar a Estados Unidos y considerarlo el mejor país del mundo, los trataran como los tratasen. Además de su rechazo de la excepcionalidad de Estados Unidos, Wright tenía la osadía de afirmar que el «terrorismo» norteamericano en el extranjero había contribuido a provocar los trágicos sucesos del 11 de septiembre. Por decirlo con suavidad, los estadounidenses se quedaron lívidos.[13]

Cuando la descripción, por parte de Obama, de Wright como un «viejo cascarrabias» no apaciguó los ánimos, decidió afrontar la polémica el 18 de marzo de 2008. Subió a la palestra y dio un «discurso sobre la raza» titulado «Una Unión más perfecta» desde el Centro Nacional de la Constitución de Filadelfia. Al haber enseñado derecho constitucional, trabajado en defensa de los derechos civiles y supervisado exitosas campañas electorales (incluida la suya, a la que los analistas ya estaban describiendo como magistral), se podía percibir sin esfuerzo que Obama era un experto en muchas cuestiones: derecho constitucional, derechos civiles, política de Chicago, política de Illinois, campañas electorales y política y raza. Y, al igual que los racistas pensaban que cada individuo negro representaba a la raza, también daban por descontado que todos los individuos negros elocuentes eran expertos en personas negras. Suponían, por tanto, que la negritud de Obama lo convertía en un experto en personas negras. Y los medios de comunicación invitaban con regularidad a elocuentes voces negras para que pontificasen sobre todo tipo de cuestiones «negras» para las que carecían de formación, provocándoles escalofríos a los verdaderos expertos interraciales que los oían.

Así, en Filadelfia, muchos estadounidenses no vieron a Obama como un simple político que decía lo necesario para salvar su campaña. Lo escucharon —como habían esperado que lo hicieran sus ayudantes de campaña— como un conferenciante sobre la raza prestigioso, bien informado y sincero, alguien más creíble cuando hablaba de relaciones raciales que el supuestamente airado y viejo Jeremiah Wright. Obama sacó provecho hábilmente de esta plataforma que le daban los norteamericanos racistas, y quién sabe si expresó sus verdaderas creencias o calculó que el espacio político en el que se sentiría más cómodo sería el ocupado por los asimilacionistas, el grupo al que Robert M. Entman y Andrew Rojecki llamaron la «mayoría ambivalente». Estos norteamericanos creían que los negros tenían unos cuantos defectos y que a veces utilizaban este hecho como una muleta en la que apoyarse. Además, eran totalmente inconscientes de que este punto de vista no solo era racista, sino que ni siquiera tenía sentido. Era como decir que el partido estaba amañado, pero que los negros no debían dejar que eso les impidiese ganar y que, cuando perdían y se quejaban de que el partido estaba amañado, utilizaban «ese hecho como una muleta».[14]

Obama hizo caso omiso de la «visión profundamente distorsionada» de Jeremiah Wright, pero tuvo el valor de «no renegar» por completo de él. A continuación empezó su discurso general sobre la raza explicando que las desigualdades raciales socioeconómicas tenían su origen en la discriminación histórica. Tras esa apertura firmemente antirracista, retrocedió hacia la teoría racista de consenso de la «ubicua brecha de logros» y hacia la ya refutada teoría racista de «la erosión de las familias negras, [...] que puede haber empeorado a causa de las políticas asistenciales», pasando por la teoría racista, no demostrada, de que la discriminación racial había dejado un «legado de derrota» a los negros.

Según Obama, este «legado de derrota» explicaba por qué «los hombres jóvenes y, cada vez más, las mujeres jóvenes» estaban «esperando de pie en las esquinas de las calles o languideciendo en nuestras cárceles». Ignoró el hecho de que esta población se enfrentaba a los índices de desempleo y de vigilancia policial más altos de la nación. Obama agregó su teoría del «legado de derrota» a las numerosas y populares teorías racistas que circulaban en las aulas, en las mesas donde se comía y en las barberías sobre la esclavitud y la discriminación —sobre todo el trauma causado por ellas—, según las cuales las personas negras serían biológica, psicológica, cultural o moralmente inferiores. A lo largo de los años, las personas habían estado utilizando estas teorías populares —a las que daban nombres como «síndrome de esclavitud postraumático», «hipótesis de la hipertensión por esclavitud» o «enfermedad de Hood»— para apartarse de la verdad integral de que la discriminación había tenido por resultado una mengua de las oportunidades y de las cuentas bancarias de las personas negras, no que fueran un grupo racial inferior.[15]

En el caso de esos Jeremiah Wright antirracistas, «su ira no es siempre productiva —proseguía Obama—. De hecho, con mayor frecuencia de lo deseado distrae la atención de la resolución de los problemas reales; nos impide afrontar en serio nuestra complicidad con nuestra condición dentro de la comunidad afroamericana». Se trataba de una clásica réplica asimilacionista: llamar «airados» a los antirracistas por creer en la igualdad racial, por no ver nada malo en las personas negras y por considerar que lo malo era la discriminación al enfrentarse a la condición afroamericana. Como ya antes que él habían dicho W. E. B. Du Bois y Martin Luther King, Obama puso en el mismo saco a estos antirracistas «airados» y a los airados descreídos antiblancos para desacreditarlos y diferenciarse de ellos. Pero cuando Du Bois y King llegaron al antirracismo tuvieron que protegerse de las etiquetas de «airados» y antiblancos que ellos mismos habían contribuido a crear. Ahora Obama estaba haciendo lo mismo, sin ser consciente de que estaba reproduciendo una etiqueta que, después de este discurso, sus oponentes le colgarían cada vez que pronunciase otra palabra antirracista.

Obama pronunció unas cuantas palabras antirracistas en aquel discurso; más en concreto y con mayor profundidad, cuando analizó cómo, durante «al menos una generación», los políticos habían utilizado «el resentimiento», el miedo y la ira en vez de las ayudas sociales, la discriminación positiva y la delincuencia para distraer la atención de los votantes blancos de las «verdaderas culpables de los apuros de la clase media, las políticas económicas de la nación que favorecen a unos pocos por encima de la gran mayoría». Pero entonces, sin poder renunciar a su faceta de político, se negó a calificar el «resentimiento» de los blancos como «desacertado o siquiera racista»; para sorpresa de todos, consideraba que estaba «basado en inquietudes legítimas». Obama terminó siguiendo las huellas racistas de todos los presidentes desde Richard Nixon: dio legitimidad a los rencores racistas, dijo que no eran racistas y redirigió esos rencores hacia sus oponentes políticos.

La doble conciencia de Obama alentó a los afroamericanos a luchar contra la discriminación, asumir una mayor responsabilidad personal, ser mejores padres y acabar con el «legado de derrota». Obama no ofreció lecciones de crianza ni psicológicas para los supuestamente superiores estadounidenses blancos, superiores como padres y también desde el punto de vista psicológico. Se limitó a pedirles que se unieran a él en la «larga marcha» contra la discriminación racial —«no solo con palabras, sino también con hechos»— en una escalofriante conclusión antirracista. Ese 18 de marzo bajó del estrado de Filadelfia como había empezado, expresando la analogía del progreso racial continuo, solo en parte verdadera. «Puede que esta Unión nunca sea perfecta —afirmó—, pero una generación tras otra ha demostrado que siempre puede perfeccionarse».[16]

Las críticas de los segregacionistas y los antirracistas quedaron acalladas por la avalancha de elogios procedentes de ambos extremos del abanico ideológico. La analista política de la cadena MSNBC Michelle Bernard lo calificó de «el mejor y más importante discurso sobre la raza que la nación ha podido oír desde el "Tengo un sueño" de Martin Luther King». Y no eran solo los demócratas los que lo elogiaban. Destacados republicanos, desde los candidatos presidenciales Mike Huckabee y John McCain hasta los miembros de la Administración Bush Condoleezza Rice y Colin Powell, pasando por el antiguo enemigo de Clinton Newt Gingrich, también elogiaron el discurso. El autor de *The Bell Curve*, Charles Murray, lo calificó de «brillante sin paliativos; no solo desde el punto de vista retórico, sino también porque capta muchos de los matices sobre la raza en Estados Unidos».[17]

Si Barack Obama tenía la esperanza de transformar el obstáculo de ABC News en un trampolín, lo consiguió, y en abril y mayo se elevó por encima de Jeremiah Wright y Hillary Clinton hasta conseguir la nominación del Partido Demócrata a principios de junio. Mientras, los generadores de ideas racistas republicanos se habían puesto manos a la obra: exigían ver el certificado de nacimiento de Obama, cuestionaban que Barack Hussein Obama fuera realmente estadounidense y sugerían que solo los verdaderos norteamericanos, los blancos como McCain, podían vivir en la Casa Blanca. Ningún otro candidato a la presidencia de Estados Unidos de uno de los partidos principales había sido escudriñado nunca con tanta intensidad acerca de sus orígenes; claro que nunca antes un candidato a la presidencia de Estados Unidos de uno de los partidos principales había sido distinto de un hombre blanco. La campaña de Obama mostró una copia escaneada de su certificado de nacimiento estadounidense, pero los rumores de que había nacido en Kenia o en alguna nación islámica antinorteamericana no desaparecieron enseguida. Si no habían surgido fruto de la ignorancia, ¿por qué iban a desvanecerse fruto del conocimiento?

Pero el hijo de una madre soltera pasó a otros asuntos, como el discurso del Día del Padre el 15 de junio de 2008. «Si somos sinceros con nosotros mismos, tendremos que reconocer que faltan demasiados padres, de demasiadas vidas y de demasiados hogares —señaló Obama ante un público negro que le dedicó un aplauso estruendoso en una iglesia del sur de Chicago—. Actúan como niños y no como hombres. Y, a causa de ello, los cimientos de nuestras familias son más débiles». Al día siguiente, en la revista *Time*, el sociólogo Michael Eric Dyson tendría que haber enterrado de una vez por todas la exageración racista que Obama —y muchos otros estadounidenses— no dejaba de repetir sobre esta cuestión de los padres negros ausentes. Dyson citó un estudio de Rebekah Levine, del Boston College, según el cual era más probable que los padres negros que no vivían en casa mantuviesen el contacto con sus hijos que en el caso de los padres de cualquier otro grupo racial. «Puede que Obama estuviese hablando a personas negras, pero sus palabras se dirigían a los blancos que siguen indecisos sobre a quién enviar a la Casa Blanca», criticó Dyson.[18]

La leyenda del «padre negro ausente» se había vuelto tan habitual como la de que «no hay negro bueno». En mayo de 2008, Tyra Banks había dedicado al asunto un episodio de su popular programa de tertulia, y lo tituló «¿Adónde han ido todos los hombres negros buenos?». Los cerca de un millón de hombres negros encarcelados y el hecho de que la esperanza de vida de los varones negros fuera seis años menor que la de los varones blancos no entraron en el debate. Tyra Banks especuló, haciendo sonar la cantinela de las mujeres negras racistas, con que las mujeres negras tenían problemas para encontrar hombres negros «buenos» porque muchos de ellos eran malas personas o salían con mujeres u hombres que no eran negros. De inmediato, los hombres negros racistas dijeron lo mismo acerca de las mujeres negras. El tema de rhythm & blues que más tiempo estuvo en lo alto de la lista de éxitos de 2010, «I'm Ready», de Alicia Keys, incluía a la sensación del hiphop Drake, que rapeaba: «Las mujeres buenas también son raras, ninguna de ellas se me ha acercado». Pocos hombres negros buenos más pocas mujeres negras buenas es igual a pocas personas negras buenas, algo que a su vez equivale a ideas racistas.[19]

El 4 de noviembre de 2008, una profesora de sesenta y cuatro años recién jubilada votó por primera vez en su vida por uno de los principales partidos políticos. Se había retirado de la vida académica, pero no de su muy público activismo, muy público, en el que llevaba ya cuatro décadas. Aún viajaba por todo el país tratando de incitar un movimiento abolicionista contra las prisiones. Al dar su voto al candidato demócrata Barack Obama, Angela Davis se unió a alrededor de 69,5 millones de estadounidenses. Pero, más que votar por el hombre, Davis votó por los esfuerzos desde la base de los organizadores de la campaña, esos millones de personas que exigían un cambio. Cuando las redes empezaron a anunciar que Obama había sido elegido el cuadragésimo cuarto presidente de Estados Unidos, hubo un estallido de felicidad de costa a costa y desde Estados Unidos hasta todo el mundo antirracista. Davis vivió el delirio en Oakland. Personas a las que no conocía se le acercaban y la abrazaban mientras paseaba por las calles. Vio a personas cantando loas al cielo y a otras bailando. En definitiva, había gente bailando por las calles de todo el mundo. Y esas personas que vio Angela Davis y todas las demás personas del mundo que celebraban el acontecimiento no estaban cautivadas por la elección de un determinado individuo; estaban extasiadas por el orgullo de la victoria para las personas negras, por el éxito de millones de organizadores de base y porque a todos los descreídos que habían dicho que era imposible elegir a un presidente negro les habían demostrado que estaban equivocados. Sobre todo, estaban extasiados por el potencial antirracista de un presidente negro.[20]

En un segundo plano de la explosión de felicidad de aquella noche de noviembre y a lo largo de las semanas posteriores tuvo lugar una explosión de furia en forma de ataques de odio contra las personas negras. Los generadores de ideas racistas estaban haciendo horas extras para eliminar parte de su retórica de ceguera al color que había impedido a los consumidores de sus ideas ver la discriminación durante una década. Estaban trabajando en la creación de algo mejor: una instantánea de Estados Unidos que transmitiese la idea de que ya no había necesidad alguna de leyes y políticas en pro de los derechos civiles y de la protección o la discriminación positiva, ni de que fuera necesario volver a hablar nunca de raza. «¿Estamos ya en un Estados Unidos posracial? [...] ¿Hemos dejado atrás el racismo contra las personas negras? —se preguntaba John McWhorter en *Forbes* semanas después de las elecciones—. Yo creo que la respuesta es que sí».[21]

Epílogo

Algunos de los estadounidenses blancos que votaron a Barack Obama en las elecciones de 2008 eran antirracistas, pero es probable que otros no lo viesen más que como un negro extraordinario o que dejasen a un lado su racismo solo momentáneamente. Si los negros habían sido capaces de votar a demócratas racistas como un «mal menor» durante décadas, ¿por qué no iban los blancos racistas a decantarse por Obama también como un «mal menor», una vez sopesada la candidatura republicana? Afirmar que un votante blanco de Obama no puede ser racista sería tan ingenuo (o demagógico) como dar por hecho que una persona blanca con amigos negros no va a ser racista o que una persona con la piel oscura jamás va a pensar que quienes tienen la piel como ella son de algún modo inferiores. Sin embargo, no fueron los electores blancos quienes le dieron la victoria a Obama, como daban a entender o afirmaban directamente los titulares posraciales. Esos votantes le supusieron más o menos el 43 por ciento de los votos, es decir, el mismo porcentaje que al resto de sus predecesores demócratas posteriores a Lyndon B. Johnson. Obama obtuvo un 10 por ciento más de sufragios de votantes no blancos que John Kerry en 2004, y el récord de participación entre los jóvenes le dio la presidencia de Estados Unidos.[1]

Pero no hubiese sido tan descabellado que las ideas racistas llegasen a dar al traste con su candidatura. ¿Y si Obama hubiera sido descendiente de esclavos norteamericanos? ¿Y si no hubiese sido birracial? ¿Y si su esposa hubiera aparentado ser más bien su madre? ¿Y si no hubiese comenzado sus alocuciones ante audiencias negras hablando de la responsabilidad personal? ¿Y si Sarah Palin no hubiese hecho que los demócratas se movilizaran como respuesta a sus mítines, prácticamente al estilo del Klan, en los que el público gritaba «Hay que matarlo»? ¿Y si los republicanos de Bush no hubiesen tenido uno de los peores índices de apoyo de la historia? ¿Y si Obama no hubiese disfrutado de la que se considera la mejor campaña presidencial de la historia? ¿Y si la Gran Recesión no hubiese sumergido a los votantes en unas semanas preelectorales dominadas por el pánico? Los teóricos posraciales apenas prestan atención a los diversos elementos que hubieron de confluir para que llegase a ser elegido el primer presidente negro de Estados Unidos. Pero ¿cuándo les ha importado la realidad a los creadores de ideas racistas?[2]

Cuando Obama accedió al cargo en 2009, la idea de Estados Unidos como una nación posracial se convirtió en la nueva línea divisoria entre los racistas y los antirracistas. Hablando en nombre del antirracismo, Michael Dawson, un politólogo de la Universidad de Chicago, aclaraba que el país ni siquiera estaba «cerca de pasar a la condición de "posracial"». De ello había pruebas por todas partes. La Gran Recesión redujo un 11 por ciento la media de los ingresos familiares anuales de los hogares negros, en comparación con el 5 por ciento en el caso de los blancos. El 1 de enero de 2009, un agente de tráfico de Oakland asesinó a Oscar Grant, de veintidós años, mientras lo tenía bocabajo y con las manos a la espalda. Tras la elección de Obama, los genetistas, los hombres del Klan, los racistas anónimos de internet y, por supuesto, los miembros del Tea Party —formado el 19 de febrero de 2009— y otros segregacionistas comenzaron a organizarse con afán desbocado. Entre el 11-S y aquel fatídico día de junio de 2015 en que Dylann Roof mató a disparos a nueve estudiosos de la Biblia en Charleston, en el interior de la iglesia metodista episcopal africana más antigua del Sur, la de Emanuel, el terrorismo blanco estadounidense de querencias nazis asesinó a cuarenta y ocho estadounidenses, casi el doble que los muertos a manos de los terroristas musulmanes antinorteamericanos. De hecho, los organismos encargados del orden público consideraban a esos terroristas blancos estadounidenses más peligrosos para las vidas de los ciudadanos nacionales que los terroristas musulmanes antinorteamericanos. Sin embargo, no estaban en el radar de esos halcones que se dedican a perpetuidad a la guerra contra el terror. Después de lo de Charleston, los estadounidenses se limitaron a sumergirse en un debate simbólico sobre las implicaciones de enarbolar la bandera confederada.[3]

Barack Obama tuvo que percatarse del creciente maremoto segregacionista que se vivió al inicio de su presidencia, años antes de oír siquiera el nombre de Dylann Roof. O puede que no. O también puede que sí, y que pensase que poner énfasis en ello dividiría a la población, como Jeremiah Wright. «Es probable que nunca haya habido menos discriminación en Estados Unidos que la que pueda haber hoy —defendió Obama ante la NAACP el 16 de julio de 2009—. Pero no hay que confundirse; aún se siente el peso de la discriminación en el país». Ese mismo día, en Cambridge, alguien llamó a la policía al ver a Henry Louis Gates Jr., un profesor de Harvard, tratando de forzar la puerta delantera de su casa, que estaba atascada. Cuando Obama comentó que el policía blanco que había acudido a la llamada «cometió una estupidez al arrestarlo cuando ya había pruebas de que se trataba de su propia casa» y reconoció un «extenso historial» de elaboración de perfiles raciales, los posracialistas se lanzaron a desautorizar el antirracismo del presidente antes de que se les fuera de las manos. La imagen construida por Obama en torno a una serie de «airados» como Jeremiah Wright volvía como un bumerán para explotarle en la cara, como ya les ocurriera, en situaciones semejantes y antes que a él, a Martin Luther King y a W. E. B. Du Bois. Glenn Beck, el analista predilecto del Tea Party, apuntó para la audiencia de Fox News que Obama se descubría «una vez tras otra» como «un tipo con un odio profundamente arraigado hacia las personas blancas o hacia su cultura». «No digo que no le guste la gente blanca —añadió—, sino que tiene un problema. La verdad es que creo que este tipo es un racista».[4]

Se trataba de un giro notable de los acontecimientos. En el discurso ante la NAACP, Obama dijo que los afroamericanos necesitaban «una nueva forma de plantear las cosas, un nuevo talante», para librarse de esa «impresión tan internalizada de que están limitados», y censuró a los padres que pagaban a otros para que criasen a sus hijos. Ni Glenn Beck ni los posracialistas dedicaron una sola crítica a semejante retahíla de reproches, que afectaba a millones de personas negras. Por lo visto, que Obama hiciese esta clase de juicios les parecía correcto, pero, en cuanto desaprobaba un solo acto de discriminación por parte de un blanco, se le echaban encima.

Pasados unos meses desde el inicio de la legislatura, los posracialistas habían puesto sobre la mesa el pliego con las nuevas reglas que pensaban seguir en las relaciones raciales, las cuales se resumían en criticar a millones de personas negras cuando se quisiera y tan a menudo como se quisiese, algo que no se trataría de racialismo, de racismo ni de odio, ya que ni siquiera se hablaba de razas; pero, en cuanto se criticase a un solo blanco por discriminación racial, eso sí que sería un discurso de raza, un discurso de odio; sería, en definitiva, racismo. Si el propósito de las ideas racistas siempre había sido silenciar a los antirracistas que se resistían a la discriminación racial, entonces puede que la línea de ataque posracial haya sido el más sofisticado silenciador hasta la fecha.

A la tropa de los posracialistas no les suponía ningún problema racionalizar las sempiternas disparidades raciales o los imperecederos apuros económicos de las personas negras a base de culpar a estas, en Fox News, en *The Wall Street Journal*, en *The Rush Limbaugh Show*, en el Tribunal Supremo o desde los escaños del Partido Republicano. La defensa de las políticas racistas mediante la desvalorización del pueblo negro ha sido la vocación de los creadores de ideas racistas durante casi seis siglos, desde que Gomes Eanes de Zurara elaborase por primera vez esas ideas para amparar la trata de esclavos africanos del príncipe Enrique de Portugal. Los ataques posraciales multiplicaron los contrataques de los antirracistas, dedicados a destapar la discriminación racial valiéndose de todos los medios a su alcance, desde Twitter hasta Facebook, desde el hiphop hasta los Estudios Negros, desde canales de televisión como la MSNBC hasta cadenas de radio como SiriusXM Progress y desde periódicos como *The Nation* hasta *The Root*, y estos, a su vez, multiplicaron los contrataques de los posracialistas, que vinieron a calificar estas acciones de polarizadoras y racistas. Los asimilacionistas, ubicados en algún lugar intermedio, se consideraban la voz de una razonable moderación. Seguían empecinados en ese error de concepto que era la alegoría de lo lejos que había llegado la nación y lo lejos que aún había de llegar. La verdadera historia del progreso racial en Estados Unidos, acompañada de un progreso simultáneo del racismo, sigue sin encajar con su ideología.

Pese a todo, ni los posracialistas ni los asimilacionistas han conseguido silenciar a los muchos antirracistas que dan voz a las víctimas de la discriminación racial, ni tampoco doblegarlos. Los antirracistas se unieron a los okupas en la sublevación de Occupy Wall Street de 2011, en representación del 99 por ciento de la población. Aún no han dejado de exigir reparaciones, como se constata en el reportaje especial de Ta-Nehisi Coates para *The Atlantic*, uno de los ejemplos más notables, aparecido en junio de 2014. Se habían estado enfrentando a la progresión del racismo en las prácticas policiales de «parada y registro», tan extendidas en las ciudades de Estados Unidos, y en las políticas de privación del derecho de voto diseñadas por los republicanos. Asimismo, ayudaron a fortalecer la incansable lucha por los derechos LGTBI. En el seno de aquella lucha, la activista negra transgénero Janet Mock publicó su autobiografía, *Redefining Realness*. Elogiada por bell hooks, Melissa Harris-Perry y, en general, por lo más granado de las voces antirracistas, *Redefining Realness* debutó el 1 de febrero de 2014 en la lista de los libros más vendidos de *The New York Times*. La reflexiva y sobrecogedora búsqueda personal de la femineidad, de la identidad y del amor que emprende Mock supuso para los lectores una ventana abierta a las vidas y las dificultades de los ciudadanos transgénero de Estados Unidos y, en particular, de las mujeres negras transgénero. «En algún momento a lo largo del camino, me cansé de tratar de entender a cada una de mis posibles encarnaciones, que de todos modos estaban fuera de mi alcance. Bajé los brazos y me envolví en ellas. Al abrazarme a mí misma en aquella premonitoria oscuridad sentí sanar, hasta que el brillo del sol comenzó a tocarme la cara —dejó escrito Mock en la página que cerraba el libro—. En un momento dado, emergí y me rendí a aquel fulgor, descubriendo una verdad, una belleza y una paz que ya eran mías».[5]

Los antirracistas parecían protestar en todas partes, en especial frente a las prisiones, enfrentándose a lo mismo con lo que Angela Davis había estado lidiando durante cuatro décadas, a un sistema de justicia penal de carácter racista y al complejo industrial carcelario. En 2010, Michelle Alexander, profesora de derecho de la Universidad Estatal de Ohio, tituló a su éxito de ventas *The New Jim Crow. Mass Incarceration in the Age of Colorblindness*, toda una bomba de relojería. En él ponía al descubierto la discriminación racial existente en cada instancia del sistema de justicia penal, desde la elaboración de leyes y las prácticas policiales, hasta los perfiles de los sospechosos, arrestados, enjuiciados, hallados culpables y encarcelados. Además, cuando la gente negra deja esas cárceles atestadas de otras personas de color, la esclavitud solo termina para que se manifiesten nuevas formas de discriminación jurídica. «Hoy en día, los antecedentes penales dan pie justo a esas formas de discriminación que se suponía que habíamos dejado atrás, como la discriminación en el empleo, en la vivienda, en la educación, en las ayudas públicas o en la constitución de los jurados —nos cuenta Alexander en el libro—. Aquellos a los que se los considera delincuentes pueden verse desprovistos del derecho a votar».[6]

En *The New Jim Crow*, Michelle Alexander ponía al descubierto la mentira que escondía el Estados Unidos posracial. Pero nada dio tanto fuelle al desenmascaramiento de la mentira posracial como lo ocurrido el 26 de febrero de 2012 en Sanford, en Florida, cuando George Zimmerman, el vigilante de un vecindario, se puso a mirar como si fuese un ladrón a Trayvon Martin, un adolescente negro que pasaba por allí al trote. Asustado, el chico, que iba desarmado, echó a correr. Zimmerman desobedeció la orden que la policía le dio por radio, persiguió a Trayvon y acabó con la vida de aquel joven de diecisiete años. Los acontecimientos se precipitaron: el alegato de defensa propia de Zimmerman, las protestas, el arresto, el juicio por homicidio, la descripción de Trayvon Martin como un amenazante matón que hizo la defensa, la exoneración de Zimmerman y, por último, la retahíla de justificaciones racistas del jurado, al tiempo que a los segregacionistas se les hacía la boca agua con el veredicto. Los antirracistas estaban afligidos, mientras que los asimilacionistas tenían sentimientos encontrados. Este vaivén emocional parecía ganar en intensidad con cada asesinato cometido por la policía, incluido el de Shereese Francis, un hombre con discapacidad intelectual, en Nueva York; el de Rekia Boyd, un chico de veintidós años, en Chicago, y el de Shantel Davis, de veintitrés, en Brooklyn, todos ellos a lo largo de solo unos pocos meses después del asesinato de Trayvon Martin. El 9 de marzo de 2013, dos agentes de policía de Nueva York dispararon siete veces a Kimani Gray, de dieciséis años. Las protestas violentas que siguieron a la muerte de Gray —y a otras— dieron lugar a una nueva ronda de debates entre los segregacionistas posraciales, quienes condenaban la violencia de los «matones», los antirracistas, que analizaban el trasfondo racista de la violencia, y los asimilacionistas, que condenaban la violencia de los «matones» y señalaban el trasfondo discriminatorio de los actos violentos.

Para muchos antirracistas, el término «matón» ha llegado a ser «a día de hoy, una nueva forma de llamar a alguien "negrata"». Así lo explicó Richard Sherman, defensa lateral de los Seattle Seahawks, a principios de 2014, tras haber sido objeto de difamaciones. Cuando Sherman, quien estudió en Stanford, rompió a vociferar ante las cámaras, los racistas estadounidenses no vieron al atleta enardecido tras su «bloqueo inmaculado», jugada con la que le dio a su equipo el triunfo en el Campeonato de la NFC, sino a un «matón», como esos matones desarmados a los que la policía estaba asesinando y como los que en 2013 habían protagonizado una rebelión violenta por el asesinato de Kimani Gray; por el de Eric Garner en Staten Island y por el de Michael Brown en Ferguson en 2014; por el de Freddie Gray en Baltimore en 2015. «Matón» era una de las muchas formas aceptadas de decir que la gente negra era inferior o «menos que».

Entre otros agravios y muletillas de corte racista y uso habitual se encuentran «gueto», «responsabilidad personal», «brecha de logros», «la baza de la raza», «discriminación inversa», «pelo bueno», «desde abajo», «no hay negros buenos» o «verá, lo que hay de errado en la gente negra es que...».[7]

Cuando, en 2013, mientras estaba en un bar de Oakland, Alicia Garza supo que George Zimmerman había sido absuelto, para ella fue como un puñetazo en el estómago. En busca de un poco de alivio, se puso a mirar el teléfono. Lo único que consiguió fue enfadarse aún más, por cuanto la sección de noticias de Facebook rebosaba de comentarios racistas «en los que se culpaba a la gente negra de nuestra propia situación». Garza, especialista en los derechos de las trabajadoras del hogar, escribió en la red social una carta de amor dedicada a las personas negras, un catalizador para reafirmar que «las vidas negras importan». Patrisse Cullors, una amiga que tenía en Los Ángeles, activista contra la brutalidad policial, leyó el cautivador escrito de Gaza, al que añadió una etiqueta. Otra amiga de ambas, activista por los derechos de los inmigrantes y con conocimientos en informática, creó una plataforma en línea. #BlackLivesMatter había nacido. En el pensamiento y en el corazón de estas tres mujeres negras, dos de las cuales son *queer*, esta declaración de amor venía a significar, de un modo intuitivo, que para ser antirracistas de verdad hemos de oponernos también a toda forma de sexismo, homofobia, colorismo, etnocentrismo, nativismo, prejuicio cultural y sesgo de clase que se integre en el racismo y vaya con él de la mano causando tanto daño a las vidas negras. La declaración antirracista de toda una época saltó enseguida de las redes sociales a las pancartas y las consignas de las protestas antirracistas que se extendieron por todo el país a lo largo de 2014. Así, se rechazaba una aserción racista con seis siglos de antigüedad, la de que las vidas negras no importan. #BlackLivesMatter se transformó y, de la noche a la mañana, de una declaración de amor antirracista, pasó a ser un movimiento antirracista nutrido de una gran cantidad de jóvenes, que se organizaban en grupos locales de #BLM repartidos por toda la nación, a menudo encabezados por jóvenes negras. Los activistas estaban ejerciendo una presión colectiva contra toda forma de discriminación, en todos los ámbitos de la sociedad y desde un sinfín de perspectivas. Y, como reacción a quienes actuaban como si fuesen las vidas de los varones negros las que más importasen, las feministas antirracistas reclamaron al país «decir el nombre de las mujeres» con la etiqueta #SayHerName; el nombre de las mujeres negras que también habían sido víctimas, como Sandra Bland. «Queremos asegurarnos de que hay una participación lo más amplia posible en esta nueva reverberación del movimiento de liberación de las personas negras —le explicaba Gaza a *USA Today* en 2015—. Tenemos muchas experiencias distintas, todas ellas ricas y complejas, y debemos ponerlas todas sobre la mesa para obtener las soluciones que buscamos».[8]

¿Cuándo llegará el día en que las vidas negras sean importantes para los estadounidenses? Es algo que depende en gran medida de lo que hagan los antirracistas, de las estrategias de las que se valgan para terminar con las ideas racistas.

La historia de las ideas racistas nos dice qué estrategias antirracistas habría que dejar de utilizar. *Marcados al nacer* no solo quiere ser una crónica del desarrollo de las ideas racistas, sino también del fracaso constante de las tres estrategias más antiguas y apreciadas de a cuantos los estadounidenses se han aferrado para erradicar el racismo, a saber, la abnegación, la persuasión por elevación y la persuasión educacional.

Es habitual que los reformistas raciales reclamen o incluso exijan a los estadounidenses, en particular a los blancos, que sacrifiquen sus privilegios para la mejora de las personas negras. Pues bien, esta estrategia se basa en uno de los mitos más viejos de la era moderna, uno que tanto los racistas como los antirracistas han venido reproduciendo, el de que el racismo beneficia materialmente a la mayoría de la gente blanca, que la gente blanca perdería, sin ganar nada a cambio, con la reconstrucción de un Estados Unidos antirracista. Es verdad que las políticas racistas han beneficiado a las personas blancas en general, a expensas de las personas negras (y de otras) en general; esa es la historia del racismo resumida en unas pocas palabras, la de la desigualdad de oportunidades. Pero también es cierto que una sociedad con las mismas oportunidades para todo el mundo, sin un 1 por ciento en la cúspide acaparando la riqueza y el poder, beneficiaría a la amplia mayoría de los blancos mucho más que una sociedad racista. No es ninguna coincidencia que, durante los años de la esclavitud, la mayor parte de los sureños fueran pobres. Tampoco lo es que los estadounidenses blancos prosperasen más que nunca antes, más de lo que lo haría después, durante los años de los movimientos antirracistas, desde la década de los treinta hasta los primeros setenta. Ni que los alzamientos contra el racismo de finales del siglo XX fuesen en paralelo al estancamiento o a la reducción de los ingresos de los blancos de clase media y baja, al tiempo que el nivel de vida se disparaba a niveles estratosféricos.

Los antirracistas deberían dejar de vincular el egoísmo y el racismo, y también el antirracismo y la generosidad. El altruismo es deseable, pero no indispensable. Los antirracistas no tienen por qué ser altruistas, no tienen por qué ser generosos; lo único que hace falta es un interés propio inteligente, dejar de suscribir todas esas ideas racistas que han engendrado tanto interés propio falto de inteligencia durante tantos años. Es en virtud de un interés propio inteligente que los negros con ingresos medios y altos han de plantar cara al racismo que afecta a los negros pobres, a sabiendas de que no estarán libres de un racismo que ralentiza su propio ascenso social hasta que esos negros pobres lo estén. Es en virtud de un interés propio inteligente que los asiáticos, los americanos nativos y los latinos han de desafiar el racismo en contra de los negros, a sabiendas de que ellos mismos no se verán libres del racismo hasta que los negros lo estén. Es en virtud de un interés propio inteligente que los estadounidenses blancos han de hacerlo también, a sabiendas de que no estarán libres de sexismo, sesgos de clase, homofobia o etnocentrismo hasta que las personas negras se hayan librado del racismo. Las historias de las ideas racistas contra los asiáticos, los americanos nativos o los latinos se parecen a las historias de las ideas sexistas, elitistas, homófobas o etnocéntricas; tienen todas un siniestro aire de similitud con la historia de las ideas racistas y, en general, las nutren, a unas y otras, los mismos defensores de la intolerancia. El amparo de esa estrechez de miras reinante solo beneficia al interés propio inteligente de un reducido grupo de varones superricos, protestantes, heterosexuales, no inmigrantes, blancos y anglosajones. Se trata de los mismos tipos que necesitan ser altruistas para ser antirracistas. El resto de nosotros tenemos que hacer lo más inteligente por nuestro propio bien, no hay más.

Históricamente, ha cundido en general entre las personas negras la impresión de que lo más inteligente que podíamos hacer por nuestro propio bien era participar de la persuasión por elevación, una estrategia tan poco práctica como el autosacrificio de los blancos. Fue más o menos en la década de 1790 cuando los abolicionistas comenzaron a instar al creciente número de negros libres a hacer gala de un comportamiento impecable ante la gente blanca, convencidos de que, de este modo, socavarían las creencias racistas que subyacían al esclavismo. Las personas negras adquirirían de este modo «el aprecio, la confianza y el apoyo de los blancos, en la misma proporción en que aumenten sus conocimientos y mejore su moral», tal y como aleccionaba William Lloyd Garrison a los negros libres en la década de 1830.[9]

La historia de las ideas racistas no solo nos demuestra que la persuasión por elevación ha sido un fracaso, sino además que, hablando en términos generales, lo que ha ocurrido es lo contrario del efecto buscado. Los estadounidenses racistas han adquirido el hábito de menospreciar con más ahínco a los estadounidenses negros que se elevaban, que desafiaban las leyes y teorías racistas empleadas para mantenerlos en su sitio. Así pues, la movilidad ascendente del pueblo negro no ha desalentado las ideas ni las políticas racistas. Más bien al contrario. La persuasión por elevación ha supuesto la progresión del racismo, por cuanto nuevas políticas e ideas racistas fueron surgiendo a medida que los negros acababan con las existentes.

Todo el que haya sido testigo de la presidencia histórica de Barack Obama, así como de la histórica oposición que se le hizo, debería saber ya sin atisbo alguno de duda que, cuanto más se eleve la gente negra, más posibilidades habrá de que se conviertan en el objetivo de un contragolpe racista. La persuasión por elevación, como estrategia para el progreso racial, ha sido un fracaso. Lo mejor que puede hacer cada individuo negro es deshacerse de esa idea y no volver a preocuparse por lo que la gente pueda pensar sobre cómo actúan, cómo hablan, lo que aparentan ser, cómo se visten, cómo se los presenta en los medios o cómo piensan, aman o ríen, porque ninguna persona negra es representativa de su raza, ninguna es responsable de que los estadounidenses alberguen ideas racistas. Las personas negras tienen que ser ellas mismas, con sus imperfecciones, cuando estén con blancos, cuando se mezclen entre ellas, cuando se mezclen con todo el mundo. Los negros son hermosos y feos, inteligentes y estúpidos, respetuosos y desobedientes con la ley, trabajadores y vagos, y son todas estas imperfecciones las que los hacen humanos, las que los hacen iguales que el resto de los imperfectos grupos humanos.

Junto con la abnegación y la persuasión por elevación, la otra estrategia más relevante a la que han recurrido los reformistas raciales ha sido la persuasión educacional en sus muy variadas formas. En 1894, el joven W. E. B. Du Bois estaba convencido de que «el mundo tenía unas concepciones equivocadas sobre la raza por falta de conocimiento. El mayor enemigo era la necedad. La cura estaba en el conocimiento basado en la investigación científica». Exactamente cincuenta años más tarde, en 1944, el economista sueco Gunnar Myrdal retomaría la estrategia pedagógica de Du Bois en un manifiesto emblemático para el movimiento por los derechos civiles. No obstante, en lugar de enseñar a los blancos estadounidenses por medio de la ciencia, Myrdal proponía instruirlos a través de los medios, y afirmaba: «Para quien esto suscribe, no hay duda alguna de que la gran mayoría de las personas blancas de Estados Unidos estaría dispuesta a dar un mejor trato a los negros si tuviese conocimiento de la realidad».[10]

Du Bois y Myrdal creían, como lo habían hecho los abolicionistas antes que ellos o los reformistas raciales de hoy en día, que el racismo podía extirparse con hechos. La persuasión pedagógica se manifestó de múltiples formas. Quienes se dedicasen a la educación podían aleccionar sobre esos hechos; los científicos podían aportar descubrimientos; los juristas podían presentarlos como pruebas en los distintos casos en los que representasen a personas negras honradas; las comedias de situación, las películas y las novelas podían reflejar asimismo la honradez de la gente negra. En las marchas y las manifestaciones, se podría enarbolar la realidad fáctica de los sufrimientos del pueblo negro ante quien estuviese presente para ver y oír o quien lo leyese más tarde. Los documentalistas, periodistas e investigadores podían presentar el espectáculo real de un pueblo negro que agonizaba en su propio entorno, que sufría el yugo brutal de la discriminación.

Todas estas formas de persuasión educacional, como la persuasión por elevación, se predicarían sobre la base del falso constructo del problema de la raza, la idea de que la ignorancia y el odio están detrás de las ideas racistas, las cuales impulsarían a su vez las leyes racistas. De hecho, es el interés personal el que da lugar a las políticas racistas, las cuales generan ideas racistas, que a su vez conducen a la ignorancia y al odio. Las políticas racistas han sido siempre fruto del interés personal, y del mismo modo, cuando han sido revertidas, ha solido ser con el objetivo de obtener algún provecho personalista. La gloriosa y conocida versión de la historia que dice que los abolicionistas y los activistas por los derechos civiles han llevado a cabo una constante labor educativa y de supresión de las ideas y las políticas racistas en Estados Unidos suena genial. Pero solo se trata de una parte de la historia, y quizá no constituya ni tan siquiera el hilo principal. Los políticos que aprobaron el derecho al voto, en la década de 1860, y los derechos civiles, en la de 1960, lo hicieron en primer lugar por intereses políticos y económicos, no por alguna clase de iluminación pedagógica o moral. Y esas leyes tampoco deshicieron el maleficio de las políticas racistas, que simplemente evolucionaron. Se ha dado una no tan gloriosa progresión del racismo, que la persuasión educacional no ha podido contener, algo que los estadounidenses no parecen ser capaces de aceptar.

Es irónico que W. E. B. Du Bois ya hubiese abandonado la persuasión educacional antes de que Gunnar Myrdal comenzara a defender dicha estrategia. En plena Gran Depresión, Du Bois miraba a Estados Unidos desde la cumbre de una colosal montaña de hechos raciales consumados, cuyos estratos estaban conformados por, entre otras cosas, cuatro décadas de sus libros, ensayos, súplicas, discursos y artículos. «Los líderes negros» pensaban que «los estadounidenses blancos desconocían o no alcanzaban a comprender las angustias de los negros —escribió en un ensayo de 1935—. De acuerdo con eso, nos hemos dedicado durante dos décadas a poner todo nuestro empeño, mediante libros y periódicos, discursos y llamamientos, sirviéndonos de una panoplia de métodos de agitación espectaculares, en presentar los hechos esenciales a los ciudadanos estadounidenses. Hoy, no podemos albergar duda alguna de que están bien informados, pero, con todo, la mayoría sigue indiferente, impasible».[11]

En las ocho décadas transcurridas desde el ensayo de Du Bois, los antirracistas de Estados Unidos han seguido afanándose en presentar los hechos esenciales a los ciudadanos estadounidenses. No puede haber ninguna duda de que quienes elaboran, defienden o ignoran las políticas racistas están bien informados. Y, aun así, siguen en su mayor parte indiferentes, impasibles, ya sea ante la necesidad de un legislación radical que renueve por completo este sistema de justicia esclavizador, ante iniciativas de lucha contra la delincuencia mediante la creación de más y mejores puestos de trabajo, ante los llamamientos a la despenalización de las drogas y la búsqueda de alternativas al encarcelamiento o ante la posibilidad de dar a los vecinos de una localidad el poder de contratar y despedir a los agentes que van a velar por su comunidad. La mayor parte de la ciudadanía muestra poca voluntad de aprobar leyes más ambiciosas, que supongan la revisión de las relaciones raciales en Estados Unidos, a partir de la asunción básica de que lo que hay detrás de las disparidades raciales es la discriminación y no el que haya algo errado en la gente negra, así como de crear una agencia que investigue con firmeza las disparidades y castigue a los discriminadores, lo sean estos de manera consciente o inconsciente. Una agencia así también trabajaría por la igualdad en riqueza y poder de los vecindarios negros y blancos y de sus instituciones, con la clara misión de reparar las inequidades que ha causado la discriminación.

A día de hoy, si quieren, los legisladores tienen el poder de erradicar la discriminación racial, de fomentar una «igualdad [racial] de hecho», por decirlo con las palabras de Lyndon B. Johnson. Tienen las herramientas necesarias para erigirse en paladines de la causa antirracista de la igualdad inmediata, recogiendo la consigna histórica de la emancipación inmediata; para volverles la espalda a la causa asimilacionista de la igualdad gradual y a la segregacionista de la desigualdad perpetua. Aun así, tanto a escala local como federal, temen las repercusiones electorales, sea por las donaciones o por los votos. Saben bien que los posracialistas rechazarían cualquier proyecto de ley de un antirracismo sin paliativos, tildándolo de discriminativo y cargado de odio contra las personas blancas, tal y como ya hicieron los esclavistas y los segregacionistas antes que ellos, incluso aunque se tratase de una ley que en realidad viniese a beneficiar a prácticamente todos los estadounidenses, incluidos los blancos. Hay mucha gente blanca situada en lo más alto del escalafón económico y político que teme que, si se acabase con el racismo, de hecho se estaría acabando con una de las herramientas más eficaces de cuantas tienen en sus manos para dominar, tener bajo control y explotar no solo a los no blancos, sino también a los blancos de ingresos medios y bajos.

Los estadounidenses que tienen el poder para poner fin al racismo tal y como lo conocemos, para ponerle todas las trabas posibles y construir esa sociedad posracial que los posracialistas, de hecho, no quieren ver ni en pintura, han sido conscientes de los hechos a lo largo de toda la nutrida vida de Angela Davis. Los ciudadanos poderosos de los tiempos de Cotton Mather, Thomas Jefferson, William Lloyd Garrison y W. E. B. Du Bois, también. No en vano, lo primero que tienen que hacer los poderosos es saber qué es lo que está pasando en la nación. Así pues, tratar de educar a esa serie de influyentes individuos que generan, defienden o hacen como si no existiese el racismo estadounidense acerca de los efectos dañinos de este es como querer convencer a un grupo de ejecutivos de lo nocivas que son las empresas en que trabajan. Ya lo saben, y no les importan lo bastante como para poner fin al agravio.

La historia es clara. El sacrificio, la elevación, la persuasión y la educación no han erradicado, no están erradicando y no van a erradicar las ideas racistas, ya no digamos las políticas racistas. El poder nunca va a sacrificarse a sí mismo y renunciar a sus intereses; no se le puede persuadir de nada que vaya más allá de estos; no se le puede educar en nada que vaya más allá de estos. Hasta la fecha, quienes tienen el poder de abolir la discriminación racial no lo han hecho, y nunca se les va a persuadir ni a educar para hacerlo en tanto el racismo les suponga alguna clase de beneficio.

Por supuesto, no pretendo afirmar que no haya estadounidenses en puestos de poder que jamás hayan hecho ningún sacrificio ni hayan llegado a cambiar de actitud, por educación o por persuasión, debido a la elevación de los negros o al conocimiento de los hechos, y hayan decidido poner fin a las disparidades raciales en su esfera de influencia. Pero la gente influyente que tiene el valor de ser antirracista es antes la excepción que la norma. Tampoco digo que las sucesivas generaciones que han asumido ideas racistas no hayan cambiado, por educación o por persuasión, para acabar desechándolas. No obstante, los estadounidenses han rechazado viejas ideas racistas al tiempo que se generaban otras nuevas, con lo que su consumo se ha revitalizado de todos modos. Por estas razones, los esfuerzos puestos en la educación y en la persuasión para combatir las ideas racistas en Estados Unidos son el cuento de nunca acabar. Por estas razones, en fin, la persuasión educativa jamás va a dar a luz a una nación antirracista.

Si bien la elevación, la persuasión y la educación han sido un fracaso, la historia también muestra con claridad qué ha funcionado y cómo pueden llegar a erradicarse las ideas racistas. Estas siempre han actuado como el departamento de relaciones públicas de la empresa de los discriminadores raciales y sus productos, las disparidades raciales. Si se acaba con la empresa, el departamento de relaciones públicas se irá también al traste; si se acaba con la discriminación racial, las ideas racistas se irán asimismo al traste.

Para socavar la discriminación racial, los estadounidenses han de concentrar los esfuerzos en quienes tienen el poder para hacerlo. Protestar contra todo y contra todos es, en gran medida, una pérdida de tiempo, tanto como tratar de convencer o educar a los poderosos. La historia nos ha venido mostrando que los estadounidenses que han contado con el poder para minar la discriminación racial rara vez lo han hecho. Cuando sí ha ocurrido, sin embargo, ha sido porque han acertado a comprender por sí mismos que la eliminación de alguna forma de discriminación racial suponía algún tipo de beneficio, como cuando el presidente Abraham Lincoln decidió poner fin a la esclavitud para salvar a la Unión. También se han dado cuenta de que el cambio antirracista es una alternativa preferible a las situaciones de alboroto y desorden promovidas por los manifestantes antirracistas, políticamente dañinas o poco beneficiosas económicamente.

La disidencia antirracista, por lo común, ha venido rechazando esas ideas racistas sobre que hay algo errado en la gente negra a las que se recurre para justificar la situación crítica de los espacios mayoritariamente negros y la ausencia de personas negras en los espacios mayoritariamente blancos. Las protestas más fructíferas han sido férreamente locales, han comenzado por antirracistas que actuaban sobre su entorno inmediato: su bloque, su vecindario, los centros educativos del barrio, las universidades locales, los lugares de trabajo o los gremios de la zona. Después, se han ampliado hasta tener un alcance estatal, que luego ha pasado a ser nacional y, en última instancia, internacional. Pero lo cierto es que todo comienza con una o dos personas, o con grupos minúsculos, en un entorno reducido, que se involucran en una enérgica puesta en práctica del antirracismo en organizaciones, planificaciones estratégicas y ajustes durante las huelgas, ocupaciones, insurrecciones, campañas y boicots fiscales y personales, entre toda una serie de tácticas orientadas a que el poder se vea forzado a erradicar las políticas racistas. Los antirracistas que protestan se han creado posiciones de poder con exigencias claras, dejando aún más claro que no piensan parar —y que las fuerzas policiales no los detendrán— hasta que tales exigencias estén satisfechas.

Con todo, la protesta contra las políticas racistas nunca va a ser una solución a largo plazo para erradicar la discriminación racial —y, así, las ideas racistas— en Estados Unidos. Al igual que una generación de estadounidenses con poder puede decidir o sentir la suficiente presión de las protestas como para poner fin a la discriminación racial, la siguiente puede darle un nuevo vigor. Es por eso que la protesta contra el poder racista en Estados Unidos siempre ha sido el cuento de nunca acabar.

No debe confundirse el haber tenido éxito en este tipo de protestas con haber llevado a cabo una toma efectiva del poder. Cualquier solución eficaz para erradicar el racismo estadounidense ha de suponer que los estadounidenses comprometidos con las políticas antirracistas se hayan hecho con el poder en instituciones, vecindarios, municipios, estados, naciones... en todo el mundo. No tiene sentido echarse a descansar tras haber dejado el futuro en manos de quienes se deben a las políticas racistas o por lo general solo navegan cuando soplan los vientos del interés personal, hoy con el racismo y mañana con el antirracismo. Solo puede garantizarse un Estados Unidos antirracista si quienes están en el poder son antirracistas por principios, de manera que las políticas antirracistas se conviertan en la norma habitual y las ideas antirracistas pasen a ser parte integrante del sentido común de la gente, que, así pertrechada, seguirá pidiendo cuentas a esos dirigentes y a sus políticas antirracistas.

Seguro que ese día llegará. Ningún poder es eterno. Llegará un día en el que los estadounidenses entiendan que lo único que hay errado en la gente negra es pensar que hay algo errado en la gente negra. Llegará un día en que las ideas racistas no volverán a impedirnos ver la absoluta y completa anormalidad de las disparidades raciales. Llegará un día en que amaremos a la humanidad, cuando tengamos el coraje de luchar por una sociedad justa para esa amada humanidad, a sabiendas, en una actitud inteligente, de que luchar por la humanidad es luchar por nosotros mismos. Llegará ese día. Quizá, solo quizá, ese día es ahora.

Notas

PRÓLOGO

1. Ryan Gabrielson, Ryann Grochowski Jones y Eric Sagara, «Deadly Force in Black and White», *ProPublica*, 10 de octubre de 2014; Rakesh Kochhar y Richard Fry, «Wealth Inequality Has Widened Along Racial, Ethnic Lines Since End of Great Recession», Pew Research Center, 12 de diciembre de 2014, <www.pewresearch.org/fact-tank/2014/12/12/racial-wealth-gaps-great-reces sion>; Sabrina Tavernise, «Racial Disparities in Life Spans Narrow, but Persist», *The New York Times*, 18 de julio de 2013, <www.nytimes.com/2013/07/18/ health/racial-disparities-in-life-spans-narrow-but-persist.html>.

2. Lea Sakalah, «Breaking Down Mass Incarceration in the 2010 Census: State-by-State Incarceration Rates by Race/Ethnicity», Prison Policy Initiative, 28 de mayo de 2014, <www.prisonpolicy.org/reports/rates.html>; Matt Bruenig, «The Racial Wealth Gap», *American Prospect*, 6 de noviembre de 2013, <http://prospect.org/article/racial-wealth-gap>.

3. Senador Jefferson Davis, 12 de abril de 1860, 1.ª sesión del 37.° Congreso, *Congressional Globe*, n.° 106, 1862.

4. Gunnar Myrdal, *An American Dilemma*, vol. 2: *The Negro Problem and Modern Democracy*, New Brunswick, Transaction Publishers, 1996, pp. 928-929.

5. Audre Lorde, «Age, Race, Class, and Sex: Women Redefining Difference», en *Sister Outsider: Essays & Speeches*, Nueva York, Ten Speed, 2007, p. 115.

6. La antropóloga y asimilacionista de Columbia Ruth Benedict sostenía una definición instrumental del racismo. Véanse Ruth Benedict, *Race: Science and Politics*, Nueva York, Modern Age Books, 1940 [hay trad. cast.: *Raza: ciencia y política*, México D. F., Fondo de Cultura Económica, 1941], y Ruth Benedict, *Race and Racism*, Londres, Routledge and Sons, 1942.

7. Kimberlé Crenshaw, «Demarginalizing the Intersection of Race and

Sex. A Black Feminist Critique of Antidiscrimination Doctrine, Feminist Theory, and Antiracist Politics», *University of Chicago Legal Forum*, n.° 140 (1989), pp. 139-167.

PRIMERA PARTE
Cotton Mather

1. LA JERARQUÍA HUMANA

1. Richard Mather, *Journal of Richard Mather. 1635, His Life and Death, 1670*, Boston, D. Clapp, 1850, pp. 27-28; «Great New England Hurricane of 1635 Even Worse Than Thought», Associated Press, 21 de noviembre de 2006.

2. Kenneth Silverman, *The Life and Times of Cotton Mather*, Nueva York, Harper and Row, 1984, pp. 3-4.

3. Samuel Eliot Morison, *The Founding of Harvard College*, Cambridge, Harvard University Press, 1935, pp. 242-243; Richard Mather *et al.*, *The Whole Booke of Psalmes Faithfully Translated into English Metre*, Cambridge, S. Daye, 1640; John Cotton, *Spiritual Milk for Boston Babes in Either England*, Boston, S. G. para Hezekiah Usher, 1656; Christopher J. Lucas, *American Higher Education. A History*, 2.ª ed., Nueva York, Palgrave Macmillan, 2006, pp. 109-110; Frederick Rudolph, *Curriculum. A History of the American Undergraduate Course of Study Since 1636*, San Francisco, Jossey-Bass, 1977, pp. 29-30.

4. Francisco Bethencourt, *Racisms. From the Crusades to the Twentieth Century*, Princeton, Princeton University Press, 2013, pp. 3 y 13-15; David Goldenberg, «Racism, Color Symbolism, and Color Prejudice», en Miriam Eliav-Feldon, Benjamin Isaac y Joseph Ziegler, eds., *The Origins of Racism in the West*, Cambridge, Cambridge University Press, 2009, pp. 88-92; Aristóteles, *The Politics of Aristotle*, ed. y trad. de Ernest Barker, Oxford, Clarendon Press, 1946, 91253b [hay trad. cast.: *Política*, intro., trad. y notas de Manuela Garcia Valdés, Madrid, Gredos, 1988]; Peter Garnsey, *Ideas of Slavery from Aristotle to Augustine*, Nueva York, Cambridge University Press, 1996, p. 114.

5. Hugh Thomas, *The Slave Trade. The Story of the Atlantic Slave Trade, 1440-1870*, Nueva York, Simon and Schuster, 1997, pp. 27 y 30 [hay trad. cast.: *La trata de esclavos. Historia del tráfico de seres humanos de 1440 a 1870*, trad. de Víctor Alba, Barcelona, Planeta, 1998]; Garnsey, *Ideas of Slavery from Aristotle to Augustine*, pp. 75 y 79.

6. Alden T. Vaughan, *Roots of American Racism. Essays on the Colonial Expe-*

rience, Nueva York, Oxford University Press, 1995, p. 157. A menos que se indique lo contrario, la cursiva es del original.

7. Joseph R. Washington, *Anti-Blackness in English Religion, 1500-1800*, Nueva York, E. Mellen Press, 1984, pp. 232-235; Vaughan, *Roots of American Racism*, pp. 157 y 177-179; Lorenzo J. Greene, *The Negro in Colonial New England, 1620-1776*, Nueva York, Columbia University Press, 1942, pp. 15-17; Craig Steven Wilder, *Ebony & Ivy. Race, Slavery, and the Troubled History of America's Universities*, Nueva York, Bloomsbury Press, p. 29.

8. John G. Jackson, *Introduction to African Civilizations*, Secaucus, Citadel Press, 1970, pp. 196-231; Curtis A. Keim, *Mistaking Africa. Curiosities and Inventions of the American Mind*, 3.ª ed., Boulder, Westview Press, 2014, p. 38; Adrian Cole y Stephen Ortega, *The Thinking Past. Questions and Problems in World History to 1750*, Nueva York, Oxford University Press, 2015, pp. 370-371.

9. Ross E. Dunn, *The Adventures of Ibn Battuta, a Muslim Traveler of the Fourteenth Century*, Berkeley, University of California Press, 1986, pp. 315-316.

10. Ibn Khaldūn, *The Muqaddimah. An Introduction to History*, ed. de N. J. Dawood y trad. de Franz Rosenthal, Bollingen Series, Princeton, Princeton University Press, 1969, pp. 11, 57-61 y 117; Gary Taylor, *Buying Whiteness. Race, Culture, and Identity from Columbus to Hip Hop*, Signs of Race, Nueva York, Palgrave Macmillan, 2005, pp. 222-223.

11. Thomas, *Slave Trade*, pp. 38-39.

2. EL ORIGEN DE LAS IDEAS RACISTAS

1. P. E. Russell, *Prince Henry «the Navigator». A Life*, New Haven, Yale University Press, 2000, p. 6.

2. *Ibid.*, p. 249; Gomes Eanes de Zurara, *Chronicle of the Discovery and Conquest of Guinea*, 2 vols., ed. y trad. de Charles Raymond Beazley y Edgar Prestage, Londres, Hakluyt Society, 1896, pp. 1, 6, 7 y 29.

3. William McKee Evans, *Open Wound. The Long View of Race in America*, Urbana, University of Illinois Press, 2009, pp. 17-18.

4. Thomas, *Slave Trade*, pp. 22-23.

5. Zurara, *Chronicle*, pp. 81-85; Russell, *Prince Henry «the Navigator»*, pp. 240-247, 253 y 257-259.

6. Thomas, *Slave Trade*, p. 74; Zurara, *Chronicle*, pp. xx-xl; Russell, *Prince Henry «the Navigator»*, p. 246.

7. Zurara, *Chronicle*, pp. lv-lviii; Bethencourt, *Racisms*, p. 187.

8. Thomas, *Slave Trade*, pp. 71 y 87.

9. Lawrence Clayton, «Bartolomé de las Casas and the African Slave Trade», *History Compass*, vol. 7, n.º 6 (2009), p. 15.

10. Thomas, *Slave Trade*, pp. 50, 104 y 123; Bethencourt, *Racisms*, pp. 177-178; David M. Traboulay, *Columbus and Las Casas. The Conquest and Christianization of America, 1492-1566*, Lanham, University Press of America, 1994, pp. 58-59.

11. Lawrence A. Clayton, *Bartolomé de las Casas. A Biography*, Cambridge, Cambridge University Press, 2012, pp. 349-353 y 420-428; Bethencourt, *Racisms*, p. 233; Peter N. Stearns, *Sexuality in World History*, Nueva York, Routledge, 2009, p. 108.

12. Leo Africanus, *The History and Description of Africa*, 3 vols., ed. de Robert Brown y trad. de John Pory, Londres, Hakluyt Society, 1896, pp. 130 y 187-190 [hay trad. cast.: *Descripción general del África y de las cosas peregrinas que allí hay*, trad. de Serafín Fanjul, Granada, Fundación El Legado Andalusí, 2004].

13. Washington, *Anti-Blackness*, pp. 105-111; Thomas, *Slave Trade*, pp. 153-159.

3. La llegada a América

1. Charles de Miramon, «Noble Dogs, Noble Blood. The Invention of the Concept of Race in the Late Middle Ages», en Eliav-Feldon, Isaac y Ziegler, eds., *The Origins of Racism in the West*, pp. 200-203; Stearns, *Sexuality in World History*, p. 108; Winthrop D. Jordan, *White over Black. American Attitudes Toward the Negro, 1550-1812*, Chapel Hill, University of North Carolina Press, 1968, pp. 28-32.

2. Taylor, *Buying Whiteness*, pp. 222-223; Washington, *Anti-Blackness*, pp. 113-114.

3. Edmund S. Morgan, *American Slavery, American Freedom. The Ordeal of Colonial Virginia*, Nueva York, Norton, 1975, pp. 14-17; Washington, *Anti-Blackness*, pp. 146-154.

4. Everett H. Emerson, *John Cotton*, Nueva York, Twayne, 1965, pp. 18, 20, 37, 88, 98, 100, 108-109, 111 y 131; Washington, *Anti-Blackness*, pp. 174-182.

5. Washington, *Anti-Blackness*, pp. 196-200.

6. Taylor, *Buying Whiteness*, p. 224.

7. Anthony Gerard Barthelemy, *Black Face, Maligned Race. The Representation of Blacks in English Drama from Shakespeare to Southerne*, Baton Rouge, Louisiana State University Press, 1987, pp. 72-73 y 91-93; Bethencourt, *Racisms*, pp. 98-99.

8. Jordan, *White over Black*, pp. 37-40.

9. Tim Hashaw, *The Birth of Black America. The First African Americans and the Pursuit of Freedom at Jamestown*, Nueva York, Carroll and Graf, 2007, pp. 3-11.

10. Paul Lewis, *The Great Rogue. A Biography of Captain John Smith*, Nueva York, D. McKay, 1966, pp. 57-150; Wilder, *Ebony & Ivy*, p. 33.

11. Ronald T. Takaki, *A Different Mirror. A History of Multicultural America*, Boston, Little, Brown, 1993, pp. 26-29.

12. Lewis, *Great Rogue*, pp. 2 y 244-257; Vaughan, *Roots of American Racism*, pp. 304-305.

13. Jordan, *White over Black*, p. 33; Tommy Lee Lott, *The Invention of Race. Black Culture and the Politics of Representation*, Malden, Blackwell, 1999, p. 9; Takaki, *Different Mirror*, pp. 51-53; Washington, *Anti-Blackness*, pp. 15 y 154-157; Vaughan, *Roots of American Racism*, p. 164; Taylor, *Buying Whiteness*, pp. 221-229.

14. Jackson, *Introduction to African Civilizations*, pp. 217-218.

15. Hashaw, *Birth of Black America*, pp. xv-xvi.

16. Jon Meacham, *Thomas Jefferson. The Art of Power*, Nueva York, Random House, 2012, p. 5.

17. Vaughan, *Roots of American Racism*, pp. 130-134; Paula Giddings, *When and Where I Enter. The Impact of Black Women on Race and Sex in America*, Nueva York, W. Morrow, 1984, p. 35.

18. Cedric B. Cowing, *The Saving Remnant. Religion and the Settling of New England*, Urbana, University of Illinois Press, 1995, pp. 18-19; Washington, *Anti-Blackness*, pp. 191-196 y 240-241; Francis D. Adams y Barry Sanders, *Alienable Rights. The Exclusion of African Americans in a White Man's Land, 1619-2000*, Nueva York, HarperCollins, 2003, pp. 8-9.

19. Morgan, *American Slavery, American Freedom*, pp. 225 y 319.

20. Taunya Lovell Banks, «Dangerous Woman. Elizabeth Key's Freedom Suit— Subjecthood and Racialized Identity in Seventeenth Century Colonial Virginia», *Akron Law Review*, vol. 41, n.° 3 (2008), pp. 799-837; Warren M. Billings, «The Cases of Fernando and Elizabeth Key. A Note on the Status of Blacks in Seventeenth Century Virginia», *William and Mary Quarterly*, vol. 30, n.° 3 (1973), pp. 467-474; Anthony S. Parent, *Foul Means. The Formation of a Slave Society in Virginia, 1660-1740*, Chapel Hill, University of North Carolina Press, 2003, pp. 110-111.

21. Thomas, *Slave Trade*; Thomas C. Holt, *Children of Fire. A History of African Americans*, Nueva York, Hill and Wang, 2010, pp. 60-61.

22. Warren M. Billings, ed., *The Old Dominion in the Seventeenth Century. A Documentary History of Virginia, 1606-1689*, Chapel Hill, University of North

Carolina Press, 1975, p. 172; Morgan, *American Slavery, American Freedom*, p. 311; Parent, *Foul Means*, p. 123.

23. Morgan, *American Slavery, American Freedom*, pp. 334-336.

24. Derek Hughes, *Versions of Blackness. Key Texts on Slavery from the Seventeenth Century*, Cambridge, Cambridge University Press, 2007, pp. vii-xi y 5-17.

25. Sharon Block, «Rape and Race in Colonial Newspapers, 1728-1776», *Journalism History*, vol. 27, n.º 4 (2001-2002), pp. 146 y 149-152.

26. Greene, *The Negro in Colonial New England*, p. 165; Stephan Talty, *Mulatto America. At the Crossroads of Black and White Culture. A Social History*, Nueva York, HarperCollins, 2003, pp. 52-53.

27. Richard Ligon y Karen Ordahl Kupperman, *A True and Exact History of the Island of Barbados*, Indianapolis, Hackett, 2011, p. vi; Cotton Mather, Samuel Mather y Edmund Calamy, *Memoirs of the Life of the Late Reverend Increase Mather*, Londres, J. Clark and R. Hett, 1725, p. 66; Taylor, *Buying Whiteness*, pp. 270-273.

28. Taylor, *Buying Whiteness*, pp. 271-294.

29. *Ibid.*, pp. 296-300.

4. LA SALVACIÓN DE LAS ALMAS, QUE NO DE LOS CUERPOS

1. Washington, *Anti-Blackness*, pp. 455-456; Greene, *The Negro in Colonial New England*, p. 275; Jeffrey Robert Young, «Introduction», en Jeffrey Robert Young, ed., *Proslavery and Sectional Thought in the Early South, 1740-1829. An Anthology*, Columbia, University of South Carolina Press, 2006, pp. 19-21; Brycchan Carey, *From Peace to Freedom. Quaker Rhetoric and the Birth of American Antislavery, 1657-1761*, New Haven, Yale University Press, 2012, pp. 7-8.

2. Richard Baxter, *A Christian Directory*, Londres, Richard Edwards, 1825, pp. 216-220.

3. Morgan, *American Slavery, American Freedom*, pp. 311-312; Adams y Sanders, *Alienable Rights*, p. 10; Billings, *Old Dominion in the Seventeenth Century*, pp. 172-173.

4. Ann Talbot, «The Great Ocean of Knowledge». *The Influence of Travel Literature on the Work of John Locke*, Leiden, Brill, 2010, pp. 3-4; Taylor, *Buying Whiteness*, p. 334.

5. R. S. Woolhouse, *Locke. A Biography*, Cambridge, Cambridge University Press, 2007, pp. 98 y 276; Young, «Introduction», p. 18.

6. Charles F. Irons, *The Origins of Proslavery Christianity. White and Black*

Evangelicals in Colonial and Antebellum Virginia, Chapel Hill, University of North Carolina Press, 2008, pp. 28-29; David R. Roediger, *How Race Survived U.S. History. From Settlement and Slavery to the Obama Phenomenon*, Londres, Verso, 2008, p. 10; Taylor, *Buying Whiteness*, pp. 313-323; Hughes, *Versions of Blackness*, pp. 344-348; Parent, *Foul Means*, pp. 240-241.

7. Washington, *Anti-Blackness*, pp. 460-461; Hildegard Binder-Johnson, «The Germantown Protest of 1688 Against Negro Slavery», *Pennsylvania Magazine of History and Biography*, vol. 65 (1941), p. 151; Katharine Gerbner, «"We Are Against the Traffik of Men-Body". The Germantown Quaker Protest of 1688 and the Origins of American Abolitionism», *Pennsylvania History. A Journal of Mid-Atlantic Studies*, vol. 74, n.° 2 (2007), pp. 159-166; Thomas, *Slave Trade*, p. 458; «William Edmundson», *The Friend. A Religious and Literary Journal*, vol. 7, n.° 1 (1833), pp. 5-6.

8. Wilder, *Ebony & Ivy*, p. 40.

9. Takaki, *Different Mirror*, pp. 63-68; Parent, *Foul Means*, pp. 126-127 y 143-146; Roediger, *How Race Survived U.S. History*, pp. 19-20; Morgan, *American Slavery, American Freedom*, pp. 252-270 y 328-329.

10. Silverman, *Life and Times of Cotton Mather*; Tony Williams, *The Pox and the Covenant. Mather, Franklin, and the Epidemic That Changed America's Destiny*, Naperville, Sourcebooks, 2010, p. 34.

11. Robert Middlekauff, *The Mathers. Three Generations of Puritan Intellectuals, 1596-1728*, Nueva York, Oxford University Press, 1971, pp. 198-199; Ralph Philip Boas y Louise Schutz Boas, *Cotton Mather. Keeper of the Puritan Conscience*, Hamden, Archon Books, 1964, pp. 27-31.

12. Greene, *The Negro in Colonial New England*, p. 237; Silverman, *Life and Times of Cotton Mather*, pp. 31, 36-37 y 159-160.

13. Silverman, *Life and Times of Cotton Mather*, pp. 15-17.

14. Morgan, *American Slavery, American Freedom*, p. 314; Taylor, *Buying Whiteness*, p. 269.

15. Silverman, *Life and Times of Cotton Mather*, p. 41.

16. Siep Stuurman, «Francois Bernier and the Invention of Racial Classification», *History Workshop Journal*, vol. 50 (2000), pp. 1-2; Francois Bernier, «A New Division of the Earth», *History Workshop Journal*, vol. 51 (2001), pp. 247-250.

5. Las cazas de negros

1. Silverman, *Life and Times of Cotton Mather*, pp. 55-72.

2. *Ibid.*, pp. 53-79.

3. Washington, *Anti-Blackness*, p. 273; Silverman, *Life and Times of Cotton Mather*, pp. 84-85.

4. Taylor, *Buying Whiteness*, pp. 306-307; Thomas, *Slave Trade*, p. 454; Hughes, *Versions of Blackness*, pp. xi-xii; Jordan, *White over Black*, pp. 9 y 27-28; Washington, *Anti-Blackness*, pp. 228-229.

5. Philip Jenkins, *Intimate Enemies. Moral Panics in Contemporary Great Britain*, Nueva York, Aldine de Gruyter, 1992, pp. 3-5; Silverman, *Life and Times of Cotton Mather*, pp. 84-85.

6. Edward J. Blum y Paul Harvey, *The Color of Christ. The Son of God & the Saga of Race in America*, Chapel Hill, University of North Carolina Press, 2012, pp. 20-21, 27 y 40-41; Silverman, *Life and Times of Cotton Mather*, pp. 88-89.

7. Charles Wentworth Upham, *Salem Witchcraft; with an Account of Salem Village, a History of Opinions on Witchcraft and Kindred Subjects*, vol. 1, Boston, Wiggin and Lunt, 1867, pp. 411-412; Blum y Harvey, *The Color of Christ*, pp. 27-28; Boas y Boas, *Cotton Mather*, pp. 109-110.

8. Silverman, *Life and Times of Cotton Mather*, p. 94; Williams, *The Pox and the Covenant*, p. 38; Boas y Boas, *Cotton Mather*, p. 89.

9. Boas y Boas, *Cotton Mather*, p. 119.

10. Silverman, *Life and Times of Cotton Mather*, pp. 83-120; Thomas N. Ingersoll, «"Riches and Honour Were Rejected by Them as Loathsome Vomit". The Fear of Leveling in New England», en Carla Gardina Pestana y Sharon Vineberg Salinger, eds., *Inequality in Early America*, Hanover, New Hampshire, University Press of New England, 1999, pp. 46-54.

11. Washington, *Anti-Blackness*, pp. 185-186, 257 y 280-281; Daniel K. Richter, «"It Is God Who Had Caused Them to Be Servants". Cotton Mather and Afro-American Slavery in New England», *Bulletin of the Congregational Library*, vol. 30, n.° 3 (1979), pp. 10-11; Greene, *The Negro in Colonial New England*, pp. 265-267.

12. Washington, *Anti-Blackness*, pp. 184-185 y 273-277.

13. Cotton Mather, *Diary of Cotton Mather, 1681-1724*, 2 vols., vol. 1, Boston, The Society, 1911, pp. 226-229; Silverman, *Life and Times of Cotton Mather*, pp. 262-263; Parent, *Foul Means*, pp. 86-89.

14. Samuel Clyde McCulloch, «Dr. Thomas Bray's Trip to Maryland. A Study in Militant Anglican Humanitarianism», *William and Mary Quarterly*, vol. 2, n.° 1 (1945), p. 15; C. E. Pierre, «The Work of the Society for the Propagation of the Gospel in Foreign Parts Among the Negroes in the Colonies», *Journal of Negro History*, vol. 1, n.° 4 (1916), pp. 350-351, 353 y 357; Wilder, *Ebony & Ivy*, p. 42.

15. Morgan, *American Slavery, American Freedom*, pp. 348-351; Parke Rouse,

James Blair of Virginia, Chapel Hill, University of North Carolina Press, 1971, pp. 16-22, 25-26, 30, 37-38, 40, 43, 71-73, 145 y 147-148; Albert J. Raboteau, *Slave Religion. The «Invisible Institution» in the Antebellum South*, Nueva York, Oxford University Press, 1978, p. 100.

16. Silverman, *Life and Times of Cotton Mather*, pp. 241-242.

6. EL GRAN DESPERTAR

1. Samuel Sewall, *The Selling of Joseph. A Memorial*, ed. de Sidney Kaplan, Northhampton, Gehenna Press, 1968.

2. Greene, *The Negro in Colonial New England*, p. 22.

3. Albert J. von Frank, «John Saffin. Slavery and Racism in Colonial Massachusetts», *Early American Literature*, vol. 29, n.° 3 (1994), p. 254.

4. Greene, *The Negro in Colonial New England*, pp. 259-260 y 296-297; Lawrence W. Towner, «The Sewall-Saffin Dialogue on Slavery», *William and Mary Quarterly*, vol. 21, n.° 1 (1964), pp. 40-52.

5. Parent, *Foul Means*, pp. 120-123; Morgan, *American Slavery, American Freedom*, pp. 330-344; Greene, *The Negro in Colonial New England*, p. 171.

6. Adams y Sanders, *Alienable Rights*, pp. 39-40.

7. Cotton Mather, *The Negro Christianized*, Boston, Bartholomew Green, 1706, pp. 1-2 y 14-16.

8. Silverman, *Life and Times of Cotton Mather*, pp. 264-265; Wilder, *Ebony & Ivy*, p. 85.

9. Towner, «The Sewall-Saffin Dialogue», pp. 51-52; Juan González y Joseph Torres, *News for All the People. The Epic Story of Race and the American Media*, Londres, Verso, 2011, pp. 20 y 24; Greene, *The Negro in Colonial New England*, p. 33.

10. A. Judd Northrup, *Slavery in New York. A Historical Sketch*, State Library Bulletin History, Albany, Universidad del Estado de Nueva York, 1900, pp. 267-272; Pierre, «Work of the Society», pp. 356-358; Herbert Aptheker, *American Negro Slave Revolts*, Nueva York, International Publishers, 1963, pp. 172-173.

11. Greene, *The Negro in Colonial New England*, pp. 23-30 y 73.

12. Williams, *The Pox and the Covenant*, pp. 2-4, 25, 29 y 33-34.

13. Arthur Allen, *Vaccine. The Controversial Story of Medicine's Greatest Lifesaver*, Nueva York, W. W. Norton, 2007, pp. 36-37.

14. Silverman, *Life and Times of Cotton Mather*, pp. 197 y 254; Cotton Mather, *Diary of Cotton Mather*, vol. 2, pp. 620-621; Williams, *The Pox and the Covenant*, pp. 42-43.

15. Williams, *The Pox and the Covenant*, pp. 73-74, 81-82 y 117-118.

16. David Waldstreicher, *Runaway America. Benjamin Franklin, Slavery, and the American Revolution*, Nueva York, Hill and Wang, 2004, pp. 40-43; John B. Blake, *Public Health in the Town of Boston, 1630-1822*, Cambridge, Harvard University Press, 1959, pp. 53-61; Williams, *The Pox and the Covenant*, p. 102.

17. Adams y Sanders, *Alienable Rights*, p. 25; Williams, *The Pox and the Covenant*, pp. 190-191.

18. Irons, *Origins of Proslavery Christianity*, p. 30; Greene, *The Negro in Colonial New England*, pp. 260-261; Thomas, *Slave Trade*, p. 474.

19. Parent, *Foul Means*, pp. 159-162, 236-237 y 249-250; Wilder, *Ebony & Ivy*, p. 43; Irons, *Origins of Proslavery Christianity*, pp. 31-32; Rouse, *James Blair of Virginia*, pp. 32-36.

20. Greene, *The Negro in Colonial New England*, pp. 275-276; Jon Sensbach, «Slaves to Intolerance. African American Christianity and Religious Freedom in Early America», en Chris Beneke y Christopher S. Grenda, eds., *The First Prejudice. Religious Tolerance and Intolerance in Early America*, Filadelfia, University of Pennsylvania Press, 2011, pp. 208-209; Kenneth P. Minkema, «Jonathan Edwards's Defense of Slavery», *Massachusetts Historical Review*, vol. 4 (2002), pp. 23, 24 y 40; Adams y Sanders, *Alienable Rights*, pp. 40-41.

21. Silverman, *Life and Times of Cotton Mather*, pp. 372-419.

22. Samuel Mather, *The Life of the Very Reverend and Learned Cotton Mather*, Boston, Applewood Books, 2009, p. 108.

SEGUNDA PARTE
Thomas Jefferson

7. ILUSTRACIÓN

1. Parent, *Foul Means*, pp. 169-170.

2. Benjamin Franklin, «A Proposal for Promoting Useful Knowledge Among the British Plantations in America», *Transactions of the Literary and Philosophical Society of New York 1*, n.º 1 (1815), pp. 89-90.

3. Benjamin Franklin, *Observations Concerning the Increase of Mankind, Peopling of Countries*, Tarrytown, Nueva York, W. Abbatt, 1918, p. 10.

4. Thomas, *Slave Trade*, pp. 319 y 325-327.

5. Malachy Postlethwayt, *The African Trade, the Great Pillar*, Londres, 1745, p. 4.

6. Dorothy E. Roberts, *Fatal Invention. How Science, Politics, and Big Business Re-Create Race in the Twenty-First Century*, Nueva York, New Press, 2011, pp. 29-30; Bethencourt, *Racisms*, pp. 252-253.

7. Harriet A. Washington, *Medical Apartheid. The Dark History of Medical Experimentation on Black Americans from Colonial Times to the Present*, Nueva York, Harlem Moon, 2006, p. 83; Holt, *Children of Fire*, p. 21.

8. Holt, *Children of Fire*, pp. 19-21; Thomas, *Slave Trade*, pp. 399-402.

9. Voltaire, *Additions to the Essay on General History*, trad. de T. Franklin *et al.*, vol. 22, *The Works of M. de Voltaire*, Londres, Crowder *et al.*, 1763, pp. 227-228 y 234.

10. Thomas, *Slave Trade*, pp. 464-465.

11. Bethencourt, *Racisms*, pp. 165-166, 172-173 y 178; Roberts, *Fatal Invention*, pp. 31-32.

12. Georges-Louis Leclerc Buffon, *Natural History of Man*, nueva ed., vol. 1, Londres, J. Annereau, 1801, pp. 78-79 y 83-94; Georges Louis Leclerc Buffon, *Natural History, General and Particular*, trad. de William Smellie, 20 vols., vol. 3, Londres, T. Cadell *et al.*, 1812, pp. 440-441; Johann Joachim Winckelmann, *History of the Art of Antiquity*, trad. de Harry Francis Mallgrave, Los Ángeles, Getty Research Institute, 2006, pp. 192-195 [hay trad. cast.: *Historia del arte de la Antigüedad*, trad. de Manuel Tamayo, Madrid, Aguilar, 1989 (1955)].

13. Thomas Jefferson, «To John Adams», en *The Writings of Thomas Jefferson*, ed. de H. A. Washington, Washington D. C., Taylor and Maury, 1854, p. 61 [hay trad. cast.: *Escritos políticos. Declaración de independencia, autobiografía, epistolario*, trad. de Antonio Escohotado y Manuel Sáenz de Heredia, Madrid, Tecnos, 2014].

14. Silvio A. Bedini, *Thomas Jefferson. Statesman of Science*, Nueva York, Macmillan, 1990, pp. 12-13.

15. Thomas Jefferson, *Notes on the State of Virginia*, Londres, J. Stockdale, 1787, p. 271.

16. Samuel Davies, «The Duty of Christians to Propagate Their Religion Among the Heathens», en Jeffrey Robert Young, ed., *Proslavery and Sectional Thought in the Early South, 1740-1829. An Anthology*, Columbia, University of South Carolina Press, 2006, p. 113; Peter Kalm, «Travels into North America», en John Pinkerton, ed., *A General Collection of the Best and Most Interesting Voyages and Travels in All Parts of the World*, Londres, Longman, Hurst, Rees, and Orme, 1812, p. 503; Landon Carter, *The Diary of Colonel Landon Carter of Sabine Hall, 1752-1778*, 2 vols., vol. 2, Charlottesville, University Press of Virginia, 1965, p. 1.149.

17. Thomas P. Slaughter, *The Beautiful Soul of John Woolman, Apostle of Abolition*, Nueva York, Hill and Wang, 2008, pp. 94-133.

18. John Woolman, *Some Considerations on the Keeping of Negroes*, Filadelfia, Tract Association of Friends, 1754, p. 4 [hay trad. cast.: *Algunas consideraciones acerca de la posesión de esclavos. Alegato por los pobres*, trad. de Carme Manuel, León, Publicaciones de la Universidad de León, 2002].

19. Geoffrey Gilbert Plank, *John Woolman's Path to the Peaceable Kingdom. A Quaker in the British Empire*, Filadelfia, University of Pennsylvania Press, 2012, pp. 105-109.

20. *Ibid.*, p. 110; Slaughter, *Beautiful Soul*, pp. 194-196; John Woolman, «The Journal of John Woolman», en Phillips P. Moulton, ed., *The Journal and Major Essays of John Woolman*, Nueva York, Oxford University Press, 1971, p. 63.

21. Slaughter, *Beautiful Soul*, pp. 231-236; Plank, *John Woolman's Path*, pp. 175-177.

22. John Woolman, *Considerations on Keeping Negroes. Part Second*, Filadelfia, B. Franklin and D. Hall, 1762, pp. 24 y 30.

23. Slaughter, *Beautiful Soul*, p. 173; Plank, *John Woolman's Path*, pp. 133 y 149-153; Woolman, *Journal and Major Essays*, pp. 53-57 y 75-78.

24. Jon Meacham, *Thomas Jefferson. The Art of Power*, Nueva York, Random House, 2012, pp. 11-12.

25. *Ibid.*, pp. 39 y 44-45; Bedini, *Thomas Jefferson*, pp. 34, 39 y 49.

26. Henry Wiencek, *Master of the Mountain. Thomas Jefferson and His Slaves*, Nueva York, Farrar, Straus, and Giroux, 2012, pp. 24-26; Meacham, *Thomas Jefferson*, pp. 47-49.

8. OBJETOS DE EXHIBICIÓN NEGROS

1. Henry Louis Gates, *The Trials of Phillis Wheatley. America's First Black Poet and Her Encounters with the Founding Fathers*, Nueva York, Basic Civitas, 2010, p. 14.

2. Vincent Carretta, *Phillis Wheatley. Biography of a Genius in Bondage*, Athens, University of Georgia Press, 2011, pp. 4-5, 7-8 y 12-14; Kathrynn Seidler Engberg, *The Right to Write. The Literary Politics of Anne Bradstreet and Phillis Wheatley*, Lanham, Maryland, University Press of America, 2010, pp. 35-36.

3. Carretta, *Phillis Wheatley*, pp. 1-17 y 37-38.

4. *Ibid.*, pp. 46-47, 58-59, 66-67 y 82-83.

5. Gates, *Trials of Phillis Wheatley*, pp. 27-29.

6. Edward Long, *The History of Jamaica*, 3 vols., vol. 2, Londres, T. Lowndes, 1774, pp. 476 y 483.

7. David Hume, «Of Natural Characters», en *Essays and Treatises on Several Subjects*, Londres, T. Cadell, 1793, p. 206, n. 512.

8. Silvia Sebastiani, *The Scottish Enlightenment. Race, Gender, and the Limits of Progress*, Nueva York, Palgrave Macmillan, 2013, pp. 103-104.

9. Adams y Sanders, *Alienable Rights*, pp. 26-29.

10. Ignatius Sancho y Joseph Jekyll, *Letters of the Late Ignatius Sancho, an African*, 2 vols., Londres, J. Nichols, 1782.

11. Ukawsaw Gronniosaw, *A Narrative of the Most Remarkable Particulars in the Life of James Albert, Ukawsaw Gronniosaw*, Newport, Rhode Island, S. Southwick, 1774; Olaudah Equiano, *The Interesting Narrative of the Life of Olaudah Equiano, or Gustavus Vassa, the African*, 2 vols., Nueva York, W. Durell, 1791.

12. Benjamin Rush, *An Address to the Inhabitants of the British Settlements in America, on the Slavery of Negroes in America*, Filadelfia, John Dunlap, 1773, pp. 2, 3, 8, 15, 16 y 26.

13. Carretta, *Phillis Wheatley*, pp. 91 y 95-98; Gates, *Trials of Phillis Wheatley*, pp. 33-34; Phillis Wheatley, *Poems on Various Subjects, Religious and Moral*, Londres, A. Bell, 1773.

14. Peter N. Stearns, *Sexuality in World History*, Nueva York, Routledge, 2009, p. 108; Lester B. Scherer, «A New Look at Personal Slavery Established», *William and Mary Quarterly*, vol. 30 (1973), pp. 645-646; Richard Nisbet, *Slavery Not Forbidden by Scripture, or, a Defence of the West-India Planters*, Filadelfia, John Sparhawk, 1773, p. 23.

15. Wiencek, *Master of the Mountain*, pp. 26-27 y 33-34; Meacham, *Thomas Jefferson*, pp. 69-70 y 90-91.

16. Holt, *Children of Fire*, p. 104; Vincent Harding, *There Is a River. The Black Struggle for Freedom in America*, Nueva York, Harcourt, Brace, Jovanovich, 1981, p. 43.

17. Long, *History of Jamaica*, vol. 2, pp. 356, 364, 371 y 475-478.

18. Henry Home of Kames, *Sketches of the History of Man*, 4 vols., vol. 1, Edimburgo, W. Creech, 1807, p. 15.

19. Johann Friedrich Blumenbach, «On the Natural Variety of Mankind», en *The Anthropological Treatises of Johann Friedrich Blumenbach*, ed. de Thomas Bendyshe, Londres, Longman, Green, Longman, Roberts, and Green, 1865, pp. 98-100, n. 4.

20. Emmanuel Chukwudi Eze, ed., *Race and the Enlightenment. A Reader*, Cambridge, Massachussets, Blackwell, 1997, pp. 38-64.

21. González y Torres, *News for All the People*, pp. 28-29; Meacham, *Thomas Jefferson*, p. 97.

22. Waldstreicher, *Runaway America*, pp. 211-212; Samuel Johnson, *Taxation No Tyranny. An Answer to the Resolutions and Address of the American Congress*, Londres, T. Cadell, 1775, p. 89.

9. «CREADOS» IGUALES

1. Meacham, *Thomas Jefferson*, p. 103.
2. Wiencek, *Master of the Mountain*, pp. 27-29 (la cursiva es mía).
3. Jacqueline Jones, *A Dreadful Deceit. The Myth of Race from the Colonial Era to Obama's America*, Nueva York, BasicBooks, 2013, p. 64.
4. Roediger, *How Race Survived U.S. History*, pp. 31-32 y 41-42.
5. Robert L. Hetzel, «The Relevance of Adam Smith», en Andrés Marroquín, ed., *Invisible Hand. The Wealth of Adam Smith*, Honolulú, University Press of the Pacific, 2002, pp. 25-29; Adam Smith, *An Inquiry into the Nature and Causes of the Wealth of Nations*, 2 vols., vol. 1, Londres, W. Strahan and T. Cadell, 1776, p. 25; Adam Smith, *An Inquiry into the Nature and Causes of the Wealth of Nations*, 9.ª ed., 3 vols., vol. 2, Londres, A. Strahan, T. Cadell, and W. Davies, 1799, p. 454. [Hay trad. cast.: *La riqueza de las naciones*, trad. de José Alonso Ortiz, Barcelona, Folio, 1997].
6. Thomas Jefferson, «Jefferson's "Original Rough Draught" of the Declaration of Independence», en *The Papers of Thomas Jefferson*, vol. 1, 1760-1776, ed. de Julian P. Boyd, Princeton, New Jersey, Princeton University Press, 1950, pp. 243-247.
7. Samuel Hopkins, *A Dialogue, Concerning the Slavery of the Africans*, Norwich, Connecticut, Judah P. Spooner, 1776.
8. Joseph J. Ellis, *American Sphinx. The Character of Thomas Jefferson*, Nueva York, Alfred A. Knopf, 1997, pp. 27-71; Meacham, *Thomas Jefferson*, p. 106.
9. Jefferson, *Notes on the State of Virginia*, p. 229.
10. Roediger, *How Race Survived U.S. History*, p. 46.
11. Jefferson, *Notes on the State of Virginia*, p. 229.
12. *Ibid.*, pp. 232-234.
13. Herbert Aptheker, *Anti-Racism in U.S. History. The First Two Hundred Years*, Nueva York, Greenwood Press, 1992, pp. 47-48.
14. Jefferson, *Notes on the State of Virginia*, pp. 231-232.
15. *Ibid.*, pp. 100 y 239; Thomas Jefferson, «To General Chastellux, June 7, 1785», en *The Papers of Thomas Jefferson*, vol. 8, p. 186.
16. Meacham, *Thomas Jefferson*, vol. XXVI, pp. 144, 146, 175 y 180.

17. Adams y Sanders, *Alienable Rights*, pp. 88-89; Meacham, *Thomas Jefferson*, pp. 188-189; Thomas Jefferson, «To Brissot de Warville, February 11, 1788», en *The Papers of Thomas Jefferson*, vol. 12, pp. 577-578.

18. Fawn McKay Brodie, *Thomas Jefferson. An Intimate History*, Nueva York, W. W. Norton, 2010, pp. 287-288; Constantin-Francois Volney, *Travels Through Syria and Egypt. The Years 1783, 1784, and 1785*, vol. 1, Londres, G. G. J. and J. Robinson, 1788, pp. 80-83.

19. Meacham, *Thomas Jefferson*, p. 208.

20. James Bowdoin, «A Philosophical Discourse Publickly Addressed to the American Academy of Arts and Sciences», *Memoirs of the American Academy of Arts and Sciences*, vol. 1 (1785), pp. 8-9; John Morgan, «Some Account of a Motley Colored, or Pye Negro Girl and Mulatto Boy», *Transactions of the American Philosophical Society*, vol. 2 (1784), p. 393.

21. Samuel Stanhope Smith, *An Essay on the Causes of the Variety of Complexion and Figure in the Human Species. To Which Are Added Strictures on Lord Kaim's Discourse, on the Original Diversity of Mankind*, Filadelfia, Robert Aitken, 1787, pp. 17, 32, 58, 72 y 111.

22. Ayana D. Byrd y Lori L. Tharps, *Hair Story. Untangling the Roots of Black Hair in America*, Nueva York, St. Martin's Press, 2001, pp. 19-21.

23. Bruce R. Dain, *A Hideous Monster of the Mind. American Race Theory in the Early Republic*, Cambridge, Massachusetts, Harvard University Press, 2002, p. 43; Smith, *Strictures on Lord Kaim's Discourse*, pp. 2 y 20.

24. David O. Stewart, *The Summer of 1787. The Men Who Invented the Constitution*, Nueva York, Simon and Schuster, 2007, pp. 68-81.

25. Roediger, *How Race Survived U.S. History*, p. 47; Adams y Sanders, *Alienable Rights*, pp. 50-66, 78 y 80-81.

26. Meacham, *Thomas Jefferson*, vol. XXVI, pp. 144, 146, 175, 180 y 209-210.

27. *Ibid.*, pp. 216-217.

28. Adams y Sanders, *Alienable Rights*, pp. 90-93.

29. Meacham, *Thomas Jefferson*, pp. 216-223.

30. *Ibid.*, pp. 231-235, 239, 241, 249 y 254.

10. Persuasión por elevación

1. Aptheker, *Anti-Racism in U.S. History*, pp. 15-16; Henry E. Baker, «Benjamin Banneker, the Negro Mathematician and Astronomer», *Journal of Negro History*, vol. 3 (1918), p. 104.

2. Joanne Pope Melish, «The "Condition" Debate and Racial Discourse in the Antebellum North», *Journal of the Early Republic*, vol. 19 (1999), pp. 654-655 y 661; Stewart, *Summer of 1787*, pp. 25-27.

3. Roediger, *How Race Survived U.S. History*, pp. 56-57 y 142-143; Adams y Sanders, *Alienable Rights*, pp. 28-29.

4. Jordan, *White over Black*, pp. 447-449 y 531.

5. Benjamin Banneker, «To Thomas Jefferson, August 19, 1791», en *The Papers of Thomas Jefferson*, vol. 22, pp. 49-54.

6. Thomas Jefferson, «To Benjamin Banneker, August 30, 1791», en *ibid.*, pp. 97-98; Thomas Jefferson, «To Condorcet, August 30, 1791», en *ibid.*, pp. 98-99.

7. C. L. R. James, *The Black Jacobins. Toussaint L'Ouverture and the San Domingo Revolution*, 2.ª ed., Nueva York, Vintage Books, 1963, p. 88 [hay trad. cast.: *Los jacobinos negros. Toussaint L'Overture y la revolución de Haití*, trad. de Ramón García Rodríguez, Madrid, Turner, 2003].

8. Thomas Jefferson, «St. Domingue (Haiti)», *Thomas Jefferson Encyclopedia, Monticello*, <www.monticello.org/site/research-and-collections/st-domingue-haiti>.

9. Leon F. Litwack, *North of Slavery. The Negro in the Free States, 1790-1860*, Chicago, University of Chicago Press, 1961, pp. 18-19; Melish, «"Condition" Debate», pp. 651-657 y 661-665.

10. Melish, «"Condition" Debate», pp. 660-661; Jones, *Dreadful Deceit*, p. 131.

11. Gary B. Nash, *Forging Freedom. The Formation of Philadelphia's Black Community, 1720-1840*, Cambridge, Massachusetts, Harvard University Press, 1988, pp. 127-132.

12. Bedini, *Thomas Jefferson*, pp. 247-248; Meacham, *Thomas Jefferson*, pp. 262-263 y 275.

13. Peter Kolchin, *American Slavery, 1619-1877*, ed. rev., Nueva York, Hill and Wang, 2003, pp. 94-96; Holt, *Children of Fire*, p. 125.

14. Charles D. Martin, *The White African American Body. A Cultural and Literary Exploration*, New Brunswick, New Jersey, Rutgers University Press, 2002, p. 37; Jordan, *White over Black*, pp. 533-534; Joanne Pope Melish, *Disowning Slavery. Gradual Emancipation and "Race" in New England, 1780-1860*, Ithaca, Nueva York, Cornell University Press, 1998, p. 145.

15. Bethencourt, *Racisms*, p. 167; Benjamin Rush, *The Autobiography of Benjamin Rush*, Princeton, New Jersey, Princeton University Press, 1948, p. 307; Martin, *The White African American Body*, pp. 19-24; Jefferson, *Notes on the State of Virginia*, pp. 118-119.

16. Benjamin Rush, «To Thomas Jefferson, February 4, 1797», en *The Papers of Thomas Jefferson*, vol. 29, p. 284.

17. Benjamin Rush, «Observations Intended to Favour a Supposition that the Black Color (as It Is Called) of the Negroes Is Derived from the Leprosy», *Transactions of the American Philosophical Society*, vol. 4 (1799), pp. 289-297.

18. Jordan, *White over Black*, pp. 502-503; Meacham, *Thomas Jefferson*, p. 299.

19. *Richmond Recorder*, 1 de septiembre de 1802.

20. Meacham, *Thomas Jefferson*, pp. 378-380, 418-419 y 454.

21. Kimberly Wallace-Sanders, *Skin Deep, Spirit Strong. The Black Female Body in American Culture*, Ann Arbor, University of Michigan Press, 2002, pp. 15-16.

22. Larry E. Tise, *Proslavery. A History of the Defense of Slavery in America, 1701-1840*, Athens, University of Georgia Press, 1987, pp. 36-37; Meacham, *Thomas Jefferson*, pp. 348-350.

23. Jordan, *White over Black*, pp. 349, 368, 375, 379, 385, 401, 403, 410 y 425.

24. Meacham, *Thomas Jefferson*, pp. 386-387 y 392.

25. Jordan, *White over Black*, p. 531; Dain, *Hideous Monster*, pp. 58-60.

26. Wilder, *Ebony & Ivy*, p. 209; Charles White, *An Account of the Regular Gradation in Man, and in Different Animals and Vegetables; and from the Former to the Latter*, vol. III, Londres, 1799, pp. 11-40 y 61.

27. Jordan, *White over Black*, pp. 505-506 y 531.

28. Samuel Stanhope Smith, *An Essay on the Causes of the Variety of Complexion and Figure in the Human Species*, 2.ª ed., New Brunswick, New Jersey, J. Simpson, 1810, pp. 33, 48, 93-95, 252-255, 265-269, 287-296 y 302-305.

11. Traseros gordos

1. Thomas Jefferson, «To Pierre Samuel Du Pont de Nemours, March 2, 1809», Founders Online, National Archives, <http://founders.archives.gov/documents/Jefferson/99-01-02-9936>; Meacham, *Thomas Jefferson*, pp. 428-432 y 468; Bedini, *Thomas Jefferson*, pp. 396-397.

2. Jordan, *White over Black*, p. 442; Clement Clarke Moore, *Observations upon Certain Passages in Mr. Jefferson's Notes on Virginia*, Nueva York, 1804, pp. 19-32; Bedini, *Thomas Jefferson*, pp. 379-380, 416 y 429-430.

3. Henri Grégoire, *An Enquiry Concerning the Intellectual and Moral Faculties and Literature of Negroes. Followed with an Account of the Life and Works of Fifteen Negroes and Mulattoes Distinguished in Science, Literature, and the Arts*, College Park, Maryland, McGrath, 1967, pp. 128, 131, 134 y 155-157.

4. Angela Y. Davis, *Women, Race & Class*, Nueva York, Vintage Books, 1983, p. 7 [hay trad. cast.: *Mujeres, raza y clase*, trad. de Ana Varela Mateos, Madrid, Akal,

2004]; Thomas, *Slave Trade*, pp. 551-552 y 568-572; Kolchin, *American Slavery*, pp. 93-95; Thomas Jefferson, «To John W. Eppes, June 30, 1820», en *Thomas Jefferson's Farm Book. With Commentary and Relevant Extracts from Other Writings*, ed. de Edwin Morris Betts, Princeton, New Jersey, Princeton University Press, 1953, p. 46.

5. Holt, *Children of Fire*, p. 105; Jedidiah Morse, *A Discourse, Delivered at the African Meeting-House*, Boston, Lincoln and Edmands, 1808, p. 18.

6. Thomas Jefferson, «To Henri Grégoire, February 25, 1809», Founders Online, National Archives, <http://founders.archives.gov/documents/Jefferson/99-01-02-9893>.

7. Beverly Guy-Sheftall, «The Body Politic. Black Female Sexuality and the Nineteenth-Century Euro-American Imagination», en Kimberly Wallace-Sanders, ed., *Skin Deep, Spirit Strong. The Black Female Body in American Culture*, Ann Arbor, University of Michigan Press, 2002, p. 18.

8. Clifton C. Crais y Pamela Scully, *Sara Baartman and the Hottentot Venus. A Ghost Story and a Biography*, Princeton, New Jersey, Princeton University Press, 2009, pp. 8-10, 24, 25, 37, 40, 50-57, 64, 66, 70, 71, 74, 78-81, 100, 101, 105, 107, 111-113, 124 y 126-141.

9. Barbara Krauthamer, *Black Slaves, Indian Masters. Slavery, Emancipation, and Citizenship in the Native American South*, Chapel Hill, University of North Carolina Press, 2013, pp. 17-23, 26, 32 y 34-35.

10. Herbert Aptheker, *American Negro Slave Revolts*, Nueva York, International Publishers, 1963, pp. 249-251 [hay trad. cast.: *Las revueltas de los esclavos negros norteamericanos*, trad. de Leopoldo Lovelace, Madrid, Siglo XXI, 1978]; Daniel Rasmussen, *American Uprising. The Untold Story of America's Largest Slave Revolt*, Nueva York, Harper, 2011, pp. 1-3.

11. James Kirke Paulding, *Letters from the South by a Northern Man*, nueva ed., 2 vols., vol. 1, Nueva York, Harper and Brothers, 1835, pp. 96-98; Kolchin, *American Slavery*, pp. 93-95.

12. Tise, *Proslavery*, pp. 42-52, 142-143 y 384; Robert Walsh, *Appeal from the Judgements of Great Britain Respecting the United States of America*, 2.ª ed., Filadelfia, 1819, pp. 397 y 409-411.

13. Meacham, *Thomas Jefferson*, p. xix.

14. Randall, *Thomas Jefferson*, p. 585; Bedini, *Thomas Jefferson*, p. 396; Meacham, *Thomas Jefferson*, pp. 446-448.

15. Bedini, *Thomas Jefferson*, pp. 379-380, 402, 403, 416, 429-432 y 437.

16. Adams y Sanders, *Alienable Rights*, pp. 107-108.

12. Colonización

1. Aptheker, *American Negro Slave Revolts*, pp. 222-223.

2. Tise, *Proslavery*, p. 58.

3. Philip Slaughter, *The Virginian History of African Colonization*, Richmond, Macfarlane and Fergusson, 1855, pp. 1-8; Eric Burin, *Slavery and the Peculiar Solution. A History of the American Colonization Society*, Gainesville, University Press of Florida, 2005, pp. 10-11.

4. Charles Fenton Mercer, *An Exposition of the Weakness and Inefficiency of the Government of the United States of North America*, s. l., 1845, pp. 173 y 284.

5. Douglas R. Egerton, «Its Origin Is Not a Little Curious. A New Look at the American Colonization Society», *Journal of the Early Republic*, vol. 4 (1985), pp. 468-472.

6. Robert Finley, «Thoughts on the Colonization of Free Blacks», *African Repository and Colonial Journal*, vol. 9 (1834), pp. 332-334.

7. Scott L. Malcomson, *One Drop of Blood. The American Misadventure of Race*, Nueva York, Farrar, Straus, and Giroux, 2000, p. 191; Finley, «Thoughts on the Colonization of Free Blacks», pp. 332-334.

8. Tibebu Teshale, *Hegel and the Third World. The Making of Eurocentrism in World History*, Syracuse, Nueva York, Syracuse University Press, 2011, pp. 74-76, 79, 80, 83, 87, 89, 171, 174 y 178-179.

9. Egerton, «Its Origin Is Not a Little Curious», pp. 476 y 480.

10. Burin, *Slavery and the Peculiar Solution*, pp. 15-16; Douglas R. Egerton, «Averting a Crisis. The Proslavery Critique of the American Colonization Society», *Civil War History*, vol. 42 (1997), pp. 143-144.

11. Litwack, *North of Slavery*, pp. 34-39.

12. Myron O. Stachiw, «"For the Sake of Commerce". Slavery, Antislavery, and Northern Industry», en David Roediger y Martin H. Blatt, eds., *The Meaning of Slavery in the North*, Nueva York, Garland, 1998, p. 35.

13. David Robertson, *Denmark Vesey*, Nueva York, Alfred A. Knopf, 1999, pp. 4-5, 41-42, 47-48, 98 y 123; Aptheker, *American Negro Slave Revolts*, pp. 81, 115 y 268-275; Adams y Sanders, *Alienable Rights*, pp. 142-143; Tise, *Proslavery*, pp. 58-61.

14. Burin, *Slavery and the Peculiar Solution*, pp. 15-16.

15. Ellis, *American Sphinx*, pp. 314-326; Meacham, *Thomas Jefferson*, pp. 475 y 477.

16. Thomas Jefferson, *Autobiography of Thomas Jefferson, 1743-1790*, Nueva York, G. P. Putnam's Sons, 1914, p. 77 [hay trad. cast.: *Autobiografía y otros escritos*, trad. de Antonio Escohotado y Manuel Sáenz de Heredia, Madrid, Tecnos, 1987].

17. Edward J. Blum y Paul Harvey, *The Color of Christ. The Son of God & the Saga of Race in America*, Chapel Hill, University of North Carolina Press, 2012, pp. 78-83 y 93-100; Meacham, *Thomas Jefferson*, p. 473.

18. Tise, *Proslavery*, pp. 52-54 y 302-303; James Brewer Stewart, «The Emergence of Racial Modernity and the Rise of the White North, 1790-1840», *Journal of the Early Republic*, vol. 18, n.° 2 (1998), pp. 193-195; Adams y Sanders, *Alienable Rights*, pp. 112-113.

19. Melish, «"Condition" Debate», pp. 667-668.

20. Hosea Easton, «An Address», en *To Heal the Scourge of Prejudice. The Life and Writings of Hosea Easton*, ed. de George R. Price y James Brewer Stewart, Amherst, University of Massachusetts Press, 1999, p. 62.

21. *Freedom's Journal*, 16 de marzo de 1827.

22. Frederick Cooper, «Elevating the Race. The Social Thought of Black Leaders, 1827-50», *American Quarterly*, vol. 24, n.° 5 (1972), pp. 606-608.

23. González y Torres, *News for All the People*, pp. 109-113; Stewart, «The Emergence of Racial Modernity», pp. 193-195.

24. Albert Ebenezer Gurley, Charles Rogers y Henry Porter Andrews, *The History and Genealogy of the Gurley Family*, Hartford, Connecticut, Press of the Case, Lockwood, and Brainard Company, 1897, p. 72; Melish, «"Condition" Debate», p. 658.

25. Thomas Jefferson a Jared Sparks, Monticello, 4 de febrero de 1824, *The Letters of Thomas Jefferson, 1743-1826*, American History, <www.let.rug.nl/usa/presidents/thomas-jefferson/letters-of-thomas-jefferson/jefl276.php>.

26. «American Colonization Society», *African Repository and Colonial Journal*, vol. 1 (1825), pp. 1 y 5; T. R., «Observations of the Early History of the Negro Race», *African Repository and Colonial Journal*, vol. 1 (1825), pp. 7-12.

27. Meacham, *Thomas Jefferson*, p. 488.

28. Bedini, *Thomas Jefferson*, pp. 478-480; Meacham, *Thomas Jefferson*, pp. 48 y 492-496.

TERCERA PARTE
William Lloyd Garrison

13. UNA IGUALDAD GRADUAL

1. Ellis, *American Sphinx*, p. 298.

2. Wilder, *Ebony & Ivy*, pp. 255, 256, 259 y 265-266.

3. Henry Mayer, *All on Fire. William Lloyd Garrison and the Abolition of Slavery*, Nueva York, St. Martin's Press, 1998, pp. 3-13; John L. Thomas, *The Liberator. William Lloyd Garrison, a Biography*, Boston, Little, Brown, 1963, pp. 7-20 y 27-42.

4. Mayer, *All on Fire*, pp. 51-55.

5. *Ibid.*, pp. 62-68.

6. *Ibid.*, pp. 68-70.

7. William Lloyd Garrison, «To the Public», *Genius of Universal Emancipation*, 2 de septiembre de 1829.

8. David Walker, *David Walker's Appeal*, Baltimore, Black Classic Press, 1993, pp. 36, 37, 39-42, 70, 91 y 95.

9. Mayer, *All on Fire*, pp. 77-78, 83-88 y 91-94; Litwack, *North of Slavery*, pp. 233-235.

10. Alexis de Tocqueville, *Democracy in America*, trad. de Henry Reeve, 3.ª ed., vol. 1, Nueva York, G. Adlard, 1839, pp. 340-356 y 374 [hay trad. cast.: *La democracia en América*, trad. de Luis R. Cuéllar, Buenos Aires, Fondo de Cultura Económica, 1992].

11. William Lloyd Garrison, «To the Public», *The Liberator*, 1 de enero de 1831.

12. William Lloyd Garrison, *An Address, Delivered Before the Free People of Color, in Philadelphia*, 2.ª ed., Boston, S. Foster, 1831, pp. 5-6; Thomas, *The Liberator*, p. 152.

13. *Minutes and Proceedings of the Second Annual Convention, for the Improvement of the Free People of Color in These United States*, Filadelfia, 1832, p. 34.

14. Alexander Saxton, «Problems of Class and Race in the Origins of the Mass Circulation Press», *American Quarterly*, vol. 36, n.º 2 (1984), pp. 212, 213, 217 y 231; Litwack, *North of Slavery*, pp. 113, 119, 126, 131 y 168-170; Tise, *Proslavery*, pp. 294-302; Mayer, *All on Fire*, pp. 117-118 y 169; González y Torres, *News for All the People*, pp. 50-51.

15. Bruce A. Glasrud y Alan M. Smith, *Race Relations in British North America, 1607-1783*, Chicago, Nelson-Hall, 1982; Litwack, *North of Slavery*, pp. 162-164.

16. Washington, *Medical Apartheid*, pp. 86-90 y 94-98; David R. Roediger, *The Wages of Whiteness. Race and the Making of the American Working Class*, ed. rev., Londres, Verso, 2007, pp. 115-116.

17. Leonard Cassuto, *The Inhuman Race. The Racial Grotesque in American Literature and Culture*, Nueva York, Columbia University Press, 1997, pp. 139-143; Paula T. Connolly, *Slavery in American Children's Literature, 1790-2010*, Iowa, University of Iowa Press, 2013, pp. 53 y 56-57; David Kenneth Wiggins, *Glory Bound. Black Athletes in a White America*, Syracuse, Syracuse University Press, 1997, pp. 14-15; John Pendleton Kennedy, *Swallow Barn, or, a Sojourn in the Old Dominion*, 2 vols., Filadelfia, Carey and Lea, 1832.

18. Aptheker, *American Negro Slave Revolts*, pp. 293-295 y 300-307; Blum y Harvey, *The Color of Christ*, p. 123; Nat Turner y Thomas R. Gray, *The Confessions of Nat Turner*, Richmond, T. R. Gray, 1832, pp. 9-10.

19. Mayer, *All on Fire*, pp. 117, pp. 120-123 y 129-131; Thomas, *The Liberator*, pp. 131-132 y 136-137; Aptheker, *American Negro Slave Revolts*, p. 313.

20. Mayer, *All on Fire*, pp. 131-134.

21. William Lloyd Garrison, *Thoughts on African Colonization*, Nueva York, Arno Press, 1968, pp. xix y 151; Mayer, *All on Fire*, pp. 134-139 y 140.

22. Garrison, *Thoughts on African Colonization*, pp. ix-xi; Thomas R. Dew, *Review of the Debate in the Virginia Legislature of 1831 and 1832*, Bedbord, Applewood Books, 2008, pp. 5 y 93.

23. Litwack, *North of Slavery*, pp. 153-158.

24. Chancellor Harper, *Memoir on Slavery*, Charleston, James S. Burges, 1838, p. 55; Ralph Gurley, «Garrison's Thoughts on African Colonization», *African Repository and Colonial Journal*, vol. 8, n.º 8 (1832), p. 277; González y Torres, *News for All the People*, pp. 42-44; Tise, *Proslavery*, pp. 64-74 y 267-268; Mayer, *All on Fire*, pp. 139-145, 148, 157 y 166-167.

25. Aptheker, *Anti-Racism in U.S. History*, p. 129; Mayer, *All on Fire*, pp. 170-176.

26. Mayer, *All on Fire*, p. 195; Russel B. Nye, *William Lloyd Garrison and the Humanitarian Reformers*, Library of American Biography, Boston, Little, Brown, 1955, pp. 81-82.

14. Embrutecidos o civilizados

1. George M. Fredrickson, *The Black Image in the White Mind. The Debate on Afro-American Character and Destiny, 1817-1914,* Middletown, Wesleyan University Press, 1987, pp. 103-104; Connolly, *Slavery in American Children's Literature*, pp. 26-30.

2. Ronald Bailey, «"Those Valuable People, the Africans". The Economic Impact of the Slave(ry) Trade on Textile Industrialization in New England», en David Roediger y Martin H. Blatt, eds., *The Meaning of Slavery in the North*, Nueva York, Garland, 1998, p. 13; Christine Stansell, *City of Women. Sex and Class in New York, 1789-1860*, Urbana, University of Illinois Press, 1987, pp. 83-100; Jones, *Dreadful Deceit*, p. 107; Bertram Wyatt-Brown, «The Abolitionists' Postal Campaign of 1835», *Journal of Negro History*, vol. 50, n.º 4 (1965), pp. 227-238; González y Torres, *News for All the People*, pp. 39-40 y 46-47; Mayer, *All on Fire*,

pp. 196-199; Adams y Sanders, *Alienable Rights*, pp. 146-147 y 149; Tise, *Pro-slavery*, pp. 279 y 308-310.

3. John C. Calhoun, «Speech on Slavery», *Congressional Globe*, Senado de Estados Unidos, 24.° Congreso, 2.ª sesión, 6 de febrero de 1837, pp. 157-159.

4. Mayer, *All on Fire*, p. 218.

5. *Colored American*, 1 de junio de 1839.

6. Calvin Colton, *Abolition a Sedition*, Filadelfia, G. W. Donohue, 1839, p. 126; William Ragan Stanton, *The Leopard's Spots. Scientific Attitudes toward Race in America, 1815-59*, Chicago, University of Chicago Press, 1960, pp. 24-25.

7. Samuel George Morton, *Crania Americana*, Filadelfia, J. Dobson, 1839, pp. 1-7.

8. Ann Fabian, *The Skull Collectors. Race, Science, and America's Unburied Dead*, Chicago, University of Chicago Press, 2010, pp. 24, 81-82 y 90; «Crania Americana», *Boston Medical and Surgical Journal*, vol. 21, n.° 22 (1840), p. 357; «Review», *American Journal of Science and Arts*, vol. 38, n.° 2 (1840), p. 341; Sven Lindqvist, *The Skull Measurer's Mistake. And Other Portraits of Men and Women Who Spoke Out Against Racism*, Nueva York, New Press, 1997, pp. 44-47.

9. Edward Jarvis, «Statistics of Insanity in the United States», *Boston Medical and Surgical Journal*, vol. 27, n.° 7 (1842), pp. 116-121.

10. «Vital Statistics of Negroes and Mulattoes», *Boston Medical and Surgical Journal*, vol. 27, n.° 10 (1842); Stanton, *The Leopard's Spots*, pp. 65-68.

11. Edward Jarvis, «Insanity Among the Coloured Population of the Free States», *American Journal of Medical Sciences*, vol. 6, n.° 13 (1844), pp. 71-83.

12. Mayer, *All on Fire*, p. 326; Nye, *William Lloyd Garrison*, pp. 148-149.

13. Stanton, *The Leopard's Spots*, pp. 45-53 y 60-65; Fredrickson, *The Black Image in the White Mind*, pp. 74-75; H. Shelton Smith, *In His Image. But… Racism in Southern Religion, 1780-1910*, Durham, Duke University Press, 1972, p. 144; Litwack, *North of Slavery*, p. 46.

14. Fergus M. Bordewich, *Bound for Canaan. The Underground Railroad and the War for the Soul of America*, Nueva York, Amistad, 2005, pp. 224-226.

15. Frederick Douglass, *Narrative of the Life of Frederick Douglass, an American Slave*, New Haven, Yale University Press, 2001, pp. 3, 4, 6, 8 y 9; Mayer, *All on Fire*, pp. 350-352.

16. Connolly, *Slavery in American Children's Literature*, pp. 35 y 38; Stanton, *The Leopard's Spots*, pp. 68-72 y 97-99; Josiah Clark Nott, *Two Lectures on the Natural History of the Caucasian and Negro Races*, Mobile, Dade and Thompson, 1844, p. 38; E. G. Squier, «American Ethnology», *American Review*, vol. 9 (1849), pp. 385-398.

17. Michael T. Bernath, *Confederate Minds. The Struggle for Intellectual Independence in the Civil War South*, Civil War America, Chapel Hill, University of North Carolina Press, 2010, pp. 83-84; González y Torres, *News for All the People*, p. 138.

18. Samuel A. Cartwright, «Report on the Diseases and Physical Peculiarities of the Negro Race», *De Bow's Review*, vol. 7 (1851), pp. 692-696.

19. Washington, *Medical Apartheid*, pp. 55, 57 y 61-68.

20. González y Torres, *News for All the People*, pp. 118-119.

21. Litwack, *North of Slavery*, pp. 47-48; James D. Bilotta, *Race and the Rise of the Republican Party, 1848-1865*, Nueva York, P. Lang, 1992, pp. 83-99.

22. Patricia A. Schechter, «Free and Slave Labor in the Old South. The Tredegar Ironworkers' Strike of 1847», *Labor History*, vol. 35, n.º 2 (1994), pp. 165-186.

23. William Lloyd Garrison, «Complexional Prejudice», en *Selections from the Writings and Speeches of William Lloyd Garrison*, Nueva York, Negro Universities Press, 1968, pp. 286-288.

24. Mayer, *All on Fire*, p. 393.

25. John Bachman, «The Doctrine of the Unity of the Human Race Examined on the Principles of Science», en *Charleton Medical Journal*, Charleston, C. Canning, 1850, pp. 91 y 212.

26. Peter A. Browne, *The Classification of Mankind, by the Hair and Wool of Their Heads*, Filadelfia, 1850, pp. 1, 8 y 20; M. H. Freeman, «The Educational Wants of the Free Colored People», *Anglo-African Magazine*, abril de 1859.

27. Henry Clay, «Remark in Senate», en *The Papers of Henry Clay. Candidate, Compromiser, Elder Statesman, January 1, 1844-June 29, 1852*, vol. 10, ed. de Melba Porter Hay, Lexington, University Press of Kentucky, 2015, p. 815.

28. *Idem.*

15. ALMA

1. Joan D. Hedrick, *Harriet Beecher Stowe. A Life*, Nueva York, Oxford University Press, 1994, pp. 202-205.

2. Giddings, *When and Where I Enter*, pp. 54-55 y 132-133.

3. Hedrick, *Harriet Beecher Stowe*, pp. 206-207.

4. Harriet Beecher Stowe, *Uncle Tom's Cabin*, Londres, George Bell and Sons, 1889, pp. iii y 193 [hay trad. cast.: *La cabaña del tío Tom*, ed. Carme Manuel, trad. de Elizabeth Power, Madrid, Cátedra, 1998].

5. *A Key to Uncle Tom's Cabin. Presenting the Original Facts and Documents*

upon Which the Story Is Founded, Londres, Sampson Low, Son and Company, 1853, p. 52; Stowe, *Uncle Tom's Cabin*, p. 327.

6. Stephan Talty, *Mulatto America. At the Crossroads of Black and White Culture. A Social History*, Nueva York, HarperCollins, 2003, pp. 22-24.

7. Stowe, *Uncle Tom's Cabin*, pp. 80 y 473; Millard Fillmore, «Mr. Fillmore's Views Relating to Slavery», en *Millard Fillmore Papers*, ed. de Frank H. Severance, vol. 1, Buffalo, Buffalo Historical Society, 1907, pp. 320-324.

8. William Lloyd Garrison, «Review of *Uncle Tom's Cabin*; or, Life Among the Lowly», *The Liberator*, 26 de marzo de 1852.

9. Frederick Douglass, *The Life and Times of Frederick Douglass. From 1817-1882*, Londres, Christian Age Office, 1882, p. 250.

10. Martin Robison Delany, *The Condition, Elevation, Emigration, and Destiny of the Colored People of the United States, Politically Considered*, Filadelfia, 1852, pp. 10 y 24-27.

11. Giddings, *When and Where I Enter*, pp. 60-61; Christian G. Samito, *Changes in Law and Society During the Civil War and Reconstruction. A Legal History Documentary Reader*, Carbondale, Southern Illinois University Press, 2009, p. 17.

12. Connolly, *Slavery in American Children's Literature*, pp. 69-76; «Southern Slavery and Its Assailants. The Key to *Uncle Tom's Cabin*», *De Bow's Review*, noviembre de 1853.

13. Franklin Pierce, «Address by Franklin Pierce, 1853», Joint Congressional Committee on Inaugural Ceremonies, <www.inaugural.senate.gov/swearing-in/address/address-by-franklin-pierce-1853>; Mayer, *All on Fire*, pp. 425-427.

14. Josiah Clark Nott y George R. Gliddon, *Types of Mankind*, 7.ª ed., Filadelfia, J. B. Lippincott, Grambo, 1855, pp. v y 60.

15. John H. van Evrie, *Negroes and Negro «Slavery». The First an Inferior Race. The Latter Its Normal Condition*, 3.ª ed., Nueva York, Van Evrie, Horton, 1963, p. 221; Thomas F. Gossett, *Race. The History of an Idea in America*, Nueva York, Oxford University Press, 1997, pp. 342-346; Stanton, *The Leopard's Spots*, pp. 174-175.

16. Carolyn L. Karcher, «Melville's "The Gees". A Forgotten Satire on Scientific Racism», *American Quarterly*, vol. 27, n.º 4 (1975), pp. 425 y 430-431.

17. Waldo E. Martin, *The Mind of Frederick Douglass*, Chapel Hill, University of North Carolina Press, 1984, p. 229.

18. James McCune Smith, «On the Fourteenth Query of Thomas Jefferson's Notes on Virginia», *The Anglo-African Magazine*, agosto de 1859.

19. Frederick Douglass, *The Claims of the Negro, Ethnologically Considered*, Ro-

chester, Lee, Mann, 1854; Wilson Jeremiah Moses, *Afrotopia. The Roots of African American Popular History*, Cambridge, Cambridge University Press, 1998, pp. 111-113.

20. William Lloyd Garrison, «Types of Mankind», *The Liberator*, 13 de octubre de 1854.

21. «Frederick Douglass and His Paper», *The Liberator*, 23 de septiembre de 1853.

22. Mayer, *All on Fire*, pp. 431-434.

16. AL BORDE DE LA CRISIS

1. Eric Foner, *The Fiery Trial. Abraham Lincoln and American Slavery*, Nueva York, W. W. Norton, 2010, pp. 65-67.

2. Mayer, *All on Fire*, pp. 424-425.

3. Foner, *Fiery Trial*, pp. 5, 11, 12, 31 y 60-62.

4. James Buchanan, «Inaugural Address», 4 de marzo de 1857, en Gerhard Peters y John T. Woolley, eds., The American Presidency Project, <www.presidency.ucsb.edu/ws/?pid=25817>.

5. «Dred Scott v. John F. A. Sandford», 6 de marzo de 1857, expedientes 1792-1995, grupo de registros 267, registros del Tribunal Supremo de Estados Unidos, Archivos Nacionales.

6. Harding, *There Is a River*, pp. 195 y 202-204.

7. Abraham Lincoln y Stephen A. Douglas, *Political Debates Between Hon. Abraham Lincoln and Hon. Stephen A. Douglas, in the Celebrated Campaign of 1858, in Illinois*, Columbus, Follett, Foster, 1860, pp. 71, 154, 232 y 241.

8. Foner, *Fiery Trial*, pp. 101-111.

9. Mayer, *All on Fire*, pp. 474-477.

10. Hinton Rowan Helper, *The Impending Crisis of the South. How to Meet It*, Nueva York, Burdick Brothers, 1857, p. 184.

11. Fredrickson, *The Black Image in the White Mind*, pp. 113-115.

12. Adams y Sanders, *Alienable Rights*, p. 178; Mayer, *All on Fire*, pp. 494-507.

13. William C. Davis, *Jefferson Davis. The Man and His Hour*, Baton Rouge, Louisiana State University Press, 1996, pp. 277-279.

14. Charles Darwin, *On the Origin of Species by Means of Natural Selection, or the Preservation of Favoured Races in the Struggle for Life*, 3.ª ed., Londres, J. Murray, 1861, pp. 4, 6, 18, 24, 35, 413 y 524 [hay trad. cast.: *El origen de las especies*, trad. de Juan Manuel Ibeas Delgado, José Pérez Marco, Barcelona, Penguin Clásicos, 2019].

15. Richard Hofstadter, *Social Darwinism in American Thought*, Boston, Beacon Press, 1992, pp. 5, 13, 22, 29 y 31-41.

16. Francis Galton, *Hereditary Genius. An Inquiry into Its Laws and Consequences*, Nueva York, D. Appleton, 1891, p. 338; Gossett, *Race*, pp. 155-158.

17. Carl N. Degler, *In Search of Human Nature. The Decline and Revival of Darwinism in American Social Thought*, Nueva York, Oxford University Press, 1991, pp. 59-61.

18. Charles Darwin, *The Descent of Man, and Selection in Relation to Sex*, Nueva York, D. Appleton, 1872, pp. 163, 192-193 y 208 [hay trad. cast.: *El origen del hombre*, trad. de Julián Aguirre, Madrid, Edaf, 1982].

19. «Free Negro Rule», *De Bow's Review*, vol. 3, n.° 4 (1860), p. 440.

20. «Review 2», *De Bow's Review*, vol. 3, n.° 4 (1860), pp. 490-491; John Tyler Jr., «The Secession of the South», *De Bow's Review*, vol. 3, n.° 4 (1860), p. 367.

21. Mayer, *All on Fire*, pp. 508-509; Foner, *Fiery Trial*, pp. 139-142.

22. Mayer, *All on Fire*, pp. 513-514; Litwack, *North of Slavery*, pp. 269-276.

23. Abraham Lincoln, «To John A. Gilmer», en *Collected Works of Abraham Lincoln*, vol. 4, Ann Arbor, University of Michigan Press, 2001, p. 152; Aptheker, *American Negro Slave Revolts*, pp. 357-358; Bernard E. Powers Jr., «"The Worst of All Barbarism". Racial Anxiety and the Approach of Secession in the Palmetto State», *South Carolina Historical Magazine*, vol. 112, n.° 3-4 (2011), pp. 152-156.

17. EL EMANCIPADOR DE LA HISTORIA

1. «Declaration of the Immediate Causes Which Induce and Justify Secession of South Carolina from the Federal Union», The Avalon Project, Documents in Law, History and Diplomacy, Biblioteca Jurídica Lillian Goldman, Escuela de Derecho de Yale, <http://avalon.law.yale.edu/19th_century/csa_scarsec.asp>; Roediger, *How Race Survived U.S. History*, pp. 70-71; Eric Foner, *Reconstruction. America's Unfinished Revolution, 1863-1877*, Nueva York, Perennial Classics, 2002, p. 25; Foner, *Fiery Trial*, pp. 146-147; Stachiw, «"For the Sake of Commerce"», pp. 33-35.

2. Abraham Lincoln, «First Inaugural Address», 4 de marzo de 1861, The Avalon Project, Documents in Law, History, and Diplomacy, Biblioteca Jurídica Lillian Goldman, Escuela de Derecho de Yale, <http://avalon.law.yale.edu/19th_century/lincoln1.asp>; Alexander H. Stephens, «"Corner Stone" Speech», Teaching American History, <http://teachingamericanhistory.org/library/document/cornerstone-speech>.

3. Connolly, *Slavery in American Children's Literature*, pp. 76, 77, 80, 81, 83 y 84; Bernath, *Confederate Minds*, p. 13; William C. Davis, *Look Away! A History of the Confederate States of America*, Nueva York, Free Press, 2002, pp. 142-143.

4. Mayer, *All on Fire*, pp. 525-526.

5. Véase *Weekly Anglo-African*, 27 de abril de 1861.

6. Davis, *Look Away!*, pp. 142-143.

7. Andrew Johnson, «Proclamation on the End of the Confederate Insurrection», 2 de abril de 1866, Miller Center, Universidad de Virginia, <http://millercenter.org/president/johnson/speeches/proclamation-on-the-end-of-the-confederate-insurrection>; Washington, *Medical Apartheid*, pp. 149-150.

8. «The President's Proclamation», *The New York Times*, 26 de septiembre de 1862; Abraham Lincoln, «First Annual Message», 3 de diciembre de 1861, *Messages and Papers of the Presidents, at Gerhard Peters and John T. Woolley*, The American Presidency Project, Santa Bárbara, Universidad de California, <www.presidency.ucsb.edu/ws/?pid=29502>; William Lloyd Garrison, «To Oliver Johnson, December 6, 1861», *The Letters of William Lloyd Garrison. Let the Oppressed Go Free, 1861-1867*, Cambridge, Massachusetts, Harvard University Press, 1979, p. 47.

9. Aptheker, *American Negro Slave Revolts*, pp. 359-367; Foner, *Reconstruction*, pp. 15-17.

10. Foner, *Fiery Trial*, pp. 215-220.

11. *Ibid.*, pp. 221-227; William Lloyd Garrison, «The President on African Colonization», *The Liberator*, 22 de agosto de 1862; Mayer, *All on Fire*, pp. 531-539; Paul D. Escott, «What Shall We Do with the Negro?», *Lincoln, White Racism, and Civil War America*, Charlottesville, University of Virginia Press, 2009, pp. 53-55; Litwack, *North of Slavery*, pp. 277-278.

12. Horace Greeley, «The Prayer of Twenty Millions», *New-York Tribune*, 20 de agosto de 1862.

13. Abraham Lincoln, «A Letter from the President», *National Intelligencer*, 23 de agosto de 1862.

14. Abraham Lincoln, «Preliminary Emancipation Proclamation», 22 de septiembre de 1862, National Archives and Records Administration, <www.archives.gov/exhibits/american_originals_iv/sections/transcript_preliminary_emancipation.html>.

15. Foner, *Fiery Trial*, pp. 227-232; Peter S. Field, «The Strange Career of Emerson and Race», *American Nineteenth Century History*, vol. 2, n.° 1 (2001), pp. 22-24; Mayer, *All on Fire*, pp. 537-543.

16. Abraham Lincoln, «Second Annual Message», 1 de diciembre de 1862, *Messages and Papers of the Presidents*, <www.presidency.ucsb.edu/ws/?pid=29503>.

17. Foner, *Fiery Trial*, pp. 238-247; Escott, «What Shall We Do with the Negro», pp. 62-63.

18. Mayer, *All on Fire*, pp. 544-547; Thomas, *The Liberator*, pp. 419-420.

19. Escott, «What Shall We Do with the Negro», pp. 62-64.

18. ¿PREPARADOS PARA LA LIBERTAD?

1. Henry Villard, *Memoirs of Henry Villard, Journalist and Financier, 1863-1900*, 2 vols., vol. 2, Boston, Houghton, Mifflin, 1904, pp. 14-24 y 52-55.

2. Escott, «What Shall We Do with the Negro», pp. 42-50; Fredrickson, *The Black Image in the White Mind*, pp. 233-235.

3. Foner, *Fiery Trial*, pp. 52-53; James Brooks, *The Two Proclamations*, Nueva York, impreso por Van Evrie, Horton, 1862, p. 6.

4. Forrest G. Wood, *Black Scare: The Racist Response to Emancipation and Reconstruction*, Berkeley, University of California Press, 1968, pp. 40-52.

5. Foner, *Fiery Trial*, p. 251.

6. Orestes Augustus Brownson, «Abolition and Negro Equality», en *The Works of Orestes A. Brownson*, vol. 17, ed. Henry F. Brownson, Detroit, Thorndike Nourse, 1885, p. 553.

7. Foner, *Fiery Trial*, pp. 258-260.

8. Foner, *Reconstruction*, pp. 35-37, 46-50, 63-64; Mayer, *All on Fire*, pp. 562-563.

9. William Lloyd Garrison, «To Oliver Johnson», en *The Letters of William Lloyd Garrison: Let the Oppressed Go Free, 1861—1867*, vol. 10, ed. Walter M. Merrill, Cambridge, Massachusetts, Harvard University Press, 1979, p. 201.

10. Abraham Lincoln, «Address at Sanitary Fair, Baltimore, Maryland», en *Collected Works of Abraham Lincoln*, vol. 7, pp. 302-303.

11. Foner, *Fiery Trial*, pp. 275-277.

12. Samuel G. Howe, *The Refugees from Slavery in Canada West, Report to the Freedmen's Inquiry Commission*, Boston, Wright and Potter, 1864, pp. 1, 33; Robert Dale Owen, *The Wrong of Slavery: The Right of Emancipation, and the Future of the African Race in the United States*, Filadelfia, J. B. Lippincott, 1864, pp. 219-222.

13. Escott, «What Shall We Do with the Negro», pp. 73-93.

14. William Lloyd Garrison, «To Francis W. Newman», en *The Letters of William Lloyd Garrison*, vol. 10, pp. 228-229.

15. Foner, *Fiery Trial*, pp. 302-311.

16. «Account of a Meeting of Black Religious Leaders in Savannah, Georgia, with the Secretary of War and the Commander of the Military Division of the Mississippi», en *Freedom: A Documentary History of Emancipation, 1861-1867*, serie 1, vol. 3, ed. Ira Berlin *et al.*, Nueva York, Cambridge University Press, 1982, pp. 334-335.

17. Nicholas Guyatt, «"An Impossible Idea?": The Curious Career of Internal Colonization», *Journal of the Civil War Era* 4, núm. 2, 2014, pp. 241-244.

18. Foner, *Reconstruction*, p. 59; Guyatt, «"An Impossible Idea?"», pp. 241-244; Foner, *Fiery Trial*, pp. 320-321; Horace Greeley, «Gen. Sherman and the Negroes», *New-York Tribune*, 30 de enero de 1865.

19. Foner, *Fiery Trial*, pp. 313, 317-320; Mayer, *All on Fire*, pp. 572-576.

20. Samuel Thomas, «To General Carl Schurz», en *Senate Executive Documents for the First Session of the Thirty-Ninth Congress of the United States of America*, Washington D.C., US Government Printing Office, 1866, p. 81; General O. O. Howard, *Report of the Brevet Major General O. O. Howard, Commissioner Bureau of Refugees, Freedmen, and Abandoned Lands, to the Secretary of War*, Washington D.C., US Government Printing Office, 1869, p. 8; Josiah C. Nott, *The Problem of the Black Races, De Bow's Review, new ser.*, vol. 1, 1866, pp. 266-270.

21. Foner, *Reconstruction*, p. 73.

22. *Ibid.*, pp. 31, 67-68; Foner, *Fiery Trial*, pp. 330-331.

23. Terry Alford, *Fortune's Fool: The Life of John Wilkes Booth*, Nueva York, Oxford University Press, 2015, p. 257.

24. Blum y Harvey, *The Color of Christ*, p. 131.

25. Foner, *Reconstruction*, p. 67; Adams y Sanders, *Alienable Rights*, pp. 196-197; Hans L. Trefousse, *Andrew Johnson. A Biography*, Nueva York, W. W. Norton, 1989, p. 183; Clifton R. Hall, *Andrew Johnson: Military Governor of Tennessee*, Princeton, Nueva Jersey, Princeton University Press, 1916, p. 102.

19. LA RECONSTRUCCIÓN DE LA ESCLAVITUD

1. Foner, *Reconstruction*, pp. 103-106, 110, 132-133, 138, 153-155, 198-205, 209-210 y 215.

2. *Ibid.*, pp. 235-237; «The Negro's Claim to Office», *The Nation*, 1 de agosto de 1867.

3. James D. Anderson, *The Education of Blacks in the South, 1860-1935*, Chapel Hill, University of North Carolina Press, 1988, pp. 6-7, 11-12.

4. William Lloyd Garrison, «Official Proclamation», *The Liberator*, 22 de diciembre de 1865; William Lloyd Garrison, «Valedictory: The Last Number of the Liberator», *The Liberator*, 29 de diciembre de 1865.

5. Mayer, *All on Fire*, pp. 594-603; Foner, *Reconstruction*, pp. 180-181.

6. Matt Wray y Annalee Newitz, *White Trash: Race and Class in America*, Nueva York, Routledge, 1997, pp. 2-3.

7. Adam I. P. Smith, *No Party Now: Politics in the Civil War North*, Nueva York, Oxford University Press, 2006, pp. 54-55; Andrew Johnson, «Veto of the Freedmen's Bureau Bill», 19 de febrero de 1866, <http://teachingamericanhis tory.org/library/document/veto-of-the-freedmens-bureau-bill/>.

8. Veto de Andrew Johnson a la Ley de Derechos Civiles, 27 de marzo de 1866, *America's Reconstruction: People and Politics After the Civil War*, <www.digi talhistory.uh.edu/exhibits/reconstruction/section4/section4_10veto2.html>.

9. Foner, *Reconstruction*, pp. 241-251; C. Vann Woodward, *American Counterpoint: Slavery and Racism in the North-South Dialogue*, Boston, Little, Brown, 1971, pp. 168-171; Roediger, *How Race Survived U.S. History*, p. 130.

10. Howard N. Rabinowitz, *Race Relations in the Urban South, 1865-1890*, Athens, University of Georgia Press, 1996, pp. 24-182; Foner, *Reconstruction*, pp. 261-264.

11. Wood, *Black Scare*, pp. 120-123 y 141-143.

12. Texto de la Decimocuarta Enmienda, Cornell University Law School, <www.law.cornell.edu/constitution/amendmentxiv>.

13. Foner, *Reconstruction*, pp. 255 y 261.

14. Elizabeth Cady Stanton, Susan B. Anthony y Matilda Joslyn Gage, eds., *History of Woman Suffrage, 1861-1876*, vol. 2, Rochester, Nueva York, Charles Mann, 1887, pp. 188 y 214; Frances Ellen Watkins Harper, «We Are All Bound Up Together», en *Proceedings of the Eleventh Women's Rights Convention*, Nueva York, Robert J. Johnston, 1866; Giddings, *When and Where I Enter*, pp. 65-67; Davis, *Women, Race & Class*, pp. 64-65, 70-75 y 80-81.

15. Gerda Lerner, ed., *Black Women in White America: A Documentary History*, Nueva York, Pantheon Books, 1972, pp. 569-570.

16. Foner, *Reconstruction*, pp. 253-271, 282-285, 288-291 y 308-311.

17. Paul D. Moreno, *Black Americans and Organized Labor: A New History*, Baton Rouge, Louisiana State University Press, 2006, pp. 24-26.

18. Ibram H. Rogers, *The Black Campus Movement: Black Students and the Racial Reconstitution of Higher Education, 1965-1972*, Nueva York, Palgrave Macmillan, 2012, pp. 13-15; *National Freedman's Relief Association of New York Annual Report of 1865/66*, Nueva York, Holman, 1866, p. 22; Anderson, *Education of Blacks in the South*, pp. 28-63.

19. Kathy Russell-Cole, Midge Wilson y Ronald E. Hall, *The Color Complex: The Politics of Skin Color Among African Americans*, Nueva York, Harcourt, Brace, Jovanovich, 1992, pp. 26-29.

20. Woodward, *American Counterpoint*, pp. 172-176; Andrew Johnson, «Third Annual Message», 3 de diciembre de 1867, en Gerhard Peters y John T. Woolley, The American Presidency Project, <www.presidency.ucsb.edu/ws/?pid=29508>.

21. Foner, *Reconstruction*, pp. 340-345; Adams y Sanders, *Alienable Rights*, p. 211; Wood, *Black Scare*, pp. 116-117, 120 y 123-129.

22. Foner, *Reconstruction*, pp. 446-447; Fredrickson, *The Black Image in the White Mind*, pp. 185-186; Woodward, *American Counterpoint*, pp. 177-179.

23. Louise Michele Newman, *White Women's Rights: The Racial Origins of Feminism in the United States*, Nueva York, Oxford University Press, 1999, p. 65.

24. Giddings, *When and Where I Enter*, pp. 68-70; Moreno, *Black Americans and Organized Labor*, pp. 27-32; Roediger, *How Race Survived U.S. History*, pp. 103-104.

25. Davis, *Women, Race & Class*, pp. 82-86; Giddings, *When and Where I Enter*, pp. 67-71.

26. Wood, *Black Scare*, p. 102.

20. RECONSTRUIR LA CULPA

1. Mayer, *All on Fire*, pp. 613-614; Foner, *Reconstruction*, pp. 448-449.

2. William A. Sinclair, *The Aftermath of Slavery: A Study of the Condition and Environment of the American Negro*, Boston, Small, Maynard, 1905, p. 104.

3. Wood, *Black Scare*, pp. 143-153.

4. Adams y Sanders, *Alienable Rights*, pp. 212-215; Woodward, *American Counterpoint*, pp. 179-182.

5. Foner, *Reconstruction*, pp. 316-331, 346-365 y 379-390.

6. Fionnghuala Sweeney, *Frederick Douglass and the Atlantic World*, Liverpool, Liverpool University Press, 2007, p. 175.

7. Adams y Sanders, *Alienable Rights*, pp. 215-217.

8. Henry Ward Beecher, *The Life of Jesus, the Christ*, Nueva York, J. B. Ford, 1871, pp. 134-137.

9. Stetson Kennedy, *After Appomattox: How the South Won the War*, Gainesville, University Press of Florida, 1995, pp. 220-221; Jack B. Scroggs, «Southern Reconstructions: A Radical View», en *Reconstruction: An Anthology of Revisionist Writings*, Kenneth M. Stampp y Leon F. Litwack, eds., Baton Rouge, Louisiana State University Press, 1969, pp. 422-423; Foner, *Reconstruction*, pp. 499-504.

10. LeeAnna Keith, *The Colfax Massacre: The Untold Story of Black Power, White Terror, and the Death of Reconstruction*, Nueva York, Oxford University Press, 2008; Peter H. Irons, *A People's History of the Supreme Court*, Nueva York, Viking, 1999, pp. 202-205.

11. Irons, *A People's History of the Supreme Court*, pp. 197-201; *Slaughterhouse Cases, 83 US 36*, véase https://www.law.cornell.edu/supremecourt/text/83/36.

12. Foner, *Reconstruction*, pp. 512-517, 525, 531-532, 537-539; Adams y Sanders, *Alienable Rights*, p. 219.

13. Foner, *Reconstruction*, pp. 393-411, 536-538.

14. Rabinowitz, *Race Relations in the Urban South*, pp. 237-238, 243-248.

15. Mayer, *All on Fire*, p. 616; James S. Pike, *The Prostrate State: South Carolina Under Negro Government*, Nueva York, D. Appleton, 1874, p. 12.

16. Adams y Sanders, *Alienable Rights*, pp. 219-220; Foner, *Reconstruction*, pp. 525-527, 554; González y Torres, *News for All the People*, pp. 151-153; Mayer, *All on Fire*, pp. 615-616.

17. Irons, *A People's History of the Supreme Court*, pp. 206-207; Foner, *Reconstruction*, pp. 532-534, 563, 590.

18. Foner, *Reconstruction*, p. 565; Mayer, *All on Fire*, p. 617.

19. Foner, *Reconstruction*, pp. 571-573; Adams y Sanders, *Alienable Rights*, pp. 223-224.

20. Mary Gibson, *Born to Crime. Cesare Lombroso and the Origins of Biological Criminology*, Italian and Italian American Studies, Westport, Connecticut, Praeger, 2002, pp. 43-44 y 249-250; Degler, *In Search of Human Nature*, pp. 35-36; Giddings, *When and Where I Enter*, p. 79; Washington, *Medical Apartheid*, p. 247; Cesare Lombroso y William Ferrero, *The Female Offender*, Nueva York, D. Appleton, 1895, pp. 111-113.

21. Moreno, *Black Americans and Organized Labor*, pp. 45-67.

22. Adams y Sanders, *Alienable Rights*, pp. 222-227; Irons, *A People's History of the Supreme Court*, pp. 206-209; Foner, *Reconstruction*, pp. 575-596.

23. George B. Tindall, *South Carolina Negroes, 1877-1900*, Columbia, University of South Carolina Press, 1952, p. 12; Wade Hampton, «Ought the Negro to Be Defranchised? Ought He to Have Been Enfranchised?», *North American Review* núm. 168, 1879, pp. 241-243.

24. Isabel Wilkerson, *The Warmth of Other Suns: The Epic Story of America's Great Migration*, Nueva York, Random House, 2010, p. 39.

25. Adams y Sanders, *Alienable Rights*, p. 228; Foner, *Reconstruction*, pp. 598-602; Mayer, *All on Fire*, pp. 624-626.

CUARTA PARTE
W. E. B. Du Bois

21. LA RENOVACIÓN DEL SUR

1. W. E. B. Du Bois, *Black Reconstruction in America. An Essay Towards a History of the Part Which Black Folk Played in the Attempt to Reconstruct Democracy in America, 1860-1880*, Nueva York, Atheneum, 1971, p. 30.

2. David Levering Lewis, *W. E. B. Du Bois. Biography of a Race, 1868-1919*, Nueva York, Henry Holt, 1993, pp. 11-37.

3. Washington, *Medical Apartheid*, pp. 152-153.

4. Lewis, *W. E. B. Du Bois, 1868-1919*, pp. 31-40.

5. Irons, *A People's History of the Supreme Court*, pp. 209-215.

6. Henry W. Grady, *The New South*, Nueva York, Robert Bonner's Sons, 1890, pp. 146 y 152; Atticus G. Haygood, *Pleas for Progress*, Cincinnati, Church, 1889, p. 28; *Our Brother in Black. His Freedom and His Future*, Nueva York, Phillips and Hunt, 1881.

7. Thomas U. Dudley, «How Shall We Help the Negro?», *Century Magazine*, vol. 30 (1885), pp. 273-280; George Washington Cable, *The Silent South, Together with the Freedman's Case in Equity and the Convict Lease System*, Nueva York, Scribner's, 1885; Henry W. Grady, «In Plain Black and White. A Reply to Mr. Cable», *Century Magazine*, vol. 29 (1885), p. 911.

8. «Two Colored Graduates», *Philadelphia Daily News*, 22 de febrero de 1888.

9. Robert L. Dabney, *A Defense of Virginia*, Nueva York, E. J. Hale and Son, 1867; Thomas Nelson Page, *In Ole Virginia; or, Marse Chan and Other Stories*, Nueva York, Charles Scribner's Sons, 1887; Philip Alexander Bruce, *The Plantation Negro as a Freeman. Observations on His Character, Condition, and Prospects in Virginia*, Nueva York, G. P. Putnam's Sons, 1889, pp. 53-57.

10. Lewis, *W. E. B. Du Bois, 1868-1919*, pp. 51-76.

11. «Review of *History of the Negro Race in America from 1619 to 1880*, by George W. Williams», *Magazine of American History*, vol. 9, n.° 4, 1883, pp. 299-300.

12. George W. Williams, *History of the Negro Race in America from 1619 to 1880*, Nueva York, G. P. Putnam's Sons, 1885, vol. 1, p. 60, y vol. 2, pp. 451 y 548.

13. Lewis, *W. E. B. Du Bois, 1868-1919*, pp. 76-78; W. E. B. Du Bois, *The Autobiography of W. E. B. Du Bois. A Soliloquy on Viewing My Life from the Last Decade of Its First Century*, Nueva York, International Publishers, 1968, p. 142.

14. Benjamin Harrison, «First Annual Message», 3 de diciembre de 1889,

en Gerhard Peters y John T. Woolley, eds., The American Presidency Project, <www.presidency.ucsb.edu/ws/?pid=29530>.

22. LOS HORRORES DEL SUR

1. Fredrickson, *The Black Image in the White Mind*, pp. 262-268.

2. Edward Wilmot Blyden, «The African Problem, and the Method of Its Solution», *African Repository*, vol. 66, n.° 3 (1890), p. 69; Henry M. Stanley, *Through the Dark Continent*, Nueva York, Harper and Brothers, 1878; Joseph Conrad, *Heart of Darkness*, Nueva York, Penguin, 2007, p. 41 [hay trad. cast.: *El corazón de las tinieblas*, trad. de Sergio Pitol, Barcelona, Lumen, 2000].

3. Thomas Adams Upchurch, *Legislating Racism. The Billion Dollar Congress and the Birth of Jim Crow*, Lexington, University Press of Kentucky, 2004, pp. 23-45; Keim, *Mistaking Africa*, pp. 47-53.

4. Mary Frances Berry, *My Face Is Black Is True. Callie House and the Struggle for Ex-Slave Reparations*, Nueva York, Alfred A. Knopf, 2005, pp. 33-49 y 75-80.

5. Lewis, *W. E. B. Du Bois, 1868-1919*, pp. 100-102.

6. Albert Bushnell Hart, *The Southern South*, Nueva York, D. Appleton, 1910, pp. 99-105 y 134; Lewis, *W. E. B. Du Bois, 1868-1919*, pp. 111-113.

7. Lewis, *W. E. B. Du Bois, 1868-1919*, p. 116.

8. Upchurch, *Legislating Racism*, pp. 85-128.

9. August Meier, *Negro Thought in America, 1880-1915*, Ann Arbor, University of Michigan Press, 1963, p. 192.

10. Giddings, *When and Where I Enter*, pp. 123-125; Moreno, *Black Americans and Organized Labor*, pp. 68-81, 93-96 y 99-100.

11. Giddings, *When and Where I Enter*, p. 18; Ida B. Wells, *Southern Horrors. Lynch Law in All Its Phases*, Nueva York, New York Age, 1892, <www.gutenberg.org/files/14975>.

12. Giddings, *When and Where I Enter*, pp. 81-83; Anna Julia Cooper, *A Voice from the South*, Xenia (Ohio), Aldine, 1892, pp. 34 y 134.

13. Wells, *Southern Horrors*.

14. Deborah Gray White, *Too Heavy a Load. Black Women in Defense of Themselves, 1894-1994*, Nueva York, W. W. Norton, 1999, pp. 22-27, 71, 78 y 109.

15. Geoffrey C. Ward, *Before the Trumpet. Young Roosevelt*, Nueva York, Harper and Row, 1985, pp. 215-216.

16. Lewis, *W. E. B. Du Bois, 1868-1919*, pp. 144-149.

17. W. E. B. Du Bois, «My Evolving Program for Negro Freedom», en

Rayford W. Logan, ed., *What the Negro Wants*, Nueva York, Agathon, 1969, p. 70.

18. Sobre el activismo personal de T. Washington en defensa de los derechos civiles, véase David H. Jackson, *Booker T. Washington and the Struggle Against White Supremacy. The Southern Educational Tours, 1908-1912*, Nueva York, Palgrave Macmillan, 2008; David H. Jackson, *A Chief Lieutenant of the Tuskegee Machine. Charles Banks of Mississippi*, Gainesville, University Press of Florida, 2002.

19. Booker T. Washington, «Atlanta Compromise Speech», 1895, <http://historymatters.gmu.edu/d/39/>.

20. Lewis, *W. E. B. Du Bois, 1868-1919*, pp. 174-175.

21. Paula Giddings, *Ida. A Sword Among Lions—Ida B. Wells and the Campaign Against Lynching*, Nueva York, Amistad, 2009, pp. 366-367.

22. Irons, *A People's History of the Supreme Court*, pp. 219-232; Woodward, *American Counterpoint*, pp. 230-232.

23. Véase Robert H. Wiebe, *The Search for Order, 1877-1920*, Nueva York, Hill and Wang, 1967.

23. Los Judas negros

1. Havelock Ellis, *Studies in the Psychology of Sex*, vol. 1, Londres, Wilson and Macmillan, 1897, p. x.

2. Siobhan Somerville, «Scientific Racism and the Emergence of the Homosexual Body», *Journal of the History of Sexuality*, vol. 5, n.° 2 (1994), pp. 244-259.

3. Frederick L. Hoffman, *Race Traits and Tendencies of the American Negro*, Nueva York, Macmillan, 1896, pp. 311-312.

4. W. E. B. Du Bois, «Review of *Race Traits and Tendencies*, by Frederick L. Hoffman», *Annals of the American Academy of Political and Social Science*, vol. 9 (1897), pp. 130-132; Khalil Gibran Muhammad, *The Condemnation of Blackness. Race, Crime, and the Making of Modern Urban America*, Cambridge, Harvard University Press, 2010, pp. 61-65 y 78.

5. W. E. B. Du Bois, «The Conservation of Races», en David Levering Lewis, ed., *W. E. B. Du Bois. A Reader*, Nueva York, Henry Holt, 1995, pp. 20-27.

6. W. E. B. Du Bois, *The Philadelphia Negro. A Social Study*, Filadelfia, University of Pennsylvania Press, 1899, pp. 68 y 387-389; «Review of *The Philadelphia Negro*, by W. E. B. Du Bois», *American Historical Review*, vol. 6, n.° 1 (1900), pp. 162-164.

7. Lewis, *W. E. B. Du Bois, 1868-1919*, pp. 238-239.

8. González y Torres, *News for All the People*, pp. 157-160; W. Fitzhugh

Brundage, «The Darien "Insurrection" of 1899. Black Protest During the Nadir of Race Relations», *Georgia Historical Quarterly*, vol. 74, n.° 2 (1990), pp. 234-253; W. E. B. Du Bois, *Dusk of Dawn*, Nueva York, Oxford University Press, 2007, p. 34; Du Bois, «My Evolving Program», p. 70.

9. W. E. B. Du Bois, «To the Nation of the World», en *W. E. B. Du Bois. A Reader*, pp. 639-641.

10. Rudyard Kipling, «The White Man's Burden», *McClure's Magazine*, febrero de 1899 [hay trad. cast.: «La carga del hombre blanco», en <www.geocities. ws/obserflictos/kipling.html>, Observatorio de Conflictos, Universidad Nacional de Rosario, Argentina].

11. Fredrickson, *The Black Image in the White Mind*, pp. 305-310; González y Torres, *News for All the People*, pp. 178-179.

12. Roediger, *How Race Survived U.S. History*, pp. 141-142, 156-158 y 160; Douglas S. Massey y Nancy A. Denton, *American Apartheid. Segregation and the Making of the Underclass*, Cambridge, Harvard University Press, 1993, p. 29.

13. George H. White, «Farewell Speech», en Benjamin R. Justesen, *George Henry White. An Even Chance in the Race of Life*, Baton Rouge, Louisiana State University Press, 2001, p. 441.

14. Howard K. Beale, «On Rewriting Reconstruction History», *American Historical Review*, vol. 45, n.° 4 (1940), p. 807; William Archibald Dunning, *Reconstruction, Political and Economic, 1865-1877*, Nueva York, Harper and Brothers, 1907, p. 212.

15. Ulrich Bonnell Phillips, *American Negro Slavery*, Nueva York, D. Appleton, 1929, p. 8; John David Smith, *Slavery, Race, and American History. Historical Conflict, Trends, and Method, 1866-1953*, Armonk, M. E. Sharpe, pp. x-xii, 28 y 29.

16. Joseph Moreau, *Schoolbook Nation. Conflicts over American History Textbooks from the Civil War to the Present*, Ann Arbor, University of Michigan Press, 2003, pp. 163-174; Will Kaufman, *The Civil War in American Culture*, Edimburgo, Edinburgh University Press, 2006, pp. 28-29.

17. Booker T. Washington, *Up from Slavery. An Autobiography*, Nueva York, Doubleday, Page & Co., 1901 [hay trad. cast.: *Ascenso desde la esclavitud*, trad. de Carme Manuel, León, Servicio de Publicaciones de la Universidad de León, 1999].

18. Lewis, *W. E. B. Du Bois, 1868-1919*, pp. 262-264.

19. William Hannibal Thomas, *The American Negro. What He Was, What He Is, and What He May Become*, Nueva York, Macmillan, 1901, pp. 129, 195, 296 y 410; John David Smith, *Black Judas. William Hannibal Thomas and the American Negro*, Athens, University of Georgia Press, 2000, pp. 161-164, 177-178 y 185-189.

20. Addie Hunton, «Negro Womanhood Defended», *Voice*, vol. 1, n.º 7 (1904), p. 280; Smith, *Black Judas*, pp. xxvi y 206-209; Muhammad, *Condemnation of Blackness*, pp. 79-81.

21. Clarence Lusane, *The Black History of the White House*, Open Media Series, San Francisco, City Lights Books, 2011, pp. 225-233; Seth M. Scheiner, «President Theodore Roosevelt and the Negro, 1901-1908», *Journal of Negro History*, vol. 47, n.º 3 (1962), pp. 171-172; Stephen Kantrowitz, *Ben Tillman and the Reconstruction of White Supremacy*, Chapel Hill, University of North Carolina Press, 2000, p. 259; Charles Carroll, *The Negro a Beast; Or, In the Image of God*, Miami, Mnemosyn, 1969.

22. Aptheker, *Anti-Racism in U.S. History*, p. 25; James Weldon Johnson, *Along This Way. The Autobiography of James Weldon Johnson*, Boston, Da Capo, 2000, p. 203; W. E. B. Du Bois, *The Souls of Black Folk. Essays and Sketches*, Chicago, McClurg, 1903, pp. 11-12 [hay trad. cast.: *Las almas del pueblo negro*, trad. de Héctor Arnau, Madrid, Capitán Swing Libros, 2020].

23. *Ibid.*, pp. 3-4 y 11.

24. *Ibid.*, p. 53.

25. W. E. B. Du Bois, «The Talented Tenth», en *The Negro Problem. A Series of Articles by Representative American Negroes of Today*, Nueva York, James Pott, 1903, pp. 43-45.

26. Lewis, *W. E. B. Du Bois, 1868-1919*, pp. 291-294; Carl Kelsey, «Review of *The Souls of Black Folk*, by W. E. B. Du Bois», *Annals of the American Academy of Political and Social Science*, vol. 22 (1903), pp. 230-232.

24. LA GRAN ESPERANZA BLANCA

1. Sander Gilman, *Jewish Frontiers. Essays on Bodies, Histories, and Identities*, Nueva York, Palgrave Macmillan, 2003, p. 89.

2. W. E. B. Du Bois, ed., *The Health and Physique of the American Negro*, Atlanta, Atlanta University Press, 1906.

3. Michael Yudell, *Race Unmasked. Biology and Race in the Twentieth Century*, Nueva York, Columbia University Press, 2014, pp. 48-49; W. E. B. Du Bois, *Black Folk Then and Now. An Essay in the History and Sociology of the Negro Race*, Nueva York, Henry Holt, 1939, p. vii.

4. Lewis, *W. E. B. Du Bois, 1868-1919*, pp. 331-333; Theodore Roosevelt, «Sixth Annual Message», 3 de diciembre de 1906, en Gerhard Peters y John T. Woolley, eds., The American Presidency Project, <www.presidency.ucsb.edu/ws/?pid=29547>.

5. Lester Frank Ward, *Pure Sociology. A Treatise on the Origin and Spontaneous Development of Society*, Nueva York, Macmillan, 1921, p. 359; James Elbert Cutler, *Lynch Law. An Investigation into the History of Lynching in the United States*, Nueva York, Longman, Green, 1905, p. 269; W. E. B. Du Bois, «Some Notes on Negro Crime», Atlanta, Atlanta University Press, 1904, p. 56.

6. Lewis, *W. E. B. Du Bois, 1868-1919*, p. 332.

7. Geoffrey C. Ward, *Unforgivable Blackness. The Rise and Fall of Jack Johnson*, Nueva York, Alfred A. Knopf, 2004, pp. 98-100, 130-133, 137-139, 144-145 y 422-424.

8. John Gilbert, *Knuckles and Gloves*, Londres, W. Collins Sons, 1922, p. 45; González y Torres, *News for All the People*, pp. 209-211; Ward, *Unforgivable Blackness*, pp. 115-116.

9. Keim, *Mistaking Africa*, p. 48; Emily S. Rosenberg, *Financial Missionaries to the World. The Politics and Culture of Dollar Diplomacy, 1900-1930*, Durham, Duke University Press, 2003, pp. 201-203.

10. Du Bois, *Autobiography*, pp. 227-229.

11. Lewis, *W. E. B. Du Bois, 1868-1919*, pp. 386-402.

12. Charles Benedict Davenport, *Heredity in Relation to Eugenics*, Nueva York, Henry Holt, 1911, p. 1; Yudell, *Race Unmasked*, pp. 31-40; Dorothy E. Roberts, *Killing the Black Body. Race, Reproduction, and the Meaning of Liberty*, Nueva York, Pantheon Books, 1997, pp. 61-62 y 66-68.

13. Lewis, *W. E. B. Du Bois, 1868-1919*, pp. 413-414.

14. Franz Boas, *The Mind of Primitive Man*, Nueva York, Macmillan, 1921, pp. 127-128 y 272-273 [hay trad. cast.: *La mentalidad del hombre primitivo*, trad. de Marta García, Buenos Aires, Almagesto Mínima, 1992]; Lee D. Baker, *Anthropology and the Racial Politics of Culture*, Durham, Duke University Press, 2010, p. 24.

15. Giddings, *Ida*, pp. 479-480.

16. *The Crisis*, junio de 1911.

17. W. E. B. Du Bois, «Hail Columbia!», en *W. E. B. Du Bois. A Reader*, pp. 295-296.

18. Nannie H. Burroughs, «Not Color but Character», *Voice of the Negro*, vol. 1 (1904), pp. 277-278.

19. Giddings, *When and Where I Enter*, pp. 122-123; N. H. Burroughs, «Black Women and Reform», *The Crisis*, agosto de 1915.

20. Lewis, *W. E. B. Du Bois, 1868-1919*, pp. 419-424; Woodrow Wilson, *Division and Reunion, 1829-1909*, Nueva York, Longman, Green, 1910.

21. Blum y Harvey, *The Color of Christ*, pp. 141-142.

22. Louis R. Harlan, *Booker T. Washington. The Wizard of Tuskegee, 1901-*

1915, Nueva York, Oxford University Press, 1983, pp. 431-435; Lewis, *W. E. B. Du Bois, 1868-1919*, pp. 460-463 y 501-509; Ed Guerrero, *Framing Blackness. The African American Image in Film*, Filadelfia, Temple University Press, 1993, pp. 10-17; W. E. B. Du Bois, *The Negro*, Nueva York, Cosimo, 2010, p. 82.

25. EL NACIMIENTO DE UNA NACIÓN

1. W. E. B. Du Bois, «Refinement and Love», *The Crisis*, diciembre de 1916.

2. Wilkerson, *The Warmth of Other Suns*, pp. 8-15, 36-46, 160-168, 177-179, 217-221, 237-241, 249-251 y 348-350; Carter G. Woodson, *A Century of Negro Migration*, Washington, Association for the Study of Negro Life and History, 1918, p. 180.

3. David Levering Lewis, *W. E. B. Du Bois. The Fight for Equality and the American Century, 1919-1963*, Nueva York, Henry Holt, 1993, pp. 50-55.

4. Edward Byron Reuter, *The Mulatto in the United States*, Boston, Gorham Press, 1918, p. 58.

5. Somerville, «Scientific Racism and the Emergence of the Homosexual Body», pp. 256-263.

6. Madison Grant, *The Passing of the Great Race; Or, The Racial Basis of European History*, Nueva York, Charles Scribner's Sons, 1918, pp. 16, 193 y 226.

7. Jonathan Peter Spiro, *Defending the Master Race. Conservation, Eugenics, and the Legacy of Madison Grant*, Lebanon (New Hampshire), University Press of New England, 2009, pp. 356-357.

8. Lewis M. Terman, *The Measure of Intelligence. An Explanation of and a Complete Guide for the Use of the Standard Revision and Extension of the Binet-Simon Intelligence Scale*, Nueva York, Houghton Mifflin, 1916, p. 92.

9. Gossett, *Race*, pp. 374-377.

10. W. E. B. Du Bois, «Reconstruction and Africa», *The Crisis*, febrero de 1919; Du Bois, *Dusk of Dawn*, p. 137.

11. Ira Katznelson, *When Affirmative Action Was White. An Untold History of Racial Inequality in Twentieth-Century America*, Nueva York, W. W. Norton, 2005, pp. 84-86.

12. Cameron McWhirter, *Red Summer. The Summer of 1919 and the Awakening of Black America*, Nueva York, Henry Holt, 2011, pp. 10, 12-17 y 56-59; Claude McKay, «If We Must Die», Poetry Foundation, <www.poetryfoundation.org/poem/173960>.

13. Giddings, *When and Where I Enter*, p. 184.

14. Davis, *Women, Race & Class*, pp. 123-125; Moreno, *Black Americans and*

Organized Labor, pp. 107-111; Timothy Johnson, «"Death for Negro Lynching!"». The Communist Party, USA's Position on the African American Question», *American Communist History*, vol. 7, n.° 2 (2008), pp. 243-247.

15. Earl Ofari Hutchinson, *Blacks and Reds. Race and Class in Conflict, 1919-1990*, East Lansing, Michigan State University Press, 1995.

16. W. E. B. Du Bois, *Darkwater. Voices from Within the Veil*, Nueva York, Harcourt, Brace, and Howe, 1920, pp. 39 y 73.

17. *Ibid.*, pp. 166, 168 y 185-186.

18. White, *Too Heavy a Load*, pp. 125-128.

19. Lewis, *W. E. B. Du Bois, 1919-1963*, pp. 20-23.

20. *Ibid.*, pp. 62-67; Edmund David Cronon, *Black Moses. The Story of Marcus Garvey and the Universal Negro Improvement Association*, Madison, University of Wisconsin Press, 1969, pp. 64-67.

21. Russell-Cole *et al.*, *The Color Complex*, pp. 26 y 30-32; Giddings, *When and Where I Enter*, p. 178; Lewis, *W. E. B. Du Bois, 1919-1963*, pp. 66-71.

22. Lewis, *W. E. B. Du Bois, 1919-1963*, pp. 70-76.

23. *Ibid.*, pp. 77-84, 118-128 y 148-152.

24. I. A. Newby, *Jim Crow's Defense. Anti-Negro Thought in America, 1900-1930*, Baton Rouge, Louisiana State University Press, 1965, p. 55; Gossett, *Race*, p. 407.

25. Robert E. Park, «The Conflict and Fusion of Cultures with Special Reference to the Negro», *Journal of Negro History*, vol. 4, n.° 2 (1919), pp. 129-130; W. E. B. Du Bois, *The Gift of Black Folk. The Negro in the Making of America*, Millwood, Kraus Thomson, 1975, pp. iv, 287, 320 y 339.

26. LA PERSUASIÓN MEDIÁTICA

1. Lewis, *W. E. B. Dubois, 1919-1963*, pp. 153-159 y 161-166; Alain Locke, «The New Negro», en Alain Locke, ed., *The New Negro. Voices of the Harlem Renaissance*, Nueva York, Simon and Schuster, 1992, p. 15.

2. Rogers, *The Black Campus Movement*, pp. 19, 23 y 35-47.

3. Valerie Boyd, *Wrapped in Rainbows. The Life of Zora Neale Hurston*, Nueva York, Simon and Schuster, 1997, pp. 116-119; Wallace Thurman, *The Blacker the Berry*, Nueva York, Simon and Schuster, 1996 [hay trad. cast.: *La fruta más negra*, trad. de Susana Prieto Mori, Madrid, Defausta, 2018].

4. Langston Hughes, «The Negro Artist and the Racial Mountain», *The Nation*, junio de 1926.

5. David L. Lewis, *When Harlem Was in Vogue*, Nueva York, Penguin, 1997, pp. 180-189; W. E. B. Du Bois, «On Carl Van Vechten's *Nigger Heaven*», en *W. E. B. Du Bois. A Reader*, p. 516; Carl van Vechten, *Nigger Heaven*, Urbana, University of Illinois, 2000, p. 50 [hay trad. cast.: *El paraíso de los negros*, trad. de María Isabel Cruzado Soria, Valencia, Pre-Textos, 2018].

6. Van Vechten, *Nigger Heaven*, pp. 89-90.

7. John Martin, *John Martin Book of the Dance*, Nueva York, Tudor, 1963, pp. 177-189.

8. Wiggins, *Glory Bound*, pp. 183-184.

9. Angela Davis, *Blues Legacies and Black Feminism. Gertrude "Ma" Rainey, Bessie Smith, and Billie Holiday*, Nueva York, Vintage, 1998; Giles Oakley, *The Devil's Music. A History of the Blues*, Nueva York, Da Capo, 1976.

10. Lewis, *W. E. B. Du Bois, 1919-1963*, pp. 214-220.

11. Donald Young, «Foreword», *Annals of the American Academy of Political and Social Science*, vol. 140 (1928), pp. vii-viii.

12. Thorsten Sellin, «The Negro Criminal. A Statistical Note», en *ibid.*, pp. 52-64.

13. Walter White, «The Color Line in Europe», en *ibid.*, p. 331.

14. Moreno, *Black Americans and Organized Labor*, pp. 141-143; Johnson, «Death for Negro Lynching», pp. 247-254; Hutchinson, *Blacks and Reds*, pp. 29-40.

15. Claude G. Bowers, *The Tragic Era. The Revolution After Lincoln*, Cambridge, Riverside, 1929, p. vi.

16. Lewis, *W. E. B. Du Bois, 1919-1963*, pp. 320-324; W. E. B. Du Bois, *Black Reconstruction*, pp. 700 y 725; Roediger, *Wages of Whiteness*.

17. Lewis, *W. E. B. Du Bois, 1919-1963*, pp. 349-378.

18. *Ibid.*, pp. 284-285; Vanessa H. May, *Unprotected Labor. Household Workers, Politics, and Middle-Class Reform in New York, 1870-1940*, Chapel Hill, University of North Carolina Press, 2011, p. 123.

19. Washington, *Medical Apartheid*, pp. 194-202; Degler, *In Search of Human Nature*, pp. 148-151 y 202; Roberts, *Killing the Black Body*, pp. 72-86.

20. Earnest Albert Hooton, *Up from the Ape*, Nueva York, Macmillan, 1931, pp. 593-594.

21. Roberts, *Fatal Invention*, pp. 85-87; Elazar Barkan, *The Retreat of Scientific Racism. Changing Concepts of Race in Britain and the United States Between the World Wars*, Cambridge, Cambridge University Press, 1992, pp. 100-108.

22. Lott, *The Invention of Race*, pp. 10-13; «Monster Ape Pack Thrills in New Talkie», *Chicago Tribune*, 23 de abril de 1933; Blum y Harvey, *The Color of Christ*, pp. 186-188.

23. González y Torres, *News for All the People*, pp. 250-254; Melissa V. Harris-Perry, *Sister Citizen. Shame, Stereotypes, and Black Women in America*, New Haven, Yale University Press, 2011, p. 88.

27. Old Deal

1. Lewis, *W. E. B. Du Bois, 1919-1963*, pp. 256-265, 299-301 y 306-311.
2. *Ibid.*, pp. 310-311; Davis, *Women, Race & Class*, p. 69; W. E. B. Du Bois, «Marxism and the Negro Problem», *The Crisis*, mayo de 1933; Du Bois, *Dusk of Dawn*, p. 103.
3. Lewis, *W. E. B. Du Bois, 1919-1963*, pp. 295-297 y 300-314; Anderson, *The Education of Blacks in the South*, pp. 276-277; Carter G. Woodson, *The Miseducation of the Negro*, Mineola, Dover, 2005, p. 55.
4. Robin D. G. Kelley, *Hammer and Hoe. Alabama Communists During the Great Depression*, Chapel Hill, University of North Carolina Press, 1990, pp. 107-109 y 116.
5. Jacqueline Jones, *American Work. Four Centuries of Black and White Labor*, Nueva York, W. W. Norton, 1998, p. 344.
6. Katznelson, *When Affirmative Action Was White*, pp. 36-61.
7. Degler, *In Search of Human Nature*, p. 167.
8. W. E. B. Du Bois, «On Being Ashamed», *The Crisis*, septiembre de 1933; «Pan-Africa and New Racial Philosophy», *The Crisis*, noviembre de 1933; «Segregation», *The Crisis*, enero de 1934.
9. W. E. B. Du Bois, «A Free Forum», *The Crisis*, febrero de 1934.
10. W. E. B. Du Bois, «Segregation in the North», *The Crisis*, abril de 1934; Lewis, *W. E. B. Du Bois, 1919-1963*, pp. 330-331 y 335-349.
11. Lewis, *W. E. B. Du Bois, 1919-1963*, pp. 395-396.
12. Chris Mead, *Joe Louis. Black Champion in White America*, Mineola, Dover, 1985, p. 68.
13. «Adolf Hitler, Jesse Owens, and the Olympics Myth of 1936», History News Network, 8 de julio de 2002, <http://historynewsnetwork.org/article/571>; M. Dyreson, «American Ideas About Race and Olympic Races in the Era of Jesse Owens. Shattering Myths of Reinforcing Scientific Racism?», *International Journal of the History of Sport*, vol. 25, n.º 2 (2008), pp. 251-253.
14. Dean Cromwell y Al Wesson, *Championship Techniques in Track and Field*, Nueva York, Whittlesey House, 1941, p. 6; W. Montague Cobb, «Race and Runners», *Journal of Health and Physical Education*, vol. 7 (1936), pp. 3-7 y 52-56;

Patrick B. Miller, «The Anatomy of Scientific Racism. Racialist Responses to Black Athletic Achievement», *Journal of Sport History*, vol. 25, n.° 1 (1998), pp. 126-135.

15. Lewis, *W. E. B. Du Bois, 1919-1963*, pp. 422-423; Robert L. Fleeger, «Theodore G. Bilbo and the Decline of Public Racism, 1938-1947», *Journal of Mississippi History*, vol. 68, n.° 1 (2006), pp. 8-11; Degler, *In Search of Human Nature*, pp. 203-204.

16. Benedict, *Race. Science and Politics*, pp. v-vi.

17. W. E. B. Du Bois, ed., *The Negro American Family*, Atlanta, Atlanta University Press, 1908, p. 41; E. Franklin Frazier, *The Negro Family in the United States*, Chicago, University of Chicago Press, 1939, p. xix.

18. Frazier, *Negro Family*, pp. 41, 331, 355 y 487-488.

19. Russell-Cole *et al.*, *The Color Complex*, pp. 51-54 y 66; Byrd y Tharps, *Hair Story*, pp. 44-47; Malcolm X y Alex Haley, *The Autobiography of Malcolm X*, Nueva York, Ballantine Book, 1999, pp. 55-57 [hay trad. cast.: *Malcolm X. Una autobiografía contada por Alex Haley*, trad. de César Guidini y Gemma Moral, Madrid, Capitán Swing Libros, 2015].

20. Guerrero, *Framing Blackness*, pp. 17-31.

21. Harris-Perry, *Sister Citizen*, pp. 76-77; Patricia Morton, *Disfigured Images. The Historical Assault on Afro-American Women*, Westport, Greenwood, 1991, pp. 6-7.

22. Lewis, *W. E. B. Du Bois, 1919-1963*, pp. 471-472; Richard Wright, *Black Boy*, Nueva York, HarperPerennial, 1998, p. 37 [hay trad. cast.: *Chico negro*, trad. de Rafael Rodríguez Tapia, Madrid, Grupo Unisón, 2008].

23. Richard H. King, *Race, Culture, and the Intellectuals, 1940-1970*, Baltimore, Johns Hopkins University Press, 2004, p. 139; Melville J. Herskovits, *The Myth of the Negro Past*, Boston, Beacon Press, 1990, pp. 1 y 298.

24. Zora Neale Hurston, *Mules and Men*, Nueva York, HarperPerennial, 2008.

25. Zora Neale Hurston, *Their Eyes Were Watching God. A Novel*, Nueva York, Perennial Library, 1990, pp. 14, 98-99 y 144-145 [hay trad. cast.: *Sus ojos miraban a Dios*, trad. de Andrés Ibáñez, Barcelona, Lumen, 1995].

26. Mary Helen Washington, «Foreword», en *ibid.*, pp. ix-xvii; Ralph Thompson, «Books of the Times», *The New York Times*, 6 de octubre de 1937; Sheila Hibben, «Book Review», *New York Herald Tribune*, 26 de septiembre de 1937.

27. Zora Neale Hurston, «How It Feels to Be Colored Me», *World Tomorrow*, mayo de 1928.

28. Washington, «Foreword», pp. ix-xvii.

29. King, *Race, Culture, and the Intellectuals*, pp. 138-144.

30. Boyd, *Wrapped in Rainbows*, p. 345; James Baldwin, «Everybody's Protest Novel», *Partisan Review*, vol. 16 (1949), pp. 578-585.

28. LA MARCA DE LA LIBERTAD

1. Jerry Gershenhorn, *Melville J. Herskovits and the Racial Politics of Knowledge*, Lincoln, University of Nebraska Press, 2004, pp. 142-152; Lewis, *W. E. B. Du Bois, 1919-1963*, pp. 435-436.

2. *Ibid.*, pp. 448-449.

3. Gunnar Myrdal, *An American Dilemma. The Negro Problem and Modern Democracy*, vol. 1, Nueva York, Harper and Brothers, 1944, p. 48.

4. Lewis, *W. E. B. Du Bois, 1919-1963*, pp. 451-452; King, *Race, Culture, and the Intellectuals*, pp. 132-133.

5. Gunnar Myrdal, *An American Dilemma: The Negro Problem and Modern Democracy*, vol. 2, Nueva York, Harper and Brothers, 1944, pp. 751-752 y 928-929.

6. Lewis, *W. E. B. Du Bois, 1919-1963*, pp. 510-515.

7. Fleeger, «Theodore G. Bilbo and the Decline of Public Racism», pp. 2-3.

8. *Ibid.*, pp. 1-4, 8 y 13-27; Theodore G. Bilbo, *Take Your Choice. Separation or Mongrelization*, Poplarville, Dream House, 1947, pp. 7-8.

9. Morton, *Disfigured Images*, pp. 90-91.

10. M. F. Ashley Montagu, *Man's Most Dangerous Myth. The Fallacy of Race*, Nueva York, Columbia University Press, 1945, pp. 150-151; Degler, *In Search of Human Nature*, pp. 80 y 216-218; Zoë Burkholder, *Color in the Classroom. How American Schools Taught Race, 1900-1954*, Nueva York, Oxford University Press, 2011, pp. 4-11 y 39-95; Yudell, *Race Unmasked*, pp. 132-137.

11. Theodosius Dobzhansky y Ashley Montagu, «Natural Selection and the Mental Capacities of Mankind», *Science*, vol. 105, n.° 2.736 (1947), pp. 587-590; Hamilton Cravens, «What's New in Science and Race Since the 1930s? Anthropologists and Racial Essentialism», *The Historian*, vol. 72, n.° 2 (2010), pp. 315-318; Yudell, *Race Unmasked*, pp. 111-132 y 201-202.

12. VV. AA., *Four Statements on the Race Question*, París, Unesco, 1969, pp. 30-43; Yudell, *Race Unmasked*, pp. 148-167; Roberts, *Fatal Invention*, pp. 43-45.

13. Harry S. Truman, «Address Before a Joint Session of Congress», 12 de marzo de 1947, The Avalon Project: Documents in Law, History, and Diplomacy, Biblioteca Jurídica Lillian Goldman, Escuela de Derecho de Yale, <http://avalon.law.yale.edu/20th_century/trudoc.asp>; Mary L. Dudziak, *Cold War Civil Rights*.

Race and the Image of American Democracy, Princeton, Princeton University Press, 2000, pp. 26-46.

14. Comité Presidencial sobre los Derechos Civiles, *To Secure These Rights*, 1947, pp. 139 y 147, <www.trumanlibrary.org/civilrights/srights1.htm#contents>; Lewis, *W. E. B. Du Bois, 1919-1963*, p. 529.

15. Harry S. Truman, «Special Message to the Congress on Civil Rights», 2 de febrero de 1948, en Gerhard Peters y John T. Woolley, eds., The American Presidency Project, <www.presidency.ucsb.edu/ws/?pid=13006>; Robert A. Caro, *Means of Ascent. The Years of Lyndon Johnson*, vol. 2, Nueva York, Vintage, 1990, p. 125; Francis Njubi Nesbitt, *Race for Sanctions. African Americans Against Apartheid, 1946-1994*, Bloomington, Indiana University Press, 2004, pp. 9-10.

16. Lewis, *W. E. B. Du Bois, 1919-1963*, pp. 522-524 y 528-534; Hutchinson, *Betrayed*, pp. 62-70; Dudziak, *Cold War Civil Rights*, pp. 43-46 y 79-86.

17. Dudziak, *Cold War Civil Rights*, pp. 91-102.

18. Thomas J. Sugrue, *The Origins of the Urban Crisis. Race and Inequality in Postwar Detroit*, Princeton Studies in American Politics, Princeton, Princeton University Press, 1996, pp. 181-258; Massey Denton, *American Apartheid*, pp. 49-51.

19. Massey y Denton, *American Apartheid*, pp. 44-49; Katznelson, *When Affirmative Action Was White*, pp. 113-141.

20. Karen Brodkin, *How Jews Became White Folks and What That Says About Race in America*, New Brunswick, Rutgers University Press, 1998, pp. 35-36; Burkholder, *Color in the Classroom*, pp. 137-170; Nell Irvin Painter, *The History of White People*, Nueva York, W. W. Norton, 2010, pp. 366-372.

21. Lewis, *W. E. B. Du Bois, 1919-1963*, pp. 545-554; Dudziak, *Cold War Civil Rights*, pp. 6, 11-15, 28-29 y 88-90.

22. Dudziak, *Cold War Civil Rights*, pp. 63-66.

23. *Ibid.*, pp. 47-77.

24. *Ibid.*, pp. 77-78.

25. *Ibid.*, pp. 79 y 90-91; Hutchinson, *Betrayed*, pp. 75-76.

26. Abrahm Kardiner y Lionel Ovesey, *The Mark of Oppression*, Nueva York, W. W. Norton, 1951.

27. «Brown vs. Board of Education of Topeka», citación 347 U.S. 483, 1954, <https://supreme.justia.com/cases/federal/us/347/483/case.html#T10>.

28. Zora Neale Hurston, «Court Order Can't Make Races Mix», *Orlando Sentinel*, 11 de agosto de 1955; Boyd, *Wrapped in Rainbows*, pp. 423-425.

29. Dudziak, *Cold War Civil Rights*, pp. 102-114; Lewis, *W. E. B. Du Bois, 1919-1963*, p. 557; Giddings, *When and Where I Enter*, p. 261.

29. RESISTENCIA MASIVA

1. Lewis, *W. E. B. Du Bois, 1919-1963*, p. 557; Lewis V. Baldwin, *There Is a Balm in Gilead. The Cultural Roots of Martin Luther King, Jr.*, Minneapolis, Fortress Press, 1991, p. 45.

2. E. Franklin Frazier, *Black Bourgeoisie*, Nueva York, Free Press, 1962, pp. 4 y 221; E. Franklin Frazier, «The Failure of the Negro Intellectual», en G. Franklin Edwards, ed., *On Race Relations. Selected Writings of E. Franklin Frazier*, Chicago, University of Chicago Press, 1968, pp. 270 y 277; Stanley M. Elkins, *Slavery. A Problem in American Institutional and Intellectual Life*, Chicago, University of Chicago Press, 1959.

3. Malcolm X, «The Root of Civilization», audio, <http://shemsubireda. tumblr.com/post/55982230511/africa-is-a-jungleaint-that-what-they-say>.

4. Evelyn Brooks Higginbotham, *Righteous Discontent. The Women's Movement in the Black Baptist Church, 1880-1920*, Cambridge, Harvard University Press, 1994; Frazier, *Black Bourgeoisie*, p. 25.

5. Hutchinson, *Betrayed*, pp. 84-87 y 93; Dudziak, *Cold War Civil Rights*, pp. 115-151; Adams y Sanders, *Alienable Rights*, pp. 277-278.

6. Lewis, *W. E. B. Du Bois, 1919-1963*, pp. 558-566.

7. *Ibid.*, pp. 557-558; Blum y Harvey, *The Color of Christ*, pp. 205-213.

8. Lewis, *W. E. B. Du Bois, 1919-1963*, p. 566.

9. Isaac Saney, «The Case Against *To Kill a Mockingbird*», *Race & Class*, vol. 45, n.° 1 (2003), pp. 99-110.

10. Michael Harrington, *The Other America. Poverty in the United States*, Nueva York, Simon and Schuster, 1997, pp. 72 y 76 [hay trad. cast.: *La cultura de la pobreza en los Estados Unidos*, trad. de Emma Susana Speratti, Mexico D. F., Fondo de Cultura Economica, 1963].

11. Lewis, *W. E. B. Du Bois, 1919-1963*, pp. 565-570.

12. Adams y Sanders, *Alienable Rights*, pp. 281-283; Dudziak, *Cold War Civil Rights*, pp. 155-166.

13. Dan T. Carter, *The Politics of Rage. George Wallace, the Origins of the New Conservatism, and the Transformation of American Politics*, Baton Rouge, Louisiana State University Press, 2000, p. 96.

14. «The Inaugural Address of Governor George C. Wallace», 14 de enero de 1963, <http://media.al.com/spotnews/other/George%20Wallace%20 1963%20Inauguration%20Speech.pdf>.

15. Oscar Handlin, «All Colors, All Creeds, All Nationalities, All New Yorkers», *The New York Times*, 22 de septiembre de 1963.

16. Nathan Glazer y Daniel P. Moynihan, *Beyond the Melting Pot. The Ne-*

groes, Puerto Ricans, Jews, Italians, and Irish of New York City, Cambridge, MIT Press, 1963, pp. 11, 35, 50-53 y 84-85.

17. Martin Luther King, «Letter from a Birmingham Jail», 16 de abril de 1963, <www.africa.upenn.edu/Articles_Gen/Letter_Birmingham.html>.

18. Dudziak, *Cold War Civil Rights*, pp. 169-187.

19. *Ibid.*, pp. 187-200 y 216-219; Du Bois, *W. E. B. Du Bois, 1868-1919*, p. 2.

Quinta parte
Angela Davis

30. La Ley de Derechos Civiles

1. Angela Y. Davis, *Angela Davis. An Autobiography*, Nueva York, International Publishers, 1988, pp. 128-131 [hay trad. cast.: *Angela Davis. Autobiografía*, trad. de Esther Donato, Madrid, Capitán Swing Libros, 2016].

2. *Ibid.*, pp. 77-99.

3. *Ibid.*, pp. 101-112.

4. James Baldwin, *The Fire Next Time*, Nueva York, Vintage, 1963.

5. Davis, *Autobiography*, pp. 117-127.

6. *Ibid.*, pp. 128-131.

7. John F. Kennedy, «Statement by the President on the Sunday Bombing in Birmingham», 6 de septiembre de 1963, Gerhard Peters y John T. Woolley, The American Presidency Project, <www.presidency.ucsb.edu/ws/?pid=9410>.

8. Lyndon B. Johnson, «Address to a Joint Session of Congress», 27 de noviembre de 1963, *Public Papers of the Presidents of the United States. Lyndon B. Johnson, 1963-64*, vol. 1, entrada 11, Washington D. C., US Government Printing Office, 1965, pp. 8-10.

9. Ossie Davis, «Eulogy for Malcolm X», en Catherine Ellis y Stephen Smith, eds., *Say It Loud. Great Speeches on Civil Rights and African American Identity*, Nueva York, New Press, 2010.

10. Malcolm X y Haley, *The Autobiography of Malcolm X*, p. 369.

11. Adams y Sanders, *Alienable Rights*, p. 290.

12. Moreno, *Black Americans and Organized Labor*, pp. 252-258.

13. Michael K. Brown *et al.*, *Whitewashing Race. The Myth of a Color-Blind Society*, Berkeley, University of California Press, 2003, pp. 168-174.

14. Dudziak, *Cold War Civil Rights*, pp. 208-214 y 219-231; Malcolm X, «Appeal to African Heads of State», en *Malcolm X Speaks. Selected Speeches and*

Statements, ed. de George Breitman, Nueva York, Grove Press, 1965, p. 76 [hay trad. cast.: *Malcolm X. Vida y voz de un hombre negro. Autobiografía y discursos*, Tafalla (Navarra), Txalaparta, 1991].

15. Carter, *The Politics of Rage*, p. 344.

16. Adams y Sanders, *Alienable Rights*, pp. 287-291; Barry M. Goldwater, *The Conscience of a Conservative*, Washington D. C., Regnery, 1994, p. 67.

17. Chana Kai Lee, *For Freedom's Sake. The Life of Fannie Lou Hamer, Women in American History*, Urbana, University of Illinois Press, 1999, pp. 89 y 99; Cleveland Sellers y Robert L. Terrell, *The River of No Return. The Autobiography of a Black Militant and the Life and Death of SNCC*, Jackson, University Press of Mississippi, 1990, p. 111.

18. «Baldwin Blames White Supremacy», *New York Post*, 22 de febrero de 1965; telegrama de Martin Luther King a Betty al-Shabazz, 26 de febrero de 1965, <https://keyamsha.com/2015/02/22/telegram-from-dr-martin-luther-king-jr-to-betty-al-shabazz-expressing-his-sympathy-for-the-death-of-her-husband-malcolm-x/>.

19. Ossie Davis, «Eulogy for Malcolm X», p. 29.

20. Eliot Fremont-Smith, «An Eloquent Testament», *The New York Times*, 5 de noviembre de 1965; Malcolm X y Haley, *Autobiography*.

21. Lyndon B. Johnson, «Commencement Address at Howard University: "To Fulfill These Rights"», en *Public Papers of the Presidents of the United States. Lyndon B. Johnson, 1965*, vol. 2, entrada 301, Washington D. C., US Government Printing Office, 1966, pp. 635-640.

22. Daniel Patrick Moynihan, *The Negro Family. The Case for National Action*, Washington D. C., Office of Policy Planning and Research, US Department of Labor, 1965, pp. 29-30, <http://web.stanford.edu/~mrosenfe/Moynihan%27s%20The%20Negro%20Family.pdf>.

23. Cámara de Representantes de Estados Unidos, «Voting Rights Act of 1965», Informe de la Cámara n.º 439, 89.º Congreso, 1.ª Sesión, Washington D. C., US Government Printing Office, 1965, p. 3.

31. PODER NEGRO

1. «New Crisis: The Negro Family», *Newsweek*, 9 de agosto de 1965; James T. Patterson, *Freedom Is Not Enough. The Moynihan Report and America's Struggle over Black Family Life-from LBJ to Obama*, Nueva York, Basic Books, 2010, pp. 65-70.

2. Davis, *Autobiography*, pp. 133-139; Russell-Cole *et al.*, *The Color Complex*, pp. 59-61.

3. Massey y Denton, *American Apartheid*, vol. 3, pp. 18-19 y 167; Kenneth Clark, *Dark Ghetto. Dilemmas of Social Power*, Nueva York, Harper and Row, 1965.

4. «Success Story, Japanese-American Style», *The New York Times Magazine*, 9 de enero de 1966; «Success Story of One Minority Group in the U.S.», *US News and World Report*, 26 de diciembre de 1966; Daryl J. Maeda, *Chains of Babylon. The Rise of Asian America*, Minneapolis, University of Minnesota Press, 2009.

5. Byrd y Tharps, *Hair Story*.

6. Peniel E. Joseph, *Waiting 'Til the Midnight Hour. A Narrative History of Black Power in America*, Nueva York, Henry Holt, 2006, pp. 141-142.

7. «Dr. King Is Felled by Rock. 30 Injured as He Leads Protesters. Many Arrested in Race Clash», *Chicago Tribune*, 6 de agosto de 1966.

8. Joseph, *Waiting 'Til the Midnight Hour*, p. 146.

9. Roy Wilkins, «Whither "Black Power"?», *The Crisis*, agosto-septiembre de 1966, p. 354; «Humphrey Backs N.A.A.C.P. in Fight on Black Racism», *The New York Times*, 7 de julio de 1966.

10. Joshua Bloom y Waldo E. Martin, *Black Against Empire. The History and Politics of the Black Panther Party*, Berkeley, University of California Press, 2013, pp. 70-73.

11. Malcolm McLaughlin, *The Long, Hot Summer of 1967. Urban Rebellion in America*, Nueva York, Palgrave Macmillan, 2014, pp. 6-9 y 12; Jonathan M. Metzl, *The Protest Psychosis. How Schizophrenia Became a Black Disease*, Boston, Beacon Press, 2010; Marvin E. Wolfgang y Franco Ferracuti, *The Subculture of Violence. Toward an Integrated Theory in Criminology*, Londres, Tavistock, 1967.

12. Premilla Nadasen, *Welfare Warriors. The Welfare Rights Movement in the United States*, Nueva York, Routledge, 2005, pp. 135-138.

13. Davis, *Autobiography*, pp. 149-151.

14. «New Black Consciousness Takes Over College Campus», *Chicago Defender*, 4 de diciembre de 1967.

15. Davis, *Autobiography*, pp. 156-161.

16. Martin Luther King, «Where Do We Go from Here?», en *Say It Loud*, p. 41.

17. Joseph, *Waiting 'Til the Midnight Hour*, pp. 197-201.

18. Lyndon B. Johnson, «Annual Message to the Congress on the State of the Union, January 17, 1968», en *Public Papers of the Presidents of the United States. Lyndon B. Johnson, 1968-1969*, Washington D. C., US Government Printing Office, 1970, p. 30.

19. Eldridge Cleaver, *Soul on Ice*, Nueva York, Dell, 1968, pp. 101-111, 134,

159-163, 181, 187-188 y 205-206 [hay trad. cast.: *Alma encadenada*, trad. de Francisco González Aranburu, México D. F., Fondo de Cultura Económica, 1969].

20. Franz Fanon, *Black Skin, White Masks*, Nueva York, Grove Press, 2008, p. 45 [hay trad. cast.: *Piel negra, máscaras blancas*, trad. de Iría Álvarez, Madrid, Akal, 2009]; William H. Grier y Price M. Cobbs, *Black Rage*, Nueva York, BasicBooks, 1968.

21. Andrew Billingsley, *Black Families in White America*, Nueva York, Simon and Schuster, 1968, pp. 33 y 37.

22. *Report of the National Advisory Commission on Civil Disorders*, Nueva York, New York Times Publications, 1968, pp. 1-2 y 389.

23. *Report of the Select Committee on Assassinations of the US House of Representatives, Findings in the Assassination of Dr. Martin Luther King Jr.*, n.° 277, Archivos Nacionales, <www.archives.gov/research/jfk/select-committee-report/part-2-king-findings.html>; Adams y Sanders, *Alienable Rights*, pp. 299-300; Hutchinson, *Betrayed*, pp. 136-137 y 144-145; González y Torres, *News for All the People*, pp. 303-304.

24. Martin Luther King, «Mountaintop Speech», 3 de abril de 1968, vídeo, <https://vimeo.com/3816635>.

25. Davis, *Autobiography*, pp. 160-178; Spiro T. Agnew, «Opening Statement of Conference with Civil Rights and Community Leaders», 11 de abril de 1968, <http://msa.maryland.gov/megafile/msa/speccol/sc2200/sc2221/000012/000041/pdf/speech.pdf>.

26. Rogers, *The Black Campus Movement*, p. 114; Hillel Black, *The American Schoolbook*, Nueva York, Morrow, 1967, p. 106; Moreau, *Schoolbook Nation*.

27. Pablo Guzmán, «Before People Called Me a Spic, They Called Me a Nigger», en Miriam Jiménez Román y Juan Flores, eds., *The Afro-Latin@ Reader. History and Culture in the United States*, Durham (Carolina del Norte), Duke University Press, pp. 235-243; Hutchinson, *Blacks and Reds*, pp. 257-258.

28. Frances Beale, «Double Jeopardy. To Be Black and Female», en Toni Cade Bambara, ed., *The Black Woman. An Anthology*, Nueva York, Washington Square Press, 2005, pp. 109-122.

29. Davis, *Autobiography*, pp. 180-191.

32. LEY Y ORDEN

1. Dan T. Carter, *From George Wallace to Newt Gingrich. Race in the Conservative Counterrevolution*, Baton Rouge, Louisiana State University Press, 1996,

p. 27; John Ehrlichman, *Witness to Power. The Nixon Years*, Nueva York, Simon and Schuster, 1982, p. 223.

2. Carter, *From George Wallace to Newt Gingrich*, p. 27; Ehrlichman, *Witness to Power*, p. 223.

3. Davis, *Autobiography*, pp. 216-223; Hutchinson, *Betrayed*, pp. 145-149.

4. Davis, *Autobiography*, pp. 250-255 y 263-266.

5. «Academic Freedom and Tenure. The University of California at Los Angeles», *AAUP Bulletin*, vol. 57, n.° 3 (1971), pp. 413-414; Arthur R. Jensen, «How Much Can We Boost IQ and Scholastic Achievement», *Harvard Educational Review*, vol. 39, n.° 1 (1969), p. 82.

6. Davis, *Autobiography*, pp. 270-273.

7. *Ibid.*, pp. 3-12 y 277-279.

8. Byrd y Tharps, *Hair Story*, pp. 60-63.

9. Guerrero, *Framing Blackness*, pp. 69-111.

10. Cheryll Y. Greene y Marie D. Brown, «Women Talk», *Essence*, mayo de 1990; «President Nixon Said It Was "Necessary" to Abort Mixed-Race Babies, Tapes Reveal», *The Daily Telegraph*, 24 de junio de 2009.

11. Giddings, *When and Where I Enter*, pp. 304-311; Toni Morrison, «What the Black Woman Thinks of Women's Lib», *The New York Times Magazine*, agosto de 1971; Toni Morrison, *The Bluest Eye*, Nueva York, Penguin, 1970 [hay trad. cast.: *Ojos azules*, trad. de Jordi Gubern Ribalta, Barcelona, Debolsillo, 2004]; Maya Angelou, *I Know Why the Caged Bird Sings*, Nueva York, Random House, 1969 [hay trad. cast.: *Yo sé por qué canta el pájaro enjaulado*, trad. de Carlos Manzano, Barcelona, Libros del Asteroide, 2016].

12. Joseph, *Waiting 'Til the Midnight Hour*, pp. 273-275.

13. Brown *et al.*, *Whitewashing Race*, pp. 164-192.

14. Massey y Denton, *American Apartheid*, pp. 60-62.

15. Joseph, *Waiting 'Til the Midnight Hour*, pp. 283-293.

16. Davis, *Autobiography*, p. 359.

17. Michelle Alexander, *The New Jim Crow. Mass Incarceration in the Age of Colorblindness*, Nueva York, New Press, 2010, p. 8; *National Advisory Commission on Criminal Justice Standards and Goals, Task Force Report on Corrections*, Washington D. C., US Government Printing Office, 1973, p. 358.

18. «15000 at NY Angela Davis Rally», *The Militant*, 14 de julio de 1972.

19. Charles Herbert Stember, *Sexual Racism. The Emotional Barrier to an Integrated Society*, Nueva York, Elsevier, 1976.

20. Audre Lorde, «Age, Race, Class, and Sex. Women Redefining Difference», en Audre Lorde, ed., *Sister Outsider. Essays and Speeches*, Berkeley, California,

Crossing Press, 2007, p. 115 [hay trad. cast.: *La hermana, la extranjera. Artículos y conferencias*, trad. de María Corniero Fernández, Madrid, Horas y horas, 2002].

21. Salamishah Tillet, «Black Feminism, Tyler Perry Style», *The Root*, 11 de noviembre de 2010, <www.theroot.com/articles/culture/2010/11/a_feminist_analysis_of_tyler_perrys_for_colored_girls.html>.

22. Alice Walker, *The Color Purple. A Novel*, Nueva York, Harcourt, Brace, Jovanovich, 1982 [hay trad. cast.: *El color púrpura*, trad. de Ana María de la Fuente, Barcelona, Debolsillo, 2018 (2001)].

23. Robert Staples, «The Myth of Black Macho. A Response to Angry Black Feminists», *The Black Scholar*, vol. 10, n.º 6-7 (marzo-abril de 1979), pp. 24-33; Michele Wallace, *Black Macho and the Myth of Superwoman*, Nueva York, Verso, 1990, pp. 23 y 107 [hay trad. cast.: *Macho negro y el mito de la supermujer*, trad. de Ivana Palibrk, Pamplona, Katakrak, 2018].

24. June Jordan, «To Be Black and Female», *The New York Times*, 18 de marzo de 1979; Angela Y. Davis, «Black Writers' Views of America», *Freedomways*, vol. 19, n.º 3 (1979), pp. 158-160; Wallace, *Black Macho and the Myth of Superwoman*, pp. xxi y 75.

25. Byrd y Tharps, *Hair Story*, pp. 100-107.

26. Guerrero, *Framing Blackness*, pp. 113-138.

27. Alex Haley, *Roots. The Saga of an American Family*, Garden City, Nueva York, Doubleday, 1976 [hay trad. cast.: *Raíces*, trad. de Rolando Costa Picazo, Barcelona, Salvat Editores, 1987].

33. LAS DROGAS DE REAGAN

1. «"Welfare Queen" Becomes Issue in Reagan Campaign», *The New York Times*, 15 de febrero de 1976; «The Welfare Queen», *Slate*, 19 de diciembre de 2013, <www.slate.com/articles/news_and_politics/history/2013/12/linda_taylor_welfare_queen_ronald_reagan_made_her_a_notorious_american_villain.html>.

2. Massey y Denton, *American Apartheid*, pp. 61 y 83-114; Manning Marable, *Race, Reform, and Rebellion. The Second Reconstruction and Beyond in Black America, 1945-2006*, Jackson, University Press of Mississippi, 2007, pp. 151-154.

3. Brown *et al.*, *Whitewashing Race*, pp. 164-192.

4. *Regents of Univ. of California v. Bakke*, 438 U.S. 265 (1978).

5. Phyllis Ann Wallace, Linda Datcher-Loury y Julianne Malveaux, *Black Women in the Labor Force*, Cambridge (Massachusetts), MIT Press, 1980, p. 67;

William J. Wilson, *The Declining Significance of Race. Blacks and Changing American Institutions*, 2.ª ed., Chicago, University of Chicago Press, 1980, pp. 2-3; Michael Harrington, *The Other America. Poverty in the United States*, Nueva York, Simon and Schuster, 1997, p. 76.

6. John Langston Gwaltney, *Drylongso. A Self-Portrait of Black America*, Nueva York, Random House, 1980, p. xix; Mel Watkins, «Books of the Times: Blacks Less "Hateful" Enlightened Interviews», *The New York Times*, 2 de septiembre de 1980.

7. William Julius Wilson, «The Declining Significance of Race: Revisited & Revised», *Daedalus*, vol. 140, n.º 2 (2011), p. 67.

8. *Regents of Univ. of California v. Bakke*; Robert Bork, «The Unpersuasive Bakke Decision», *The Wall Street Journal*, 21 de julio de 1978; Sean F. Reardon, Rachel Baker y Daniel Klasik, *Race, Income, and Enrollment Patterns in Highly Selective Colleges, 1982-2004*, Stanford (California), Center for Education Policy Analysis, 2012, <https://cepa.stanford.edu/sites/default/files/race%20income%20%26%20selective%20college%20enrollment%20august%203%202012.pdf>.

9. Marable, *Race, Reform, and Rebellion*, pp. 165-171.

10. «Gus Hall and Angela Davis Lead Communist Party's Ticket for '80», *The New York Times*, 20 de noviembre de 1979; Hutchinson, *Blacks and Reds*, pp. 297-298.

11. Marable, *Race, Reform, and Rebellion*, pp. 171-175; «Angela Davis Says Get Tough with E. Bay Nazis», *The Sun Reporter*, 20 de septiembre de 1979.

12. «Angela Davis Brings Vice Presidential Campaign to UCLA—Where It All Began», *Los Angeles Times*, 7 de agosto de 1980; póster, «People Before Profits: A Campaign Rally Featuring Angela Davis», 1980, colección del Museo Oakland de California, <http://collections.museumca.org/?q=collection-item/201054471>.

13. «Transcript of Ronald Reagan's 1980 Neshoba County Fair Speech», *Neshoba Democrat*, 15 de noviembre de 2007, <www.self.gutenberg.org/articles/eng/Reagan%27s_Neshoba_County_Fair_%22states%27_rights%22_speech>.

14. Guerrero, *Framing Blackness*, pp. 113-138.

15. Adams y Sanders, *Alienable Rights*, pp. 311-312; Moreno, *Black Americans and Organized Labor*, pp. 276-279; Marable, *Race, Reform, and Rebellion*, pp. 179-181.

16. Edward O. Wilson, «What Is Sociobiology?», *Society*, septiembre-octubre de 1978, p. 10; Edward O. Wilson, *Sociobiology. The New Synthesis*, Cambridge (Massachusetts), Harvard University Press, 1975 [hay trad. cast.: *Sociobiología. La nueva síntesis*, trad. de Ramón Navarro y Andrés de Haro, Barcelona, Omega, 1980].

17. Yudell, *Race Unmasked*, pp. 179-200.

18. Davis, *Women, Race & Class*, pp. 14, 18-19, 23, 31 y 178-182; bell hooks, *Ain't I a Woman. Black Women and Feminism*, 2.ª ed., Nueva York, Routledge, 2014, p. 99.

19. Brown *et al.*, *Whitewashing Race*, pp. 136-137; Alexander, *The New Jim Crow*, pp. 5-7 y 49; Julian Roberts, «Public Opinion, Crime, and Criminal Justice», en Michael Tonry, ed., *Crime and Justice. A Review of Research*, vol. 16, Chicago, University of Chicago Press, 1992; Ronald Reagan, «Remarks on Signing Executive Order 12368, Concerning Federal Drug Abuse Policy Functions», 24 de junio de 1982, Gerhard Peters y John T. Woolley, The American Presidency Project, <www.presidency.ucsb.edu/documents/remarks-signing -executive-order-12368-concerning-federal-drug-abuse-policy-functions>.

20. «Davis Addresses Women's Confab», *The Washington Informer*, 22 de agosto de 1984.

21. Alexander, *The New Jim Crow*, pp. 5-7, 51-53, 86-87 y 206.

22. «Reagan Signs Anti-Drug Measure; Hopes for "Drug-Free Generation"», *The New York Times*, 28 de octubre de 1968, <www.nytimes. com/1986/10/28/us/reagan-signs-anti-drug-measure-hopes-for-drug-gree-generation.html>.

23. Marc Mauer, *Race to Incarcerate*, 2.ª ed. rev., Nueva York, New Press, 2006, pp. 30-36; Human Rights Watch, *Punishment and Prejudice. Racial Disparities in the War on Drugs*, vol. 12, HRW Reports, Nueva York, Human Rights Watch, 2000; Christopher Ingraham, «White People Are More Likely to Deal Drugs, But Black People Are More Likely to Get Arrested for It», *The Washington Post*, 30 de septiembre de 2014, <www.washingtonpost.com/news/wonkblog/ wp/2014/09/30/white-people-are-more-likely-to-deal-drugs-but-black-peo ple-are-more-likely-to-get-arrested-for-it/>.

24. The Sentencing Project, «Crack Cocaine Sentencing Policy. Unjustified and Unreasonable», abril de 1997.

25. William Julius Wilson, *When Work Disappears. The World of the New Urban Poor*, Nueva York, Vintage Books, 1997, p. 22.

26. Gail Russell Chaddock, «U.S. Notches World's Highest Incarceration Rate», *The Christian Science Monitor*, 18 de agosto de 2003; Christopher Uggen y Jeff Manza, «Democratic Contradiction? Political Consequences of Felon Disenfranchisement in the United States», *American Sociological Review*, vol. 67 (2002), p. 777.

27. Craig Reinarman, «The Crack Attack. America's Latest Drug Scare, 1986-1992», en *Images of Issues. Typifying Contemporary Social Problems*, Nueva

York, Aldine de Gruyter, 1995, p. 162; Mauer, *Race to Incarcerate*, pp. 150-151; *Data from the Drug Abuse Warning Network. Annual Data 1985*, Series estadísticas I, #5, Washington D. C., Instituto Nacional sobre el Abuso de Drogas, 1986; Oficina del Censo de Estados Unidos, «Table 305. Homicide Trends», <www2.census.gov/library/publications/2007/compendia/statab/127ed/tables/08s0305.xls>; «Deaths from Drunken Driving Increase», *The New York Times*, 29 de octubre de 1987, <www.nytimes.com/1987/10/29/us/deaths-from-drunken-driving-increase.html>; Alexander, *The New Jim Crow*, pp. 200-201.

28. CBS News, «The Vanishing Family. Crisis in Black America», emitido por primera vez en enero de 1986, <www.youtube.com/watch?v=AxWpiMSo2a8>; Angela Y. Davis, *Women, Culture & Politics*, Nueva York, Vintage Books, 1990, pp. 75-85.

29. Gary Bauer, *The Family. Preserving America's Future*, Washington D. C., Departamento de Educación de Estados Unidos, 1986, p. 35.

30. Eleanor Holmes Norton, «Restoring the Traditional Black Family», *The New York Times*, 2 de junio de 1985.

34. NUEVOS DEMÓCRATAS

1. Henry Louis Gates Jr., «TV's Black World Turns—but Stays Unreal», *The New York Times*, 12 de noviembre de 1989.

2. Charles Krauthammer, «Children of Cocaine», *The Washington Post*, 30 de julio de 1989.

3. Washington, *Medical Apartheid*, pp. 212-215; «"Crack Baby" Study Ends with Unexpected but Clear Result», *The Philadelphia Inquirer*, 22 de julio de 2013, <www.inquirer.com/philly/health/20130721__Crack_baby__study_ends_with_unexpected_but_clear_result.html>.

4. Marable, *Race, Reform, and Rebellion*, pp. 212-213; Hutchinson, *Betrayed*, pp. 189-190.

5. *McCleskey v. Kemp*, 481 U.S. 279, 1981; «New Look at Death Sentences and Race», *The New York Times*, 29 de abril de 2008, <www.nytimes.com/2008/04/29/us/29bar.html>.

6. Jeffrey O. G. Ogbar, *Hip-Hop Revolution. The Culture and Politics of Rap*, Culture America, Lawrence, University Press of Kansas, 2007, pp. 105-109 y 146-155.

7. Molefi Kete Asante, *Afrocentricity*, nueva ed. rev., Trenton, New Jersey, Africa World Press, 1988, pp. 1 y 104-105.

8. Russell-Cole *et al.*, *The Color Complex*, pp. 37-39, 51-54, 90-101, 107-

109 y 166; Byrd y Tharps, *Hair Story*, p. 112; J. Randy Taraborrelli, *Michael Jackson. The Magic, the Madness, the Whole Story, 1958-2009*, Nueva York, Grand Central, 2009, p. 351 [hay trad. cast.: *Michael Jackson. La magia y la locura, la historia completa*, trad. de Luisa Borovsky, Barcelona, Alba Editorial, 2011].

9. Crenshaw, «Demarginalizing the Intersection of Race and Sex»; Kimberlé Crenshaw, «Mapping the Margins. Intersectionality, Identity Politics, and Violence Against Women of Color», *Stanford Law Review*, vol. 43, n.º 6 (1991), p. 1.242; Mari J. Matsuda, *Where Is Your Body? And Other Essays on Race, Gender, and the Law*, Boston, Beacon Press, 1996, p. 47; Richard Delgado y Jean Stefancic, *Critical Race Theory. An Introduction*, 2.ª ed., Nueva York, New York University Press, 2012, pp. 7-10.

10. Dalton Conley, *Being Black, Living in the Red: Race, Wealth, and Social Policy in America*, Berkeley, University of California Press, 1999, p. 25; Robert S. Ellyn, «Angela Davis' Views», *Los Angeles Times*, 10 de marzo de 1990; *Sunday Times*, 6 de diciembre de 1992.

11. «Poverty and Norplant. Can Contraception Reduce the Underclass?», *The Philadelphia Inquirer*, 12 de diciembre de 1990; Roberts, *Killing the Black Body*, pp. 17-18, 106-110, 116, 122 y 244-245; Washington, *Medical Apartheid*, pp. 206-212; Angela Davis, «Black Women and the Academy», *Callaloo*, vol. 17, n.º 2 (1994), pp. 425-426.

12. Patricia Hill Collins, *Black Feminist Thought. Knowledge, Consciousness, and the Politics of Empowerment*, Boston, Unwin Hyman, 1990; Michele Wallace, «When Black Feminism Faces the Music, and the Music Is Rap», *The New York Times*, 29 de julio de 1990.

13. Guerrero, *Framing Blackness*, pp. 157-167.

14. Hutchinson, *Betrayed*, pp. 192-198.

15. Jeffrey Toobin, «The Burden of Clarence Thomas», *The New Yorker*, 27 de septiembre de 1993; Nancy Langston, «Clarence Thomas. A Method in His Message?», *Holy Cross Journal of Law and Public Policy*, vol. 1 (1996), pp. 10-11; Clarence Thomas, *My Grandfather's Son. A Memoir*, Nueva York, Harper, 2007.

16. Marable, *Race, Reform, and Rebellion*, pp. 216-217; Earl Ofari Hutchinson, *The Assassination of the Black Male Image*, Nueva York, Simon and Schuster, 1996, pp. 63-70; Duchess Harris, *Black Feminist Politics from Kennedy to Clinton (Contemporary Black History)*, Nueva York, Palgrave Macmillan, 2009, pp. 90-98; White, *Too Heavy a Load*, pp. 15-16.

17. Adams y Sanders, *Alienable Rights*, p. 314; Brown *et al.*, *Whitewashing Race*, pp. 184-185; Lawrence M. Mead, *The New Politics of Poverty. The Nonworking Poor in America*, Nueva York, Basic Books, 1992, p. 142.

18. Washington, *Medical Apartheid*, pp. 330-332 y 337-346.

19. Joy James, «Introduction», en Joy James, ed., *The Angela Y. Davis Reader*, Malden (Massachusetts), Blackwell, 1998, pp. 9-10.

20. Alexander, *The New Jim Crow*, p. 55; Adams y Sanders, *Alienable Rights*, pp. 316-317.

21. Marable, *Race, Reform, and Rebellion*, p. 223; «"Cosby" Finale. Not All Drama Was in the Streets», *Los Angeles Times*, 2 de mayo de 1992, <http://articles.latimes.com/1992-05-02/entertainment/ca-1105_1_cosby-show>.

22. Andrew Hacker, *Two Nations. Black and White, Separate, Hostile, Unequal*, Nueva York, Scribner's, 1992; Hutchinson, *Assassination*, pp. 55-60; Guerrero, *Framing Blackness*, pp. 197-208; Derrick Bell, *Faces at the Bottom of the Well. The Permanence of Racism*, Nueva York, Basic Books, 1992; Cornel West, *Race Matters*, Boston, Beacon Press, 1993.

23. «Was It a "Riot", a "Disturbance", or a "Rebellion"?», *Los Angeles Times*, 29 de abril de 2007; Aldore Collier, «Maxine Waters. Telling It Like It Is in LA», *Ebony*, octubre de 1992; «Excerpts from Bush's Speech on the Los Angeles Riots: "Need to Restore Order"», *The New York Times*, 2 de mayo de 1992; David M. Newman y Elizabeth Grauerholz, *Sociology of Families*, 2.ª ed., Thousand Oaks (California), Pine Forge Press, 2002, p. 18; «Clinton: Parties Fail to Attack Race Divisions», *Los Angeles Times*, 3 de mayo de 1992; Washington, *Medical Apartheid*, pp. 271-277.

24. «Sister Souljah's Call to Arms», *The Washington Post*, 13 de mayo de 1992.

25. Marable, *Race, Reform, and Rebellion*, p. 217.

26. *Ibid.*, pp. 226-227; Charles Murray, «The Coming White Underclass», *The Wall Street Journal*, 29 de octubre de 1993.

27. «Intento convertir quince centavos en un dólar. / Es difícil ser legal y poder pagar el alquiler». Tupac Shakur, «Keep Ya Head Up», 1994, <www.songlyrics.com/tupac/keep-ya-head-up-lyrics/>.

28. Angela Y. Davis, «Black Women and the Academy», en Joy James, ed., *The Angela Y. Davis Reader*, Malden (Massachusetts), Blackwell, 1998, pp. 222-231.

29. Alexander, *The New Jim Crow*, pp. 55-59; Marable, *Race, Reform, and Rebellion*, pp. 218-219; Bill Clinton, «1994 State of the Union Address», 25 de enero de 1994, <www.washingtonpost.com/wp-srv/politics/special/states/docs/sou94.htm>; Ben Schreckinger y Annie Karni, «Hillary's Criminal Justice Plan. Reverse Bill's Policies», *Politico*, 30 de abril de 2014, <www.politico.com/story/2015/04/hillary-clintons-criminal-justice-plan-reverse-bills-policies-117488.html>.

30. Hutchinson, *Assassination*; The Notorious B.I.G., «Juicy», 1994, <www.songlyrics.com/the-notorious-b-i-g/juicy-clean-lyrics/>.

35. NUEVOS REPUBLICANOS

1. Richard J. Herrnstein y Charles A. Murray, *The Bell Curve. Intelligence and Class Structure in American Life*, Nueva York, Free Press, 1994, pp. xxv, 1-24, 311-312 y 551; Roberts, *Killing the Black Body*, p. 270.

2. «Republican Contract with America», 1994, <http://web.archive.org/web/19990427174200/http://www.house.gov/house/Contract/CONTRACT.html>.

3. Richard Lynn, «Is Man Breeding Himself Back to the Age of the Apes?», en Russell Jacoby y Naomi Glauberman, eds., *The Bell Curve Debate. History, Documents, Opinions*, Nueva York, Times Books, 1995, p. 356; Ulrich Neisser, Gwyneth Boodoo, Thomas J. Bouchard Jr., A. Wade Boykin, Nathan Brody, Stephen J. Ceci, Diane F. Halpern, John C. Loehlin, Robert Perloff, Robert J. Sternberg y Susana Urbina, «Intelligence. Knowns and Unknowns», *American Psychologist*, vol. 51 (1996), pp. 77-101.

4. Marina Budhos, «Angela Davis Appointed to Major Chair», *Journal of Blacks in Higher Education*, vol. 7 (1995), pp. 44-45; Manning Marable, «Along the Color Line. In Defense of Angela Davis», *The Michigan Citizen*, 22 de abril de 1995.

5. Dinesh D'Souza, *The End of Racism. Principles for a Multiracial Society*, Nueva York, Free Press, 1995, pp. vii-viii, 22-24 y 441.

6. Hutchinson, *Assassination*, pp. 152-161.

7. «Professors of Hate. Academia's Dirty Secret», *Rolling Stone*, 20 de octubre de 1994; Jessie Daniels, *Cyber Racism. White Supremacy Online and the New Attack on Civil Rights*, Perspectives on a Multiracial America, Lanham (Maryland), Rowman and Littlefield, 2009, pp. 41-53, 61-63, 96, 159-167 y 174-182.

8. B. W. Burston, D. Jones y P. Roberson-Saunders, «Drug Use and African Americans. Myth Versus Reality», *Journal of Alcohol and Drug Education*, vol. 40 (1995), pp. 19-39; Alexander, *The New Jim Crow*, pp. 122-125; John J. Dilulio Jr., «The Coming of the Super Predators», *The Weekly Standard*, 27 de noviembre de 1995.

9. Allen y Albert Hughes, *Infierno en Los Ángeles*, 26 de mayo de 1993.

10. «Black Women Are Split over All-Male March on Washington», *The New York Times*, 14 de octubre de 1995.

11. Mumia Abu-Jamal, *Live from Death Row*, Nueva York, HarperCollins,

1996, pp. 4-5 [hay trad. cast.: *Desde la galería de la muerte*, trad. de Alfonso Ormaetxea, Tafalla (Navarra), Txalaparta, 2014].

12. «August 12 "Day of Protest" Continues Despite Mumia's Stay of Execution», *The Sun Reporter*, 10 de agosto de 1995; Kathleen Cleaver, «Mobilizing for Mumia Abu-Jamal in Paris», en Kathleen Cleaver y George N. Katsiaficas, eds., *Liberation, Imagination, and the Black Panther Party. A New Look at the Panthers and Their Legacy*, Nueva York, Routledge, 2001, pp. 51-68.

13. Marable, *Race, Reform, and Rebellion*, pp. 228-231.

14. Michael O. Emerson y Christian Smith, *Divided by Faith. Evangelical Religion and the Problem of Race in America*, Oxford, Oxford University Press, 2000, pp. 63-133; Bill Clinton, «Remarks at the University of Texas at Austin, October 16, 1995», en *Public Papers of the Presidents of the United States. William J. Clinton, 1995*, libro 2, Washington D. C., Archivos Nacionales y Administración de Documentos, 1996, pp. 1.600-1.604.

15. John Mica y Barbara Cubin, «Alligators and Wolves», en Gwendolyn Mink y Rickie Solinger, eds., *Welfare. A Documentary History of U.S. Policy and Politics*, Nueva York, New York University Press, 2003, p. 622.

16. Randall Kennedy, *Nigger. The Strange Career of a Troublesome Word*, Nueva York, Pantheon, 2002, pp. 41-43.

17. Marable, *Race, Reform, and Rebellion*, pp. 220-221; «Prop. 209 Backer Defends Use of King in Ad», *Los Angeles Times*, 24 de octubre de 1996.

18. Roger Ebert, «Set It Off», 8 de noviembre de 1996, <www.rogerebert. com/reviews/set-it-off-1996>.

19. William J. Clinton, «Commencement Address at the University of California San Diego in La Jolla, California», 14 de junio de 1997, Gerhard Peters y John T. Woolley, The American Presidency Project, <www.presidency.ucsb. edu/documents/commencement-address-the-university-california-san-diego-la-jolla-california>.

20. «At Million Woman March, Focus Is on Family», *The New York Times*, 26 de octubre de 1997.

21. Jim Sleeper, *Liberal Racism*, Nueva York, Viking, 1997; Brown *et al.*, *Whitewashing Race*, pp. 5-17, 21 y 153-160; Peter Collier y David Horowitz, *The Race Card. White Guilt, Black Resentment, and the Assault on Truth and Justice*, Rocklin (California), Prima, 1997; Stephan Thernstrom y Abigail M. Thernstrom, *America in Black and White. One Nation, Indivisible*, Nueva York, Simon and Schuster, 1999, pp. 494, 500 y 539.

36. 99,9 POR CIENTO IGUALES

1. Nathan Glazer, *We Are All Multiculturalists Now*, Cambridge (Massachusetts), Harvard University Press, 1997.

2. Davis, *Blues Legacies and Black Feminism*; David Nicholson, «Feminism and the Blues», *The Washington Post*, 12 de febrero de 1998; Francis Davis, «Ladies Sing the Blues», *The New York Times*, 8 de marzo de 1998.

3. «Angela Davis, Still Carrying the Torch in 2000», *Lesbian News*, abril de 2000; Angela Y. Davis, *Are Prisons Obsolete?*, Nueva York, Seven Stories Press, 2003, pp. 7-8 y 15-16 [hay trad. cast.: «¿Están las prisiones obsoletas?», en *Democracia de la abolición. Prisiones, racismo y violencia*, trad. de Irene Fortea, Madrid, Trotta, 2016].

4. John H. McWhorter, *Losing the Race. Self-Sabotage in Black America*, Nueva York, Free Press, 2000, p. 13; «Original Oakland Resolution on Ebonics», 18 de diciembre de 1996, <https://journals.sagepub.com/doi/abs/10.1177/007542429802600207?journalCode=enga>.

5. Robert Williams, «Ebonics as a Bridge to Standard English», *St. Louis Post-Dispatch*, 28 de enero de 1997.

6. «Black English Is Not a Second Language, Jackson Says», *The New York Times*, 23 de diciembre de 1996, <www.nytimes.com/1996/12/23/us/black-english-is-not-a-second-language-jackson-says.html>; «LSA Resolution on the Oakland "Ebonics" Issue», 1997, Linguistic Society of America, <www.linguisticsociety.org/resource/lsa-resolution-oakland-ebonics-issue>.

7. Albert C. Baugh y Thomas Cable, *A History of the English Language*, 5.ª ed., Upper Saddle River (Nueva Jersey), Prentice-Hall, 2002.

8. McWhorter, *Losing the Race*, pp. x, 124-125 y 195.

9. John H. McWhorter, *Authentically Black. Essays for the Black Silent Majority*, Nueva York, Gotham Books, 2003, pp. xii-xiii, 33-35 y 262-264.

10. «Remarks Made by the President, Prime Minister Tony Blair of England (via satellite), Dr. Francis Collins, Director of the National Human Genome Research Institute, and Dr. Craig Venter, President and Chief Scientific Officer, Celera Genomics Corporation, on the Completion of the First Survey of the Entire Human Genome Project», 26 de junio de 2000, <www.genome.gov/10001356>.

11. Nicholas Wade, «For Genome Mappers, the Tricky Terrain of Race Requires Some Careful Navigating», *The New York Times*, 20 de julio de 2001.

12. Reanne Frank, «Forbidden or Forsaken? The (Mis)Use of a Forbidden Knowledge Argument in Research on Race, DNA, and Disease», en Alondra

Nelson, Keith Wailoo y Catherine Lee, eds., *Genetics and the Unsettled Past. The Collision of DNA, Race, and History*, New Brunswick, Rutgers University Press, 2012, pp. 315-316; Roberts, *Fatal Invention*, pp. 4 y 50-54; Nicholas Wade, *A Troublesome Inheritance. Genes, Race, and Human History*, Nueva York, Penguin, 2014 [hay trad. cast.: *Una herencia incómoda*, trad. de Joandomènec Ros, Barcelona, Planeta, 2016]; Yudell, *Race Unmasked*, pp. ix-xi.

13. *United States, Initial Report to the Committee on the Elimination of Racial Discrimination*, septiembre de 2000, <www.umn.edu/humanrts/usdocs/cerdinitial.html>; Bob Herbert, «In America; Keep Them Out!», *The New York Times*, 7 de diciembre de 2000, <www.nytimes.com/2000/12/07/opinion/in-america-keep-them-out.html>; Marable, *Race, Reform, and Rebellion*, pp. 236-237.

14. *Ibid.*, pp. 249-250; Randall Robinson, *The Debt. What America Owes to Blacks*, Nueva York, Dutton, 2000.

15. Marable, *Race, Reform, and Rebellion*, pp. 240-243.

16. Dave Chappelle, «Black White Supremacist», Comedy Central, <www.youtube.com/watch?v=BLNDqxrUUwQ>.

17. Roediger, *How Race Survived U.S. History*, p. 215; Marable, *Race, Reform, and Rebellion*, pp. 243-246.

18. Marable, *Race, Reform, and Rebellion*, p. 247.

19. Donna Lieberman, «School to Courthouse», *The New York Times*, 8 de diciembre de 2012, <www.nytimes.com/2012/12/09/opinion/sunday/take-police-officers-off-the-school-discipline-beat.html?_r=0>; P. L. Thomas, *Ignoring Poverty in the U.S. The Corporate Takeover of Public Education*, Charlotte (Carolina del Norte), Information Age Pub, 2012, pp. 186-187.

20. Marable, *Race, Reform, and Rebellion*, pp. 247-248; Michael Eric Dyson, *Is Bill Cosby Right? Or Has the Black Middle Class Lost Its Mind?*, Nueva York, Basic Civitas, 2005; Michael E. Dyson, «The Injustice Bill Cosby Won't See», *The Washington Post*, 21 de julio de 2006.

21. «Transcript: Illinois Senate Candidate Barack Obama», *The Washington Post*, 27 de julio de 2004.

37. EL NEGRO EXTRAORDINARIO

1. Barack Obama, *Dreams from My Father. A Story of Race and Inheritance*, Nueva York, Three Rivers Press, 2004, pp. 98-100 [hay trad. cast.: *Los sueños de mi padre. Una historia de raza y herencia*, trad. de Evaristo Páez Rasmussen, Barcelona, Debate, 2017].

2. Ta-Nehisi Coates, «Worst Movie of the Decade», *The Atlantic*, 30 de diciembre de 2009, <www.theatlantic.com/entertainment/archive/2009/12/worst-movie-of-the-decade/32759/>; John McWhorter, «Racism in America Is Over», *Forbes*, 30 de diciembre de 2008, <www.forbes.com/2008/12/30/end-of-racism-oped-cx_jm_1230mcwhorter.html>.

3. «Washing Away», *New Orleans Times-Picayune*, 23-27 de junio de 2002; Daniels, *Cyber Racism*, pp. 117-155; Naomi Klein, *The Shock Doctrine. The Rise of Disaster Capitalism*, Nueva York, Metropolitan Books/Henry Holt, 2007 [hay trad. cast.: *La doctrina del shock: el auge del capitalismo del desastre*, trad. de Isabel Fuentes, Barcelona, Paidós, 2014].

4. «"Racist" Police Blocked Bridge and Forced Evacuees Back at Gunpoint», *Independent* (Londres), 11 de septiembre de 2005.

5. George W. Bush, *Decision Points*, Nueva York, Crown, 2010, pp. 325-326; Marable, *Race, Reform, and Rebellion*, pp. 251-256.

6. Larry Elder, «Katrina, The Race Card, and the Welfare State», *WND*, 8 de septiembre de 2005, <www.wnd.com/2005/09/32236/>.

7. Harris-Perry, *Sister Citizen*, pp. 157-179.

8. Angela Locke, «Angela Davis. Not Just a Fair-Weather Activist», *Off Our Backs*, vol. 37, n.º 1 (2007), pp. 66-68.

9. «Imus Isn't the Real Bad Guy», *The Kansas City Star*, 11 de abril de 2007.

10. «NAACP Symbolically Buries N-Word», *The Washington Post*, 9 de julio de 2007.

11. «Biden's Description of Obama Draws Scrutiny», *CNN*, 9 de febrero de 2007, <www.cnn.com/2007/POLITICS/01/31/biden.obama/>; Roediger, *How Race Survived U.S. History*, p. 216; H. Samy Alim y Geneva Smitherman, *Articulate While Black. Barack Obama, Language, and Race in the U.S.*, Oxford, Oxford University Press, 2012, pp. 31-44.

12. Harris-Perry, *Sister Citizen*, pp. 273-277; *The New Yorker*, 21 de julio de 2008.

13. «Obama's Pastor. God Damn America, U.S. to Blame for 9/11», *ABC News*, 13 de marzo de 2008, <abcnews.go.com/Blotter/DemocraticDebate/story?id=4443788>.

14. Robert M. Entman y Andrew Rojecki, *The Black Image in the White Mind. Media and Race in America*, Chicago, University of Chicago Press, 2000, pp. 33-60.

15. Joy DeGruy, *Post Traumatic Slave Syndrome. America's Legacy of Enduring Injury and Healing*, Portland, Joy DeGruy, 2005; Jay S. Kaufman y Susan A. Hall, «The Slavery Hypertension Hypothesis. Dissemination and Appeal of a Modern Race Theory», *Epidemiology*, vol. 14, n.º 1 (2003), pp. 111-118; «Doctors Claim

"Hood Disease" Afflicts Inner-City Youth», *NewsOne*, 17 de mayo de 2014, <http://newsone.com/3010041/doctors-claim-hood-disease-afflicts-inner-city-youth/>.

16. Barack Obama, «Transcript: Barack Obama's Speech on Race», NPR, 18 de marzo de 2008, <www.npr.org/templates/story/story.php?storyId=88478467>.

17. «What Should Obama Do About Rev. Jeremiah Wright?», *Salon*, 29 de abril de 2008, <www.salon.com/2008/04/29/obama_wright/>; «Huckabee Defends Obama... and the Rev. Wright», *ABC News*, 20 de marzo de 2008, versión archivada: <https://web.archive.org/web/20080323022507/http://blogs.abcnews.com/politicalpunch/2008/03/huckabee-defend.html>; Michelle Bernard, «Hardball with Chris Mathews», MSNBC, 21 de marzo de 2008; John McCain, «Hardball College Tour at Villanova University», MSNBC, 15 de abril de 2008; Charles Murray, «Have I Missed the Competition?», *National Review Online*, 18 de marzo de 2008; Newt Gingrich, «The Obama Challenge. What Is the Right Change to Help All Americans Pursue Happiness and Create Prosperity», discurso en el Instituto de la Empresa Estadounidense, Washington D. C., 27 de marzo de 2008, transcripción en <https://web.archive.org/web/20080404112807/http://newt.org/tabid/102/articleType/ArticleView/articleId/3284/Default.aspx>.

18. «Text of Obama's Fatherhood Speech», *Politico*, 15 de junio de 2008, <www.politico.com/story/2008/06/text-of-obamas-fatherhood-speech-011094>; Michael Eric Dyson, «Obama's Rebuke of Absentee Black Fathers», *Time*, 19 de junio de 2008.

19. «Life Expectancy Gap Narrows Between Blacks, Whites», *Los Angeles Times*, 5 de junio de 2012, <http://articles.latimes.com/2012/jun/05/science/la-sci-life-expectancy-gap-20120606>; «Michelle Alexander: More Black Men Are in Prison Today Than Were Enslaved in 1850», *Huffington Post*, 12 de octubre de 2011, <www.huffingtonpost.com/2011/10/12/michelle-alexander-more-black-men-in-prison-slaves-1850_n_1007368.html>; Alexander, *The New Jim Crow*, pp. 174-176.

20. «On Revolution. A Conversation Between Grace Lee Boggs and Angela Davis», 2 de marzo de 2012, Universidad de California, Berkeley, transcripción, <www.radioproject.org/2012/02/grace-lee-boggs-berkeley/>.

21. John McWhorter, «Racism in America Is Over», *Forbes*, 30 de diciembre de 2008, <www.forbes.com/2008/12/30/end-of-racism-oped-cx_jm_1230mcwhorter.html>.

Epílogo

1. «Dissecting the 2008 Electorate. Most Diverse in U.S. History», Pew Research Center, 30 de abril de 2009, <www.pewhispanic.org/2009/04/30/dissecting-the-2008-electorate-most-diverse-in-us-history/>; «Youth Vote May Have Been Key in Obama's Win», *NBC News*, 5 de noviembre de 2008, <www.nbcnews.com/id/27525497/ns/politics-decision_08/t/youth-vote-may-have-been-key-obamas-win/#.VgyfvstVhBc>.

2. «Obama Hatred at McCain-Palin Rallies: "Terrorist!" "Kill Him!"», *Huffington Post*, 6 de noviembre de 2008, <www.huffingtonpost.com/2008/10/06/mccain-does-nothing-as-cr_n_132366.html>.

3. Michael C. Dawson, *Not in Our Lifetimes. The Future of Black Politics*, Chicago, University of Chicago Press, 2011, p. 91; Jones, *Dreadful Deceit*, pp. 290-292; Jill Lepore, *The Whites of Their Eyes. The Tea Party's Revolution and the Battle over American History*, Public Square Book Series, Princeton, Princeton University Press, 2010, pp. 3-4; Daniels, *Cyber Racism*, pp. 3-5; «White Supremacists More Dangerous to America Than Foreign Terrorists», *Huffington Post*, 24 de junio de 2015, <www.huffingtonpost.com/2015/06/24/domestic-terrorism-charleston_n_7654720.html>.

4. Barack Obama, «Remarks by the President to the NAACP Centennial Convention», 16 de julio de 2009, <https://www.whitehouse.gov/the-press-office/remarks>.

5. Ta-Nehisi Coates, «The Case for Reparations», *The Atlantic*, junio de 2014; Janet Mock, *Redefining Realness. My Path to Womanhood, Identity, Love & So Much More*, Nueva York, Atria Books, 2014, p. 258.

6. Alexander, *The New Jim Crow*, pp. 6-7, 138 y 214-222.

7. «Richard Sherman: Thug Is Now "The Accepted Way of Calling Somebody the N-Word"», *Huffington Post*, 22 de enero de 2014, <www.huffingtonpost.com/2014/01/22/richard-sherman-thug-n-word-press-conference_n_4646871.html>.

8. «Meet the Woman Who Coined #BlackLivesMatter», *USA Today*, 4 de marzo de 2015, <www.usatoday.com/story/tech/2015/03/04/alicia-garza-black-lives-matter/24341593/>.

9. Garrison, *An Address, Delivered Before the Free People of Color*, pp. 5-6.

10. Du Bois, «My Evolving Program for Negro Freedom», p. 70; Myrdal, *An American Dilemma*, vol. 1, p. 48.

11. W. E. B. Du Bois, «A Negro Nation Within the Nation», *Current History*, vol. 42 (1935), pp. 265-270.

Agradecimientos

Me gustaría dar las gracias a todas las personas, tanto a las que conozco como a las que no conozco, que me han ayudado y me han dado su apoyo para la creación de esta obra. Desde los miembros de mi familia y mis amigos, siempre tan queridos, hasta mis siempre comprensivos colegas del mundo académico, antes en la Universidad Estatal de Nueva York y ahora en la Universidad de Florida, y a los innumerables pensadores, vivos y muertos, de dentro y de fuera del mundo académico, cuyas obras sobre la raza han dado forma a mis pensamientos y a esta obra, os doy las gracias a todos. No cabe duda de que este libro es tan vuestro como mío.

Al principio no tenía pensado escribir este libro. Mi intención era redactar una historia de los orígenes de los Estudios Negros en la enseñanza superior a finales de la década de 1960. Decidí escribir un primer capítulo sobre la historia del racismo científico para mostrar contra qué luchaban los fundadores de los Estudios Negros. Cuando terminé, tenía un capítulo de noventa páginas y un pesado saco de reflexiones nuevas sobre la historia de las ideas racistas. Empecé a pensar que quizá tuviera un libro en mis manos. Nunca olvidaré la conversación al respecto con mi suegro. No estoy seguro de si él la recuerda, pero yo sí. Después, decidí que escribiría el libro que ahora tienes en las manos. Así que quisiera expresar mi agradecimiento a B. T. Edmonds.

Decidí escribir una historia académica que pudieran leer el mayor número de personas posible, sin tratar de evitar la gran complejidad del asunto, porque las ideas racistas y su historia nos han afectado a todos. Aunque los historiadores del mundo académico han empezado a aceptar, en las últimas décadas, a los historiadores que escriben *sobre* las masas de estadounidenses, no son ni de lejos tan tolerantes con los historiadores que escriben historias *para* las masas de estadounidenses. Esperemos que esto cambie.

Me gustaría dar las gracias a mi agente, Ayesha Pande, que desde el principio fue una de las mayores defensoras del libro. Ayesha, no doy por descontado que creyeses en mi capacidad para crear esta ambiciosa obra. Y debo dar las gracias a Nation Books, una editorial que vio el potencial de este libro incluso cuando yo no siempre lo veía. También quiero dar las gracias a mis editores, que junto con Ayesha me animaron a ampliar mi propuesta original, de una historia limitada al racismo científico a esta historia exhaustiva de las ideas racistas. Me gustaría dar especialmente las gracias a Clive Priddle, Carl Bromley, Alessandra Bastagli y Daniel LoPreto. A Katy O'Donnell, de Nation Books, gracias por mantenerme centrado para poder hacer realidad el propósito de este libro y ayudarme a cruzar la línea de meta. A todas las personas implicadas en la producción y comercialización de *Marcados al nacer*, todas las gracias que os dé son pocas.

Debo reconocer que tuve que redactar este libro durante uno de los periodos más difíciles de mi vida. El origen de tales dificultades no fue únicamente el hecho de enterarme, prácticamente cada semana, de la muerte trágica de otro estadounidense desarmado por parte de agentes de la ley. También tuve que hacer de tripas corazón para consolar a dos seres queridos que luchaban contra la misma enfermedad devastadora. Durante su particular calvario libraron muchas batallas personales. Como soy una persona muy reservada, no entraré en detalles. Pero doy las gracias a todos los generosos familiares, amigos y miembros del personal médico que asistieron a mis seres queridos y los ayudaron en ese trance, llevándoles una sonrisa —o muchas— y una sensación de paz y de sanación a sus rostros y cuerpos. Cuando les llevasteis felicidad, paz y curación, también me las trajisteis a mí. Y, cuando lo hicisteis, me permitisteis trabajar en esta obra durante aquel difícil periodo.

Me gustaría dar un agradecimiento especial a mis padres, los reverendos Carol y Larry Rogers, a mi segunda madre, Nyota Tucker, y a mis hermanos, Akil y Macharia. Amar es en verdad un verbo, y os agradezco vuestro amor.

He reservado para el final a una persona que ya está bromeando con que es la coautora de este libro, mi esposa, Sadiqa. Soy incapaz de recordar cuántas veces yo estaba sentado en nuestro despacho, escribiendo este texto, mientras ella estaba también sentada allí, enfrascada en su trabajo, y la interrumpía para preguntarle: «Sadiqa, ¿tienes un segundo?». Inevitablemente, tardaba más de un segundo en leerle el pasaje y pedirle una evaluación crítica. No puedo estarle más agradecido por escucharme y criticarme con amor. Tampoco le puedo dedicar todas las palabras de gratitud que se merece por los días largos y agotadores en los que investigaba y escribía desde la madrugada hasta la noche siguiente. Gracias, Sadiqa, y gracias a todos, por todo.

Índice alfabético

Rice, Thomas, Daddy Rice, 189
Richards, John, 77
Richards, Michael, 520
Ridge, Thomas, 494
Roberts, Dorothy: *Fatal Invention*, 507
Roberts, John, 521
Robeson, Paul, 389
Robinson, Randall: *The Debt. What America Owes to Blacks*, 508
Robinson, Jackie, 386
Robinson, Jo Ann, 395
Robinson, John C., general, 253
Robinson, Mamie, 343
Rock, Chris, 496
Rockefeller, John D., 275
Rocky / Rocky II (películas), 452-453, 454, 561
«Roe contra Wade», caso, 445, 459
Rogers, Renee, 451
Rojecki, Andrew, 524
Roof, Dylann, 532
Roosevelt, Eleanor, 365
Roosevelt, Franklin Delano, 299, 364, 365, 369
Roosevelt, Theodore W., 309, 315-316, 321-322
Rose Bud, The, revista infantil, 190
Royal Society (Inglaterra), 58, 59, 90, 93
Rush, Benjamin, 115-116, 117, 140, 144, 145-147, 149, 179, 205
Rush, Richard, 164
Rusk, Dean, 406-407
Russell, Diana, 463
Russwurm, John, 173-174
Ruston, J. Phillippe, 492
Rutledge, John, 134

Saffin, John, 83-84, 86
Salem, caza de brujas de, 77-78, 83, 188

Sancho, Ignatius, 114
Sandys, George, 51
Sanger, Margaret, 359
Saperstein, Abe, 353
Savage Africa, opúsculo, 290
Schmeling, Max, 367
Scott, Dred, 224
Scott, sir Walter, 180
Scottsboro, chicos de, 362
Seale, Bobby, 427
secesión del Sur, 232
Secesión, guerra de, 144, 225, 236, 280, 292, 356, 358, 436
segregación
    beneficios de la desegregación para las élites, 429
    caso «Plessy contra Ferguson», 302
    defensa por el Nuevo Sur, 287-290
    delincuencia urbana y pobreza, 188
    discriminación en el ámbito de la vivienda, 386
    George Wallace, 440
    Gran Huelga de 1877, 280
    Gran Migración, 333-334
    instalaciones separadas y de inferior calidad para los negros, 297
    Roosevelt cruza la línea roja, 315-316
    sentadas en comedores, 399
    voluntaria e involuntaria, 366
segregacionistas, 12-13, 15
    base biológica de la conducta social, 462
    cláusula de los tres quintos, 134
    cristianización de los esclavos, 60
    desigualdad biológica, 13-14
    discurso de Obama sobre raza, 526
    elección de Obama, 532
    escritos de Phillis Wheatley, 111-112
    escritos de Voltaire, 102

Smith, Samuel Stanhope, 131-133, 139, 145, 147, 150, 152, 163
Smith, William, 57
SNCC, *véase* Comité Coordinador Estudiantil No Violento
socialismo antirracista, 363-364, 429
Sociedad Abolicionista de Pensilvania, 116, 139
Sociedad Americana de Folletos, 171
Sociedad Americana para la Colonización (ACS), 164, 165, 166, 171, 174, 180, 181, 182, 193, 194-195, 215, 223, 292
Sociedad Antiesclavista de Massachusetts, 203, 247, 253
Sociedad Antiesclavista de Nueva Inglaterra, 192
Sociedad Antiesclavista Estadounidense (AASS), 195, 197, 201, 218, 269
Sociedad Bíblica Estadounidense (ABS), 171
Sociedad Clarkson de Africanos de Nueva York, 199
Sociedad de Hombres Negros Libres, 132
Sociedad de Naciones, 338
Sociedad Filosófica Americana (APS), 98, 104, 126, 131, 132, 133, 145, 146, 153
Sociedad Filosófica de Boston, 71, 98
Sociedad Fraternal de Mulatos, 132
Sociedad Lingüística de Estados Unidos, 503
Sociedad para la Propagación del Evangelio en Tierras Extranjeras, 81, 87, 91, 114
Sociedad Religiosa de los Amigos, 125
Sociedad Religiosa de los Negros en Boston, 79
soldados negros, 244, 245, 261, 321, 337, 338
Soledad, prisión estatal de, 441, 442

Somerset, James, 115
songhay, Imperio, 32
Sparks, Jared, 175
Spencer, Herbert, 230-231
  Principles of Biology, 231
Stanley, Henry Morton, 292, 325
  Through the Dark Continent, 292
Stanton, Edwin MacMasters, 251
Stanton, Elizabeth Cady, 211, 262-263
Staples, Robert, 450
  «The Myth of Black Macho. A Response to Angry Black Feminists», 450
Stember, Charles, 448-449
Stephens, Alexander, 236
Stevens, Thaddeus, 201, 257
Stewart, Maria, 185, 326
Stockton, Robert, 166
Stonewall, rebelión interracial de (1969), 449
Stowe, Harriet Beecher, 211, 213-215, 221, 249, 273, 294, 316-317, 348-349, 376
  La cabaña del tío Tom, 213-217, 221, 249, 294, 312, 316, 376, 380, 400
Stutman, Robert, 465
Stuurman, Siep, 71
subclase, 458, 472, 488, 490
Sudáfrica, 101, 104, 155, 156, 157, 338, 356, 385, 389, 465, 471
suelo libre, movimiento del, 217, 222, 224, 225, 228, 233, 259
sufragio femenino, 267-268, 298, 330
sufragio negro, 255, 263, 265-268, 269-271
Summary View of the Rights of British America, A, manifiesto, 118
Sumner, Charles, 201, 249, 254, 277
supremacía blanca/supremacistas blancos, 132, 270, 419, 426, 461, 495
Sweeney, George, 148

«Para viajar lejos no hay mejor nave que un libro.»
EMILY DICKINSON

Gracias por tu lectura de este libro.

En **penguinlibros.club** encontrarás las mejores
recomendaciones de lectura.

Únete a nuestra comunidad y viaja con nosotros.

penguinlibros.club